韩国法律汇编

蔡永浩／主编

THE LAWS OF THE REPUBLIC OF KOREA

法律出版社 LAW PRESS · CHINA
北京

图书在版编目(CIP)数据

韩国法律汇编 / 蔡永浩主编. -- 北京 : 法律出版社, 2023
ISBN 978 - 7 - 5197 - 6105 - 9

Ⅰ. ①韩… Ⅱ. ①蔡… Ⅲ. ①法律-汇编-韩国
Ⅳ. ①D931.26

中国版本图书馆 CIP 数据核字(2021)第 217221 号

韩国法律汇编
HANGUO FALÜ HUIBIAN

蔡永浩　主编

策划编辑 沈小英
责任编辑 毛镜澄　王美懿
装帧设计 汪奇峰

出版发行 法律出版社
编辑统筹 法治与经济出版分社
责任校对 杨锦华
责任印制 吕亚莉
经　　销 新华书店

开本 787 毫米×1092 毫米　1/16
印张 40.25　　**字数** 855 千
版本 2023 年 1 月第 1 版
印次 2023 年 1 月第 1 次印刷
印刷 北京虎彩文化传播有限公司

地址:北京市丰台区莲花池西里 7 号(100073)
网址:www.lawpress.com.cn
投稿邮箱:info@lawpress.com.cn
举报盗版邮箱:jbwq@lawpress.com.cn

销售电话:010 - 83938349
客服电话:010 - 83938350
咨询电话:010 - 63939796

书号:ISBN 978 - 7 - 5197 - 6105 - 9　　**定价**:286.00 元

主编简介

蔡永浩

韩国首尔大学法学博士，现任延边大学法学院教授、硕士研究生导师，吉林省社会科学重点领域研究基地朝鲜韩国法研究中心主任，吉林省高校创新团队朝鲜韩国法研究团队带头人。兼任中国法学会宪法学研究会理事、韩国韩中法学会副会长等。出版《韩国法概论》《朝鲜法概论》等著作多部。

编译者简介

史进元

韩国庆尚大学法学博士，现任西安石油大学马克思主义学院讲师。主要从事刑事法学、刑事证据学研究。发表《论审查起诉阶段非法证据排除程序构建：以保障人权立法价值为视角》（韩文）、《中韩犯罪嫌疑人辩护权利保护比较研究》（韩文）等论文10余篇。主持研究“中韩刑事证据比较研究”“中韩刑事司法协助与话语权研究”等科研项目。

卢笑宇

韩国忠北大学法学博士在读，现任成都文理学院讲师。主要从事宪法、商法、数字法治和社会治理研究。在中国、韩国期刊、报纸发表《传染病防治法理念应从防御型向进取型转变》等论文20余篇；参编多部专业书籍和教材；参与多项国家社科基金重大项目、省级社科基金项目和省级哲学社会科学普及规划项目。

朴大宪

韩国首尔大学法学博士，现任辽宁大学法学院讲师，辽宁省法学会宪法行政法学研究会秘书长。主要从事宪法和韩国法研究。出版《韩国宪法学概论》（译著）、《关于中国一般地方自治制度的宪法学研究》（韩文）等学术著作4部。

朴晶敏

韩国岭南大学法学博士，现任延边大学法学院副教授、硕士研究生导师。主要从事民法、朝鲜民法、韩国民法研究。发表学术论文10余篇；出版《中韩离婚制度比较研究》（韩文）等专著；主持、研究吉林省社科基金项目“在韩中国劳工权益保障问题研究”等多项。

刘心宇

青岛大学法学硕士研究生，现任青岛大学中日韩法律研究中心研究员。主要从事青少年违法犯罪预防研究。参与“朝鲜刑法研究”“朝鲜教育法规翻译研究”等科研项目。

张珍宝

韩国首尔大学法学博士，现任韩国忠北大学法学院副教授、博士研究生导师，哥伦比亚大学法学院访问学者。兼任吉林省社会科学重点领域研究基地朝鲜韩国法研究中心学术委员、首尔大学亚洲太平洋法研究中心运营委员。发表论文40余篇；出版《中国公司法》（韩文，合著）、《公司法判例研习——以韩国公司法为视角》等著译作品多部。

皇甫明国

韩国庆尚大学法学博士，现任青岛大学法学院副教授、硕士研究生导师。兼任青岛大学中日韩法学研究中心主任、吉林省社会科学重点领域研究基地朝鲜韩国法研究中心特邀研究员。发表《疫情背景下妨害传染病防治罪实务研究》（韩文）、《论韩国“世越号沉船事件”几点法律问题及启示》等论文多篇；主持国家社科基金外译项目“知识产权总论”、司法部项目“朝鲜刑法研究”。

袁淑华

延边大学民族学博士研究生，现任吉林省社会科学重点领域研究基地朝鲜韩国法研究中心研究助理。主要从事宪法学和民族区域自治法研究。发表《中国散居少数民族权利保障研究》等论文。

崔慧珠

韩国首尔大学法学博士，现任吉林省社会科学重点领域研究基地朝鲜韩国法研究中心研究员。主要从事宪法和韩国法研究。翻译出版《韩国政党法规和党内法规选译》《韩国养老与社会保障重要法规译介》等著作数部。

谢鹏远

韩国庆尚大学法学博士，现任西北政法大学民商法学院副教授。兼任中国法学会民事诉讼法学研究会理事、陕西省法学会民事诉讼法学研究会理事。主要从事民事诉讼法学、多元化纠纷解决机制、比较法学研究。在《法律科学》《中国社会科学院研究生院学报》等期刊发表多篇论文；主持、参与多项国家级和省部级科研项目。

《韩国法律汇编》

编　委　会

序　言

1992 年中韩建交以来,两国关系迅速发展,短短 20 多年发展为战略合作伙伴关系。中国已成为韩国第一大贸易伙伴国,韩国也发展为中国第二大贸易伙伴国。加强中韩两国之间的法律交流与合作已成为进一步推进中韩两国关系乃至东北亚地区和平发展的重要任务。

随着中韩两国经济文化交流的发展,国内学者零星地翻译出版了部分韩国法律,但多数停留于各部门法内的研究翻译,至今尚无一本集韩国主要法律于一体的韩国法律汇编译本。随着国际化进程的不断加深,人们迫切需要一部用语规范、内容全面的韩国法律汇编。

为满足社会需求,吉林省社会科学重点领域研究基地延边大学朝鲜韩国法研究中心牵头与国内外相关研究学者合作,编译了《韩国法律汇编》。本书的成型,充分展现了年轻一代韩国法研究学者的无私奉献精神与国内外学者间的合作精神。

本书的翻译对象为韩国的宪法、行政法、民法、刑法、诉讼法、商法等领域的主要法律。这些法律是了解韩国法律体系的重要参考资料,本书将成为涉韩工作人员与相关研究学者不可或缺的韩国法律工具用书。

《韩国法律汇编》选译的法律原文,均来自韩国法制处"国家法令信息中心"官网(https://www.law.go.kr/)。

法条翻译的目标是准确传达原法条之含义、揭示原法条之立法精神。韩国法律句子冗长、语助词较多、断句处容易混淆,为了准确达意,译文采取"简洁通顺"的行文原则与"意译与直译并用"的方法,尽量使用读者熟悉的中文法律专业术语来表述法条含义。

本书的成型与出版获得了很多师友的关心和帮助。特别感谢延边大学社科处前后两任处长金洪培教授和李梅花教授的大力支持与帮助,感谢国内"朝鲜韩国法论坛"大家庭里的各位同仁一直以来的鼓励与帮助,感谢各位前辈学者对韩国法律不同版本的翻译,使我们能够站在前人的肩膀上更进一步。最后特别感谢法律出版社一直以来对国内韩国法研究的关心与支持,感谢法治与经济分社沈小英分社长、毛镜澄编辑、王美懿编辑的大力支持与协助。

本书是吉林省社会科学重点领域研究基地延边大学朝鲜韩国法研究中心和吉林省高校创新团队朝鲜韩国法研究团队的研究成果,是吉林省教育厅"十三五"社会科学项目(项目编号:JJKH20200540SK)、吉林省社会科学基金项目(项目编号:

2019JD55）、吉林省高等教育教学改革研究课题（项目编号：20213F2D6YP007P）和延边大学社会科学基金重点项目（项目编号：2018XZD04）的研究成果。本书的出版获得了2020年中央支持地方高校改革发展补助资金项目“朝鲜韩国法资料信息与咨询平台建设项目”的支持。

由于学识水平有限，译文难免有不妥和错漏之处，敬请国内外研究韩国法律的各位学者同仁不吝指正！我们将在后续的更新版本中体现您的宝贵建议，努力为读者呈现更好的作品。

我们相信，大家的批评指正是我们前进的动力，是追求真理不可或缺的“试金石”。

延边大学朝鲜韩国法研究中心

2023年1月30日

目录

大韩民国宪法

[1988 年 2 月 25 日施行][宪法第 10 号,1987 年 10 月 29 日全文修改]

前　　文

拥有悠久历史和光辉传统的大韩民国,继承了“3・1 运动”建立起来的大韩民国临时政府法统和反抗不义的“4・19 民主理念”;立足于祖国的民主改革和和平统一使命,以正义、人道和同胞之爱来巩固民族团结;破除所有的社会陋习和不义;以自律和调和为基础,更加巩固自由民主的基本秩序,使每个人在政治、经济、社会、文化的所有领域内获得均等的机会,并能最大限度地发挥其能力,完成伴随自由和权利之责任和义务;立志对内通过致力国民生活的均等提高、对外为永久的世界和平和人类的共同繁荣作出贡献,从而永远确保我们和后代的安全、自由和幸福,经国会表决并依国民投票,对制定于 1948 年 7 月 12 日并经过八次修订的宪法进行修订。

第一章　总　　纲

第一条　大韩民国是民主共和国。

大韩民国的主权属于国民,一切权力来自国民。

第二条　成为大韩民国国民的资格由法律规定。

国家依照法律规定,负有保护在外国民的义务。

第三条　大韩民国的领土由韩半岛及其附属岛屿组成。

第四条　大韩民国崇尚统一,制定并推进立足于自由民主基本秩序的和平统一政策。

第五条　大韩民国致力于维护国际和平,否认侵略战争。

国军以履行国家的安全保障和国土防卫的神圣义务为使命,遵守政治中立性。

第六条　根据宪法缔结、公布的条约以及普遍得到承认的国际法规具有与国内法同等的效力。

外国人的地位依照国际法及条约的规定受到保障。

第七条　公务员是全体国民的公仆,向国民负责。

公务员的身份和政治中立性依照法律规定受到保障。

第八条 政党设立自由,保障复数政党制。

政党的目的、组织及活动应民主,政党应当是参与形成国民的政治意思所需的组织。

政党依照法律规定受国家保护,国家根据法律规定可以补助政党运行所需的资金。

政党的目的或活动违背民主的基本秩序的,政府可以向宪法裁判所提起解散申请之诉,政党根据宪法裁判所的审判被解散。

第九条 国家应致力于传统文化的传承、发展和民族文化的繁荣。

第二章 国民的权利和义务

第十条 所有国民拥有人的尊严和价值,享有追求幸福的权利。国家有义务确认和保障个人拥有的不可侵犯的基本人权。

第十一条 所有国民在法律面前平等。任何人均不因性别、宗教或社会身份而在政治、经济、社会、文化生活的所有领域受到差别对待。

社会特殊阶级制度不予认可,并不得以任何形态创设。

勋章等荣典仅对获得者有效,并无任何相应特权。

第十二条 所有国民享有身体自由。未经法律许可,任何人不受逮捕、拘禁、扣押、搜查或审讯;未经法律和合法程序,不受处罚、保安处分或强制劳役。

所有国民不受刑讯,不得被强迫作出刑事上不利于自己的陈述。

逮捕、拘禁、扣押或搜查应遵守合法程序,出示经检察官申请由法官签发的令状。但是,现行犯和犯有相当于三年以上长期徒刑的罪行而逃逸或有毁灭证据嫌疑的,可在事后申请令状。

任何人在受到逮捕或拘禁时有立即得到辩护人帮助的权利。但是,刑事被告人不能自行选任辩护人时,根据法律规定,由国家指定辩护人。

任何人在未被告知逮捕或拘禁理由以及享有获得辩护人帮助的权利的情况下,不受逮捕或拘禁。应及时向被逮捕或拘禁者的家属等法律规定的人员通知其理由、时间和场所。

任何人在受到逮捕或拘禁时,享有向法院申请合法性审查的权利。

当确认被告人的自首是出于刑讯、暴行、胁迫、长期的不当拘禁、欺瞒以及其他方法,而非本意陈述的;或在正式审判中,被告人的自首是对其不利的唯一证据时,不得将其作为有罪证据或以此为由进行处罚。

第十三条 所有国民均不因行为时的法律规定不构成犯罪的行为而被追诉,不因同一犯罪行为而受到重复处罚。

所有国民均不因溯及立法而被限制参政权或被剥夺财产权。

所有国民均不因非自己行为的亲属行为而受到不利待遇。

第十四条 所有国民享有居住、迁徙的自由。

第十五条 所有国民享有选择职业的自由。

第十六条 所有国民的住宅自由不受侵犯。对住宅进行扣押或搜查时,应出示经检察官申请由法官签发的令状。

第十七条 所有国民的私生活的秘密和自由不受侵犯。

第十八条 所有国民的通信秘密不受侵犯。

第十九条 所有国民享有良心的自由。

第二十条 所有国民享有宗教自由。

国教不被认可,宗教和政治相分离。

第二十一条 所有国民享有言论、出版的自由和集会、结社的自由。

不得对言论、出版进行许可审查或审阅,不得对集会、结社进行许可审查。

通信、广播电视的设施基准和保障报纸功能所需事项由法律规定。

言论、出版不得侵犯他人的名誉、权利或公共道德、社会伦理。言论、出版侵犯他人的名誉或权利的,被害人有权提出损害赔偿请求。

第二十二条 所有国民享有学问和艺术的自由。

著作者、发明家、科学技术者和艺术家的权利,由法律保护。

第二十三条 所有国民的财产权受到保障。其内容及界限由法律规定。

财产权的行使应符合公共福利。

根据公共需要而实施的财产权的征用、使用或限制及补偿由法律规定,应支付正当的补偿。

第二十四条 所有国民依照法律规定享有选举权。

第二十五条 所有国民依照法律规定享有公务担任权。

第二十六条 所有国民依照法律规定享有以书面形式向国家机关请愿的权利。

对于请愿,国家负有审查的义务。

第二十七条 所有国民有权获得由宪法和法律规定的法官根据法律作出裁判的权利。

非军人或军务员的国民,在大韩民国境内,除犯有有关军事机密、哨兵、哨所、提供有毒食物、俘虏、军用物品的重大罪行中法律规定的情形以及宣布非常戒严的情形外,不受军事法院的裁判。

所有国民享有接受迅速裁判的权利。除有相当理由外,刑事被告人享有及时接受公开裁判的权利。

刑事被告人在被确定为有罪判决之前,被推定为无罪。

刑事被害人根据法律规定可在相关案件的裁判过程中进行陈述。

第二十八条 曾被羁押的刑事犯罪嫌疑人或刑事被告人在受到法律规定的不起诉处分或无罪判决的,可依法向国家请求正当补偿。

第二十九条 因公务员的职务侵权行为而受到损害的国民,可依法向国家或公共团体请求正当赔偿。但是,并不免除公务员自身的责任。

军人、军务员、警察公务员以及其他法律规定的人员，在执行战争、训练等职务时受到损害的，除法律规定的补偿外，不得以公务员的职务侵权行为而向国家或公共团体请求赔偿。

第三十条 因他人的犯罪行为而受到生命、身体侵害的国民，可依法获得国家的救助。

第三十一条 所有国民享有根据能力均等接受教育的权利。

所有国民对其所监护的子女负有至少使其接受初等教育及法律规定教育的义务。

义务教育为免费。

根据法律规定，教育的自主性、专门性、政治中立性及大学的自律性受到保障。

国家应当振兴终身教育。

包括学校教育和终身教育的教育制度及其运行、教育财政及教师地位相关的基本事项由法律规定。

第三十二条 所有国民享有劳动的权利。国家应运用社会、经济手段，为增加劳动者就业机会和保障适当的工资而努力，并依法实行最低工资制。

所有国民负有劳动的义务。国家依照民主主义原则由法律规定劳动义务的内容和条件。

劳动条件的标准由法律规定，以保障人的尊严。

女性的劳动受特殊保护，在就业、工资及劳动条件方面不受不当的差别待遇。

青少年的劳动受特殊保护。

国家有功者、伤残军警人员及阵亡军警的遗属，依法优先取得劳动的机会。

第三十三条 为提高劳动条件，劳动者享有自主的团结权、团体交涉权及团体行动权。

身为公务员的劳动者，限于法律规定人员享有团结权、团体交涉权及团体行动权。

从事法律规定的重要国防产业的劳动者的团体行动权，可以根据法律规定予以限制或不予认可。

第三十四条 所有国民享有享受正常人生活的权利。

国家负有为加强社会保障、社会福祉而努力的义务。

国家应当为提高女性的福祉和权益而努力。

国家负有实施旨在提高老人和青少年福祉的政策之义务。

残疾人和因疾病、年老及其他事由而无生活能力的国民，依法受国家保护。

国家应当为预防灾害并从该危险中保护国民而努力。

第三十五条 所有国民享有在健康、舒适的环境中生活的权利，国家和国民应当为保护环境而努力。

关于环境权的内容和行使由法律规定。

国家应通过住宅开发政策等，为国民能在舒适的居住环境生活而努力。

第三十六条 婚姻和家庭生活应建立和维持在个人尊严和两性平等的基础上，国家对此提供保障。

国家应当为保护母亲而努力。

所有国民的保健受国家保护。

第三十七条 国民的自由和权利并不因未列举在宪法中而被忽视。

国民所有的自由和权利,除了保障国家安全、维持秩序或公共福利所必要的情形之外,不得由法律进行限制,并且即使限制也不得侵犯自由和权利的本质内容。

第三十八条 所有国民负有依法纳税的义务。

第三十九条 所有国民负有依法保卫国家的义务。

任何人均不因履行兵役义务而受到不利待遇。

第三章 国 会

第四十条 立法权属于国会。

第四十一条 国会由国民通过普通、平等、直接、秘密的方式选举产生的国会议员组成。

国会议员人数由法律规定,应为二百人以上。

国会议员选区和比例代表制以及其他有关选举事项由法律规定。

第四十二条 国会议员的任期为四年。

第四十三条 国会议员不得兼任法律规定的职务。

第四十四条 除现行犯外,未经国会同意,国会议员在会期内不受逮捕或羁押。

国会议员在会期前被逮捕或羁押的,除现行犯外,如国会要求,在会期内获得释放。

第四十五条 国会议员在国会中所作的职务发言和表决,不在国会外负责。

第四十六条 国会议员负有廉洁的义务。

国会议员以国家利益为先,凭良心履行职务。

国会议员不得滥用其地位,通过与国家、公共团体、企业签订合同或处分的方式,为自己或替他人斡旋取得财产上的权利、利益、职位。

第四十七条 国会定期会议依照法律规定每年举行一次,国会临时会议根据总统或国会在籍议员四分之一以上的提议举行。

定期会议的会期不得超过一百日,临时会议的会期不得超过三十日。

总统提议召集临时会议时,应明示会期和提议召集的理由。

第四十八条 国会选举议长一人和副议长二人。

第四十九条 宪法或法律没有特殊规定时,国会由在籍议员过半数出席、出席议员的过半数赞成通过决议。赞成和反对票数相同时,视为未通过。

第五十条 国会会议公开举行。但是,出席议员过半数赞成或议长认为为了保障国家安全而有必要时,可以不公开举行。

未公开举行的会议内容的公布,依照法律规定。

第五十一条 向国会提交的法律案以及其他议案,不因未在会期中通过而作废。

但是,国会议员任期届满的除外。

第五十二条 国会议员和政府有权提出法律案。

第五十三条 国会通过的法律案,移送到政府十五日内,由总统公布。

对法律案有异议时,总统可以在第一款规定的期限内附上异议书退还国会,要求重新审议。国会闭会期间亦同。

总统不得要求重新审议法律案的一部分,或自行修改法律案后要求重新审议。

要求重新审议时,国会应重新审议,若在籍议员的过半数出席、出席议员的三分之二以上赞成同一决议,该法律案即确定为法律。

总统在第一款规定的期限内未公布或未要求重新审议的,该法律案即确定为法律。

总统应及时公布根据第四款和第五款规定确定的法律。根据第五款规定法律被确定之后,或根据第四款规定确定的法律移送政府之后五日内总统不予公布的,由国会议长公布。

除特殊规定外,法律自公布之日起二十日后发生效力。

第五十四条 国会审议、确定国家的预算案。

政府应在每个会计年度编制预算案,并于会计年度开始九十日之前提交国会,国会应于会计年度开始的三十日之前作出决议。

预算案在新会计年度开始前尚未通过时,政府可按上一年度预算标准执行下列经费,直至国会通过预算案为止。

(一)维持、运行根据宪法或法律设置的机关或设施的经费;

(二)履行法律中规定的支出义务的经费;

(三)继续执行已确认预算的项目的经费。

第五十五条 有必要跨一个会计年度继续支出的,政府应确定年限,以续费的形式获得国会的通过。

预备费应以总额的形式获得国会的通过。预备费的支出应获得下次国会会议的承认。

第五十六条 政府认为有必要变更预算时,可编制追加更正预算案提交国会。

第五十七条 未经政府同意,国会不得增加政府提出的各项支出预算的金额或设置新的费用明细。

第五十八条 政府在发行国债或签约预算外造成国家负担的合同时,应事先通过国会议决。

第五十九条 税目和税率由法律规定。

第六十条 国会对缔结、批准有关相互援助或安全保障的条约、有关重要国际组织的条约、友好通商航海条约、有关限制主权的条约、媾和条约、给国家或国民带来重大财政负担的条约或有关立法事项的条约享有同意权。

国会对宣战、国外派兵或外国军队驻留大韩民国境内享有同意权。

第六十一条 国会可以监查国政或调查特定的国政事件,并可以根据需要,要求提供书面材料或要求证人出席并陈述证言或意见。

有关国政监查及调查的程序以及其他必要事项由法律规定。

第六十二条 国务总理、国务委员或政府委员可以出席国会或其委员会，报告国政处理状况、陈述意见或答复质询。

国会或其委员会要求时，国务总理、国务委员或政府委员应出席并予以答辩；国务总理或国务委员被要求出席时，可以委派国务委员或政府委员出席并予以答辩。

第六十三条 国会可以向总统建议罢免国务总理或国务委员。

第一款规定的罢免建议应由国会在籍议员的三分之一以上提议、国会在籍议员的过半数赞成通过。

第六十四条 国会可以在不与法律相抵触的范围内制定有关议事和内部纪律的规则。

国会有权审查议员资格，可以惩戒议员。

议员的除名，应由国会在籍议员三分之二以上的赞成通过。

对第二款和第三款规定的处分，不得向法院提出诉讼。

第六十五条 总统、国务总理、国务委员、行政各部长官、宪法裁判所裁判官、法官、中央选举管理委员会委员、监查院院长、监查委员及其他法律规定的公务员在履行职务中违反宪法或法律的，国会可以通过提起弹劾之诉的决定。

第一款规定的弹劾之诉应由国会在籍议员三分之一以上提议、国会在籍议员的过半数赞成通过。但是，对于总统的弹劾之诉应由国会在籍议员过半数提议、国会在籍议员三分之二以上的赞成通过。

被提起弹劾之诉者停止行使其职权，直至进行弹劾审判。

弹劾决定仅限于罢免公职。但是，民事或刑事责任并不因此而免除。

第四章 政 府

第一节 总 统

第六十六条 总统是国家元首，对外代表国家。

总统负有维护国家独立、领土完整、国家存续和宪法的义务。

总统负有忠实于祖国和平统一的义务。

行政权属于以总统为首的政府。

第六十七条 总统由国民通过普通、平等、直接、秘密的方式选举产出。

在第一款规定的选举中最高得票人为二人以上时，以国会在籍议员过半数出席的公开会议中获得多数票者为当选人。

总统候选人为一人时，其得票数未超过选民总数三分之一的，不得当选。

可当选为总统者，应有国会议员的被选举权，并且选举当日年满四十岁。

总统选举的有关事项由法律规定。

第六十八条 总统任期即将届满时，于任期届满七十日至四十日前选举继任者。

总统缺位、总统当选人死亡或因判决及其他事由丧失其资格的，于六十日内选举继任者。

第六十九条 总统就职时宣誓如下：

"我庄严地向国民宣誓，忠实履行总统的职责，遵守宪法，保卫国家，为祖国的和平统一、增进国民的自由和福利、繁荣民族文化而努力。"

第七十条 总统任期为五年，不得连任。

第七十一条 总统缺位或因故不能履行职务时，依国务总理、法律规定的国务委员的顺序代行其权限。

第七十二条 总统认为必要时，可以对外交、国防、统一及其他有关国家安全的重要政策进行国民投票。

第七十三条 总统缔结、批准条约，委任、接受或派遣外交使节，宣布战争和媾和。

第七十四条 总统根据宪法和法律规定统率国军。

国军的组织和编制由法律规定。

第七十五条 总统可以就法律具体确定范围授权的事项以及执行法律所需的事项发布总统令。

第七十六条 限于内忧、外患、天灾、地变或重大的财政、经济危机，为保障国家安全或维持公共安定秩序，有必要采取紧急措施而无暇等待召集国会的情形，总统可以在最低限度内作出必要的财政、经济处分或就此发布具有法律效力的命令。

限于有关国家安危的重大交战状态，为保卫国家有必要采取紧急措施而无法召集国会的情形，总统可以发布具有法律效力的命令。

总统作出第一款和第二款规定的处分或命令时，应及时向国会报告并获得其承认。

未获得第三款规定的承认时，该处分或命令即告失效。此时，因该命令而修订或废止的法律自该命令不被承认之时自动恢复效力。

总统应及时公布第三款和第四款的事由。

第七十七条 在战争、事变或类似的国家非常事态下，有必要使用兵力应对军事上的需要或维持公共安定秩序时，总统可以根据法律规定宣布戒严。

戒严分为非常戒严和警备戒严。

宣布非常戒严时，可以根据法律规定对令状制度和言论、出版、集会、结社自由以及政府或法院的权限作出特殊措施。

宣布戒严后，总统应及时通报国会。

国会以在籍议员过半数赞成要求解除戒严时，总统应予以解除。

第七十八条 总统根据宪法和法律规定任免公务员。

第七十九条 总统根据法律规定，可以发布赦免、减刑或恢复权利的命令。

发布一般赦免命令，应征得国会同意。

有关赦免、减刑及恢复权利的事项由法律规定。

第八十条 总统根据法律规定授予勋章及其他荣典。

第八十一条 总统可以出席国会进行发言,或通过书函发表意见。

第八十二条 总统以文书的形式作出法律行为,由国务总理和相关国务委员副署该文书。军事方面亦同。

第八十三条 总统不得兼任国务总理、国务委员、行政各部长官及其他法律规定的公私职务。

第八十四条 总统除犯有内乱或外患罪外,在职期间免受刑事追究。

第八十五条 前任总统的身份和礼遇由法律规定。

第二节 行 政 府

国务总理和国务委员

第八十六条 国务总理经国会同意,由总统任命。

国务总理辅佐总统,在行政方面根据总统命令统辖行政各部。

军人未退出现役的,不得被任命为国务总理。

第八十七条 国务委员经国务总理提名,由总统任命。

国务委员辅佐总统处理国政,作为国务会议组成人员审议国政。

国务总理可以向总统建议罢免国务委员。

军人未退出现役的,不得被任命为国务委员。

国务会议

第八十八条 国务会议审议政府权限内的重要政策。

国务会议由总统、国务总理和十五人以上三十人以下的国务委员组成。

总统担任国务会议议长,国务总理担任副议长。

第八十九条 下列事项应由国务会议审议:

(一)国政的基本计划和政府的一般政策;

(二)宣战、媾和以及其他重要的对外政策;

(三)宪法修订案、国民投票案、条约案、法律案及总统令案;

(四)预算案、决算、国有财产处分的基本计划、将成为国家负担的合同以及其他重要财政事项;

(五)总统的紧急命令、紧急财政经济处分及命令或戒严及其解除;

(六)有关军事的重要事项;

(七)召集国会临时会议的要求;

(八)授予荣典;

(九)赦免、减刑以及恢复权利;

(十)行政各部之间权限的划定;

(十一)委任或分配政府内权限的基本计划;

(十二)国政处理状况的评价、分析;

（十三）行政各部重要政策的制定和调整；

（十四）解散政党的申请；

（十五）向政府提出或移交政府的有关政府政策请愿的审查；

（十六）对检察总长、联合参谋本部议长、各军参谋总长、国立大学校长、大使及其他法律规定的公务员和国营企业管理者的任命；

（十七）其他由总统、国务总理或国务委员提出的事项。

第九十条 为了应对关于国政重要事项的总统咨询，可以设立由国家元老组成的国家元老咨询会议。

国家元老咨询会议议长由前一任总统担任。若无前一任总统，则由总统指定。

国家元老咨询会议的组织、职务范围以及其他必要事项由法律规定。

第九十一条 为了在国务会议审议前应对关于国家安全保障的对外政策、军事政策以及国内政策制定的总统咨询，设立国家安全保障会议。

国家安全保障会议由总统主持。

国家安全保障会议的组织、职务范围以及其他必要事项由法律规定。

第九十二条 为了应对关于制定和平统一政策的总统咨询，可以设立民主和平统一咨询会议。

民主和平统一咨询会议的组织、职务范围以及其他必要事项由法律规定。

第九十三条 为了应对有关制定发展国民经济的重要政策的总统咨询，可以设立国民经济咨询会议。

国民经济咨询会议的组织、职务范围以及其他必要事项由法律规定。

行政各部

第九十四条 行政各部长官经国务总理在国务委员中提名，由总统任命。

第九十五条 经法律或总统令授权或根据职权，国务总理或行政各部长官可以就其管辖事务发布总理令或部令。

第九十六条 行政各部的设置、组织以及职务范围由法律规定。

监查院

第九十七条 为了对国家税收收支的结算、国家及法律规定团体的会计检查、行政机关及公务员职务进行监察，总统下设立监查院。

第九十八条 监查院由包括院长在内的五人以上十一人以下的监查委员组成。

院长经国会同意，由总统任命，任期四年，可连任一次。

监查委员经院长提名，由总统任命，任期四年，可连任一次。

第九十九条 监查院应当每年检查税收收支的结算，并向总统和下一年度国会报告其结果。

第一百条 监查院的组织、职务范围、监查委员的资格、成为监察对象的公务员范围以及其他必要事项由法律规定。

第五章 法 院

第一百零一条 司法权属于由法官组成的法院。

法院由作为最高法院的大法院和各级法院组成。

法官资格由法律规定。

第一百零二条 大法院可以设部。

大法院设大法官。根据法律规定可以设大法官之外的法官。

大法院和各级法院的组织由法律规定。

第一百零三条 法官根据宪法、法律及其良心,独立进行审判。

第一百零四条 大法院院长经国会同意,由总统任命。

大法官经大法院院长提名、国会同意,由总统任命。

大法院院长和大法官之外的法官,经大法官会议同意,由大法院院长任命。

第一百零五条 大法院院长任期六年,不得连任。

大法官任期六年,依照法律规定可以连任。

大法院院长和大法官之外的法官任期十年,依照法律规定可以连任。

法官的退休年龄由法律规定。

第一百零六条 非因弹劾或被判处监禁以上刑罚,法官不被罢免;非因惩戒处分,法官不受停职、减薪以及其他不利处分。

法官因重大身心障碍无法履行职务的,可以依照法律规定使其退休。

第一百零七条 当法律违宪与否成为裁判的前提时,法院提请宪法裁判所就其违宪与否进行审判,并根据该审判结果进行裁判。

当命令、规则或处分是否违反宪法或法律成为裁判的前提时,大法院有权对其进行最终审查。

作为裁判的前审程序,可以进行行政复议。行政复议程序由法律规定,应准用司法程序。

第一百零八条 大法院可以在不与法律相抵触的范围内,制定诉讼相关程序、法院内部纪律和有关事务处理的规则。

第一百零九条 裁判的审理和判决予以公开。但是,妨害国家安全保障、公序良俗的,法院可以决定不予公开。

第一百一十条 为管辖军事裁判,可以设立作为特殊法院的军事法院。

军事法院的上诉审由大法院管辖。

军事法院的组织、权限以及裁判员资格由法律规定。

在非常戒严时的军事审判中,就军人、军务员的犯罪或与军事相关的间谍罪以及有关哨兵、哨所、提供有毒食物、俘虏的犯罪,限于法律规定的情形可以进行一审终审。但是,宣告死刑的除外。

第六章　宪法裁判所

第一百一十一条　宪法裁判所管辖下列事项：

（一）由法院提请的法律违宪与否的审判；

（二）弹劾审判；

（三）政党解散审判；

（四）国家机关之间、国家机关和地方自治团体之间以及地方自治团体之间的权限争议审判；

（五）法律规定的宪法诉愿审判。

宪法裁判所由具有法官资格的九名裁判官组成，裁判官由总统任命。

第二款规定的裁判官中，三人由国会选出，三人由大法院院长指定。

宪法裁判所所长经国会同意，由总统在裁判官中任命。

第一百一十二条　宪法裁判所裁判官任期六年，依照法律规定可以连任。

宪法裁判所裁判官不得加入政党或参与政治。

非因弹劾或被判处监禁以上刑罚，宪法裁判所裁判官不被罢免。

第一百一十三条　宪法裁判所作出法律违宪决定、弹劾决定、政党解散决定或宪法诉愿认容决定，应由六人以上裁判官赞成决定。

宪法裁判所可以在不与法律相抵触的范围内，制定审判相关程序、内部纪律和有关事务处理的规则。

宪法裁判所的组织、运行以及其他必要事项由法律规定。

第七章　选 举 管 理

第一百一十四条　为公正地管理选举和国民投票并处理与政党相关事务，设立选举管理委员会。

中央选举管理委员会由总统任命的三人、国会选出的三人以及大法院院长指定的三人组成。委员长在委员中互选产生。

委员任期六年。

委员不得加入政党或参与政治。

非因弹劾或被判处监禁以上刑罚，委员不被罢免。

中央选举管理委员会可以在法令规定的范围内制定有关选举管理、国民投票管理或政党事务的规则，并在不与法律相抵触的范围内制定有关内部纪律的规则。

各级选举管理委员会的组织、职务范围以及其他必要事项由法律规定。

第一百一十五条　各级选举管理委员会可以就制作选民名册等选举事务和国民投票事务，向相关行政机关作出必要的指示。

收到第一款规定指示的行政机关应予以执行。

第一百一十六条 选举活动应在各级选举管理委员会的管理下，在法律规定的范围内进行，并保障机会均等。

除法律规定的情形外，不得使政党或候选人承担选举经费。

第八章 地方自治

第一百一十七条 地方自治团体处理有关居民福利的事务，管理财产，在法令规定的范围内制定有关自治的规定。

地方自治团体的种类由法律规定。

第一百一十八条 在地方自治团体设立议会。

地方议会的组织、权限、议员选举和地方自治团体长官的选任方法以及其他有关地方自治团体组织和运行的事项由法律规定。

第九章 经济

第一百一十九条 大韩民国的经济秩序以尊重个人和企业在经济上的自由和创意为根本。

国家维护国民经济的均衡发展和稳定，维持适当的收入分配，防止市场支配和经济力的滥用，可以对经济进行规制和调控，协调经济主体，从而实现经济民主化。

第一百二十条 矿物以及其他重要的地下资源、水产资源、水力及经济上可利用的自然力，可以依照法律规定在一定期间内特许对其开采、开发或利用。

国土和资源受国家保护，国家为了均衡地开发和利用，制定必要的规划。

第一百二十一条 关于农地，国家应努力实现耕者有其田的原则，禁止农地租佃制。

以提高农业生产率、合理利用农地为目的或因不可避免的情况而发生的农地租赁和委托经营，依照法律规定予以认可。

第一百二十二条 国土是全体国民生产、生活的基础。为了有效、均衡地利用、开发和保全国土，国家可以根据法律规定对其设定必要的限制和义务。

第一百二十三条 为保护、发展农业及渔业，国家应制定实施农村、渔村综合开发和支援等必要的规划。

为实现地区间的均衡发展，国家负有发展地区经济的义务。

国家应保护、发展中小企业。

国家致力于维持农水产品供求平衡和改善流通结构，谋求价格稳定，保护农民、渔民的利益。

国家应发展农民、渔民以及中小企业的自助组织，并保障其自律活动和发展。

第一百二十四条 国家根据法律规定引导健康的消费行为，保障提升产品质量的消费者保护活动。

第一百二十五条 国家发展对外贸易,可以对其进行规制和调整。

第一百二十六条 除因国防或国民经济的迫切需要而由法律规定的情形外,不得将私营企业转为国有、公有或对其经营进行控制、管理。

第一百二十七条 国家应通过致力于革新科学技术、开发信息和人力,发展国民经济。

国家确立国家标准制度。

为实现第一款目标,总统可以设立必要的咨询机构。

第十章 宪法修改

第一百二十八条 宪法的修改由国会在籍议员过半数或总统提议的方式提出。

延长总统任期或变更连任规定的宪法修改,对该提案出台当时的总统不发生效力。

第一百二十九条 总统应将提出的宪法修正案公告二十日以上。

第一百三十条 国会应在宪法修正案公告之日起六十日内进行表决,由国会在籍议员三分之二以上赞成通过。

宪法修正案应在国会表决通过后三十日内进行国民投票,由有权选举国会议员的选民过半数投票、投票者的过半数赞成通过。

宪法修正案取得第二款规定的赞成,宪法修改即被确定,总统应立即将其公布。

附则〈第10号,1987年10月29日〉

第一条 本宪法自1988年2月25日起施行。但是,为了施行本宪法所必需的法律的制定和修订,根据本宪法进行的总统和国会议员的选举以及其他有关本宪法施行的准备工作,可在本宪法施行前进行。

第二条 根据本宪法进行的首次总统选举于本宪法施行四十日前结束。

根据本宪法当选的首任总统的任期,自本宪法施行之日开始。

第三条 根据本宪法进行的首届国会议员选举于本宪法公布之日起六个月内实施,根据本宪法当选的首届国会议员的任期,自国会议员选举后根据本宪法召开的首次国会之日开始。

本宪法公布时在任的国会议员的任期,至第一款规定的首次国会召开之日的前一日为止。

第四条 本宪法施行时在任的公务员和政府任命的企业高级职员,视为根据本宪法任命。但是,根据本宪法,选任方法或任命权者发生变化的公务员、大法院院长以及监查院院长履行其职务至根据本宪法选任继任者为止。此时,前任公务员的任期于继任者被选任的前一日结束。

本宪法施行时在任的除大法院院长和大法院大法官以外的法官,视为根据本宪法任命,不受第一款但书的限制。

本宪法中关于公务员任期或连任限制的规定,自根据本宪法首次选出或任命公务员时起适用。

第五条 本宪法施行时的法令和条约,除违反本宪法者外,继续有效。

第六条 本宪法施行时正在行使根据本宪法将要新设立的机关权限的,存续并履行其职务至新机关根据本宪法设立为止。

(延边大学 蔡永浩 译)

大韩民国国籍法

［2022 年 10 月 1 日施行］［法律第 18978 号,2022 年 9 月 15 日部分修改］

第一条　【目的】

为规定大韩民国国民之要件,制定本法。

［2008 年 3 月 14 日修改全文］

第二条　【依据出生的国籍取得】

属于下列各项之一的,出生同时取得大韩民国国籍:

(一)出生当时父或母为大韩民国国民的人员;

(二)出生之前父亲死亡的,父亲死亡当时为大韩民国国民的人员;

(三)父母双方都不明确或无国籍的,出生在大韩民国的人员。

在大韩民国发现的弃婴视为出生在大韩民国。

［2008 年 3 月 14 日修改全文］

第三条　【依据认领的国籍取得】

非大韩民国国民的人员(以下简称外国人)被大韩民国国民的父或母认领,并满足下列所有要件的,向法务部长官申报,取得大韩民国国籍:

(一)属于《民法》上的未成年人;

(二)出生当时父或母为大韩民国国民。

根据第一款规定进行申报的,自申报之时起取得大韩民国国籍。

第一款规定的申报程序以及其他必要事项由总统令规定。

［2008 年 3 月 14 日修改全文］

第四条　【依据归化的国籍取得】

未曾取得大韩民国国籍的外国人,经法务部长官的归化许可,取得大韩民国国籍。

法务部长官受理归化许可申请,并审查该申请是否满足第五条至第七条规定的归化要件,对满足要件者许可归化。〈2017 年 12 月 19 日修改〉

依据第一款规定取得归化许可的人员,自在法务部长官面前做出国民宣誓、被授予归化证书之时起取得大韩民国国籍。但是,法务部长官认为因年龄、身体或精神上的障碍等原因无法理解国民宣誓的意义或无法将理解的内容表现出来的人员,可以免除国民宣誓。〈2017 年 12 月 19 日修改〉

法务部长官可以根据总统令规定,将第三款规定的接受国民宣誓、授予归化证书的业务以及同款但书所规定的免除国民宣誓的业务委任给地方出入境·外国人官署的负责人。〈2017 年 12 月 19 日新设〉

第一款至第四款规定的申请程序、审查、国民宣誓和归化证书的授予及其代行等必要事项,由总统令规定。〈2017 年 12 月 19 日修改〉

[2008 年 3 月 14 日修改全文]

第五条 【一般归化的要件】

外国人取得归化许可,除第六条和第七条规定的情形之外,应满足以下要件:〈2017 年 12 月 19 日修改〉

(一)连续五年以上在大韩民国拥有住所;

(一)之二拥有大韩民国永久居住资格;

(二)属于《民法》规定的成年人;

(三)满足法务部令规定的遵守法令等品行端正的要件;

(四)依靠自己的财产、技能或一起生活的家族,可以维持生计;

(五)具有国语能力、了解大韩民国风俗等作为大韩民国国民的基本素养;

(六)法务部长官认为许可归化不损害国家安全保障、维持秩序或公共福利。

[2008 年 3 月 14 日修改全文]

第六条 【简易归化的要件】

连续三年以上在大韩民国拥有住所的属于下列各项之一的外国人,即使不具备第五条第(一)项及第(一)之二项的要件,也可以取得归化许可:〈2017 年 12 月 19 日修改〉

(一)父或母曾为大韩民国国民;

(二)出生于大韩民国,父或母出生于大韩民国;

(三)作为大韩民国国民的养子,收养当时属于《民法》规定的成年人。

配偶为大韩民国国民且属于下列各项之一的外国人,即使不具备第五条第(一)项及第(一)之二项的要件,也可以取得归化许可:〈2017 年 12 月 19 日修改〉

(一)与该配偶以结婚的状态连续二年以上在大韩民国拥有住所;

(二)自与该配偶结婚已经过三年,且以结婚的状态连续一年以上在大韩民国拥有住所;

(三)因该配偶的死亡、失踪或其他本人无过错的事由无法继续婚姻生活,未能满足第一项、第二项所规定的期限,但曾与该配偶以结婚状态在大韩民国拥有住所,并已经过第一项或第二项规定的剩余期限,并得到法务部长官认可;

(四)虽然未能满足第一项、第二项所规定的要件,但正在养育或应该养育与该配偶结婚所生的未成年子女,并已经过第一项或第二项规定的期限,得到法务部长官认可。

[2008 年 3 月 14 日修改全文]

第七条 【特别归化的要件】

在大韩民国拥有住所的属于下列各项之一的外国人,即使不具备第五条第(一)

项、第(一)之二项、第二项或第四项的要件,也可以取得归化许可:〈2010 年 5 月 4 日、2017 年 12 月 19 日修改〉

(一)父或母为大韩民国国民。但是,《民法》规定的成年以后被收养的养子除外;

(二)对大韩民国有特殊贡献;

(三)在科学、经济、文化、体育等特定领域拥有非常优秀的能力,并被认为为大韩民国的国家利益作出贡献。

第一款第二项及第三项人员的确定标准及程序,由总统令规定。〈2010 年 5 月 4 日、2017 年 12 月 19 日修改〉

[2008 年 3 月 14 日修改全文]

第八条 【伴随取得】

属于《民法》规定的未成年外国人子女,在父或母申请归化时可以一同申请国籍。〈2017 年 12 月 19 日修改〉

依据第一款规定申请国籍的,在父或母取得大韩民国国籍时一同取得大韩民国国籍。〈2017 年 12 月 19 日修改〉

第一款规定的申请程序以及其他必要事项,由总统令规定。〈2017 年 12 月 19 日修改〉

[2008 年 3 月 14 日修改全文]

第九条 【依据国籍恢复的国籍取得】

曾经是大韩民国国民的外国人可以经法务部长官的国籍恢复许可取得大韩民国国籍。

法务部长官受理国籍恢复许可申请,有下列情形之一的,不予许可:〈2017 年 12 月 19 日修改〉

(一)有危害国家和社会事实的人员;

(二)品行不端人员;

(三)以逃避兵役为目的丧失或脱离大韩民国国籍的人员;

(四)出于保障国家安全、维持秩序或公共福利,法务部长官认为许可国籍恢复不适当的人员。

根据第一款规定获得国籍恢复许可的人员,在法务部长官面前进行国民宣誓、并授予国籍恢复证书,开始取得大韩民国国籍。但是,法务部长官认为因年龄、身体或精神上的障碍等原因无法理解国民宣誓的意义或无法将理解的内容表现出来的人员,可以免除国民宣誓。

法务部长官可以依据总统令规定内容,将第三款正文规定的接受国民宣誓、授予国籍恢复证书以及同款但书规定的免除国民宣誓的业务委任给驻外公馆负责人或地方出入境·外国人官署的负责人。〈2017 年 12 月 19 日新设〉

第一款至第四款规定的申请程序、审查、国民宣誓和国籍恢复证书的授予及其代行等必要事项,由总统令规定。〈2017 年 12 月 19 日修改〉

关于国籍恢复许可的伴随取得准用第八条规定。〈2017 年 12 月 19 日修改〉

[2008 年 3 月 14 日修改全文]

第十条 【国籍取得者的外国国籍放弃义务】

具有外国国籍的外国人取得大韩民国国籍,应自取得大韩民国国籍之日起一年内放弃该外国国籍。〈2010 年 5 月 4 日修改〉

属于下列各项规定之一的,不受第一款规定限制,可以自取得大韩民国国籍之日起一年内放弃外国国籍或依照法务部长官规定向法务部长官誓约不在大韩民国境内行使外国国籍:〈2010 年 5 月 4 日新设〉

(一)获得归化许可且属于第六条第二款第一项、第二项或第七条第一款第二项、第三项中的任一情形的人员;

(二)依据第九条规定获得国籍恢复许可的人员中法务部长官认为属于第七条第一款第二项或第三项情形的人员;

(三)在成为《民法》规定的成年人之前被外国人收养、取得外国国籍并在外国居住,之后依据第九条规定获得国籍恢复许可的人员;

(四)原居住在外国,在六十五周岁以后以永久居住为目的入境,并依据第九条规定获得国籍恢复许可的人员;

(五)因外国的法律或制度违背本人意愿无法履行第一款规定的人员中由总统令规定的人员。

未履行第一款或第二款规定的人员,经过规定期限,丧失大韩民国国籍。〈2010 年 5 月 4 日修改〉

[2008 年 3 月 14 日修改全文]

第十一条 【国籍的再次取得】

根据第十条第三款规定丧失大韩民国国籍的人员若在此后的一年内放弃外国国籍,则可以通过向法务部长官进行申报而再次取得大韩民国国籍。〈2010 年 5 月 4 日修改〉

依照第一款规定进行申报的人员,自申报之时起取得大韩民国国籍。

第一款规定的申报程序以及必要事项,由总统令规定。

[2008 年 3 月 14 日修改全文]

第十一条之二 【双重国籍者的法律地位等】

因出生以及根据本法规定同时拥有大韩民国国籍与外国国籍的人员中总统令规定的人员(以下简称双重国籍者),在适用大韩民国法令时将其仅视为大韩民国国民。〈2016 年 12 月 20 日修改〉

双重国籍者拟要从事根据相关法令规定不得由拥有外国国籍者履行的职务时,应放弃外国国籍。

中央行政机关的负责人制定或修改将双重国籍者视为外国人的法令内容时,事先应与法务部长官进行协商。

[2010 年 5 月 4 日新设本条]

第十二条 【双重国籍者的国籍选择义务】

在二十周岁之前成为双重国籍者的人员应在二十二周岁之前、在二十周岁之后成为双重国籍者的人员应自成为双重国籍者之时起二年内，依照第十三条和第四条规定选择一个国籍。但是，依照第十条第二款规定，向法务部长官作出在大韩民国境内不行使外国国籍誓约的双重国籍者除外。〈2010 年 5 月 4 日修改〉

不受第一款规定限制，根据《兵役法》第八条规定被编入兵役准备役的人员，应自被编入之日起三个月内选择一个国籍，属于第三款各项情形之一的应在二年内选择一个国籍。但是，根据第十三条规定选择大韩民国国籍的，在成为第三款各项情形之一之前也可以选择。〈2010 年 5 月 4 日、2016 年 5 月 29 日修改〉

有关直系尊亲属不以永久居住为目的在外国滞留中出生的人员履行服兵役义务的问题，只限于属于下列各项情形之一的才能根据第十四条规定进行国籍脱离申报：〈2010 年 5 月 4 日、2016 年 5 月 29 日、2019 年 12 月 31 日修改〉

（一）以现役、全职预备役、补充役或者代替役的形式完成服役或视为完成服役的情形；

（二）被编入战时劳动役的情形；

（三）受到兵役免除处分的情形。

[2008 年 3 月 14 日修改全文]

[2010 年 5 月 4 日修改标题]

第十三条 【大韩民国国籍选择程序】

拟在第十二条第一款规定的期限内取得大韩民国国籍的双重国籍者，可以在放弃外国国籍或按照法务部长官规定的程序作出不在大韩民国境内行使外国国籍的誓约以后向法务部长官申报选择大韩民国国籍。〈2010 年 5 月 4 日修改〉

拟在第十二条第一款规定的期限外取得大韩民国国籍的双重国籍者，只限于放弃外国国籍的情形才能向法务部长官申报取得大韩民国国籍。但是，属于第十二条第三款第一项情形的人员，可以自属于该情形之日起二年内依照第一款规定的方式申报选择大韩民国国籍。〈2010 年 5 月 4 日新设〉

被确认为生母以为其子女取得外国国籍为目的滞留在外国的，不受第一款以及第二款但书规定的限制，只有在放弃外国国籍的情形下才能申报选择大韩民国国籍。〈2010 年 5 月 4 日新设〉

第一款至第三款规定的申报受理要件、申报程序以及其他必要事项，由总统令规定。〈2010 年 5 月 4 日修改〉

[2008 年 3 月 14 日修改全文]

第十四条 【大韩民国国籍脱离要件及其程序】

选择外国国籍的双重国籍者，限于在外国有住所的情形，可以经住所地管辖驻外公馆负责人向法务部长官申报脱离大韩民国国籍。但是，属于第十二条第二款正文或第三款规定情形的人员，在该期限内或在发生该事由之时才能进行申报。〈2010 年 5 月 4 日修改〉

依照第一款规定进行国籍脱离申报的人员，自法务部长官受理该申报之时起丧失大韩民国国籍。〈2010 年 5 月 4 日修改〉

第一款规定的申报及受理要件、程序以及其他必要事项，由总统令规定。〈2010 年 5 月 4 日修改〉

[2008 年 3 月 14 日修改全文]

[2010 年 5 月 4 日修改标题]

第十四条之二 【关于脱离大韩民国国籍的特例】

不受第十二条第二款本文以及第十四条第一款但书规定限制，满足下列所有各项规定要件的双重国籍者在依据《兵役法》第八条规定被编入兵役准备役之日起三个月内未能申报脱离大韩民国国籍的，可以向法务部长官申请脱离大韩民国国籍：

(一)属于下列各目之一的人员：

1. 在外国出生(直系尊亲属不以永久居住为目的在外国滞留中出生的人员，除外)，并在出生以后一直在外国保有主要的生活居住地的人员；

2. 未满六岁的儿童移居外国，之后一直在外国保有主要的生活居住地的人员。

(二)依据第十二条第二款本文以及第十四条第一款但书规定在被编入兵役准备役之日起三个月内未能申报脱离国籍，有正当事由。

法务部长官作出第一款规定的许可时，应考虑下列各项事项：

(一)双重国籍者的出生地以及双重国籍的取得经过；

(二)双重国籍者的住所地以及主要居住地是否为外国；

(三)入境大韩民国的次数以及滞留目的、期间；

(四)是否行使只有大韩民国国民才能行使的权利；

(五)是否因双重国籍而在外国选择职业时受到限制或受到相当的不利；

(六)是否能够与兵役义务的履行保持公平性。

第一款规定的许可的申请，由在外国有住所的双重国籍者经该住所地管辖驻外公馆负责人向法务部长官提出。

根据第一款和第三款规定申请脱离国籍的人员，自法务部长官许可之时开始丧失国籍。

有关第一款至第四款规定的申请人的具体资格、许可时具体考虑事项、申请及许可程序等必要事项，由总统令规定。

[2022 年 9 月 15 日新设本条]

[原第十四条之二移至第十四条之三〈2022 年 9 月 15 日〉]

第十四条之三 【对双重国籍者的国籍选择命令】

对未在第十二条第一款或第二款规定期限内选择国籍的人员，法务部长官应作出使其在一年内选择一个国籍的命令。

根据第十条第二款、第十三条第一款或第二款但书规定作出不在大韩民国境内行使外国国籍誓约的双重国籍者，作出明显违反该意志行为的，法务部长官可以作出使其在六个月内选择一个国籍的命令。

依照第一款或第二款规定受到国籍选择命令的人员，若选择大韩民国国籍应放弃外国国籍。

依照第一款或第二款规定受到国籍选择命令的人员，拒不履行的，自期限经过之时起丧失大韩民国国籍。

第一款以及第二款规定的国籍选择程序和第二款规定的明显违反誓约的行为类型，由总统令规定。

[2010 年 5 月 4 日新设本条]

[原第十四条之二移至本条，原第十四条之三移至第十四条之四〈2022 年 9 月 15 日〉]

第十四条之四 【大韩民国国籍丧失决定】

属于下列各项之一的双重国籍者中法务部长官认为该双重国籍者保留大韩民国国籍明显不适当的，可以经听证会决定使其丧失大韩民国国籍。但是，依据出生取得大韩民国国籍的人员除外：

（一）在国家安保、外交关系以及国民经济等领域作出违反大韩民国国家利益的行为的情形；

（二）作出由总统令规定的对大韩民国社会秩序带来较大影响的行为的情形。

受到第一款规定之决定的人员，自受到该决定之时起丧失大韩民国国籍。

[2010 年 5 月 4 日新设本条]

[原第十四条之三移至本条，原第十四条之四移至第十四条之五〈2022 年 9 月 15 日〉]

第十四条之五 【对双重国籍者的通报义务等】

公务员在履行职务中发现双重国籍者，应及时向法务部长官通报该事实。

公务员在履行职务中有确认是否为双重国籍者的必要时，可以向当事人提出问题或要求提交必要的资料。

第一款规定的通报程序，由总统令规定。

[2010 年 5 月 4 日新设本条]

[原第十四条之四移至本条〈2022 年 9 月 15 日〉]

第十五条 【伴随外国国籍取得的国籍丧失】

大韩民国国民自行取得外国国籍的，自取得外国国籍之时起丧失大韩民国国籍。

属于下列各项之一的大韩民国国民，自取得外国国籍之日起六个月内未向法务部长官申报保留大韩民国国籍的，视为溯及至取得外国国籍之时起丧失大韩民国国籍：

（一）与外国人结婚，取得配偶国籍的人员；

（二）被外国人收养，取得其养父或养母国籍的人员；

（三）被外国人父或母认领，取得其父或母的国籍的人员；

（四）取得外国国籍而丧失大韩民国国籍的人员的配偶或未成年子女，根据外国法律跟随取得外国国籍的人员。

无法确定因取得外国国籍而丧失大韩民国国籍人员的外国国籍取得之日的，将取得外国护照之日视为取得外国国籍之日。

第二款规定的申报程序以及其他必要事项,由总统令规定。

[2008 年 3 月 14 日修改全文]

第十六条 【对国籍丧失者的处理】

丧失大韩民国国籍的人员(根据第十四条规定作出国籍脱离申报的人员除外)应向法务部长官进行国籍丧失申报。

公务员在履行职务中发现丧失大韩民国国籍者,应及时向法务部长官通报该事实。

法务部长官在履行职务中发现丧失大韩民国国籍者或依照第一款及第二款规定接到国籍丧失申报或通报,应向家族关系登记官署和住民登记官署进行通报。

第一款至第三款规定的申报和通报程序以及其他必要事项,由总统令规定。

[2008 年 3 月 14 日修改全文]

第十七条 【官报告示】

发生取得或丧失大韩民国国籍的相关事项,法务部长官应将该内容在官报上进行告示。

第一款规定的官报告示相关事项由总统令规定。

[2008 年 3 月 14 日修改全文]

第十八条 【国籍丧失者的权利变动】

丧失大韩民国国籍的人员,自丧失国籍之时起不得享有大韩民国国民专属权利。

属于第一款规定的权利中,作为大韩民国国民时取得并且可以转让的,若相关法令无特别规定,应在三年内转让给大韩民国国民。

[2008 年 3 月 14 日修改全文]

第十九条 【法定代理人作出的申报等】

未满十五周岁的人员进行本法规定的申请或申报,应由法定代理人代替进行。

[2008 年 3 月 14 日修改全文]

第二十条 【国籍判定】

法务部长官可以对是否取得或拥有大韩民国国籍不明确的人员进行审查并作出判定。

第一款规定的审查、判定程序以及其他必要事项,由总统令规定。

[2008 年 3 月 14 日修改全文]

第二十一条 【许可等的撤销】

对以虚假或其他不正当的方法取得归化许可、国籍恢复许可、国籍脱离许可或国籍拥有判定的人员,法务部长官可以撤销该许可或判定。

第一款规定的撤销标准、程序以及其他必要事项,由总统令规定。

[2008 年 3 月 14 日新设本条]

第二十二条 【国籍审议委员会】

为了审议下列有关国籍的各项事项,法务部长官下设国籍审议委员会(以下简称委员会)：

(一)有关第七条第一款第三项规定的特别归化许可的事项；

(二)有关第十四条之二规定的脱离大韩民国国籍许可的事项；

(三)有关第十四条之四规定的丧失大韩民国国籍决定的事项；

(四)其他与国籍业务相关的由法务部长官邀请审议的事项。

法务部长官在作出第一款第一项至第三项规定的许可或者决定之前,应经委员会审议。但是,明显未能满足要件等由总统令规定的事项除外。

为有效审议第一款各项规定的事项,委员会认为必要时,可以向相关行政机关负责人提出提供资料或意见的邀请,或让相关人出席并听取意见。

[2022 年 9 月 15 日新设本条]

[原第二十二条移至第二十六条〈2022 年 9 月 15 日〉]

第二十三条 【委员会的组成和运行】

委员会由包括委员长在内的三十名以内的委员组成。

委员长由法务部次官担任,委员由下列各项之人担任：

(一)在属于法务部所属高级公务员团的公务员中由法务部长官指定的人员一名；

(二)在由总统令规定的相关行政机关局长级人员或者与之相当的公务员中由法务部长官指定的人员；

(三)在国籍业务相关学识渊博、经验丰富的人员中由法务部长官指定的人员。

第二款第三项规定的委任委员,任期二年,可以连任一次。但是,在委员任期中因出现缺位而新委任的委员的任期以专任委员任期的剩余期间为准。

委员会会议,以第二十二条第一款规定的各案件为单位,由委员长指定的十名以上、十五名以内的委员组成,但其中第二十二条第三款规定的委任委员应占过半数。

委员会会议,需以委员长以及第四款指定的委员过半数参加、出席委员的过半数赞成议决。

为了处理委员会事务,设置干事一名。干事由委员长在一般职公务员中指定。

为了有效完成委员会业务,委员会可以按照类别设置分委员会。

除第一款至第七款规定事项外,有关委员会的组成和运行所需事项,由总统令规定。

[2022 年 9 月 15 日新设本条]

第二十四条 【手续费】

根据本法提出许可申请、申报或申请证明书等的人员,应依照法务部令的规定交纳手续费。

有正当事由的,可以减免第一款规定的手续费。

第一款规定的手续费的金额以及第二款规定的减免手续费的标准等必要事项,由法务部令规定。

[2018 年 9 月 18 日新设本条]

[原第二十一条之二移至本条〈2022 年 9 月 15 日〉]

第二十五条 【相关机关等的协助】

法务部长官可以向相关机关的负责人或团体的负责人提出邀请，协助执行国籍业务所必要的相关资料的提交、事实调查、身份查询、意见提出等事项。

为了执行国籍业务，法务部长官可以向相关机关的负责人邀请提供以下各项信息：

(一)犯罪经历信息；

(二)搜查经历信息；

(三)外国人犯罪处分结果信息；

(四)护照发放信息；

(五)住民登记信息；

(六)家族关系登记信息；

(七)兵籍记录等兵役相关信息；

(八)纳税证明书。

接到第一款或第二款规定的协助邀请或信息提供邀请的相关机关的负责人或团体的负责人，若无正当事由应遵从该邀请。

[2017 年 12 月 19 日新设本条]

[原第二十一条之三移至本条〈2022 年 9 月 15 日〉]

第二十六条 【权限的委任】

可以根据总统令的规定，将法务部长官的部分权限委任给地方出入境·外国人官署负责人。〈2014 年 3 月 18 日修改〉

[2010 年 5 月 4 日新设本条]

[原第二十二条移至本条〈2022 年 9 月 15 日〉]

第二十七条 【适用罚则时的公务员拟制】

委员会委员中非公务员的人员适用《刑法》第一百二十七条以及第一百二十九条至第一百三十二条规定时，将其视为公务员。

[2022 年 9 月 15 日新设本条]

附则〈法律第 18978 号，2022 年 9 月 15 日〉

第一条 【施行日】

本法自 2022 年 10 月 1 日起施行。

第二条 【有关脱离大韩民国国籍特例的适用例】

第十四条之二的修改规定，自本法施行之后申请脱离大韩民国国籍的许可开始适用。

第十四条之二的修改规定，也适用于本法施行当时被编入兵役准备役之日经过三个月的双重国籍者。

第三条 【有关委员会设置的适用例和经过措施】

第二十二条规定的委员会审议事项,自本法施行以后法务部长官接受申请或认为有必要作出国籍丧失决定的情形开始适用。

不受第一款规定限制,在本法施行当时由根据总统令设立的原委员会审议中的事项,可以由第二十二条规定的委员会继续进行审议。

根据总统令设立的原委员会中委任为民间委员的人员,视为根据第二十三条第二款第三项修改规定指定的委任委员。这种情形,委任委员的任期自之前依据总统令委任的时间开始计算。

(延边大学 蔡永浩 译)

大韩民国宪法裁判所法

［2022年2月3日施行］［法律第18836号,2022年2月3日部分修改］

第一章　总则〈2011年4月5日修改〉

第一条　【目的】

本法的目的是规定宪法裁判所的组织以及运行和关于其审判程序的必要事项。

［2011年4月5日修改全文］

第二条　【管辖事项】

宪法裁判所管辖下列各项规定的事项：

（一）依法院提请的,法律是否违宪的审判；

（二）弹劾审判；

（三）政党解散审判；

（四）关于国家机关相互间、国家机关与地方自治团体之间以及地方自治团体相互之间权限争议的审判；

（五）关于宪法诉愿的审判。

［2011年4月5日修改全文］

第三条　【构成】

宪法裁判所由九名裁判官构成。

［2011年4月5日修改全文］

第四条　【裁判官的独立】

裁判官根据宪法和法律,依良心独立进行审判。

［2011年4月5日修改全文］

第五条　【裁判官的资格】

在符合下列各项之一的职务中从业十五年以上,且年满四十岁以上的人选中,任命裁判官。但是,针对曾经于下列二个以上职务中从业的人员,合算该在职期间：

（一）非为大法官的法官、检察官、律师；

（二）作为具有律师资格的人,在国家机关、国营或者公营企业、依《关于公共机关运营的法律》第四条的公共机关或者其他法人中,从事法律相关事务的人；

(三)作为具有律师资格的人,曾任职于公认大学法学助教授以上职务的人。

符合下列各项之一的人,不得任命为裁判官:〈2020 年 6 月 9 日修改〉

(一)依其他法令不得任用为公务员的人;

(二)宣告为监禁以上刑罚的人;

(三)弹劾罢免后,未满五年的人;

(四)自丧失《政党法》第二十二条中政党党员身份或者党员身份之日起未满三年的人;

(五)自登记为《公职选举法》第二条的选举候选人(包含预备候选人)之日起未满五年的人;

(六)在依《公职选举法》第二条的总统选举中,为候选人的当选提供咨询或者顾问服务之日起未满三年的人。

第二款第六项中提供咨询者或者顾问者的具体范围,由宪法裁判所规则规定。〈2020 年 6 月 9 日新设〉

[2011 年 4 月 5 日修改全文]

第六条 【裁判官的任命】

总统任命裁判官。此时,在国会选出人选中,任命三名裁判官,在大法院院长指定的人选中,任命三名裁判官。

应当经国会的人事听证后,任命、选出或者指定裁判官。此时,总统在任命裁判官(排除由国会选出或者大法院院长指定的人选)前,大法院院长在指定裁判官前提请进行人事听证。

当裁判官任期届满或者已经达到退休年龄时,应当于任期届满日或者退休年龄日前任命继任者。

当任期中裁判官缺员时,应当自缺员之日起的三十日以内任命继任者。

不受第三款以及第四款规定限制,当由国会选出的裁判官于国会闭会或者休会期间任期届满或者已经达到退休年龄再或者缺员时,国会应当自下次集会开始日起的三十日以内选出继任者。

[2011 年 4 月 5 日修改全文]

第七条 【裁判官的任期】

裁判官的任期为六年,可以连任。

裁判官的退休年龄为七十岁。〈2014 年 12 月 30 日修改〉

[2011 年 4 月 5 日修改全文]

第八条 【裁判官的身份保障】

非因符合下列各项之一的情形,不得违背裁判官意思实施解任:

(一)作出弹劾决定的情形;

(二)宣告为监禁以上刑罚的情形。

[2011 年 4 月 5 日修改全文]

第九条 【禁止裁判官参与政治】

裁判官不得加入政党或者参与政治。

[2011 年 4 月 5 日修改全文]

第十条 【规则制定权】

宪法裁判所在不与本法和其他法律相抵触的范围内，可以制定关于审判程序、内部纪律和事务处理的规则。

宪法裁判所规则以刊载于官报的形式公布。

[2011 年 4 月 5 日修改全文]

第十条之二 【立法意见的提出】

宪法裁判所所长认为有必要制定或者修改关于宪法裁判所的组织、人事、运行、审判程序和其他有关宪法裁判所业务的法律时，可以向国会书面提出其意见。

[2011 年 4 月 5 日修改全文]

第十一条 【经费】

宪法裁判所的经费独立计入国家的预算。

第一款的经费中设立预备金。

[2011 年 4 月 5 日修改全文]

第二章 组织〈2011 年 4 月 5 日修改〉

第十二条 【宪法裁判所所长】

宪法裁判所设宪法裁判所所长。

宪法裁判所所长经国会同意，由总统在裁判官中任命。

宪法裁判所所长代表宪法裁判所，总揽宪法裁判所的事务，指挥、监督所属公务员。

当宪法裁判所所长缺位或者因不得已事由不能履行职务时，由其他裁判官依照宪法裁判所规则规定的顺序，代行该权限。

[2011 年 4 月 5 日修改全文]

第十三条 删除〈1991 年 11 月 30 日〉

第十四条 【裁判官的兼任禁止】

裁判官不得兼任下列各项之一的职务或者从事以营利为目的的事业：

(一)国会或者地方议会的议员；

(二)国会、政府或者法院的公务员；

(三)法人、团体等的顾问、负责人或者职员。

[2011 年 4 月 5 日修改全文]

第十五条 【宪法裁判所所长等的待遇】

宪法裁判所所长的待遇和报酬依大法院院长之例，裁判官为政务职，其待遇和报酬依大法官之例。

[2011 年 4 月 5 日修改全文]

第十六条 【裁判官会议】

裁判官会议由裁判官全员组成,宪法裁判所所长任议长。

裁判官会议的议决需有裁判官全员的三分之二以上出席和出席人员过半数的赞成。〈2022 年 2 月 3 日修改〉

议决中,议长享有表决权。

下列各项规定的事项必须经裁判官会议的决定:

(一)有关宪法裁判所规则的制定和修改、依第十条之二提出立法意见的事项;

(二)有关预算要求、预备金支出和决算的事项;

(三)有关任免事务处长、事务次长、宪法裁判研究院院长、宪法研究官以及三级以上公务员的事项;

(四)认为特别重要的事项中,由宪法裁判所所长附议于裁判官会议的事项。

有关裁判官会议运行的必要事项,由宪法裁判所规则规定。

[2011 年 4 月 5 日修改全文]

第十七条 【事务处】

为了处理宪法裁判所的行政事务,在宪法裁判所设置事务处。

事务处设事务处长和事务次长。

事务处长受宪法裁判所所长的指挥,掌管事务处的事务,指挥、监督所属公务员。

事务处长可以出席国会或者国务会议,就有关宪法裁判所的行政事务发言。

针对宪法裁判所所长作出的处分,宪法裁判所事务处长成为行政诉讼的被告。

事务次长辅佐事务处长,当事务处长因不得已事由无法履行职务时,代行该职务。

事务处设室、局、科。

室设室长,局设局长,科设科长,在事务处长、事务次长、室长或者局长所属下可以设置辅佐政策规划、计划起草、研究和调查、审查和评价以及宣传业务的审议官或者担当官。

作为本法中未规定的事项,有关事务处的组织、职务范围、事务处公务员的员额、其他必要事项,由宪法裁判所规则规定。

[2011 年 4 月 5 日修改全文]

第十八条 【事务处公务员】

事务处长为政务职,报酬金额同于国务委员的报酬。

事务次长为政务职,报酬金额同于次官的报酬。

室长任命为一级或者二级、局长任命为二级或者三级、审议官以及担当官任命为二级至四级、科长任命为三级或者四级的一般职国家公务员。但是,担当官中的一人可以任命为相当于三级或者四级的别定职国家公务员。

事务处公务员由宪法裁判所所长任免。但是,三级以上公务员的情形,应当经裁判官会议的议决。

宪法裁判所所长可以向其他国家机关提请派遣该所属公务员工作于宪法裁判所

事务处。

[2011 年 4 月 5 日修改全文]

第十九条 【宪法研究官】

宪法裁判所设置宪法裁判所规则规定人数的宪法研究官。〈2011 年 4 月 5 日修改〉

宪法研究官为特定职国家公务员。〈2011 年 4 月 5 日修改〉

宪法研究官受宪法裁判所所长之命，从事案件审理以及有关审判的调查和研究。〈2011 年 4 月 5 日修改〉

宪法研究官由宪法裁判所所长于下列各项之一的人中，经裁判官会议的议决后，予以任用：〈2011 年 4 月 5 日修改〉

（一）具有非为大法官的法官、检察官或者律师资格的人；

（二）曾任职于公认大学法学助教授以上职务的人；

（三）在国会、政府或者法院等国家机关中，作为四级以上的公务员，从事五年以上有关法律事务的人；

（四）作为具有法学博士学位的人，在国会、政府、法院或者宪法裁判所等国家机关中，从事五年以上有关法律事务的人；

（五）作为具有法学博士学位的人，在宪法裁判所规则规定的大学等公认研究机关中，从事五年以上有关法律事务的人。

删除第五款〈2003 年 3 月 12 日〉

符合下列各项之一的人，不得任用为宪法研究官：〈2011 年 4 月 5 日修改〉

（一）符合《国家公务员法》第三十三条各项之一的人；

（二）宣告为监禁以上刑罚的人；

（三）依弹劾决定罢免后，未满五年的人。

宪法研究官的任期为十年，可以连任，退休年龄为六十岁。〈2011 年 4 月 5 日修改〉

宪法研究官符合第六款各项之一时，当然退职。但是，当符合《国家公务员法》第三十三条第五项时，除外。〈2011 年 4 月 5 日修改〉

宪法裁判所所长可以向其他国家机关提请派遣该所属公务员就任为宪法裁判所的宪法研究官。〈2011 年 4 月 5 日修改〉

事务次长可以兼任宪法研究官的职务。〈2011 年 4 月 5 日修改〉

宪法裁判所所长可以将宪法研究官任命或者要求兼任从事案件审理以及审判的调查和研究之外的职务。此时，宪法研究官的人数由宪法裁判所规则规定，依职务中高额职务支付报酬。〈2011 年 4 月 5 日、2014 年 12 月 30 日修改〉

[2011 年 4 月 5 日修改标题]

第十九条之二 【宪法研究官补】

新任用宪法研究官时，经任用为三年期限的宪法研究官补后，通过考虑其工作业绩任用为宪法研究官。但是，通过考虑经历以及业务能力等，可以依宪法裁判所规则免除或者缩短任用宪法研究官补的期间。

宪法裁判所所长经裁判官会议的议决,任用宪法研究官补。

宪法研究官补为别定职国家公务员,其报酬和升职标准依宪法研究官之例。

当宪法研究官补的工作业绩不良时,经裁判官会议的议决,可以予以免职。

宪法研究官补的工作期间计入本法以及其他法令中规定的宪法研究官在职期间。

[2011 年 4 月 5 日修改全文]

第十九条之三 【宪法研究委员】

可以在宪法裁判所设置宪法研究委员。宪法研究委员从事案件审理以及有关审判的专门调查和研究。

通过确定三年以内的期间范围,任用宪法研究委员。

宪法研究委员为相当于二级或者三级的别定职公务员或者为《国家公务员法》第二十六条之五中的任期制公务员,关于其职制以及资格等,由宪法裁判所规则规定。〈2012 年 12 月 11 日修改〉

[2007 年 12 月 21 日新设本条]

第十九条之四 【宪法裁判研究院】

为了研究宪法以及宪法裁判、教育宪法研究官和事务处公务员等,于宪法裁判所设置宪法裁判研究院。

宪法裁判研究院的员额控制在包含院长一人的四十人以内,院长下设部长、组长、研究官以及研究员。〈2014 年 12 月 30 日修改〉

宪法裁判所所长经裁判官会议的议决,将宪法研究官任命为院长或者将院长任命为一级一般职国家公务员。〈2014 年 12 月 30 日新设〉

部长任命为宪法研究官或者二级或三级一般职公务员,组长任命为宪法研究官或者三级或四级一般职公务员,研究官以及研究员任命为宪法研究官或者一般职公务员。〈2014 年 12 月 30 日修改〉

研究官以及研究员在符合下列各项之一的人选中,由宪法裁判所所长补充或者经宪法裁判研究院院长的提请由宪法裁判所所长任命:〈2014 年 12 月 30 日新设〉

(一)宪法研究官;

(二)具有律师资格的人(包含国外律师资格);

(三)作为取得学士或者硕士学位的人,具有宪法裁判所规则规定的成果或者经历的人;

(四)取得博士学位的人。

其他有关宪法裁判研究院组织和运行的必要事项,由宪法裁判所规则规定。〈2014 年 12 月 30 日新设〉

[2011 年 4 月 5 日修改全文]

第二十条 【宪法裁判所所长的秘书室等】

在宪法裁判所设宪法裁判所所长的秘书室。

宪法裁判所所长秘书室设秘书室长一人,秘书室长任命为相当于一级的别定职国家公务员,受宪法裁判所所长之命,掌管有关机密的事务。

第二款未规定的事项中,有关宪法裁判所所长秘书室组织、运行的必要事项,由宪法裁判所规则规定。

在宪法裁判所设裁判官的秘书官。

裁判官的秘书官任命为四级一般职国家公务员或者相当于四级的别定职国家公务员,受裁判官之命,掌管有关机密的事务。

[2011 年 4 月 5 日修改全文]

第二十一条 【书记以及廷吏】

在宪法裁判所设书记以及廷吏。

宪法裁判所所长从事务处职员中指定书记以及廷吏。

书记受裁判长之命,承担有关案件文书的制作、保管或者送达的事务。

廷吏维持审判庭的秩序和执行裁判长命令的其他事务。

[2011 年 4 月 5 日修改全文]

第三章 一般审判程序〈2011 年 4 月 5 日修改〉

第二十二条 【裁判部】

除本法有特别规定的情形外,宪法裁判所的审判由裁判官全员组成的裁判部掌管。

宪法裁判所所长担任裁判部的裁判长。

[2011 年 4 月 5 日修改全文]

第二十三条 【审判法定人数】

裁判部以裁判官七人以上出席,审理案件。

裁判部以参与终审的裁判官过半数赞成,作出关于案件的决定。但是,符合下列各项之一的情形时,应当有裁判官六人以上的赞成:

(一)法律的违宪决定、弹劾的决定、政党解散的决定或者有关宪法诉愿的认容决定;

(二)变更先前宪法裁判所作出的有关解释适用宪法或者法律的意见。

[2011 年 4 月 5 日修改全文]

第二十四条 【除斥、忌避以及回避】

符合下列各项之一的情形时,裁判官应当除斥于其职务执行:

(一)裁判官为当事人或者当事人的配偶或曾为配偶的情形;

(二)裁判官与当事人存在亲属关系或者曾存在亲属关系的情形;

(三)裁判官为案件作证言或者鉴定的情形;

(四)裁判官为案件当事人的代理人或者曾为代理人的情形;

(五)其他因裁判官于宪法裁判所外以职务上或者职业上的理由,参与该案件的情形。

裁判部依职权或者依当事人的申请作出除斥决定。

当存在难以期待裁判官公正审判的事由时,当事人可以提出忌避申请。但是,于辩论当天出席并对本案进行陈述时,除外。

当事人不得对同一案件提出忌避二名以上裁判官的申请。

当存在第一款或者第三款事由时,裁判官经裁判长的许可,可以申请回避。

有关当事人除斥以及忌避申请的审判,准用《民事诉讼法》第四十四条、第四十五条、第四十六条第一款和第二款以及第四十八条的规定。

[2011 年 4 月 5 日修改全文]

第二十五条 【代表人和代理人】

在各类审判程序中,政府为当事人(包括参加人。下同)时,由法务部长官代表政府。

在各类审判程序中,作为当事人的国家机关或者地方自治团体可以选任律师或者具有律师资格的所属职员为代理人,履行审判程序。

在各类审判程序中,作为当事人的私人不得不选任律师为代理人,否则不得提出审判请求或者履行审判程序。但是,当事人具有律师资格时,除外。

[2011 年 4 月 5 日修改全文]

第二十六条 【审判请求的方式】

宪法裁判所的审判请求始于按照各审判事项规定的内容向宪法裁判所提交请求书。但是,在违宪法律审判中,以法院的提请书;在弹劾审判中,以国会的追诉议决书正本代替请求书。

在请求书中,可以附加必要的证据材料或者参考资料。

[2011 年 4 月 5 日修改全文]

第二十七条 【请求书的送达】

当宪法裁判所受理请求书时,应当及时将该副本送达被请求机关或者被请求人(以下简称被请求人)。

当有违宪法审判的提请时,向法务部长官以及该诉讼案件的当事人送达该提请书的副本。

[2011 年 4 月 5 日修改全文]

第二十八条 【审判请求的补正】

裁判长认为审判请求虽不合法,但可以补正时,可以确定相当期间要求补正。

第一款补正中的书面形式,准用第二十七条第一款的规定。

依第一款完成补正时,应当视审判请求自始合法。

第一款中的补正期间不计入第三十八条的审判期间。

裁判长认为必要时,可以赋予裁判官中的一人行使第一款中补正要求的权限。

[2011 年 4 月 5 日修改全文]

第二十九条 【答辩书的提出】

收到请求书或者补正书面材料的被请求人,可以向宪法裁判所提出答辩书。

答辩书中记载应对审判请求的宗旨和理由的答辩。

[2011年4月5日修改全文]

第三十条 【审理方式】

有关弹劾审判、政党解散审判以及权限争议审判,以口头形式辩论。

有关违宪法律的审判和宪法诉愿的审判,以书面形式审理。但是,裁判部认为有必要时,可以开展辩论,听取当事人、利害关系人、其他参考人的陈述。

裁判部开展辩论时,应当确定日期传唤当事人和关系人。

[2011年4月5日修改全文]

第三十一条 【证据调查】

为了审理案件,裁判部认为必要时,可以依职权或者依当事人的申请,进行下列各项的证据调查:

(一)讯问当事人或者证人;

(二)要求当事人或者关系人提交其持有的文书、账簿、物件或者其他证据材料,并予以暂扣;

(三)命令具备特别学识和经验的人实施鉴定;

(四)检证必要的物品、人、场所或者其他事物的性状或者状况。

裁判长认为必要时,可以指定裁判官中的一人行使第一款中的证据调查。

[2011年4月5日修改全文]

第三十二条 【要求提交资料等】

裁判部可以通过决定,要求其他国家机关或者公共团体的机关确认审判所需事实、移送记录或者提交资料。但是,针对正在进行中的裁判、追诉或者犯罪侦查的案件记录,不得要求移送。

[2011年4月5日修改全文]

第三十三条 【审判的场所】

在审判庭,进行审判的辩论和终局决定的宣告。但是,宪法裁判所所长认为必要时,可以在审判庭外的场所进行辩论或者宣告终局决定。

[2011年4月5日修改全文]

第三十四条 【审判的公开】

审判的辩论和决定的宣告须公开。但是,书面审理和评议不予公开。

关于宪法裁判所的审判,准用《法院组织法》第五十七条第一款但书和同条第二款以及第三款的规定。

[2011年4月5日修改全文]

第三十五条 【审判的指挥和法庭警察权】

裁判长负责审判庭的秩序和辩论的指挥以及评议的整理。

关于宪法裁判所审判庭的秩序维持和用语的使用,准用《法院组织法》第五十八条至第六十三条的规定。

[2011年4月5日修改全文]

第三十六条 【终局决定】

裁判部结束审理时,作出终局决定。

作出终局决定时,制作记载下列各项规定事项的决定书,并由参加审判的全体裁判官签名盖章:

(一)案件号和案件名;

(二)注明当事人和审判履行人或者代理人;

(三)主文;

(四)理由;

(五)决定日期。

参加审判的裁判官应当于决定书中注明意见。

宣告终局决定后,书记应当及时制作决定书正本送达当事人。

终局决定依宪法裁判所规则的规定刊载于官报或者依其他方法予以公示。

[2011 年 4 月 5 日修改全文]

第三十七条 【审判费用等】

宪法裁判所的审判费用由国家负担。但是,依当事人的申请进行的证据调查费用,可以根据宪法裁判所规则的规定,使该申请人负担。

针对宪法诉愿审判的请求人,宪法裁判所可以令其缴纳宪法裁判所规则所规定的保证金。

在符合下列各项之一的情形下,宪法裁判所依宪法裁判所规则的规定,可以令保证金的全部或者部分归属于国库:

(一)不予受理宪法诉愿审判请求的情形;

(二)驳回宪法诉愿审判请求时,认定审判请求属于滥用权利的情形。

[2011 年 4 月 5 日修改全文]

第三十八条 【审判期限】

宪法裁判所应当自受理审判案件之日起的一百八十日以内,宣告终局决定。但是,因裁判官的缺位不可能出席七人时,其缺位期间不计入审判期间。

[2011 年 4 月 5 日修改全文]

第三十九条 【一事不再理】

针对已经审理过的同一案件,宪法裁判所不得重新作出审判。

[2011 年 4 月 5 日修改全文]

第三十九条之二 【生效审判记录的阅览和复印】

基于权利救济、学术研究或者公益的目的,任何人都可以申请阅览或者复印生效审判的案件记录。但是,在符合下列各项之一的情形下,宪法裁判所所长可以限制阅览或者复印案件记录:

(一)以不公开形式进行辩论的情形;

(二)若公开案件记录,有可能显著侵害国家的安全保障、善良的风俗、公共秩序的维持或者公共福利的情形;

（三）若公开案件记录，有可能显著侵害关系人的名誉、私生活的秘密、营业秘密（是指《不正竞争防止以及营业秘密保护的相关法律》第二条第二项中规定的营业秘密）或者生命和身体的安全、生活安稳的情形。

当宪法裁判所所长依第一款但书限制阅览或者复印案件记录时，应当明示该理由，通知申请人。

关于第一款中案件记录的阅览或者复印等必要事项，由宪法裁判所规则规定。

阅览或者复印案件记录的人不得作出利用经阅览或者复印获知的事项实施侵害公共秩序或者善良风俗、损毁关系人名誉或者生活安稳的行为。

[2011年4月5日修改全文]

第四十条 【准用规定】

关于宪法裁判所的审判程序，除本法有特别规定的情形外，在不违反宪法裁判性质的限度内，准用民事诉讼的相关法令。此时，在弹劾审判的情形下，准用刑事诉讼的相关法令；在权限争议审判以及宪法诉愿审判的情形下，一并准用《行政诉讼法》。

在第一款第二句的情形下，当刑事诉讼的相关法令或者《行政诉讼法》同民事诉讼的相关法令抵触时，不予准用民事诉讼的相关法令。

[2011年4月5日修改全文]

第四章 特别审判程序〈2011年4月5日修改〉

第一节 违宪法律审判〈2011年4月5日修改〉

第四十一条 【违宪与否审判的提请】

当法律的违宪与否成为裁判的前提时，承担该案件的法院（包含军事法院。下同）依职权或者依当事人的申请，以决定的形式向宪法裁判所提请违宪与否的审判。

第一款中当事人的申请，以记载第四十三条第二项至第四项之事项的书面形式进行。

关于审查第二款的书面申请材料，准用《民事诉讼法》第二百五十四条的规定。

不得抗告针对违宪与否审判的提请决定。

除大法院外的法院作出第一款的提请时，应当经由大法院提请至宪法裁判所。

[2011年4月5日修改全文]

第四十二条 【裁判的停止等】

法院向宪法裁判所提请法律违宪与否的审判时，在宪法裁判所作出违宪与否的决定前，停止该诉讼案件的裁判。但是，法院认为紧急时，可以进行除终局裁判外的诉讼程序。

第一款第一句中的停止裁判期间，不计入《刑事诉讼法》第九十二条第一款、第二款以及《军事法院法》第一百三十二条第一款、第二款中的拘禁期间和《民事诉讼法》

第一百九十九条中的判决宣告期间。

［2011 年 4 月 5 日修改全文］

第四十三条 【提请书的记载事项】

法院向宪法裁判所提请法律违宪与否的审判时，应当于提请书中记载下列各项规定的事项：

（一）注明提请法院；

（二）注明案件以及当事人；

（三）解释为违宪的法律或者法律条款；

（四）解释为违宪的理由；

（五）其他的必要事项。

［2011 年 4 月 5 日修改全文］

第四十四条 【诉讼案件当事人等的意见】

相应诉讼案件的当事人以及法务部长官可以向宪法裁判所提出法律违宪与否的意见书。

［2011 年 4 月 5 日修改全文］

第四十五条 【违宪决定】

宪法裁判所仅决定被提请的法律或者法律条款的违宪与否。但是，认为因法律条款的违宪决定导致不能实施全部法律时，可以对该全部法律作出违宪决定。

［2011 年 4 月 5 日修改全文］

第四十六条 【决定书的送达】

宪法裁判所自作出决定之日起的十四日以内，向提请法院送达决定书正本。此时，提请法院非为大法院的情形下，应当经由大法院送达决定书正本。

［2011 年 4 月 5 日修改全文］

第四十七条 【违宪决定的效力】

法律的违宪决定羁束法院和其他国家机关以及地方自治团体。

决定为违宪的法律或者法律条款自作出该决定之日起丧失效力。〈2014 年 5 月 20 日修改〉

不受第二款规定限制，关于刑罚的法律或者法律条款经溯及后，丧失该效力。但是，针对该法律或者法律条款，曾存在作出合宪决定的案件时，溯及至作出该决定之日起的次日后，丧失效力。〈2014 年 5 月 20 日新设〉

在第三款的情形下，针对依决定为违宪的曾经法律或者法律条款而作出的有罪生效判决，可以请求再审。〈2014 年 5 月 20 日修改〉

针对第四款的再审，准用《刑事诉讼法》的规定。〈2014 年 5 月 20 日修改〉

［2011 年 4 月 5 日修改全文］

第二节 弹劾审判〈2011 年 4 月 5 日修改〉

第四十八条 【弹劾追诉】

符合下列各项之一的公务员在职务执行中违反宪法或者法律时,国会可以根据宪法以及《国会法》作出弹劾追诉的议决:

(一) 总统、国务总理、国务委员以及行政各部的首长;

(二) 宪法裁判所裁判官、法官以及中央选举管理委员会委员;

(三) 监查院院长以及监查委员;

(四) 其他法律规定的公务员。

[2011 年 4 月 5 日修改全文]

第四十九条 【追诉委员】

在弹劾审判中,国会法制司法委员会的委员长担任追诉委员。

追诉委员通过向宪法裁判所提出追诉议决书的正本请求弹劾审判,可以在审判辩论时,讯问被请求人。

[2011 年 4 月 5 日修改全文]

第五十条 【权限行使的停止】

受弹劾追诉议决的人,在宪法裁判所作出审判前,停止行使该权限。

[2011 年 4 月 5 日修改全文]

第五十一条 【审判程序的停止】

以针对被请求人的弹劾审判请求同一的事由,正在进行刑事诉讼时,裁判部可以停止审判程序。

[2011 年 4 月 5 日修改全文]

第五十二条 【当事人的不出席】

当事人未于辩论当日出席时,应当重新确定日期。

若当事人未于重新确定日期出席时,可以忽略其出席直接进行审理。

[2011 年 4 月 5 日修改全文]

第五十三条 【决定的内容】

当弹劾审判请求有理由时,宪法裁判所宣告被请求人从该公职中罢免的决定。

被请求人在宣告决定前已经从该公职中罢免时,宪法裁判所应当驳回审判请求。

[2011 年 4 月 5 日修改全文]

第五十四条 【决定的效力】

弹劾决定并不免除被请求人民事或者刑事上的责任。

依弹劾决定罢免的人,自决定宣告之日起的五年内不得担任公务员。

[2011 年 4 月 5 日修改全文]

第三节　政党解散审判〈2011 年 4 月 5 日修改〉

第五十五条　【政党解散审判的请求】

当政党的目的或者活动违背民主的基本秩序时，政府经国务会议的审议，可以向宪法裁判所请求政党解散审判。

[2011 年 4 月 5 日修改全文]

第五十六条　【请求书的记载事项】

政党解散请求书中，应当记载下列各项规定的事项：

(一)注明要求解散的政党；

(二)请求理由。

[2011 年 4 月 5 日修改全文]

第五十七条　【假处分】

宪法裁判所受理政党解散审判时，依职权或者依请求人的申请，在宣告终局决定前，可以作出停止被请求人活动的决定。

[2011 年 4 月 5 日修改全文]

第五十八条　【请求等的通知】

当有政党解散审判请求时、作出假处分决定时以及终了该审判时，宪法裁判所所长应当向国会和中央选举管理委员会通知该事实。

命令解散政党的决定书，除被请求人外，还应当送达国会、政府以及中央选举管理委员会。

[2011 年 4 月 5 日修改全文]

第五十九条　【决定的效力】

当宣告令政党解散的决定时，该政党即被解散。

[2011 年 4 月 5 日修改全文]

第六十条　【决定的执行】

宪法裁判所令政党解散的决定，由中央选举管理委员会依《政党法》的规定执行。

[2011 年 4 月 5 日修改全文]

第四节　权限争议审判〈2011 年 4 月 5 日修改〉

第六十一条　【请求事由】

当国家机关相互间、国家机关和地方自治团体之间以及地方自治团体相互间发生权限的有无或者范围上的争议时，该国家机关或者地方自治团体可以向宪法裁判所请求权限争议审判。

第一款的审判请求仅于被请求人的处分或者不作为侵害宪法或者法律赋予请求

人的权限或者存在导致侵害的显著危险时，才得以提起。

[2011年4月5日修改全文]

第六十二条 【权限争议审判的种类】

权限争议审判的种类有下列各项：〈2018年3月20日修改〉

(一)国家机关相互间的权限争议审判

1. 国会、政府、法院以及中央选举管理委员会相互间的权限争议审判。

(二)国家机关和地方自治团体间的权限争议审判

1. 政府和特别市、广域市、特别自治市、道或者特别自治道间的权限争议审判；

2. 政府和市、郡或者作为地方自治团体的区(以下简称自治区)间的权限争议审判。

(三)地方自治团体相互间的权限争议审判

1. 特别市、广域市、特别自治市、道或者特别自治道相互间的权限争议审判；

2. 市、郡或者自治区相互间的权限争议审判；

3. 特别市、广域市、特别自治市、道或者特别自治道和市、郡或者自治区间的权限争议审判。

当权限争议为依《地方教育自治法》第二条中有关教育、艺术的地方自治团体事务时，教育监成为第一款第二项以及第三项的当事人。

[2011年4月5日修改全文]

第六十三条 【请求期限】

权限争议审判应当自知道该事由发生之日起的六十日以内、自该事由存在之日起的一百八十日以内提出请求。

第一款的期限为不变期限。

[2011年4月5日修改全文]

第六十四条 【请求书的记载事项】

权限争议审判的请求书中，应当记载下列各项规定的事项：

(一)注明请求人或者请求人隶属的机关以及审判履行人或者代理人；

(二)注明被请求人；

(三)成为审判对象的被请求人处分或者不作为；

(四)请求理由；

(五)其他必要事项。

[2011年4月5日修改全文]

第六十五条 【假处分】

宪法裁判所受理权限争议审判时，依职权或者依请求人的申请，在宣告终局决定前，可以作出停止对作为审判对象的被请求人处分的决定。

[2011年4月5日修改全文]

第六十六条 【决定的内容】

宪法裁判所就成为审判对象的国家机关或者地方自治团体的权限有无或者范围作出判断。

在第一款的情形下，宪法裁判所可以撤销成为权限侵害原因的被请求人处分或者确认其无效，当宪法裁判所针对不作为的审判请求作出认容决定时，被请求人应当依决定的宗旨作出处分。

[2011 年 4 月 5 日修改全文]

第六十七条 【决定的效力】

宪法裁判所的权限争议审判决定，羁束一切国家机关和地方自治团体。

撤销国家机关或者地方自治团体处分的决定，不影响对该处分相对人已经发生的效力。

[2011 年 4 月 5 日修改全文]

第五节 宪法诉愿审判〈2011 年 4 月 5 日修改〉

第六十八条 【请求事由】

因公权力的行使或者不行使，导致宪法上保障的基本权受到侵害的人，除法院的裁判外，可以向宪法裁判所请求宪法诉愿审判。但是若有其他法律上的救济程序时，穷尽该程序后，方能提起请求。

当依第四十一条第一款提出的法律违宪与否审判的提请申请被驳回时，提出该申请的当事人可以向宪法裁判所请求宪法诉愿审判。此时，该当事人在该案件的诉讼程序中，不得以同一事由为理由重新申请违宪与否审判的提请。

[2011 年 4 月 5 日修改全文]

[限定违宪，2016Hun-Ma33，2016 年 4 月 28 日，《宪法裁判所法》(2011 年 4 月 5 日)第六十八条第一款第一句中"除法院的裁判外"部分，当对此解释为包含了通过适用宪法裁判所作出违宪决定的法令，而作出的侵害国民基本权的裁判时，违反宪法]

第六十九条 【请求期间】

第六十八条第一款中的宪法诉愿审判，应当自知道该事由发生之日起的九十日内、自该事由存在之日起的一年内提出请求。但是，经由其他法律的救济程序后，提请的宪法诉愿审判，自收到该最终决定通知之日起的三十日以内提出请求。

第六十八条第二款中的宪法诉愿审判，应当自收到驳回违宪与否审判的提请申请之决定通知日起的三十日以内提出请求。

[2011 年 4 月 5 日修改全文]

第七十条 【国选代理人】

欲请求宪法诉愿审判的人，无财力选任律师为代理人时，可以向宪法裁判所申请选任国选代理人。此时，依第六十九条规定的请求期间以提出国选代理人选任申请之日为基准而定。

不受第一款规定限制，当宪法裁判所认为存在公益上的必要时，可以选任国选代理人。

在发生第一款申请的情形或者第二款的情形下，宪法裁判所依宪法裁判所规则的规定从律师中选定国选代理人。但是,该审判请求明显不合法或者没有理由的情形下,或者认为属于滥用权利的情形下,可以不予选定国选代理人。

宪法裁判所决定不予选定国选代理人时,应当及时向申请人通知该事实。此时,自申请人提出选任申请之日起至收到通知之日的期间,不计入第六十九条的请求期间。

依第三款选定的国选代理人自选定之日起的六十日内,应当向宪法裁判所提交记载第七十一条规定事项的审判请求书。

依宪法裁判所规则的规定,由国库支付依第三款选定的国选代理人报酬。

[2011 年 4 月 5 日修改全文]

第七十一条 【请求书的记载事项】

依第六十八条第一款规定的宪法诉愿,审判请求书中应当记载下列各项规定的事项:

(一)注明请求人以及代理人;

(二)被侵害的权利;

(三)成为侵害原因的公权力行使或者不行使;

(四)请求理由;

(五)其他必要事项。

依第六十八条第二款规定的宪法诉愿,关于审判请求书的记载事项,准用第四十三条的规定。此时,第四十三条第一项中的"注明提请法院"视为"注明请求人以及代理人"。

宪法诉愿的审判请求书中,应当附加选任代理人的证明材料或者国选代理人选任通知书。

[2011 年 4 月 5 日修改全文]

第七十二条 【事前审查】

宪法裁判所所长可以在宪法裁判所设置由三名裁判官组成的指定裁判部,承担宪法诉愿审判的事前审查。〈2011 年 4 月 5 日修改〉

删除第二款〈1991 年 11 月 30 日〉

符合下列各项之一的情形下,指定裁判部可以依指定裁判部全员一致意见的决定,不予受理宪法诉愿的审判请求:〈2011 年 4 月 5 日修改〉

(一)仍有其他法律上的救济程序时,未穷尽该程序或者针对法院的裁判请求宪法诉愿审判的情形;

(二)超出第六十九条的请求期间后,请求宪法诉愿审判的情形;

(三)未经选任第二十五条中的代理人,提起请求的情形;

(四)其他宪法诉愿审判的请求不合法,且无法补正该缺陷的情形。

指定裁判部无法依全员一致的意见作出第三款的不予受理决定时,应当以决定的形式将宪法诉愿移交于裁判部审判。在请求宪法诉愿审判后的三十日内,未作出不予受理决定时,应当视为作出移交审判的决定(以下简称审判回附决定)。〈2011 年 4 月 5 日修改〉

关于指定裁判部的审理,准用第二十八条、第三十一条、第三十二条以及第三十五条的规定。〈2011 年 4 月 5 日修改〉

有关指定裁判部组成和运行的必要事项,由宪法裁判所规则规定。〈2011 年 4 月 5 日修改〉

[2011 年 4 月 5 日修改标题]

第七十三条 【不予受理以及审判回附决定的通知】

指定裁判部作出不予受理宪法诉愿或者作出审判回附决定时,应当自该决定日起的十四日以内向请求人或者其代理人以及被请求人通知该事实。在第七十二条第四款第二句的情形下,亦同。

当宪法诉愿依第七十二条第四款的规定移送至裁判部审判时,宪法裁判所所长应当及时向下列各项的人通知该事实:

(一)法务部长官;

(二)在依第六十八条第二款的宪法诉愿审判中,非为请求人的该案件当事人。

[2011 年 4 月 5 日修改全文]

第七十四条 【利害关系机关等的意见提出】

关于宪法诉愿的审判,存在利害关系的国家机关或者公共团体和法务部长官可以向宪法裁判所提出关于该审判的意见书。

当第六十八条第二款的宪法诉愿移送于裁判部审判时,准用第二十七条第二款以及第四十四条的规定。

[2011 年 4 月 5 日修改全文]

第七十五条 【认容决定】

宪法诉愿的认容决定,羁束一切国家机关和地方自治团体。

认容第六十八条第一款的宪法诉愿时,在认容决定书的主文中,应当特定侵害的基本权和成为侵害原因的公权力行使或者不行使。

在第二款的情形下,宪法裁判所可以撤销成为侵害基本权原因的公权力行使或者确认该不行使为违宪。

当宪法裁判所针对公权力的不行使作出认容宪法诉愿的决定时,被请求人应当按照决定宗旨作出新的处分。

在第二款的情形下,当宪法裁判所认为公权力的行使或者不行使起因于违宪的法律或者法律条款时,可以在认容决定中宣告该法律或者法律条款为违宪。

在第五款的情形以及认容第六十八条第二款的宪法诉愿时,准用第四十五条以及第四十七条的规定。

在认容第六十八条第二款的宪法诉愿情形下,当与该宪法诉愿关联的诉讼案件已经生效时,当事人可以请求再审。

在第七款的再审中,针对刑事案件,准用《刑事诉讼法》的规定;其余的案件准用《民事诉讼法》的规定。

[2011 年 4 月 5 日修改全文]

第五章　通过电子信息处理组织履行审判程序
〈2009 年 12 月 29 日新设〉

第七十六条　【电子文书的接收】

各种审判程序的当事人或者关系人,可以通过电子文书(是指用电脑等具有信息处理能力的装置,制作成电子形态,并能够收送或者存储的信息。下同)请求书和依本法提出的其他书面材料,使用信息通信网向宪法裁判所指定、运行的电子信息处理组织(是指在制作、提出、送达审判程序所需电子文书方面,具备必要信息处理能力的电子装置。下同)提出。

依第一款提出的电子文书,具有与依本法提出书面材料相同的效力。

使用电子信息处理组织提出的电子文书,当以电子形式记录于电子信息处理组织时,视为完成受理。

第三款的电子文书被受理时,宪法裁判所应当根据宪法裁判所规则的规定,及时以电子方式向当事人或者关系人告知该受理事实。

[2011 年 4 月 5 日修改全文]

第七十七条　【电子签名等】

当事人或者关系人应当在提交于宪法裁判所的电子文书中,依宪法裁判所规则的规定,作出能够确认其为本人的电子签名。

当以电子文书形式制作有关审判案件的材料时,裁判官或者书记应当进行《电子政府法》第二条第六项的行政电子签名(以下简称行政电子签名)。

第一款的电子签名和第二款的行政电子签名,视为依宪法裁判所审判程序相关法令的规定,进行的签名、签名盖章或者记名盖章。

[2009 年 12 月 29 日新设本条]

第七十八条　【电子送达等】

宪法裁判所可以通过利用电子信息处理组织和与此相连的信息通信网向当事人或者关系人送达决定书或者本法规定的各种材料。但是,当事人或者关系人未同意时,除外。

宪法裁判所应当将需送达的决定书等材料输入电子信息处理组织,并完成登载后,依照宪法裁判所规则的规定,以电子方式向当事人或者关系人告知该登载事实。

依第一款利用电子信息处理组织送达的材料,与书面形式的送达具有同等效力。

第二款的情形下,接收送达的人依宪法裁判所规则的规定,确认登载电子文书时,视为完成送达。但是,自通知该登载事实之日起的一周以内未予以确认时,应当将通知登载事实之日起一周后的那一天视为完成送达。〈2022 年 2 月 3 日修改〉

不受第一款规定限制,因电子信息处理组织的故障,无法完成电子方式的送达或者发生其他宪法裁判所规则中的事由时,可以依《民事诉讼法》实施送达。

[2011 年 4 月 5 日修改全文]

第六章　罚则〈2011 年 4 月 5 日修改〉

第七十九条　【罚则】

符合下列各项之一的人，处以一年以下的徒刑或者一百万韩元以下的罚金：

（一）收到作为证人、鉴定人、翻译人的宪法裁判所传唤或者委托后，无正当事由未出席的人；

（二）收到宪法裁判所提交证物的要求或者命令后，无正当事由未提交的人；

（三）无正当事由拒绝、妨碍或者逃避宪法裁判所的调查或者检查的人。

[2011 年 4 月 5 日修改全文]

附则〈第 18836 号，2022 年 2 月 3 日〉

第一条　【施行日】

本法自公布之日起施行。

第二条　【适用例】

第七十八条第四款的修改规定，自本法施行后受理第一份请求书开始适用。

（辽宁大学　朴大宪　译）

大韩民国行政程序法

［2023年3月24日施行］［法律第18748号，2022年1月11日部分修改］

第一章　总　　则

第一节　目的、定义及适用范围等

第一条　【目的】

为了规定有关行政程序的共通事项，谋求国民的行政参与、确保行政公正性、透明性及依赖性与保护国民权益，制定本法。

［2012年10月22日修改全文］

第二条　【定义】

本法中下列用语的含义如下：

（一）“行政厅”，是指下列各项人员：

1. 作出行政意思表示与决定的国家或地方自治团体的机关；

2. 根据其他法令或自治法规（以下简称法令等）行使行政权或受委任与委托的公共团体、机关及个人。

（二）“处分”，是指行政厅对具体事实的执法行为，行使或拒绝公权力及其他以此为准的行政作用。

（三）“行政指导”，是指行政厅为实现一定的行政目的，在所管事务范围内为使特定人作或不作一定行为而进行的指导、劝告及指教等行政作用。

（四）“当事人等”，是指下列各项规定的人：

1. 因行政厅之处分而直接成为相对人之当事人；

2. 依据行政厅的职权或申请而参与行政程序的利害关系人。

（五）“听证”，是指行政厅作出处分决定前，听取当事人等的意见并调查证据的程序。

（六）“公听会”，是指行政厅通过公开讨论，就某种行政作用向当事人等、具有专门知识和经验者以及其他普通人员广泛听取意见的程序。

（七）“提出意见”，是指行政厅行使某种行政作用之前，当事人等提出意见，而不属于听证或公听会的程序。

（八）“电子文书”，是指通过计算机等具有信息处理能力的装置，以电子形式拟定、发送、接收或储存的信息。

（九）“信息通信网”，是指利用电信设备或利用电信设备和计算机及计算机技术收集、加工、储存、检索、发送或接收信息的通信体制。

[2012 年 10 月 22 日修改全文]

第三条 【适用范围】

有关处分、申报、允诺、违反事实等的公布、行政计划、行政立法预告、行政预告及行政指导的程序（以下简称行政程序），除其他法律另有特别规定外，适用本法。〈2022 年 1 月 11 日修改〉

下列各项之一的，不予适用：

（一）经国会或地方议会议决、同意或承认的事项；

（二）根据法院、军事法院裁判及其执行的事项；

（三）经宪法法院审判的事项；

（四）经各级选举管理委员会议决的事项；

（五）监查院经监查委员会决定的事项；

（六）根据刑事、行刑及保安处分等相关法令规定的事项；

（七）涉及国家安全、国防、外交或南北统一的行政程序，可能危害国家重大利益的事项；

（八）审查请求、海洋安全审判、租税审判、专利审判、行政审判及其他有关不服程序的事项；

（九）根据《兵役法》规定的征集、召集，外国人的出入境、难民认定、归化，依公务员人事关系法令之惩戒与其他处分以及为调节利害关系的斡旋、调节、仲裁、裁定或其他处分等，在行政作用的性质上认为较难或无须经行政程序或经过相当于行政程序的程序并由总统令规定的事项。

[2012 年 10 月 22 日修改全文]

第四条 【信义诚实及信赖保护】

行政厅执行职务时，应做到诚实信义。

除有关公益或对第三者的正当利益有着明显危害的情形外，法令解释或行政惯例获得国民接受的，不得依据新的解释或惯例溯及而不利处理。

[2012 年 10 月 22 日修改全文]

第五条 【透明性】

行政厅的行政作用，其内容要具体明确。

作为行政作用依据的法令内容不明确时，可以要求行政厅解释。此时，无特殊事由，行政厅应予以协助。

行政厅应充分提供行政作用的相关信息。

[2019 年 12 月 10 日修改全文]

第五条之二 【行政工作的革新】

行政厅应当致力于所有国民均等享受优质的行政服务。

行政厅应当尽力利用信息通信技术积极革新行政程序。此时,行政厅应当避免国民因经济的、社会的、地域的条件等而受到不利影响。

行政厅应当尽力将在其管理下的由行政厅生成或者取得的数据(是指通过具有信息处理能力的装置生成或者处理的,以能够由机器读取的形态存在的结构化或者非结构化信息)应用于行政过程。

行政厅应当提供推进行政工作革新所需的行政、财政、技术上的支援方案。

[2022年1月11日新设本条]

第二节 行政厅的管辖及协助

第六条 【管辖】

行政厅受理管辖外的案件或错误送达的情形,应及时移送具有管辖权的行政厅并通知申请人。行政厅受理或接收移送后管辖变更的情形也相同。

行政厅的管辖不明时,由共同监督该行政厅的上级机关决定其管辖权。无上级机关的,经各上级行政厅协议后决定。

[2012年10月22日修改全文]

第七条 【行政厅间的协调等】

行政厅应相互协调,以确保行政工作的顺利执行。

为了提高工作的效率、对行政服务的国民满足度,行政厅在必要时,应当以行政协调(是指与其他行政厅设定共同目标并连接行政厅相互之间功能或者共同利用设施、装备以及信息等。下同)的方式积极进行协调。

行政厅应当采取措施促进行政协调,并提供推进该措施所需的行政、财政上的支援方案。

有关促进行政协调等的必要事项,由总统令规定。

[2022年1月11日修改全文]

第八条 【行政协助】

符合下列规定情形之一的,可以请求其他行政厅协助。

(一)根据法令,无法单独执行职务时;

(二)因人员、设备不足等原因,无法单独执行职务时;

(三)需要得到其他行政厅所属机关的协助时;

(四)执行所需的,由其他行政厅所管理的文书(含电子文书)、统计资料等;

(五)经其他行政厅的协助处理更有效更经济时。

根据第一款规定,受请求协助的行政厅,在下列规定情形下可以拒绝:

(一)认为其他行政厅更能给予有效率的协助时;

(二)认为行政协助将显然阻碍受请求的行政厅执行职务时。

行政协助是向能够直接协助该职务的行政厅提出申请。

受请求协助的行政厅拒绝时应将理由通知该行政厅。

为行政协助派遣的职员接受请求协助的行政厅的指挥与监督。但是,对该职员工作,有特别规定的应按照规定执行。

行政协助的所需费用由请求协助的行政厅承担,其承担金额及方法由请求协助的行政厅及受请求的行政厅协议决定。

[2012 年 10 月 22 日修改全文]

第三节 当事人等

第九条 【当事人等的资格】

符合下列各项之一的,可以成为行政程序的当事人:

(一)自然人;

(二)法人、非法人社团或财团(以下简称法人等);

(三)此外,其他法令规定可以成为权利与义务主体的人。

[2012 年 10 月 22 日修改全文]

第十条 【地位的承继】

当事人死亡后由继承人与其他法令等规定承继其权利或利益的人承继该地位。

作为当事人的法人合并时,由合并后的法人或重新设立的法人承继当事人的地位。

根据第一款及第二款规定承继其地位的人,应将事实通知行政厅。

受让处分权利或利益的人经行政厅承认,可以承继当事人等的地位。

第三款规定事项之前,行政厅向死亡者或合并前的法人等发出的通知对第一款或第二款规定的承继当事人等同时有效。

[2012 年 10 月 22 日修改全文]

第十一条 【代表人】

当多个当事人等共同作出行政程序相关行为时,可以选定代表人。

根据第一款规定当事人等未选定代表人或代表人过多而将导致行政程序推迟时,行政厅应该说明其理由后要求相应期限内选定三人以下的代表人。此时,当事人等不予配合的,可以由行政厅直接指定。

当事人等可以变更或解聘代表人。

代表人可以代为选定自已为代表的当事人等行使有关行政程序的所有行为。但是,终止行政程序时,应当经当事人等的同意。

选定代表人之后,当事人只能通过代表人进行行政程序的相关行为。

选定多个代表人的情形下,行政厅对任一代表的行为将对所有代表存在共同效力。但是,行政厅应对全体代表人进行通知。

[2012 年 10 月 22 日修改全文]

第十二条 【代理人】

当事人等可以选任下列各项之一的人作为代理人:

(一)当事人等的配偶、直系尊亲属与卑亲属或兄弟姐妹;

(二)当事人等为法人时其管理人员或职员;

(三)律师;

(四)获得行政厅或听证主持人(仅限于听证)许可的人;

(五)根据法令能够代理等相关案件的人。

有关代理人准用第十一条第三款、第四款及第六款规定。

[2012 年 10 月 22 日修改全文]

第十三条 【代表人与代理人的通知】

当事人等选定或选任代表人或代理人的(包括变更或解聘的情形),应当及时通知行政厅。〈2014 年 1 月 28 日修改〉

第一款规定外,根据第十二条第一款第四项规定由听证主持人同意后,主持人应将事实通知行政厅。〈2014 年 1 月 28 日新设〉

[2012 年 10 月 22 日修改全文]

第四节　送达及期间、期限的特例

第十四条 【送达】

通过邮寄、交付或使用信息通信网等方式送至受送达人(包括代表或代理人,下同)的住所、居所、营业场所、办公室或电子邮件地址(以下简称住所等)。但是,经受送达人的同意可以在指定场所当面送达。

送达时需收取确认书并交付文书,送达至指定地点时,如遇受送达人不在,可以交付给职员、雇员或同住的成年家属签收(以下简称职员等)。但是,受送达人或职员等无正当理由而拒绝接受送达文书的,可以在确认书上记载,放置送达地点。

〈2014 年 1 月 28 日修改〉

经受送达人同意可以通过信息通信网送达。此时,应当指定电子邮件地址。

有下列情形之一的,通过官报、公报、公告栏、日刊报纸中任一平台及互联网上公告,以便送达人易于揭晓:

(一)通过普遍方法无法确认受送达人的住所等的情形;

(二)无法送达的情形。

根据第四款实施公告时,应当依照《个人信息保护法》保护受送达人的敏感信息以及固有识别信息等个人信息。〈2022 年 1 月 11 日新设〉

行政厅应保存送达文书名称、受送达人的姓名或名称、送达方式及送达年月日的记录。〈2022 年 1 月 11 日修改〉

[2012 年 10 月 22 日修改全文]

第十五条 【送达效力的发生】

除其他法令等特别规定外,以送至受送达人时发生其效力。

根据第十四条第四款规定通过信息通信网以电子文书形式送达时,录入受送达人所指定电脑的,视为已送达。

第十四条第四款规定情形下,除其他法令等有特别规定外,自公告之日起十四日后生效。但是,因紧急执行对效力发生时间作出不同时期的公告时,应当予以协助。

[2012 年 10 月 22 日修改全文]

第十六条 【期间及期限的特例】

因天灾地变或其他当事人等无须负责任的事由不能遵守期间及期限时,将进行至该事由结束为止。

对于居住或滞留国外者的期间及期限由行政厅考虑其邮政和通信所需要的时间而定。

[2012 年 10 月 22 日修改全文]

第二章 处 分

第一节 通 则

第十七条 【处分申请】

向行政厅申请处分时应以书面形式提出。但是,其他法令等有特别规定及行政厅事先已规定的其他方法并予公告的人除外。

根据第一款规定以电子文件形式申请处分时,录入行政厅的计算机系统的视为提出申请。

行政厅对申请所具备的文件、受理机关、处理期间及其他必要事项应予公告并备妥简介以供自由阅览。

行政厅接收申请时,除其他法令有特别规定外,不得保留或拒绝其受理,受理申请时,应交付受理证给申请人。但是,总统令规定的情形,可不交付受理证。

申请中存在资料不全等不完备之处时,行政厅应规定补充资料所需的期间,即时向申请人要求补足。

申请人未根据第五款规定的期间补充资料时,行政厅应明示其理由后将受理的申请退回。

行政厅为申请人的便利,可以由其他行政厅代为受理。此时,行政厅应预先确定并公布可向其他行政厅受理的申请种类。

申请人在没有进行处分前,可以补足、变更或撤销其申请内容。但是,其他法令等有特别规定或该申请于性质上不得补充、修正、变更或撤回的情形除外。

[2012 年 10 月 22 日修改全文]

第十八条 【多数行政厅参与的处分】

行政厅受理请求多数行政厅参与处分的申请时，应及时与相关行政厅协调，以免拖延处分。

[2012年10月22日修改全文]

第十九条 【处理期间的设定及公布】

为申请人的便利，行政厅应预先对处理期间进行分类并予以公告。

行政厅因不得已的事由，难以在第一款规定的处理期间内处理时，在其范围内可以延长一次。

根据第二款规定延长处理期间时，行政厅应及时将延长处理期间的事由及预定处理期间通知该申请人。

行政厅未在正当处理期间内处理时，申请人可以向该行政厅或其监督机关请求立即处理。

第一款规定外的处理期间，由总统令规定。

[2012年10月22日修改全文]

第二十条 【处分标准的设定与公布】

行政厅依据处分的性质而具体规定处分标准并作出公告。变更处分标准时也应如此。

对于《行政基本法》第二十四条规定的确认或许可拟制情形下，实施确认或许可的行政厅应当向实施主要确认或许可的行政厅提交相关确认或许可的处分标准，实施主要确认或许可的行政厅应当统筹公布接收的相关确认或许可处分标准。变更处分标准时也应如此。〈2022年1月11日新设〉公布第一款规定的处分标准时，认定不符合处分性质或明显危害公共安全及福利的，可不予公布。〈2022年1月11日修改〉公布的处分标准不明确时，当事人等可以向行政厅请求解释或说明。此时，无其他特殊事由的，应当给予答复。〈2022年1月11日修改〉

[2012年10月22日修改全文]

第二十一条 【处分的事前通知】

行政厅对当事人承担义务或限制权益的处分时，应事先将下列各项信息告知当事人：

(一)处分题目；

(二)当事人姓名或名称与住所；

(三)构成处分理由的事实、处分内容及法律依据；

(四)有关第三款规定可以提出意见或未提出时的处理方法；

(五)意见提出机关的名称与住所；

(六)意见提出期限；

(七)其他所需事项。

行政厅应当在进行听证之日前十日内将第一款规定事项告知当事人等。此时，第一款第四项至第六项的规定事项可以代替听证主持人的单位、职位及姓名、听证日期及场所、拒绝出席听证时的处理方法等必要事项。

根据第一款第六项规定的决定期限,应考虑提出意见所需的相当时间。

符合下列各项的,可不为作出第一款规定的通知:

(一)为了公共安全或福利,应当紧急处分的情形;

(二)不具有或丧失法令等规定的资格并受到相应处分时,法院判决等对于此作出客观证明的情形;

(三)有关处分性质上听取意见明显困难或有明确理由认为无须通知的情形。

作为处分前提的事实依据通过法院审判等被客观证明的情形等,适用第四款规定的事项由总统令规定。〈2014 年 12 月 30 日新设〉

未进行第四款规定事项的情形,行政处分时应提前告知当事人等未通知的理由。但是,在紧急情况下,可以事后作出。

〈2014 年 12 月 30 日新设〉

根据第六款规定通知当事人时,准用第二十四条规定。

〈2014 年 12 月 30 日新设〉

[2012 年 10 月 22 日修改全文]

第二十二条 【意见听取】

行政厅作出处分时,符合下列各项之一的,应进行听证:

(一)其他法令等规定听证的情形;

(二)行政厅认定应当听证的情形;

(三)作出下列各项处分时:

(1)取消许可等;

(2)剥夺身份、资格;

(3)法人或工会等的设立许可的取消。

行政厅作出处分时,符合下列各项之一的,应当召开公听会:〈2019 年 12 月 10 日修改〉

(一)其他法令等规定召开的情形;

(二)行政厅认为处分影响较大,有必要广泛听取意见的情形;

(三)作为对国民生活有着重大影响的处分,有关总统令规定的处分,超过规定人数以上的当事人等要求召开公听会的情形。

行政厅对当事人课以义务或限制权益之处分时,除第一款或第二款规定外,应当给予当事人等提出意见的机会。

除第一款至第三款规定外,符合第二十一条第四款各项规定之一或当事人明确表示放弃陈述意见的机会时,可以不予实施意见听取。

实施听证、公听会及意见听取时,行政厅应及时进行处分,保证该处分不拖延。

进行处分后一年之内,如当事人等有请求,行政厅应将为听证、公听会或意见提出而收受的资料及物件返还当事人。

[2012 年 10 月 22 日修改全文]

第二十三条 【处分的理由提示】

行政厅进行处分时,除下列各项情形外,应向当事人提示其依据和理由:

(一)将申请内容全部承认后进行的处分;

(二)进行单纯、重复或轻微之处分,当事人明确知道其理由时;

(三)需要紧急处理时。

符合第一款第二项及第三款规定情形时,行政厅进行处分后如当事人有请求的,行政厅应提示其依据和理由。

[2012 年 10 月 22 日修改全文]

第二十四条 【处分方式】

行政厅处分时,除其他法令等有特别规定外,应以书面方式进行,满足下列各项之一的情形下,可以通过电子文书方式进行:

(一)有当事人等的同意的;

(二)当事人申请以电子文书方式处分的。〈2022 年 1 月 11 日修改〉

除了第一款的规定,为了公共安全或福利而有必要作出紧急处理或者案件轻微时,可以通过口头、电话,以发送文字、传真或者电子邮件等非文书的方式作出处分。此时,当事人提出要求的,应及时提供相关处分文书。〈2022 年 1 月 11 日新设〉处分文书应记载行政厅及负责人的所属部门、姓名及联系方式(电话号码、传真号、电子邮件地址)。〈2022 年 1 月 11 日修改〉

[2012 年 10 月 22 日修改全文]

第二十五条 【处分更正】

行政厅对于处分存在误记、误算或其他类似的明显错误时,依职权或申请及时进行更正并通知当事人。

[2012 年 10 月 22 日修改全文]

第二十六条 【告知】

行政处分时应告知当事人有关处分是否可以请求行政审判及行政诉讼。此外,是否可以提出不服处分决定及其申诉程序与期限或其他必要事项。

[2012 年 10 月 22 日修改全文]

第二节 意见提出及听证

第二十七条 【意见提出】

当事人等可在处分前向管辖行政厅以书面、口头或利用信息通信网提出意见。

当事人等根据第一款规定提出意见时,为立证其主张可补足证据资料等。

当事人等以口头陈述意见时,行政厅应记载其陈述内容与陈述人。

当事人等无正当理由未在规定期间内提出意见时,视为无意见。

[2012 年 10 月 22 日修改全文]

第二十七条之二　【提出意见的体现】

行政厅作出处分时,认为当事人等提出的意见适当时,应予以体现。〈2019 年 12 月 10 日修改〉

行政厅尚未反映当事人等所提出的意见并进行处分时,当事人等得知进行该处分之日起九十日内,请求说明其理由的应以书面形式告知。但是,经当事人同意,可以通过传话、信息通信网或其他方法告知。〈2019 年 12 月 10 日新设〉

[2012 年 10 月 22 日修改全文]

[2019 年 12 月 10 日修改标题]

第二十八条　【听证主持人】

行政厅应以公正原则从所属职员或依总统令规定具备资格者中选定听证主持人。〈2019 年 12 月 10 日修改〉

针对下列各项之一的处分,行政厅可以选定二名以上听证主持人。此时,由听证主持人中的一名代表听证主持人:

(一)多数国民的利益相互冲突的处分;

(二)给予多数国民以不便或者负担的处分;

(三)为了实施专业而公正的听证,认为行政厅有必要选定二名以上听证主持人的其他处分。〈2022 年 1 月 11 日新设〉

行政厅至迟应在听证日前七日,提前将所需资料告知听证主持人。〈2014 年 1 月 28 日新设〉〈2022 年 1 月 11 日修改〉

听证主持人应当独立执行职务,不以履行职责为由,而违反本人意愿受不利影响。〈2014 年 1 月 28 日、2022 年 1 月 11 日修改〉

根据第一款或者第二款选定的听证主持人,在适用《刑法》等其他法律的处罚时,将视为公务员。〈2014 年 1 月 28 日、2022 年 1 月 11 日修改〉

除了第一款至第五款的规定,其他有关选定听证主持人等的必要事项,由总统令规定。〈2022 年 1 月 11 日新设〉

[2012 年 10 月 22 日修改全文]

第二十九条　【听证主持人的除斥、回避、躲避】

听证主持人有下列情形之一的,不予主持听证会:〈2019 年 12 月 10 日修改〉

(一)本案当事人或与当事人存在《民法》第七百七十七条规定事项亲属关系或曾经为亲属关系的;

(二)曾进行处分相关证言或鉴定的;

(三)目前或过去为处分当事人等的代理人的;

(四)亲自处理或曾经做出处分业务的;

(五)属于相应处分业务部门的,该部门的具体范围由总统令规定。

听证主持人有不能公正进行听证的事由时,当事人可以向行政厅提出回避申请。此时,应当停止听证,认定申请具有充分理由时,应立即更换主持人。

第一款或第二款规定情形下，主持人经行政厅批准可自行回避。

[2012年10月22日修改全文]

第三十条 【听证的公开】

当事人等提出公开申请或听证主持人认为有必要时可以公开。但是，有明显危害公益或第三者的正当利益时，则不予公开。

[2012年10月22日修改全文]

第三十一条 【听证的进行】

听证主持人开始前应先说明预定处分的内容、导致其原因的事实及法律依据等。

当事人等可陈述意见、提出证据，并可向参考人及鉴定人提问。

当事人等提出意见书时，视为出席陈述其内容。

听证主持人为听证的迅速进行及秩序之维持，得采取必要措施。

继续进行听证时由行政厅以书面形式通知下次听证的日期及场所，经当事人同意也可以通过电子文书通知。但是，对于出席听证的当事人，则由主持人当面通知。

[2012年10月22日修改全文]

第三十二条 【听证的合并与分离】

行政厅依职权或当事人等的申请，可将数个案件合并或分割实施听证。

[2012年10月22日修改全文]

第三十三条 【证据调查】

听证主持人可以依职权或当事人申请进行必要调查，并对当事人等未主张的事实加以调查。

依据下列各项之一方法进行调查：

(一)收集文书、账簿、物件等证据的资料；

(二)讯问参考人、鉴定人；

(三)勘证或鉴定评价；

(四)其他必要的调查。

听证主持人认为必要时，可以要求相关行政厅提交所需文书或陈述意见。此时，对执行职务无明显阻碍的，相关行政厅应当予以协助。

[2012年10月22日修改全文]

第三十四条 【听证笔录】

听证主持人应当拟定记载下列各事项的听证记录：

(一)题目；

(二)听证主持人的单位、姓名等事项；

(三)当事人等的住所、姓名或名称及有无出席；

(四)听证日期及场所；

(五)当事人等的陈述的内容及提出的证据；

(六)公开与否及公开或依第三十条之规定未公开的理由；

(七)调查证据时，其内容及附加的证据；

(八)其他必要事项。

当事人等可以阅览、确认听证笔录的记载内容,其内容与事实不符时,可以要求更正。

[2012年10月22日修改全文]

第三十四条之二 【听证主持人的意见书】

听证主持人应拟定包括下列各项事项的意见书:

(一)听证的题目;

(二)处分内容、主要事实或证据;

(三)综合意见;

(四)其他必要事项。

[2012年10月22日修改全文]

第三十五条 【听证的结束】

听证主持人认为当事人等已对该案件充分进行意见陈述、证据调查时,可以结束听证。

听证主持人于当事人等的全部或部分无正当理由未按期出席听证或不提交根据第三十一条第三款规定的意见书时,可以不再对其提供陈述意见及提出证据的机会并结束听证。

听证主持人于当事人等的全部或部分因正当理由未按期出席听证或提交根据第三十一条第三款规定之意见书时,应给予十日以上的时间,要求陈述意见及提交证据,过期可结束听证。〈2019年12月10日修改〉

听证主持人结束听证时,应及时将听证笔录及其他有关资料提交给行政厅。

[2012年10月22日修改全文]

第三十五条之二 【听证结果的反映】

行政厅在作出处分时,应充分审查根据第三十五条第四款规定所收到的听证条文、听证主持人的意见书及其他有关文件,并认定有相当理由的,应反映至听证结果。

[2012年10月22日修改全文]

第三十六条 【听证之重开】

行政厅自结束公听会至进行处分期间,如发现新的情况,并认为有必要重开听证时,将根据第三十五条第四款规定所收到的听证笔录等退回后,下令重开听证。此时,准用第三十一条第五款的规定。

[2012年10月22日修改全文]

第三十七条 【文书的阅览及秘密维持】

提交意见的情形下,自处分的事前通知之日起至提交意见期限内;听证的情形下,自听证通知之日起至听证结束,当事人等可向行政厅要求阅览或复印有关该案件调查结果的文书及与处分相关文书。此时,除其他法令限制公开的情形外,行政厅不得拒绝。〈2022年1月11日修改〉

行政厅对第一款规定中阅览或复印的请求可指定时间及场所。

行政厅根据第一款后段部分规定,拒绝阅览或复印的请求时,应说明其理由。

根据第一款规定可请求阅览或复印的文书的范围,由总统令规定。

根据第一款规定复印文书的费用,行政厅可以要求请求复印的人承担。

任何人无正当理由不得将通过提交意见或者听证所得知的私生活或经营及经济往来方面的商业秘密用于其他目的或泄露。〈2022 年 1 月 11 日修改〉

[2012 年 10 月 22 日修改全文]

第三节　公　听　会

第三十八条　【召开公听会的通知】

行政厅召开公听会时,应于公听会召开的十四日前将下列各事项通知至当事人等,并采取刊登于官报、公报、网站主页或日报等方式广泛通知。但是,通知后未能如期召开而重新规定日期及场所时,应当在听证会召开七日前通知。〈2019 年 12 月 10 日修改〉

(一)题目;

(二)日期及场所;

(三)主要内容;

(四)有关发表者的事项;

(五)发言申请方法及申请期限;

(六)通过信息通信网提出意见;

(七)其他必要事项。

[2012 年 10 月 22 日修改全文]

第三十八条之二　【线上公听会】

行政厅只有在同时召开根据第三十八条规定的公听会时,才能利用信息通信网举行公听会(以下简称线上公听会)。〈2022 年 1 月 11 日修改〉

符合下列各项之一的情形下,不受第一款的限制,可以单独召开线上公听会:

(一)出于保护国民的生命、人身、财产等国民安全或者保护权益等,难以召开第三十八条规定的公听会;

(二)因无法归责于行政厅的事由,不能召开第三十八条规定的公听会或者召开的公听会不能正常进行,且无法正常进行公听会的次数达三次以上;

(三)为了广泛征求意见,行政厅认为有必要单独召开线上公听会。但是,排除根据第二十二条第二款第一项或者第三项召开公听会的情形。〈2022 年 1 月 11 日新设〉

行政厅在实施线上公听会时,应构建并运营具有适当电子处理能力的信息通信网,以便提出意见和参与讨论。〈2022 年 1 月 11 日修改〉

在召开线上公听会时,任何人可以利用信息和通信网络参与提交意见或针对提交意见进行讨论。〈2022 年 1 月 11 日修改〉

除第一款至第四款规定的事项外，关于线上公听会的实施方法及程序的所需事项由总统令规定。〈2022年1月11日修改〉

[2012年10月22日修改全文]

[2022年1月11日修改标题]

第三十八条之三 【公听会的主持人及发表人的选定】

公听会的主持人从具有相关听证会所涉事项领域的专门知识或具有从事该领域工作的经验并具有总统令规定资格的人员中，由行政厅指定。〈2019年12月10日修改〉

公听会的发表人由行政厅从申请发表的人中选出。但是，无人申请发表或为确保公听会的公正性而认为有必要的情形，可从下列各项人中指定或委任：

（一）该公听会相关事项的当事人等；

（二）在该公听会相关事项领域具有专业知识的人；

（三）从事过有关该听证会事项领域工作的人。

行政厅应确保在提名、委任或选定公听会的主持人及发表人时的公正性。

有关公听会的主持人、发表人以及提交资料的专家等，可以在预算范围内支付津贴及旅费和其他所需经费。

[2012年10月22日修改全文]

第三十九条 【公听会的进行】

主持人应保持公正，为确保公听会的顺利进行而限制内容的公布，并为了维持秩序可以中止发言及责令退场等由行政安全部长官规定的必要措施。〈2013年3月23日、2014年11月19日、2017年7月26日修改〉

发表人仅对有关公听会的相关事项进行发表。

结束发表后，主持人应给予发表人与旁听人员相互进行质疑答辩或提出意见的机会。

[2012年10月22日修改全文]

第三十九条之二 【公听会及线上公听会结果的反映】

行政厅进行处分时，通过公听会、线上公听会及信息通信网等提出的事实及意见具有充分理由的，应反映在处理结果上。〈2022年1月11日修改〉

[2012年10月22日修改全文]

[2022年1月11日修改标题]

第三十九条之三 【公听会的重新召开】

行政厅在公听会结束至处分期间，若发现新的情况并认定有必要重新召开时，可以予以召开。

[2019年12月10日新设本条]

第三章 申报和允诺以及违反事实等的公布等
〈2022 年 1 月 11 日修改〉

第四十条 【申报】

法令等规定以向行政厅通知一定事项的方式终结义务的申报的，负责管理申报的行政厅应公示（包括通过网络的公示）申报所需的文书、受理机关以及其他法令等规定的申报所需事项，并将其做成便览供任何人查阅。

第一款规定的申报符合下列各件时，当申报书到达受理机关视为已履行义务：

（一）申报书的记载事项中不存在瑕疵；

（二）应附有所需文书；

（三）此外，应符合法令等规定形式。

若提交不具备第二款规定的申报书时，行政厅应及时规定相应期限并要求申报人进行补足。

申报人在第三款规定期限内未做出补足时，行政厅须查明具体理由并退回有关申报书。

[2012 年 10 月 22 日修改全文]

第四十条之二 【允诺】

法令等规定可以由当事人申请处分的，行政厅可以依当事人的申请就将来作出或者不作出某种处分内容而作出意思表示（以下简称允诺）。

允诺以文书形式作出。

行政厅作出处分时，需要履行与其他行政厅进行协商等程序的，行政厅对该类处分作出允诺前，也应当履行相应程序。

符合下列各项之一的情形下，行政厅不受允诺的羁束：

（一）作出允诺后，因法令等或者情势的变更，允诺内容无法履行的；

（二）允诺为违法的。

因存在第四款各项之一的情形而无法履行允诺时，行政厅应当及时将该事实通知当事人。

[2022 年 1 月 11 日新设本条]

第四十条之三 【违反事实等的公布】

行政厅可以依照法律向一般国民公布违反法令义务者的姓名或者法人名称、违反事实、因违反义务的处分事实等（以下简称违反事实等）。

行政厅公布违反事实等前，应当确认是否存在客观而妥当的证据和根据，以免因公布与事实不同的事项而损毁当事人的名誉、信用等。

行政厅公布违反事实等时，应当将该事实事前通知当事人，给予其提出意见的机会。但是，发生符合下列各项之一的情形时，除外：

（一）为了公共安全或福利，需要紧急公布的情形；

（二）基于该公布的性质，有妥当理由认为听取意见显著困难或者明显不必要的情形；

（三）当事人明确作出放弃陈述意见机会的意思表示。

依照第三款规定获得陈述意见机会的当事人可以通过书面、口头、利用信息通信网向管辖行政厅提出意见。

依照第四款规定提出意见的方法和已提出意见的反映情况等，准用第二十七条以及第二十七条之二。此时，“处分”视为“违反事实等的公布”。

通过官报、公报或者网站主页等，公布违反事实等。

行政厅公布违反事实等前，发现当事人完成与公布相关的义务、恢复原状、损害赔偿等措施的情形下，可以不予公布违反事实等。

行政厅发现已经公布的内容与事实不同或者公布内容中的处分已经撤销的，应当更正该内容，并及时以与先前公布相同的方法和超出先前公布期间的方式公布更正内容。但是，当事人不愿意的，可以不予公布。

［2022 年 1 月 11 日新设本条］

第四十条之四 【行政计划】

行政厅拟定的计划中，涉及拟定或者变更、废止直接影响国民权利、义务的计划时，行政厅应当正当地衡量多方相关利益。

［2022 年 1 月 11 日新设本条］

第四章 行政立法预告

第四十一条 【行政立法预告】

制定、修改或废止法令等（以下简称立法）情形，由拟订立法方案的行政厅预告。但是，属于下列规定情形除外：

（一）保护国民权利或发生难以预测的特殊情况等需要紧急立法的情形；

（二）为执行上位法令等的情形；

（三）立法内容不涉及国民权利与义务或日常生活的情形；

（四）变更表达方式、字句等，立法内容性质上无须预告或认定难以预告的情形；

（五）预告将明显危害公共安全或福利的情形。

删除〈2002 年 12 月 30 日〉

法制处处长受理未作出立法预告的法令案的审查请求时，认为有必要进行立法预告的，可以建议相关行政厅或直接预告。〈2012 年 10 月 22 日修改〉

制定立法案的行政厅作出预告后，发生要在预告内容中增加有关国民生活的内容等由总统令规定的变更事项时，应重新作出预告。但是，符合第一款规定事项情形的除外。〈2012 年 10 月 22 日新设〉

关于立法预告的标准、程序等必要事项由总统令规定。

〈2012 年 10 月 22 日修改〉

第四十二条 【预告方法】

有关立法案的宗旨、主要内容或全文,行政厅以下列方式或通过网络、报纸、广播进行公告:〈2019 年 12 月 10 日修改〉

(一)预告法令立法案的情形:通过官报及法制处处长构建并提供的信息系统的公告;

(二)预告自治法规立法案的情形:通过公报公告。

行政厅对总统令进行立法预告时,应提交至国会掌管的常任委员会。

行政厅进行立法预告时,应通知或以其他方式告知相关中央行政机关、地方政府与其他团体,便于了解预告事项。

有关第一款规定的预告立法,行政厅可以通过线上听证会等方式广泛征求意见。此时,准用第三十八条之二第三款至第五款的规定。〈2022 年 1 月 11 日修改〉

行政厅接收查阅或复制已预告立法案内容的申请时,如无特殊理由,应当予以协助。

行政厅可以要求第五款规定的复印费由请求人承担。

[2012 年 10 月 22 日修改全文]

第四十三条 【预告期间】

立法预告期间应在预告时确定,无特殊情况下为四十日(自治法规为二十日)以上。

[2012 年 10 月 22 日修改全文]

第四十四条 【提出意见及处理】

任何人可以对拟议的立法案提出意见。

行政厅进行立法预告时,应包含意见受理机关、提出意见期间以及其他所需事项。

行政厅对有关立法案所提出的意见无特殊理由时,应予以尊重并进行处理。

行政厅应将所提意见处理结果通知给意见提出人。

有关意见的处理方法及结果的相关通知,由总统令规定。

[2012 年 10 月 22 日修改全文]

第四十五条 【公听会】

行政厅可以就立法案举行公听会。

有关公听会准用第三十八条、第三十八条之二、第三十八条之三、第三十九条及第三十九条之二的规定。

[2012 年 10 月 22 日修改全文]

第五章 行政预告

第四十六条 【行政预告】

行政厅对政策、制度及计划的拟定、实行或变更应作出预告。但是,属于下列情形之一的,可不予预告:〈2019 年 12 月 10 日修改〉

(一)为保护国民权利或发生难以预测的特殊情况等紧急原因,无法作出预告的情形;

(二)执行法令等的情形;

(三)政策等的内容不涉及国民的权利义务或日常生活的情形;

(四)政策等的预告明显危害公共安全或福利的情形。

除第一款规定外,立法预告可以代替含法令等立法的行政预告。

行政预告期间应考虑预告内容的性质决定,应多于二十日。〈2022 年 1 月 11 日修改〉

除第三款规定外,为了达成行政目的,紧急的情况下,可以缩短行政预告期间。此时,缩短后的行政预告期间应为十日以上。〈2022 年 1 月 11 日新设〉

[2012 年 10 月 22 日修改全文]

第四十六条之二 【行政预告的统计制定及公告】

行政厅应每年拟定预告实施情况与结果统计报告,通过官报、公报或互联网等方式作出公告。

[2014 年 1 月 28 日新设本条]

第四十七条 【预告方法等】

行政厅应通过官报、公报或网络、报纸、广播等方法对各政策案的宗旨与主要内容等进行公告。

有关行政预告的方法、提交意见及处理、公听会及线上公听会准用第三十八条、第三十八条之二、第三十八条之三、第三十九条、第三十九条之二、第三十九条之三、第四十二条(第一款、第二款及第四款除外)、第四十四条第一款至第三款及第四十五条第一款的规定。此时,“立法案”视为“各政策案”、“立法预告”视为“行政预告”、“处分时”视为“政策等的制定、实行或变更时”。〈2022 年 1 月 11 日修改〉

[2019 年 12 月 10 日修改全文]

第六章 行 政 指 导

第四十八条 【行政指导的原则】

行政指导应仅适用于目的所需的最低限度并不得违背受指导一方的意愿强加于人。

行政厅不得以受指导一方不服从为由而采取不利措施。

[2012 年 10 月 22 日修改全文]

第四十九条 【行政指导的方式】

进行行政指导的人应当向对方表明其行政指导的宗旨、内容和身份。

行政指导以口头形式进行时,受指导一方要求交付填写第一款事项的文书的,在不影响履行职务的情形下应予以交付。

[2012 年 10 月 22 日修改全文]

第五十条 【意见提出】

受行政指导的一方可以就有关行政指导的方式与内容等向行政厅提出意见。

[2012 年 10 月 22 日修改全文]

第五十一条 【以多数人为对象的行政指导】

行政厅为实现相同行政目的针对多数人进行行政指导时,若无特殊事由应当公开行政指导中的共同内容相关事项。

[2012 年 10 月 22 日修改全文]

第七章 国民参与的扩大

第五十二条 【国民参与的促进】

行政过程中,行政厅应当积极听取、反映国民的意见。

行政厅应当向国民提供各种参与方法和协作机会,应当公布具体参与方法。

行政厅应当提高国民参与水准,必要时,实施有关国民参与水准的自评,并将该结果提交于行政安全部长官。

行政厅依照第三款实施自评的情形下,应公开该结果。

为了扩大国民参与,行政厅可以实施教育和宣传、确保预算和人力等的必要措施。

为了扩大国民参与,行政安全部长官可以向行政厅提供教育和宣传、褒奖、确保预算和人力等方面的支援。

[2022 年 1 月 11 日修改全文]

第五十二条之二 【国民提案的处理】

行政厅(排除国会事务总长、法院行政处处长、宪法裁判所事务处处长、中央选举管理委员会事务总长)应当接收、处理国民提出的关于改善政府措施或者行政制度及其运行的创意性意见或者方案(以下简称国民提案)。

第一款规定中有关国民提案的运行以及程序等必要事项,由总统令规定。

[2022 年 1 月 11 日新设本条]

第五十二条之三 【国民参与的窗口】

为了听取针对主要政策等的国民和专家意见或者促使国民参与,行政厅可以设置、运行线上或者线下窗口。

[2022 年 1 月 11 日新设本条]

第五十三条 【线上政策讨论】

行政厅为广泛收集国民对主要政策产生影响的多种创意性意见,可以通过信息通信网进行政策讨论(以下该条简称线上政策讨论)。〈2022 年 1 月 11 日修改〉

为了进行有效的线上政策讨论,行政厅可以根据任务规定,设立一个临时性讨论小组供其参与有关讨论。此时,在专题小组的组成方面,应确保其公正性及客观性。〈2022 年 1 月 11 日修改〉

行政厅可采取必要措施,确保线上政策讨论公正和中立。〈2022 年 1 月 11 日

修改〉

讨论小组的组成、运营方法及其他运营线上政策讨论相关事项由总统令规定。〈2022 年 1 月 11 日修改〉

[2014 年 1 月 28 日新设本条]

[2022 年 1 月 11 日修改标题]

[〈2014 年 1 月 28 日〉原第五十三条移至第五十五条]

第八章　补则〈2014 年 1 月 28 日修改〉

第五十四条　【费用的承担】

行政程序所需费用由行政厅承担。但是,当事人等的个人支出费用除外。

[2012 年 10 月 22 日修改全文]

[〈2014 年 1 月 28 日〉从第五十二条移至本条,原第五十四条移至第五十六条]

第五十五条　【参考人等的费用支付】

行政厅可以在预算范围内向行政程序进程所需的证人或鉴定人支付旅费和日薪。

第一款规定中费用的支付标准等,由总统令规定。

[2012 年 10 月 22 日修改全文]

[〈2014 年 1 月 28 日〉从第五十三条移至本条]

第五十六条　【请求协助等】

行政安全部长官(第四章所称为法制处处长)应确保本法的有效运作,必要时核实运营情形与实况,并请求相关行政厅提供资料等协助。

〈2013 年 3 月 23 日、2014 年 11 月 19 日、2017 年 7 月 26 日修改〉

[2012 年 10 月 22 日修改全文]

[〈2014 年 1 月 28 日〉从第五十四条移至本条]

附则〈第 18748 号,2022 年 1 月 11 日〉

第一条　【施行日】

本法自公布之日起的后六个月后施行。但是,第二十条第二款至第四款的修改规定自 2023 年 3 月 24 日起施行。

第二条　【有关听证的适用例】

第二十二条第一款第三项的修改规定,自本法施行后有关同一项各目的处分依照第二十一条规定进行预先通知的处分开始适用。

第三条　【有关线上公听会的适用例】

第三十八条之二第二款第二项的修改规定,自本法施行后,因无法归责于行政厅的事由,不能召开或者召开的公听会不能正常进行,且无法正常进行公听会的次数达三次以上之情形开始适用。

第四条 【有关允诺的适用例】

第四十条之二的修改规定,自本法施行后申请允诺的情形开始适用。

第五条 【有关公布违反事实的适用例】

第四十条之三的修改规定,自本法施行后公布违反事实的情形开始适用。

第六条 【有关行政预告的适用例】

第四十六条第三款以及第四款的修改规定,自本法施行后进行行政预告的情形开始适用。

第七条 【有其他法律的修改】

有关民愿处理的法律,进行如下部分修改。

删除第四十五条。

(韩国首尔大学　崔慧珠　译)

大韩民国行政复议法

［2020年12月10日施行］［法律第17354号，2020年6月9日他法修改］

第一章　总　　则

第一条　【目的】

本法的目的是通过行政复议程序，救济因行政厅的违法或者不当处分以及因不作为造成的公民权利或者利益的侵害，并恰当地管理行政。*

第二条　【定义】

本法中使用用语的意思如下：

（一）“处分”，是指行政厅针对具体事实作出的执法行为，即公权力的行使或者拒绝以及其他与之相当的行政作用；

（二）“不作为”，是指针对当事人的申请，虽然行政厅有法定义务在相当的期间内作出一定处分，然而其未作出处分的情形；

（三）“裁决”，是指针对行政复议申请，由本法第六条中行政复议委员会作出的判断；

（四）“行政厅”，是指作出行政意思表示的国家或者地方自治团体的机关、依照其他法令或者自治法规享有行政权限的机关或者受委托行使行政权限的公共团体及其机关或者私人。

第三条　【行政复议的对象】

针对行政厅的处分或者不作为，除其他法律中存在特别规定的情形之外，依本法请求行政复议。

针对总统的处分或者不作为，除非其他法律中明示可以请求行政复议的情形之外，不得请求行政复议。

第四条　【特别行政复议等】

除非是为了保留案件的专业性和特殊性而特别必要的情形之外，不得以其他法律规定替代本法中行政复议的特别行政不服程序（以下简称特别行政复议）或者有关本

---

* 韩国的行政厅，可以理解为是我国的行政部门；本法中的处分，包括类似我国的行政处分和行政处罚。——译者注

法中行政复议程序的特例。

在其他法律中规定特别行政复议或者针对本法中行政复议程序作出特例规定的情形下,针对该法律中未规定的事项,适用本法的规定。

当相关行政机关的首长制定或者修改能够新设或者变更特别行政复议或者针对本法中行政复议程序之特例的法令时,应当事先与中央行政复议委员会协商。

第五条 【行政复议的种类】

行政复议的种类如下:

(一)撤销复议:撤销或者变更行政厅的违法或者不当处分的行政复议;

(二)无效等确认复议:确认行政厅的处分有无效力或者是否存在的行政复议;

(三)义务履行复议:针对行政厅就当事人的申请作出的违法或者不当的拒绝处分或者不作为,要求作出一定处分的行政复议。

第二章 复 议 机 关

第六条 【行政复议委员会的设置】

针对下列各项行政厅或者其所属行政厅(与行政机关的层级结构无关,泛指受其监督或者委托的所有行政厅,受委托的行政厅就其受委托事务视为是委托行政厅的所属行政厅。下同)的处分或者不作为的行政复议请求,由设置于下列各项行政厅的行政复议委员会审理、裁决:〈2016 年 3 月 29 日修改〉

(一)监查院、国家情报院院长、其他由总统令规定的总统所属机关首长;

(二)国会事务总长、法院行政处处长、宪法裁判所事务处处长以及中央选举管理委员会事务总长;

(三)国家人权委员会、其他基于认可地位或者性质的独立性和特殊性等由总统令规定的行政厅。

针对下列各项行政厅的处分或者不作为的行政复议请求,由依照《有关防止腐败以及设立和运行国民权益委员会的法律》设置于国民权益委员会的中央行政复议委员会审理、裁决:〈2012 年 2 月 17 日修改〉

(一)第一款行政厅之外的国家行政机关首长或者其所属行政厅;

(二)特别市市长、广域市市长、特别自治市市长、道知事、特别自治道知事(包括特别市、广域市、特别自治市、道或者特别自治道的教育监,以下简称市、道知事)或者特别市、广域市、特别自治市、道、特别自治道(以下简称市、道)的议会(包括议长、委员会的委员长、事务处处长等议会所属的所有行政厅);

(三)《地方自治法》中的地方自治团体组合等依照相关法律由国家、地方自治团体、公共法人等共同设立的行政厅。但是,排除符合第三款第三项的行政厅。

针对下列各项行政厅的处分或者不作为的复议请求,由市、道知事下设置的行政复议委员会审理、裁决:

(一)市、道的行政厅;

（二）市、道辖区内的市、郡、自治区的首长，所属行政厅或者市、郡、自治区的议会（包括议长、委员会的委员长、事务局局长、事务科科长等议会所属的所有行政厅）；

（三）在市、道辖区内，由二个以上的地方自治团体（是指市、郡、自治区）、公共法人等共同设立的行政厅。

不受第二款第一项规定限制，针对由总统令规定的国家行政机关所属特别地方行政机关首长的处分或者不作为的复议请求，由设置于该行政厅的直接上级行政机关的行政复议委员会审理、裁决。

第七条 【行政复议委员会的组成】

行政复议委员会（排除中央行政复议委员会。以下在本条中相同）由包含委员长一名在内的五十名以内委员组成。〈2016 年 3 月 29 日修改〉

行政复议委员会的委员长由该行政复议委员会所属的行政厅担任，无委员长或者因不得已事由无法履行职务，或者委员长认为必要时，按下列各项的顺序由委员代行委员长的职务：

（一）委员长事先指定的委员；

（二）第四款中作为公务员的委员（二名以上时，按职级或者高级公务员团所属公务员的职务等级高低顺序；在职级或者职务等级相同的情形下，按在职期间的长短顺序；当在职期间相同时，按年长者顺序确定）。

不受第二款规定限制，依照第六条第三款在市、道知事下设置行政复议委员会时，根据该地方自治团体条例的规定，可以由非为公务员的委员担任委员长。此时，委员长为非常任委员长。

行政复议委员会的委员由该行政复议委员会所属的行政厅在下列各项之一的人选中，通过考虑性别予以委任或者在其所属公务员中指定：〈2016 年 3 月 29 日修改〉

（一）取得律师资格后，具有五年以上实务经验的人；

（二）在依《高等教育法》第二条第一项至第六项的学校中，担任或者曾经担任助教授以上职务的人；

（三）曾经担任行政厅四级以上公务员或者高级公务员团所属公务员的人；

（四）取得博士学位后，具有相关部门五年以上工作经历的人；

（五）其他具有丰富的行政复议相关知识和经验的人。

行政复议委员会的会议成员由委员长和委员长在每次会议时指定的八名委员（其中，第四款规定的委任委员应当为六名以上，当依照第三款委员长非为公务员时，应当为五名以上）组成。但是，依照国会规则、大法院规则、宪法裁判所规则、中央选举管理委员会规则或者总统令（依照第六条第三款于市、道知事下设置行政复议委员会时，依据该地方自治团体的条例）的规定，可以由委员长和委员长在每次会议时指定的六名委员（其中，第四款规定的委任委员应当为五名以上，当依照第三款非为公务员的委员担任委员长时，应当为四名以上）组成。

行政复议委员会以第五款组成人员过半数出席和出席委员过半数赞成，进行议决。

行政复议委员会的组织和运行、其他必要事项，由国会规则、大法院规则、宪法裁判所规则、中央选举管理委员会规则或者总统令规定。

第八条 【中央行政复议委员会的组成】

中央行政复议委员会由包含委员长一名在内的七十名以内委员组成，委员中的常任委员限于四名以内。〈2016年3月29日修改〉

中央行政复议委员会的委员长由国民权益委员会副委员长中的一名担任，无委员长或者因不得已事由无法履行职务再或者委员长认为必要时，由常任委员（常任委员中，按在职期间的长短顺序；在职期间相同时，按年龄顺序确定）代行委员长的职务。

将中央行政复议委员会的常任委员任命为作为一般职公务员的《国家公务员法》第二十六条之五的任期制公务员，在三级以上公务员、高级公务员团所属一般职公务员中具有三年以上工作经历的人、其他具有丰富行政复议知识和经验的人选中，由中央行政复议委员会委员长提名，经国务总理，由总统任命。〈2014年5月28日修改〉

中央行政复议委员会的非常任委员，在符合第七条第四款各项之一的人选中，由中央行政复议委员会委员长提名，最终由国务总理经考虑性别予以委任。〈2016年3月29日修改〉

中央行政复议委员会的会议（除第六款规定的小委员会会议）由包含委员长、常任委员以及委员长在每次会议时指定的非常任委员等，共九名组成。

为了审议、议决复议请求案件（以下简称案件）中《道路交通法》上机动车驾驶执照相关行政处分案件（排除经小委员会决定由中央行政复议委员会审理、议决的案件），中央行政复议委员会可以设立由四名委员组成的小委员会。

中央行政复议委员会以及小委员会分别以第五款和第六款组成人员过半数出席和出席委员过半数赞成，进行议决。

为了事先审查由委员长指定的案件，中央行政复议委员会认为必要时，可以设立专门委员会。

中央行政复议委员会、小委员会以及专门委员会的组织和运行等必要事项，由总统令规定。

第九条 【委员的任期以及身份保障等】

依照第七条第四款指定的委员，在其履行该职务期间视为在任期间。

依照第八条第三款任命的中央行政复议委员会常任委员，其任期为三年，可连任一次。

依照第七条第四款以及第八条第四款委任的委员，其任期为二年，最多连任两届。但是，针对设置于第六条第一款第二项机关下的行政复议委员会的委任委员，分别由国会规则、大法院规则、宪法裁判所规则或者中央选举管理委员会规则规定。

符合下列各项之一的人，不能成为第六条中行政复议委员会（以下简称委员会）的委员，当委员符合下列各项时，当然退职：

（一）非大韩民国国民的人；

（二）符合《国家公务员法》第三十三条各项之一的人。

依照第七条第四款以及第八条第四款委任的委员，除宣告监禁以上的刑罚或者因不得已事由无法长期履行职务的情形之外，不得在其任期内违反其意思而解除委任。

第十条 【委员的除斥、忌避、回避】

委员会的委员符合下列各项之一时，除斥于该案件的审理、议决。此时，委员会的委员长（以下简称委员长）依职权或者依当事人的申请作出除斥决定：

（一）委员或者其配偶以及曾经的配偶为案件当事人，或者为案件相关共同权利人或者义务人的情形；

（二）委员为案件当事人的亲属或者曾经是亲属的情形；

（三）委员为案件作过证言或者鉴定的情形；

（四）委员作为当事人的代理人参与案件或者曾经参与案件的情形；

（五）委员参与案件对象之处分或者不作为的情形。

存在难以期待委员能够作出公正审理、议决的事由时，当事人可以向委员长申请忌避申请。

针对委员的除斥申请或者忌避申请，应当以文书疏明该事由。但是，当不得已时，应当自申请之日起三日以内提交疏明申请事由的资料。〈2016 年 3 月 29 日修改〉

当违反第三款规定提出除斥申请或者忌避申请时，委员长对此作出不予受理决定。〈2016 年 3 月 29 日修改〉

委员长可以接收除斥申请或者忌避申请的对象委员意见。〈2016 年 3 月 29 日修改〉

委员长收到除斥申请或者忌避申请后，作出是否予以除斥或者忌避的决定，并及时向申请人送达决定书正本。〈2016 年 3 月 29 日修改〉

当参与委员会会议的委员获知自己符合除斥事由或者忌避事由时，可以自行回避针对该案件的审理、议决。此时，欲回避的委员应当向委员长疏明该事由。〈2016 年 3 月 29 日修改〉

针对参与案件审理、议决事务的非委员的职员，准用第一款至第六款的规定。〈2016 年 3 月 29 日修改〉

第十一条 【适用罚则时的公务员拟制】

针对委员中非公务员的委员适用《刑法》和其他法律上的罚则时，将其视为公务员。

第十二条 【委员会的权限继承】

当事人提出复议请求后，委员会因法令的修改、废止或者因第十七条第五款更正被请求人的决定，丧失针对该复议请求的裁决权限时，该委员会应当向新获得裁决权限的委员会移送复议请求书和相关材料、其他资料。

在第一款情形下，接收移送的委员会应当及时向下列各项的人员告知该事实：

（一）行政复议请求人（以下简称请求人）；

（二）行政复议被请求人（以下简称被请求人）；

（三）依第二十条或者第二十一条参加复议的人（以下简称参加人）。

第三章　当事人和关系人

第十三条　【请求人适格】

具有请求撤销或者变更处分的法律上利益的人,可以请求撤销复议。即使因期间的经过、处分的执行、其他事由导致处分的效果消灭后,基于撤销该处分仍存在能够恢复的法律上利益时,针对该人,亦同。

具有请求确认处分有无效力或者处分是否存在的法律上利益的人,可以请求无效等确认复议。

针对行政厅的拒绝处分或者不作为,处分申请人属于要求作出一定处分的具有法律上利益的人时,可以请求义务履行复议。

第十四条　【非为法人的社团或者财团的请求人能力】

在非为法人的社团或者财团中设有代表人或者管理人的,可以以该社团或者财团的名义提出复议请求。

第十五条　【选定代表人】

人数众多的请求人共同提出复议请求时,可以在请求人中选择三名以下的选定代表人。

在请求人未依照第一款选择选定代表人的情形下,委员会认为必要时,可以建议请求人选择选定代表人。

选定代表人可以为其他请求人进行关于该案件的所有行为。但是,在撤回复议请求时,应当取得其他申请人的同意,此时,应当以书面形式疏明取得同意的事实。

确定选定代表人后,其他请求人仅能通过该选定代表人进行关于该案件的行为。

请求人在确定选定代表人后,认为必要时,可以解任或者变更选定代表人。此时,请求人应当及时以书面形式向委员会通知该事实。

第十六条　【请求人地位的继承】

在请求人死亡的情形下,由继承人或者依其他法令继承与复议请求对象相关的权利或者利益的人,继承请求人的地位。

作为法人的请求人因合并而消灭时,由合并后存续的法人或者因合并而设立的法人,继承请求人的地位。

根据第一款和第二款继承请求人地位的人,应当以书面形式向委员会申告该事由。此时,与申告书一并提交证明因死亡等而继承权利、利益或者合并事实的书面材料。

因第一款或者第二款的情形,而依照第三款完成申告前,当针对死亡者或者合并前法人作出的通知或者其他行为,已经送达至请求人地位的继承人时,该通知或者其他行为对地位继承人具有效力。

受让与复议请求对象有关的权利或者利益的人,经取得委员会的许可,可以继承请求人的地位。

委员会收到第五款地位继承的申请后,可以确定期间让当事人和参加人提出意见,当事人和参加人未在该期间内提交意见时,视为无意见。

针对第五款的地位继承申请,委员会作出是否许可的决定,并及时向请求人送达决定书正本,向当事人和参加人送达决定书副本。

当委员会不予许可第五款的地位继承时,申请人可以自收到决定书正本之日起七日内向委员会提出异议申请。

第十七条 【被请求人的适格以及更正】

应当将作出处分的行政厅(义务履行复议的情形下,以接受请求人申请的行政厅)视为被请求人,请求行政复议。但是,当与复议请求对象相关的权限已由其他行政厅继承时,应当以继承该权限的行政厅为被请求人。

当请求人错误地指定被请求人时,委员会可以依职权或者依当事人的申请,以决定的形式更正被请求人。

委员会依照第二款作出变更被请求人的决定时,应当向当事人(包括先前的被请求人和新被请求人,以下在第六款中,亦同)送达决定书正本。

发生第二款规定中的决定时,撤回针对先前被请求人的复议请求,当已经完成针对先前被求人的行政复议请求时,视为完成针对新被请求人的行政复议请求。

请求行政复议后,发生第一款但书中的事由时,委员会依职权或者依当事人的申请,以决定的形式更正被请求人。此时,准用第三款和第四款的规定。

针对第二款或者第五款中委员会的决定,当事人可以自收到决定书正本之日起的七日内向委员会提出异议申请。

第十八条 【代理人的选任】

除了法定代理人之外,请求人可以选任符合下列各项之一的人员为代理人:

(一)请求人的配偶、请求人或者配偶的四代以内直系近亲属;

(二)请求人为法人或者依第十四条属于具有请求人能力的非法人的社团或者财团时,该所属职员;

(三)律师;

(四)依其他法律,可以代理复议请求的人;

(五)其他取得委员会许可的人。

被请求人可以选任其所属职员或者符合第一款第三项至第五项规定的人员为代理人。

关于第一款和第二款中的代理人,准用第十五条第三款以及第五款的规定。

第十八条之二 【国选代理人】

请求人因经济能力无法选任代理人时,可以向委员会申请选任国选代理人。

针对第一款申请,委员会就是否选任国选代理人作出决定,并及时向请求人通知该结果。此时,委员会认为复议请求明显不合法或者没有理由或者属于滥用权利时,可以不予选任国选代理人。

关于国选代理人申请程序、国选代理人支援要件、国选代理人资格和报酬等运行国选代理人的必要事项，由国会规则、大法院规则、宪法裁判所规则、中央选举管理委员会规则或者总统令规定。

[2017年10月31日新设本条]

第十九条 【代表人等的资格】

应当以书面形式疏明代表人、管理人、选定代表人或者代理人的资格。

当代表人、管理人、选定代表人或者代理人丧失资格时，请求人或者被请求人应当以书面形式向委员会申告该事实。此时，一并提交疏明资料。

第二十条 【复议的参加】

与行政复议的结果存在利害关系的第三人或者行政厅，在依第七条第六款或者第八条第七款的委员会或者小委员会作出针对相应复议请求的议决前，可以参加该案件的复议。

依第一款规定欲参加复议的人，应当向委员会提交记载参加目的和理由的参加申请书。此时，依当事人人数一并提交参加申请书副本。

委员会收到第二款中参加申请书时，应当向当事人送达参加申请书副本。

在第三款的情形下，委员会可以确定期间让当事人和其他参加人就第三人的参加申请提出意见，当事人和其他参加人未在该期间内提交意见时，视为无意见。

委员会收到第二款中参加申请时，需作出是否许可的决定，并及时向申请人送达决定书正本，向当事人和其他参加人送达决定书副本。

申请人可以自收到第五款送达决定书之日起的七日内向委员会提出异议申请。

第二十一条 【要求参加复议】

委员会认为必要时，可以要求与行政复议的结果存在利害关系的第三人或者行政厅参加该案件的复议。

依照第一款收到要求的第三人或者行政厅，应当及时通知委员会是否参加该案件的复议。

第二十二条 【参加人的地位】

参加人可以作出行政复议程序中当事人进行的复议程序上的行为。

当事人根据本法规定向委员会提交材料时，应当依参加人人数提交副本，委员会通知或者将材料送达当事人时，同时还应当通知或者送达参加人。

有关参加人的代理人选任和代表人资格以及材料的提交，准用第十八条、第十九条以及本条第二款的规定。

第四章 行政复议的请求

第二十三条 【复议请求书的提出】

欲请求行政复议的人应当依第二十八条填写复议请求书，并提交至被请求人或者委员会。此时，一并提交被请求人人数的复议请求书副本。

因行政厅未依照第五十八条进行告知或者错误告知，导致请求人向其他行政机关提交复议请求书时，该行政机关应当及时将该复议请求书移送至具有正当权限的被请求人。

依第二款移送复议请求书的行政机关应当及时向请求人告知该事实。

依第二十七条规定计算复议请求期间的情形下，向第一款被请求人或委员会或者向第二款行政机关提交复议请求书时，视为完成行政复议请求。

第二十四条 【被请求人受理、处理复议请求书等】

依照第二十三条第一款、第二款或者第二十六条第一款规定，被请求人受理或者收到复议请求书时，应当在十日以内向委员会送达复议请求书（仅限于第二十三条第一款和第二款的情形）和答辩书。但是，请求人撤回复议请求时，除外。

当非为处分相对人的第三人提出复议请求时，被请求人应当及时向处分相对人告知该事实。此时，一并送达复议请求书副本。

被请求人依照第一款第一句送达复议请求书时，即使未于复议请求书中标明委员会或者错误标记的情形，也应当移送至具有正当权限的委员会。

被请求人依照第一款第一句提交答辩书时，应当依请求人人数一并提交答辩书副本，答辩书应当明确记载下列各项内容：

（一）处分或者不作为的根据和理由；

（二）应对复议请求宗旨和理由的答辩；

（三）符合第二款规定的情形下，处分相对人的姓名、住所、联系方式和第二款义务的履行与否。

在第二款和第三款的情形下，被请求人应当及时向请求人告知该送达事实。

针对由中央行政复议委员会审理、裁决的案件，被请求人依照第一款规定向委员会送达复议请求书或者答辩书时，应当向相应的中央行政机关首长告知该复议请求和答辩的内容。

第二十五条 【被请求人的依职权撤销等】

依照第二十三条第一款、第二款或者第二十六条第一款的规定，当收到复议请求书的被请求人认为该复议请求确有理由时，可以根据复议请求的宗旨，依职权作出撤销、变更或者确认的处分，再或者作出依照申请的处分（以下简称职权撤销等）。此时，应当以书面形式告知请求人。

被请求人依第一款规定作出职权撤销等时，除请求人撤回复议请求的情形外，应当在依照第二十四条第一款第一句提交复议请求书和答辩书时，一并向委员会提交证明职权撤销等事实的材料。

第二十六条 【委员会受理、处理复议请求书等】

依照第二十三条第一款规定，委员会收到复议请求书时，应当及时向被请求人送达复议请求书副本。

委员会收到依第二十四条第一款第一句中被请求人提交的答辩书时，应当向请求人送达答辩书副本。

第二十七条 【复议请求的期间】

应当自知道存在处分之日起的九十日以内,请求行政复议。

请求人因天灾地变、战争、事变、其他不可抗力事由,无法于第一款规定的期间内提出复议请求时,可以自该事由消灭之日起的十四日以内,请求行政复议。但是,在国外请求行政复议时,该期间为三十日。

自处分之日起经过一百八十日后,不得请求行政复议。但是,有正当事由的除外。

第一款和第二款的期间为不变期间。

行政厅错误告知较第一款规定更长的行政复议期间的情形下,在该告知错误期间内完成复议请求时,该行政复议请求视为于第一款规定期间内完成的请求。

行政厅未告知行政复议期间时,可以于第三款规定的期间内提出行政复议请求。

第一款至第六款的规定,不适用于无效等确认复议请求和针对不作为的义务履行复议请求。

第二十八条 【复议请求的方式】

复议请求采取书面形式。

针对处分提出复议请求时,该复议请求书中应当包含下列各项规定的事项:

(一)请求人的姓名和住所或者事务所(若希望在住所或者事务所以外的场所接收送达时,应当追加标明送达场所);

(二)被请求人和委员会;

(三)成为复议请求对象的处分内容;

(四)知道存在处分的日期;

(五)复议请求的宗旨和理由;

(六)有无被请求人的行政复议告知及其内容。

针对不作为提出复议请求时,应当记载第二款第一项、第二项、第五项规定的事项和成为该不作为前提的申请内容和日期。

请求人为法人、依第十四条属于具有请求人能力的非法人的社团或者财团或者由选定代表人、代理人请求行政复议时,应当记载第二款或者第三款事项和该代表人、管理人、选定代表人、代理人的姓名和住所。

复议申请书应当由请求人、代表人、管理人、选定代表人、代理人签名或者盖章。

第二十九条 【变更请求】

请求人在不改变请求基础的范围内,可以变更请求的宗旨或者理由。

提出行政复议后,被请求人作出新的处分或者变更作为复议请求对象的处分时,请求人可以根据新的处分或者变更后的处分,变更请求的宗旨或者理由。

应当以书面的形式提出第一款或者第二款的变更请求。此时,依被请求人和参加人的人数一并提交请求变更申请书副本。

委员会应当向被请求人和参加人送达第三款中请求变更申请书副本。

在第四款情形下,委员会可以确定期间让被请求人和参加人就请求变更申请提出意见,被请求人和参加人未在该期间内提交意见时,视为无意见。

委员会收到第一款或者第二款中请求变更申请时,作出是否许可的决定,并及时向申请人送达决定书正本,向当事人和参加人送达决定书副本。

申请人可以自收到第六款送达之日起的七日内向委员会提出异议申请。

作出请求的变更决定时,将变更后的请求宗旨或者理由视为最初提出行政复议时的请求宗旨或者理由。

第三十条 【停止执行】

复议请求并不影响处分的效力、该执行或者程序的续行。

为了预防因处分、处分的执行或者程序的续行而导致重大损害,委员会认为紧急时,可以依职权或者当事人的申请,决定停止全部或者部分处分的效力、处分的执行或者程序的续行(以下简称停止执行)。但是,基于停止处分的执行或者程序的续行,能够实现停止处分效力的目的时,不得停止处分的效力。

停止执行有可能对公共福利产生重大影响时,不得为之。

委员会作出停止执行决定后,停止执行对公共福利产生重大影响或者该停止事由消灭时,可以依职权或者当事人的申请,撤销停止执行的决定。

停止执行的申请,应当于请求复议时或者于第七条第六款或者第八条第七款中委员会或者小委员会就复议请求作出议决前向委员会提交记载申请宗旨和原因的书面材料;停止执行决定的撤销申请,应当于第七条第六款或者第八条第七款中委员会或者小委员会就复议请求作出议决前,向委员会提交记载申请宗旨和原因的书面材料。但是,向被请求人提交复议请求书的情形下,在提出复议请求的同时,申请停止执行时,应当一并提交复议请求书副本和受理证明书。

不受第二款和第四款规定限制,当认为等待委员会的审理、决定可能导致重大损害时,委员长可以依职权作出代替委员会审理、决定的决定。此时,委员长应当及时将该事实汇报委员会,并取得追认,当未能取得委员会追认时,委员长应当撤销停止执行或者撤销停止执行的有关决定。

委员会作出有关停止执行或者撤销停止执行的审理、决定时,应当及时向当事人送达决定书正本。

第三十一条 【临时处分】

委员会认为处分或者不作为具有违法、不当的相当疑虑时,为了防止因处分或者不作为导致当事人的重大不利益或者导致当事人处于紧迫危险,有必要确定临时地位时,可以依职权或者依当事人的申请作出临时处分决定。

有关第一款的临时处分,准用第三十条第三款至第七款的规定。此时,将同条第六款第一句中的“可能导致重大损害”视为“可能导致重大不利益或者紧迫危险”。

依照第三十条第二款规定的停止执行能够达到目的的,不允许作出第一款的临时处分。

第五章 审 理

第三十二条 【补正】

委员会认为复议请求虽不合法,但是可以补正时,可以确定一定期间要求请求人予以补正。但是,轻微事项可以依职权予以补正。

请求人收到第一款的补正要求时,应当以书面形式予以补正。此时,依其他当事人人数提交补正书副本。

委员会应当及时向其他当事人送达依第二款提交的补正书副本。

依第一款完成补正时,应当视行政复议请求自始合法。

第一款中的补正期间不计入第四十五条的裁决期间。

第三十三条 【主张的补充】

当事人认为有必要补充复议请求书、补正书、答辩书、参加申请书等中主张的事实或者再次反驳其他当事人的主张时,可以向委员会提交补充书面材料。此时,一并提交其他当事人人数对应数量的补充书面材料副本。

委员会认为必要时,可以确定提交补充书面材料的期限。

委员会收到第一款补充书面材料时,应当及时向其他当事人送达该副本。

第三十四条 【证据材料等的提出】

当事人可以在复议请求书、补正书、答辩书、参加申请书、补充书面材料等中,附加提交支持其主张的证据材料和证物。

第一款的证据材料中,应当依其他当事人人数一并提交证据材料副本。

委员会应当及时将当事人提交的证据材料副本送达其他当事人。

第三十五条 【提交资料的要求等】

委员会出于审理案件,认为必要时,可以向相关行政机关要求提交由其保管的相关文书、账簿、其他必要资料。

委员会认为必要时,可以要求主管与案件相关法令的行政机关、其他相关行政机关首长或者其所属公务员,出席委员会会议并陈述意见或者提交意见书。

相关行政机关的首长若无特别事由,应当遵守第一款和第二款中委员会的要求。

就中央行政复议委员会负责审理、裁决的行政复议案件,相应中央行政机关的首长可以提交意见书或者出席委员会陈述意见。

第三十六条 【证据调查】

为了审理案件,委员会认为必要时,可以依职权或者依当事人的申请,按照下列各项的方法进行证据调查:

(一)令当事人或者关系人(包含相关行政机关所属公务员,下同)出席委员会会议,并进行讯问;

(二)要求当事人或者关系人提交文书、账簿、物件或者其他证据资料,并予以暂扣的方法;

(三)要求具备特别学识和经验的第三人实施鉴定的方法；

(四)出入当事人或者关系人的住所、居所、工作场所或者其他必要的场所，针对当事人或者关系人实施询问或者调查、检证书面材料和物品等的方法。

委员会认为必要时，可以委托委员会所属行政厅的职员或者其他行政机关实施第一款的证据调查。

依第一款实施证据调查的人，应当持有证明其身份的证件，并向当事人或者关系人出示该证件。

第一款中的当事人等，应当诚实配合委员会的调查或要求等。

第三十七条 【程序的合并或者分离】

委员会认为必要时，可以合并审理关联的复议请求或者分离审理合并的关联复议请求。

第三十八条 【审理日期的指定和变更】

审理日期由委员会依职权指定。

依据职权或者依当事人的申请，可以变更审理日期。

委员会应当及时将审理日期的变更事实和事由告知当事人。

审理日期的通知或者审理日期的变更通知，可以采用书面形式或者利用向复议请求书中记载的电话、移动电话号码发送短信、传真或者电子邮件等简便通知方法(以下简称简易通知方法)。

第三十九条 【职权审理】

委员会认为必要时，可以审理当事人未主张的事实。

第四十条 【审理的方式】

行政复议的审理采取口头审理或者书面审理。但是，当事人申请口头审理的情形下，除非认为只能以书面审理才能作出决定的情形之外，应当进行口头审理。

委员会收到第一款但书中的口头审理申请时，应当作出是否许可的决定，并通知请求人。

第二款的通知以简易通知方法进行。

第四十一条 【发言内容等的不予公开】

委员会上委员发言的内容或者其他若公开有可能损害委员会审理、议决公正性的事项，且属于总统令规定的事项，不予公开。

第四十二条 【撤回复议请求等】

针对复议请求，在依第七条第六款或者第八条第七款作出议决前，请求人可以以书面形式撤回复议请求。

针对复议请求，在依第七条第六款或者第八条第七款作出议决前，参加人可以以书面形式撤回参加申请。

第一款或者第二款的撤回书，应当由请求人或者参加人签名或者盖章。

请求人或者参加人应当向被请求人或者委员会提交撤回书。此时，准用第二十三条第二款至第四款的规定。

针对系属中的案件，当被请求人或者委员会收到第一款或者第二款的撤回书时，应当及时向其他相关机关、请求人、参加人告知撤回事实。

第六章 裁　决

第四十三条 【裁决的分类】

当复议请求不合法时，委员会不予受理该复议请求。

当认为复议请求没有理由时，委员会驳回该复议请求。

当认为撤销复议的请求有理由时，委员会作出撤销处分的命令或者变更为其他处分的命令，再或者命令被请求人变更为其他处分。

当认为无效等确认复议的请求有理由时，委员会确认该处分有无效力或者是否存在处分。

当认为义务履行复议的请求有理由时，委员会及时作出依申请的处分或者命令被请求人作出处分。

第四十三条之二 【调停】

为了迅速、公正地解决复议请求，在当事人的权利以及权限范围内，经当事人的同意，委员会可以进行调停。但是当该调停不符合公共福利或者违背该处分的性质时除外。

委员会进行第一款调停时，应当考虑复议请求案件的法律和事实上的状态以及当事人和利害关系人的利益等所有情况，并说明调停的理由和宗旨。

当事人将合意事项记载于调停书后，由当事人签名或者盖章，经委员会确认后，调停得以成立。

针对第三款的调停，准用第四十八条至第五十条、第五十条之二、第五十一条的规定。

[2017 年 10 月 31 日新设本条]

第四十四条 【情势裁决】

委员会即使认为复议请求有理由，然而当认容该请求可能极大地违背公共福利时，可以作出驳回该复议请求的裁决。此时，委员会应当在裁决的主文中，具体明确该处分或者不作为的违法或者不当。

委员会依第一款作出裁决时，可以对请求人采取相当的救济措施或者命令被请求人采取相当的救济措施。

第一款和第二款的规定，不适用于无效等确认复议。

第四十五条 【裁决期间】

裁决应当于第二十三条被请求人或者委员会收到复议请求书之日起的六十日以内作出。但是，当存在不得已事由时，委员长可以依职权延长三十日。

当依第一款但书作出延长裁决期间的决定时，委员长应该于裁决期间届满七日前告知当事人。

第四十六条 【裁决的方式】

裁决采用书面形式。

第一款的裁决书中,应当包含下列各项规定的事项:

(一)案件号和案件名;

(二)当事人、代表人或者代理人的姓名和住所;

(三)主文;

(四)请求的宗旨;

(五)理由;

(六)裁决日期。

裁决书中记载的理由,应当标明足以判断主文内容正当的内容。

第四十七条 【裁决的范围】

委员会不得对复议请求对象处分或者不作为之外的事项作出裁决。

委员会不得作出比复议请求对象处分更不利于请求人的裁决。

第四十八条 【裁决的送达和生效】

委员会应当及时向当事人送达裁决书正本。此时,中央行政复议委员会还应当将裁决结果告知所管中央行政机关的首长。

依第一款第一句规定送达请求人时,裁决发生效力。

委员会应当及时向参加人送达裁决书副本。

当复议请求是由非为处分相对人的第三人提出时,委员会应当及时将裁决书副本经被请求人送达处分的相对人。

第四十九条 【裁决的羁束力等】

认容复议请求的裁决,羁束被请求人和其他相关行政厅。

针对拒绝当事人的申请,依裁决确认应当撤销、属于无效或者不存在时,作出该处分的行政厅应当依裁决的宗旨,对原申请重新作出处分。〈2017 年 4 月 18 日新设〉

针对拒绝当事人的申请或者以不作为搁置处分的行为,当作出命令履行的裁决时,行政厅应当依裁决的宗旨,及时对原申请作出处分。〈2017 年 4 月 18 日修改〉

裁决撤销程序上违法或者不当的依申请处分时,准用第二款的规定。〈2017 年 4 月 18 日修改〉

根据法令规定已经公告或者告示的处分,由于裁决而被撤销或者变更时,作出该处分的行政厅应当及时告知或者告示该处分已被撤销或者变更的事实。〈2017 年 4 月 18 日修改〉

根据法令规定已经通知处分相对人以外利害关系人的处分,由于裁决而被撤销或者变更时,作出该处分的行政厅应当及时将撤销或者变更该处分的事实告知利害关系人。〈2017 年 4 月 18 日修改〉

第五十条 【委员会的直接处分】

被请求人不顾第四十九条第三款规定未作出处分的情形下,当事人提出申请时,委员会可以通过明确期间以书面形式作出纠正命令,在该期间内仍未履行时,可以直接作出处分。但是,因该处分的性质或者其他不得已事由,委员会不能直接作出处分时除外。〈2017 年 4 月 18 日修改〉

委员会依第一款第一句直接作出处分时,应当向相应行政厅通报该事实,收到通报的行政厅应当将委员会作出的处分视为是自己作出的处分,并依照相关法令采取管理、监督等必要措施。

第五十条之二 【委员会的间接强制】

被请求人未依照第四十九条第二款(包括第四十九条第四款中准用的情形)或者第三款作出处分时,委员会依请求人的申请,可以以决定的形式明确相当的期间,在该期间内被请求人仍未履行时,可以依该迟延期间作出一定的赔偿命令或者作出立即赔偿的命令。

当存在情势变更时,委员会依当事人的申请,可以变更第一款决定的内容。

委员会依第一款或者第二款作出决定前,应当听取申请对象的意见。

请求人不服第一款或者第二款的决定时,可以针对该决定提起行政诉讼。

第一款或者第二款决定的效力及于作为被请求人的行政厅及其所属的国家、地方自治团体或者公共团体,决定书正本不受依第四款的起诉影响,具有相当于《民事执行法》上强制执行相关的执行权源效力。此时,依委员长的命令,由委员会隶属行政厅的所属公务员签发执行文书。

针对基于间接强制决定的强制执行,就本法无特别规定的事项,准用《民事执行法》的规定。但是,《民事执行法》第三十三条【执行文书签发之诉】、第三十四条【关于执行文书签发等的异议申请】、第四十四条【关于请求的异议之诉】、第四十五条【针对执行文书签发的异议之诉】中管辖法院为被请求人所在地的行政法院。

[2017 年 4 月 18 日新设本条]

第五十一条 【再请求行政复议的禁止】

作出针对复议请求的裁决后,不得对该裁决以及同一处分或者不作为再次请求行政复议。

第七章 通过电子信息处理组织履行行政复议程序

第五十二条 【基于电子信息处理组织的复议请求等】

依本法采取行政复议程序的人,可以使用信息通信网向委员会指定、运行的电子信息处理组织(是指为结合硬件、软件、数据库、网络、安保要素等构筑的制作、提交、送达行政复议程序所需电子文书的,具备信息处理能力的电子装置。下同)提交电子文书化的复议请求书和其他材料。

依第一款提交的电子文书视为根据本法提交的文书,并免除提交副本的义务。

就依第一款提交的电子文书,当提交该文书的人通过电子通信网确认电子信息处理组织所提供的受理号码时,视为按电子信息处理组织所记录的内容完成了受理。

就通过电子信息处理组织受理的复议请求,依照第二十七条计算复议请求期间时,应当将第三款中的受理时间点视为行政复议的请求时间点。

关于电子信息处理组织的指定内容、利用电子信息处理组织受理和处理复议请求书等的必要事项,由国会规则、大法院规则、宪法裁判所规则、中央选举管理委员会规则或者总统令规定。

第五十三条 【电子签名等】

针对欲通过电子信息处理组织采取行政复议的人,委员会可以要求提交能够确认其为本人的《电子签名法》第二条第二项上电子签名(是指能够确认签名者真实名义的电子签名)或者其他认证(以下简称电子签名等)。〈2020 年 6 月 9 日修改〉

依第一款规定提交电子签名等的人,视为完成本法上的签名或者盖章。

电子签名等的必要事项,由国会规则、大法院规则、宪法裁判所规则、中央选举管理委员会规则或者总统令规定。

第五十四条 【利用电子信息处理组织的送达等】

针对依第五十二条第一款请求行政复议或者提出参加复议的人,被请求人或者委员会可以利用电子信息处理组织和与此相关联的信息通信网送达裁决书或者本法规定的其他各种材料。但是,请求人或者参加人未同意时除外。

第一款第一句的情形下,委员会应当将需送达的裁决书等材料输入电子信息处理组织,并完成登载后,依照国会规则、大法院规则、宪法裁判所规则、中央选举管理委员会规则或者总统令规定的方法,以电子邮件等形式告知该登载事实。

依第一款利用电子信息处理组织送达的材料,与书面形式的送达具有同等效力。

依第一款的材料送达,以请求人确认依第二款登载的电子文书时,视为按电子信息处理组织记录的内容完成了送达。但是,自第二款中通知该登载事实之日起的两周以内(裁决书以外的材料为七日以内)未予以确认时,应当将通知登载事实之日起两周后的那一天(裁决书以外的材料为七日)视为送达日。

以书面形式提出复议请求或者参加复议的人,申请利用电子信息处理组织时,准用第五十二条、第五十三条以及本条的规定。

关于委员会、被请求人、其他相关行政机关之间的材料送达等,准用第五十二条、第五十三条以及本条的规定。

第一款第一句中的送达方法或者其他必要事项,由国会规则、大法院规则、宪法裁判所规则、中央选举管理委员会规则或者总统令规定。

第八章 补　　则

第五十五条 【证据材料等的返还】

委员会作出裁决后,收到要求返还证据材料等的申请时,应当及时向提交人返还申请人提交的文书、账簿、物品或者其他证据资料的原件。

第五十六条 【住所等送达场所变更的申告义务】

当事人、代理人、参加人等变更其住所或者事务所再或者送达场所时,应当及时将该事实以书面形式或者通过电子信息处理组织向委员会申告。依第五十四条第二款变更电子邮件地址等时,亦同。

第五十七条 【材料的送达】

关于本法中材料的送达,准用《民事诉讼法》中有关送达的规定。

第五十八条 【行政复议的告知】

行政厅作出处分时,应当向处分相对人告知下列各项的事项:

(一)针对该处分是否可以请求行政复议;

(二)请求行政复议时的复议请求程序以及复议请求期间。

当利害关系人提出要求时,行政厅应当及时告知下列各项的事项。此时,要求以书面形式告知的,应当以书面形式告知:

(一)该处分是否属于行政复议的对象;

(二)当属于行政复议对象时,管辖委员会以及复议请求期间。

第五十九条 【不合理法令等的改善】

中央行政复议委员会在审理、裁决复议请求时,发现作出处分或者不作为的根据命令等(是指总统令、总理令、部令、训令、例规、告示、条例、规则等。下同),不具有法令依据或者违背上位法令,再或者具有对国民造成过度负担等的明显不合理时,可以要求相关行政机关对该命令等采取修改、废止等适当的纠正措施。此时,中央行政复议委员会应当向法制处处长通报要求采取纠正措施的事实。〈2016 年 3 月 29 日修改〉

收到第一款要求的相关行政机关,在无正当事由时,应当依该要求。

第六十条 【调查和指导等】

针对行政厅,中央行政复议委员会可以调查下列各项规定的事项等,并作出必要的指导:

(一)委员会的运行状况;

(二)裁决的履行状况;

(三)行政复议的运行现状。

针对经本法行政复议后,又根据《行政诉讼法》提出抗告诉讼的案件,行政厅应当将该内容或者结果等由总统令规定的事项,每半年于次月十五日内告知就相应复议请求作出裁决的中央行政复议委员会或者第六条第三款规定的市、道知事下设的行政复议委员会。

当中央行政复议委员会提出要求时,第六条第三款中市、道知事下设的行政复议委员会应当提交第二款中收集的资料。

第六十一条 【权限的委任】

根据国会规则、大法院规则、宪法裁判所规则、中央选举管理委员会规则或者总统令的规定,可以将本法中委员会权限的一部分委任于委员长。

附则〈第17354号,2020年6月9日〉(电子签名法)

第一条 【施行日】

本法自公布日起至六个月后施行。〈省略但书〉

第二条至第六条 省略。

第七条 【其他法律的修改】

第一款至第二十一款,省略。

第二十二款,修改《行政复议法》中如下规定:

将第五十三条第一款中,"《电子签名法》第二条第三项上公认电子签名"修改为"《电子签名法》第二条第二项上电子签名(是指能够确认签名者真实名义的电子签名)"。

第八条 省略。

(辽宁大学 朴大宪 译)

大韩民国行政诉讼法

[2017 年 7 月 26 日施行][法律第 14839 号,2017 年 7 月 26 日他法修改]

第一章　总　　则

第一条　【目的】

本法旨在通过行政诉讼程序,救济因行政厅的违法处分以及因其他公权力的行使或者不行使等造成的公民权利或者利益的侵害,恰当地解决公法上权利关系或者关于法适用上的争议。*

第二条　【定义】

本法中使用用语的定义如下:

(一)“处分等”,是指行政厅针对具体事实作出的执法行为,即公权力行使或者拒绝行使公权力和其他与之相当的行政作用(以下简称处分)以及针对行政复议作出的裁决;

(二)“不作为”,是指针对当事人的申请,行政厅虽然有法定义务在相当的期间内作出一定处分,然而其未履行该义务的情形。

当适用本法时,行政厅包括依法受委任或者受委托行使行政权限的行政机关、公共团体及其机关或者私人。

第三条　【行政诉讼的种类】

行政诉讼区分为如下四个种类:〈1988 年 8 月 5 日修改〉

(一)抗告诉讼,针对行政厅的处分等或者不作为提起的诉讼;

(二)当事人诉讼,因行政厅的处分等引起的有关法律关系的诉讼,以及有关公法上法律关系的诉讼中,以该法律关系的一方当事人为被告的诉讼;

(三)民众诉讼,当国家或者公共团体的机关作出违反法律的行为时,虽然与自身的法律上利益没有直接关系,但是为了纠正该行为而提起的诉讼;

(四)机关诉讼,当国家或者公共团体的机关相互之间就是否存在权限或者就行使权限存在争议时,提起的诉讼。但是,排除宪法裁判所法第二条规定中属于宪法裁

---

* 韩国的行政厅,可以理解为我国的行政部门;该条中的违法处分,包括类似我国的违法的行政处分和行政处罚。——译者注

判所管辖事项的诉讼。

第四条 【抗告诉讼】

抗告诉讼区分为如下：

（一）撤销诉讼，撤销或者变更行政厅的违法处分等的诉讼；

（二）无效等的确认诉讼，确认行政厅的处分等有无效力或者是否存在的诉讼；

（三）不作为的违法确认诉讼，确认行政厅的不作为属于违法的诉讼。

第五条 【在国外的期间】

根据本法计算期间时，在国外补充诉讼行为要件的情形下，该期间由十四日增至三十日；在国外的第三人提出再审请求的情形下，该期间由三十日增至六十日；在国外起诉的情形下，该期间由六十日增至九十日。

第六条 【命令、规则的违宪判决等的公告】

根据大法院对行政诉讼的判决，已经确定命令、规则违反宪法或者法律时，大法院应当及时将该事由通报行政安全部长官。〈2013 年 3 月 23 日、2014 年 11 月 19 日、2017 年 7 月 26 日修改〉

接到第一款规定之通报的行政安全部长官应当及时将此刊载于官报。〈2013 年 3 月 23 日、2014 年 11 月 19 日、2017 年 7 月 26 日修改〉

第七条 【案件的移送】

无故意或者重大过失的原告错误地向无管辖权法院提起行政诉讼的情形下，同样适用民事诉讼法第三十四条第一款的规定。〈2002 年 1 月 26 日修改〉

第八条 【法律的适用】

除非其他法律中作出特别规定的情形外，就行政诉讼而言，适用本法的规定。

关于行政诉讼，在本法中未作出特别规定的事项，准用法院组织法和民事诉讼法以及民事执行法的规定。〈2002 年 1 月 26 日修改〉

第二章 撤销诉讼

第一节 裁判管辖

第九条 【裁判管辖】

撤销诉讼的第一审管辖法院是管辖被告所在地的行政法院。〈2014 年 5 月 20 日修改〉

不受第一款规定限制，符合下列各项之一的被告提起撤销诉讼的情形，可以向大法院所在地的管辖行政法院提起：

（一）中央行政机关、中央行政机关的附属机关和合议制行政机关或者该首长；

（二）受委任或者受委托行使国家事务的公共团体或者该首长。

针对土地的征收征用、其他有关不动产或者特定场所的处分等，可以向管辖该不

动产或者场所的所在地行政法院提起撤销诉讼。〈2014 年 5 月 20 日修改〉

[1994 年 7 月 27 日修改全文]

[2014 年 5 月 20 日修改标题]

第十条 【关联请求诉讼的移送以及合并】

撤销诉讼和符合下列各项之一的诉讼(以下简称关联请求诉讼)分别系属不同法院的情况下,受理关联请求诉讼的法院认为相当时,可以根据当事人的申请或者依职权将此移送至已经受理撤销诉讼的法院:

(一)与该处分等相关联的损害赔偿、不当得利返还、恢复原状等诉讼请求;

(二)与该处分等相关联的撤销诉讼。

在事实审的辩论终结以前,撤销诉讼可与关联请求诉讼合并,或者可向已经受理撤销诉讼的法院合并提起以被告以外的当事人为对象的关联请求诉讼。

第十一条 【先决问题】

当处分等的有无效力或者是否存在成为民事诉讼的先决问题,由该民事诉讼的受诉法院审理、判断该问题时,准用第十七条、第二十五条、第二十六条以及第三十三条的规定。

出现第一款规定的情形时,该受诉法院应当向作出该处分等的行政厅通知该处分等成为先决问题的事实。

第二节 当 事 人

第十二条 【原告适格】

具有请求撤销处分等的法律上利益的人可以提起撤销诉讼。即使处分等的效果因超过期限、处分等的执行以及其他事由导致消灭后,当通过撤销该处分等,存在能够恢复法律上利益的人时,可以提起撤销诉讼。

第十三条 【被告适格】

其他法律中无特别规定的,以作出该处分等的行政厅为撤销诉讼的被告。但是,处分等发生后,有关该处分等的权限被其他行政厅继承时,继承该权限的行政厅为撤销诉讼的被告。

当第一款规定的行政厅不复存在时,承担有关该处分等事务的国家或者公共团体为撤销诉讼的被告。

第十四条 【被告的更正】

当原告错误地指定被告时,法院可以根据原告的申请通过决定允许被告的更正。

法院应当将根据第一款规定作出的决定书正本送达新的被告。

针对第一款规定的申请作出不予受理决定时,可以提起即时抗告。

当根据第一款规定作出了决定时,针对新被告的诉讼,视为是第一次起诉时就已经提起的诉讼。

当根据第一款规定作出了决定时,先前被告的诉讼视为撤诉。

撤销诉讼被提起后,当发生第十三条第一款但书或者第十三条第二款的事由时,法院根据当事人的申请或者依职权更正被告。此时,准用第四款以及第五款的规定。

第十五条 【共同诉讼】

当数人的请求或者针对数人的请求,属于与处分等的撤销请求相关联的请求时,该数人可以成为共同诉讼人。

第十六条 【第三人的诉讼参与】

当根据诉讼的结果产生权利或者利益受到侵害的第三人时,法院根据当事人或者第三人的申请或者依职权,通过决定让该第三人参与诉讼。

法院根据第一款规定作出决定时,应当事先听取当事人以及第三人的意见。

根据第一款规定提出申请的第三人可以针对该申请的不予受理决定提出即时抗告。

根据第一款规定参与诉讼的第三人,准用民事诉讼法第六十七条的规定。〈2002年1月26日修改〉

第十七条 【行政厅的诉讼参与】

法院认为其他行政厅有必要参与诉讼时,根据当事人或者该行政厅的申请或者依职权,通过决定使得其他行政厅参与诉讼。

法院根据第一款规定作出决定时,应当听取当事人以及该行政厅的意见。

根据第一款规定参与诉讼的行政厅,准用民事诉讼法第七十六条的规定。〈2002年1月26日修改〉

第三节 诉的提起

第十八条 【与行政复议的关系】

即使根据法令可以对相应处分提起行政复议的情形下,也可以不经行政复议直接提起撤销诉讼。但是,其他法律规定相应处分若非经行政复议的裁决不得提起撤销诉讼的,除外。〈1994年7月27日修改〉

即使发生第一款但书的情形,若有符合下列各项之一的事由时,可以不经行政复议的裁决,提起撤销诉讼:〈1994年7月27日修改〉

(一)自提起行政复议请求之日起经过六十日仍未作出裁决的;

(二)为了防止处分的执行或者程序的继续进行导致重大损害,存在紧急必要的;

(三)根据法令的规定,存在行政复议机关不能作出议决或者裁决事由的;

(四)存在其他正当事由的。

在第一款但书的情形下,若有符合下列各项之一的事由时,可以在未经提起行政复议的前提下,提起撤销诉讼:〈1994年7月27日修改〉

(一)已经存在有关同类案件行政复议的驳回裁决的;

(二)内容上相关的处分或者为了同一目的阶段性地进行的处分中,某一处分已经通过行政复议作出裁决的;

(三)行政厅在事实审的辩论终结后,针对作为诉讼对象的处分作出变更的,针对变更后的相应处分提起诉讼的；

(四)作出处分的行政厅错误地告知没有必要进行行政复议的。

应当疏明第二款以及第三款规定的事由。

第十九条 【撤销诉讼的对象】

撤销诉讼以处分等为对象。但是，就针对裁决的撤销诉讼而言，以裁决本身存在固有违法的情形下，才得以提起。

第二十条 【起诉期间】

撤销诉讼应当自知道有处分等之日起九十日内提起。但是，在第十八条第一款但书规定的情形和其他可以提起行政复议请求的情形或者行政厅错误地告知可以提起行政复议请求的情形下，当进行行政复议请求时，该期间自收到裁决书正本之日起计算。

自作出处分等之日起经过一年的(在第一款但书规定的情形下，自作出裁决之日起一年)，不得提起撤销诉讼。但是，当有正当事由时，除外。

第一款规定的期间为不变期间。

[1994 年 7 月 27 日修改全文]

第二十一条 【诉的变更】

法院认为，可以将撤销诉讼变更为针对承担该处分等事务的国家或者公共团体的当事人诉讼或者变更为撤销诉讼以外的其他抗告诉讼时，若请求的基础未发生变更，在事实审的辩论终结前，根据原告的申请，可以通过决定允许诉的变更。

根据第一款规定作出允许的情形下，若要变更被告时，法院应当听取将要成为新被告的当事人的意见。

针对根据第一款规定作出的允许决定，可以提起即时抗告。

针对根据第一款规定作出的允许决定，准用第十四条第二款、第四款以及第五款的规定。

第二十二条 【因变更处分导致的诉的变更】

提起诉讼后，行政厅变更作为诉讼对象的处分时，法院可以根据原告的申请通过决定允许请求宗旨或者原因的变更。

第一款规定的申请，应当自知道有处分的变更之日起六十日内提出。

根据第一款规定变更的请求，视为已经满足第十八条第一款但书规定的要件。〈1994 年 7 月 27 日修改〉

第二十三条 【停止执行】

撤销诉讼的提起并不影响处分等的效力或者其执行再或者程序的继续进行。

在已经提起撤销诉讼的情形下，为了预防因处分等或者其执行再或者程序的继续进行造成难以恢复的损害，认为存在紧急的必要时，本案的系属法院可以根据当事人的申请或者依职权决定全部或者部分停止处分等的效力或者该执行再或者程序的继续进行(以下简称停止执行)。但是，通过停止处分等的执行或者程序的继续进行能够达到目的时，不允许停止处分的效力。

当执行的停止有可能对公共福利产生重大影响时,不允许停止执行。

根据第二款的规定申请停止执行时,应当说明该理由。

针对依第二款规定作出的停止执行决定或者驳回决定,可以提出即时抗告。此时,针对停止执行决定的即时抗告,不具有停止该决定的执行效力。

根据第二款规定作出的停止执行决定,适用第三十条第一款的规定。

第二十四条 【停止执行的撤销】

停止执行的决定确定后,当停止执行对公共福利产生重大影响或者该停止事由消失时,根据当事人的申请或者依职权,可以通过决定撤销停止执行的决定。

根据第一款规定作出的撤销停止执行的决定以及对此不服的,准用第二十三条第四款以及第五款的规定。

第四节 审 理

第二十五条 【要求提交行政复议记录的命令】

当有当事人提出申请时,法院可以通过决定,命令作出裁决的行政厅提交有关行政复议的记录。

根据第一款规定接到提交命令的行政厅,应当及时向法院提交该行政复议的记录。

第二十六条 【依职权审理】

法院认为必要时,可以依职权进行证据调查,也可以对当事人未主张的事实作出判断。

第五节 裁 判

第二十七条 【裁量处分的撤销】

即使是属于行政厅的裁量处分,当超出裁量权的界限或者存在滥用时,法院可以撤销该处分。

第二十八条 【情势判决】

法院即使认为原告的请求有理由,然而当认为撤销处分等明显不利于公共福利时,可以驳回原告的请求。此时,法院应当在该判决的主文中明示该处分等违法。

在根据第一款规定作出判决时,法院应当事先调查原告由此将受到的损害程度和赔偿方法以及其他情况。

原告可以向该撤销诉讼等的系属法院合并提起针对被告行政厅所属的国家或者公共团体的损害赔偿、除害设施的设置以及其他适当救济方法的请求。

第二十九条 【撤销判决等的效力】

撤销处分等的确定判决对第三人也具有效力。

第一款的规定,准用于依第二十三条规定的停止执行决定或者依第二十四条规定的撤销该停止执行的决定。

第三十条 【撤销判决等的羁束力】

撤销处分等的确定判决,羁束有关该案件中作为当事人的行政厅和其他相关行政厅。

当依判决而被撤销的处分是以拒绝当事人的申请为内容时,作出该处分的行政厅应当按照判决的宗旨重新作出对先前申请的处分。

依申请作出的处分,因程序违法被撤销的情形下,准用第二款的规定。

第六节 补 则

第三十一条 【第三人的再审请求】

由于撤销处分等的判决,权利或者利益受到侵害的第三人,因不能归责于己的事由未能参与诉讼,导致未能提出对判决结果产生影响的攻击或者防御方法的,可以此为由针对确定的终局判决提出再审请求。

应当自知道有确定判决之日起三十日内、判决确定之日起一年以内提出第一款规定的请求。

第二款规定的期间为不变期间。

第三十二条 【诉讼费用的负担】

依第二十八条的规定撤销请求被驳回的,或者因行政厅撤销或者变更处分等导致请求被不予受理或者驳回的,诉讼费用由被告承担。

第三十三条 【关于诉讼费用的裁判效力】

关于诉讼费用的裁判被确定时,其效力及于作为被告或者参与人的行政厅所属的国家或者公共团体。

第三十四条 【拒绝处分撤销判决的间接强制】

当行政厅未作出第三十条第二款规定的处分时,第一审受诉法院依当事人的申请,可以以决定的形式明确相当的期间。在该期间内,行政厅仍未履行时,可以依该迟延期间作出一定的赔偿命令或者作出立即赔偿损害的命令。

第三十三条和民事执行法第二百六十二条的规定,准用于第一款的情形。〈2002年1月26日修改〉

第三章 撤销诉讼以外的抗告诉讼

第三十五条 【无效等确认诉讼的原告适格】

无效等的确认诉讼,可以由请求确认处分等有无效力或者是否存在的有法律上利益的人提起。

第三十六条 【不作为违法确认诉讼的原告适格】

不作为的违法确认诉讼,限于已经申请作出处分的人请求确认不作为属于违法有法律上利益的人提起。

第三十七条 【诉的变更】

在将无效等的确认诉讼或者不作为的违法确认诉讼变更为撤销诉讼或者当事人诉讼的情形下,准用第二十一条的规定。

第三十八条 【准用规定】

就无效等的确认诉讼而言,准用第九条、第十条、第十三条至第十七条、第十九条、第二十二条至第二十六条、第二十九条至第三十一条以及第三十三条的规定。

就不作为的违法确认诉讼而言,准用第九条、第十条、第十三条至第十九条、第二十条、第二十五条至第二十七条、第二十九条至第三十一条、第三十三条以及第三十四条的规定。〈1994 年 7 月 27 日修改〉

第四章 当事人诉讼

第三十九条 【被告适格】

以国家、公共团体以及其他的权利主体作为当事人诉讼的被告。

第四十条 【裁判管辖】

第九条的规定准用于当事人诉讼。但是,当以国家或者公共团体为被告时,将相关行政厅所在地视为被告的所在地。

第四十一条 【起诉期间】

关于当事人诉讼,当法令中规定了起诉期间时,该期间为不变期间。

第四十二条 【诉的变更】

在将当事人诉讼变更为抗告诉讼的情形下,准用第二十一条的规定。

第四十三条 【假执行宣告的限制】

在对国家提出的当事人诉讼中,不得作出假执行宣告。

[单纯违宪,2020Hun-Ka12,2022 年 2 月 24 日行政诉讼法(1984 年 12 月 15 日法律第 3754 号全文修改)第四十三条违反宪法。]

第四十四条 【准用规定】

就当事人诉讼而言,准用第十四条至第十七条、第二十二条、第二十五条、第二十六条、第三十条第一款、第三十二条以及第三十三条的规定。

当事人诉讼和关联请求诉讼分别系属于不同法院时的移送和诉讼合并,准用第十条的规定。

第五章 民众诉讼以及机关诉讼

第四十五条 【诉的提起】

有法律规定的情形下,限于法律规定的人可以提起民众诉讼以及机关诉讼。

第四十六条 【准用规定】

民众诉讼或者机关诉讼中，请求撤销处分等的诉讼在不违背其性质的前提下，准用有关撤销诉讼的规定。

民众诉讼或者机关诉讼中，请求确认处分等有无效力或者是否存在以及请求确认不作为属于违法的诉讼在不违背其性质的前提下，分别准用无效等的确认诉讼或者不作为的违法确认诉讼相关规定。

民众诉讼或者机关诉讼中，第一款以及第二款规定的诉讼之外的诉讼在不违背其性质的前提下，准用有关当事人诉讼的规定。

附则〈第 14839 号，2017 年 7 月 26 日〉

第一条 【施行日】

本法自公布之日起施行。但是，将根据附则第五条作出修改的法律中，对于虽然在本法施行前已经公布，然而就还未开始施行的法律而言，该修改部分自相应法律的施行日起施行。

第二条至第四条 省略

第五条 【其他法律的修改】

省略第一款至第三十八款。

将行政诉讼法中的部分内容修改如下：

将第六条第一款以及第二款中，“行政自治部长官”修改为“行政安全部长官”。

省略第四十款至第三百八十二款。

第六条 省略

（辽宁大学 朴大宪 译）

大韩民国国家赔偿法

[2017年10月31日施行][法律第14964号,2017年10月31日部分修改]

第一条 【目的】

为了规范国家或地方自治团体的损害赔偿责任与赔偿程序,制定本法。

[2008年3月14日修改全文]

第二条 【赔偿责任】

公务员或受公务委托(以下简称公务员)的个人行使职权时,因故意或过失违反法令致使损害发生,或者根据《汽车损害赔偿保障法》具有损害赔偿责任的,国家或地方自治团体依本法规定承担赔偿责任。但是,军人、军务院、警察公务员或预备役军人因战斗、训练等职务执行而战死、殉职或负公伤时,本人或其遗属依据其他法获得灾害补偿金、遗属年金、伤残年金等补偿时,不得提出本法及《民法》规定的损害赔偿请求。〈2009年10月21日、2016年5月29日修改〉

第一款规定的情形中,对具有故意或重大过失的公务员,国家或地方自治团体可以向其追偿。

[2008年3月14日修改全文]

第三条 【赔偿标准】

适用第二条第一款规定时,造成他人死亡的(包括因损害他人身体而导致死亡的情形),对受害者的继承人(以下简称遗属)按下列各项标准给予赔偿:

(一)死亡当时(包括因身体受伤而导致死亡的情形)的月薪、月实收入额或平均工资乘以今后可能就业期间的所得金额之遗属赔偿;

(二)总统令规定的殉葬费。

适用第二条第一款规定时,造成他人人身损害的,按照下列各项标准对受害人进行赔偿:

(一)进行所需的疗养费或支付相应的费用;

(二)因第一项规定的疗养致使月薪、月实收入额或平均工资发生损失时,赔偿因误工减少的收入;

(三)受害人痊愈后仍具有障害时,依据其劳动能力的丧失程度,向受害人支付受害当时的月薪、月实收入额或平均工资乘以今后可能就业期间的所得金额之障害赔偿。

适用第二条第一款规定时,造成他人财产灭失或损害的,按照下列各项标准对受害人进行赔偿:

(一)受害当时该物品的交换价或进行所需的修理及其相应的修理费;

(二)因其修理致使收入发生损失时,应赔偿修理期间的损失额之误工赔偿。

对生命、身体的侵害及财产的灭失、毁损而造成的损害以外的损害,仅限于非法行为或一定因果关系范围内予以赔偿。

死亡或身体受侵害的受害人的直系血亲尊亲属、直系血亲卑亲属及配偶或其他受损害的受害人,应在总统令规定的标准内考虑受害人社会地位、过失程度、生活状况、损害赔偿额等,赔偿其精神损失的抚慰金。

第一款第一项及第二款第三项规定的就业可能期间与障害等级及劳动力丧失率,由总统令规定。

第一款至第三款规定的月薪、月实收入额或平均工资等,依据管辖受害人住所地的税务署署长或市长、郡守、区厅长(是指自治区的区厅长)和受害人工作机关负责人的证明或其他具有公信力的证明,但是,无法证明时由总统令规定。

[2008 年 3 月 14 日修改全文]

第三条之二 【扣除额】

适用第二条第一款规定中,受害人受到损害的同时获得利益的,应从损害赔偿额中扣除与其利益相当的金额。

同时申请第三条第一款规定的遗属赔偿与第二款规定的障害赔偿及今后所需的疗养费等的情形,应扣除中间利息。

第二款规定中扣除中间利息的方式由总统令规定。

[2008 年 3 月 14 日修改全文]

第四条 【禁止转让等】

侵犯生命与身体而获得国家赔偿的权利不得转让或扣押。

[2008 年 3 月 14 日修改全文]

第五条 【因公共设施等瑕疵的责任】

因道路、河流及其他公共营造物的设置或管理存在瑕疵,致使他人蒙受损失的,由国家或地方自治团体赔偿其损失。此时,准用第二条第一款但书与第三条及第三条之二规定。

适用第一款规定时,若有人对损害原因负有责任,国家或地方自治团体可以向该人员进行追偿。

[2008 年 3 月 14 日修改全文]

第六条 【费用承担者等的责任】

根据第二条与第三条及第五条规定,国家或地方自治团体承担损害赔偿的情形,负责公务员的选任与监督或营造物的设置与管理的人不同于负责公务员的工资与补贴及其他费用或营造物的设置与管理费用的人时,承担该费用的人也应赔偿损失。

第一款规定的情形下,赔偿损失的人可以向内部关系中具有赔偿责任的人请求补偿。

[2008 年 3 月 14 日修改全文]

第七条 【对外国人的责任】

本法仅适用于受害者为外国人时与相应国家有着相互保障的情形。

[2008 年 3 月 14 日修改全文]

第八条 【与其他法律的关系】

除本法规定的事项外,有关国家与地方自治团体的损害赔偿责任适用《民法》规定。但是,《民法》之外的其他法律另有规定的,依照其规定。

[2008 年 3 月 14 日修改全文]

第九条 【诉讼与赔偿申请的关系】

本法规定的损害赔偿诉讼可以不经赔偿审议会(以下简称审议会)而提出申请。

[2008 年 3 月 14 日修改全文]

第十条 【赔偿审议会】

为审议有关国家或地方自治团体的赔偿申请程序在法务部设立总部审议会。但是,为了审议军人或军务人员对他人造成损害的赔偿申请案件在国防部设立了特别审议会。

总部审议会与特别审议会根据总统令规定设立地区委员会。

总部审议会与特别审议会及地区委员会由法务部长官指挥。

各审议会设委员会设委员长,由委员长总揽审议会的工作并代表审议会。

各审议委员会委员中非公务员的委员在适用《刑法》第一百二十七条及第二十九条至第一百三十二条规定时将其视为公务员。〈2017 年 10 月 31 日新设〉

各审议会的管辖、构成、运营及其他所需事项由总统令规定。

〈2017 年 10 月 31 日修改〉

[2008 年 3 月 14 日修改全文]

第十一条 【各级审议会议的权限】

总部审议会与特别审议会审议及处理下列各项:

(一)根据第十三条第六款规定从地区审议会收到的案件;

(二)根据第十五条之二规定的再审申请案件;

(三)此外,根据法令规定属于该管辖事项。

各地区审议会审议及处理对其管辖所属的国家或地方政府的赔偿申请案件。

[2008 年 3 月 14 日修改全文]

第十二条 【赔偿申请】

根据本法规定,欲领取赔偿金的人应向管辖其住所地、所在地或赔偿原因发生地的地区审议会提出赔偿申请。

导致损害赔偿原因的公务员所属机关的负责人应建议受害人或遗属提起第一款规定的申请。

审议会委员长认为,赔偿申请虽有不合法的部分但可以补正时,应规定一定期间要求予以补正。

根据第三款规定进行补正时,视为合法提出赔偿申请。

第三款规定的补正期间不计入第十三条第一款规定的赔偿决定期间。

[2008年3月14日修改全文]

第十三条 【审议与决定】

地区审议会收到赔偿申请后应及时进行询问证人、鉴定、检验等证据调查,并经审议于四周内作出支付赔偿金、驳回申请或不予受理的决定(以下简称赔偿决定)。

地区审议会认定有紧急事由时,可以作出先行支付第三条第一款第二项、第二款第一项及第三款第一项规定的殡葬费、疗养费及修理费的部分费用的决定。已先行支付的情形,在作出赔偿决定后支付赔偿金时应将其扣除。

第二款前段部分规定中先行支付的标准、方法及程序等必要事项由总统令规定。

不受第二款规定限制,因时间或其他不得已事由无法召开地区审议会时,地区委员会的委员长可以依职权决定先行支付。此时,委员长应向地区审议会报告并得到追认,无法得到追认时,其决定将失效。

审议会根据第三条与第三条之二规定的标准,审议并决定赔偿金。

地区委员会审议赔偿申请案件后认定符合下列各项之一的,应及时将事件记录的审议结果移送至总部或特别审议会:

(一)赔偿金的概算额超出总统令规定金额的案件;

(二)此外,总统令规定由本部审议会或特别审议会审议决定的案件。

总部审议会或特别审议会根据第六款规定收到案件记录时,应在四个星期内作出赔偿决定。

符合下列各项之一的,审议会将不予受理赔偿申请:

(一)申请人曾以相同原因提出赔偿申请而获得赔偿或驳回申请的。但是,收到驳回决定的申请人能够证明发现新的证据情形除外;

(二)申请人曾以相同原因,依据本法规定提起诉讼而获得赔偿或判决驳回申请的情形;

(三)此外,赔偿申请不合法且无法予以补正或没有按照第十二条第三款规定作出补正的情形。

[2008年3月14日修改全文]

第十四条 【决定书的送达】

审议会作出赔偿决定后自该决定之日起一周内将决定书正本送达申请人。

第一款规定的送达事项适用《民事诉讼法》中的送达相关规定。

[2008年3月14日修改全文]

第十五条 【申请人同意与赔偿金的支付】

收到赔偿决定的申请人应及时附上其决定同意书向国家或地方政府请求支付赔偿金。

支付赔偿金的相关程序、支付机关、支付时期及其他所需事项由总统令规定。

收到赔偿决定的申请人未请求支付赔偿金或地方自治团体在总统令规定期间内未支付赔偿金时视为不同意该决定。

[2008 年 3 月 14 日修改全文]

第十五条之二 【复议申请】

在地区审议会上赔偿申请被驳回(包括部分被驳回的情形)或不予受理的申请人自决定正本送达之日起两周以内经审议会可以向总部审议会或特别审议会申请复议。

受理复议申请的地区委员会应在一周以内将全部赔偿申请记录送达总部审议会或特别审议会。

总部审议会或特别审议会应对第一款规定的申请进行审议,并在四周内重新作出赔偿决定。

总部审议会或特别审议会认为不予受理赔偿申请的地区审议会的决定违反法令时,可以将事件退回至地区审议会。

不予受理的赔偿申请,经申请人补正后提出复议申请时,本部审议会与特别审议会可以将案件退回至该地区审议会。

对于复议案件的本部审议会或特别审议会的赔偿决定适用第十三条与第十五条规定。

[2008 年 3 月 14 日修改全文]

第十六条 删除〈1997 年 12 月 13 日〉

第十七条 删除〈2008 年 3 月 14 日〉

附则〈第 14964 号,2017 年 10 月 31 日〉

本法自颁布之日起施行。

(韩国首尔大学 崔慧珠 译)

大韩民国民法

[2021年1月26日施行][法律第17905号,2021年1月26日部分修改]

第一编　总　　则

第一章　通　　则

第一条　【法源】

关于民事,法律无规定的,依照习惯法;无习惯法的,依照法理。

第二条　【信义诚实】

权利的行使和义务的履行,应当依照信义诚实。

权利不得滥用。

第二章　人

第一节　能　　力

第三条　【权利能力的存续期间】

人在生存期间,成为权利和义务的主体。

第四条　【成年】

年满19岁为成年。

[2011年3月7日修改全文]

第五条　【未成年人的能力】

未成年人在实施法律行为,须经法定代理人的同意。但是,仅取得权利或者免除义务的行为,不在此限。

违反前款规定的行为,可以撤销。

第六条 【允许处分的财产】

法定代理人确定范围允许处分的财产,未成年人可以任意处分。

第七条 【同意与允许的撤销】

在未成年人实施法律行为之前,法定代理人可以撤销前两条的同意与允许。

第八条 【营业的允许】

未成年人从法定代理人处取得允许的有关特定营业的,具有与成年人相同的行为能力。

法定代理人可以撤销或者限制前款的允许。但是,不得对抗善意第三人。

第九条 【成年监护开始的审判】

对于因疾病、障碍、老龄、其他事由的精神制约,处理事务能力持续缺乏的人,依据本人、配偶、四寸以内的亲族、未成年监护人、未成年监护监督人、限定监护人、限定监护监督人、特定监护人、特定监护监督人、检察官或者地方自治团体长的请求,家庭法院审判成年监护开始。

家庭法院在审判成年监护开始时,应当考虑本人的意思。

[2011 年 3 月 7 日修改全文]

第十条 【被成年监护人的行为与撤销】

被成年监护人的法律行为可以撤销。

不受第一款规定的限制,家庭法院可以确定无法撤销的被成年监护人的法律行为范围。

依据本人、配偶、四寸以内的亲族、成年监护人、成年监护监督人、检察官或者地方自治团体长的请求,家庭法院可以变更第二款的范围。

不受第一款规定的限制,购买日用品等在日常生活必要的,其代价未过度的法律行为,成年监护人无法撤销。

[2011 年 3 月 7 日修改全文]

第十一条 【成年监护终了的审判】

成年监护开始的原因消灭的,依据本人、配偶、四寸以内的亲族、成年监护人、成年监护监督人、检察官或者地方自治团体长的请求,家庭法院审判成年监护终了。

[2011 年 3 月 7 日修改全文]

第十二条 【限定监护开始的审判】

对于因疾病、障碍、老龄、其他事由的精神制约,处理事务能力不足的人,依据本人、配偶、四寸以内的亲族、未成年监护人、未成年监护监督人、成年监护人、成年监护监督人、特定监护人、特定监护监督人、检察官或者地方自治团体长的请求,家庭法院审判限定监护开始。

在限定监护开始情形,准用第九条第二款。

[2011 年 3 月 7 日修改全文]

第十三条 【被限定监护人的行为与同意】

家庭法院可以确定被限定监护人须经限定监护人同意的行为范围。

依据本人、配偶、四寸以内的亲族、限定监护人、限定监护监督人、检察官或者地方自治团体长的请求,家庭法院可以变更第一款规定的须经限定监护人同意的行为范围。

对以限定监护人的同意为必要的行为,在限定监护人具有侵害被限定监护人的利益之虞,亦未经其同意之时,依据被限定监护人的请求,家庭法院可以替代限定监护人的同意许可。

将以限定监护人的同意为必要的法律行为,被限定监护人无限定监护人的同意而实施的,其法律行为可以撤销。但是,购买日用品等在日常生活必要的,其代价未过度的法律行为,不在此限。

[2011 年 3 月 7 日修改全文]

第十四条 【限定监护终了的审判】

限定监护开始的原因消灭的,依据本人、配偶、四寸以内的亲族、限定监护人、限定监护监督人、检察官或者地方自治团体长的请求,家庭法院审判限定监护终了。

[2011 年 3 月 7 日修改全文]

第十四条之二 【特定监护的审判】

对以因疾病、障碍、老龄、其他事由的精神制约,需要临时支援或者关于特定事务支援的人,依据本人、配偶、四寸以内的亲族、未成年监护人、未成年监护监督人、检察官或者地方自治团体长的请求,家庭法院审判特定监护开始。

特定监护,违反本人的意思无法进行。

在审判特定监护的情形,应当确定特定监护的期间或者事务的范围。

[2011 年 3 月 7 日新设本条]

第十四条之三 【审判之间的关系】

家庭法院在对被限定监护人或者被特定监护人审判成年监护开始之时,审判从前的限定监护或者特定监护终了。

家庭法院在对被成年监护人或者被特定监护人审判限定监护开始之时,审判从前的成年监护或者特定监护终了。

[2011 年 3 月 7 日新设本条]

第十五条 【限制行为能力人的相对人的催促明确答复的权利】

限制行为能力人的相对人,在限制行为能力人成为行为能力人之后,确定一个月以上的期间,可以催促明确答复是否追认其可撤销行为。成为行为能力人者,在此期间内,未发送明确答复的,视为追认其行为。

限制行为能力人尚未成为行为能力人的,可以对其法定代理人催告第一款,法定代理人在其确定期间内,未发送明确答复的,视为追认其行为。

以特别程序为必要的行为,在其确定期间内,未发送经其程序的明确答复的,视为撤销。

[2011 年 3 月 7 日修改全文]

第十六条 【限制行为能力人的相对人的撤回权与拒绝权】

限制行为能力人订立的契约,直到追认之时,相对人可以撤回其意思表示。但是,相对人在契约当时,知道限制行为能力人的,不在此限。

限制行为能力人的单独行为,直到具有追认之时,相对人可以拒绝。

第一款的撤回或者第二款的拒绝的意思表示,亦可以对限制行为能力人作出。

[2011 年 3 月 7 日修改全文]

第十七条 【限制行为能力人的欺诈手段】

限制行为能力人以欺诈手段,使相信为行为能力人的,无法撤销其行为。

未成年人或者被限定监护人以欺诈手段,使相信为具有法定代理人的同意的,亦与第一款相同。

[2011 年 3 月 7 日修改全文]

第二节 住　　所

第十八条 【住所】

生活的根据地为住所。

住所,可以同时具有两地以上。

第十九条 【居所】

无法知道住所的,将居所视为住所。

第二十条 【居所】

对于在国内无住所的人,将在国内具有的居所视为住所。

第二十一条 【假住所】

在某一行为确定假住所的,关于其行为,将此视为住所。

第三节 不在与失踪

第二十二条 【不在者的财产管理】

离开曾经的住所或者居所的人,未确定财产管理人的,法院依据利害关系人或者检察官的请求,应当命令关于财产管理所必要的处分。本人不在期间,财产管理人的权限消灭的,亦同。

本人在其后确定财产管理人的,法院依据本人、财产管理人、利害关系人或者检察官的请求,应当撤销前款命令。

第二十三条 【管理人的改任】

不在者确定财产管理人的,在不在者的生死不明之时,法院依据财产管理人、利害关系人或者检察官的请求,可以改任财产管理人。

第二十四条 【管理人的职务】

法院选任的财产管理人,应当指定管理的财产目录。

法院对其选任的财产管理人,为保存不在者的财产,可以命令必要的处分。

不在者的生死不明的,在具有利害关系人或者检察官的请求之时,法院可以向不在者确定的财产管理人可以命令前两款的处分。

在前三款情形,其费用以不在者的财产支付。

第二十五条 【管理人的权限】

法院选任的财产管理人,实施超越第一百一十八条规定的权限行为的,须经法院的许可。不在者的生死不明的,在不在者确定的财产管理人实施超越权限行为之时,亦同。

第二十六条 【管理人的担保提供、报酬】

法院可以使其选任的财产管理人,关于财产的管理以及返还提供相当的担保。

法院可以对其选任的财产管理人,以不在者的财产支付相当的报酬。

前两款规定,准用于不在者的生死不明的情形,不在者确定的财产管理人。

第二十七条 【失踪的宣告】

不在者的生死五年间不明的,法院依据利害关系人或者检察官的请求,应当宣告失踪。

面临在战地的人、在沉没船舶中的人、在坠落航空器中的人以及遭遇其他成为死亡原因的危难的人,在战争终止后或者船舶的沉没、航空器的坠落以及其他危难终了之后,生死一年间不明之时,与第一款相同。〈1984 年 4 月 10 日修改〉

第二十八条 【失踪宣告的效果】

被失踪宣告的人,视为在前条规定的期间届满之时死亡。

第二十九条 【失踪宣告的撤销】

具有失踪人的生存事实或者在与前条规定相异之时死亡的事实证明的,法院依据本人、利害关系人或者检察官的请求,应当撤销失踪宣告。但是,不影响失踪宣告以后,撤销之前的善意实施行为的效力。

在具有失踪宣告的撤销之时,以宣告失踪为直接原因取得财产的人为善意的,在其得到利益现存限度内,负有返还义务;恶意的,返还所得利益及利息,具有损害的,应当赔偿。

第三十条 【同时死亡】

二人以上以相同的危难死亡的,推定在同时死亡。

第三章 法 人

第一节 总 则

第三十一条 【法人成立的准则】

法人未依据法律规定,不得成立。

第三十二条 【非营利法人的设立与许可】

以学术、宗教、慈善、技艺、社交以及其他非营利事业为目的的社团或者财团，经主管部门的许可，可以成为法人。

第三十三条 【法人设立的登记】

法人在其主要事务所的所在地登记而成立。

第三十四条 【法人的权利能力】

法人依照法律规定，在章程确定的目的范围内，成为权利与义务的主体。

第三十五条 【法人的侵权行为能力】

法人对理事以及其他代表人关于其职务对他人造成的损害，负有赔偿责任。理事以及其他代表人，不得因此免除自己的损害赔偿责任。

因法人的目的范围外的行为对他人造成损害的，赞成其事项的议决或者执行其议决的社员、理事以及其他代表人，应当连带赔偿。

第三十六条 【法人的住所】

法人的住所为其主要事务所的所在地。

第三十七条 【法人事务的检查、监督】

法人的事务由主管部门检查、监督。

第三十八条 【法人设立许可的撤销】

在法人从事目的以外的事业或者违反设立许可条件，以及实施其他侵害公益行为之时，主管部门可以撤销其许可。

第三十九条 【营利法人】

以营利为目的的社团，依照商事公司设立的条件，可以成为法人。

前款的社团法人，全部准用关于商事公司的规定。

第二节 设 立

第四十条 【社团法人的章程】

社团法人的设立人，应当制定记载下列各项事项的章程，签名盖章。

(一)目的；

(二)名称；

(三)事务所的所在地；

(四)关于资产的规定；

(五)关于理事任免的规定；

(六)关于社员资格得失的规定；

(七)确定存立时期或者解散事由的，其时期或者事由。

第四十一条 【对理事代表权的限制】

对理事代表权的限制，未在章程中记载的，无效力。

第四十二条 【社团法人章程的变更】

社团法人的章程,经总社员三分之二以上同意的,可以变更。但是,关于定数,章程另有规定的,从其规定。

章程的变更,未经主管部门的许可,无其效力。

第四十三条 【财团法人的章程】

财团法人的设立人,应当捐赠一定的财产,并制定记载第四十条第一项至第五项事项的章程,签名盖章。

第四十四条 【财团法人章程的补充】

财团法人的设立人,未确定其名称、事务所所在地或者理事任免方法而死亡的,依据利害关系人或者检察官的请求,由法院确定。

第四十五条 【财团法人的章程变更】

财团法人的章程,以在章程规定其变更方法之时为限,可以变更。

在适当之时为达成财团法人的目的或者保全其财产,不受前款规定的限制,可以变更名称或者事务所所在地。

第四十二条第二款规定,准用于前两款情形。

第四十六条 【财团法人的目的以及其他变更】

无法达成财团法人的目的的,设立人或者理事经主管部门的许可,斟酌设立宗旨,可以变更其目的以及章程的其他规定。

第四十七条 【关于赠与、遗赠规定的准用】

以生前处分设立财团法人的,准用关于赠与的规定。

以遗嘱设立财团法人的,准用关于遗赠的规定。

第四十八条 【捐赠财产的归属时期】

以生前处分设立财团法人的,自法人成立之时,捐赠财产成为法人财产。

以遗嘱设立财团法人的,自遗嘱效力发生之时,视为捐赠财产归属于法人。

第四十九条 【法人的登记事项】

具有法人设立许可的,在三周内,在主要事务所所在地应当设立登记。

前款登记事项如下:

(一)目的;

(二)名称;

(三)事务所;

(四)设立许可的年月日;

(五)确定存立时期或者解散事由的,其时期或者事由;

(六)资产的总额;

(七)规定出资方法的,其方法;

(八)理事的姓名、住所;

(九)确定限制理事代表权的。

第五十条　【分事务所设置的登记】

法人设置分事务所的，在主事务所所在地，应当在三周内登记设置分事务所；在其分事务所所在地，应当在同期间内登记前条第二款事项；在其他分事务所所在地，应当在同期间内登记设置其分事务所。

在管辖主事务所或者分事务所的所在地登记所管辖区域内设置分事务所的，在前款期间内登记设置其事务所即可。

第五十一条　【事务所移转的登记】

法人移转其事务所的，在旧所在地，应当在三周内移转登记；在新所在地，应当在相同期间内登记第四十九条第二款记载的事项。

在相同的登记所管辖区域内移转事务所的，登记其移转即可。

第五十二条　【变更登记】

第四十九条第二款的事项中具有变更的，应当在三周内变更登记。

第五十二条之二　【职务执行停止等假处分的登记】

停止理事的职务执行的或者假处分选任职务代行人的，或者变更、撤销其假处分的，应当在主事务所和分事务所所在地的登记所登记。

[2001 年 12 月 29 日新设本条]

第五十三条　【登记期间的起算】

依据前三条规定以登记事项需要政府机关许可的，自其许可书到达之日起计算登记期间。

第五十四条　【设立登记以外的登记的效力与登记事项的公告】

设立登记以外的本节的登记事项，未登记，不得对抗第三人。

登记事项，法院应当立即公告。

第五十五条　【财产目录与社员名册】

法人应当在成立之时以及每年的三月内，制定财产目录，备置在事务所。确定事业年度的法人，应当在成立之时或者年末之前制定该内容。

社团法人应当备置社员名册，并具有社员变更的，应当记载。

第五十六条　【社员权的让与、继承禁止】

社团法人的社员地位，无法让与或者继承。

第三节　机　　关

第五十七条　【理事】

法人应当设置理事。

第五十八条　【理事的事务执行】

理事执行法人的事务。

理事为数人的，章程无其他规定时，法人的事务执行由理事的过半数决定。

第五十九条 【理事的代表权】

理事关于法人的事务,各自代表法人。但是,无法违反章程规定的宗旨,尤其是社团法人,应当依据总会的议决。

关于法人的代表,准用关于代理的规定。

第六十条 【对理事代表权的限制的对抗要件】

对理事代表权的限制,未登记,不得对抗第三人。

第六十条之二 【职务代行人的权限】

第五十二条之二的职务代行人,在假处分命令另有确定之外,不得实施不属于法人通常事务的行为。但是,经法院许可的,不在此限。

职务代行人实施违反第一款规定行为的,法人对善意的第三人负有责任。

[2001年12月29日新设本条]

第六十一条 【理事的注意义务】

理事以善良管理人的注意执行其职务。

第六十二条 【理事的代理人选任】

以章程或者总会决议未禁止的事项为限,理事可以使他人代理特定行为。

第六十三条 【临时理事的选任】

无理事或者有缺员的,在因此具有产生损害之虞之时,法院依据利害关系人或者检察官的请求,应当选任临时理事。

第六十四条 【特别代理人的选任】

关于法人与理事的利益相反的事项,理事无代表权。在此情形下,应当依据前条规定,选任特别代理人。

第六十五条 【理事的任务懈怠】

理事懈怠其任务的,其理事对法人连带负有损害赔偿责任。

第六十六条 【监事】

法人可以章程或者总会的决议设置监事。

第六十七条 【监事的职务】

监事的职务如下:

(一)监查法人的财产状况;

(二)监查理事的业务执行状况;

(三)关于财产状况或者业务执行,发现有违法或者可疑事实的,向总会或主管部门报告;

(四)为前项的报告,在具有必要之时,召集总会。

第六十八条 【总会的权限】

社团法人的事务,以章程向理事或者其他任员委托的事项外,应当依据总会的决议。

第六十九条 【通常总会】

社团法人的理事,应当召集每年一回以上的通常总会。

第七十条 【临时总会】

社团法人的理事,在认定必要之时,可以召集临时总会。

总社员的五分之一以上,提示会议的目的事项请求的,理事应当召集临时总会。此定数可以章程增减。

在具有前款请求之后两周内,理事未经总会召集程序的,提出请求的社员,可以经法院许可召集总会。

第七十一条 【总会的召集】

召集总会,应当在一周前发记载其会议目的事项的通知,并依据其他章程确定的方法。

第七十二条 【总会的决议事项】

总会仅关于依据前条规定通知的事项,可以决议。但是,章程另有规定的,从其规定。

第七十三条 【社员的决议权】

各社员的决议权为平等。

社员可以书面或者代理人行使决议权。

前两款的规定,在章程另有规定的,不适用。

第七十四条 【社员无决议权的情形】

议决社团法人与某一社员的关系事项的,该社员无决议权。

第七十五条 【总会的决议方法】

总会决议,在本法或者章程无其他规定的情况时,应当为社员过半数的出席与出席社员的决议权的过半数赞成通过。

在第七十三条第二款的情形下,视为该社员出席。

第七十六条 【总会的会议记录】

关于总会的议事,应当制定会议记录。

会议记录应当记载议事经过、要点以及结果,并由议长以及出席理事签名盖章。

理事应当将会议记录备置在主要事务所。

第四节 解　　散

第七十七条 【解散事由】

法人,以存立期间的届满、法人目的的达成或者达成不能,以及其他发生在章程确定的解散事由、破产或者设立许可的撤销而解散。

社团法人,无社员或者以总会的决议,亦解散。

第七十八条 【社团法人的解散决议】

社团法人,无总社员四分之三以上的同意,不得决议解散。但是,章程中另有规定的,从其规定。

第七十九条 【破产申请】

法人不能完全清偿债务的,理事应当立即申请破产。

第八十条 【剩余财产的归属】

解散法人的财产,归属于章程指定的人。

以章程未指定归属权利人的,或者未确定指定此方法的,理事或者清算人,经主管部门的许可,为与其法人的目的类似的目的,可以处分其财产。但是,在社团法人,应当具有总会的决议。

未依据前两款规定处分的财产,归属于国库。

第八十一条 【清算法人】

解散的法人,仅在清算目的范围内,具有权利负担义务。

第八十二条 【清算人】

法人解散的,除破产情形外,理事成为清算人。但是,以章程或者总会决议另有确定的,从其确定。

第八十三条 【依据法院的清算人的选任】

依据前条规定没有担任清算人的人选,或者因清算人的缺员具有产生损害之虞的,法院依据职权或者利害关系人或者检察官的请求,可以选任清算人。

第八十四条 【依据法院的清算人的解任】

具有重要事由的,法院根据职权或者利害关系人或者检察官的请求,可以解任清算人。

第八十五条 【解散登记】

清算人,除破产情形外,在其就任之后的三周内,应当将解散的事由以及年月日、清算人的姓名以及住所和清算人的代表权限制,在主要事务所以及分事务所的所在地登记。

第五十二条规定,准用于前款的登记。

第八十六条 【解散申告】

清算人,除破产情形外,在其就任之后的三周内,向主管部门申告前条第一款的事项。

在清算中就任的清算人,申告其姓名以及住所即可。

第八十七条 【清算人的职务】

清算人的职务如下:

(一)终结现存事务;

(二)追回债权以及清偿债务;

(三)交付剩余财产。

清算人为执行前款的职务,可以实施必要的所有行为。

第八十八条 【债权申告的公告】

清算人自就任之日起两个月内,应当作出三回以上的公告,对债权人催告在一定期间内申告其债权。其期间应当为两个月以上。

在前款公告中，应当表示债权人在期间内未申告的，被排除在清算之外。

第一款的公告，应当为与法院的登记事项的公告相同的方法。

第八十九条 【债权申告的催告】

清算人对已知的债权人，应当分别催告其债权申告。已知的债权人，不得排除在清算之外。

第九十条 【债权申告期间内的清偿禁止】

清算人，在第八十八条第一款债权申告期间内，不得向债权人清偿。但是，法人不得免除对债权人的迟延损害赔偿义务。

第九十一条 【债权清偿的特例】

清算中的法人，对未届满清偿期的债权，亦可以清偿。

在前款情形，关于附条件债权、存续期间不确定的债权以及其他价额不确定的债权，应当由法院选任的鉴定人的评价清偿。

第九十二条 【被排除在清算之外的债权】

排除在清算之外的债权人，仅对在完全清偿法人的债务之后，向归属权利人未交付的财产，可以请求清偿。

第九十三条 【清算中的破产】

清算中，法人的财产分明不足完全清偿其债务的，清算人应当立即申请破产申告，并公告。

清算人以向破产接管人交代其事务而终了其任务。

第八十八条第三款的规定，准用于第一款的公告。

第九十四条 【清算终结的登记与申告】

清算终结的，清算人应当在三周以内登记，并向主管部门申告。

第九十五条 【解散、清算的检查、监督】

法人的解散以及清算，由法院检查、监督。

第九十六条 【准用规定】

第五十八条第二款、第五十九条至第六十二条、第六十四条、第六十五条以及第七十条的规定，准用于清算人。

第五节 罚 则

第九十七条 【罚则】

法人的理事、监事或者清算人，在下列各项情形，处以 500 万韩元以下的罚款：〈2007 年 12 月 21 日修改〉

(一)懈怠进行本章规定的登记的；

(二)违反第五十五条规定或者在财产目录或者社员名册违法记载的；

(三)妨碍在第三十七条、第九十五条规定的检查、监督的；

(四)向主管部门或者总会申告非事实或者隐蔽事实的；

(五)违反第七十六条和第九十条规定的;

(六)违反第七十九条、第九十三条规定,懈怠申请破产宣告的;

(七)懈怠第八十八条、第九十三条确定的公告或者违法公告的。

第四章 物

第九十八条 【物的定义】

在本法所称物,是指有体物、电以及其他可以管理的自然力。

第九十九条 【不动产、动产】

土地以及其定着物为不动产。

不动产以外的物为动产。

第一百条 【主物、从物】

物的所有人为物的正常使用,将自己所有的其他物附属于该物的,其附属物为从物。

从物随主物的处分。

第一百零一条 【天然孳息、法定孳息】

依据物的用法收取的产物为天然孳息。

以物的使用对价得到的金钱以及其他物为法定孳息。

第一百零二条 【孳息的取得】

天然孳息与其原物分离之时,属于收取此的权利人。

法定孳息,以应当收取权利的存续期间的日数比率取得。

第五章 法律行为

第一节 总 则

第一百零三条 【反社会秩序的法律行为】

以违反善良风俗以及其他社会秩序的事项为内容的法律行为无效。

第一百零四条 【不公正的法律行为】

因当事人的窘迫、轻率或者无经验而显失公正的法律行为无效。

第一百零五条 【任意规定】

法律行为的当事人表示与在法令中的善良风俗以及其他社会秩序无关的规定相异的意思的,从其意思。

第一百零六条 【事实的习惯】

具有与在法令中的善良风俗以及其他社会秩序无关的规定相异的习惯的,当事人意思未明确,从其习惯。

第二节 意思表示

第一百零七条 【非真意意思表示】

意思表示,表意人知道非真意而作出的,亦具有其效力。但是,相对人知道或者应当知道表意人的非真意的,为无效。

前款的意思表示的无效,不得对抗善意第三人。

第一百零八条 【串通的虚伪意思表示】

与相对人串通的虚伪意思表示,为无效。

前款的意思表示的无效,不得对抗善意第三人。

第一百零九条 【因错误的意思表示】

意思表示,在法律行为内容的重要部分具有错误的,可以撤销。但是,其错误,因表意人的重大过失的,不得撤销。

前款的意思表示的撤销,不得对抗善意第三人。

第一百一十条 【因欺诈、胁迫的意思表示】

因欺诈或者胁迫的意思表示,可以撤销。

关于具有相对人的意思表示,第三人实施欺诈或者胁迫的,以相对人知道或者应当知道其事实为限,可以撤销其意思表示。

前两款的意思表示的撤销,不得对抗善意第三人。

第一百一十一条 【意思表示的效力发生时期】

具有相对人的意思表示,自到达相对人之时,产生效力。

意思表示人在发送其通知之后死亡或者成为限制行为能力人的,亦未影响意思表示的效力。

[2011 年 3 月 7 日修改全文]

第一百一十二条 【对限制行为能力人的意思表示的效力】

意思表示的相对人受领意思表示之时是限制行为能力人的,意思表示人无法以其意思表示对抗。但是,其相对人的法定代理人知道意思表示到达事实之后的,不在此限。

[2011 年 3 月 7 日修改全文]

第一百一十三条 【意思表示的公示送达】

表意人无过失不知道相对人或者不知道相对人的所在的,意思表示可以依据民事诉讼法的规定送达。

第三节 代 理

第一百一十四条 【代理行为的效力】

代理人在其权限内表示为本人的意思表示,直接对本人产生效力。

前款规定，准用于对代理人的第三人的意思表示。

第一百一十五条 【未表示为本人的行为】

代理人未表示为本人的，视为其意思表示为自己。但是，相对人知道或者应当知道是代理人实施的，准用前条第一款的规定。

第一百一十六条 【代理行为的瑕疵】

意思表示的效力，因意思的欠缺、欺诈、胁迫，或者知道某一情况，或者因过失不知道而受到影响的，其事实的有无，以代理人为标准决定。

委托特定法律行为的，代理人依照本人的指示实施其行为之时，本人关于对自己知道的情况或者因过失不知道的情况，不得主张代理人的不知。

第一百一十七条 【代理人的行为能力】

代理人，未需要为行为能力人。

第一百一十八条 【代理权的范围】

未确定权限的代理人，仅可以实施下列各项行为：

(一)保存行为；

(二)在未改变代理标的物或者权利的性质范围，其利用或者改良的行为。

第一百一十九条 【各自代理】

代理人为数人的，各自代理本人。但是，法律或者授权行为另有规定的，不在此限。

第一百二十条 【意定代理人的复任权】

代理权依据法律行为而赋予的，代理人在非具有本人的同意或者非具有不得已的事由之时，不得选任复代理人。

第一百二十一条 【任意代理人的复代理人选任的责任】

依据前条规定，代理人选任复代理人的，对本人负有关于选任监督的责任。

代理人依据本人的指名选任复代理人的，非在知道其不适合或者不诚实而懈怠对本人通知或者其解任之时，不负责任。

第一百二十二条 【法定代理人的复任权与其责任】

法定代理人以其责任可以选任复代理人。但是，因不得已事由而选任的，仅负有前条第一款确定的责任。

第一百二十三条 【复代理人的权限】

复代理人在其权限内代理本人。

复代理人对本人或者第三人，具有与代理人相同的权利义务。

第一百二十四条 【自己契约、双方代理】

代理人无本人的允许，为本人与自己实施法律行为，或者关于相同的法律行为，不得代理当事人双方。但是，可以履行债务。

第一百二十五条 【因代理权授予表示的表见代理】

对第三人表示向他人授予代理权的人，在其代理权的范围内实施的他人与该第三人之间的法律行为，负有责任。但是，第三人知道或者应当知道无代理权的，不在此限。

第一百二十六条 【超越权限的表见代理】

代理人实施其权限外的法律行为的,在第三人具有正当理由相信其具有权限之时,本人对其行为负有责任。

第一百二十七条 【代理权的消灭事由】

代理权具有符合下列各项之一事由的,消灭:

(一)本人的死亡;

(二)代理人的死亡、成年监护的开始或者破产。

[2011 年 3 月 7 日修改全文]

第一百二十八条 【任意代理的终了】

依据法律行为授予的代理权,前条的情形外,依据其原因的法律关系的终了而消灭。在法律关系终了之前,本人撤回授权行为的,亦同。

第一百二十九条 【代理权消灭后的表见代理】

代理权的消灭,不得对抗善意的第三人。但是,第三人因过失不知道其事实的,不在此限。

第一百三十条 【无权代理】

无代理权的人,以他人的代理人订立的契约,本人未追认的,对本人无效力。

第一百三十一条 【相对人的催告权】

无代理权的人,以他人的代理人订立契约的,相对人可以确定相当期间向本人催告明确答复其追认与否。本人在其期间内未有明确答复的,视为拒绝追认。

第一百三十二条 【追认、拒绝的相对人】

追认或者拒绝的意思表示,未向相对人作出的,不得对抗其相对人。但是,相对人知道其事实的,不在此限。

第一百三十三条 【追认的效力】

追认,无其他意思表示的,溯及契约之时产生其效力。但是,不得侵害第三人的权利。

第一百三十四条 【相对人的撤回权】

无代理权的人订立的契约,直到具有本人的追认之时,相对人可以向本人或者其代理人撤回。但是,在契约当时相对人知道无代理权的,不在此限。

第一百三十五条 【对相对人的无权代理人的责任】

以其他人的代理人订立契约的人,不得证明其代理权,并不得得到本人追认的,根据相对人的选择,负有履行契约责任或者赔偿损害责任。

相对人知道或者应当知道以代理人订立契约的人无代理权的事实的,或者以代理人订立契约的人限制行为能力人的,不适用第一款。

[2011 年 3 月 7 日修改全文]

第一百三十六条 【单独行为与无权代理】

在单独行为,以在其行为当时相对人同意称为代理人者的无代理权行为,或者未争执其代理权为限，准用前六条的规定。对无代理权的人，经其同意实施单独行为的，亦同。

第四节　无效与撤销

第一百三十七条　【法律行为的部分无效】

法律行为部分无效的，视为其全部无效。但是，无其无效部分，亦可以认定实施法律行为的，其余部分未被无效。

第一百三十八条　【无效行为的转换】

无效的法律行为，具备其他法律行为的要件，并可以认定当事人知道其无效，则意欲实施其他法律行为的，以其他法律行为具有效力。

第一百三十九条　【无效行为的追认】

无效的法律行为，追认亦不产生其效力。但是，当事人知道其无效而追认的，视为新的法律行为。

第一百四十条　【法律行为的撤销权人】

可撤销法律行为，仅限制行为能力人、因错误或者依据欺诈、胁迫作出意思表示的人、其代理人或者继承人，可以撤销。

[2011 年 3 月 7 日修改全文]

第一百四十一条　【撤销的效力】

被撤销的法律行为，视为自始无效。但是，限制行为能力人，在因其行为得到的利益现存限度内，负有偿还责任。

[2011 年 3 月 7 日修改全文]

第一百四十二条　【撤销的相对人】

可撤销法律行为的相对人确定的，其撤销，应当以向其相对人的意思表示作出。

第一百四十三条　【追认的方法、效果】

可撤销法律行为，可以由第一百四十条规定的人追认，在追认之后，不得撤销。

前条的规定，准用于前款的情形。

第一百四十四条　【追认的要件】

撤销原因消灭之后的追认，始发生效力。

第一款在法定代理人或者监护人追认的情形未适用。

[2011 年 3 月 7 日修改全文]

第一百四十五条　【法定追认】

关于可撤销法律行为，依据前条规定可以追认之后，具有下列各项事由的，视为追认。但是，保留异议的，不在此限。

(一)履行全部或者部分；

(二)请求履行；

(三)更改；

(四)提供担保;

(五)让与以可撤销行为取得的权利的全部或者部分;

(六)强制执行。

第一百四十六条 【撤销权的消灭】

撤销权,应当自可以追认之日起三年内,实施法律行为之日起十年内行使。

第五节 条件与期限

第一百四十七条 【条件成就的效果】

附终止条件的法律行为,自条件成就之时,产生其效力。

附解除条件的法律行为,自条件成就之时,丧失其效力。

当事人表示将条件成就的效力溯及其成就之前的意思的,从其意思。

第一百四十八条 【附条件权利的侵害禁止】

附条件的法律行为的当事人,在条件成就未定期间,不得侵害因条件的成就而产生的相对人的利益。

第一百四十九条 【附条件权利的处分等】

条件成就未定的权利义务,可以依据一般规定为处分、继承、保存或者担保。

第一百五十条 【对条件成就、不成就的反信义行为】

因条件成就而受到不利益的当事人,违反信义诚实妨碍条件成就的,相对人可以主张为其条件成就。

因条件成就而得到利益的当事人,违反信义诚实使条件成就的,相对人可以主张为其条件未成就。

第一百五十一条 【不法条件、既成条件】

条件违反善良风俗以及其他社会秩序的,为其法律行为无效。

条件法律行为当时已经成就的,其条件为终止条件,为无条件的法律行为,其条件为解除条件,为其法律行为无效。

条件在法律行为当时已经无法成就的,其条件为解除条件,为无条件的法律行为,其条件为终止条件,为其法律行为无效。

第一百五十二条 【期限届满的效果】

附始期的法律行为,自期限届满之时,产生其效力。

附终期的法律行为,自期限届满之时,丧失其效力。

第一百五十三条 【期限的利益与其放弃】

期限推定为债务人的利益。

期限的利益可以放弃。但是,不得侵害相对人的利益。

第一百五十四条 【附期限权利与准用规定】

第一百四十八条和第一百四十九条规定,准用于附期限的法律行为。

第六章　期　　间

第一百五十五条　【本章的适用范围】

期间的计算，在法令、裁判上的处分或者法律行为无另有确定的，从本章规定。

第一百五十六条　【期间的起算点】

期间，以时、分、秒确定的，即时起算。

第一百五十七条　【期间的起算点】

期间，以日、周、月或者年确定的，未算入期间的初日。但是，其期间自零时开始的，不在此限。

第一百五十八条　【年龄的起算点】

年龄计算时，算入出生日。

第一百五十九条　【期间的届满点】

期间，以日、周、月或者年确定的，以期间末日的终了，期间届满。

第一百六十条　【依据历的计算】

期间，以周、月或者年确定的，依据日历计算。

未以周、月或者年的开始计算期间的，以在最后的周、月或者年，符合其计算日的前日，期间届满。

以月或者年确定的，在最终月无符合日的，以其月的末日，期间届满。

第一百六十一条　【公休日等与期间的届满点】

期间的末日符合周六或者公休日的，期间以其次日届满。〈2007 年 12 月 21 日修改〉

[2007 年 12 月 21 日修改标题]

第七章　消 灭 时 效

第一百六十二条　【债权、财产权的消灭时效】

债权，十年间未行使，完成消灭时效。

债权以及所有权以外的财产权，二十年间未行使，完成消灭时效。

第一百六十三条　【三年的短期消灭时效】

下列各项债权，三年间未行使，完成消灭时效：〈1997 年 12 月 13 日修改〉

（一）利息、扶养费、工钱、使用费以及其他以一年以内的期间确定的金钱或者以物的支付为标的的债权；

（二）医师、助产师、护士以及药师的，关于治疗、勤劳以及制造的债权；

（三）承揽人、技师以及其他从事工程设计或者监督的人的，关于工程的债权；

（四）对律师、辨理士、公证人、公认会计师以及法务士的请求返还职务上保管的文件的债权；

（五）律师、辨理士、公证人、公认会计师以及法务士的，关于职务的债权；

（六）生产者以及商人销售的生产物以及商品的代价；

（七）手工业者以及制造人的，关于业务的债权。

第一百六十四条 【一年的短期消灭时效】

下列各项债权，一年间未行使，完成消灭时效：

（一）旅馆、饮食店、对席、娱乐场的住宿费、饮食费、对席费、入场费、消费物的代价以及替当金的债权；

（二）衣服、寝具、葬具以及其他动产的使用费的债权；

（三）劳役人、演艺人的工资以及对其提供的物的价钱债权；

（四）学生以及受业者的，关于教育、衣食以及留宿的教主、宿主以及教师的债权。

第一百六十五条 【依据判决等确定的债权的消灭时效】

依据判决确定的债权，符合短期的消灭时效，其消灭时效亦为十年。

依据破产程序确定的债权以及依据裁判上的和解、调解以及其他与判决具有相同效力的确定的债权，与前款相同。

前两款的规定，未适用于在判决确定当时未届满清偿期的债权。

第一百六十六条 【消灭时效的起算点】

消灭时效，自权利可以行使之时进行。

以不作为为标的的债权的消灭时效，自实施违反行为之时进行。

[单纯违宪，2014HUN-BA148，2018 年 8 月 30 日民法（以 1958 年 2 月 22 日法律第 471 号制定）第一百六十六条第一款中适用“为真实、和解的过去事整理基本法”第二条第一款第三项，第四项规定的事件，违反宪法]

第一百六十七条 【消灭时效的溯及效力】

消灭时效，溯及其起算日，产生效力。

第一百六十八条 【消灭时效的中断事由】

消灭时效，因下列各项事由而中断：

（一）请求；

（二）扣押或者假扣押、假处分；

（三）承认。

第一百六十九条 【时效中断的效力】

时效中断，仅对当事人以及其继承人之间，具有效力。

第一百七十条 【裁判上的请求与时效中断】

裁判上的请求，在诉讼的驳回、拒绝或者撤回情形，无时效中断的效力。

在前款情形，在六个月内裁判上请求、参加破产程序、扣押或者假扣押、假处分的，视为时效因最初的裁判上的请求而中断。

第一百七十一条 【破产程序参加与时效中断】

破产程序参加，债权人将此撤销的或者其请求驳回的，无时效中断的效力。

第一百七十二条 【支付命令与时效中断】

支付命令,因债权人未在法定期间内申请假执行丧失其效力的,无时效中断的效力。

第一百七十三条 【为和解的召唤、任意出席与时效中断】

为和解的召唤,相对人未出席或者和解未成立的,未在一个月内提诉,无时效中断的效力。在任意出席的情形,在和解未成立之时,亦同。

第一百七十四条 【催告与时效中断】

催告,未在六个月内裁判上请求、参加破产程序、为和解召唤、任意出席、扣押或者假扣押、假处分的,无时效中断的效力。

第一百七十五条 【扣押、假扣押、假处分与时效中断】

扣押、假扣押以及假处分,依据权利人的请求或者因未根据律规定而被撤销的,无时效中断的效力。

第一百七十六条 【扣押、假扣押、假处分与时效中断】

扣押、假扣押、假处分,未向时效受益人作出的,未通知时效受益人,不发生时效中断的效力。

第一百七十七条 【承认与时效中断】

具有时效中断效力的承认,无须具有对相对人权利的处分能力或者权限。

第一百七十八条 【中断后的时效进行】

已经经过的期间不计入时效期间,时效自中断事由终了时起重新计算。

因裁判上的请求中断的时效,依据前款的规定,自裁判确定之时重新进行。

第一百七十九条 【限制行为能力人的时效停止】

在消灭时效期间届满之前六个月内,限制行为能力人无法定代理人的,自其成为行为能力人或者法定代理人就任之时六个月内,时效不完成。

[2011 年 3 月 7 日修改全文]

第一百八十条 【对财产管理人的限制行为能力人的权利、夫妻之间的权利与时效停止】

对管理财产的父、母或者监护人的限制行为能力人的权利,自其成为行为能力人或者后任法定代理人就任之时六个月内,时效不完成。

夫妻中一方对另一方的具有的权利,自婚姻关系终了之时六个月内,时效不完成。

[2011 年 3 月 7 日修改全文]

第一百八十一条 【关于继承财产的权利与时效停止】

属于继承财产的权利或者对继承财产的权利,自具有继承人的确定、管理人的选任或者破产宣告之时六个月内,时效不完成。

第一百八十二条 【天灾以及其他事变与时效停止】

因天灾以及其他事变,消灭时效无法中断的,自其事由终了之时一个月内,时效不完成。

第一百八十三条 【对从权利的消灭时效的效力】

完成主权利消灭时效的,其效力及于从权利。

第一百八十四条 【时效利益的放弃以及其他】

消灭时效的利益,不得提前放弃。

消灭时效,依据法律行为无法排除、延长或者加重,但是,可以缩短或者减轻。

第二编 物 权

第一章 总 则

第一百八十五条 【物权的种类】

物权,依据法律或者习惯法之外,不得任意创设。

第一百八十六条 【不动产物权变动的效力】

关于不动产的因法律行为的物权的得失变更,须经登记,产生其效力。

第一百八十七条 【未需要登记的不动产物权取得】

依据继承、公用征收、判决、拍卖以及其他法律规定的关于不动产的物权取得,无须登记。但是,未经登记,不得处分。

第一百八十八条 【动产物权让与的效力、简易交付】

关于动产的物权让与,应当交付其动产,产生效力。

受让人已经占有其动产的,以当事人的意思表示,产生其效力。

第一百八十九条 【占有改定】

关于动产的物权让与的,在以当事人的契约,出让人继续占有其动产之时,视为受让人受让。

第一百九十条 【标的物返还请求权的让与】

关于第三人占有的动产的物权让与的,以出让人将对其第三人的返还请求权向受让人让与,视为交付动产。

第一百九十一条 【因混同的物权消灭】

对相同物的所有权与其他物权归属于相同人的,其他物权消灭。但是,其物权成为第三人权利标的的,不消灭。

前款规定,准用于所有权以外的物权与以其为标的的其他权利归属于相同人的情形。

关于占有权,未适用前两款的规定。

第二章　占　有　权

第一百九十二条　【占有权的取得与消灭】

事实上支配物的人，具有占有权。

占有人对物丧失事实上支配的，占有权消灭。但是，依据第二百零四条的规定，收回占有的，不在此限。

第一百九十三条　【因继承的占有权的移转】

占有权，移转于继承人。

第一百九十四条　【间接占有】

因地上权、传贳权、质权、使用借贷、租赁、保管以及其他关系，使他人占有物的人，以间接具有占有权。

第一百九十五条　【占有辅助人】

依据家事上、营业上以及其他类似关系，收到他人指示对物事实上支配的，仅以其他人为占有人。

第一百九十六条　【占有权的让与】

占有权的让与，以占有物的交付，产生其效力。

前款的占有权的让与，准用第一百八十八条第二款、第一百八十九条、第一百九十条的规定。

第一百九十七条　【占有的形态】

推定占有人以所有的意思，善意、和平以及公然地进行占有。

善意占有人，在关于本权的诉讼败诉的，自被提其诉之时，视为恶意占有人。

第一百九十八条　【占有持续的推定】

在前后两个时间具有占有事实的，推定其占有持续。

第一百九十九条　【占有继承的主张与其效果】

占有人的继承人，既可以仅主张自己的占有，亦可以同时主张自己的占有与前占有人的占有。

同时主张前占有人的占有的，亦继承其瑕疵。

第二百条　【权利合法的推定】

占有人对占有物行使的权利，推定合法保有。

第二百零一条　【占有人与孳息】

善意占有人，取得占有物的孳息。

恶意占有人，应当返还收取的孳息，消费的或者因过失毁损或者未收取的，应当补偿其孳息的代价。

前款的规定，准用于依据暴力或者隐秘的占有人。

第二百零二条　【占有人对回复人的责任】

占有物因归责于占有人的事由而灭失或者毁损的，恶意占有人，应当赔偿其损害全部,善意占有人,应当在利益现存的限度内赔偿。无所有意思的占有人善意的,亦应当赔偿损害的全部。

第二百零三条 【占有人的偿还请求权】

占有人返还占有物的,可以向回复人请求偿还为保存占有物所支出的金额以及其他必要费用。但是,占有人取得孳息的,不得请求通常的必要费。

关于为改良占有物而支出的金额以及其他有益费,占有人,以在其增加价额现存为限,依照回复人的选择,可以请求偿还其支出金额或者增加额。

在前款情形,法院可以依据回复人的请求,允许相当的偿还期间。

第二百零四条 【占有的收回】

占有人被侵夺占有的,可以请求返还其物以及赔偿损害。

前款的请求权,不得对侵夺人的特别继承人行使。但是,继承人恶意的,不在此限。

第一款的请求权,应当自被侵夺之日起一年内行使。

第二百零五条 【占有的保有】

占有人,受到占有妨碍的,可以请求排除其妨碍以及赔偿损害。

前款的请求权,应当自妨碍终了之日起一年内行使。

因工程占有受到妨碍的,工程着手之后经过一年的或者其工程完成的,不得请求排除妨碍。

第二百零六条 【占有的保全】

占有人,具有受到妨碍占有之虞的,可以请求预防其妨碍或者担保损害赔偿。

因工程具有受到妨碍占有之虞的,准用前条第三款的规定。

第二百零七条 【间接占有的保护】

前三条的请求权,依据第一百九十四条规定的间接占有人,亦可以行使。

占有人被侵夺占有的,间接占有人,可以请求向占有人返还其物,占有人无法或者未愿意收到返还其物的,可以请求向自己返还。

第二百零八条 【占有之诉与本权之诉的关系】

起因于占有权的诉与起因于本权的诉,互不影响。

起因于占有权的诉,不得关于本权的理由裁判。

第二百零九条 【自力救济】

占有人,对违法侵夺或者妨碍其占有的行为,可以自力防卫。

占有物被侵夺的,在不动产之时,占有人可以侵夺后及时排除加害人夺回,在动产之时,占有人可以在现场或者追踪从加害人处夺回。

第二百一十条 【准占有】

本章的规定,准用于事实上行使财产权的情形。

第三章 所 有 权

第一节 所有权的界限

第二百一十一条 【所有权的内容】

所有人在法律范围内，具有使用、收益、处分其所有物的权利。

第二百一十二条 【土地所有权的范围】

土地所有权，在具有正当利益范围内，及于土地的上下。

第二百一十三条 【所有物返还请求权】

所有人，向占有属于其所有的物的人，可以请求返还。但是，占有人对该物具有占有权的，可以拒绝返还。

第二百一十四条 【所有物妨碍排除、妨碍预防请求权】

所有人，向妨碍所有权的人，可以请求排除妨碍，向实施具有妨碍所有权之虞的行为的人，可以请求其预防或者损害赔偿的担保。

第二百一十五条 【建筑物的区分所有】

数人区分一栋建筑物分别所有其部分的，推定建筑物与其附属物的共用部分共有。

关于保存共用部分的费用以及其他负担，按照各自所有部分价额比例分担。

第二百一十六条 【邻地使用请求权】

土地所有人，为在境界或者其附近建造或者修缮墙或者建筑物，可以在必要范围内请求使用邻地。但是，没有相邻人的承诺，不得进入其住宅。

在前款情形，邻人受到损害的，可以请求补偿。

第二百一十七条 【因煤烟等的对邻地的妨碍禁止】

土地所有人，以煤烟、热气体、液体、音响、振动以及其他类似的，妨碍相邻土地使用或者使相邻人的生活受到痛苦，负有采取适当措施的义务。

相邻人，前款的事态在邻地通常用途适当的，负有容忍义务。

第二百一十八条 【水管等设施权】

土地所有人不经过他人的土地，就不能设施必要的水管、疏水管、煤气管、电线等，或者需过高费用的，可以通过他人土地设施。但是，应当选择因此可能造成的损害最小的地点和方法设施，并依据他土地所有人的请求，补偿损害。

依据前款规定设施之后，情况变更的，他土地所有人可以请求其设施的变更。设施变更的费用由土地所有人负担。

第二百一十九条 【邻地通行权】

在某一土地与公路之间，没有用于该土地的必要的通路的情形，其土地所有人不便周围的土地通行或者通路无法出入公路或者需过高费用的，可以通行其周围的土地，必要的，可以开设通路。但是，应当选择因此可能造成的损害最小的地点和方法。

前款的通行权人，应当补偿通行地所有人的损害。

第二百二十条 【分割、部分让与与周围通行权】

因分割具有不得通往公路的土地的，其土地所有人，为出入公路，可以通行其他分割人的土地。在此情形，无补偿义务。

前款规定，准用于土地所有人让与其土地的部分的情形。

第二百二十一条 【自然流水的承水义务与权利】

土地所有人，不得阻挡自相邻土地自然流出的水。

高地所有人，不得超越自已正当使用范围，阻挡自然流入相邻低地的，在相邻低地必要的水。

第二百二十二条 【疏通工程权】

流水在低地被堵塞的，高地所有人，可以自费以必要的施工进行疏通。

第二百二十三条 【对为蓄水、排水、引水的工作物的工程请求权】

土地所有人为蓄水、排水或者引水设置工作物的，因工作物的破损或者堵塞，在他人的土地造成损害或者具有造成损害之虞的，他人可以请求其工作物的保修、堵塞的疏通或者必要的预防。

第二百二十四条 【依据习惯的费用负担】

在前两条的情形，关于费用负担，具有习惯的，从其习惯。

第二百二十五条 【对房檐滴水的设施义务】

土地所有人为防止房檐滴水直接落下的邻居，应当实施适当的设施。

第二百二十六条 【余水疏通权】

高地所有人，为干燥浸水地，或者为疏通家用或者农、工业用余水，可以在公路、公共流水或者下水道，使水通过低地。

在前款情形下，应当选择因此损害最小的地点和方法，并补偿损害。

第二百二十七条 【流水用工作物的使用权】

土地所有人，为疏通其所有地的水，可以使用相邻土地所有人设施的工作物。

前款的工作物使用人，应当以受到其利益的较率，分担工作物的设置和保存费用。

第二百二十八条 【余水供给请求权】

土地所有人非以过高费用或者劳力，难以取得在家用或者土地利用必要的水的，可以向邻地所有人补偿，并请求供给余水。

第二百二十九条 【水流的变更】

沟渠以及其他水流地的所有人，对岸土地为他人所有的，不得变更其水路或者水流宽度。

两岸土地为水流地所有人所有的，所有人可以变更水路和水流宽度。但是，下游应当与自然的水路一致。

前两款规定，另有习惯的，从其习惯。

第二百三十条 【堰的设置、利用权】

水流地所有人在具有必要设置堰之时，可以使其堰与对岸相接触。但是，应当补偿因其的损害。

对岸的所有人,水流地的部分为自己所有的,可以使用其堰。但是,应当以受到其利益的比率,分担堰的设置、保存费用。

第二百三十一条 【公有河川用水权】

在公有河川的沿岸,经营农、工业的人,为其利用在未妨碍他人用水的范围内,可以实施必要的引水。

为前款的引水,可以设置必要的工作物。

第二百三十二条 【下游沿岸的用水权保护】

因前条的引水或者工作物,妨碍下游沿岸的用水权的,其用水权人可以请求排除妨碍以及赔偿损害。

第二百三十三条 【用水权的继承】

经营农、工业所利用的水路以及其他工作物的所有人或者受益人的特别继承人,继承关于其用水的前所有人或者受益人的权利义务。

第二百三十四条 【关于用水权的其他习惯】

前三条规定,另有习惯的,从其习惯。

第二百三十五条 【共用水的用水权】

相邻人,将属于其共用的水源或者水道,应于各自需要的程度,未妨碍他人用水的范围内,分别具有用水权利。

第二百三十六条 【用水障碍的工程与损害赔偿、恢复原状】

具有必要的用途或者收益的水源或者水道,因他人的建筑以及其他工程而断水、减水以及其他用途发生障碍的,用水权人可以请求损害赔偿。

因前款工程,饮用水以及其他生活上所必要的用水具有障碍的,可以请求恢复原状。

第二百三十七条 【境界标、墙的设置权】

邻接所有土地的人,可以共同费用设置通常的境界标或者墙。

前款的费用,双方折半负担。但是,测量费用,按照土地面积的比例负担。

前两款的规定,另有习惯的,从其习惯。

第二百三十八条 【墙的特殊设施权】

相邻土地所有人,可以自己的费用使用较通常良好的墙的材料,使其高度较通常放高,或者实施防火墙以及其他设施。

第二百三十九条 【境界标等的共有推定】

在境界设置的境界标、墙、沟渠等,推定相邻人共有。但是,境界标、墙、沟渠等,由相邻人一方以单独费用设置的或者墙为建筑物的部分的,不在此限。

第二百四十条 【树枝、木根的排除权】

邻接地的树木、树枝超越境界的,可以向其所有人请求除去树枝。

未应前款请求的,请求人可以除去其树枝。

邻接地树木根部超越境界的,可以任意去除。

第二百四十一条 【土地的深挖禁止】

土地所有人,不得以邻接地的地表崩溃程度深挖土地。但是,实施充分防御工程的,不在此限。

第二百四十二条 【境界线附近的建筑】

在建造建筑物时,无特别习惯的,应当自境界保持半米以上的距离。

邻接地所有人,可以向违反前款规定的人请求建筑物的变更或者拆除。但是,在建筑着手之后经过一年的,或者建筑物完成之后,仅可以请求损害赔偿。

第二百四十三条 【遮面设施义务】

在与境界二米以内的距离,设置可以观望邻居住宅内部的窗户或者地板的,应当实施适当的遮面设施。

第二百四十四条 【对地下设施等的限制】

挖井或者实施储藏用水、地下水或者污水等的地下设施的,应当与境界保持二米以上的距离,在水库、沟渠或者地下室工程,应当与境界保持其深度的一半以上的距离。

实施前款的工程,应当采取适当措施,防止土沙崩溃或者地下水或者污液流入相邻土地。

第二节 所有权的取得

第二百四十五条 【因占有的不动产所有权的取得期间】

二十年间,以所有的意思,和平、公然占有不动产的人,以登记取得其所有权。

以不动产的所有人登记的人,十年间,以所有的意思,和平、公然、善意、无过失占有其不动产的,取得所有权。

第二百四十六条 【因占有的动产所有权的取得期间】

十年间,以所有的意思,和平、公然占有动产的人,取得其所有权。

前款的占有以善意、无过失开始的,经过五年取得其所有权。

第二百四十七条 【所有权取得的溯及效力、中断事由】

依据前两条规定的所有权取得的效力,溯及占有开始之时。

关于消灭时效中断的规定,准用于前两条的所有权取得期间。

第二百四十八条 【所有权以外的财产权的取得时效】

前三条规定,准用于所有权以外的财产权的取得。

第二百四十九条 【善意取得】

和平、公然受让动产的人,善意、无过失占有其动产的,出让人为非正当的所有人,亦立即取得其动产的所有权。

第二百五十条 【对盗窃物、遗失物的特例】

在前一条的情形下,其动产为盗窃物或者遗失物的,受害人或者遗失人自盗窃或者遗失之日起两年内,可以请求返还其物。但是,盗窃物或者遗失物为金钱的,不在此限。

第二百五十一条 【对盗窃物、遗失物的特例】

受让人,在拍卖或者公开市场或者销售同种类物的商人处善意买受盗窃物或者遗失物的,受害人或者遗失人应当偿还受让人给付的价钱,可以请求返还其物。

第二百五十二条 【无主物的归属】

以所有的意思占有无主动产的人,取得其所有权。

无主不动产,为国有。

野生动物,为无主物,饲养的野生动物重新回去野生状态的,为无主物。

第二百五十三条 【遗失物的所有权取得】

遗失物,依据法律确定在公告之后六个月内,其所有人未主张权利的,由拾得人取得其所有权。〈2013 年 4 月 5 日修改〉

第二百五十四条 【埋藏物的所有权取得】

埋藏物,依据法律确定在公告之后一年内,其所有人未主张权利的,由发现人取得其所有权。但是,在他人土地以及其他物发现埋藏物的,其土地以及其他物的所有人与发现人折半取得。

第二百五十五条 【文化财产的国有】

对成为学术、技艺或者考古的重要材料的物,不依据第二百五十二条第一款以及前两条规定,而视为国有。

在前款情形下,拾得人、发现人以及发现埋藏物的土地以及其他物的所有人,可以向国家请求适当的补偿。

第二百五十六条 【不动产的附合】

不动产的所有人,取得附合于其不动产的物的所有权。但是,依据他人的权源附属的,不在此限。

第二百五十七条 【动产之间的附合】

动产与动产附合,不毁损则无法分离或者其分离需要过大费用的,其合成物的所有权属于主动产的所有人。附合动产的主从无法区别的,动产所有人以附合当时价额的比率共有。

第二百五十八条 【混合】

前条规定,准用于动产与动产混合无法识别的情形。

第二百五十九条 【加工】

在他人动产加工的,其物的所有权属于原材料的所有人。但是,因加工的价额的增加,较原材料的价额显著高额的,为加工人所有。

加工人提供材料部分的,其价额加算在前款的增加额。

第二百六十条 【添附的效果】

依据前四条规定,动产所有权消灭的,以其动产为标的的其他权利,亦消灭。

动产所有人成为合成物、混合物或者加工物的单独所有人的,前款的权利存续于合成物、混合物或者加工物,成为其共有人的,存续于其份额。

第二百六十一条 【因添附的求偿权】

在前五条的情形,受到损害的人,可以依据不当得利规定,请求补偿。

第三节 共同所有

第二百六十二条 【物的共有】

物依据所持份额成为数人所有的,为共有。

推定共有人的份额均等。

第二百六十三条 【共有所持份额的处分与共有物的使用、收益】

共有人可以处分其所持份额,并可以所持份额比率使用、收益共有物的全部。

第二百六十四条 【共有物的处分、变更】

共有人,无其他共有人同意,不得处分或者变更共有物。

第二百六十五条 【共有物的管理、保存】

关于共有物的管理事项,以共有人的所持份额的过半数决定。但是,保存行为可以各自实施。

第二百六十六条 【共有物的负担】

共有人,以其所持份额比率,负担共有物的管理费用以及其他义务。

共有人迟延履行前款义务一年以上的,其他共有人可以相当价额买受所持份额。

第二百六十七条 【所持份额放弃等情形的归属】

共有人放弃其所持份额或者无继承人而死亡的,其所持份额以各所持份额比率归属于其他共有人。

第二百六十八条 【共有物的分割请求】

共有人可以请求分割共有物。但是,可以约定以五年内的期间不分割。

前款的更新契约的,其期间自更新之日起不得超越五年。

前两款规定,不适用于第二百一十五条、第二百三十九条的共有物。

第二百六十九条 【分割方法】

关于分割方法,协议未成立的,共有人可以向法院请求其分割。

无法以实物分割或者因分割使其价额具有显著减损之虞的,法院可以命令拍卖物。

第二百七十条 【因分割的担保责任】

共有人对因其他共有人的分割而取得的物,以其所持份额比率,负有与出卖人相同的担保责任。

第二百七十一条 【物的合有】

依据法律规定或者契约,数人以组合体所有物的,为合有。合有人的权利及于合有物的全部。

关于合有,依据前款规定或者契约之外,依据下列三条规定。

第二百七十二条　【合有物的处分、变更与保存】

处分或者变更合有物的，应当具有全员的同意。但是，保存行为可以各自实施。

第二百七十三条　【合有份额的处分与合有物的分割禁止】

非经全体人员同意，合有人不得处分其合有物的份额。

合有人不得请求分割合有物。

第二百七十四条　【合有的终了】

合有，以组合体的解散或者合有物的让与而终了。

在前款情形下，关于合有物的分割，准用关于共有物的分割规定。

第二百七十五条　【物的总有】

非法人的社团社员，以集合体所有物的，为总有。

关于总有，依据社团的章程以及其他契约之外，依据下列两条规定。

第二百七十六条　【总有物的管理、处分与使用、收益】

总有物的管理以及处分，依据社员总会的决议。

各社员，依照章程或者其他规约，可以使用、收益总有物。

第二百七十七条　【关于总有物的权利义务的得丧】

关于总有物的社员的权利义务，以社员地位的取得丧失而取得丧失。

第二百七十八条　【准共同所有】

本节规定，准用于所有权以外的财产权。但是，其他法律另有特别规定的，从其规定。

第四章　地　上　权

第二百七十九条　【地上权的内容】

地上权人，为在他人土地所有建筑物以及其他工作物或者树木，具有使用其土地的权利。

第二百八十条　【约定存续期限的地上权】

以契约确定地上权的存续期间的，其期间不得较下列年限缩短：

（一）以石造、石灰造、砖瓦造或者与此类似坚固建筑物或者树木的所有为标的的，为三十年；

（二）以前项以外的建筑物的所有为标的的，为十五年；

（三）以建筑物以外的工作物的所有为标的的，为五年。

确定较前款的期间缩短的期间的，延长直到前款期间。

第二百八十一条　【未约定存续期间的地上权】

以契约未确定地上权的存续期间的，其期间为前条的最短存续期间。

在地上权设定当时，未确定工作物的种类与结构的，其地上权是以前一条第二项的建筑物的所有为标的的。

第二百八十二条 【地上权的让与、租赁】

地上权人,可以向他人让与其权利,或者在其权利存续期间内出租其土地。

第二百八十三条 【地上权人的更新请求权、买受请求权】

地上权消灭的,建筑物以及其他工作物或者树木在现存之时,地上权人,可以请求更新契约。

地上权设定人不愿意更新契约的,地上权人可以请求以相当价额买受前款工作物或者树木。

第二百八十四条 【更新与存续期间】

当事人更新契约的,地上权的存续期间自更新之日起较第二百八十条的最短存续期间不得缩短。但是,当事人可以确定较此长期的期间。

第二百八十五条 【收回义务、买受请求权】

地上权消灭的,地上权人应当收回建筑物以及其他工作物或者树木,并恢复原状土地。

在前款的情形,地上权设定人提供相当价额请求买受其工作物或者树木的,地上权人无正当理由,不得拒绝。

第二百八十六条 【地租增减请求权】

地租关于土地租税以及其他负担的增减或者因地价的变动而未适当的,当事人可以请求其增减。

第二百八十七条 【地上权消灭请求权】

地上权人二年以上未支付地租的,地上权设定人,可以请求消灭地上权。

第二百八十八条 【地上权消灭请求与对抵押权人的通知】

地上权为抵押权标的的,或者在其土地的建筑物、树木成为抵押权标的的,前条的请求,以向抵押权人通知之后经过相当期间,产生其效力。

第二百八十九条 【强制规定】

违反第二百八十条至第二百八十七条规定的契约,不利于地上权人的,无其效力。

第二百八十九条之二 【区分地上权】

确定地下或者地上的空间上下范围,可以为所有建筑物以及其他工作物的地上权的标的。在此情形,以设定行为,为行使地上权,可以限制土地的使用。

依据前一款规定的区分地上权,第三人具有使用、收益土地的权利的,其权利人以及具有以其权利为标的的权利的人,具有全员承诺,亦可以设定。在此情形,具有使用、收益土地权利的第三人,不得妨碍其地上权的行使。

[1984 年 4 月 10 日新设本条]

第二百九十条 【准用规定】

第二百一十三条、第二百一十四条、第二百一十六条至第二百四十四条规定,准用于地上权人之间或者地上权人与邻地所有人之间。

第二百八十条至第二百八十九条以及第一款的规定,准用于依据第二百八十九条之二关于区分地上权的规定。〈1984 年 4 月 10 日新设〉

第五章　地　役　权

第二百九十一条　【地役权的内容】

地役权人,为一定的目的,具有为自己土地的便宜利用他人土地的权利。

第二百九十二条　【从属性】

地役权从属于需役地所有权而移转,或者成为需役地的所有权以外的权利的标的。但是,另有约定的,从其约定。

地役权不得与需役地分离而让与,或者成为其他权利的标的。

第二百九十三条　【共有关系、部分让与与不可分性】

土地共有人的一人,关于所持份额,不得消灭其土地的地役权或者其土地所负担的地役权。

分割土地或者部分让与土地的,地役权为需役地的各部分或者其供役地的各部分而存续。但是,地役权为关于土地一部分的,其他部分不在此限。

第二百九十四条　【地役权取得期间】

以连续行使且可从外观上识别者为限,地役权准用第二百四十五条的规定。

第二百九十五条　【取得与不可分性】

共有人的一人取得地役权的,其他共有人亦取得。

因占有的地役权取得期间中断,非对行使地役权的所有共有人的事由,无其效力。

第二百九十六条　【消灭时效的中断、停止与不可分性】

需役地为数人共有的,依据其一人的地役权消灭时效的中断或者停止,为其他共有人具有效力。

第二百九十七条　【用水地役权】

用水供役地的水量,不足需役地以及供役地的需要的,依据其需要程度,首先应当供给于家用,之后供给于其他用途。但是,设定行为另有约定的,从其约定。

在供役地设定数个用水地役权的,后顺位地役权人不得妨碍先顺位地役权人的用水。

第二百九十八条　【供役地所有人的义务与继承】

依据契约供役地所有人,以自己的费用为地役权的行使设置工作物或者负担修缮义务的,需役地所有人的特别继承人,亦负担其义务。

第二百九十九条　【因委弃的负担免除】

供役地的所有人,可以向地役权人委弃地役权所必要部分的土地所有权,免除前条的负担。

第三百条　【工作物的共同使用】

供役地的所有人,在未妨碍地役权行使的范围内,可以使用地役权人为地役权的行使在供役地设置的工作物。

在前款情形,供役地的所有人,应当以受益程度的比率,分担工作物的设置、保存费用。

第三百零一条 【准用规定】

第二百一十四条的规定,准用于地役权。

第三百零二条 【特殊地役权】

某一地域的居民,因集合体的关系,各自在他人土地具有樵牧或者野生物以及其他土沙的采取,放牧以及其他收益权利的,在依据习惯之外,准用本章规定。

第六章 传 贳 权

第三百零三条 【传贳权的内容】

传贳权人支付传贳金后,占有他人的不动产依照其不动产的用途使用、收益,并对其不动产全部较后顺位权利人以及其他债权人具有优先受偿的权利。

农耕地,不得为传贳权的标的。

第三百零四条 【对建筑物的传贳权、地上权、租赁权的效力】

在他人土地的建筑物设定传贳权的,传贳权的效力及于其建筑物的所有为标的的地上权或者租赁权。

在前款的情形,传贳权设定人无传贳权人同意,不得实施消灭地上权或者租赁权的行为。

第三百零五条 【建筑物的传贳权与法定地上权】

基地和建筑物属于相同所有人的,在建筑物设定传贳权之时,视为其基地所有权的特别继承人对传贳权设定人设定地上权。但是,地租依据当事人的请求,由法院确定。

在前款的情形,基地所有人不得向他人出租其垈地或者设定以其为标的的地上权或者传贳权。

第三百零六条 【传贳权的让与、租赁等】

传贳权人,可以向他人让与传贳权或者提供担保,并在其存续期间内,可以向他人转传贳或者出租其标的物。但是,以设定行为禁止的,不在此限。

第三百零七条 【传贳权让与的效力】

传贳权受让人,对传贳权设定人具有与传贳权出让人相同的权利义务。

第三百零八条 【转传贳等情形的责任】

转传贳传贳权标的物或者出租的,传贳权人,对未转传贳或者出租的,可以免除的因不可抗力的损害,负担其责任。

第三百零九条 【传贳权人的维持、修缮义务】

传贳权人应当维持标的物的现状,并实施属于通常管理的修缮。

第三百一十条 【传贳权人的偿还请求权】

传贳权人关于为改良标的物所支出的费用以及其他有益费,在标的物因此而增加的价值范围内,依照所有人的选择可以请求偿还增加额。

在前款情形下，法院可以根据所有人的请求，允许适当的偿还期间。

第三百一十一条 【传贳权的消灭请求】

传贳权人，未依据传贳权设定的契约或者其标的物的性质确定的用法使用、收益的，传贳权设定人可以请求消灭传贳权。

在前款的情形，传贳权设定人可以向传贳权人请求恢复原状或者损害赔偿。

第三百一十二条 【传贳权的存续期间】

传贳权的存续期间不得超越十年。当事人的约定期间超越十年的，缩短为十年。

对建筑物的传贳权存续期间确定为未满一年的，视为一年。〈1984 年 4 月 10 日新设〉

传贳权的设定可以更新。其期间自更新之日起不得超过十年。

建筑物的传贳权设定人，传贳权存续期间届满前六个月到一个月之间，未向传贳权人通知更新拒绝或者变更条件的，未通知未更新意志的，在其期间届满之时，视为以与转传贳权人相同的条件重新设定传贳权。此情形视为没有确定传贳权的存续期间。〈1984 年 4 月 10 日新设〉

第三百一十二条之二 【传贳金增减请求权】

传贳金因关于标的不动产的租税、公共事业费用以及其他负担的增减或者经济状况的变动，未适当的，当事人可以向将来请求其增减。但是，增额的，不得超过总统令确定的标准。

[1984 年 4 月 10 日新设本条]

第三百一十三条 【传贳权的消灭通告】

未约定传贳权的存续期间的，各当事人随时可以向相对人通告传贳权消灭，并自相对人收到通告之日起经过六个月，传贳权消灭。

第三百一十四条 【因不可抗力的灭失】

传贳权的标的物的全部或者部分因不可抗力而灭失的，其灭失部分的传贳权消灭。

在前款规定的部分灭失的情形下，传贳权人以其剩余部分无法达成传贳权的目的的，可以对传贳权设定人通告传贳权全部的消灭，并可以请求返还传贳金。

第三百一十五条 【传贳权人的损害赔偿责任】

传贳权的标的物的全部或者部分因归责于传贳权人的事由而灭失的，传贳权人负有损害赔偿责任。

在前款的情形下，传贳权设定人传贳权消灭之后以传贳金抵充损害赔偿，具有剩余的，应当返还，不足的，可以重新请求。

第三百一十六条 【恢复原状义务、买受请求权】

传贳权因其存续期间的届满而消灭的，传贳权人应当恢复其标的物的原状，并可以收回附属于其标的物的物。但是，传贳权设定人请求买受其附属物的，传贳权人无正当理由不得拒绝。

在前款的情形下，附属物经传贳权设定人的同意而附属的，传贳权人可以向传贳权设定人请求买受其附属物。其附属物自传贳权设定人处买受的,亦同。

第三百一十七条 【传贳权的消灭与同时履行】

传贳权消灭的,传贳权设定人,应当收到传贳权人交付的其所有的标的物以及在传贳权设定登记的抹消登记必要的文件,同时返还传贳金。

第三百一十八条 【传贳权人的拍卖请求权】

传贳权设定人迟延返还传贳金的,传贳权人可以依据民事执行法的规定请求拍卖传贳权的标的物。〈1997 年 12 月 13 日、2001 年 12 月 29 日修改〉

第三百一十九条 【准用规定】

第二百一十三条、第二百一十四条、第二百一十六条至第二百四十四条规定,准用于传贳权人之间或者传贳权人与邻地所有人以及地上权人之间。

第七章 留 置 权

第三百二十条 【留置权的内容】

占有他人的物或者有价证券的人,关于其物或者有价证券产生的债权在清偿期的,直到受偿之时,具有留置其物或者有价证券的权利。

前款规定,不适用于其占有因侵权行为的情形。

第三百二十一条 【留置权的不可分性】

留置权人,直到其债权全部受偿之时,可以对留置物的全部行使其权利。

第三百二十二条 【拍卖、简易清偿抵充】

留置权人为债权受偿,可以拍卖留置物。

具有正当理由的,留置权人可以依据鉴定人的评价,请求法院以留置物直接抵充清偿。在此情形下,留置权人应当已经通知债务人。

第三百二十三条 【孳息收取权】

留置权人可以收取留置物的孳息,较其他债权优先抵充其债权的受偿。但是,其孳息为非金钱的,应当拍卖。

孳息应当首先抵充债权的利息,具有剩余的,抵充原本。

第三百二十四条 【留置权人的善管义务】

留置权人应当以善良管理人的注意占有留置物。

留置权人,无债务人的承诺,不得使用、出借或者提供担保留置物。但是,在保存留置物必要的使用,不在此限。

留置权人违反前两款规定的,债务人可以请求消灭留置权。

第三百二十五条 【留置权人的偿还请求权】

留置权人关于留置物支出必要费用的,可以向所有人请求其偿还。

留置权人关于留置物支出有益费的,以其价额增加现存为限,依照所有人的选择,可以请求偿还其支出价额或者增加额。但是,法院依据所有人的请求,可以允许相当的偿还期间。

第三百二十六条 【被担保债权的消灭时效】

留置权的行使,不影响债权消灭时效的进行。

第三百二十七条 【他担保提供与留置权消灭】

债务人提供相当的担保,可以请求消灭留置权。

第三百二十八条 【占有丧失与留置权消灭】

留置权因占有的丧失而消灭。

第八章 质 权

第一节 动产质权

第三百二十九条 【动产质权的内容】

动产质权人,以债权的担保,占有债务人或者第三人提供的动产,对其动产较其他债权人具有优先受偿的权利。

第三百三十条 【设定契约的要物性】

质权的设定,以向质权人交付标的物,产生其效力。

第三百三十一条 【质权的标的物】

质权不得以无法让与的物为标的。

第三百三十二条 【依据设定人的代理占有的禁止】

质权人不得使设定人占有质物。

第三百三十三条 【动产质权的顺位】

为担保数个债权在相同动产设定数个质权的,其顺位依据设定的先后。

第三百三十四条 【被担保债权的范围】

质权担保原本、利息、违约金、实行质权的费用、质物保存的费用以及债务不履行或者因质物的瑕疵的损害赔偿债权。但是,另有约定的,从其约定。

第三百三十五条 【留置的效力】

质权人直到前条的债权受偿之时,可以留置质物。但是,不得对抗较自己具有优先权的债权人。

第三百三十六条 【转质权】

质权人在其权利范围内,以自己的责任可以转质质物。在此情形,对未转质可以免除的因不可抗力的损害,负担责任。

第三百三十七条 【转质的对抗要件】

在前条的情形,质权人未通知债务人转质的事实,或者债务人未承诺的,以转质不得对抗债务人、保证人、质权设定人以及其继承人。

债务人收到前款通知或者承诺的,无转质权人的同意向质权人清偿债务的,亦不得以此对抗转质权人。

第三百三十八条 【拍卖、简易清偿抵充】

质权人为债权的受偿,可以拍卖质物。

具有正当理由的,质权人依据鉴定人的评价,可以请求法院以质物直接抵充清偿。在此情形,质权人应当已经通知债务人以及质权设定人。

第三百三十九条 【流质契约的禁止】

质权设定人,以债务清偿期之前的契约,不得约定替代向质权人清偿并取得质物的所有权,或者未依据法律确定的方法处分质物。〈2014 年 12 月 30 日修改〉

第三百四十条 【以质物以外的财产的清偿】

质权人以依据质物不得受偿部分的债权为限,可以债务人的其他财产受偿。

前款规定,不适用于较质物首先关于其他财产实施分配的情形。但是,其他债权人,可以向质权人请求提存其分配金额。

第三百四十一条 【物上保证人的求偿权】

为担保他人的债务设定质权人,因清偿债务或者质权的实行而丧失质物所有权的,依据关于保证债务的规定,对债务人具有求偿权。

第三百四十二条 【物上代位】

质权,亦可以对因质物的灭失、毁损或者公用征收,质权设定人得到的金钱以及其他物行使。在此情形下,应当在其支付或者交付之前扣押。

第三百四十三条 【准用规定】

第二百四十九条至第二百五十一条、第三百二十一条至第三百二十五条的规定,准用于动产质权。

第三百四十四条 【依据其他法律的质权】

本节规定,准用于依据其他法律规定设定的质权。

第二节 权利质权

第三百四十五条 【权利质权的标的】

质权,可以财产权为其标的。但是,以不动产的使用、收益为标的的权利,不在此限。

第三百四十六条 【权利质权的设定方法】

权利质权的设定,在法律无其他规定的,应当依据关于其权利让与的方法。

第三百四十七条 【设定契约的要物性】

在以债权为质权标的的情形,具有债权证书的,质权的设定以向质权人交付其证书,产生其效力。

第三百四十八条 【对抵押债权的质权与附记登记】

以抵押权担保的债权为质权标的的,应当在其抵押权登记附记登记质权,其效力及于抵押权。

第三百四十九条 【对记名债权的质权对抗要件】

以记名债权为标的的质权设定,设定人未依据第四百五十条规定通知第三债务人质权设定的事实或者第三债务人未承诺的,以此不得对抗第三债务人以及其他第三人。

第四百五十一条的规定,准用于前款情形。

第三百五十条 【对指示债权的质权设定方法】

以指示债权为质权标的的质权设定,以在证书背书,向质权人交付,产生其效力。

第三百五十一条 【对无记名债权的质权设定方法】

以无记名债权为标的的质权设定,以向质权人交付证书,产生其效力。

第三百五十二条 【质权设定人的权利处分限制】

质权设定人无质权人同意,无法消灭质权标的的权利,或者侵害质权人利益的变更。

第三百五十三条 【成为质权标的的债权的实行方法】

质权人,可以直接请求成为质权标的的债权。

债权的标的物为金钱的,质权人在自己债权的限度内可以直接请求。

前款的债权的清偿期,较质权人的债权的清偿期首先届满的,质权人对第三债务人可以请求提存其清偿金额。在此情形下,质权存在于其提存金。

债权标的物为金钱以外的物的,质权人可以对其受偿物行使质权。

第三百五十四条 【同上】

质权人依据前条规定外,可以依据民事执行法规定的执行方法实行质权。〈2001年12月29日修改〉

第三百五十五条 【准用规定】

权利质权,在本节规定外,准用关于动产质权的规定。

第九章 抵 押 权

第三百五十六条 【抵押权的内容】

抵押权人,对债务人或者第三人未移转占有提供担保债务的不动产,较其他债权人具有优先受偿自己债权的权利。

第三百五十七条 【最高额抵押】

抵押权,可以将仅确定其担保的债务的最高额,并债务的确定保留于将来而设定。在此情形下,直到其确定之时,债务的消灭或者移转,对抵押权未及于影响。

在前款情形,视为债务的利息算入在最高额中。

第三百五十八条 【抵押权的效力的范围】

抵押权的效力及于附合于抵押不动产的物与从物。但是,法律另有规定或者在设定行为另有约定的,不在此限。

第三百五十九条 【对孳息的效力】

抵押权的效力及于在具有对抵押不动产的扣押之后,抵押权设定人在其不动产收取的孳息或者可以收取的孳息。但是,抵押权人未对其不动产取得所有权、地上权或者传贯权的第三人,通知扣押事实之后,不得以此对抗。

第三百六十条 【被担保债权的范围】

抵押权担保原本、利息、违约金、因债务不履行的损害赔偿以及抵押权的实行费用。但是,对迟延赔偿,以经过原本的履行期日之后的一年为限,可以行使抵押权。

第三百六十一条 【抵押权的处分限制】

抵押权不得与其担保的债权分离而让与他人或者担保其他债权。

第三百六十二条 【抵押物的补充】

因归责于抵押权设定人的事由,抵押物的价额显著减少的,抵押权人可以对抵押权设定人请求其恢复原状或者提供适当的担保。

第三百六十三条 【抵押权人的拍卖请求权、拍卖人】

抵押权人为其债权的受偿,可以请求拍卖抵押物。

取得抵押物的所有权的第三人,亦可以成为拍卖人。

第三百六十四条 【第三取得人的清偿】

对抵押不动产取得所有权、地上权或者传贯权的第三人,向抵押权人清偿其不动产所担保的债权,可以请求消灭抵押权。

第三百六十五条 【对抵押地上的建筑物的拍卖请求权】

以土地为标的设定抵押权之后,其设定人在其土地建造建筑物的,抵押权人与土地对其建筑物亦可以请求一并拍卖。但是,对其建筑物的拍卖价钱,无优先受偿的权利。

第三百六十六条 【法定地上权】

因抵押物的拍卖,土地与其地上建筑物属于其他所有人的,视为土地所有人对建筑物所有人设定地上权。但是,地租依据当事人的请求由法院确定。

第三百六十七条 【第三取得人的费用偿还请求权】

抵押物的第三取得人,为其不动产的保存、改良支出必要费或者有益费的,可以依据第二百零三条第一款、第二款的规定,由抵押物的拍卖价钱优先受偿。

第三百六十八条 【共同抵押与价钱的分配、次顺位人的代位】

以担保相同债权,在数个不动产设定抵押权的,在同时分配其不动产的拍卖价钱之时,按照各不动产的拍卖价钱的比例,确定其债权的分担。

前款抵押不动产中,首先分配部分拍卖价钱的,可以在其价钱受偿其债权的全部。在此情形,其拍卖不动产的次顺位抵押权人,在先顺位抵押权人依据前款规定在其他不动产的拍卖价钱可以受偿的价额限度内,可以代位先顺位人行使抵押权。

第三百六十九条 【从属性】

以抵押权担保的债权,以完成时效以及其他事由消灭的,抵押权亦消灭。

第三百七十条 【准用规定】

第二百一十四条、第三百二十一条、第三百三十三条、第三百四十条、第三百四十一条以及第三百四十二条的规定,准用于抵押权。

第三百七十一条 【以地上权、传贳权为标的的抵押权】

本章规定,准用于以地上权或者传贳权为抵押权标的的情形。

以地上权或者传贳权为标的设定抵押权的人,物抵押权人同意,不得实施消灭地上权或者传贳权的行为。

第三百七十二条 【依据其他法律的抵押权】

本章规定,准用于依据其他法律设定的抵押权。

第三编 债　　权

第一章 总　　则

第一节 债权的标的

第三百七十三条 【债权的标的】

以金钱无法算定价额的,亦可以作为债权的标的。

第三百七十四条 【交付特定物债务人的善管义务】

以特定物的交付为债权标的的,债务人在交付其物之前,应当以善良管理人的注意保存。

第三百七十五条 【种类债权】

将债权的标的仅以种类指定的,在依据法律行为的性质或者当事人的意思,无法确定品质之时,债务人应当以中等品质的物履行。

在前款的情形下,债务人完成履行所必要的行为,或者经债权人的同意指定履行物的,自此时,以其物为债权的标的物。

第三百七十六条 【金钱债权】

债权的标的为支付某一种类货币的,其货币在清偿期丧失强制通用力之时,债务人应当以其他货币清偿。

第三百七十七条 【外汇债权】

债权的标的为支付其他国家货币的,债务人可以自己选择的其国家的各种类货币清偿。

债权的标的为支付某一种类其他国家货币的,其货币在清偿期丧失强制通用力之时，应当以该国家的其他货币清偿。

第三百七十八条 【同上】

将债权额以其他国家货币指定的，债务人可以依据在支付之时的履行地的兑换市价以我国（韩国）货币清偿。

第三百七十九条 【法定利率】

具有利息的债权的利率，无其他法律规定或者当事人约定的，年利率为五分。

第三百八十条 【选择债权】

债权的标的为在数个行为中依照选择而确定的，在无其他法律规定或者当事人约定之时，选择权在于债务人。

第三百八十一条 【选择权的移转】

具有选择权行使期间的，选择权人在该期间内未行使选择权的，相对人可以确定相当的期间催告其选择，选择权人在该期间内未选择的，选择权在于相对人。

无选择权行使期间的，债权期限届满之后，相对人确定相当的期间催告其选择，选择权人在该期限内亦未选择的，与前款相同。

第三百八十二条 【当事人的选择权的行使】

由债权人或者债务人选择的，其选择为向相对人的意思表示。

前款的意思表示，无相对人的同意，不得撤回。

第三百八十三条 【第三人的选择权的行使】

由第三人选择的，其选择为向债务人以及债权人的意思表示。

前款的意思表示，无债权人以及债务人的同意，不得撤回。

第三百八十四条 【第三人的选择权的移转】

选择的第三人无法选择的，选择权在于债务人。

第三人未选择的，债权人或者债务人可以确定相当期间催告其选择，第三人在该期间内未选择的，选择权在于债务人。

第三百八十五条 【因不能的选择债权的特定】

以债权的标的选择的数个行为中，具有自始不能或者嗣后不能的，债权的标的存在于剩余部分。

因无选择权的当事人的过失，履行不能的，未适用前款的规定。

第三百八十六条 【选择的溯及效力】

选择的效力溯及于其债权发生之时。但是，不得侵害第三人的权利。

第二节 债权的效力

第三百八十七条 【履行期与履行迟延】

债务履行具有确定期限的，债务人自期限届满之时，负有迟延责任。债务履行具有不确定期限的，债务人自知道期限届满之时，负有迟延责任。

未具有债务履行期限的，债务人自受到履行请求之时，负有迟延责任。

第三百八十八条 【期限利益的丧失】

在下列各项情形,债务人不得主张期限利益:

(一)债务人损伤、减少或者灭失担保的;

(二)债务人未履行提供担保义务的。

第三百八十九条 【强制履行】

债务人未履行债务的,任意债权人可以向法院请求强制履行。但是,根据债务的性质不得强制履行的,不在此限。

前款债务以法律行为为标的的,可以请求替代债务人的意思表示的裁判,以非专属于债务人自身的作为为标的的,可以向法院请求债务人承担的费用由第三人为之。〈2014 年 12 月 30 日修改〉

其债务以不作为为标的的,在债务人违反之时,可以向法院请求以债务人的费用废弃其违反,对将来适当处分。

前三款规定,在损害赔偿的请求未及于影响。

第三百九十条 【债务不履行与损害赔偿】

债务人未依照债务内容履行的,债权人可以请求损害赔偿。但是,无债务人的故意或过失无法履行的,不在此限。

第三百九十一条 【履行辅助人的故意、过失】

债务人的法定代理人为债务人履行,或者债务人使用他人履行的,法定代理人或者被用人的故意或者过失,视为债务人的故意或者过失。

第三百九十二条 【履行迟延中的损害赔偿】

债务人自己无过失的,亦应当赔偿在其履行迟延中产生的损害。但是,债务人在履行期履行,亦无法免除损害的,不在此限。

第三百九十三条 【损害赔偿的范围】

因债务不履行的损害赔偿,为以通常的损害为其限度。

因特别情况的损害,以债务人知道或者应当知道该情况为限,负有赔偿责任。

第三百九十四条 【损害赔偿的方法】

无其他意思表示的,损害以金钱赔偿。

第三百九十五条 【履行迟延与填补赔偿】

债务人迟延债务履行的,债权人确定相当的期间催告履行,在该期间内亦未履行的,或者迟延之后的履行对债权人无利益的,债权人可以拒绝受领,请求替代履行的损害赔偿。

第三百九十六条 【过失抵销】

关于债务不履行,债权人具有过失的,法院在确定损害赔偿责任以及其金额之时,应当斟酌。

第三百九十七条 【对金钱债务不履行的特则】

金钱债务不履行的损害赔偿额,依据法定利率。但是,具有未违反法令限制约定利率的,依据其利率。

关于前款损害赔偿,债权人无须证明损害,债务人不得抗辩无过失。

第三百九十八条 【赔偿额的预定】

当事人可以预定关于债务不履行的损害赔偿额。

损害赔偿的预定额不当过多的,法院可以适当减额。

损害赔偿额的预定,在请求或者解除契约未及于影响。

违约金的约定,以损害赔偿额的预定为推定。

当事人预定以非金钱抵充损害赔偿的,亦准用前四款的规定。

第三百九十九条 【损害赔偿人的代位】

债权人以损害赔偿收到其债权标的的物或者权利的价额全部的,债务人关于其物或者权利当然代位债权人。

第四百条 【债权人迟延】

债权人无法受领履行或者未受领的,自提供履行之时,负有迟延责任。

第四百零一条 【债权人迟延与债务人的责任】

在债权人迟延中,债务人无故意或者重大过失的,不负因不履行而产生的所有责任。

第四百零二条 【同上】

在债权人迟延中,即使为利息债权,债务人亦不负支付利息的义务。

第四百零三条 【债权人迟延与债权人的责任】

因债权人迟延,其标的物的保管或者清偿费用增加的,该增加额由债权人负担。

第四百零四条 【债权人代位权】

债权人为保全自己的债权,可以行使债务人的权利。但是,专属于自身权利,不在此限。

债权人在其债权期限届满之前,无法院许可,不得行使前款权利。但是,保全行为,不在此限。

第四百零五条 【债权人代位权行使的通知】

债权人依据前条第一款的规定行使保全行为以外的权利的,应当通知债务人。

债务人收到前款通知之后,处分其权利,亦不得对抗债权人。

第四百零六条 【债权人撤销权】

债务人知道侵害债权人而以财产权为标的实施法律行为的,债权人可以向法院请求其撤销以及恢复原状。但是,因该行为受益人或者转得人在该行为或者转得当时,不知道侵害债权人的,不在此限。

前款之诉,应当自债权人知道撤销原因之日起一年、实施法律行为之日起五年内提起。

第四百零七条 【债权人撤销的效力】

依据前条规定的撤销与恢复原状,为所有债权人的利益具有其效力。

第三节 多数债权人以及债务人

第一小节 总 则

第四百零八条 【分割债权关系】

债权人或者债务人为数人的,无特别意思表示,各债权人或者各债务人以均等比率具有权利负担义务。

第二小节 不可分债权与不可分债务

第四百零九条 【不可分债权】

债权的标的依据其性质或者当事人的意思表示不可分的,债权人为数人的,各债权人可以为所有债权人请求履行,债务人可以为所有债权人向各债权人履行。

第四百一十条 【对一个债权人产生的事项效力】

依据前条规定,对所有债权人具有效力的事项除外,不可分债权人中一人的行为或者关于一人的事项,对其他债权人无效力。

不可分债权人中的一人与债务人之间更改或者免除的,受领债务全部履行的其他债权人,未丧失其一人的权利,对其分割给付的利益应当向债务人偿还。

第四百一十一条 【不可分债务与准用规定】

数人负担不可分债务的,准用第四百一十三条至第四百一十五条、第四百二十二条、第四百二十四条至第四百二十七条以及前条规定。

第四百一十二条 【可分债权、可分债务的变更】

不可分债权或者不可分债务变更为可分债权或者可分债务的,各债权人仅具有请求履行自己部分的权利,各债务人仅负有履行自己负担部分的义务。

第三小节 连 带 债 务

第四百一十三条 【连带债务的内容】

多数债务人将全部债务各自负有履行的义务,以债务人一人的履行其他债务人免除其义务的,其债务为连带债务。

第四百一十四条 【对各连带债务人的履行请求】

债权人可以向某一连带债务人或者同时或者依次向所有连带债务人,请求履行债务的全部或者部分。

第四百一十五条 【对债务人产生的无效、撤销】

连带债务人之一有法律行为无效或者撤销的原因的,不妨碍其他连带债务人的债务。

第四百一十六条 【履行请求的绝对效力】

对某一连带债务人的履行请求,对其他连带债务人亦具有效力。

第四百一十七条 【更改的绝对效力】

某一连带债务人与债权人之间具有债务更改的,债权为所有连带债务人的利益而消灭。

第四百一十八条 【抵销的绝对效力】

某一连带债务人对债权人具有债权的,该债务人抵销的,债权为所有连带债务人的利益而消灭。

具有抵销债权的连带债务人未抵销的,以其债务人的负担部分为限,其他连带债务人可以抵销。

第四百一十九条 【免除的绝对效力】

对连带债务人的债务免除,以其债务人负担部分为限,为其他连带债务人的利益,具有效力。

第四百二十条 【混同的绝对效力】

某一连带债务人与债权人之间具有混同的,以其债务人负担部分为限,其他连带债务人亦免除义务。

第四百二十一条 【消灭时效的绝对效力】

对某一连带债务人消灭时效完成的,以其负担部分为限,其他连带债务人亦免除义务。

第四百二十二条 【债权人迟延的绝对效力】

对某一连带债务人的债权人的迟延,对其他连带债务人亦具有效力。

第四百二十三条 【效力相对性的原则】

前七条事项之外,关于某一连带债务人的事项,对其他连带债务人无效力。

第四百二十四条 【负担部分的均等】

连带债务人的负担部分,推定均等。

第四百二十五条 【出财债务人的求偿权】

某一连带债务人以清偿以及其他自己的出财共同免责的,对其他连带债务人负担部分,可以行使求偿权。

前款求偿权,包括免责之日以后的法定利息以及不可避免的费用以及其他损害赔偿。

第四百二十六条 【作为求偿要件的通知】

某一连带债务人未通知其他连带债务人而以清偿以及自己的出财共同免责的,其他连带债务人对债权人具有对抗事由之时,以其负担部分为限,可以该事由对实施免责行为的连带债务人对抗,其对抗事由为抵销的,以抵销消灭的债权,移转于其连带债务人。

某一连带债务人以清偿以及其他自己的出财共同免责的,未通知其他连带债务人之时,其他连带债务人以善意向债权人清偿以及实施其他有偿的免责行为的,其连带债务人可以主张自己免责行为的有效。

第四百二十七条 【偿还无资力人的负担部分】

在连带债务人中，具有无偿还资力人的，其债务人的负担部分，由求偿权人以及其他具有资力的债务人按照其负担部分比例分担。但是，求偿权人具有过失的，不得向其他连带债务人请求分担。

前款情形，分担无偿还资力的债权人的负担部分的其他债务人，得到债权人的连带免除的，其债务人的分担部分由债权人负担。

第四小节 保证债务

第四百二十八条 【保证债务的内容】

保证人履行主债务人未履行的债务的义务。

对将来的债务，亦可以保证。

第四百二十八条之二 【保证的方式】

保证，其意思应当以具有保证人的签字盖章或者署名的书面表示之时，发生效力。但是，保证的意思以电子形态表示的，无效力。

保证债务变更为对保证人不利的，与第一款相同。

保证人履行保证债务的，在其限度内，以根据第一款和第二款方式的瑕疵为理由，无法主张保证的无效。

[2015 年 2 月 3 日新设本条]

第四百二十八条之三 【根保证】

对不确定的多数债务，亦可以保证。此时，保证的债务最高额，应当以书面特定。

第一款情形，债务的最高额根据第四百二十八条之二第一款的以书面未特定的保证契约，无效力。

[2015 年 2 月 3 日新设本条]

第四百二十九条 【保证债务的范围】

保证债务，包括主债务的利息、违约金、损害赔偿以及其他从属于主债务的债务。

保证人，可以预定关于其保证债务的违约金以及其他损害赔偿额。

第四百三十条 【标的、形态上的从属性】

保证人的负担，较主债务的标的或者形态重的，以主债务的限度减缩。

第四百三十一条 【保证人的条件】

债务人负有设置保证人的义务的，其保证人应当为具有行为能力以及清偿资力的人。

保证人无清偿资力的，债权人可以请求保证人的变更。

债权人指明保证人的，不适用前两款规定。

第四百三十二条 【他担保的提供】

债务人以提供其他相当的担保，可以免除设置保证人的义务。

第四百三十三条 【保证人与主债务人抗辩权】

保证人以主债务人的抗辩，可以对抗债权人。

主债务人的抗辩放弃,对保证人无效力。

第四百三十四条 【保证人与主债务人抵销权】

保证人以依据主债务人的债权的抵销,可以对抗债权人。

第四百三十五条 【保证人与主债务人的撤销权等】

在主债务人对债权人具有撤销权或者解除权或者终止权的期间,保证人可以向债权人拒绝债务的履行。

第四百三十六条 删除〈2015 年 2 月 3 日〉

第四百三十六条之二 【债权人的信息提供义务和通知义务等】

债权人在订立保证契约之时,保证契约的订立与否或者保有或者知道在其内容可以及于影响的主债务的债务有关的信用信息的,应当通知保证人其信息。更新保证契约之时,亦同。

债权人订立保证契约之后,具有符合下列各项事由的,应当立即通知保证人其事实:

(一)主债务人三个月以上未履行原本、利息、违约金、损害赔偿或者其他从属于主债务的债务的;

(二)已经知道主债务人在履行期无法履行的;

(三)知道主债务人的债务有关的信用信息具有产生重大变化的。

债权人,具有保证人的请求之时,应当通知主债务的内容以及其履行的与否。

债权人违反根据从第一款到第三款规定的义务,对保证人造成损害的,法院可以考虑其内容与程度等,减轻或者免除保证债务。

[2015 年 2 月 3 日新设本条]

第四百三十七条 【保证人的催告、检索的抗辩】

债权人请求保证人履行债务的,保证人可以证明具有清偿资力的事实以及容易其执行,首先抗辩向主债务人请求和对其财产进行执行。但是,保证人与主债务人连带负担债务的,不在此限。

第四百三十八条 【催告、检索的懈怠效力】

不受依据前条规定的保证人的抗辩限制,因债权人的懈怠不得受偿债务人的全部或者部分的,在债权人未懈怠可以受偿的范围限度内,保证人免除其义务。

第四百三十九条 【共同保证的分别利益】

多数保证人以各自行为负担保证债务的,适用第四百零八条规定。

第四百四十条 【时效中断的对保证人的效力】

对主债务人的时效中断,对保证人具有其效力。

第四百四十一条 【受托保证人的求偿权】

以主债务人的嘱托成为保证人者,无过失以清偿以及其他出财使主债务消灭的,对主债务人具有求偿权。

第四百二十五条第二款的规定,准用于前款规定的情形。

第四百四十二条 【受托保证人的事前求偿权】

以主债务人的嘱托成为保证人者,在下列各项情形,可以向主债务人行使事前求偿权:

(一)保证人无过失受到向债权人清偿的裁判的;

(二)主债务人被宣告破产,债权人未加入破产财团的;

(三)债务的履行期未确定,亦无法确定其最长期限的,自保证契约后经过五年的;

(四)债务的履行期届满的。

在前款第四项情形下,债权人不得以订立保证契约之后其主债务人允许的期限对抗保证人。

第四百四十三条 【主债务人的免责请求】

依据前条规定,主债务人向保证人赔偿的,主债务人可以向保证人请求将自己免责或者向自己提供担保,或者以提存赔偿金额或者提供担保或者免责保证人,免除其赔偿义务。

第四百四十四条 【无嘱托的保证人的求偿权】

受无主债务人的嘱托而成为保证人者,以清偿以及其他自己的出财使主债务消灭的,主债务人应当在其当时受益限度内进行赔偿。

违反主债务人的意思而成为保证人的,以清偿以及其他自己的出财使主债务消灭的,主债务人应当在现存利益限度内进行赔偿。

在前款情形下,主债务人求偿以前主张具有抵销原因的,以其抵销消灭的债权移转于保证人。

第四百四十五条 【作为求偿要件的通知】

保证人未通知主债务人而以清偿以及其他自己的出财,使主债务消灭的,主债务人具有向债权人对抗事由之时,可以以该事由向保证人对抗,该对抗事由为抵销的,以抵销消灭的债权移转于保证人。

保证人以清偿以及其他自己的出财免责的,未通知主债务人之时,主债务人以善意向债权人清偿以及实施其他有偿的免责行为的,主债务人可以主张自己免责行为的有效。

第四百四十六条 【主债务人的对保证人的免责通知义务】

主债务人未以自己行为免责的事实,通知以其嘱托成为保证人者,保证人以善意向债权人清偿以及实施其他有偿的免责行为的,保证人可以主张自己免责行为的有效。

第四百四十七条 【连带、不可分债务的保证人的求偿权】

为某一连带债务人或者某一不可分债务人而成为保证人的,对其他连带债务人或者不可分债务人,以其负担部分为限,具有求偿权。

第四百四十八条 【共同保证人之间的求偿权】

具有多数保证人的,某一保证人超越自己负担部分的清偿的,准用第四百四十四条规定。

主债务为不可分的或者各保证人相互连带的或者与主债务人连带负担债务的，某一保证人超越自己负担部分清偿的，准用第四百四十五条至第四百四十七条的规定。

第四节 债权让与

第四百四十九条 【债权的让与性】

债权可以让与，但是依其债权的性质未允许让与的，不在此限。

债权当事人表示反对意思的，不得让与。但是，以其意思表示不得对抗善意的第三人。

第四百五十条 【指名债权让与的对抗要件】

指名债权的让与，让与人通知债务人或者债务人未承诺的，不得对抗债务人以及第三人。

前款的通知或者承诺，未依据具有确定日期的证书，不得对抗债务人以外的第三人。

第四百五十一条 【承诺、通知的效果】

债务人未保留异议而作出前条承诺的，不得以可以对抗让与人的事由对抗受让人。但是债务人为消灭债务向让与人给付的，可以收回，具有对让与人负担的债务的，可以主张其未成立。

让与人仅通知让与的，债务人可以直到收到其通知之时对让与人产生的事由，对抗受让人。

第四百五十二条 【让与通知与禁反言】

让与人通知债务人债权让与的，尚未让与或者其让与无效的，善意债务人亦可以对抗受让人的事由对抗让与人。

前款通知，非经受让人同意，不得撤回。

第五节 债务承担

第四百五十三条 【根据与债权人的契约的债务承担】

第三人可以与债权人的契约承担债务，免除债务人的债务。但是，债务的性质不允许承担的，不在此限。

无利害关系的第三人，不得违反债务人的意思承担债务。

第四百五十四条 【根据与债务人的契约的债务承担】

第三人以与债务人的契约承担债务的，依据债权人的承诺产生其效力。

债权人承诺或者拒绝的相对人为债务人或者第三人。

第四百五十五条 【承诺与否的催告】

在前条规定的情形下，第三人或者债务人可以确定相当的期间，催告债权人明确答复承诺与否。

债权人在此期间内,未发送明确答复的,视为拒绝。

第四百五十六条　【债务承担的撤回、变更】

依据第三人与债务人之间的契约的债务承担,直到具有债权人承诺之时,当事人可以撤回或者变更。

第四百五十七条　【债务承担的溯及效力】

债权人的对债务承担的承诺,无其他意思表示的,溯及债务承担之时产生其效力。但是,不得侵害第三人的权利。

第四百五十八条　【前债务人的抗辩事由】

承担人,以前债务人可以抗辩的事由,可以对抗债权人。

第四百五十九条　【债务承担与保证、担保的消灭】

前债务人的对债务的保证或者第三人提供的担保,因债务承担而消灭。但是,保证人或者第三人同意债务承担的,不在此限。

第六节　债权的消灭

第一小节　清　　偿

第四百六十条　【提供清偿的方法】

清偿应当依照债务的内容,进行现实提供。但是,债权人已经拒绝受偿或者在债务履行需要债权人行为的,通知完成准备清偿,催告其受领即可。

第四百六十一条　【提供清偿的效果】

提供清偿,自此时,免除债务不履行的责任。

第四百六十二条　【特定物的现状交付】

债权标的为交付特定物的,债务人应当按照履行期的现状,交付其物。

第四百六十三条　【作为清偿交付他人的物】

以债务的清偿交付他人物的债务人,未重新有效清偿的,不得请求返还其物。

第四百六十四条　【无让与能力的所有人的物的交付】

无让与能力的所有人,以债务清偿交付物的,在其清偿被撤销之时,未重新有效清偿的,亦不得请求返还其物。

第四百六十五条　【债权人的善意消费、让与与求偿权】

在前两条规定的情形下,债权人以善意消费以清偿受领的物或者让与他人的,其清偿具有效力。

在前款规定的情形下,债权人受到第三人的赔偿请求的,可以向债务人行使求偿权。

第四百六十六条　【代物清偿】

债务人经债权人的承诺替代本来债务的履行给付其他的,具有与清偿相同的效

力。〈2014 年 12 月 30 日修改〉

第四百六十七条 【清偿的场所】

根据债务性质或者当事人的意思表示未确定清偿场所的，特定物的交付应当在债权成立当时其物所在的场所进行。

在前款规定的情形下，特定物的交付以外的债务清偿，应当在债权人的现住所进行。但是，有关营业的债务清偿，应当在债权人的现营业所进行。

第四百六十八条 【清偿期之前的清偿】

当事人无特别意思表示的，在清偿期之前，债务人亦可以清偿。但是，应当赔偿相对人的损害。

第四百六十九条 【第三人的清偿】

债务的清偿，可以由第三人进行。但是，以债务的性质或者当事人的意思表示，不允许第三人清偿的，不在此限。

无利害关系的第三人，违反债务人意思不得清偿。

第四百七十条 【对债权准占有人的清偿】

对债权准占有人的清偿，以清偿人善意且无过失为限，具有效力。

第四百七十一条 【对收据持有人的清偿】

对持有收据的人的清偿，其持有人无受偿权限的，亦具有效力。但是，清偿人知道或者应当知道其无权限的，不在此限。

第四百七十二条 【对无权限人的清偿】

在前两条规定的情形外，对无权限人的清偿，在债权人受益限度内，具有效力。

第四百七十三条 【清偿费用的负担】

清偿费用，无其他意思表示的，由债务人负担。但是，因债权人的住所移转以及其他行为清偿费用增加的，其增加额由债权人负担。

第四百七十四条 【收据请求权】

清偿人可以向受偿人，请求收据。

第四百七十五条 【债权证书返还请求权】

具有债权证书的，清偿人清偿债务全部之时，可以请求返还债权证书。债权以清偿以外的事由全部消灭的，亦同。

第四百七十六条 【指定清偿抵充】

债务人对相同债权人负担以相同种类标的的数个债务的，提供清偿不得消灭其全部债务之时，清偿人可以指定其当时的某一债务抵充其清偿。

清偿人未作出前款指定的，受偿人可以指定的某一债务抵充债权。但是，清偿人就其抵充及时异议的，不在此限。

前两款规定的清偿抵充，以向相对人的意思表示进行。

第四百七十七条 【法定清偿抵充】

当事人未指定抵充清偿的债务的，依据下列各项规定：

(一)在债务中，具有届满履行期的和未届满履行期的，抵充届满履行期的债务的清偿；

（二）债务全部届满履行期或者未届满履行期的，抵充对债务人具有更多清偿利益的债务的清偿；

（三）对债务人清偿利益相同的，抵充在先届满履行期的债务或者应当在先届满履行期的债务的清偿；

（四）前两项规定的事项相同的，按照其债务额的比例，抵充各债务的清偿。

第四百七十八条 【不足清偿的抵充】

一个债务需要数个给付的，在清偿人给付不得消灭其债务全部之时，准用前两条规定。

第四百七十九条 【对费用、利息、原本的清偿抵充顺位】

债务人支付一个或者数个债务的费用以及利息的，清偿人的给付不足以消灭其全部债务之时，以费用、利息、原本的顺位抵充清偿。

在前款规定的情形下，准用第四百七十七条规定。

第四百八十条 【清偿人的任意代位】

为债务人清偿的人，可以在与清偿同时经债权人的承诺，代位债权人。

在前款规定的情形下，准用第四百五十条至第四百五十二条规定。

第四百八十一条 【清偿人的法定代位】

具有正当利益清偿的人，以清偿当然代位债权人。

第四百八十二条 【清偿人代位的效果、代位人之间的关系】

根据前两条规定代位债权人的人，在依据自己权利可以求偿的范围内，可以行使关于债权以及其担保的权利。

前款规定的权利行使，应当依据下列各项规定：

（一）保证人已经在传贳权或者抵押权的登记未附记其代位的，对取得传贳物或者抵押物的权利的第三人，不得代位债权人。

（二）第三取得人对保证人，不得代位债权人。

（三）第三取得人中的一人，按照各不动产的价额比例对其他第三取得人代位债权人。

（四）提供自己的财产以担保他人的债务的人为数人的，准用前项规定。

（五）提供自己的财产以担保他人的债务的人与保证人之间，按照其人员数的比例代位债权人。但是，提供自己的财产以担保他人的债务的人为数人的，保证人的负担部分除外，对其余额按照各财产的价额的比例代位。在此情形下，其财产为不动产的，准用第一项的规定。

第四百八十三条 【部分代位】

对债权的部分具有代位清偿的，代位人按照其清偿价额的比例与债权人共同行使其权利。

在前款规定的情形下，以债务不履行为原因的契约的终止或者解除，仅可以由债权人进行，债权人应当向代位人偿还其清偿的价额和利息。

第四百八十四条 【代位清偿与债权证书、担保物】

对全部债权代位受偿的债权人，应当向代位人交付关于其债权的证书以及占有的担保物。

对部分债权代位受偿的债权人，应当在债权证书记入其代位，并就有关自己占有的担保物的保存接受代位人的监督。

第四百八十五条 【债权人的担保丧失、减少行为与法定代位人的免责】

根据第四百八十一条规定，具有代位的人的，因债权人故意或者过失导致担保丧失或者减少的，代位的人在因其丧失或者减少的无法得到偿还的限度内，免除其责任。

第四百八十六条 【根据清偿以外方法的债务消灭与代位】

第三人以提存以及其他自己的出财免除债务人债务的，亦准用前六条规定。

第二小节 提 存

第四百八十七条 【清偿提存的要件、效果】

债权人未受偿或者无法受偿的，清偿人可以为债权人提存清偿标的物，免除其债务。清偿人无过失且不知道债权人的，亦同。

第四百八十八条 【提存的方法】

提存应当在债务履行地的提存所进行。

关于提存所，法律无特别规定的，法院应当依据清偿人的请求指定提存所，并选任提存物保管人。

提存人应当立即通知债权人提存。

第四百八十九条 【提存物的收回】

债权人承认提存或者向提存所通知受领提存物或者直到提存有效判决确定，清偿人可以收回提存物。在此情形下，视为未提存。

前款规定，因提存质权或者抵押权消灭的，未适用。

第四百九十条 【自力销售金的提存】

清偿标的物不适合提存的或者具有灭失或者毁损之虞的或者提存需要过多费用的，清偿人可以经法院的许可拍卖或者以市价出售其物提存其价款。

第四百九十一条 【受领提存物与相对义务履行】

债务人在与债权人的相对履行义务同时清偿的，债权人未履行其义务的，不得受领提存物。

第三小节 抵 销

第四百九十二条 【抵销的要件】

双方以相同种类标的负担债务的，在双方债务履行期届满之时，各债务人的相等额可以抵销。但是，债务性质不允许的，不在此限。

前款规定，当事人表示其他意思的，未适用。但是，以其意思表示不得对抗善意的第三人。

第四百九十三条 【抵销的方法、效果】

抵销以向相对人的意思表示进行。在其意思表示不得附条件或期限。

抵销的意思表示，自各债务可以抵销之时，关于对等额，视为消灭。

第四百九十四条 【履行地不同的债务的抵销】

各债务的履行地不同的，亦可以抵销。但是，抵销的当事人应当向相对人赔偿因抵销的损害。

第四百九十五条 【根据消灭时效完成的债权的抵销】

消灭时效完成的债权，在其完成之前可以抵销的，其债权人可以抵销。

第四百九十六条 【禁止将侵权行为作为被动债权的抵销】

债务因故意侵权行为发生的，其债务人不得以抵销对抗债权人。

第四百九十七条 【禁止将禁止扣押的债权作为被动债权的抵销】

债权为不得扣押的，其债务人不得以抵销对抗债权人。

第四百九十八条 【禁止将禁止给付的债权作为被动债权的抵销】

收到禁止支付命令的第三债务人，不得以在其后取得的债权的抵销对抗申请其命令的债权人。

第四百九十九条 【准用规定】

第四百七十六条至第四百七十九条规定，准用于抵销。

第四小节 更 改

第五百条 【更改的要件、效果】

当事人订立变更债务重要部分的契约的，旧债务因更改消灭。

第五百零一条 【因债务人变更的更改】

因债务人变更的更改，可以债权人与新债务人之间的契约进行。但是，违反旧债务人的意思不得进行。

第五百零二条 【因债权人变更的更改】

因债权人变更的更改，未以具有确定日期的证书进行，不得以其对抗第三人。

第五百零三条 【债权人变更的更改与债务人承诺的效果】

第四百五十一条第一款的规定，准用于因债权人变更的更改。

第五百零四条 【旧债务不消灭的情形】

因更改产生的新债务，因违法的原因或者当事人不知道的事由未成立的或者被撤销的，旧债务未消灭。

第五百零五条 【向新债务的担保移转】

变更后的当事人，对旧债务的担保，在其标的限度内，可以担保新债务。但是，由第三人提供担保，应当经其承诺。

第五小节　免　　除

第五百零六条　【免除的要件、效果】

债权人向债务人表示免除债务的意思的,债权消灭。但是不得对抗具有正当利益的第三人。

第六小节　混　　同

第五百零七条　【混同的要件、效果】

债权与债务归属于相同主体的,债权消灭。但是,其债权为第三人的权利标的的,不在此限。

第七节　指示债权

第五百零八条　【指示债权的让与方式】

指示债权以在证书上背书并交付于受让人的方式让与。

第五百零九条　【还背书】

指示债权,对其债务人,亦可以背书让与。

以背书受让指示债权的债务人,亦可以重新背书让与。

第五百一十条　【背书的方式】

背书,应当在证书或者其粘单上记载其意义,由背书人署名或者签名盖章。

背书未指定被背书人可以进行,还可以背书人的署名或者签字盖章而进行。

第五百一十一条　【略式背书的处理方式】

背书依据前条第二款略式的,持有人可以以下列各项方式处理:

(一)可以将自己或者他人的名称以被背书人记载;

(二)可以略式或者以他人为被背书人后,重新在证书背书;

(三)可以未记载被背书人,将无背书证书交付第三人而让与。

第五百一十二条　【持有人交付背书的效力】

持有人交付的背书,具有与略式背书相同的效力。

第五百一十三条　【背书的资格授予力】

证书的占有人以背书的连续证明其权利的,视为合法的持有人。最后的背书为略式的,亦同。

略式背书之后具有其他背书的,视为其背书人以略式背书取得证书。

注销的背书,视为未对连续背书进行记载。

第五百一十四条　【同上—善意取得】

任何人不得向证书的合法持有人请求其返还。但是,持有人取得时知道让与人无权利或者因重大过失不知道的,不在此限。

第五百一十五条 【移转背书与人的抗辩】

指示债权的债务人,以持有人的对前者的人的关系的抗辩,不得对抗持有人。但是,持有人知道侵害其债务人而取得指示债权的,不在此限。

第五百一十六条 【清偿的场所】

在证书未确定清偿场所的,债务人的现营业所为清偿场所。无营业所的,现住所为清偿场所。

第五百一十七条 【证书的提示与履行迟延】

在证书具有清偿期限的,其期限届满之后,自持有人提示证书请求履行之时,债务人负有迟延责任。

第五百一十八条 【债务人的调查权利义务】

债务人负有调查背书的连续与否的义务,具有权利调查背书人的署名或者签字盖章的真伪或者持有人的真伪,但不负义务。但是,债务人清偿之时,知道持有人不是权利人或者因重大过失未能知道的,其清偿为无效。

第五百一十九条 【清偿与证书的交付】

债务人交换证书后,负有清偿义务。

第五百二十条 【领受的记入请求权】

债务人清偿之时,可以向持有人请求在证书记载领受的证明。

部分清偿的,具有债务人请求的,债权人应当在证书记载其意义。

第五百二十一条 【根据公示催告程序的证书的失效】

灭失的证书或者脱离持有人的占有的证书,依据公示催告程序,可以认定无效。

第五百二十二条 【根据公示催告程序的提存、清偿】

具有公示催告程序申请的,可以使债务人提存债务的标的物,持有人提供相当的担保的,可以予以清偿。

第八节 无记名债权

第五百二十三条 【无记名债权的让与方式】

无记名债权,向受让人交付其证书时,产生让与的效力。

第五百二十四条 【准用规定】

第五百一十四条至第五百二十二条规定,准用于无记名债权。

第五百二十五条 【指名持有人交付债权】

指定债权人,并同时附记向持有人清偿的证书,具有与无记名债权相同的效力。

第五百二十六条 【免责证书】

第五百一十六条、第五百一十七条以及第五百二十条规定,准用于以债务人向证书持有人清偿免除其责任为目的而发行的证书。

第二章 契 约

第一节 总 则

第一小节 契约的成立

第五百二十七条 【契约的要约的约束力】

契约的要约,不得撤回。

第五百二十八条 【确定承诺期间的契约的要约】

确定承诺期间的契约的要约,要约人在其期间内未收到承诺通知的,丧失其效力。

承诺的通知在前款规定的期间之后到达的,如果该承诺在一般情形下应到达的期间内发送时,要约人应当立即向相对人通知其延迟。但是,在其到达之前发送迟延通知的,不在此限。

要约人未进行前款通知的,视为承诺的通知未延迟。

第五百二十九条 【未确定承诺期间的契约的要约】

未确定承诺期间的契约要约,要约人在相当期间内未收到承诺通知的,丧失其效力。

第五百三十条 【延迟的承诺的效力】

在前两条规定的情形下,延迟的承诺,要约人可以将其视为新要约。

第五百三十一条 【异地人之间的契约成立时间】

异地人之间的契约,在发送承诺通知之时成立。

第五百三十二条 【根据意思实现的契约的成立】

依据要约人的意思表示或者习惯不需要承诺通知的,契约具有可以认定为承诺的意思表示的事实之时成立。

第五百三十三条 【交叉要约】

当事人之间的相同内容的要约相互交叉的,两个要约到达相对人之时,契约成立。

第五百三十四条 【加以变更的承诺】

承诺人对要约附加条件或者加以变更后作出承诺的,视为在其拒绝要约的同时,重新要约。

第五百三十五条 【契约订立上的过失】

订立标的不能的契约的,知道或者应当知道其不能的人,应当赔偿相对人因相信其契约的有效而受到的损害。但是,其赔偿额不得超越因契约有效而产生的利益额。

前款规定,不得适用相对人知道或者应当知道其不能的情形。

第二小节 契约的效力

第五百三十六条 【同时履行的抗辩权】

双务契约的当事人一方,在相对人提供其债务履行之前,可以拒绝履行自己的债务。但是,相对人的债务未到清偿期的,不在此限。

当事人一方应当先向相对人履行的,若相对人的履行具有显著困难之时,与前款正文相同。

第五百三十七条 【债务人危险负担主义】

双务契约的当事人一方的债务,因不可归责于当事人双方的事由无法履行的,债务人不得请求相对人的履行。

第五百三十八条 【因债权人的归责事由的履行不能】

双务契约一方当事人的债务,因可归责于债权人的事由无法履行的,债务人可以请求相对人的履行。在债权人的受领迟延中,因不可归责于当事人双方的事由无法履行的,亦同。

在前款情形,债务人以免除自己的债务而得到利益的,应当向债权人偿还。

第五百三十九条 【为第三人的契约】

根据契约,约定当事人一方向第三人履行的,该第三人可以直接向债务人请求其履行。

在前款规定情形下,第三人的权利,在其第三人向债务人作出得到契约的利益的意思表示时产生。

第五百四十条 【债务人的对第三人的催告权】

在前条规定的情形下,债务人可以确定相当的期间,向第三人催告明确答复契约利益的享受与否。债务人在其期间之内未得到明确答复的,视为第三人拒绝得到契约的利益。

第五百四十一条 【第三人的权利的确定】

依据第五百三十九条规定,第三人的权利产生之后,当事人不得变更或者消灭。

第五百四十二条 【债务人的抗辨权】

债务人可以基于第五百三十九条的契约的抗辩,对抗接受其契约利益的第三人。

第三小节 契约的终止、解除

第五百四十三条 【终止、解除权】

依据契约或者法律的规定,当事人一方或者双方具有终止或者解除权利的,其终止或者解除以向相对人的意思表示进行。

前款规定的意思表示,不得撤回。

第五百四十四条 【履行迟延与解除】

当事人一方未履行债务的,相对人可以确定相当的期间催告其履行,在其期间之内未履行的,可以解除契约。但是,债务人已经表示未履行的意思的,无须催告。

第五百四十五条 【定期行为与解除】

依据契约的性质或者当事人的意思表示,在一定时日或者期间之内未履行而无法达成契约目的的,当事人一方在其时期未履行之时,相对人可以不进行前条规定的催告而解除契约。

第五百四十六条 【履行不能与解除】

因可归责于债务人的事由不能履行的,债权人可以解除契约。

第五百四十七条 【终止、解除权的不可分性】

当事人一方或者双方为数人的,契约的终止或者解除,应当由全员或者对全员进行。

在前款规定的情形下,终止或者解除的权利对当事人一人消灭的,亦对其他当事人消灭。

第五百四十八条 【解除的效果、恢复原状义务】

当事人一方解除契约的,各当事人对其相对人负有恢复原状的义务。但不得侵害第三人的利益。

在前款规定的情形下,在返还的金钱,应当加以自其受领之日起的利息。

第五百四十九条 【恢复原状义务与同时履行】

第五百三十六条规定,准用于前条规定的情形。

第五百五十条 【终止的效果】

当事人一方终止契约的,契约对将来丧失效力。

第五百五十一条 【终止、解除与损害赔偿】

契约的终止或者解除,不影响当事人请求损害赔偿。

第五百五十二条 【解除权行使与否的催告权】

未确定解除权行使期间的,相对人可以确定合理的期间,催告解除权人明确答复解除权的行使与否。

在前款规定的期间之内,未收到解除通知的,解除权消灭。

第五百五十三条 【因毁损等的解除权的消灭】

因解除权人的故意或者过失,契约标的物显著毁损或者无法返还的,或者因加工或者改造变更为其他种类的物的,解除权消灭。

第二节 赠 与

第五百五十四条 【赠与的意义】

赠与,当事人一方表示以无偿向相对人授予财产的意思,相对人承诺,产生其效力。

第五百五十五条 【未根据书面的赠与与解除】

赠与的意思未以书面表示的,各当事人可以解除。

第五百五十六条 【受赠人的行为与赠与的解除】

受赠人对赠与人具有下列各项事由的,赠与人可以解除其赠与:

(一)对赠与人或者其配偶或者直系血亲具有犯罪行为的;

(二)对赠与人具有扶养义务,但是,未履行的。

前款规定的解除权,自知道具有撤销原因之日起经过六个月或者赠与人对受赠人表示容忍意思的，消灭。

第五百五十七条 【赠与人的财产状态的变化与赠与的解除】

赠与契约之后，赠与人的财产状态显著变更，并因其履行将对赠与人的生计产生重大影响的，赠与人可以解除赠与。

第五百五十八条 【解除与履行完成部分】

根据前三条规定的契约的解除，不影响已经履行部分。

第五百五十九条 【赠与人的担保责任】

赠与人对赠与标的物或者权利的瑕疵或者缺陷，不负责任。但是，赠与人知道其瑕疵或者缺陷而未告知受赠人的，不在此限。

附义务赠与人在附义务的限度内，负有与出卖人相同的担保责任。

第五百六十条 【定期赠与与因死亡的失效】

以定期给付为标的的赠与，因赠与人或者受赠人的死亡丧失其效力。

第五百六十一条 【附负担赠与】

对具有相对负担的赠与，除适用本节规定外，适用关于双务契约的规定。

第五百六十二条 【死因赠与】

因赠与人的死亡而产生效力的赠与，准用关于遗赠的规定。

第三节 买　　卖

第一小节 总　　则

第五百六十三条 【买卖的意义】

买卖，当事人一方约定向相对人移转财产权，相对人按约定支付其价款，产生其效力。

第五百六十四条 【买卖的单方预约】

买卖的单方预约，相对人表示买卖完成的意思之时，产生买卖的效力。

未确定前款的意思表示期间的，预约人可以确定合理的期间，催告相对人明确答复买卖完成与否。

预约人在前款规定的期间之内，未得到明确答复的，预约丧失其效力。

第五百六十五条 【解约金】

买卖的当事人一方，在契约当时，将金钱以及其他物以契约金、保证金等的名目向相对人交付的，当事人之间无其他约定，直到当事人一方着手履行之时，交付人放弃其，受领人偿还其倍额，可以解除买卖契约。

第五百五十一条规定，未适用于前款情形。

第五百六十六条 【买卖契约的费用的负担】

关于买卖契约的费用由当事人双方均分负担。

第五百六十七条 【有偿契约的准用】

本节规定准用于买卖以外的有偿契约。但是，其契约性质不允许的，不在此限。

第二小节 买卖的效力

第五百六十八条 【买卖的效力】

出卖人应当向买受人移转买卖标的的权利,买受人应当向出卖人支付其价钱。

前款的双方义务,无特别约定或者习惯,应当同时履行。

第五百六十九条 【他人权利的买卖】

作为买卖标的的权利属于他人的,出卖人应当取得其权利向买受人移转。

第五百七十条 【同上—出卖人的担保责任】

在前条规定的情形下,出卖人无法取得其权利向买受人移转的,买受人可以解除契约。但是,买受人契约当时,知道其权利不属于出卖人的,不得请求损害赔偿。

第五百七十一条 【同上—善意的出卖人的担保责任】

出卖人契约当时,不知道买卖标的的权利不属于自己的,无法取得其权利向买受人移转时,出卖人赔偿损害后可以解除契约。

在前款规定的情形下,买受人在订立契约时,知道其权利不属于出卖人的,向买受人通知其权利无法移转,可以解除契约。

第五百七十二条 【权利的部分属于他人的情形与出卖人的担保责任】

因作为买卖标的的权利的部分属于他人,出卖人无法取得其权利向买受人移转的,买受人可以按照其部分的比率,请求价款的减额。

在前款规定的情形下,就剩余部分买受人未买受的,善意的买受人可以解除契约的全部。

善意的买受人除请求减额或者解除契约之外,可以请求损害赔偿。

第五百七十三条 【前条的权利行使的期间】

前条权利,善意买受人应在知道事实之日起以及恶意买受人应在订立契约之日起,一年之内行使。

第五百七十四条 【数量不足、部分灭失的情形与出卖人的担保责任】

前两条规定,在指定数量的买卖标的物不足情形与买卖标的物的部分在契约当时已经灭失的情形,买受人不知道其不足或者灭失之时准用。

第五百七十五条 【具有限制物权情形与出卖人的担保责任】

买受人不知道买卖标的物成为地上权、地役权、传贯权、质权或者留置权的标的的,致使无法达成契约的目的时,买受人可以解除契约。在其他情形,仅可以请求损害赔偿。

前款规定准用于作为买卖标的的不动产上不存在地役权,或者在该不动产上存在已登记的租赁契约的情形。

前两款规定的权利,买受人应当自知道其事实之日起一年之内行使。

第五百七十六条 【抵押权、传贯权的行使与出卖人的担保责任】

因在作为买卖标的的不动产设定的抵押权或者传贯权的行使,买受人无法取得其所有权或者丧失取得的所有权的,买受人可以解除契约。

在前款规定的情形下,以买受人的出财保存其所有权的,向出卖人可以请求其偿还。

在前两款规定的情形下,买受人受到损害的,可以请求其赔偿。

第五百七十七条 【作为抵押权标的的地上权、传贳权的买卖与出卖人的担保责任】

前条规定准用于作为抵押权标的的地上权或者传贳权成为买卖标的的情形。

第五百七十八条 【拍卖与出卖人的担保责任】

在拍卖的情形下,竞买人依据前八条规定,向债务人可以请求契约的解除或者价款减额。

在前款规定的情形下,债务人无资力的,竞买人向得到价款分配的债权人可以请求返还其价款全部或者部分。

在前两款规定的情形下,债务人知道物或者权利具有缺陷而未告知的,或者债权人知道其而请求拍卖的,竞买人向知道其缺陷的债务人或者债权人可以请求损害赔偿。

第五百七十九条 【债权买卖与出卖人的担保责任】

债权的出卖人担保债务人的资力的,推定担保买卖契约当时的资力。

未届满清偿期的债权出卖人担保债务人的资力的,推定担保清偿期的资力。

第五百八十条 【出卖人的瑕疵担保责任】

买卖的标的物具有瑕疵的,准用第五百七十五条第一款的规定。但是,买受人知道有瑕疵或者因过失而不知情的,不在此限。

前款规定,不适用于拍卖的情形。

第五百八十一条 【种类买卖与出卖人的担保责任】

买卖的标的物以种类指定,之后特定的标的物具有瑕疵的,准用前条规定。

在前款规定的情形下,买受人可以不解除契约或者不请求损害赔偿,而请求无瑕疵的物。

第五百八十二条 【前两条的权利行使期间】

根据前两条的权利,买受人应当自知道其事实之日起六个月之内行使。

第五百八十三条 【担保责任与同时履行】

第五百三十六条规定,准用于第五百七十二条至第五百七十五条、第五百八十条以及第五百八十一条规定的情形。

第五百八十四条 【担保责任免除的特约】

出卖人特约免除依据前十五条规定的担保责任的,对出卖人知道而未告知的事实以及向第三人设定或者让与权利的行为,不得免除责任。

第五百八十五条 【相同期限的推定】

对买卖当事人一方具有义务履行期限的,推定对相对人的义务履行亦具有相同期限。

第五百八十六条 【价钱支付场所】

与交付买卖标的物的同时支付价款的,应当在其交付场所支付。

第五百八十七条 【孳息的归属、价钱的利息】

具有买卖契约之后,亦未交付的标的物产生的孳息,属于出卖人。买受人应当自得到交付之日起,支付利息。但是,对价款的支付具有期限的,不在此限。

第五百八十八条 【具有权利主张人的情形与价钱支付拒绝权】

对买卖标的物具有权利主张人的,买受人具有丧失买受权利的全部或者部分之虞之时,买受人在其危险限度内,可以拒绝支付价款的全部或者部分。但是,出卖人提供相当担保的,不在此限。

第五百八十九条 【价钱提存请求权】

在前条情形下,出卖人可以向买受人请求提存价款。

第三小节 买 回

第五百九十条 【买回的意义】

出卖人在买卖契约的同时保留买回权利的,可以返还其领受的价款以及买受人负担的买卖费用,买回其标的物。

关于前款规定的买回价款,具有特别约定的,从其约定。

在第二款情形,标的物的孳息与价款的利息,无特别约定的,视为抵销。

第五百九十一条 【买回期间】

买回期间,不动产不得超越五年,动产不得超过三年。约定期间超越的,不动产缩短为五年,动产缩短为三年。

确定买回期间的,不得重新延长。

未确定买回期间的,其期间,不动产为五年,动产为三年。

第五百九十二条 【买回登记】

买卖标的物为不动产的,办理买卖登记的同时也办理登记保留买回权之时,对第三人具有其效力。

第五百九十三条 【买回权的代位行使与买受人的权利】

出卖人的债权人代位出卖人买回的,买受人可以在法院选定的鉴定人的评价额,控制出卖人返还的金额的余额,清偿出卖人的债务,具有剩余额,可以向出卖人支付消灭买回权。

第五百九十四条 【买回的实行】

出卖人未在期间之内向买受人提供价款与买卖费用的,丧失买回的权利。

买受人或者转得人就标的物支出费用的,出卖人应当根据第二百零三条规定偿还。但是,就有益费用,法院可以根据出卖人的请求,允许相当的偿还期间。

第五百九十五条 【共有所持份额的买回】

共有人中的一人保留买回的权利,并出卖其所持份额之后分割或者拍卖其标的物的,出卖人对买受人得到的或者应当得到的部分或者价款,可以行使买回权。但是,未通知出卖人的买受人，不得以其分割或者拍卖对抗出卖人。

第四节 互 易

第五百九十六条 【互易的意义】

互易，当事人双方约定相互移转金钱以外的财产权，产生其效力。

第五百九十七条 【金钱的补充支付的情形】

当事人一方约定移转前条的财产权与补充支付金钱的，就其金钱，准用关于买卖价款的规定。

第五节 消费借贷

第五百九十八条 【消费借贷的意义】

消费借贷，当事人一方约定向相对人移转金钱以及其他替代物的所有权，相对人约定以相同的种类、品质以及数量返还，产生其效力。

第五百九十九条 【破产与消费借贷的失效】

在贷主向借主交付标的物之前，当事人一方被宣告破产的，消费借贷丧失其效力。

第六百条 【利息计算的始期】

附利息的消费借贷，应当自借主得到标的物交付之时，计算利息，以归责于借主的事由迟延受领的，应当自贷主提供履行之时，计算利息。

第六百零一条 【无利息消费借贷与解除权】

无利息消费借贷的当事人，在交付标的物之前，随时可以解除契约。但是，对相对人造成损害的，应当赔偿。

第六百零二条 【贷主的担保责任】

具有利息的消费借贷的标的物具有瑕疵的，准用第五百八十条至第五百八十二条规定。

在无利息消费借贷，借主可以具有瑕疵的物的价额返还。但是，贷主知道其瑕疵未告知借主的，同前款规定。

第六百零三条 【返还时期】

贷主应当在约定时期返还与借用物相同种类、品质以及数量的物。

无返还时期约定的，贷主可以确定相当期间催告返还。但是，借主随时可以返还。

第六百零四条 【因返还不能的市价偿还】

借主无法返还与借用物相同种类、品质以及数量的物的，应当以当时市价偿还。但是，第三百七十六条以及第三百七十七条第二款规定的情形，不在此限。

第六百零五条 【准消费借贷】

当事人双方未依据消费借贷，负有支付金钱以及其他替代物的义务的，当事人约定将其标的物为消费借贷标的的，产生消费借贷的效力。

第六百零六条 【代物借贷】

在金钱借贷,借主替代金钱得到有价证券以及其他物的交付的,借用额为其交付时的价额。〈2014 年 12 月 30 日修改〉

第六百零七条 【代物返还预约】

关于借用物的返还,借主替代借用物,移转其他财产的,其财产的预约当时的价额,不得超越借用额以及在此加以利息的合算额。〈2014 年 12 月 30 日修改〉

第六百零八条 【不利于借主的约定的禁止】

以违反前两条规定的当事人的约定,不利于借主的,即使买回以及其他任何名目,亦无其效力。

第六节 使 用 借 贷

第六百零九条 【使用借贷的意义】

使用借贷,当事人一方约定向相对人为以无偿使用、收益交付标的物,相对人约定使用、收益之后返还其物,产生其效力。

第六百一十条 【借主的使用、收益权】

借主依据契约或者其标的物的性质以确定的用法使用、收益等。

借主无贷主的承诺不得向第三人使用、收益借用物。

借主违反前两款规定的,贷主可以终止契约。

第六百一十一条 【费用的负担】

借主负担借用物的通常的必要费。

对其他费用,准用第五百九十四条第二款规定。

第六百一十二条 【准用规定】

第五百五十九条、第六百零一条规定,准用于使用借贷。

第六百一十三条 【借用物的返还时期】

借主在约定时期,应当返还借用物。

无时期约定的,借主依据契约或者标的物的性质,终了使用、收益之时,应当返还。但是,对使用、收益充足的期间经过的贷主随时可以终止契约。

第六百一十四条 【借主的死亡、破产与终止】

借主死亡或者被宣告破产的,贷主可以终止契约。

第六百一十五条 【借主的恢复原状义务与撤去权】

借主返还借用物之时,应当恢复原状。附属于其物,可以撤去。

第六百一十六条 【共同借主的连带义务】

数人共同借用物的,连带负担其义务。

第六百一十七条 【损害赔偿、费用偿还请求的期间】

因违反契约或者标的物的性质使用、收益而引起的损害赔偿与借主支出的费用的偿还,应当自贷主得到物的返还之日起六个月之内请求。

第七节 租　　赁

第六百一十八条 【租赁的意义】

租赁,当事人一方约定使相对人使用、收益标的物,相对人则约定对此支付租金从而产生其效力。

第六百一十九条 【无处分能力、权限的人可以短期租赁】

无处分能力或者权限的人租赁的,其租赁不得超越下列各项期间:

(一)以植木、采盐或者石造、石灰造、炼瓦造以及与此类似的建筑为目的的土地的租赁为十年;

(二)其他土地的租赁为五年;

(三)建筑物以及其他工作物的租赁为三年;

(四)动产的租赁为六个月。

第六百二十条 【短期租赁的更新】

前条规定的期间,可以更新。但是,对在其期间届满之前的土地为一年、建筑物以及其他工作物为三个月、动产为一个月之内,应当更新。

第六百二十一条 【租赁登记】

不动产承租人,当事人之间无反对约定的,可以请求协助其办理租赁登记程序。

登记不动产租赁的,自登记时起,对第三人发生效力。

第六百二十二条 【具有建筑物登记的土地租赁权的对抗力】

以建筑物的所有为标的的土地租赁,未登记的,承租人登记其地上建筑物之时,亦对第三人产生租赁效力。

建筑物在租赁期间届满之前灭失或者毁损的,丧失前款效力。

第六百二十三条 【出租人的义务】

出租人负有将标的物向承租人交付,并在契约存续中对其使用、收益维持所必要的状态的义务。

第六百二十四条 【出租人的保存行为、认容义务】

出租人实施在保存租赁物必要的行为的,承租人不得拒绝。

第六百二十五条 【违反承租人意思的保存行为与终止权】

出租人违反承租人意思实施保存行为,承租人因此无法达成租赁目的的,可以终止契约。

第六百二十六条 【承租人的偿还请求权】

承租人关于保存承租物支出必要费用的,可以向出租人请求其偿还。

承租人支出有益费用的,出租人应当在租赁终了之时,以其价额的增加现存为限,偿还承租人支出的金额或者其增加额。在此情形下,法院可以根据出租人的请求允许相当的偿还期间。

第六百二十七条　【部分灭失等与减额请求、终止权】

租赁物的部分,无承租人的过失而灭失的,以及因其他事由而无法使用、收益的,承租人可以依据其部分的比率请求租金的减额。

在前款情形,以其剩余部分无法达成租赁目的的,承租人可以终止契约。

第六百二十八条　【租金增减请求权】

因对租赁物的税负担的增减以及其他经济情况变动,约定的租金不合理的,当事人可以请求增减对将来的租金。

第六百二十九条　【承租权的让与、转租的限制】

承租人无出租人的同意,不得让与其权利或者转租租赁物。

承租人违反前款规定的,出租人可以终止契约。

第六百三十条　【转租的效果】

承租人经出租人的同意转租租赁物的,转租人直接向出租人负担义务。在此情形下,转租人不得以对承租人支付的租金对抗出租人。

前款规定,在出租人对承租人的权利行使未及于影响。

第六百三十一条　【转租人的权利的确定】

承租人经出租人的同意转租租赁物的,以出租人与承租人合意终了契约之时,转租人权利亦未消灭。

第六百三十二条　【使他人使用租赁建筑物的小部分的情形】

前三条规定,不适用于建筑物的承租人使他人使用其建筑物的小部分的情形。

第六百三十三条　【租金支付时期】

出租动产、建筑物或者宅基地在每月末支付租金;对其他土地在每年年末,应当支付租金。但是,对有收获期的,应当在收获之后立即支付。

第六百三十四条　【承租人的通知义务】

租赁物需要修理的或者对租赁物具有主张权利的人的,承租人应当立即通知出租人。但是,出租人已经知道的,不在此限。

第六百三十五条　【期间未约定的租赁的终止通知】

未约定租赁期间的,当事人可以随时通告契约的终止。

自相对人收到前款通告之日起,经过下列各项期间的,产生终止的效力:

(一)对土地、建筑物以及其他工作物,出租人通告终止的六个月,承租人通告终止的一个月;

(二)对动产,为五日。

第六百三十六条　【具有期间约定的租赁的终止通告】

具有租赁期间约定的,当事人一方或者双方在其期间之内保留终止的权利之时,准用前条规定。

第六百三十七条　【承租人的破产与终止通告】

承租人被宣告破产的,即使具有租赁期间的约定,出租人或者破产管理人亦可以依据第六百三十五条规定,通告终止契约。

在前款规定的情形下,各当事人不得向相对人请求因终止契约而产生的损害赔偿。

第六百三十八条 【对转租人的终止通告的通知】

租赁契约因终止通告而终了的,其租赁物合法转租之时,出租人未向转租人通知其事由,不得以终止对抗转租人。

转租人收到前款规定的通知的,准用第六百三十五条第二款的规定。

第六百三十九条 【默示的更新】

租赁期间届满之后,承租人继续使用、收益承租物的,出租人在合理期间之内未提出异议的,视为以与原租赁相同的条件重新租赁。但是,当事人依据第六百三十五条规定可以通告终止。

在前款规定的情形下,对原租赁第三人提供的担保因期间的届满而消灭。

第六百四十条 【租金延迟与终止】

在建筑物以及其他工作物的租赁,承租人的租金延迟额达二期的租金额的,出租人可以终止契约。

第六百四十一条 【同上】

在以建筑物以及其他工作物的所有或者植木、采盐、畜牧为标的的土地租赁,亦准用前条规定。

第六百四十二条 【土地租赁的终止与对地上建筑物等担保物权人的通知】

在前条规定的情形下,在其地上的建筑物以及其他工作物成为担保物权标的的,准用第二百八十八条规定。

第六百四十三条 【出租人的更新请求权、买受请求权】

以建筑物以及其他工作物的所有或者植木、采盐、畜牧为标的的土地租赁的期间届满之时,现存建筑物、树木以及其他地上设施,准用第二百八十三条规定。

第六百四十四条 【转租人的租赁请求权、买受请求权】

以建筑物以及其他工作物的所有或者植木、采盐、畜收为标的的土地承租人合法转租其土地的,租赁以及转租期间同时届满,并建筑物、树木以及其他地上设施仍然存在的,转租人可以对出租人请求以与转租相同的条件出租。

在前款规定的情形下,出租人未愿意出租的,准用第二百八十三条第二款的规定。

第六百四十五条 【地上权标的土地的承租人的租赁请求权、买受请求权】

前条规定,准用于地上权人出租其土地的情形。

第六百四十六条 【承租人的附属物买受请求权】

建筑物以及其他工作物的承租人,为其使用的便宜,经出租人的同意具有在其附属之物的,在租赁终了之时,对出租人可以请求其附属物的买受。

对自出租人处买受的附属物,与前款相同。

第六百四十七条 【转租人的附属物买受请求权】

建筑物以及其他工作物的承租人合法转租的,转租人为其使用之便宜,经出租人的同意具有在其附属之物的,转租终了之时,可以向出租人请求其附属物的买受。

对自出租人处买受的或者经其同意自承租人处买受的附属物,与前款的规定相同。

第六百四十八条 【对承租地的从物、孳息等的法定质权】

土地出租人依据关于租赁的债权,扣押在承租地附属或者共用其使用的便宜的承租人所有动产以及其土地的孳息的,具有与质权相同的效力。

第六百四十九条 【对承租地上建筑物的法定抵押权】

土地出租人依据经过清偿期的最后二年的租金债权,扣押在其地上的承租人所有的建筑物的,具有与抵押权相同的效力。

第六百五十条 【对承租建筑物等的附属物的法定质权】

建筑物以及其他工作物的出租人,依据关于租赁的债权,扣押在其建筑物以及其他工作物附属的承租人所有的动产的,具有与质权相同的效力。

第六百五十一条 删除〈2016 年 1 月 6 日〉

[删除依据 2016 年 1 月 6 日法律第 13710 号,2013 年 12 月 26 日被宪法裁判所决定违宪的本条]

第六百五十二条 【强行规定】

以违反第六百二十七条、第六百二十八条、第六百三十一条、第六百三十五条、第六百三十八条、第六百四十条、第六百四十一条、第六百四十三条至第六百四十七条规定的约定,不利于承租人或者转租人的,无其效力。

第六百五十三条 【为临时使用的租赁的特例】

第六百二十八条、第六百三十八条、第六百四十条、第六百四十六条至第六百四十八条、第六百五十条以及前条的规定,不适用于明确为临时使用的出租人或者转租人的情形。

第六百五十四条 【准用规定】

第六百一十条第一款、第六百一十五条至第六百一十七条的规定,准用于租赁。

第八节 雇 佣

第六百五十五条 【雇佣的意义】

雇佣,因当事人一方约定向相对人提供劳务,相对人约定对此支付报酬,产生其效力。

第六百五十六条 【报酬额与其支付时期】

无报酬或者报酬额的约定的,应当依据习惯支付。

报酬,应当在约定的时间内支付,无时间约定的,从习惯;无习惯的,应当在约定劳务终了之后立即支付。

第六百五十七条 【权利义务的专属性】

使用人未经劳务人的同意,不得向第三人让与其权利。

劳务人未经使用人的同意,不得使第三人替代自己提供劳务。〈2014 年 12 月 30

日修改〉

当事人一方违反前两款规定的,相对人可以终止契约。

第六百五十八条 【劳务的内容与终止权】

使用人要求劳务人提供未约定的劳务的,劳务人可以终止契约。

约定的劳务需要特殊技术而劳务人无该技能的,使用人可以终止契约。

第六百五十九条 【三年以上的经过与终止通告权】

雇佣约定期间超越三年的,或者直到当事人一方或者第三人的终生的,各当事人经过三年之后可以通告契约终止。

在前款规定的情形下,相对人自收到终止通告之日起经过三个月,产生终止的效力。

第六百六十条 【无期间约定的雇佣的终止通告】

无雇佣期间约定的,当事人随时可以通告契约终止。

在前款规定的情形下,自相对人收到终止通告之日起经过一个月,产生终止的效力。

以期间确定报酬的,以经过相对人收到终止通告当期之后的日期,产生终止的效力。

第六百六十一条 【不得已的事由与终止权】

即使在具有雇佣期间约定的情形,具有不得已事由之时,各当事人亦可以终止契约。但是,其事由因当事人一方的过失而引起的,应当向相对人赔偿损害。

第六百六十二条 【默示的更新】

雇佣期间届满之后,劳务人继续提供劳务的,使用人在相当期间之内未异议之时,视为以与原雇佣相同的条件重新雇佣。但是,当事人依据第六百六十条规定,可以通告终止。

在前款规定的情形下,对原雇佣第三人提供的担保因期间的届满而消灭。

第六百六十三条 【使用人破产与终止通告】

使用人被宣告破产的,即使具有雇佣期间的约定,劳务人或者破产管财人亦可以终止契约。

在前款规定的情形下,各当事人不得请求因终止契约而引起的损害赔偿。

第九节 承 揽

第六百六十四条 【承揽的意义】

承揽,当事人一方约定完成某一工作,相对人约定对其工作的结果支付报酬,产生其效力。

第六百六十五条 【报酬的支付时期】

报酬应当与交付其完成的标的物的同时支付。但是,无须交付标的物的,其工作完成之后应当立即支付。

关于前款报酬,准用第六百五十六条第二款规定。

第六百六十六条 【承揽人的对标的不动产的抵押权设定请求权】

不动产工程的承揽人,为担保关于前条报酬的债权,可以请求以其不动产为标的的抵押权的设定。

第六百六十七条 【承揽人的担保责任】

完成的标的物或者完成之前的成就部分具有瑕疵的,定作人可以对承揽人确定合理的期间请求其瑕疵的报酬。但是,瑕疵为不重要的,且修补瑕疵需要过多费用的,不在此限。

定作人不能请求修补瑕疵或者请求补修的,可以一并请求损害赔偿。〈2014 年 12 月 30 日修改〉

前款规定的情形,准用第五百三十六条规定。

第六百六十八条 【同上—定作人的解除权】

定作人因完成的标的物存在瑕疵而无法达成契约的目的的,可以解除契约。但是,对建筑物以及其他土地的工作物,不在此限。

第六百六十九条 【同上—瑕疵为起因于定作人提供的材料或者指示的免责】

前两条规定,标的物的瑕疵是定作人提供的材料的性质或者定作人的指示导致的,不适用。但是,承揽人知道其材料或者指示的不适当而未告知定作人的,不在此限。

第六百七十条 【担保责任的存续期间】

依据前三条规定的瑕疵的报酬、损害赔偿的请求以及契约的解除,应当自得到标的物的交付之日起一年之内行使。

在未需要交付标的物的情形下,前款规定的期间自工作终了之日起起算。

第六百七十一条 【承揽人的担保责任一对土地、建筑物等的特则】

土地、建筑物以及其他工作物的承揽人,在交付之后五年内,对标的物或者地盘工程的瑕疵负有担保责任。但是,标的物以石造、石灰造、炼瓦造、金属以及其他与此类似的材料组成的,其期间为十年。

因前款瑕疵导致标的物灭失或者毁损的,定作人应当自其灭失或者毁损之日起一年之内,行使第六百六十七条规定的权利。

第六百七十二条 【担保责任免除的特约】

承揽人即使约定不负第六百六十七条、第六百六十八条规定的担保责任,但对知道而未告知的事实,亦不得免除其责任。

第六百七十三条 【完成之前的定作人的解除权】

在承揽人完成工作之前,定作人可以损害赔偿,并解除契约。

第六百七十四条 【定作人的破产与解除权】

定作人被宣告破产的,承揽人或者破产管理人可以解除契约。在此情形,承揽人对工作完成的部分的报酬以及对在报酬未包括的费用,可以加入破产财团的分配。

在前款情形,各当事人向相对人可以请求因解除契约的损害赔偿。

第九节之二　旅行契约〈2015 年 2 月 3 日新设〉

第六百七十四条之二　【旅行契约的意义】

旅行契约，当事人一方约定向相对人提供运送、住宿、旅游或者其他旅行有关的综合劳务服务，相对人约定支付其价款，产生效力。

[2015 年 2 月 3 日新设本条]

第六百七十四条之三　【旅行开始之前的契约解除】

旅行人旅行开始之前随时可以解除契约。但是，旅行人应当赔偿对相对人造成的损害。

[2015 年 2 月 3 日新设本条]

第六百七十四条之四　【因不得已的事由的契约终止】

具有不得已的事由的，各当事人可以终止契约。但是，该事由是因当事人一方的过失引起的，应当向相对人赔偿损害。

即使按照第一款规定契约终止的，契约上负有归还运送义务的旅行主办人负有归还运送旅行人的义务。

因第一款规定终止发生的追加费用，其终止事由属于某一当事人的个人问题的，该当事人负担；不属于任何人的个人问题的，各当事人负担折半。

[2015 年 2 月 3 日新设本条]

第六百七十四条之五　【价钱的支付时期】

旅行人，应当在约定时间内支付价钱，无时间约定的，从习惯；无习惯的，旅行终了之后，应当立即支付。

[2015 年 2 月 3 日新设本条]

第六百七十四条之六　【旅行主办人的担保责任】

旅行具有瑕疵的，旅行人可以向旅行主办人请求瑕疵的更正或者价款的减额。但是，其更正需要过多费用或者无法合理期待其他更正的，不得请求更正。

第一款的更正请求，应当确定合理的期间。但是，有必要及时更正的，不在此限。

旅行人替代请求更正、请求减额，可以请求损害赔偿或者与请求更正、请求减额的一起请求损害赔偿。

[2015 年 2 月 3 日新设本条]

第六百七十四条之七　【旅行主办人的担保责任与旅行人的终止权】

在旅行人在旅行中存在重大瑕疵的情形下，其更正无法实现的或者无法期待按照契约内容的旅行的，可以终止契约。

契约终止的，旅行主办人丧失价款请求权。但是，旅行人以实行的旅行得到利益的，应当偿还旅行主办人其利益。

旅行主办人负有实施因契约的终止而必要的措施的义务，契约上负有归还运送义务的，应当归还运送旅行人。在此情形，具有相当理由的，旅行主办人可以向旅行人请求其费用的部分。

[2015年2月3日新设本条]

第六百七十四条之八 【担保责任的存续期间】

按照第六百七十四条之六与第六百七十四条之七的权利，在旅行期间中，亦可以行使，应当自在契约确定的旅行终了之日起六个月以内行使。

[2015年2月3日新设本条]

第六百七十四条之九 【强行规定】

以违反第六百七十四条之三、第六百七十四条之四或者第六百七十四条之六至第六百七十四条之八规定的约定，对旅行人不利的，无效力。

[2015年2月3日新设本条]

第十节 悬赏广告

第六百七十五条 【悬赏广告的意义】

悬赏广告，广告人向实施某一行为的人表示支付一定报酬的意思，因应征者完成在该广告确定的行为而产生其效力。

第六百七十六条 【报酬受领权人】

完成广告确定的行为的人为数人的，在先完成其行为的人具有得到报酬的权利。

数人同时完成的，各个具有以均等的比率得到报酬的权利。但是，报酬在性质上无法分割或者在广告确定仅一人得到报酬的，依据抽签决定。

第六百七十七条 【不知广告的行为】

前条规定，准用于不知道具有广告而完成广告确定的行为的情形。

第六百七十八条 【优秀悬赏广告】

约定完成广告确定的行为的人为数人的，规定限于优秀者支付报酬的，以广告确定的应征期间为限，发生效力。

在前款规定的情形下，优秀的判定由广告中确定的人进行。在广告中未确定判定人的，由广告人判定。

不得作出无优秀的人的判定。但是，在广告中，具有其他意思表示的或者根据广告的性质确定判定标准的，不在此限。

应征人不得对前两款判定提出异议。

数人的行为被判定同等的，准用第六百七十六条第二款规定。

第六百七十九条 【悬赏广告的撤回】

在广告确定其指定的行为的完成期间的，其期间届满之前不得撤回广告。

在广告未确定行为的完成期间的，具有完成其行为的人之前，与其广告以相同的方法，可以撤回广告。

与前广告以相同的方法无法撤回的，可以与其类似的方法撤回。此撤回，仅对知道撤回的人具有其效力。

第十一节 委　托

第六百八十条 【委托的意义】

委托，当事人一方向相对人委托事务的处理，相对人承诺，产生其效力。

第六百八十一条 【受托人的善管义务】

受托人按照委托的原旨，以善良管理人的注意处理委托事务。

第六百八十二条 【复任权的限制】

受托人无委托人的承诺或者不得已的事由，不得使第三人替代自己处理委托事务。〈2014年12月30日修改〉

受托人依据前款规定，使第三人处理委托事务的，准用第一百二十一条、第一百二十三条规定。

第六百八十三条 【受托人的报告义务】

受托人具有委托人的请求的，应当报告委托事务的处理状况，委托终了的，立即报告其始末。

第六百八十四条 【受托人的取得物等的交付、移转义务】

受托人因处理委托事务得到的金钱以及其他物以及其收取的孳息，应当向委托人交付。

受托人为委托人以自己的名义取得的权利，应当向委托人移转。

第六百八十五条 【受托人的金钱消费的责任】

受托人，将向委托人交付的金钱或者为委托人的利益使用的金钱用于自己消费的，应当支付消费日以后的利息，如有其外的损害的，应当赔偿。

第六百八十六条 【受托人的报酬请求权】

受托人无特别约定，不得向委托人请求报酬。

受托人得到报酬的，非在完成委托事务之后，不得请求。但是，以期间确定报酬的，可以在其期间经过之后请求。

受托人在处理委托事务时，因不可归责于受托人的事由委托终了的，受托人可以请求根据已经处理事务比率的报酬。

第六百八十七条 【受托人的费用先付请求权】

处理委托事务需要费用的，委托人应当依据受托人的请求先付。

第六百八十八条 【受托人的费用偿还请求权等】

受托人处理委托事务需要支出必要费用的，可以向委托人请求支付日以后的利息。

受托人负担处理委托事务所必要的债务的，可以向委托人替代自己清偿，其债务未在清偿期的，可以使其提供合理的担保。〈2014年12月30日修改〉

受托人为处理委托事务无过失受到损害的，可以向委托人请求其赔偿。

第六百八十九条 【委托的相互终止的自由】

委托契约,各当事人可以随时终止。

当事人一方,无不得已的事由,在不利于相对人的时期终止契约的,应当赔偿其损害。

第六百九十条 【死亡、破产等与委托的终了】

委托因当事人一方的死亡或者破产而终了。受托人受到成年监护开始审判的,与此相同。

[2011 年 3 月 7 日修改全文]

第六百九十一条 【委托终了时的紧急处理】

委托终了的情形下,具有急迫情况的,直到受托人、其继承人或者法定代理人为委托人、其继承人或者法定代理人可以处理委托事务之时,应当继续处理其事务。在此情形下,与委托的存续具有相同效力。

第六百九十二条 【委托终了的对抗要件】

委托终了的事由,未通知相对人或者相对人不知道的,不得以此对抗相对人。

第十二节 保 管

第六百九十三条 【保管的意义】

保管,因当事人一方向相对人委托保管金钱或者有价证券以及其他物,相对人对其承诺而发生效力。

第六百九十四条 【保管人的保管物使用禁止】

保管人,无寄存人同意,不得使用保管物。

第六百九十五条 【无偿保管人的注意义务】

无偿保管人,应当以与自己财产相同的注意保管保管物。

第六百九十六条 【保管人的通知义务】

对保管物主张权利的第三人,对保管人提起诉讼或者扣押的,保管人应当立即向寄存人通知。

第六百九十七条 【因保管物的性质、瑕疵的保管人的损害赔偿义务】

寄存人因保管物的性质或者瑕疵产生的损害应当向保管人赔偿。但是,保管人知道其性质或者瑕疵的,不在此限。

第六百九十八条 【具有期间约定的保管的终止】

对于保管期间有约定的,保管人非因不得已的事由,不得在其期间届满之前终止契约。但是,寄存人随时可以终止契约。

第六百九十九条 【无期间约定的保管的终止】

无保管期间约定的,各当事人随时可以终止契约。

第七百条 【保管物的返还场所】

保管物应当在其保管场所返还。但是,保管人因正当理由转保管其物的,可以在现存场所返还。

第七百零一条 【准用规定】

第六百八十二条、第六百八十四条至第六百八十七条以及第六百八十八条第一款、第二款规定，准用于保管。

第七百零二条 【消费保管】

保管人依据契约可以消费保管物的，准用关于消费借贷的规定。但是，无返还时期约定的，寄存人可以随时请求其返还。

第十三节 合 伙

第七百零三条 【合伙的意义】

合伙，因二人以上约定共同出资，经营共同事业而发生效力。

前款出资，可以金钱以及其他财产或者劳务进行。

第七百零四条 【合伙财产的合有】

合伙人的出资以及其他合伙财产，归合伙人合有。

第七百零五条 【金钱出资迟延的责任】

将金钱以出资标的的合伙人迟延出资期限的，支付延迟利息之外，应赔偿损害。

第七百零六条 【事务执行的方法】

合伙契约未确定业务执行人的，以合伙人的三分之二以上赞成的方式选任执行人。

合伙的业务执行，由合伙人的过半数决定。业务执行人为数人的，由过半数决定。

合伙的通常事务，可以不受前款规定的限制，各合伙人或者各业务执行人专行。但是，在其事务完成之前，其他合伙人或者其他业务执行人具有异议的，应当及时中止。

第七百零七条 【准用规定】

对执行合伙业务的合伙人，准用第六百八十一条至第六百八十八条规定。

第七百零八条 【业务执行人的辞任、解任】

作为业务执行人的合伙人，无正当理由不得辞任，且非经其他合伙人的一致同意，不得解任。

第七百零九条 【业务执行人的代理权推定】

执行合伙业务的合伙人，推定具有其业务执行的代理权。

第七百一十条 【合伙人的业务、财产状态检查权】

各合伙人，随时可以检查合伙业务以及财产状态。

第七百一十一条 【损益分配的比率】

当事人未确定损益分配比例的，按照各合伙人的出资价额的比例确定。

对利益或者损失确定分配比例的，推定其比率在利益与损失通用。

第七百一十二条 【对合伙人的债权人的权利行使】

合伙债权人在其债权发生当时,不知道合伙人的损失负担比例的,可以对各合伙人均分行使其权利。

第七百一十三条 【无资力合伙人的债务与他合伙人的清偿责任】

在合伙人中具有无清偿资力的人的,将其无法清偿部分,由其他合伙人均分负有清偿责任。

第七百一十四条 【对所持份额的扣押的效力】

对合伙人的所持份额的扣押,对该合伙人的将来的利益分配以及得到返还所持份额的权利,具有效力。

第七百一十五条 【合伙债务人的抵销的禁止】

合伙的债务人,不得以其债务与对合伙人的债权相抵销。

第七百一十六条 【任意退出】

合伙契约未确定合伙的存续期间,或者确定期间为合伙人终身的,各合伙人随时可以退出。但是,因无不得已的事由,在合伙的不利时期不得退出。

确定合伙的存续期间的,合伙人具有不得已的事由之时,亦可以退出。

第七百一十七条 【非任意退出】

在第七百一十六条情形之外,合伙人具有符合下列各项事由的退出:

(一)死亡;

(二)破产;

(三)成年监护的开始;

(四)除名。

[2011 年 3 月 7 日修改全文]

第七百一十八条 【除名】

合伙人的除名,以具有正当理由为限,由其他合伙人一致决定。

前款的除名决定,未通知被除名的合伙人的,不得对抗该合伙人。

第七百一十九条 【退出合伙人的所持份额的计算】

退出合伙人与其他合伙人之间的份额计算,依据退出当时的合伙财产状态予以计算。

退出合伙人的所持份额,不受其出资的种类的限制,可以金钱返还。

在退出时存在未完结的状况,可以在完结之后计算。

第七百二十条 【因不得已的事由的解散请求】

具有不得已的事由的,各合伙人可以请求解散合伙。

第七百二十一条 【清算人】

合伙解散的,清算由总合伙人以共同或者他们选任的人执行其事务。

前款的清算人的选任,以合伙人的过半数决定。

第七百二十二条 【清算人的业务执行方法】

清算人为数人的,准用第七百零六条第二款后段的规定。

第七百二十三条 【作为合伙人的清算人的辞任、解任】

在合伙人中确定清算人的,准用第七百零八条规定。

第七百二十四条 【清算人的职务、权限与剩余财产的分配】

关于清算人的职务以及权限,准用第八十七条规定。

剩余财产,按照各合伙人的出资价额的比例分配。

第十四节 终身定期金

第七百二十五条 【终身定期金契约的意义】

终身定期金契约,当事人一方约定直到自己、相对人或者第三人的终身,以定期向相对人或者第三人支付金钱以及其他物而发生效力。

第七百二十六条 【终身定期金的计算】

终身定期金按日计算。

第七百二十七条 【终身定期金契约的解除】

定期金债务人受领定期金债务的本金的,懈怠支付其定期金债务或者未履行其他义务的,定期金债权人可以请求返还原本。但是,将在已经得到支付的债务额,控制其原本的利息的余额,应当向定期金债务人返还。

前款规定,不影响请求损害赔偿。

第七百二十八条 【解除与同时履行】

第五百三十六条规定,准用于前条规定的情形。

第七百二十九条 【因债务人的归责事由的死亡与债权存续宣告】

死亡因归责于定期金债务人的事由的,法院可以依据定期金债权人或者其继承人的请求,宣告相当期间债权的存续。

在前款规定的情形下,亦可以行使第七百二十七条的权利。

第七百三十条 【依据遗赠的终身定期金】

本节规定,准用于依据遗赠的终身定期金债权。

第十五节 和 解

第七百三十一条 【和解的意义】

和解,当事人约定相互让步终止当事人之间的纷争,产生其效力。

第七百三十二条 【和解的创设性效力】

和解契约,具有使当事人一方消灭让步的权利,相对人因和解取得其权利的效力。

第七百三十三条 【和解的效力与错误】

和解契约,不得以错误为理由撤销。但是,和解当事人的资格或者在和解的标的的纷争以外的事项具有错误的,不在此限。

第三章 无因管理

第七百三十四条 【无因管理的内容】

无义务为他人管理事务的人,应当按照其事务的性质,以最有利于本人利益的方法管理。

管理人知道或者应当知道本人的意思的,应当依其意思进行管理。

管理人违反前两款规定管理事务的,无过失,亦负有赔偿因此损害的责任。但是,其管理行为符合公共利益的,无重大过失,不负赔偿责任。

第七百三十五条 【紧急无因管理】

管理人为免除对他人的生命、身体、名誉或者财产的急迫危害管理其事务之时,无故意或者重大过失的,不负因此造成损害的赔偿。

第七百三十六条 【管理人的通知义务】

管理人开始管理的,应当立即通知本人。但是,本人已知的,不在此限。

第七百三十七条 【管理人的管理继续义务】

管理人在本人、其继承人或者法定代理人管理其事务之前,应当继续管理。但是,管理的继续,违反本人的意思或者对本人不利明显的,不在此限。

第七百三十八条 【准用规定】

第六百八十三条至第六百八十五条规定,准用于无因管理。

第七百三十九条 【管理人的费用偿还请求权】

管理人为本人支出必要费用或者有益费用的,可以向本人请求其偿还。

管理人为本人负担必要或者有益的债务的,准用第六百八十八条第二款规定。

管理人违反本人的意思进行管理的,以本人的现存利益为限,准用前两款规定。

第七百四十条 【管理人的无过失损害补偿请求权】

管理人在管理事务中无过失但受到损害的,可以本人的现存利益为限,请求其损失的补偿。

第四章 不当得利

第七百四十一条 【不当得利的内容】

无法律上原因,因他人的财产或者劳务得到利益,并因此对他人加以损害的人,应当返还其利益。

第七百四十二条 【非债清偿】

知道无债务而清偿的,不得请求其返还。

第七百四十三条 【期限之前的清偿】

清偿未在清偿期的债务的,不得请求其返还。但是,债务人因错误而清偿的,债权人应当返还因此得到的利益。

第七百四十四条 【适合道义观念的非债清偿】

无债务的人因错误清偿的,且其清偿适合道义观念的,不得请求其返还。

第七百四十五条 【他人债务的清偿】

非债务人因错误清偿他人债务的,债权人以善意毁灭证书或者放弃担保或者因时效丧失其债权的,清偿人不得请求其返还。

在前款规定的情形下,清偿人可以向债务人行使求偿权。

第七百四十六条 【违法原因给付】

因违法原因给付财产或者提供劳务的,不得请求返还其利益。但是,其违法原因仅在于受益人的,不在此限。

第七百四十七条 【原物返还不能的情形与价额返还、转得人的责任】

受益人无法返还其得到的标的物的,应当返还其价额。

受益人无法返还其利益的,在受益人处以无偿受让其利益的标的物的恶意的第三人,依据前款规定负有返还责任。

第七百四十八条 【受益人的返还范围】

善意的受益人,在其得到的利益现存的限度内,负有前条规定的责任。

恶意的受益人,应返还其得到的利益和附加利息,若具有损害的应当赔偿。

第七百四十九条 【受益人的恶意认定】

受益人得到利益之后,知道无法律上原因的,自知道之时起,以恶意的受益人负有返还利益的责任。

善意的受益人败诉的,自提起其诉讼之时,视为恶意的受益人。

第五章 侵权行为

第七百五十条 【侵权行为的内容】

因故意或者过失的违法行为对他人加以损害的人,负有赔偿其损害的责任。

第七百五十一条 【财产以外的损害的赔偿】

侵害他人的身体、自由或者名誉或者加以其他精神痛苦的人,对财产以外的损害负有赔偿的责任。

法院可以命令将前款损害赔偿以定期金债务的方式支付,为确保其履行,可以命令提供相当的担保。

第七百五十二条 【因生命侵害的抚慰金】

侵害他人生命的人,对受害人的直系尊亲属、直系卑亲属以及配偶,无财产上的损害的,亦负有损害赔偿责任。

第七百五十三条 【未成年人的责任能力】

未成年人对他人加以损害的,无辨别其行为责任的能力的,不负赔偿责任。

第七百五十四条 【身心丧失人的责任能力】

期间对他人加以损害的人,不负赔偿责任。但是,因故意或者过失导致身心丧失的,不在此限。

第七百五十五条 【监督人的责任】

对其他人加以损害的人,根据第七百五十三条或者第七百五十四条的规定不负有责任的,应当监督的负有法定义务的人,负有赔偿其损害的责任。但是,未懈怠其监督义务的,不在此限。

替代监督义务人,根据第七百五十三条或者第七百五十四条监督不负责任人者,亦负有前款责任。

[2011 年 3 月 7 日修改全文]

第七百五十六条 【使用人的赔偿责任】

使用他人从事某一事务的人,负有赔偿被用人关于其事务执行而对第三人造成的损害。但是,使用人对被用人的选任以及其事务的监督相当注意的或者即使相当注意亦具有损害的,不在此限。

替代使用人监督其事务的人,亦负有前款责任。〈2014 年 12 月 30 日修改〉

在前两款规定的情形下,使用人或者监督人可以向被用人行使求偿权。

第七百五十七条 【定作人的责任】

定作人、承揽人关于其工作对第三人加以的损害不负赔偿责任。但是,关于承揽或者指示定作人具有重大过失的,不在此限。

第七百五十八条 【工作物等的占有人、所有人的责任】

因工作物的设置或者保存的瑕疵对他人加以损害的,工作物的占有人负有赔偿损害的责任。但是,占有人未懈怠对损害的防止所必要的注意的,其所有人负有赔偿其所有人的损害的责任。

前款规定,准用于树木的栽植或者保存具有瑕疵的情形。

在前两款规定的情形下,占有人或者所有人向对其损害的发生负有责任的人,可以行使求偿权。

第七百五十九条 【动物占有人的责任】

动物的占有人,其动物对他人加以的损害,负有赔偿责任。但是,根据动物的种类与性质,对其保管未懈怠相当注意的,不在此限。

替代占有人保管动物的人,亦负有前款规定的责任。〈2014 年 12 月 30 日修改〉

第七百六十条 【共同侵权行为人的责任】

数人以共同侵权行为对他人加以损害的,连带负有责任赔偿其损害。

非共同的数人的行为中,无法确认加害人的,与前款的规定相同。

教唆人或者帮助人,视为共同行为人。

第七百六十一条 【正当防卫、紧急避难】

对他人的侵权行为,为防卫自己或者第三人利益,不得已而对他人加以损害的,不负赔偿责任。但是,受害人可以就侵权行为请求损害赔偿。

前款规定,准用于为避免急迫危难,不得已而对他人加以损害的情形。

第七百六十二条 【在损害赔偿请求权中胎儿的地位】

胎儿,在损害赔偿请求权中,视为已经出生。

第七百六十三条 【准用规定】

第三百九十三条、第三百九十四条、第三百九十六条、第三百九十九条规定,准用于因侵权行为造成的损害赔偿。

第七百六十四条 【名誉毁损情形的特则】

对毁损他人名誉的人,法院根据受害人的请求,可以命令致害人代替损害赔偿或者与损害赔偿一并实施的适当的恢复名誉处分。〈2014 年 12 月 30 日修改〉

[89HUN-MA160 1991 年 4 月 1 日在民法第七百六十四条(1958 年 2 月 22 日法律第 471 号)的"适合恢复名誉的处分"包括赔罪广告是违反宪法的]

第七百六十五条 【赔偿额的减轻请求】

依据本章规定的赔偿义务人,其损害非依据故意或者重大过失,且因其赔偿对赔偿人的生计造成重大影响的,可以向法院请求其赔偿额的减轻。

法院具有前款请求的,斟酌债权人以及债务人的经济状态与损害的原因等,可以减轻赔偿额。

第七百六十六条 【损害赔偿请求权的消灭时效】

因侵权行为的损害赔偿请求权,受害人或者其法定代理人自知道其损害以及加害人之日起三年之间未行使的,因时效消灭。

自实施侵权行为之日起经过十年的,与前款的规定相同。

未成年人遭受性暴力、猥亵、性骚扰以及其他性侵害的损害赔偿请求权的消灭时效,自受害人成年之日起计算。〈2020 年 10 月 20 日修改〉

[单纯违宪,2014HUN-BA148,2018 年 8 月 30 日民法(以 1958 年 2 月 22 日法律第 471 号制定)第七百六十六条第二款中适用'为真实、和解的过去事整理基本法'第二条第一款第三项、第四项规定的事件,违反宪法]

第四编 亲 属

第一章 总 则

第七百六十七条 【亲属的定义】

配偶、血亲以及姻亲为亲属。

第七百六十八条 【血亲的定义】

自己的直系尊亲属与直系卑亲属为直系血亲,自己的兄弟姐妹与兄弟姐妹的直系

卑亲属、直系尊亲属的兄弟姐妹以及其兄弟姐妹的直系卑亲属为旁系血亲。〈1990 年 1 月 13 日修改〉

第七百六十九条　【姻亲的系源】

血亲的配偶、配偶的血亲、配偶的血亲的配偶为姻亲。〈1990 年 1 月 13 日修改〉

第七百七十条　【血亲的亲等的计算】

直系血亲,从自己到直系尊亲属,或者从自己到直系卑亲属确定其世数。

旁系血亲,从自己到同源的直系尊亲属的世数与从其同源的直系尊亲属到其直系卑亲属的世数合计确定其亲等。

第七百七十一条　【姻亲的亲等的计算】

姻亲为配偶的血亲,根据配偶的对其血亲的亲等,对血亲的配偶,根据对其血亲的亲等。

[1990 年 1 月 13 日修改全文]

第七百七十二条　【与养子女的亲系与亲等】

养子女与养父母以及其血亲、姻亲之间的亲系与亲等,自收养之时,视为与婚生子女相同。

养子女的配偶、直系卑亲属与其配偶,以前款养子女的亲系为基准,确定亲等。

第七百七十三条　删除〈1990 年 1 月 13 日〉

第七百七十四条　删除〈1990 年 1 月 13 日〉

第七百七十五条　【姻亲关系等的消灭】

姻亲关系因婚姻的撤销或者离婚而终了。〈1990 年 1 月 13 日修改〉

夫妻一方死亡的,生存配偶再婚时,亦与第一款的规定相同。〈1990 年 1 月 13 日修改〉

第七百七十六条　【因收养的亲属关系的消灭】

因收养的亲属关系,因收养的撤销或者罢养而终了。

第七百七十七条　【亲属的范围】

因亲属关系的法律上的效力,此法或者其他法律无特别规定的,及于符合下列各项的人:

(一)八寸以内的血亲;

(二)四寸以内的姻亲;

(三)配偶。

[1990 年 1 月 13 日修改全文]

第二章　家族的范围与子女的姓氏与本贯
〈2005 年 3 月 31 日修改〉

第七百七十八条　删除〈2005 年 3 月 31 日〉

第七百七十九条 【家族的范围】

下列人为家族：

(一)配偶、直系血亲以及兄弟姐妹；

(二)直系血亲的配偶、配偶的直系血亲以及配偶的兄弟姐妹。

在第一款第二项情形，以共同生计为限。

[2005年3月31日修改全文]

第七百八十条 删除〈2005年3月31日〉

第七百八十一条 【子女的姓氏与本贯】

子女随父亲的姓氏与本贯。但是，父母婚姻登记之时，协议随母亲的姓氏与本贯的，随母亲的姓氏与本贯。

父亲为外国人的，子女可以随母亲的姓氏与本贯。

无法知道父亲的子女，随母亲的姓氏与本贯。

无法知道父母的子女，经法院的许可创设姓氏与本贯。但是，创设姓氏与本贯之后，知道父亲或者母亲的，可以随父亲或者母亲的姓氏与本贯。

非婚生子女认领的，子女根据父母的协议，可以继续使用从前的姓氏与本贯。但是，父母无法达成协议或者未达成协议的，子女经法院的许可，可以继续使用从前的姓氏与本贯。

为子女的福利，具有必要变更子女的姓氏与本贯的，依据父、母或者子女的请求，经法院的许可，可以变更。但是，子女为未成年人，且法定代理人无法请求的，根据第七百七十七条规定的亲族或者检察官，可以请求。

[2005年3月31日修改全文]

第七百八十二条 删除〈2005年3月31日〉

第七百八十三条 删除〈2005年3月31日〉

第七百八十四条 删除〈2005年3月31日〉

第七百八十五条 删除〈2005年3月31日〉

第七百八十六条 删除〈2005年3月31日〉

第七百八十七条 删除〈2005年3月31日〉

第七百八十八条 删除〈2005年3月31日〉

第七百八十九条 删除〈2005年3月31日〉

第七百九十条 删除〈2005年3月31日〉

第七百九十一条 删除〈2005年3月31日〉

第七百九十二条 删除〈2005年3月31日〉

第七百九十三条 删除〈2005年3月31日〉

第七百九十四条 删除〈2005年3月31日〉

第七百九十五条 删除〈2005年3月31日〉

第七百九十六条 删除〈2005年3月31日〉

第七百九十七条 删除〈2005年3月31日〉

第七百九十八条 删除〈2005 年 3 月 31 日〉

第七百九十九条 删除〈2005 年 3 月 31 日〉

第三章 婚 姻

第一节 婚 约

第八百条 【婚约的自由】

达到成年的人,可以订婚。

第八百零一条 【婚约年龄】

年满十八岁的人,经父母或者未成年监护人的同意,可以订婚。在此情形下,准用第八百零八条的规定。

[2011 年 3 月 7 日修改全文]

第八百零二条 【成年监护与婚约】

被成年监护人,经父母或者成年监护人的同意,可以订立婚约。在此情形,准用第八百零八条的规定。

[2011 年 3 月 7 日修改全文]

第八百零三条 【婚约的强制履行禁止】

婚约,不得请求强制履行。

第八百零四条 【婚约解除的事由】

当事人一方具有符合下列各项事由之一的,相对人可以解除订立婚约:

(一)订立婚约之后,被宣告资格停止以上的刑的;

(二)订立婚约之后,受到成年监护开始或者限定监护开始审判的;

(三)具有性病、不治的精神病、其他不治的病疾的;

(四)婚约之后,与其他人再订立婚约或者结婚的;

(五)订立婚约之后,与其他人通奸的;

(六)订立婚约之后,一年以上生死不明的;

(七)无正当理由拒绝结婚或者推迟结婚的;

(八)具有其他重大事由的。

[2011 年 3 月 7 日修改全文]

第八百零五条 【婚约解除的方法】

婚姻的解除,以对相对人的意思表示进行。但是,无法对相对人进行意思表示的,自知道具有其解除原因之时,视为解除。

第八百零六条 【婚约解除与损害赔偿请求权】

解除婚约的,当事人一方可以向具有过失的相对人请求赔偿因此造成的损害。

在前款情形,财产上损害之外,对精神上的痛苦,亦负有损害赔偿责任。

对精神上痛苦的赔偿请求权,不得让与或者继承。但是,当事人之间已经就其赔偿的契约成立的或者提起诉讼的,不在此限。

第二节 婚姻的成立

第八百零七条 【结婚适龄】

年满十八岁的人,可以结婚。

[2007 年 12 月 21 日修改全文]

第八百零八条 【需要同意的婚姻】

未成年人结婚的,须经父母的同意,父母中一方无法行使同意权的,须经另一方的同意,父母均无法行使同意权的,须经成年监护人的同意。

被成年监护人,经父母或者成年监护人的同意,可以结婚。

[2011 年 3 月 7 日修改全文]

第八百零九条 【近亲婚等的禁止】

八寸以内的血亲(包含亲养子女的收养之前的血亲)之间,不得结婚。

六寸以内的血亲的配偶、配偶的六寸以内的血亲、配偶的四寸以内的血亲的配偶的姻亲或者曾为姻亲的人之间,不得结婚。

六寸以内的养父母系的血亲的人与四寸以内的养父母系的姻亲的人之间,不得结婚。

[2005 年 3 月 31 日修改全文]

第八百一十条 【重婚的禁止】

具有配偶的人,不得重婚。

第八百一十一条 删除〈2005 年 3 月 31 日〉

第八百一十二条 【婚姻的成立】

婚姻,依据《关于家族关系的登录等的法律》规定,以登记发生效力。〈2007 年 5 月 17 日修改〉

前款登记,以当事人双方与成年人的证人二人的共同署名的书面方式进行。

第八百一十三条 【婚姻登记的审查】

婚姻登记,未违反第八百零七条至第八百一十条以及第八百一十二条第二款规定以及其他法令的,应当受理。〈2005 年 3 月 31 日修改〉

第八百一十四条 【在外国的婚姻登记】

在外国的本国国民之间的婚姻,可以在驻其外国大使、公使或者领事处登记。

受理第一款登记的大使、公使或者领事,应当立即向本国的在外国民家族关系登录事务所寄送登记文件。〈2005 年 3 月 31 日、2007 年 5 月 17 日、2015 年 2 月 3 日修改〉

第三节　婚姻的无效与撤销

第八百一十五条　【婚姻的无效】

婚姻,在下列各项情形之一的,无效:〈2005 年 3 月 31 日修改〉

(一)当事人之间无婚姻合意的;

(二)婚姻违反第八百零九条第一款规定的;

(三)在当事人之间具有或者曾有直系姻亲关系的;

(四)在当事人之间曾有养父母系的直系血亲关系的。

第八百一十六条　【婚姻的撤销事由】

婚姻存在下列各项情形之一的,可以向法院请求撤销:〈1990 年 1 月 13 日、2005 年 3 月 31 日修改〉

(一)婚姻违反第八百零七条至第八百零九条(依据第八百一十五条规定符合婚姻无效事由的除外。以下第八百一十七条以及第八百二十条,亦同)或者第八百一十条规定的;

(二)结婚当时,不知道当事人一方具有无法继续夫妻生活的恶疾以及其他重大事由的;

(三)因欺诈或者胁迫而婚姻的意思表示的。

第八百一十七条　【年龄违反婚姻等的撤销请求权人】

婚姻,违反第八百零七条、第八百零八条规定的,当事人或者其法定代理人可以请求其撤销,违反第八百零九条规定的,当事人、其直系尊亲属或者四寸以内的旁系血亲可以请求其撤销。〈2005 年 3 月 31 日修改〉

第八百一十八条　【重婚的撤销请求权人】

当事人以及其配偶、直系血亲、四寸以内的旁系血亲或者检察官,可以请求撤销违反第八百一十条的婚姻。

[2012 年 2 月 10 日修改全文]

[修改依据 2012 年 2 月 10 日法律第 11300 号,2010 年 7 月 29 日被宪法裁判所决定与宪法不一致的本条]

第八百一十九条　【未同意的婚姻的撤销请求权的消灭】

违反第八百零八条的婚姻,在当事人十九岁之后或者具有成年监护终了审判之后,经过三个月的或者婚姻中妊娠的,不得请求其撤销。

[2011 年 3 月 7 日修改全文]

第八百二十条　【近亲婚等的撤销请求权的消灭】

违反第八百零九条规定的婚姻,在其当事人之间婚姻中妊娠的,不得请求其撤销。〈2005 年 3 月 31 日修改〉

[2005 年 3 月 31 日修改标题]

第八百二十一条　删除〈2005 年 3 月 31 日〉

第八百二十二条 【依据恶疾等事由的婚姻撤销请求权的消灭】

具有符合第八百一十六条第二项规定的事由的,婚姻的相对人自知道具有其事由之日起经过六个月的,不得请求其撤销。

第八百二十三条 【因欺诈、胁迫的婚姻撤销请求权的消灭】

因欺诈或者胁迫的婚姻,自知道欺诈之日或者免除胁迫之日起经过三个月的,不得请求其撤销。

第八百二十四条 【婚姻撤销的效力】

婚姻撤销的效力,不溯及于既往。

第八百二十四条之二 【婚姻的撤销与子女的养育等】

第八百三十七条以及第八百三十七条之二规定,准用于在婚姻的撤销情形中,关于子女的养育责任与探望权。

[2005 年 3 月 31 日新设本条]

第八百二十五条 【婚姻撤销与损害赔偿请求权】

第八百零六条规定,准用于婚姻无效或者撤销的情形。

第四节 婚姻的效力

第一小节 一般效力

第八百二十六条 【夫妻之间的义务】

夫妻应当同居,相互扶养、协助。但是,以正当的理由未同居的,应当相互认容。

夫妻的同居场所,根据夫妻的协议确定。但是,未达成协议的,依据当事人的请求,由家庭法院确定。〈1990 年 1 月 13 日修改〉

删除〈2005 年 3 月 31 日〉

删除〈2005 年 3 月 31 日〉

第八百二十六条之二 【成年拟制】

未成年人结婚的,视为成年人。

[1977 年 12 月 31 日新设本条]

第八百二十七条 【夫妻之间的家事代理权】

夫妻,关于日常家事,相互具有代理权。

前款规定的代理权附加的限制,不得对抗善意的第三人。

第八百二十八条 删除〈2012 年 2 月 10 日〉

第二小节 财产上的效力

第八百二十九条 【夫妻财产的约定与其变更】

夫妻在婚姻成立之前,关于其财产,没有另有约定的,其财产关系,依据本小节中下列各条规定。

夫妻在婚姻成立之前,关于财产的约定的,在婚姻中不得变更。但是,具有正当理由的,经法院的许可,可以变更。

依据前款约定,夫妻一方管理另一方财产的,因不适当的管理使其财产危机之时,另一方向法院可以请求自己管理,其财产为夫妻共有的,可以请求其分割。

夫妻关于其财产另有约定的,直到婚姻成立之时仍未登记的,不得以此对抗夫妻的继承人或者第三人。

依据第二款、第三款的规定或者约定,变更管理人或者分割共有财产未登记的,不得以此对抗夫妻的继承人或者第三人。

第八百三十条 【特有财产与归属不明财产】

夫妻一方婚姻之前具有的固有财产与婚姻中以自己的名义取得的财产,为其特有财产。

不确定属于夫妻任何人的财产,推定夫妻的共有。〈1977 年 12 月 31 日修改〉

第八百三十一条 【特有财产的管理等】

夫妻各自管理、使用、收益其特有财产。

第八百三十二条 【因家事的债务的连带责任】

夫妻一方关于日常家事,与第三人实施法律行为的,另一方对因此的债务负有连带责任。但是,已经向第三人明示另一方不负责任的,不在此限。

第八百三十三条 【生活费用】

在夫妻的共同生活所必要的费用,当事人之间无特别约定的,夫妻共同负担。

[1990 年 1 月 13 日修改全文]

第五节 离 婚

第一小节 协 议 离 婚

第八百三十四条 【协议离婚】

夫妻,依据协议,可以离婚。

第八百三十五条 【成年监护与协议离婚】

被成年监护人,关于协议离婚,准用第八百零八条第二款。

[2011 年 3 月 7 日修改全文]

第八百三十六条 【离婚的成立与登记方式】

协议离婚,经家庭法院的确认,依据《关于家族关系的登录等的法律》的规定登记,产生其效力。〈1977 年 12 月 31 日、2007 年 5 月 17 日修改〉

前款规定的登记,以当事人双方与成年人的证人二人的共同署名的书面方式进行。

第八百三十六条之二 【离婚程序】

协议离婚的人,应当得到家庭法院提供的关于离婚的指引,家庭法院在必要的情形,可以向当事人劝告得到关于咨询具备专门知识与经验的专门咨询人的咨询。

向家庭法院申请确认离婚意思的当事人,自得到第一款指引之日起,经过下列各项期间的,可以得到离婚意思的确定。

(一)具有应当养育的子女(包含胞胎中的子女。以下在此条,亦同)的,届满三个月;

(二)不符合第一项情形的,一个月。

家庭法院,对于因暴力给当事人一方造成无法忍受的痛苦等具有离婚的急迫情况的,可以缩短或者免除第二款期间。

具有应当养育的子女的,当事人应当提交根据第八百三十七条的子女规定的养育与根据第九百零九条第四款的关于子女的亲权人决定的协议书,或者根据第八百三十七条以及第九百零九条第四款规定的家庭法院的审判正本。

家庭法院,应当制定当事人协议的确认关于养育费负担的内容的养育费负担调查文件。在此情形,对养育费负担调查文件的效力,准用《家事诉讼法》第四十一条规定。〈2009 年 5 月 8 日新设〉

[2007 年 12 月 21 日新设本条]

第八百三十七条 【离婚与子女的养育责任】

当事人关于其子女养育的事项,依据协议确定。〈1990 年 1 月 13 日修改〉

第一款的协议,应当包含下列事项:〈2007 年 12 月 21 日修改〉

(一)养育人的决定;

(二)养育费用的负担;

(三)探望权的行使与否以及其方法。

根据第一款的协议,有悖于子女利益的,家庭法院命令补正或者以职权斟酌其子女的意思、年龄与父母的财产状况、其他情况,确定养育所必要的事项。〈2007 年 12 月 21 日修改〉

关于养育事项,未达成协议或者无法达成协议的,家庭法院以职权或者根据当事人的请求决定。在此情形,家庭法院应当斟酌第三款情况。〈2007 年 12 月 21 日新设〉

家庭法院,为子女的福利认定必要的,以父、母、子女以及检察官或者职权,可以变更关于子女养育的事项或者进行其他适当的处分。〈2007 年 12 月 21 日新设〉

从第三款到第五款规定,除了关于抚养的事项之外,不变更父母的权利义务。〈2007 年 12 月 21 日新设〉

第八百三十七条之二 【探望权】

未直接养育子女的父母一方与子女,相互具有探望的权利。〈2007 年 12 月 21 日修改〉

未直接养育子女的父母一方的直系尊亲属,其父母一方死亡的或者以疾病、外国居住、其他不可避免的情况,无法探望子女的,可以向家庭法院请求与子女的探望。在此情形下,家庭法院应当斟酌子女的意思、请求探望的人与子女的关系、请求的动机以

及其他情况。〈2016 年 12 月 2 日新设〉

为子女的福利,家庭法院认为必要的,可依据当事人的请求或者职权限制、排除、变更探望。〈2005 年 3 月 31 日、2016 年 12 月 2 日修改〉

[1990 年 1 月 13 日新设本条]

第八百三十八条 【因欺诈、胁迫的离婚撤销请求权】

因欺诈或者胁迫作出离婚的意思表示的,可以请求家事法院其撤销。〈1990 年 1 月 13 日修改〉

第八百三十九条 【准用规定】

第八百二十三条规定,准用于协议离婚。

第八百三十九条之二 【财产分割请求权】

协议离婚的人的一方,可以请求另一方财产分割。

关于第一款的财产分割,未协议或者无法协议的,家庭法院依据当事人的请求,参考以当事人双方的协力取得的财产的额数以及其他情况,确定分割的额数与方法。

第一款的财产分割请求权,自离婚之日起经过二年的,消灭。

[1990 年 1 月 13 日新设本条]

第八百三十九条之三 【为保全财产分割请求权的欺诈行为撤销权】

夫妻一方知道侵害另一方的财产分割请求权的行使,实施以财产权为标的的法律行为的,另一方准用第四百零六条第一款的规定,可以请求家庭法院其撤销以及恢复原状。

第一款的诉讼,应当在第四百零六条第二款规定的期间以内提起。

[2007 年 12 月 21 日新设本条]

第二小节 裁 判 离 婚

第八百四十条 【裁判离婚原因】

夫妻一方具有下列各项事由的,可以请求家庭法院离婚:〈1990 年 1 月 13 日修改〉

(一)配偶具有不贞行为的;

(二)配偶以恶意遗弃另一方的;

(三)受到配偶或者其直系尊亲属的极为不当对待的;

(四)自己的直系尊亲属受到配偶的极为不当对待的;

(五)配偶生死不明三年以上的;

(六)具有其他难以继续婚姻的重大事由。

第八百四十一条 【因不贞的离婚请求权的消灭】

前条第一项规定的事由,另一方事前同意的或者事后容忍的或者自知道其之日起经过六个月、自具有其事由之日起经过二年的,不得请求离婚。

第八百四十二条 【因其他原因的离婚请求权的消灭】

第八百四十条第六项规定的事由,自另一方知道之日起经过六个月、自具有其事由之日起经过二年的,不得请求离婚。

第八百四十三条 【准用规定】

根据裁判离婚的关于损害赔偿责任,准用第八百零六条的规定;根据裁判离婚的关于子女的养育责任等,准用第八百三十七条的规定;根据裁判离婚的关于探望权,准用第八百三十七条之二的规定;根据裁判离婚的关于财产分割请求权,准用第八百三十九条之二的规定;根据裁判离婚的关于为保全财产分割请求权的欺诈行为的撤销权,准用第八百三十九条之三的规定。

[2012 年 2 月 10 日修改全文]

第四章 父母与子女

第一节 亲生子女

第八百四十四条 【夫的亲生子女的推定】

妻在婚姻中妊娠的子女,推定夫的子女。

自婚姻成立之日起二百日之后出生的子女,推定婚姻中妊娠。

自婚姻终了之日起三百日以内出生的子女,推定婚姻中妊娠。

[2017 年 10 月 31 日修改全文]

[依据 2017 年 10 月 31 日法律第 14965 号,2015 年 4 月 30 日被宪法裁判所决定与宪法不一致的本条被修改]

第八百四十五条 【依据法院的父亲的决定】

再婚的女子分娩的,依据第八百四十四条规定无法确定其子女的父亲的,法院根据当事人的请求予以确定。〈2005 年 3 月 31 日修改〉

第八百四十六条 【子女的亲生否认】

夫妻一方在第八百四十四条规定的情形下,可以提起否认其子女为亲生子女的诉讼。〈2005 年 3 月 31 日修改〉

第八百四十七条 【亲生否认之诉】

亲生否认之诉,夫或者妻,以另一方或者子女为对象,自知道具有其事由之日起二年内提起。

在第一款规定的情形下,作为相对人的人均死亡的,自知道其死亡之日起二年内,以检察官为对象,可以提起亲生否认之诉。

[2005 年 3 月 31 日修改全文]

第八百四十八条 【成年监护与亲生否认之诉】

夫或者妻为被成年监护人的,其成年监护人经成年监护监督人的同意,可以提起亲生否认之诉。无成年监护监督人的或者无法同意的,向家庭法院替代其同意可以请求许可。

在第一款规定的情形下,成年监护人未提起亲生否认之诉的,被成年监护人自具有成年监护终了审判之日起二年内,可以提起亲生否认之诉。

[2011年3月7日修改全文]

第八百四十九条 【子女死亡之后的亲生否认】

子女死亡之后,具有其直系卑亲属的,可以以其母亲为对象,无母亲的,以检察官为对象,提起否认之诉。

第八百五十条 【依据遗嘱的亲生否认】

夫或妻,以遗嘱表示否认意思的,遗嘱执行人应当提起亲生否认之诉。〈2005年3月31日修改〉

第八百五十一条 【夫的子女出生之前死亡等与亲生否认】

夫在子女出生之前死亡的,或者夫或者妻在第八百四十七条第一款规定的期间内死亡的,以夫或者妻的直系尊亲属或者直系卑亲属为限,自知道其死亡之日起二年之内,可以提起亲生否认之诉。

[2005年3月31日修改全文]

第八百五十二条 【亲生否认权的消灭】

在子女出生之后,承认其为亲生子女的人,不得重新提起亲生否认之诉。

[2005年3月31日修改全文]

第八百五十三条 删除〈2005年3月31日〉

第八百五十四条 【因欺诈、胁迫的承认的撤销】

第八百五十二条规定的承认,因欺诈或者胁迫的,可以撤销。〈2005年3月31日修改〉

第八百五十四条之二 【亲生否认的许可请求】

母亲或者母亲的前夫,在第八百四十四条第三款规定的情形下,可以向家庭法院请求亲生否认的许可。但是,以婚生子女出生登记的,不在此限。

具有第一款规定的请求的,家庭法院考虑根据依据采血的血液型检查、遗传因子的检查等科学方法的检查结果或者长期间的别居等其他情况,确定许可与否。

得到根据第一款以及第二款的许可的,未及于第八百四十四条第一款以及第三款的推定。

[2017年10月31日新设本条]

第八百五十五条 【认领】

非婚生子女,其生父或者生母可以认领。父母的婚姻无效的,视出生子女为非婚生子女。

非婚生子女其父母结婚的,自此时,视为婚生子女。

第八百五十五条之二 【认领许可的请求】

生父在第八百四十四条第三款规定的情形下,向家庭法院可以请求许可认领。但是,以婚生子女出生登记的,不在此限。

具有第一款请求的,家庭法院考虑根据依据采血的血液型检查、遗传因子的检查等科学方法的检查结果或者长期间的别居等其他情况,确定许可与否。

根据第一款以及第二款规定得到许可的生父，根据《关于家族关系的登录等的法律》第五十七条第一款的规定登记的，未及于第八百四十四条第一款以及第三款的推定。

[2017年10月31日新设本条]

第八百五十六条 【被成年监护人的认领】

父亲为被成年监护人的，经成年监护人的同意，可以认领。

[2011年3月7日修改全文]

第八百五十七条 【死亡人的认领】

子女死亡之后，具有其直系卑亲属的，亦可以认领。

第八百五十八条 【胞胎中的子女的认领】

父亲对胞胎中的子女，亦可以认领。

第八百五十九条 【认领的效力发生】

认领，依据《关于家族关系的登录等的法律》规定，以登记产生其效力。〈2007年5月17日修改〉

认领，以遗嘱，亦可以进行。在此情形，遗嘱执行人应当登记。

第八百六十条 【认领的溯及效力】

认领溯及其子女出生之时产生其效力。但是不得侵害第三人取得的权利。

第八百六十一条 【认领的撤销】

因欺诈、胁迫或者重大错误认领的，自知道欺诈或者错误之日起，或者自免除胁迫之日起六个月之内，可以向家庭法院请求其撤销。〈2005年3月31日修改〉

第八百六十二条 【对认领的异议之诉】

子女以及其他利害关系人，自知道具有认领登记之日起一年之内，对认领可以提起异议之诉。

第八百六十三条 【认领请求之诉】

子女与其直系卑亲属或者其法定代理人，以父或者母为对象，可以提起认领请求之诉。

第八百六十四条 【父母的死亡与认领请求之诉】

在第八百六十二条以及第八百六十三条规定的情形下，父或者母死亡的，自知道死亡之日起二年之内，可以以检察官为对象，对认领提起异议或者认领请求之诉。〈2005年3月31日修改〉

第八百六十四条之二 【认领与子女的养育责任等】

在子女被认领情形，关于子女的养育责任与探望权，准用第八百三十七条以及第八百三十七条之二的规定。

[2005年3月31日新设本条]

第八百六十五条 【以其他事由为原因的亲生关系存否确认之诉】

依据第八百四十五条、第八百四十六条、第八百四十八条、第八百五十条、第八百五十一条、第八百六十二条与第八百六十三条规定，可以提起诉讼的人，以其他事由为原因可以提起亲生子女关系存否的确认之诉。

在第一款规定的情形下，当事人一方死亡的，自知道其死亡之日起二年之内，可以以检察官为对象，提起诉讼。〈2005 年 3 月 31 日修改〉

第二节　养子女〈2012 年 2 月 10 日修改〉

第一小节　收养的要件与效力〈2012 年 2 月 10 日修改〉

第八百六十六条　【收养的能力】

成年的人，可以收养。

[2012 年 2 月 10 日修改全文]

第八百六十七条　【对未成年人的收养的家庭法院的许可】

收养未成年人的人，应当得到家庭法院的许可。

为成为养子女的未成年人的福利，家庭法院考虑其养育状况、收养的动机、养父母的养育能力以及其他情况，可以不许可根据第一款的收养。

[2012 年 2 月 10 日新设本条]

第八百六十八条　删除〈1990 年 1 月 13 日〉

第八百六十九条　【收养的意思表示】

成为养子女的人为十三岁以上的未成年人的，经法定代理人的同意，承诺收养。

成为养子女的人未满十三岁的，法定代理人替代其承诺收养。

家庭法院，在符合下列各项之一的情形的，无根据第一款的同意或者根据第二款的承诺的，亦可以根据第八百六十七条第一款的规定许可收养：

（一）法定代理人无正当理由拒绝同意或者承诺的。但是，法定代理人为亲权人的，应当具有第八百七十条第二款中的事由。

（二）以无法知道法定代理人的所在等事由，无法得到同意或者承诺的。

在第三款第一项规定的情形下，家庭法院应当审问法定代理人。

根据第一款规定的同意或者根据第二款规定的承诺，直到具有根据第八百六十七条第一款规定的收养许可之前，可以撤回。

[2012 年 2 月 10 日修改全文]

第八百七十条　【对未成年人收养的父母的同意】

成为养子女的未成年人，应当得到父母的同意。但是，在符合下列各项之一情形的，不在此限：

（一）父母根据第八百六十九条第一款规定同意的或者根据相同条第二款规定承诺的；

（二）父母被宣告亲权丧失的；

（三）以无法知道父母所在等事由，无法得到同意的。

家庭法院，在具有符合下列各项之一的事由的情形，父母拒绝，亦可以许可根据第

八百六十七条第一款的收养。在此情形,家庭法院应当审问父母:

(一)父母三年以上未履行对子女的抚养义务的;

(二)父母虐待或者遗弃子女的或者其他显著侵害子女的福利的。

根据第一款规定的同意,直到具有根据第八百六十七条第一款规定的收养许可之前,可以撤回。

[2012年2月10日修改全文]

第八百七十一条 【对成年人收养的父母的同意】

养子女为成年人的,应当得到父母的同意。但是,以无法知道父母的所在等的事由,无法得到同意的,不在此限。

家庭法院,父母无正当理由拒绝同意的,根据成为养父母的人或者成为养子女的人的请求替代父母的同意可以审判。在此情形,家庭法院应当审问父母。

[2012年2月10日修改全文]

第八百七十二条 删除〈2012年2月10日〉

第八百七十三条 【被成年监护人的收养】

被成年监护人,经成年监护人的同意,可以收养,并可以成为养子女。

被成年监护人收养或者成为养子女的,准用第八百六十七条的规定。

家庭法院,成年监护人无正当理由拒绝根据第一款规定的同意的,或者被成年监护人的父母无正当理由拒绝根据第八百七十一条第一款规定的同意的,无其同意,亦可以许可收养。在此情形,家庭法院应当审问成年监护人或者父母。

[2012年2月10日修改全文]

第八百七十四条 【夫妻的共同收养等】

具有配偶的人,应当与配偶共同收养。

具有配偶的人,经其配偶的同意,可以成为养子女。

[2012年2月10日修改全文]

第八百七十五条 删除〈1990年1月13日〉

第八百七十六条 删除〈1990年1月13日〉

第八百七十七条 【收养的禁止】

不得收养尊亲属或者年长人。

[2012年2月10日修改全文]

第八百七十八条 【收养的成立】

收养,根据《关于家族关系的登录等的法律》规定,以登记,产生其效力。

[2012年2月10日修改全文]

第八百七十九条 删除〈1990年1月13日〉

第八百八十条 删除〈1990年1月13日〉

第八百八十一条 【收养登记的审查】

不违反第八百六十六条、第八百六十七条、第八百六十九条到第八百七十一条、第八百七十三条、第八百七十四条、第八百七十七条以及其他法令规定的收养登记,应当受理。

[2012年2月10日修改全文]

第八百八十二条 【在外国的收养登记】

在国外收养登记的,准用第八百一十四条的规定。

[2012年2月10日修改全文]

第八百八十二条之二 【收养的效力】

养子女,自收养之时,具有与养父母的亲生子女相同的地位。

养子女的收养之前的亲属关系存续。

[2012年2月10日新设本条]

第二小节 收养的无效与撤销〈2012年2月10日修改〉

第八百八十三条 【收养无效的原因】

符合下列各项之一的收养,无效:

(一)当事人之间无收养协议的;

(二)违反第八百六十七条第一款(包括国家第八百七十三条第二款准用的情形)、第八百六十九条第二款、第八百七十七条规定的。

[2012年2月10日修改全文]

第八百八十四条 【收养撤销的原因】

收养在符合下列各项之一的情形,向家庭法院可以请求其撤销:

(一)违反第八百六十六条、第八百六十九条第一款、相同条第三款第二项、第八百七十条第一款、第八百七十一条第一款、第八百七十三条第一款、第八百七十四条规定的;

(二)收养当时不知道养父母与养子女中某一一方具有恶疾或者其他重大事由的;

(三)因欺诈或者胁迫实施收养的意思表示的。

关于收养撤销,准用第八百六十七条第二款的规定。

[2012年2月10日修改全文]

第八百八十五条 【收养撤销请求权人】

养父母、养子女与其法定代理人或者直系血亲,可以请求撤销违反第八百六十六条规定的收养。

[2012年2月10日修改全文]

第八百八十六条 【收养撤销请求权人】

养子女或者同意权人,可以请求撤销违反第八百六十九条第一款、相同条第三款第二项、第八百七十条第一款规定的收养,同意权人,可以请求撤销违反第八百七十一条第一款规定的收养。

[2012年2月10日修改全文]

第八百八十七条 【收养撤销请求权人】

被成年监护人或者成年监护人,可以请求违反第八百七十三条第一款规定的收养。

[2012 年 2 月 10 日修改全文]

第八百八十八条 【收养撤销请求权人】

配偶,可以请求撤销违反第八百七十四条规定的收养。

[2012 年 2 月 10 日修改全文]

第八百八十九条 【收养撤销请求权的消灭】

养父母成年的,不得请求撤销违反第八百六十六条规定的收养。

[2012 年 2 月 10 日修改全文]

第八百九十条 删除〈1990 年 1 月 13 日〉

第八百九十一条 【收养撤销请求权的消灭】

养子女成年后经过三个月的或者死亡的,不得请求撤销违反第八百六十九条第一款、相同条第三款第二项、第八百七十条第一款规定的收养。

养子女死亡的,不得请求撤销违反第八百七十一条第一款规定的收养。

[2012 年 2 月 10 日修改全文]

第八百九十二条 删除〈2012 年 2 月 10 日〉

第八百九十三条 【收养撤销请求权的消灭】

成年监护开始审判撤销之后,经过三个月的,不得请求撤销违反第八百七十三条第一款规定的收养。

[2012 年 2 月 10 日修改全文]

第八百九十四条 【收养撤销请求权的消灭】

违反第八百六十九条第一款、相同条第三款第二项、第八百七十条第一款、第八百七十一条第一款、第八百七十三条第一款、第八百七十四条规定的收养,自知道具有其事由之日起经过六个月、自具有其事由之日起经过一年的,不得请求其撤销。

[2012 年 2 月 10 日修改全文]

第八百九十五条 删除〈1990 年 1 月 13 日〉

第八百九十六条 【收养撤销请求权的消灭】

具有符合第八百八十四条第一款第二项规定的事由的收养,养父母与养子女中某一方自知道具有其事由之日起经过六个月,不得请求其撤销。

[2012 年 2 月 10 日修改全文]

第八百九十七条 【准用规定】

根据收养的无效或者撤销的关于损害赔偿责任,准用第八百零六条规定的关于因欺诈或者胁迫的收养撤销请求权的消灭;准用第八百二十三条规定的关于收养撤销的效力;准用第八百二十四条规定。

[2012 年 2 月 10 日修改全文]

第三小节　罢养〈2012 年 2 月 10 日修改〉

第一款　协议罢养〈2012 年 2 月 10 日修改〉

第八百九十八条　【协议罢养】

养父母与养子女,可以协议罢养。但是,养子女为未成年人或者被成年监护人的,不在此限。

[2012 年 2 月 10 日修改全文]

第八百九十九条　删除〈2012 年 2 月 10 日〉

第九百条　删除〈2012 年 2 月 10 日〉

第九百零一条　删除〈2012 年 2 月 10 日〉

第九百零二条　【被成年监护人的协议罢养】

被成年监护人的养父母,经成年监护人的同意,可以协议罢养。

[2012 年 2 月 10 日修改全文]

第九百零三条　【罢养登记的审查】

不违反第八百九十八条、第九百零二条以及其他法令规定的罢养登记,应当受理。

[2012 年 2 月 10 日修改全文]

第九百零四条　【准用规定】

关于因欺诈或者胁迫的罢养撤销请求权的消灭,准用第八百二十三条的规定,关于协议罢养的成立,准用第八百七十八条的规定。

[2012 年 2 月 10 日修改全文]

第二款　裁判罢养〈2012 年 2 月 10 日修改〉

第九百零五条　【裁判罢养的原因】

养父母、养子女或者第九百零六条规定的请求权人,在符合下列各项之一的情形,可以向家庭法院请求罢养:

(一)养父母虐待或者遗弃养子女的,或者其他显著侵害养子女的福利的;

(二)养父母受到养子女的极为不当待遇的;

(三)养父母或者养子女生死不明三年以上的;

(四)其他具有难以继续养父母子女关系的重大事由的。

[2012 年 2 月 10 日修改全文]

第九百零六条　【罢养请求权人】

养子女未满十三岁的,根据第八百六十九条第二款的承诺的人,可以替代养子女请求罢养。但是,没有请求罢养的人的,根据第七百七十七条的养子女的亲族或者利害关系人,经家庭法院的许可,可以请求罢养。

养子女为十三岁以上的,经根据第八百七十条第一款的同意的父母的同意,可以请求罢养。但是,父母死亡的或者以其他的事由无法同意的,无同意亦可以请求罢养。

养父母或者养子女为被成年监护人的,经成年监护人的同意,可以请求罢养。

检察官为未成年人或者被成年监护人的养子女,可以请求罢养。

[2012 年 2 月 10 日修改全文]

第九百零七条 【罢养请求权的消灭】

罢养请求权人,自知道具有第九百零五条第一项、第二项、第四项事由之日起经过六个月、自具有其事由之日起经过三年的,无法请求罢养。

[2012 年 2 月 10 日修改全文]

第九百零八条 【准用规定】

根据裁判罢养的有关损害赔偿责任,准用第八百零六条的规定。

[2012 年 2 月 10 日修改全文]

第四小节 亲养子女〈2005 年 3 月 31 日新设〉

第九百零八条之二 【亲养子女收养的要件等】

收养亲养子女的人,应当具备下列各项要件,向家庭法院请求收养亲养子女:

(一)结婚三年以上的夫妻,以共同收养。但是,一年以上婚姻中的夫妻一方将其配偶的亲生子女为亲养子女的,不在此限。

(二)成为亲养子女的人,为未成年人。

(三)成为亲养子女的人的亲生父母对亲养子女的收养同意。但是,父母被宣告亲权丧失的,或者无法知道其所在的,或者以其他事由无法同意的,不在此限。

(四)成为亲养子女的人为十三岁以上的,经法定代理人的同意承诺收养。

(五)成为亲养子女的人未满十三岁的,法定代理人替代其承诺收养。

家庭法院,在符合下列各项之一的情形,无须根据第一款第三项、第四项的同意或者根据相同款第五项的承诺的,亦可以认容第一款的请求。在此情形下,家庭法院,应当审问同意权人或者承诺权人:

(一)法定代理人无正当理由拒绝同意或者承诺的。但是,法定代理人为亲权人的,应当具有第二项或者第三项的事由。

(二)亲生父母以归责于自身的事由,三年以上对子女未履行抚养义务的,或者未探望的。

(三)亲生父母虐待或者遗弃子女的,或者其他显著侵害子女的福利的。

为成为亲养子女的人的福利,家庭法院应考虑其养育状况、亲养子女收养的动机、养父母的养育能力、其他状况,认定未适当亲养子女的收养的,可以拒绝第一款的请求。

[2012 年 2 月 10 日修改全文]

第九百零八条之三 【亲养子女收养的效力】

亲养子女,视为夫妻的婚生子女。

亲养子女收养之前的亲属关系,在依据第九百零八条之二第一款规定的请求确定亲养子女收养之时终了。但是,夫妻一方单独收养其配偶的亲生子女的,配偶以及其亲属与亲生子女之间的亲属关系,不在此限。

[2005 年 3 月 31 日新设本条]

第九百零八条之四 【亲养子女收养的撤销等】

成为亲养子女的人的亲生父亲或者母亲，以不可归责于自身的事由，无法根据第九百零八条之二第一款第三项规定的但书的同意的，在自知道亲养子女收养事实之日起六个月以内，向家庭法院可以请求撤销亲养子女收养。

关于亲养子女的收养，不得适用第八百八十三条、第八百八十四条的规定。

[2012 年 2 月 10 日修改全文]

第九百零八条之五 【亲养子女的罢养】

养父母、亲养子女、亲生的父或者母或者检察官，在具有下列各项之一事由的情形，可以向家庭法院请求罢养亲养子女：

(一)养父母虐待或者遗弃亲养子女的或者其他显著侵害亲养子女福利的；

(二)因对亲养子女的养父母的悖伦行为，无法维持亲养子女关系的。

关于亲养子女的罢养，不适用第八百九十八条以及第九百零五条规定。

[2005 年 3 月 31 日新设本条]

第九百零八条之六 【准用规定】

亲养子女收养的撤销或者根据第九百零八条之五第一款第二项规定的关于罢养的请求，准用第九百零八条之二第三款的规定。〈2012 年 2 月 10 日修改〉

[2005 年 3 月 31 日新设本条]

第九百零八条之七 【亲养子女收养的撤销·罢养的效力】

亲养子女收养撤销的或者罢养的，亲养子女关系消灭，收养之前的亲属关系复活。

在第一款的情形下，不溯及亲养子女收养的撤销效力。

[2005 年 3 月 31 日新设本条]

第九百零八条之八 【准用规定】

关于亲养子女，在此小节具有特别规定除外，在未违反其性质的范围之内，准用关于养子女的规定。

[2005 年 3 月 31 日新设本条]

第三节 亲 权

第一小节 总 则

第九百零九条 【亲权人】

父母为未成年子女的亲权人。在养子女的情形下，养父母为亲权人。〈2005 年 3 月 31 日修改〉

父母在婚姻关系存续期间的，父母共同行使亲权。但是，父母意见不一致的，依据当事人的请求由家庭法院确定。

父母一方无法行使亲权的，由另一方行使。

在非婚生子女认领的情形与父母离婚的情形，以父母的协议确定亲权人，无法达成协议或者未达成协议的，家庭法院应当以职权或者根据当事人的请求指定亲权人。但是，父母的协议违反子女的福利的，家庭法院命令补正或者以职权确定亲权人。〈2005 年 3 月 31 日、2007 年 12 月 21 日修改〉

在婚姻的撤销、裁判离婚或者认领请求之诉的情形，家庭法院以职权确定亲权人。〈2005 年 3 月 31 日修改〉

家庭法院为子女的福利认定必要的，根据子女的四寸以内的亲属的请求可以将确定的亲权人以另一方变更。〈2005 年 3 月 31 日新设〉

[1990 年 1 月 13 日修改全文]

第九百零九条之二 【亲权人的指定等】

根据第九百零九条第四款到第六款的规定，单独亲权人确定的父母一方死亡的，生存的父亲或者母亲、未成年子女、未成年子女的亲属，自知道其事实之日起一个月、死亡之日起六个月以内，可以向家庭法院请求指定以生存的父亲或者母亲为亲权人。

收养撤销的或者罢养的或者养父母均死亡的，亲生父母一方或者双方、未成年子女、未成年子女的亲属，自知道其事实之日起一个月、收养撤销或者罢养之日起或者养父母均死亡之日起六个月以内，可以向家庭法院请求指定以亲生父母一方或者双方为亲权人。但是，亲养子女的养父母死亡的，不在此限。

在第一款或者第二款规定的期间之内，无亲权人指定的请求的，家庭法院以职权或者依据未成年子女、未成年子女的亲属、利害关系人、检察官、地方自治团体长的请求可以选任未成年监护人。在此情形，不知道生存的父亲或者母亲、亲生父母一方或者双方的所在的，或者无正当理由未应召唤的除外，应当给予陈述意见的机会。

家庭法院，根据第一款或者第二款规定的亲权人指定请求或者根据第三款的监护人选任的请求，考虑生存的父亲或者母亲、亲生父母一方或者双方的养育意思以及养育能力、请求动机、未成年子女的意思、其他情况，为未成年子女的福利认定未适当的，可以驳回请求。在此情形下，家庭法院应当以职权选任未成年监护人或者指定生存的父亲或者母亲、亲生父母的一方或者双方为亲权人。

符合下列各项之一情形，家庭法院以职权或者依据未成年子女、未成年子女的亲属、利害关系人、检察官、地方自治团体长的请求，根据从第一款到第四款规定指定亲权人或者选任未成年监护人的，可以选任代行其任务的人。在此情形下，对代行其任务的人，准用第二十五条以及九百五十四条的规定：

(一)单独亲权人死亡的；

(二)收养撤销的或者罢养的；

(三)养父母均死亡的。

家庭法院，根据第三款或者第四款选任未成年监护人，未成年监护人选任之后考虑养育状况或者养育能力的变动、未成年子女的意思、其他情况，为未成年子女的福利必要的，依据生存父亲或者母亲、亲生父母一方或者双方、未成年子女的请求，亦可以终了监护指定的生存父亲或者母亲、亲生父母一方或者双方为亲权人。

[2011 年 5 月 19 日新设本条]

第九百一十条 【子女的亲权的代行】

亲权人,可以替代依附其亲权的子女,行使对其子女的亲权。〈2005 年 3 月 31 日修改〉

第九百一十一条 【未成年子女的法定代理人】

行使亲权的父或者母为未成年子女的法定代理人。

第九百一十二条 【亲权行使与亲权人指定的基准】

行使亲权,应当优先考虑子女的福利。〈2011 年 5 月 19 日修改〉

家庭法院在指定亲权人应当优先考虑子女的福利。为此,家庭法院可以得到有关领域的专家或者社会福祉机关的咨询。〈2011 年 5 月 19 日新设〉

[2005 年 3 月 31 日新设本条]

[2011 年 5 月 19 日修改标题]

第二小节 亲权的效力

第九百一十三条 【保护、教育的权利义务】

亲权人具有保护、教育子女的权利义务。

第九百一十四条 【居所指定权】

子女应当在亲权人指定的场所居住。

第九百一十五条 删除〈2021 年 1 月 26 日〉

第九百一十六条 【子女的特有财产与其管理】

子女以自己的名义取得的财产为其特有财产,且该特有财产由作为法定代理人的亲权人管理。

第九百一十七条 删除〈1990 年 1 月 13 日〉

第九百一十八条 【第三人以无偿对子女授予的财产的管理】

无偿对子女授予财产的第三人表示反对亲权人管理的意思的,亲权人不得管理其财产。

在前款情形,第三人未指定其财产管理人的,法院根据得到授予财产的人或者依据第七百七十七条规定的亲属的请求,选任管理人。

第三人指定的管理人的权限消灭的或者具有必要改任管理人的,第三人未重新指定管理人之时,亦与前款的规定相同。

第二十四条第一款、第二款、第四款,第二十五条前段以及第二十六条第一款、第二款的规定,准用于前两款的情形。

第九百一十九条 【关于委托规定的准用】

前三条规定的财产管理,准用第六百九十一条、第六百九十二条规定。

第九百二十条 【关于子女财产的亲权人的代理权】

法定代理人的亲权人,对关于子女财产的法律行为代理其子女。但是,负担以其子女的行为为标的的债务的,须经本人的同意。

第九百二十条之二 【共同亲权人的一方以共同名义实施行为的效力】

父母共同行使亲权的，父母一方以共同名义代理子女或者对子女的法律行为同意的，即使违反另一方的意思，亦具有其效力。但是，相对人为恶意的，不在此限。

[1990 年 1 月 13 日新设本条]

第九百二十一条 【亲权人与其子女之间或者数人的子女之间的利害相反行为】

在作为法定代理人的亲权人与其子女之间实施利害相反行为的，亲权人应当向法院请求选任其子女的特别法定代理人。

法定代理人的亲权人，在依附其亲权的数人的子女之间实施利害相反行为的，应当向法院请求选任其子女一方的特别法定代理人。〈2005 年 3 月 31 日修改〉

第九百二十二条 【亲权人的注意义务】

亲权人在行使对其子女的法律行为的代理权或者财产管理权，应当与关于自己财产的行为相同的注意。

第九百二十二条之二 【替代亲权人的同意的裁判】

对需要亲权人同意的行为，因亲权人无正当理由未同意，具有对子女的生命、身体或者财产发生损害之虞的，家庭法院依据子女、子女的亲属、检察官或者地方自治团体长的请求，可以作出替代亲权人同意的裁判。

[2014 年 10 月 15 日新设本条]

第九百二十三条 【财产管理的计算】

作为法定代理人的亲权人的权限消灭的，应当对其子女财产的管理进行计算。

在前款情形下，对其子女的财产收取的孳息，视为与其子女的养育、财产管理的费用抵销。但是，无偿对子女授予财产的第三人表示反对意思的，该财产不在此范围内。

第三小节 亲权的丧失，临时停止以及部分限制
〈2014 年 10 月 15 日修改〉

第九百二十四条 【亲权的丧失或者临时停止的宣告】

父亲或者母亲滥用亲权，显著侵害子女福利的，或者具有侵害之虞的，依据子女、子女的亲属、检察官或者地方自治团体长的请求，家庭法院可以宣告丧失或者部分停止其亲权。

家庭法院宣告部分停止亲权的，应当考虑子女的状态、养育状况、其他情况，确定其期间。在此情形下，其期间不能超越两年。

为子女的福利，家庭法院认定必要延长亲权的临时停止期间的，依据子女、子女的亲属、检察官、地方自治团体长、未成年监护人或者未成年监护监督人的请求，在两年内可以延长一次其期间。

[2014 年 10 月 15 日修改全文]

第九百二十四条之二 【部分限制亲权宣告】

关于居所的指定或者其他有关身份的决定等特定事项，亲权人行使亲权困难的或者具有不适当事由侵害子女的福利的或者具有侵害之虞的，根据子女、子女的亲属、检

察官或者地方自治团体长请求,家庭法院可以确定具体范围宣告部分限制亲权。〈2021年1月26日修正〉

[2014年10月15日新设本条]

第九百二十五条 【代理权、财产管理权丧失的宣告】

家庭法院作为法定代理人的亲权人因不适当的管理危急子女的财产的,依据子女的亲属、检察官或者地方自治团体长请求,可以宣告丧失其法律行为的代理权与财产管理权。〈2014年10月15日修改〉

[2012年2月10日修改全文]

第九百二十五条之二 【亲权丧失宣告等的判断基准】

根据第九百二十四条的亲权丧失的宣告,仅在相同条规定的亲权的临时停止,第九百二十四条之二规定的亲权的部分限制,第九百二十五条规定的代理权、财产管理权的丧失宣告或者依据其他措施无法充分保护子女福利的情形,可以实施。

第九百二十四条规定的亲权临时停止,第九百二十四条之二规定的亲权部分限制或者第九百二十五条规定的代理权、财产管理权的丧失宣告,在替代第九百二十二条之二规定的同意的裁判或者依据其他措施无法充分保护子女福利的,可以实施。

[2014年10月15日新设本条]

第九百二十五条之三 【父母的权利与义务】

根据第九百二十四条与第九百二十四条之二、第九百二十五条的规定,亲权丧失、临时停止、部分限制或者宣告代理权与财产管理权丧失的,父母对子女的其他权利与义务亦未变更。

[2014年10月15日新设本条]

第九百二十六条 【失权恢复的宣告】

家庭法院,根据第九百二十四条、第九百二十四条之二或者第九百二十五条规定的宣告原因消灭的,依据本人、子女、子女的亲属、检察官或者地方自治团体长请求,可以宣告恢复失权。

[2014年10月15日修改全文]

第九百二十七条 【代理权、管理权的辞退与恢复】

作为法定代理人的亲权人具有正当事由的,经法院的许可可以辞退其法律行为的代理权与财产管理权。

前款的事由消灭的,其亲权人经法院的许可可以恢复辞退的权利。

第九百二十七条之二 【亲权的丧失、临时停止或者部分限制与亲权人的指定等】

根据第九百零九条第四款到第六款的规定,成为单独亲权人的父亲或者母亲、养父母(除亲养子女的养父母之外)双方,在具有符合下列各项之一事由的情形,准用第九百零九条之二第一款以及第三款到第五款的规定。但是,在第一项三、第二项以及第三项的情形,重新确定的亲权人或者未成年监护人的任务,限定在属于被限制的亲权的范围的行为:〈2014年10月15日修改〉

(一)具有根据第九百二十四条的亲权丧失宣告的;

(一)之二具有根据第九百二十四条的亲权临时停止宣告的;

(一)之三具有根据第九百二十四条之二的亲权部分限制宣告的;

(二)具有根据第九百二十五条的代理权与财产管理权丧失宣告的;

(三)根据第九百二十七条第一款辞退代理权与财产管理权的;

(四)具有所在不明等无法行使亲权的重大事由的。

在第一款指定亲权人或者选任未成年监护人之后,在单独亲权人的父亲或者母亲、养父母一方或者双方具有符合下列各项之一事由的情形,依据其父母一方或者双方、未成年子女、未成年子女的亲属的请求,可以重新指定亲权人:

(一)根据第九百二十六条宣告恢复失权的;

(二)根据第九百二十七条第二款恢复辞退权利的;

(三)发现所在不明的父亲或者母亲等可以行使亲权的。

[2011 年 5 月 19 日新设本条]

[2014 年 10 月 15 日修改标题]

第五章 监　　护

第一节 未成年监护与成年监护〈2011 年 3 月 7 日修改〉

第一小节 监护人〈2011 年 3 月 7 日新设〉

第九百二十八条 【对未成年人的监护的开始】

未成年人没有亲权人或者亲权人根据第九百二十四条、第九百二十四条之二、第九百二十五条或者第九百二十七条第一款的规定无法行使亲权的全部或者部分的,应当设置未成年监护人。〈2014 年 10 月 15 日修改〉

[2011 年 3 月 7 日修改全文]

第九百二十九条 【依据成年监护审判的监护的开始】

具有家庭法院的成年监护开始审判的,应当设置受到其审判的人的成年监护人。

[2011 年 3 月 7 日修改全文]

第九百三十条 【监护人的人数与资格】

未成年监护人的人数为一名。

成年监护人考虑被成年监护人的关于身份与财产的所有情况,可以设置数人。

法人亦可以成为成年监护人。

[2011 年 3 月 7 日修改全文]

第九百三十一条 【依据遗嘱的未成年监护人的指定等】

对未成年人行使亲权的父母可以以遗嘱指定未成年监护人。但是,无法律行为的代理权与财产管理权的亲权人,不在此限。

家庭法院,根据第一款指定未成年监护人的,为未成年人福利之必要,以及生存父亲或者母亲、未成年人的请求可以终了监护指定生存父亲或者母亲为亲权人。

[2011 年 5 月 19 日修改全文]

第九百三十二条 【未成年监护人的选任】

家庭法院没有根据第九百三十一条规定指定未成年监护人的,以职权或者依据未成年人、亲属、利害关系人、检察官、地方自治团体长的请求,选任未成年监护人。未成年监护人没有的,亦同。

家庭法院根据第九百二十四条、第九百二十四条之二、第九百二十五条规定的亲权的丧失、临时停止、部分限制的宣告或者根据法律行为的代理权或者财产管理权丧失的宣告,具有必要选任未成年监护人的,以职权选任未成年监护人。〈2014 年 10 月 15 日修改〉

亲权人辞退代理权以及财产管理权的,应当立即向家庭法院请求选任未成年监护人。

[2011 年 3 月 7 日修改全文]

第九百三十三条 删除〈2011 年 3 月 7 日〉

第九百三十四条 删除〈2011 年 3 月 7 日〉

第九百三十五条 删除〈2011 年 3 月 7 日〉

第九百三十六条 【成年监护人的选任】

根据第九百二十九条的成年监护人,由家庭法院以职权选任。

成年监护人死亡、缺格、其他事由没有的,家庭法院亦以职权或者依据被成年监护人、亲属、利害关系人、检察官、地方自治团体长的请求选任成年监护人。

家庭法院选任成年监护人的,认定必要的,亦以职权或者依据第二款规定的请求权人或者成年监护人的请求,追加选任成年监护人。

家庭法院选任成年监护人的,应当尊重被成年监护人的意思,其他亦应当考虑被成年监护人的健康、生活关系、财产状况、成为成年监护人的人的职业与经验、与被成年监护人的利害关系的有无(法人成为成年监护人的,是指事业的种类与内容、法人与其代表人与被成年监护人之间的利害关系的有无)等情况。

[2011 年 3 月 7 日修改全文]

第九百三十七条 【监护人的缺格事由】

符合下列各项之一的人,不得成为监护人:〈2016 年 12 月 20 日修改〉

(一)未成年人;

(二)被成年监护人、被限定监护人、被特定监护人、被任意监护人;

(三)受到回生程序开始决定或者破产宣告的人;

(四)被宣告资格停止以上刑,并在其刑期中的人;

(五)在法院被解任的法定代理人;

(六)在法院被解任的成年监护人、限定监护人、特定监护人、任意监护人与其监督人;

(七)下落不明的人;

(八)以被监护人为对象曾经诉讼的或者正在诉讼的人;

(九)在第八项确定的人的配偶与直系血亲。但是,被监护人的直系卑亲属除外。

[2011年3月7日修改全文]

第九百三十八条 【监护人的代理权等】

监护人成为被监护人的法定代理人。

家庭法院,可以确定成年监护人具有的根据第一款法定代理权的范围。

家庭法院,可以确定成年监护人关于被成年监护人的身份可以决定的权限的范围。

根据第二款以及第三款的法定代理人的权限的范围未适当的,家庭法院依据本人、配偶、四寸以内的亲属、成年监护人、成年监护监督人、检察官或者地方自治团体长的请求,可以变更其范围。

[2011年3月7日修改全文]

第九百三十九条 【监护人的辞任】

监护人具有正当事由的,经家庭法院的许可,可以辞任。在此情形下,其监护人在请求辞任的同时,可以向家庭法院请求选任新的监护人。

[2011年3月7日修改全文]

第九百四十条 【监护人的变更】

为被监护人的福利,家庭法院认定具有必要变更监护人的,以职权或者依据被监护人、亲属、监护监督人、检察官、地方自治团体长的请求,可以变更监护人。

[2011年3月7日修改全文]

第二小节 监护监督人〈2011年3月7日新设〉

第九百四十条之二 【未成年监护监督人的指定】

可以指定未成年监护人的人,可以以遗嘱指定未成年监护监督人。

[2011年3月7日新设本条]

第九百四十条之三 【未成年监护监督人的选任】

家庭法院,没有根据第九百四十条之二的规定指定的未成年监护监督人的,认定必要的,以职权或者依据未成年人、亲属、未成年监护人、检察官、地方自治团体长的请求,可以选任未成年监护监督人。

家庭法院未成年监护监督人以死亡、缺格、其他事由没有的,以职权或者依据未成年人、亲属、未成年监护人、检察官、地方自治团体长的请求,可以选任未成年监护监督人。

[2011年3月7日新设本条]

第九百四十条之四 【成年监护监督人的选任】

家庭法院认定必要的,可以以职权或者依据被成年监护人、亲属、成年监护人、检察官、地方自治团体长的请求,选任成年监护监督人。

家庭法院成年监护监督人以死亡、缺格、其他事由没有的,可以职权或者根据被成年监护人、亲属、成年监护人、检察官、地方自治团体长的请求，选任成年监护监督人。

[2011 年 3 月 7 日新设本条]

第九百四十条之五 【监护监督人的缺格事由】

根据第七百七十九条的监护人的家庭成员，不得成为监护监督人。

[2011 年 3 月 7 日新设本条]

第九百四十条之六 【监护监督人的职务】

监护监督人监督监护人的事务，无监护人的，立即向家庭法院请求选任监护人。

监护监督人对被监护人的身份或者财产具有急迫情况的，为保护其可以实施必要的行为或者处分。

在监护人与被监护人之间关于利害相反的行为，监护监督人代理被监护人。

[2011 年 3 月 7 日新设本条]

第九百四十条之七 【委托以及监护人规定的准用】

对监护监督人，准用第六百八十一条、第六百九十一条、第六百九十二条、第九百三十条第二款和第三款、第九百三十六条第三款和第四款、第九百三十七条、第九百三十九条、第九百四十条、第九百四十七条之二第三款至第五款、第九百四十九条之二、第九百五十五条以及第九百五十五条之二的规定。

[2011 年 3 月 7 日新设本条]

第三小节 监护人的任务〈2011 年 3 月 7 日新设〉

第九百四十一条 【财产调查与目录制定】

监护人应当立即调查被监护人的财产，在二个月以内制定其目录。但是，具有正当事由的，经法院的许可，可以延长其期间。

具有监护监督人的，根据第一款的财产调查与目录制定，无监护监督人的参与无效力。

[2011 年 3 月 7 日修改全文]

第九百四十二条 【监护人的债权、债务的提示】

监护人与被监护人之间具有债权、债务关系，并具有监护监督人的，监护人在完成制定财产目录之前，应当向监护监督人提示其内容。

监护人知道具有对被监护人的债权而懈怠根据第一款的提示的，视为放弃其债权。

[2011 年 3 月 7 日修改全文]

第九百四十三条 【目录制定之前的权限】

直到完成财产调查与目录制定，在非紧急必要的情形下，监护人不得行使关于其财产的权限。但是，不得以此对抗善意的第三人。

第九百四十四条 【被监护人取得的概括性财产的调查等】

前三条规定，准用于监护人的在就任之后被监护人取得概括性财产的情形。

第九百四十五条 【关于未成年人身份的监护人的权利·义务】

关于第九百一十三条到第九百一十四条规定的事项,未成年监护人具有与亲权人相同的权利与义务。但是,符合下列各项之一情形,且具有未成年监护监督人的,应当得到其同意:

(一)变更亲权人确定的教育方法、养育方法或者居所的;

(二)删除;〈2021 年 1 月 26 日〉

(三)撤销或者限制亲权人允许的营业的。

[2011 年 3 月 7 日修改全文]

第九百四十六条 【亲权中在部分被限定的监护】

未成年人的亲权人,根据第九百二十四条之二、第九百二十五条或者第九百二十七条第一款的规定,限定在亲权中部分无法行使的,未成年监护人的任务,被限定在属于被限制的亲权范围行为。

[2014 年 10 月 15 日修改全文]

第九百四十七条 【被成年监护人的福利与意识尊重】

成年监护人实施被成年监护人的财产管理与身份保护的,应当考虑各种情况以符合其福利的方法处理事务。在此情形下,成年监护人未损害被成年监护人的福利的,应当尊重被成年监护人的意思。

[2011 年 3 月 7 日修改全文]

第九百四十七条之二 【被成年监护人的身份决定等】

被成年监护人关于自己的身份在其状态允许的范围以单独决定。

成年监护人将被成年监护人以治疗等的目的,在精神病院或者其他场所隔离的,应当得到家庭法院的许可。

对侵害被成年监护人身体的医疗行为,被成年监护人无法同意的,成年监护人可以替代其同意。

在第三款情形下,被成年监护人以医疗行为的直接结果死亡的或者具有受到相当障碍的危险的,应当得到家庭法院的许可。但是,以许可程序迟延医疗行为对被成年监护人的生命导致危险的或者导致身心上的重大障碍的,在事后可以请求许可。

成年监护人代理被成年监护人,对被成年监护人居住的建筑物或者其宅基地,实施出售、出租、设定传贯权、设定抵押权、终止租赁、消灭传贯权、其他以此为准行为的,应当得到家庭法院的许可。

[2011 年 3 月 7 日新设本条]

第九百四十八条 【未成年人的亲权的代行】

未成年监护人替代未成年人可以对未成年人的子女行使亲权。

在第一款规定的亲权行使,准用关于未成年监护人的任务的规定。

[2011 年 3 月 7 日修改全文]

第九百四十九条 【财产管理权与代理权】

监护人,管理被监护人的财产,代理被监护人关于其财产的法律行为。

第九百二十条但书的规定,准用于前款的法律行为。

第九百四十九条之二 【成年监护人为数人的权限的行使等】

家庭法院以职权可以确定数人的成年监护人以共同或者分掌事务行使其权限。

家庭法院以职权可以变更或者撤销根据第一款的决定。

成年监护人为数人的应当以共同行使权限的,某一成年监护人即使具有侵害被成年监护人利益之虞的,亦未协力在法律行为的代理等必要的权限行使的,家庭法院依据被成年监护人、成年监护人、监护监督人或者利害关系人的请求,可以作出替代其成年监护人的意思表示的裁判。

[2011 年 3 月 7 日新设本条]

第九百四十九条之三 【利害相反行为】

对监护人准用第九百二十一条的规定。但是,具有监护监督人的,不在此限。

[2011 年 3 月 7 日新设本条]

第九百五十条 【以监护监督人的同意为必要的行为】

监护人代理被监护人实施符合下列各项之一行为的,或者同意未成年人的符合下列各项之一行为的,应当得到其监护监督人的同意:

(一)关于营业行为;

(二)借金钱行为;

(三)仅负担义务的行为;

(四)以关于不动产或者重要财产的权利的得失变更为标的的行为;

(五)诉讼行为;

(六)继承的承认、限定承认或者放弃以及关于继承财产分割的协议。

对需要监护监督人同意的行为,监护监督人具有侵害被监护人利益之虞,亦未同意的,家庭法院可以依据监护人的请求作出替代监护监督人同意的许可。

需要监护监督人同意的法律行为,未经监护监督人的同意实施的,被监护人或者监护监督人可以撤销其行为。

[2011 年 3 月 7 日修改全文]

第九百五十一条 【对被监护人的财产等的受让的撤销】

监护人受让对被监护人的第三人的权利的,被监护人可以撤销。

根据第一款规定的权利受让的,具有监护监督人的,监护人应当得到监护监督人的同意,无监护监督人的同意的,被监护人或者监护监督人可以撤销。

[2011 年 3 月 7 日修改全文]

第九百五十二条 【相对人的追认与否的催告】

第九百五十条以及第九百五十一条规定的情形,准用第十五条的规定。

[2011 年 3 月 7 日修改全文]

第九百五十三条 【监护监督人的监护事务的监督】

监护监督人随时可以向监护人提出关于其任务执行的报告与财产目录,调查被监护人的财产状况的要求。

[2011 年 3 月 7 日修改全文]

第九百五十四条 【家庭法院的关于监护事务的处分】

家庭法院以职权或者依据被监护人、监护监督人、根据第七百七十七条规定的亲属、其他利害关系人、检察官、地方自治团体长的请求,调查被监护人的财产状况,可以向监护人命令关于财产管理等监护任务的执行所必要的处分。

[2011 年 3 月 7 日修改全文]

第九百五十五条 【对监护人的报酬】

法院依据监护人的请求,斟酌被监护人的财产状态以及其他情形,可以在被监护人的财产中向监护人授予适当的报酬。

第九百五十五条之二 【支出金额的预定与事务费用】

监护人在执行监护事务所必要的费用,从被监护人的财产中支出。

[2011 年 3 月 7 日新设本条]

第九百五十六条 【委托与亲权规定的准用】

第六百八十一条以及第九百一十八条规定,准用于监护人。

第四小节 监护的终了〈2011 年 3 月 7 日新设〉

第九百五十七条 【监护事务的终了与管理的计算】

监护人的任务终了的,监护人或者其继承人在一个月之内,应当计算关于被监护人的财产。但是,具有正当理由的,经法院的许可,可以延长其期间。

第一款规定的计算,具有监护监督人的,其未参与的无效力。

[2011 年 3 月 7 日修改全文]

第九百五十八条 【利息的附加与对金钱消费的责任】

监护人向被监护人支付的金额或者被监护人向监护人支付的金额,自计算终了之日起附加利息。

监护人为自己消费被监护人的金钱的,自其消费之日起附加利息,对被监护人具有损害的,应当予以赔偿。

第九百五十九条 【委托规定的准用】

第六百九十一条、第六百九十二条的规定,准用于监护的终了。

第二节 限定监护与特定监护〈2011 年 3 月 7 日新设〉

第九百五十九条之二 【限定监护的开始】

具有家庭法院的限定监护开始审判的,应当设置受到其审判的人的限定监护人。

[2011 年 3 月 7 日新设本条]

第九百五十九条之三 【限定监护人的选任等】

根据第九百五十九条之二的限定监护人,由家庭法院以其职权选任。

对限定监护人，准用第九百三十条第二款和第三款、第九百三十六条第二款到第四款、第九百三十七条、第九百三十九条、第九百四十条以及第九百四十九条之三。

[2011年3月7日新设本条]

第九百五十九条之四 【限定监护人的代理权等】

家庭法院可以对限定监护人作出授予代理权的审判。

关于限定监护人的代理权等，准用第九百三十八条第三款以及第四款的规定。

[2011年3月7日新设本条]

第九百五十九条之五 【限定监护监督人】

家庭法院，认定必要的，以职权或者依据被限定监护人、亲属、限定监护人、检察官、地方自治团体长的请求，可以选任限定监护监督人。

对限定监护监督人，准用第六百八十一条、第六百九十一条、第六百九十二条、第九百三十条第二款和第三款、第九百三十六条第三款和第四款、第九百三十七条、第九百三十九条、第九百四十条、第九百四十条之三第二款、第九百四十条之五、第九百四十条之六、第九百四十七条之二第三款到第五款、第九百四十九条之二、第九百五十五条以及第九百五十五条之二的规定。在此情形下，第九百四十条之六第三款中“代理被监护人”，视为“代理被限定监护人或者同意被限定监护人实施其行为”。

[2011年3月7日新设本条]

第九百五十九条之六 【限定监护事务】

关于限定监护的事务，准用第六百八十一条、第九百二十条但书、第九百四十七条、第九百四十七条之二、第九百四十九条、第九百四十九条之二、第九百四十九条之三、第九百五十条到第九百五十五条以及第九百五十五条之二的规定。

[2011年3月7日新设本条]

第九百五十九条之七 【限定监护人的任务的终了】

关于限定监护人的任务终了的，准用第六百九十一条、第六百九十二条、第九百五十七条以及第九百五十八条的规定。

[2011年3月7日新设本条]

第九百五十九条之八 【根据特定监护的保护措施】

家庭法院为被特定监护人的支援可以命令必要的处分。

[2011年3月7日新设本条]

第九百五十九条之九 【特定监护人的选任等】

家庭法院以根据第九百五十九条之八的处分，可以选任为支援或者代理被特定监护人的特定监护人。

对特定监护人，准用第九百三十条第二款和第三款、第九百三十六条第二款到第四款、第九百三十七条、第九百三十九条以及第九百四十条的规定。

[2011年3月7日新设本条]

第九百五十九条之十 【特定监护监督人】

家庭法院，认定必要的，以职权或者根据被特定监护人、亲属、特定监护人、检察官、地方自治团体长的请求，可以选任特定监护监督人。

对特定监护监督人，准用第六百八十一条、第六百九十一条、第六百九十二条、第九百三十条第二款和第三款、第九百三十六条第三款和第四款、第九百三十七条、第九百三十九条、第九百四十条、第九百四十条之五、第九百四十条之六、第九百四十九条之二、第九百五十五条以及第九百五十五条之二的规定。

[2011 年 3 月 7 日新设本条]

第九百五十九条之十一 【特定监护人的代理权】

为被特定监护人的支援认定必要的，家庭法院可以作出确定期间或者范围向特定监护人授予代理权的审判。

在第一款情形，对特定监护人的代理权的行使，家庭法院命令其须得到家庭法院或者特定监护监督人的同意。

[2011 年 3 月 7 日新设本条]

第九百五十九条之十二 【特定监护事务】

关于特定监护的事务，准用第六百八十一条、第九百二十条但书、第九百四十七条、第九百四十九条之二、第九百五十三条到第九百五十五条以及第九百五十五条之二的规定。

[2011 年 3 月 7 日新设本条]

第九百五十九条之十三 【特定监护人的任务的终了】

关于特定监护人的任务终了的，准用第六百九十一条、第六百九十二条、第九百五十七条以及第九百五十八条的规定。

[2011 年 3 月 7 日新设本条]

第三节 监护契约〈2011 年 3 月 7 日新设〉

第九百五十九条之十四 【监护契约的意义与缔结方法等】

监护契约以因疾病、障碍、老龄、其他事由的精神制约，处于事务处理的能力不足的状况的或者防备不足的状况，关于自身的财产管理以及身份保护事务的全部或者部分，向其他人委托，并关于其委托事务授予代理权为内容。

监护契约应当以公证证书缔结。

监护契约，自家庭法院选任任意监护监督人之时，发生效力。

家庭法院、任意监护人、任意监护监督人等，履行、运营监护契约的，应当最大尊重本人的意思。

[2011 年 3 月 7 日新设本条]

第九百五十九条之十五 【任意监护监督人的选任】

家庭法院，监护契约被登记，并认定本人处理事务的能力处于不足的状况的，依据本人、配偶、四寸以内的亲属、任意监护人、检察官或者地方自治团体长的请求，选任任意监护监督人。

在第一款情形,依据非本人的请求家庭法院选任任意监护监督人的,应当已经得到本人的同意。但是,本人无法表示意思的,不在此限。

家庭法院,任意监护监督人没有的,以职权或者依据本人、亲属、任意监护人、检察官或者地方自治团体长的请求,选任任意监护监督人。

家庭法院即使选任任意监护监督人的,亦认定必要的,以职权或者依据第三款的请求权人的请求,可以追加选任任意监护监督人。

对任意监护监督人,准用第九百四十条之五的规定。

[2011 年 3 月 7 日新设本条]

第九百五十九条之十六 【任意监护监督人的职务等】

任意监护监督人监督任意监护人的事务,关于其事务应当向家庭法院定期报告。

家庭法院认定必要的,向任意监护监督人可以要求关于监督事务的报告,并可以命令对任意监护人的事务或者本人的财产状况的调查,或者可以命令其他关于任意监护监督人的职务所必要的处分。

对任意监护监督人,准用第九百四十条之六第二款和第三款、第九百四十条之七以及第九百五十三条的规定。

[2011 年 3 月 7 日新设本条]

第九百五十九条之十七 【任意监护开始的限制等】

对符合第九百三十七条各项规定的人或者其他实施显著恶行的或者具有在监护契约确定的任务中有不适合的事由的人的任意监护人,家庭法院不选任任意监护监督人。

选任任意监护监督人以后,任意监护人实施显著恶行的,或者其他具有在其任务未适合事由的,家庭法院依据任意监护监督人、本人、亲属、检察官或者地方自治团体长的请求,可以解任任意监护人。

[2011 年 3 月 7 日新设本条]

第九百五十九条之十八 【监护契约的终了】

在任意监护监督人选任之前,本人或者任意监护人随时以经公证人的认证的书面,撤回监护契约的意思表示。

任意监护监督人选任以后,本人或者任意监护人具有正当事由的,经家庭法院的许可,可以终了监护契约。

[2011 年 3 月 7 日新设本条]

第九百五十九条之十九 【任意监护人的代理权消灭与第三人的关系】

任意监护人的代理权消灭,未登记,无法对抗善意的第三人。

[2011 年 3 月 7 日新设本条]

第九百五十九条之二十 【监护契约与成年监护、限定监护、特定监护的关系】

监护契约登记的,家庭法院为本人的利益特别必要的,根据任意监护人或者任意监护监督人的请求,可以审判成年监护、限定监护或者特定监护。在此情形下,监护契约,本人受到成年监护或者限定监护开始审判之时,终了。

本人为被成年监护人、被限定监护人或者被特定监护人的,家庭法院在选任任意监护监督人时,应当审判从前的成年监护、限定监护或者特定监护终了。但是,成年监护或者限定监护措施的继续,为本人的利益认定特别必要的,家庭法院不选任任意监护监督人。

[2011 年 3 月 7 日新设本条]

第六章　删除〈2011 年 3 月 7 日〉

第九百六十条　删除〈2011 年 3 月 7 日〉
第九百六十一条　删除〈2011 年 3 月 7 日〉
第九百六十二条　删除〈2011 年 3 月 7 日〉
第九百六十三条　删除〈2011 年 3 月 7 日〉
第九百六十四条　删除〈2011 年 3 月 7 日〉
第九百六十五条　删除〈2011 年 3 月 7 日〉
第九百六十六条　删除〈2011 年 3 月 7 日〉
第九百六十七条　删除〈2011 年 3 月 7 日〉
第九百六十八条　删除〈2011 年 3 月 7 日〉
第九百六十九条　删除〈2011 年 3 月 7 日〉
第九百七十条　删除〈2011 年 3 月 7 日〉
第九百七十一条　删除〈2011 年 3 月 7 日〉
第九百七十二条　删除〈2011 年 3 月 7 日〉
第九百七十三条　删除〈2011 年 3 月 7 日〉

第七章　扶　　养

第九百七十四条　【扶养义务】

下列各项的亲属,相互负有扶养义务:

(一)直系血亲以及其配偶之间;

(二)删除;〈1990 年 1 月 13 日〉

(三)其他亲属之间(限制在共同生计的情形下)。

第九百七十五条　【扶养义务与生活能力】

扶养义务,得到扶养的人,以依据自己的资力或者勤劳无法维持生活的为限,负有履行的责任。

第九百七十六条　【扶养的顺位】

负有扶养义务的人为数人的,关于实施扶养的人的顺位,在当事人之间无协定的,法院可以依据当事人的请求确定。得到扶养的人为数人的,扶养义务人的资力无法扶养其全员之时,亦同。

在前款情形,法院可以选任数人的扶养义务人或者权利人。

第九百七十七条 【扶养的顺位】

关于扶养的程度或者方法,在当事人之间无协定的,法院可以依据当事人的请求,斟酌得到扶养的人的生活程度与扶养义务人的资力以及其他诸多情况确定。

第九百七十八条 【扶养关系的变更或者撤销】

关于实施扶养的人或者得到扶养的人的顺位、扶养的程度或者方法,具有当事人的协定或者法院的判决之后,具有情况变更的,法院可以根据当事人的请求,撤销或者变更其协定或者判决。

第九百七十九条 【扶养请求权处分的禁止】

得到扶养的权利不得处分。

第八章 删除〈2005 年 3 月 31 日〉

第一节 删除〈2005 年 3 月 31 日〉

第九百八十条 删除〈2005 年 3 月 31 日〉

第九百八十一条 删除〈2005 年 3 月 31 日〉

第九百八十二条 删除〈2005 年 3 月 31 日〉

第九百八十三条 删除〈1990 年 1 月 13 日〉

第二节 删除〈2005 年 3 月 31 日〉

第九百八十四条 删除〈2005 年 3 月 31 日〉

第九百八十五条 删除〈2005 年 3 月 31 日〉

第九百八十六条 删除〈2005 年 3 月 31 日〉

第九百八十七条 删除〈2005 年 3 月 31 日〉

第九百八十八条 删除〈1990 年 1 月 13 日〉

第九百八十九条 删除〈2005 年 3 月 31 日〉

第九百九十条 删除〈1990 年 1 月 13 日〉

第九百九十一条 删除〈2005 年 3 月 31 日〉

第九百九十二条 删除〈2005 年 3 月 31 日〉

第九百九十三条 删除〈2005 年 3 月 31 日〉

第九百九十四条 删除〈2005 年 3 月 31 日〉

第三节 删除〈2005 年 3 月 31 日〉

第九百九十五条 删除〈2005 年 3 月 31 日〉

第九百九十六条 删除〈1990 年 1 月 13 日〉

第五编　继承〈1990年1月13日修改〉

第一章　继承〈1990年1月13日新设〉

第一节　总　　则

第九百九十七条　【继承开始的原因】

继承因死亡开始。〈1990年1月13日修改〉

[1990年1月13日修改标题]

第九百九十八条　【继承开始的场所】

继承在被继承人的住所地开始。

[1990年1月13日修改全文]

第九百九十八条之二　【继承费用】

关于继承的费用在继承财产中支付。

[1990年1月13日新设本条]

第九百九十九条　【继承恢复请求权】

继承权因自称继承权人被侵害的,继承权人或者其法定代理人可以提起继承恢复之诉。

第一款规定的继承恢复请求权,自知道其侵害之日起经过三年,或者自具有侵害行为之日起经过十年消灭。〈2002年1月14日修改〉

[1990年1月13日修改全文]

第二节　继承人〈1990年1月13日修改〉

第一千条　【继承的顺位】

在继承中,按照下列顺位成为继承人。〈1990年1月13日修改〉

(一)被继承人的直系卑亲属;

(二)被继承人的直系尊亲属;

(三)被继承人的兄弟姐妹;

(四)被继承人的四寸以内的旁系血亲。

在前款情形,同顺位的继承人为数人的,以最近亲为先顺位,同亲等的继承人为数人的,成为共同继承人。

胎儿关于继承顺位,视为已经出生。〈1990 年 1 月 13 日修改〉

[1990 年 1 月 13 日修改标题]

第一千零一条 【代位继承】

依据前条第一款第一项与第三项的规定,成为继承人的直系卑亲属或者兄弟姐妹在继承开始之前死亡或者丧失资格的,具有其直系卑亲属的,其直系卑亲属替代死亡或者成为缺格人的顺位成为继承人。〈2014 年 12 月 30 日修改〉

第一千零二条 删除〈1990 年 1 月 13 日〉

第一千零三条 【配偶的继承顺位】

被继承人的配偶,在具有依据第一千条第一款第一项与第二项规定的继承人的情形,与其继承人以同顺位成为共同继承人,无其继承人的,成为单独继承人。〈1990 年 1 月 13 日修改〉

在第一千零一条情形,在继承开始之前,死亡或者缺格的人的配偶,与依据同条规定的继承人以同顺位成为共同继承人,无其继承人的,成为单独继承人。〈1990 年 1 月 13 日修改〉

[1990 年 1 月 13 日修改标题]

第一千零四条 【继承人的缺格事由】

符合下列各项之一的人,不得成为继承人:〈1990 年 1 月 13 日、2005 年 3 月 31 日修改〉

(一)故意杀害或者蓄意杀害直系尊亲属、被继承人、其配偶或者在先顺位或者同顺位的人的人;

(二)故意对直系尊亲属、被继承人与其配偶加以伤害导致死亡的人;

(三)欺诈或者胁迫,妨碍被继承人设立遗嘱或者撤回遗嘱的人;

(四)欺诈或者胁迫,迫使被继承人设立遗嘱的人;

(五)伪造、变造、废弃或者隐匿被继承人的遗嘱的人。

第三节 继承的效力〈1990 年 1 月 13 日修改〉

第一小节 一般效力

第一千零五条 【继承与概括性权利义务的继承】

继承人自继承开始之时,继承被继承人的关于财产的概括性权利义务。但是,专属于被继承人自身的,不在此限。〈1990 年 1 月 13 日修改〉

第一千零六条 【共同继承与财产的共有】

继承人为数人的,继承财产为其共有。〈1990 年 1 月 13 日修改〉

第一千零七条 【共同继承人的权利义务继承】

共同继承人,份额被继承人的权利义务。

第一千零八条 【特别受益人的继承份】

在共同继承人中,具有得到被继承人的财产的赠与或者遗赠的人的,其受赠财产

未达自己继承份的,在其不足部分的限度,具有继承份。〈1977 年 12 月 31 日修改〉

第一千零八条之二 【贡献份】

在共同继承人中,相当期间以同居、护理以及其他方法特别扶养被继承人的,或者在维持或者增加被继承人的财产具有特别贡献的人的,将在继承开始当时的被继承人的财产价额,控制以协议确定的其人的贡献份,视为继承财产,在依据第一千零九条以及第一千零一十条算定的继承份加算贡献份的额为其人的继承份。〈2005 年 3 月 31 日修改〉

第一款的协议未达成的或者无法达成的,家庭法院依据第一款规定的贡献人的请求,斟酌贡献的时期、方法以及程度与继承财产额以及其他情况确定贡献份。

贡献份,不得超越在继承开始之时的被继承人的财产价额控制遗赠价额的额。

依据第二款规定的请求,具有依据第一千零一十三条第二款规定的请求的或者在第一千零一十四条规定的情形,可以提出。

[1990 年 1 月 13 日新设本条]

第一千零八条之三 【坟墓等的继承】

属于坟墓的一町步以内的禁养林野与六百坪以内的墓土的农地、族谱与祭具的所有权,由主持祭祀的人继承。

[1990 年 1 月 13 日新设本条]

第二小节 继 承 份

第一千零九条 【法定继承份】

同顺位的继承人为数人的,其继承份为均分。〈1977 年 12 月 31 日、1990 年 1 月 13 日修改〉

被继承人配偶的继承份,与直系卑亲属共同继承的,加算直系卑亲属的继承份的五成,与直系尊亲属共同继承的,加算直系尊亲属的继承份的五成。〈1990 年 1 日 13 日修改〉

删除〈1990 年 1 月 13 日〉

第一千零一十条 【代位继承份】

依据第一千零一条规定,替代死亡或者缺格的人成为继承人的继承份,依据死亡或者缺格的人的继承份。

在前款情形,死亡或者缺格的人的直系卑亲属为数人的,其继承份,在死亡或者缺格的人的继承份的限度内,依据第一千零九条规定确定。在第一千零三条第二款的情形,亦同。

第一千零一十一条 【共同继承份的受让】

在共同继承人中,具有将其继承份向第三人让与的人的,其他共同继承人偿还其价额与让与费用,可以受让其继承份。

前款的权利,应当自知道其事由之日起三个月、自具有其事由之日起一年以内行使。

第三小节 继承财产的分割

第一千零一十二条 【依据遗嘱的分割方法的指定、分割禁止】

被继承人可以以遗嘱确定继承财产的分割方法或者向第三人委托确定,并自继承开始之日起未超过五年的期间以内可以禁止其分割。

第一千零一十三条 【依据协议的分割】

除前条规定的情形外,共同继承人可以随时根据其协议分割继承财产。

第二百六十九条规定,准用于前款的继承财产的分割。

第一千零一十四条 【分割之后的被认领人等的请求权】

继承开始之后的认领或者依据裁判的确定成为共同继承人的人请求分割继承财产的,其他共同继承人已经分割以及其他处分之时,具有请求支付与其继承份相当的价额的权利。

第一千零一十五条 【分割的溯及效力】

继承财产的分割,溯及继承开始之时,具有其效力。但是,不得侵害第三人的权利。

第一千零一十六条 【共同继承人的担保责任】

共同继承人,对其他共同继承人因分割而取得的财产,根据其继承份,负有与出卖人相同的担保责任。

第一千零一十七条 【对继承债务人资力的担保责任】

共同继承人,对其他继承人因分割而取得的债权,担保分割当时债务人的资力。

对未届满清偿期的债权或者附停止条件的债权,各共同继承人担保请求清偿时的债务人的资力。

第一千零一十八条 【无资力共同继承人的担保责任的分担】

在负有担保责任的共同继承人中,具有无偿还资力的人的,其负担部分,由求偿权人与具有资力的其他共同继承人,应其继承份负担。但是,因求偿权人的过失未受偿的,不得向其他共同继承人请求分担。

第四节 继承的承认以及放弃〈1990 年 1 月 13 日修改〉

第一小节 总 则

第一千零一十九条 【承认、放弃的期间】

继承人自知道继承开始之日起三个月之内,可以单纯承认或者限定承认,或者放弃。但是,其期间,依据利害关系人或者检察官的请求,家庭法院可以延长。〈1990 年 1 月 13 日修改〉

继承人在第一款的承认或者放弃之前,可以调查继承财产。〈2002 年 1 月 14 日修改〉

不受第一款的规定限制，继承人无重大过失在第一款规定的期间之内不知道继承债务超过继承财产的事实单纯承认（包括依据第一千零二十六条第一款以及第二款的规定，视为单纯承认的情形）的，自知道其事实之日起三个月之内，可以限定承认。〈2002年1月14日新设〉

第一千零二十条 【限制行为能力人的承认、放弃的期间】

继承人为限制行为能力人的，第一千零一十九条第一款规定的期间，自其亲权人或者监护人知道继承开始之日起起算。

[2011年3月7日修改全文]

第一千零二十一条 【关于承认、放弃期间的特则】

继承人未承认或者放弃，并在第一千零一十九条第一款规定期间之内死亡的，自其人的继承人知道具有其自己的继承开始之日起，起算第一千零一十九条第一款规定的期间。

第一千零二十二条 【继承财产的管理】

继承人应当以与对其固有财产相同的注意，管理继承财产。但是，单纯承认或者放弃的，不在此限。

第一千零二十三条 【在继承财产保存必要的处分】

法院依据利害关系人或者检察官的请求，可以命令保存继承财产所必要的处分。

法院选任财产管理人的，准用第二十四条至第二十六条的规定。

第一千零二十四条 【承认、放弃的撤销禁止】

继承的承认或者放弃，在第一千零一十九条第一款规定的期间之内，亦不得撤销。〈1990年1月13日修改〉

前款规定，不影响依总则编规定的撤销。但是，其撤销权，自可以追认之日起三个月、自承认或者放弃之日起一年之内未行使的，因时效而消灭。

第二小节 单纯承认

第一千零二十五条 【单纯承认的效果】

继承人单纯承认的，不限制继承被继承人的权利义务。〈1990年1月13日修改〉

第一千零二十六条 【法定单纯承认】

具有下列各项之一情形的，视为继承人单纯承认：〈2002年1月14日修改〉

（一）继承人实施对继承财产的处分行为的；

（二）继承人未在第一千零一十九条第一款规定期间之内限定承认或者放弃的；

（三）继承人限定承认或者放弃之后，将继承财产隐匿或者不当消费或者故意未记入财产目录的。

[新设依据2002年1月14日法律第6591号，1998年8月27日被宪法裁判所决定与宪法不一致的第二项]

第一千零二十七条 【法定单纯承认的例外】

因继承人放弃继承，次顺位继承人承认继承的，前条第三项事由，未视为继承的承认。

第三小节 限定承认

第一千零二十八条 【限定承认的效果】

继承人,可以在因继承而取得的财产的限度,清偿被继承人的债务与遗赠为条件,承认继承。〈1990 年 1 月 13 日修改〉

第一千零二十九条 【共同继承人的限定承认】

继承人为数人的,各继承人可以在应其继承份取得的财产的限度内,清偿依据其继承份的被继承人的债务与遗嘱为条件,承认继承。

第一千零三十条 【限定承认的方式】

继承人限定继承,应当在第一千零一十九条第一款或者第三款规定期间以内,添附继承财产的目录,向法院登记限定承认。〈2005 年 3 月 31 日修改〉

依据第一千零一十九条第三款规定限定承认的,在继承财产中具有已经处分财产的,应当将其目录与价额一并提交。〈2005 年 3 月 31 日新设〉

第一千零三十一条 【限定承认与财产上权利义务的不消灭】

继承人限定承认的,对被继承人的继承人财产上权利义务,未消灭。

第一千零三十二条 【对债权人的公告、催告】

限定承认人,自限定承认之日起五日之内,向一般继承债权人与得到遗赠的人,公告限定承认的事实与在一定期间之内登记其债权或者受赠。其期间应当为二个月以上。

第八十八条第二款、第三款与第八十九条的规定,准用于前款情形。

第一千零三十三条 【催告期间中的清偿拒绝】

限定承认人在前条第一款规定的期间届满之前,可以拒绝清偿继承债权。

第一千零三十四条 【分配清偿】

限定承认人,在第一千零三十二条第一款的期间届满之后,应当以继承财产,向在此期间之内登记的债权人与限定承认人知道的债权人,以各债权额的比率清偿。但是,不得侵害具有优先权的债权人的权利。

依据第一千零一十九条第三款限定承认的,其继承人,在继承财产中剩余的继承财产与已经处分的财产的价额一并,清偿第一款。但是,限定承认之前,向继承债权人或者得到遗赠的人清偿的价额,在已经处分的财产价额除外。〈2005 年 3 月 31 日新设〉

第一千零三十五条 【清偿期之前的债务等的清偿】

限定承认人,对未届满清偿期的债权,亦依据前条规定清偿。

附条件债权或者存续期间不确定的债权,依据法院选任的鉴定人的评价清偿。

第一千零三十六条 【对受赠人的清偿】

限定承认人,依据前两条规定,未在对继承债权人清偿完成之后,不得向得到遗赠的人清偿。

第一千零三十七条 【继承财产的拍卖】

为前三条规定的清偿,具有必要变卖继承财产的全部或者部分的,应当根据民事执行法拍卖。〈1997 年 12 月 13 日、2001 年 12 月 29 日修改〉

第一千零三十八条 【因不当清偿等的责任】

限定承认人因懈怠依据第一千零三十二条规定的公告或者催告的,或者违反第一千零三十三条至第一千零三十六条规定向某一继承债权人或者得到遗赠的人清偿,无法对其他继承债权人或者得到遗赠的人清偿的,限定承认人应当赔偿其损害。依据第一千零一十九条第三款的规定限定承认的,在其之前,具有过失不知道继承债务超过继承财产的继承人,向继承债权人或者得到遗赠的人清偿之时,亦同。〈2005 年 3 月 31 日修改〉

在第一款前段情形,未受偿的继承债权人或者得到遗赠的人,对知道其情况受偿的继承债权人或者得到遗赠的人,可以行使求偿权。依据第一千零一十九条第三款的规定限定承认的,在其之前,知道继承债务超过继承财产而受偿的继承债权人或者得到遗赠的人,亦同。〈2005 年 3 月 31 日修改〉

第七百六十六条规定,准用于第一款以及第二款情形。〈2005 年 3 月 31 日修改〉

[2005 年 3 月 31 日修改标题]

第一千零三十九条 【未登记的债权人等】

作为在第一千零三十二条第一款期间之内未登记的继承债权人以及得到遗赠的人,限定继承人不知道的人,以具有继承财产的剩余为限,可以得到其清偿。但是,对继承财产具有特别担保权的,不在此限。

第一千零四十条 【共同继承财产与其管理人的选任】

继承人为数人的,法院依据各继承人以及其他利害关系人的请求,在共同继承人中可以选任继承财产管理人。

法院选任的管理人,代表共同继承人具有实施关于管理继承财产与清偿债务的所有的行为的权利义务。

第一千零二十二条、第一千零三十二条至前条规定,准用于前款的管理人。但是,根据第一千零三十二条规定公告的五日的期间,自管理人知道其选任之日起起算。

第四小节 放　弃

第一千零四十一条 【放弃的方式】

继承人放弃继承的,应当在第一千零一十九条第一款规定的期间之内,向家庭法院登记放弃。〈1990 年 1 月 13 日修改〉

第一千零四十二条 【放弃的溯及效力】

继承的放弃,溯及继承开始之时,具有其效力。

第一千零四十三条 【放弃的继承财产的归属】

继承人为数人的,某一继承人放弃继承之时,其继承份以其他继承人的继承份的比率,归属于其继承人。

第一千零四十四条 【放弃的继承财产的管理继续义务】

放弃继承的人,直到因其放弃成为继承人者可以管理继承财产之时,应当继续管理其财产。

第一千零二十二条与第一千零二十三条规定,准用于前款财产管理。

第五节 财产的分离

第一千零四十五条 【继承财产的分离请求权】

继承债权人、受赠人或者继承人的债权人,自继承开始之日起三个月之内,可以向法院请求分离继承财产与继承人的固有财产。

继承人在未承认或者放弃继承的期间,经过前款期间的,亦可以向法院请求分离财产。〈1990 年 1 月 13 日修改〉

第一千零四十六条 【分离命令与对债权人等的公告、催告】

法院依据前条请求命令分离财产的,其请求人应当在五日之内向一般继承债权人与受赠人,公告具有财产分离命令的事实与在一定期间之内登记其债权或者受赠。其期间应当为二个月以上。

第八十八条第二款、第三款与第八十九条规定,准用于前款情形。

第一千零四十七条 【分离之后的继承财产的管理】

法院命令分离财产的,关于继承财产的管理,可以命令必要的处分。

法院选任财产管理人的,准用第二十四条至第二十六条规定。

第一千零四十八条 【分离之后的继承人的管理义务】

继承人单纯承认之后,具有财产分离命令的,对继承财产,亦应当以与自己的固有财产相同的注意管理。

第六百八十三条至第六百八十五条以及第六百八十八条第一款、第二款的规定,准用于前款财产管理。

第一千零四十九条 【财产分离的对抗要件】

财产的分离,关于继承财产的不动产,未登记,不得对抗第三人。

第一千零五十条 【财产分离与权利义务的不消灭】

具有财产分离的命令的,对被继承人的继承人的财产上权利义务未消灭。

第一千零五十一条 【清偿的拒绝与分配清偿】

继承人在第一千零四十五条以及第一千零四十六条期间届满之前,对继承债权人与受赠人,可以拒绝清偿。

在前款期间届满之后,继承人应当以继承财产请求财产分离或者对在其期间之内登记的继承债权人、受赠人与继承人知道的继承债权人、受赠人,以其各债权额或者受赠额的比率清偿。但是,不得侵害具有优先权的债权人的权利。

第一千零三十五条至第一千零三十八条规定,准用于前款的情形。

第一千零五十二条 【以固有财产的清偿】

依据前条规定的继承债权人与受赠人，以继承财产无法受偿全额为限，可以继承人的固有财产得到其清偿。

在前款情形，继承人的债权人具有以继承人的固有财产优先受偿的权利。

第六节 继承人的不存在〈1990 年 1 月 13 日修改〉

第一千零五十三条 【无继承人的财产的管理人】

继承人的存在与否尚不明确的，法院应当依据第七百七十七条规定的被继承人的亲属以及其他利害关系人或者检察官的请求，选任继承财产管理人，并立即公告。〈1990 年 1 月 13 日修改〉

第二十四条至第二十六条规定，准用于前款的财产管理人。

第一千零五十四条 【财产目录提示与状况报告】

管理人具有继承债权人或者受赠人的请求的，应当随时提示继承财产的目录，并报告其状况。

第一千零五十五条 【继承人的存在分明的情形】

管理人的任务，在其继承人承认继承之时终了。

在前款情形，管理人应当立即对其继承人计算管理。

第一千零五十六条 【无继承人的财产的清算】

自具有第一千零五十三条第一款的公告之日起三个月之内，无法知道继承人的存在与否的，管理人应当立即向一般继承债权人与受赠人公告在一定期间之内登记其债权或者受赠。其期间应当为二个月以上。

第八十八条第二款和第三款、第八十九条、第一千零三十三条至第一千零三十九条规定，准用于前款情形。

第一千零五十七条 【继承人搜索的公告】

经过第一千零五十六条第一款的期间，亦无法知道继承人的存在与否的，法院可以根据管理人的请求，公告具有继承人的在一定期间之内主张其权利。其期间应当为一年以上。〈2005 年 3 月 31 日修改〉

第一千零五十七条之二 【对特别缘故人的分与】

在第一千零五十七条的期间之内无主张继承权的人的，家庭法院可以依据与被继承人一起生计的人、疗养护理被继承人的人以及其他与被继承人具有特别缘故的人的请求，分与继承财产的全部或者部分。〈2005 年 3 月 31 日修改〉

前款请求，应当在第一千零五十七条期间届满之后二个月以内提出。〈2005 年 3 月 31 日修改〉

[1990 年 1 月 13 日新设本条]

第一千零五十八条 【继承财产的国家归属】

依据第一千零五十七条之二的规定未分与的，继承财产归属于国家。〈2005 年 3

月 31 日修改〉

第一千零五十五条第二款的规定，准用于第一款情形。〈2005 年 3 月 31 日修改〉

第一千零五十九条 【对国家归属财产的清偿请求的禁止】

在前条第一款的情形，具有以继承财产未受偿的继承债权人或者受赠人的，亦不得向国家请求其清偿。

第二章 遗 嘱

第一节 总 则

第一千零六十条 【遗嘱的要式性】

遗嘱，未依据本法规定的方式的，未产生其效力。

第一千零六十一条 【遗嘱适龄】

未满十七岁的人，不得设立遗嘱。

第一千零六十二条 【限制行为能力人的遗嘱】

关于遗赠，不得适用第五条、第十条以及第十三条。

[2011 年 3 月 7 日修改全文]

第一千零六十三条 【被成年监护人的遗嘱能力】

被成年监护人仅恢复意思能力的，可以设立遗嘱。

在第一款情形，医师应当在遗嘱书附记身心恢复的状态，并将神志恢复状况附记于遗嘱书，并署名盖章。

[2011 年 3 年 7 日修改全文]

第一千零六十四条 【遗嘱与胎儿、继承缺格人】

第一千条第三款、第一千零四条规定，准用于受赠人。〈1990 年 1 月 13 日修改〉

第二节 遗嘱的方式

第一千零六十五条 【遗嘱的普通方式】

遗嘱的方式为自书证书、录音、公证证书、秘密证书与口授证书五种。

第一千零六十六条 【依据自书证书的遗嘱】

依据自书证书的遗嘱，遗嘱人应当自书其全文与年月日、住所、姓名，并盖章。

在前款证书，插入、删除或者变更文字的，应当由遗嘱人自书，并盖章。

第一千零六十七条 【依据录音的遗嘱】

依据录音的遗嘱，应当遗嘱人口述遗嘱的宗旨、其姓名与年月日，并在此参与的证人口述遗嘱的正确性与其姓名。

第一千零六十八条 【依据公证证书的遗嘱】

依据公证证书的遗嘱，应当遗嘱人在参与二人证人的公证人的面前，口授遗嘱的宗旨,并公证人笔记朗读,由遗嘱人与证人承认其正确性之后,各自署名或者签名。

第一千零六十九条 【依据秘密证书的遗嘱】

依据秘密证书的遗嘱,应当遗嘱人密封盖章记入笔者姓名的证书,并将其在二人以上的证人面前提交,表示自己的遗嘱书之后,在其封书表面记载提交年月日,由遗嘱人与证人各自署名或者签名盖章。

依据前款方式的遗嘱封书,应当自在其表面记载之日起五日之内,向公证人或者法院书记提交,并在其封印上得到确定日期印。

第一千零七十条 【依据口授证书的遗嘱】

依据口授证书的遗嘱,因疾病以及其他急迫事由,无法依据前四条方式的,应当遗嘱人以二人以上证人的参与,向其中一人口授遗嘱的宗旨,得到口授的人书写记录并朗读,由遗嘱人的证人承认其正确性之后,各自署名或者签字盖章。

依据前款方式的遗嘱,自其证人或者利害关系人终了急迫事由之日起七日以内,向法院申请其检印。

第一千零六十三条第二款的规定,未适用于依据口授证书的遗嘱。

第一千零七十一条 【依据秘密证书的遗嘱的转换】

依据秘密证书的遗嘱,在其方式具有欠缺的,其证书适合于自书证书的方式的,视为依据自书证书的遗嘱。

第一千零七十二条 【证人的缺格事由】

符合下列各项之一的人,不得成为参与遗嘱的证人:

(一)未成年人;

(二)被成年监护人与被限定监护人;

(三)以遗嘱得到利益的人、其配偶与直系血亲。

在依据公证证书的遗嘱,根据《公证人法》的缺格人,不得成为证人。

[2011 年 3 月 7 日修改全文]

第三节 遗嘱的效力

第一千零七十三条 【遗嘱的效力发生时期】

遗嘱,自遗嘱人死亡之时,产生其效力。

在遗嘱,附停止条件的,其条件在遗嘱人死亡之后成就的,自其条件成就之时,产生遗嘱的效力。

第一千零七十四条 【遗赠的承认、放弃】

受赠人,在遗嘱人死亡之后,可以随时承认或者放弃遗赠。

前款承认或者放弃,溯及遗嘱人死亡之时,具有其效力。

第一千零七十五条 【遗赠的承认与放弃的撤销禁止】

遗赠的承认或者放弃,不得撤销。

第一千零二十四条第二款的规定,准用于遗赠的承认与放弃。

第一千零七十六条 【受赠人的继承人的继承、放弃】

受赠人未承认或者放弃死亡的,其继承人在继承份限度内可以承认或者放弃。但是,遗嘱人以遗嘱表示其他意思的,从其意思。

第一千零七十七条 【遗赠义务人的催告权】

遗赠义务人或者利害关系人,确定相当期间,向受赠人或者其继承人催告在其期间之内明确答复承认或者放弃。

在前款的期间之内,受赠人或者继承人对遗赠义务人对催告未明确答复的,视为承认遗赠。

第一千零七十八条 【概括性受赠人的权利义务】

受赠人,具有与继承人相同的权利义务。〈1990 年 1 月 13 日修改〉

第一千零七十九条 【受赠人的孳息取得权】

受赠人,自可以请求履行遗赠之时,取得其标的物的孳息。但是,遗嘱人以遗嘱表示其他意思的,从其意思。

第一千零八十条 【孳息收取费用的偿还请求权】

遗赠义务人,在遗嘱人死亡之后,为收取其标的物的孳息支出必要费用的,其孳息的价值的限度内,向取得孳息的受赠人请求偿还。

第一千零八十一条 【遗赠义务人的费用偿还请求权】

遗赠义务人,在遗赠人死亡之后,对其标的物支出费用的,准用第三百二十五条规定。

第一千零八十二条 【不特定物遗赠义务人的担保责任】

以不特定物为遗赠标的的,遗赠义务人对其标的物负有与出卖人相同的担保责任。

在前款情形,在标的物具有瑕疵的,遗赠义务人应当以无瑕疵的物交付。

第一千零八十三条 【遗赠的物上代位性】

遗赠人因遗赠标的物的灭失、毁损或者占有的侵害,对第三人具有请求损害赔偿的权利的,视为以其权利为遗赠的标的。

第一千零八十四条 【债权的遗赠的物上代位性】

以债权为遗赠标的的,遗嘱人其受偿的物在继承财产中的,视为以其物为遗赠标的。

前款的债权以金钱为标的的,在其受偿的债权额无相当的金钱在继承财产中的,亦视为以其金额为遗赠标的。

第一千零八十五条 【第三人权利标的的物或者权利的遗赠】

作为遗赠标的的物或者权利,在遗嘱人死亡当时,为第三人的权利标的的,受赠人不得向遗赠义务人请求消灭其第三人的权利。

第一千零八十六条 【遗嘱人实施其他意思表示的情形】

在前三条情形,遗嘱人以遗嘱表示其他意思的,从其意思。

第一千零八十七条 【未属于继承财产的权利的遗赠】

成为遗嘱标的的权利,在遗嘱人死亡当时未属于继承财产的,遗嘱无其效力。但是,遗嘱人在自己死亡当时其标的物未属于继承财产的,使具有遗嘱的效力的意思之时,遗赠义务人负有取得其权利向受赠人移转的义务。

在前款但书情形,无法取得其权利或者在其取得需要过多费用的,可以其价额偿还。

第一千零八十八条 【具有负担的遗赠与受赠人的责任】

具有负担的受赠人,在未超过遗赠的标的的价额的限度内,负有履行负担的义务的责任。

遗赠标的价额,因限定承认或者财产分离减少的,受赠人在其减少的限度免除负担义务。

第一千零八十九条 【遗赠效力发生之前的受赠人的死亡】

遗赠,在遗嘱人死亡之前,受赠人死亡的,未产生其效力。

附停止条件的遗赠,受赠人在其条件成就之前死亡的,未产生其效力。

第一千零九十条 【遗赠的无效、失效的情形与标的财产的归属】

遗赠未产生其效力或者受赠人放弃的,遗赠标的财产归属于继承人。但是,遗嘱人以遗嘱表示其他意思的,从其意思。

第四节 遗嘱的执行

第一千零九十一条 【遗嘱证书、录音的检印】

保管或者发现遗嘱证书或者录音的人,应当在遗嘱人死亡之后立即向法院提交请求其检印。

前款规定,未适用于依据公证证书或者口授证书的遗嘱。

第一千零九十二条 【遗嘱证书的拆封】

法院拆封封印的遗嘱证书的,应当具有遗嘱人的继承人、其代理人以及其他利害关系人的参与。

第一千零九十三条 【遗嘱执行人的指定】

遗嘱人,可以遗嘱指定遗嘱执行人,并可以委托第三人其指定。

第一千零九十四条 【依据委托的遗嘱执行人的指定】

受到前条委托的第三人知道具有其委托之后,应当立即指定遗嘱执行人通知继承人,辞退其委托的,应当通知继承人。

继承人以及其他利害关系人,可以确定相当的期间,在其期间之内,向受到指定遗嘱执行人的委托的人催告。在其期间之内未受到指定通知的,视为辞退其指定的委托。

第一千零九十五条 【无指定遗嘱执行人的情形】

依据前两条规定,无指定的遗嘱执行人的,继承人成为遗嘱执行人。

第一千零九十六条 【依据法院的遗嘱执行人的选任】

无遗嘱执行人或者因死亡、缺格以及其他事由没有的，法院可以依据利害关系人的请求，选任遗嘱执行人。

法院选任遗嘱执行人的，关于其任务可以命令必要的处分。

第一千零九十七条 【遗嘱执行人的承诺、辞退】

根据指定的遗嘱执行人，应当在遗嘱人死亡之后立即向继承人通知其承诺或者辞退。

根据选任的遗嘱执行人，在收到选任通知之后立即向法院通知其承诺或者辞退。

继承人以及其他利害关系人，可以确定相当的期间，在其期间之内，向指定或者选任的遗嘱执行人催告明确答复承诺与否。在其期间之内未收到对催告的明确答复的，视为遗嘱执行人承诺其就任。

第一千零九十八条 【遗嘱执行人的缺格事由】

限制行为能力人与被宣告破产的人，不得成为遗嘱执行人。

[2011年3月7日修改全文]

第一千零九十九条 【遗嘱执行人的任务着手】

遗嘱执行人承诺其就任的，应当立即履行其任务。

第一千一百条 【财产目录制定】

遗嘱为关于财产的，依据指定或者选任的遗嘱执行人，应当立即制定其财产目录向继承人交付。

具有继承人的请求的，应当在前款的财产目录制定，使继承人参与。

第一千一百零一条 【遗嘱执行人的权利义务】

遗嘱执行人，具有管理遗赠的标的的财产以及实施对遗嘱的执行所必要的行为的权利义务。

第一千一百零二条 【共同遗嘱执行】

遗嘱执行人为数人的，任务的执行以其过半数的赞成决定。但是，保存行为，可以各自实施。

第一千一百零三条 【遗嘱执行人的地位】

指定或者选任的遗嘱执行人，视为继承人的代理人。

第六百八十一条至第六百八十五条、第六百八十七条、第六百九十一条与第六百九十二条规定，准用于遗嘱执行人。

第一千一百零四条 【遗嘱执行人的报酬】

遗嘱人以遗嘱未确定其执行人的报酬的，法院可以斟酌继承财产的状况以及其他情况确定依据指定或者选任的遗嘱执行人的报酬。

遗嘱执行人得到报酬的，准用第六百八十六条第二款、第三款的规定。

第一千一百零五条 【遗嘱执行人的辞退】

依据指定或者选任的遗嘱执行人具有正当事由的，可以经法院的许可辞退其任务。

第一千一百零六条 【遗嘱执行人的解任】

依据指定或者选任的遗嘱执行人懈怠其任务的,或者具有未适当事由的,法院可以依据继承人以及其他利害关系人的请求,解任遗嘱执行人。

第一千一百零七条 【遗嘱执行的费用】

关于遗嘱执行的费用,在继承财产中支付。

第五节 遗嘱的撤回

第一千一百零八条 【遗嘱的撤回】

遗嘱人可以随时以遗嘱或者生前行为,撤回遗嘱的全部或者部分。

遗嘱人,不得放弃撤回其遗嘱的权利。

第一千一百零九条 【遗嘱的抵触】

前后的遗嘱抵触的,或者遗嘱之后的生前行为与遗嘱抵触的,视为其抵触部分的前遗嘱撤回。

第一千一百一十条 【因破毁的遗嘱的撤回】

遗嘱人以故意破毁遗嘱证书或者遗赠的标的物的,视为关于其破毁部分的遗嘱撤回。

第一千一百一十一条 【具有负担的遗嘱的撤销】

得到具有负担的遗赠的人,未履行其负担义务的,继承人或者遗嘱执行人确定相当期间催告履行,在其期间之内未履行的,可以向法院请求撤销。但是,不得侵害第三人利益。

第三章 遗 留 份

第一千一百一十二条 【遗留份的权利人与遗留份】

继承人的遗留份,依据下列各项:

(一)被继承人的直系卑亲属,为其法定继承份的二分之一;

(二)被继承人的配偶,为其法定继承份的二分之一;

(三)被继承人的直系尊亲属,为其法定继承份的三分之一;

(四)被继承人的兄弟姐妹,为其法定继承份的三分之一。

[1977 年 12 月 31 日新设本条]

第一千一百一十三条 【遗留份的算定】

遗留份在被继承人的继承开始时具有的财产价额加算赠与财产价额控制债务的全额予以算定。

附条件的权利或者存续期间不确定的权利,依据家庭法院选任的鉴定人的评价,确定其价格。

[1977 年 12 月 31 日新设本条]

第一千一百一十四条 【算入的赠与】

赠与,以继承开始之前的一年之间实施的为限,依据第一千一百一十三条规定算定其价额。当事人双方知道对遗留份权利人加以损害而赠与的,在一年之前实施的,亦同。

[1977 年 12 月 31 日新设本条]

第一千一百一十五条 【遗留份的保全】

遗留份权利人,因被继承人的在第一千一百一十四条规定的赠与以及遗赠在其遗留份产生不足的,在其不足限定内,可以请求返还其财产。

在第一款情形,得到赠与以及遗赠的人为数人的,应当以各自得到的遗赠价额的比例返还。

[1977 年 12 月 31 日新设本条]

第一千一百一十六条 【返还顺序】

对赠与,非在得到返还遗赠之后,无法请求。

[1977 年 12 月 31 日新设本条]

第一千一百一十七条 【消灭时效】

返还的请求权,遗留份权利人自知道继承的开始与应当返还的赠与或者遗赠的事实之时一年之内未行使,依据时效而消灭。自继承开始之时经过十年的,亦同。

[1977 年 12 月 31 日新设本条]

第一千一百一十八条 【准用规定】

第一千零一条、第一千零八条、第一千零一十条规定,准用于遗留份。

[1977 年 12 月 31 日新设本条]

附则〈第 17905 号,2021 年 1 月 26 日〉

第一条 【施行日】

本法自公布之日起施行。

第二条 【关于委托感化或者矫正机构的阶段措施】

本法施行之前经过法院许可,在本法施行当时委托于感化或者矫正机关的,以及该法施行之前申请委托于感化或者矫正机关许可,在该法施行当时案件继续在法院审理过程中的,不受第九百一十五条以及第九百四十五条的修改规定,按照之前的规定执行。

第三条 【其他法律的修改】

《家事诉讼法》的部分内容修改如下:

删除第二条第一款第二项甲目十四。

第四条 【关于修改《家事诉讼法》的阶段措施】

本法施行之前向法院申请委托于感化或者矫正机关许可,在本法施行当时法院继续审理中的案件,不受附则第三条的修改规定,按照之前的规定执行。

(延边大学 朴晶敏 译)

大韩民国民事诉讼法

［2021年11月18日施行］［法律第18396号，2021年8月17日部分修改］

第一编　总　　则

第一条　【民事诉讼的理想和诚实信用原则】
法院应当努力保障诉讼程序公正、迅速、经济地进行。
当事人和诉讼关系人应当按照信用，诚实地进行诉讼活动。

第一章　法　　院

第一节　管　　辖

第二条　【普通裁判籍】
诉讼由被告普通裁判籍所在地法院管辖。

第三条　【人的普通裁判籍】
人的普通裁判籍依其住所确定。在韩国无住所或住所不详，则依其居所确定；居所不固定或居所不详，则依其最后的住所确定。

第四条　【大使、公使等的普通裁判籍】
大使、公使等不属于外国裁判权行使对象的韩国国民，无第三条规定的普通裁判籍的，其普通裁判籍为大法院所在地。

第五条　【法人等的普通裁判籍】
法人、社团或财团的普通裁判籍，依其主要事务所或者营业所所在地确定；无事务所或营业所的，依其主要业务负责人的住所确定。

外国法人、社团或者财团适用第一款规定时，普通裁判籍依其在韩国的事务所、营业所或业务负责人的住所确定。

第六条 【国家的普通裁判籍】

国家的普通裁判籍为代表国家进行诉讼的官厅所在地或大法院所在地。

第七条 【工作地的特别裁判籍】

对在事务所或营业所持续工作的工作人员提起诉讼的，可以向该事务所或营业所所在地的管辖法院起诉。

第八条 【居所地或者义务履行地的特别裁判籍】

提起有关财产权诉讼的，可以向居所地或义务履行地的法院提起。

第九条 【汇票、支票支付地的特别裁判籍】

提起有关汇票、支票诉讼的，可以向票据支付地法院提起。

第十条 【对船员、军人、军务员的特别裁判籍】

对船员提起有关财产权诉讼的，可以向船籍所在地法院提起。

对军人、军务员提起财产权诉讼的，可以向军事机关所在地或军用船舶船籍所在地法院提起。

第十一条 【财产所在地的特别裁判籍】

对在韩国无住所或住所不详的人提起有关财产权诉讼的，可以向请求的标的财产、担保的标的财产或者可扣押的被告财产所在地法院提起。

第十二条 【事务所、营业所所在地的特别裁判籍】

对拥有事务所或营业所的人提起与该事务所或营业所业务有关诉讼的，可以向该事务所或者营业所所在地法院提起。

第十三条 【船籍所在地的特别裁判籍】

因船舶或航海事宜对船舶所有人、船舶利用人提起诉讼的，可以向船籍所在地法院提起。

第十四条 【船舶所在地的特别裁判籍】

提起有关船舶债权或以船舶作为担保的债权诉讼的，可以向船舶所在地法院提起。

第十五条 【对社员等的特别裁判籍】

公司或社团对社员提起有关社员资格诉讼的，或者社员之间提起有关社员资格诉讼的，可以向公司或社团的普通裁判籍所在地法院提起。

社团或者财团对其任员提起诉讼的，或者公司对其发起人或者检查人提起诉讼的，适用第一款规定。

第十六条 【对社员等的特别裁判籍】

公司、社团的债权人对社员提起有关社员资格诉讼的，可以向第十五条规定的法院提起。

第十七条 【对社员等的特别裁判籍】

公司、社团、财团、社员或社团的债权人，对曾经任职的社员、任员、发起人或检查人提起诉讼的，以及曾经任职的社员向现社员提起诉讼的，适用第十五条和第十六条规定。

第十八条 【侵权行为地的特别裁判籍】

对侵权行为提起诉讼的,可以向侵权行为地法院提起。

因船舶或航空器碰撞等事故提起有关损害赔偿诉讼的,可以向事故船舶或者航空器最先到达地的法院提起。

第十九条 【海难救助的特别裁判籍】

提起海难救助相关诉讼的,可以向救助地或被救助船舶最先到达地的法院提起。

第二十条 【不动产所在地的特别裁判籍】

提起不动产相关诉讼的,可以向不动产所在地法院提起。

第二十一条 【有关登记或登录的特别裁判籍】

提起有关登记或登录诉讼的,可以向登记或登录的公共机关所在地法院提起。

第二十二条 【继承、遗赠等的特别裁判籍】

提起继承、遗赠等因死亡而生效的行为相关诉讼的,可以向继承开始时被继承人的普通裁判籍所在地法院提起。

第二十三条 【继承、遗赠等的特别裁判籍】

对于不适用第二十二条规定的,因继承债权或对继承财产上所负义务提起诉讼的,若继承财产的全部或部分在第二十二条规定的法院管辖区域内的,可以向该法院提起诉讼。

第二十四条 【知识产权等的特别裁判籍】

除专利权、实用新案权、外观设计权、商标权、品种保护权(以下简称专利权等)以外的知识产权和国际贸易提起诉讼的,可以向管辖本法第二条至第二十三条规定的管辖法院所在地的高等法院所在地的地方法院提起。但是,首尔高等法院所在地的地方法院限定为首尔中央地方法院。〈2011 年 5 月 19 日、2015 年 12 月 1 日修改〉

专利权等知识产权诉讼,由管辖本法第二条至第二十三条规定的管辖法院所在地的高等法院所在地的地方法院专属管辖。但是,首尔高等法院所在地的地方法院限定为首尔中央地方法院。〈2015 年 12 月 1 日新设〉

不受第二款规定限制,当事人也可以直接向首尔中央地方法院提起专利权等知识产权诉讼。〈2015 年 12 月 1 日新设〉

[2011 年 5 月 19 日修改标题]

第二十五条 【关联裁判籍】

同一诉讼中提出多个诉讼请求的,根据第二条至第二十四条的规定,可以向对任一请求具有管辖权的法院提起诉讼。

作为诉讼标的的权利或义务对于数人是共同的,或者因事实上或法律上相同原因引起的,该数人作为共同诉讼人成为当事人的,适用第一款规定。

第二十六条 【计算诉讼标的额】

根据《法院组织法》规定的诉讼标的额确定管辖的,以诉讼主张的利益为基准计算并确定标的额。

无法计算第一款标的额的,依照《民事诉讼等印纸法》的规定确定。

第二十七条 【合并诉讼请求时的诉讼标的额】

同一诉讼中提出多个诉讼请求的,以全部请求的总金额确定诉讼标的额。

请求给付孳息、损害赔偿、违约金或者一定费用的诉讼请求作为诉讼附随标的的,其金额不计入诉讼标的额。

第二十八条 【指定管辖】

有下列情形之一的,由相关法院的共同上一级法院根据相关法院或者当事人的申请,作出的确定管辖法院的决定:

(一)管辖法院因法律上或事实上的原因无法行使裁判权的;

(二)法院管辖区域不明确的。

对第一款的决定,不得提出不服申请。

第二十九条 【合意管辖】

当事人可以协议确定第一审管辖法院。

第一款的协议应当是基于一定法律关系起诉的书面协议。

第三十条 【辩论管辖】

被告在第一审法院未作出管辖错误的抗辩,并进行本案辩论或在辩论准备期间进行陈述的,该法院取得管辖权。

第三十一条 【专属管辖】

已确定为专属管辖的诉讼,不适用本法第二条、第七条至第二十五条、第二十九条以及第三十条的规定。

第三十二条 【管辖相关的职权调查】

法院可依职权调查管辖相关事项。

第三十三条 【确定管辖的时期】

法院的管辖自起诉时确定。

第三十四条 【因管辖错误或依裁量的移送】

法院认为,对诉讼的全部或部分无管辖权的,作出移送至有管辖权的法院的决定。

地方法院独任法官,对于有管辖权的诉讼,认为有必要移送的,可以依职权或者依当事人的申请,作出决定将诉讼的全部或部分移送至本院合议部。

地方法院合议部,对于无管辖权的诉讼,认为有必要的,可以依职权或者依当事人的申请,对诉讼的全部或部分自行审理并作出裁判。

已确定为专属管辖的诉讼,不适用第二款和第三款的规定。

第三十五条 【避免损害或迟延的移送】

对诉讼有管辖权的法院,为避免明显损害或迟延,必要时可以依职权或依当事人的申请,作出将诉讼的全部或部分移送至其他有管辖权的法院的决定。但是,已确定为专属管辖的诉讼除外。

第三十六条 【知识产权等相关诉讼的移送】

法院对除专利权等外的知识产权以及国际贸易有关的诉讼,可以依职权或依当事人的申请,作出将诉讼的全部或部分移送至第二十四条第一款规定的管辖法院的决

定。但是,因此导致诉讼程序严重延迟的除外。〈2011 年 5 月 19 日、2015 年 12 月 1 日修改〉

第一款不适用于已确定为专属管辖的诉讼。〈2015 年 12 月 1 日修改〉

根据第二十四条第二款或第三款,专利权等知识产权诉讼的管辖法院,为了避免明显损害或迟延,必要时可以依职权或依当事人的申请,作出将诉讼的全部或者部分移送至第二条至第二十三条规定的地方法院的决定。〈2015 年 12 月 1 日新设〉

[2011 年 5 月 19 日修改标题]

第三十七条 【移送决定确定后的紧急措施】

诉讼移送决定生效后,如遇紧急情况,法院可依职权或依当事人的申请采取必要的措施。但是,诉讼记录移交之后除外。

第三十八条 【移送决定的效力】

受移送的法院应当遵守移送决定。

受移送的法院不得向其他法院再次移送。

第三十九条 【即时抗告】

对移送决定和驳回移送申请的决定,可以提起即时抗告。

第四十条 【移送的效果】

移送决定生效时,诉讼视为自始系属于受移送的法院。

第一款情形下,作出移送决定的法院的法院书记员、法院事务官、法院主事或法院主事候补(以下简称法院事务官等人),将该决定正本附在诉讼记录中,移交受移送的法院。

第二节 法官等的除斥、忌避、回避

第四十一条 【除斥的理由】

有下列情形之一的,法官被除斥履行职务:〈2005 年 3 月 31 日修改〉

(一)法官及其配偶或者前配偶成为案件的当事人,或者与案件当事人属于共同权利人、共同义务人或者偿还义务人关系的;

(二)法官与当事人有亲属关系或曾有亲属关系的;

(三)法官曾为案件作证或进行鉴定的;

(四)法官曾是案件当事人的代理人或者现在是其代理人的;

(五)法官曾参与案件的前一审级裁判的;但是,按照其他法院的委托履行职务的除外。

第四十二条 【除斥的裁判】

有除斥理由的,法院依职权或者依当事人的申请作出除斥裁判。

第四十三条 【当事人的忌避权】

存在可能影响法官公正裁判情形的,当事人可以申请法官忌避。

当事人明知存在法官忌避理由仍然参加本案辩论或在辩论准备期日陈述的,不得申请忌避。

第四十四条　【除斥和忌避申请的方式】

对合议部法官的除斥或忌避申请,向合议部提出并说明理由;对受命法官和受托法官以及独任法官的除斥和忌避申请,向该法官提出并说明理由。

应当自申请之日起三日内以书面形式提出申请除斥或忌避的理由和疏明方法。

第四十五条　【驳回除斥或忌避申请等】

除斥或忌避申请违反第四十四条规定的,或以拖延诉讼为目的的,接受申请的法院或法官,作出驳回其申请的决定。

被申请除斥或忌避的法官,除第一款情形以外,应当立即提交对除斥或忌避申请的意见书。

第四十六条　【对除斥或忌避申请的裁判】

对除斥或忌避申请的裁判,应当由受申请的法官所在法院的合议部作出决定。

受到除斥或忌避申请的法官不得参与第一款的裁判。但是,可以陈述意见。

受到除斥或忌避申请的法官的所在法院无法组成合议部的,由上一级法院作出决定。

第四十七条　【不服申请】

对支持除斥或回避申请的决定,不得提出不服。

对第四十五条第一款规定的驳回决定或者认为除斥、忌避申请无理由的决定,可以提起即时抗告。

第四十五条第一款规定的对驳回决定的即时抗告,不具有停止执行的效力。

第四十八条　【诉讼程序的停止】

除斥或者忌避申请提出后,对其的裁判生效前,法院应当停止诉讼程序。但是,除斥或忌避申请被驳回的,或宣告终局判决的,或需要采取紧急措施的情形除外。

第四十九条　【法官的回避】

符合第四十一条或第四十三条规定的事由并经具有监督权的法院许可的,法官可以回避。

第五十条　【对法院事务官等人的除斥、忌避、回避】

本节的规定适用于法院事务官等人。

对第一款规定的法院事务官等人的除斥或忌避的裁判,由其所属法院作出决定。

第二章　当　事　人

第一节　当事人能力和诉讼能力

第五十一条　【当事人能力、诉讼能力等的原则】

关于当事人能力、诉讼能力、无诉讼能力人的法定代理和诉讼行为必要权限的授予,本法没有特别规定的,适用民法等其他法律。

第五十二条 【非法人社团等的当事人能力】

非法人社团或财团，有代表人或管理人的，可以该社团或财团的名称作为当事人。

第五十三条 【选定当事人】

有共同利害关系的若干人，不符合第五十二条规定的，可以从该若干人中选定一人或多人作为全体的当事人，并可以对其进行变更。

诉讼系属法院后，按照第一款规定变更当事人的，视为原当事人退出诉讼。

第五十四条 【部分选定当事人丧失资格】

按照第五十三条规定选定的若干当事人中，有死亡或者丧失资格的，由其他当事人为诉讼行为。

第五十五条 【限制能力人的诉讼能力】

未成年人或者成年被监护人只能由其法定代理人实施诉讼行为。但是，下列情况除外：

（一）未成年人可独自实施法律行为的；

（二）成年被监护人能够实施《民法》第十条第二款规定的不可撤销的法律行为的。

对于需要取得限定监护人同意的行为，限定被监护人只能通过有代理权的限定监护人实施诉讼行为。

[2016 年 2 月 3 日修改全文]

第五十六条 【法定代理人诉讼行为的特别规定】

未成年人监护人、有代理权的成年人监护人或者有代理权的限定监护人，实施与对方起诉或上诉有关的诉讼行为时，无须取得其监护监督人的特别授权。

第一款中的法定代理人，欲撤诉、和解、放弃诉讼请求、认诺或按第八十条规定退出诉讼的，需取得监护监督人的特别授权。没有监护监督人的，应取得家庭法院的特别授权。

[2016 年 2 月 3 日修改全文]

第五十七条 【外国人诉讼能力的特别规定】

依其本国法律属于无诉讼能力的外国人，若根据韩国法律具有诉讼能力，视为其有诉讼能力。

第五十八条 【法定代理权等的证明】

应当书面证明有法定代理权的事实或者取得诉讼行为授权的事实。第五十三条规定的选定及更换当事人的，遵循本条规定。

第一款的书面证明应当附于诉讼笔录中。

第五十九条 【诉讼能力等瑕疵补正】

诉讼能力、法定代理权或者实施诉讼行为所需授权有瑕疵的，法院应当命令限期补正。为防止因补正迟延而发生损害，法院可以要求补正前的当事人或法定代理人临时实施一定诉讼行为。

第六十条 【诉讼能力等瑕疵及追认】

诉讼能力、法定代理权或实施诉讼行为所需授权有瑕疵的人,在实施诉讼行为后,已补正的当事人或法定代理人对此予以追认的,该诉讼行为自实施时起生效。

第六十一条 【适用选定当事人】

第五十三条规定的当事人实施诉讼行为,适用第五十九条和第六十条规定。

第六十二条 【限制能力人的特别代理人】

未成年人、限定被监护人或成年人被监护人作为当事人的,其亲属、利害关系人(包括准备以未成年人、限定被监护人或成年人被监护人为对象实施诉讼行为的人)、无代理权的成年人监护人、无代理权的限定监护人、地方自治团体长官或检察官,在下列情况下,疏明诉讼程序迟延可能引发损害的顾虑,可以向受诉法院申请为当事人选任特别代理人:

(一)无法定代理人或者法定代理人无诉讼代理权的;

(二)法定代理人因事实上或法律上的障碍无法行使代理权的;

(三)因法定代理人的不诚实或疏于行使代理权,致使诉讼程序受到严重妨碍的。

法院在诉讼系属后,认为有必要的,可依职权选任、改任或解任特别代理人。

特别代理人同有代理权的监护人权限相同。在特别代理人的代理权范围内,停止法定代理人的权限。

法院作出决定选任、改任或解任特别代理人,该决定须送达特别代理人。

特别代理人的报酬、选任费用以及与诉讼行为有关的费用计入诉讼费用。

[2016 年 2 月 3 日修改全文]

第六十二条之二 【为无意思能力人选任特别代理人等】

若针对无意思能力的人实施诉讼行为,或者无意思能力的人需要实施诉讼行为的,选任特别代理人等适用第六十二条的规定。特定监护人或任意监护人也可以申请选任特别代理人。

第一款规定的特别代理人撤诉、和解、放弃诉讼请求、认诺或按第八十条规定退出诉讼的,法院认定其行为显著侵害无意思能力人本人利益的,可自该行为实施之日起十四日内作出不予准许的决定。对该决定不得申请不服。

[2016 年 2 月 3 日新设本条]

第六十三条 【法定代理权的消灭通知】

诉讼进行中,法定代理权消灭的,本人或者代理人未将该消灭事实通知对方的,不得主张消灭的效力。但是,法定代理权消灭事实在被法院公布后,该法定代理人不得实施第五十六条第二款规定的诉讼行为。

按照第五十三条规定更换当事人的,适用第一款的规定。

第六十四条 【法人等团体的代表人的地位】

对于法人的代表人或者第五十二条规定的代表人或管理人,适用本法法定代理和法定代理人的规定。

第二节 共同诉讼

第六十五条 【共同诉讼的要件】

构成诉讼标的的权利义务对数人是共同的,或是由事实上或法律上相同原因引起的,该数人可以作为共同诉讼人成为当事人。构成诉讼标的的权利义务是同一种类的,且由事实上或法律上同一种类原因引起的,该数人亦可作为共同诉讼人成为当事人。

第六十六条 【普通共同诉讼人的地位】

共同诉讼人中一人的诉讼行为或者对方对此人的诉讼行为以及与共同诉讼人中一人有关的事项,不影响其他共同诉讼人。

第六十七条 【必要共同诉讼特别规定】

诉讼标的对全体共同诉讼人必须合一确定的共同诉讼,共同诉讼人中一人的诉讼行为必须是为了全体共同诉讼人的,才发生效力。

在第一款的共同诉讼中,对方当事人对共同诉讼人中一人的诉讼行为,对全体共同诉讼人发生效力。

在第一款共同诉讼中,共同诉讼人中一人有诉讼程序中断或中止事由的,其中断或中止对全体共同诉讼人发生效力。

第六十八条 【追加必要共同诉讼人】

法院遗漏第六十七条第一款规定的部分共同诉讼人的,可以在一审辩论终结前,根据原告的申请,作出准予追加原告或被告的决定。但是,追加原告时应当取得被追加者的同意。

作出第一款准予追加决定的,应当将决定正本送达全体当事人,并向被追加的当事人送达起诉状副本。

按照第一款规定追加共同诉讼人的,视为最初起诉时与被追加当事人一同起诉或应诉。

对第一款准予追加决定,利害关系人只能以未经被追加原告同意为由提起即时抗告。

第四款的即时抗告不具有停止执行的效力。

对驳回第一款申请的决定,可以提起即时抗告。

第六十九条 【必要共同诉讼特别规定】

第六十七条第一款的共同诉讼人中一人提起上诉的,其他共同诉讼人在上诉审中实施的诉讼行为,适用第五十六条第一款的规定。

第七十条 【预备性、选择性共同诉讼的特别规定】

共同诉讼人中一部分人的请求与其他共同诉讼人的请求在法律上不能共存,或者针对共同诉讼人中一部分人的请求与针对其他共同诉讼人的请求在法律上不能共存的,适用第六十七条至第六十九条的规定。但是,放弃诉讼请求、认诺、和解以及撤诉的情况除外。

在第一款的诉讼中,应当对全体共同诉讼人的诉讼请求作出判决。

第三节 诉讼参加

第七十一条 【辅助参加】

与诉讼结果有利害关系的第三人,为帮助一方当事人,可以参加已系属法院的诉讼中。但是,明显延误诉讼程序的除外。

第七十二条 【参加申请的方式】

参加申请应当表明参加的宗旨和理由,并向参加诉讼所系属的法院提出。

书面申请参加的,法院应当将该文书送达双方当事人。

参加申请可以与作为参加人能够实施的诉讼行为同时进行。

第七十三条 【关于是否准予参加的裁判】

当事人对诉讼参加提出异议的,参加人应当疏明参加的理由,法院应当作出是否准予参加的决定。

法院可以依职权命令参加人疏明参加理由,认为参加理由不成立的,应当作出不准参加的决定。

对第一款和第二款的决定,可以提起即时抗告。

第七十四条 【丧失异议申请权】

当事人对诉讼参加未提出异议,并进行辩论或者在辩论准备期日进行陈述的,丧失申请异议的权利。

第七十五条 【参加人的诉讼参与】

在诉讼参加异议申请提出后,不准参加的决定生效前,参加人仍可以实施诉讼行为。

当事人援引参加人的诉讼行为的,即使法院作出的不准参加决定已生效,其诉讼行为仍然有效。

第七十六条 【参加人的诉讼行为】

参加人可以实施与诉讼有关的攻击、防御、异议、上诉等一切诉讼行为。但是,按照参加时诉讼进行程度而无法实施的诉讼行为除外。

参加人的诉讼行为与被参加人的诉讼行为相悖的,该参加人的诉讼行为无效。

第七十七条 【对参加人的裁判效力】

裁判不符合下列情形之一的,对参加人亦发生效力:

(一)根据第七十六条规定,参加人无法实施诉讼行为或者其诉讼行为无效的;

(二)被参加人妨碍参加人实施诉讼行为的;

(三)被参加人因故意或过失而未实施参加人无法实施的诉讼行为的。

第七十八条 【共同诉讼性的辅助参加】

裁判对参加人亦发生效力的,对于该参加人和被参加人适用第六十七条和第六十九条的规定。

第七十九条 【独立当事人参加】

对诉讼标的的全部或部分主张权利,或者认为诉讼结果侵害其权利的第三人,可以作为当事人,以双方当事人或一方当事人为对方当事人,参加诉讼。

第一款规定的情况适用第六十七条和第七十二条的规定。

第八十条 【独立当事人参加诉讼的退出】

参加人根据第七十九条规定为主张自己的权利而参加诉讼的,其参加前的原告或被告在得到对方的承诺后可以退出诉讼。但是,判决对退出的当事人同样有效。

第八十一条 【继承人的诉讼参加】

诉讼系属法院期间,第三人主张已继承诉讼标的全部或部分权利或者义务,依第七十九条规定参加诉讼的,其参加溯及诉讼首次系属法院之时,发生时效中断或法律上期间遵守的效力。

第八十二条 【继承人的诉讼承担】

诉讼系属法院期间,第三人继承诉讼标的全部或部分权利或者义务的,法院可以根据当事人的申请,命该第三人承担诉讼。

法院按照第一款规定作出决定的,应当审问当事人和第三人。①

第一款规定的承担诉讼,适用第八十条规定的退出及判决的效力有关内容,以及第八十一条规定的参加的效力相关内容。

第八十三条 【共同诉讼参加】

诉讼标的对于一方当事人和第三人必须合一确定时,该第三人可以作为共同诉讼人参加诉讼。

在第一款规定的情况下,适用第七十二条的规定。

第八十四条 【诉讼告知的要件】

诉讼系属法院后,当事人可以向能够参加诉讼的第三人进行诉讼告知。

接受诉讼告知的人可以再次进行诉讼告知。

第八十五条 【诉讼告知的方式】

为了进行诉讼告知,应向法院提交写明理由及诉讼进行程度的书面材料。

第一款的书面材料应当送达对方。

第八十六条 【诉讼告知的效果】

接受诉讼告知的人未参加诉讼的,在适用第七十七条规定时,视为自能够参加诉讼之时参加了诉讼。

第四节 诉讼代理人

第八十七条 【诉讼代理人资格】

除法律规定的可以实施裁判上行为的代理人外,非律师者不得担任诉讼代理人。

---

① 韩国《民事诉讼法》上的"审问"(심문)一词系直译的法律用语,不同于中国刑法学中的"审问"一词。此处的审问,是指韩国法院赋予当事人或者其他利害关系人以书面或者口头陈述机会的行为。韩波主编:《民事程序法研究》,厦门大学出版社 2019 年版,第 148 页。

第八十八条 【诉讼代理人资格的例外】

独任法官审理并裁判、诉讼标的金额在一定数额以下的案件,与当事人生活关系密切的、一定范围内具有亲属关系的人,或者因与当事人签订雇佣合同等而处理案件日常事务的具有一定关系的人,得到法院许可的,不适用第八十七条的规定。

按照第一款规定,能够得到法院许可的案件范围、代理人资格等具体事项,由大法院规则规定。

法院可以随时撤销第一款的许可。

第八十九条 【诉讼代理权的证明】

诉讼代理人的权限应以书面证明。

第一款的书面证明为私人文件的,法院可以命令诉讼代理人取得公证人及其他从事公证业务人员(以下简称公证事务所)的认证。

当事人口头选任诉讼代理人,法院事务官等将其陈述记入笔录的,不适用第一款和第二款的规定。

第九十条 【诉讼代理权的范围】

诉讼代理人对接受委托的案件,可以实施与反诉、诉讼参加、强制执行、假扣押、假处分有关的一系列诉讼行为并且可以接受清偿。

诉讼代理人对于下列事项必须取得特别授权:

(一)提起反诉;

(二)撤诉、和解、放弃诉讼请求、认诺或者第八十条规定的退出诉讼;

(三)提起或撤回上诉;

(四)代理人的选任。

第九十一条 【诉讼代理权的限制】

不得限制诉讼代理权。但是,对于非律师的诉讼代理人除外。

第九十二条 【法律规定的诉讼代理人的权限】

依照法律规定可以实施裁判上行为的代理人的权限,不适用第九十条和第九十一条的规定。

第九十三条 【个别代理的原则】

有多名诉讼代理人的,各自代理当事人。

违反第一款规定的当事人间的约定无效。

第九十四条 【当事人的更正权】

诉讼代理人的事实陈述,在当事人将其撤销或更正时失去效力。

第九十五条 【诉讼代理权未消灭的情形】

即使符合下列情形之一,诉讼代理权也并未消灭:

(一)当事人死亡或丧失诉讼能力的;

(二)法人作为当事人因合并而消灭的;

(三)受托人作为当事人,信托任务结束的;

(四)法定代理人死亡、丧失诉讼能力、代理权消灭或变更的。

第九十六条 【诉讼代理权未消灭的】

对于依据一定的资格,以自己的名义为他人成为诉讼当事人的人,有诉讼代理人的,其诉讼代理人的代理权不因当事人丧失资格而消灭。

根据第五十三条规定选定的当事人丧失资格的,适用第一款的规定。

第九十七条 【诉讼代理人规定的适用】

对诉讼代理人,适用第五十八条第二款、第五十九条、第六十条和第六十三条的规定。

第三章 诉 讼 费 用

第一节 诉讼费用的负担

第九十八条 【诉讼费用承担原则】

诉讼费用由败诉的当事人承担。

第九十九条 【原则的例外】

法院可以根据情况要求胜诉的当事人承担全部或部分因扩张或维护其权利而实施的不必要行为所产生的诉讼费用,或因扩张或维护对方当事人权利而实施必要行为所产生的诉讼费用。

第一百条 【原则的例外】

法院可以要求胜诉的当事人承担全部或部分因当事人未适时提出攻击防御方法、怠于遵守期日和期间等因当事人责任引起诉讼迟延而产生的诉讼费用。

第一百零一条 【部分败诉的情形】

部分败诉的,当事人之间诉讼费用的承担由法院确定。但是,根据不同情况,可以要求一方当事人承担全部诉讼费用。

第一百零二条 【共同诉讼的情形】

共同诉讼人均摊诉讼费用。但是,根据不同情况,法院可以要求共同诉讼人连带承担诉讼费用或采取其他方法承担诉讼费用。

不受第一款规定限制,对于扩张或维护权利而实施不必要行为所产生的诉讼费用,法院可以要求作出该行为的当事人承担。

第一百零三条 【参加诉讼的情形】

参加人和相对方之间有关参加诉讼费的承担,参加人和提出异议的当事人之间有关提出参加异议的诉讼费用的承担,适用第九十八条至第一百零二条的规定。

第一百零四条 【各审级诉讼费用的裁判】

法院在结案的裁判中,应当依职权对该审级的全部诉讼费用作出裁判。但是,根据不同情况,可以在针对案件的一部分或与案件争议有关的裁判中作出该部分诉讼费用的裁判。

第一百零五条 【诉讼总费用的裁判】

上级法院改判的，以及接到发回重审或移送案件的法院作出结案裁判的，应当对诉讼的总费用作出裁判。

第一百零六条 【和解的费用承担】

当事人在法院和解的(包括第二百三十一条规定的情形)，对于和解费用和诉讼费用没有特别约定的，由当事人各自承担。

第一百零七条 【第三人的费用偿还】

法定代理人、诉讼代理人、执行官、法院事务官等人，因故意或重大过失致使当事人支出不必要费用的，受诉法院可以依职权或依当事人的申请，命其偿还费用。

作为法定代理人或诉讼代理人实施诉讼行为的人，无法证明其取得代理权或实施诉讼行为所必需的权限的，或者未获得追认的，因其诉讼行为而产生的诉讼费用，适用第一款的规定。

对第一款和第二款的决定，可以提起即时抗告。

第一百零八条 【无权代理人的费用承担】

在第一百零七条第二款规定的情形下，起诉被驳回的，诉讼费用由实施该诉讼行为的代理人承担。

第一百零九条 【律师的报酬和诉讼费用】

当事人向代理诉讼的律师已经支付或即将支付的报酬，在大法院规则规定的金额范围内认定为诉讼费用。

计算第一款规定的诉讼费用时，若干律师代理的诉讼也仅视为一名律师代理。

第一百一十条 【确定诉讼费用金额的决定】

在确定诉讼费用由哪方承担的裁判中未确定具体数额的，第一审法院在判决生效后或诉讼费用承担的裁判被赋予执行力后，依当事人的申请，作出决定确定诉讼费用金额。

申请第一款规定的生效决定的，应当提交费用计算书及其誊本和疏明费用数额所必需的书面材料。

对第一款的决定，可以提起即时抗告。

第一百一十一条 【催告对方当事人】

法院在对诉讼费用数额作出决定之前，应当向对方送交费用计算书誊本，并催告对方对此作出陈述，并在一定期限内提交疏明费用计算书和费用数额所需的书面材料。

对方未按期提交第一款规定的书面材料的，法院可以按照申请人主张的费用作出决定。但是，对方也可以按照第一百一十条第一款的规定申请确定决定。

第一百一十二条 【承担费用的抵销】

法院对诉讼费用作出决定的，当事人应当承担的费用在相等的金额内视为抵销。但是，第一百一十一条第二款规定的情形除外。

第一百一十三条 【和解费用数额的确定】

第一百零六条规定的情形，当事人仅约定了诉讼费用承担的原则而未约定数额的，法院应当根据当事人的申请，作出决定，确定其数额。

第一款的情形，适用第一百一十条第二款、第三款以及第一百一十一条、第一百一十二条的规定。

第一百一十四条 【诉讼未经裁判而结束的】

除第一百一十三条以外，诉讼未经裁判而结束的，或者诉讼参加或异议申请被撤回的，法院应当根据当事人的申请，作出决定确定诉讼费用的数额并责令承担。

第一款的情况，适用第九十八条至第一百零三条，第一百一十条第二款、第三款，第一百一十一条及第一百一十二条的规定。

第一百一十五条 【法院事务官等人的计算】

按第一百一十条第一款规定申请的，法院应当安排法院事务官等人计算诉讼费用。

第一百一十六条 【费用的预交】

对于需要费用的诉讼行为，法院可以要求当事人预交费用。

不预交费用的，法院可以不实施该诉讼行为。

第二节 诉讼费用的担保

第一百一十七条 【提供担保的义务】

原告在韩国无住所、事务所和营业场所，或者根据诉状、准备文书材料以及其他诉讼记录明显可知诉讼请求理由不成立的等情形，法院认为有必要提供诉讼费用担保的，如果被告提出申请，法院应当命令原告提供诉讼费用担保。担保不足时，亦同。〈2010 年 7 月 23 日修改〉

第一款情形中，法院可以依职权命令原告提供诉讼费用担保。〈2010 年 7 月 23 日新设〉

对诉讼请求的一部分没有争议，以其数额足以作为担保的，不适用第一款的规定。〈2010 年 7 月 23 日修改〉

第一百一十八条 【应诉引起的申请权丧失】

被告明知存在提供担保的理由，仍进行辩论或在辩论准备期日进行陈述的，不得申请提供担保。

第一百一十九条 【被告的否决权】

申请提供担保的被告，在原告提供担保之前，可以拒绝应诉。

第一百二十条 【提供担保决定】

法院应当在责令提供担保的决定中确定担保额和提供担保的期限。

以被告在各审级中拟支出费用的总额为标准确定担保额。

第一百二十一条 【申请不服】

对申请提供担保相关决定,可以提起即时抗告。

第一百二十二条 【提供担保的方式】

提供担保采取将金钱或法院认可的有价证券提存,或者按照大法院规则的规定提交保证支付委托合同书的方式进行。但是,当事人之间有特别约定的,从其约定。

第一百二十三条 【被告对担保物的权利】

对于与诉讼费用相关的第一百二十二条规定的担保物,被告享有与质权人相同的权利。

第一百二十四条 【不提供担保的效果】

原告在应当提供担保期间不提供担保的,法院可以不经辩论,作出判决驳回起诉。但是,判决前提供担保的除外。

第一百二十五条 【担保的撤销】

担保提供人证明必须提供担保的事由消灭并申请撤销的,法院应当作出撤销担保的决定。

担保提供人证明已取得担保权利人同意撤销担保的,同第一款规定。

诉讼终结后担保提供人提出申请的,法院催告担保权利人在一定期限内行使该权利,而担保权利人未行使的,视为同意撤销担保。

对根据第一款、第二款规定作出的决定,可以提起即时抗告。

第一百二十六条 【变更担保物】

法院可以根据担保提供人的申请,作出决定更换提存的担保物。当事人申请依约定将提存的担保物换作其他担保的,从其约定。

第一百二十七条 【适用规定】

其他法律规定的与起诉有关的担保,适用第一百一十九条、第一百二十条第一款、第一百二十一条至第一百二十六条的规定。

第三节 诉讼救助

第一百二十八条 【救助的要件】

对于无力支付诉讼费用的人,法院可以依其申请或依职权给予诉讼救助。但是,明显将会败诉的除外。

第一款规定的申请人应当疏明救助的理由。

诉讼救助的裁判由保管诉讼记录的法院作出。

第一款规定的诉讼救助要件的具体内容和诉讼救助程序的详细事项,由大法院规则规定。

第一百二十九条 【救助的客观范围】

诉讼和强制执行的诉讼救助范围见下列各项规定。理由充分的,法院可以对下列各项中的一部分进行诉讼救助:

(一)缓交裁判费用;

(二)缓交律师和执行官的报酬以及垫付款;

(三)免除诉讼费用担保;

(四)缓交或免除大法院规则规定的其他费用。

第一款第二项规定,律师或者执行官未获得报酬的,从国库中支付相当数额。

第一百三十条 【救助效力的主观范围】

诉讼救助只对受救助人有效。

法院可以责令诉讼承受人缴纳延迟未缴的费用。

第一百三十一条 【救助的撤销】

诉讼被救助人被认为有缴纳诉讼费用的资金能力或重新获得该资金能力的,保管诉讼记录的法院可以依职权或依利害关系人的申请,随时撤销救助,并责令其缴纳延迟未缴的诉讼费用。

第一百三十二条 【缓交费用的追缴】

诉讼被救助人缓交的诉讼费用,可以从收到承担诉讼费用裁判的对方当事人处直接获得支付。

第一款的情形,律师或者执行官可以利用获得诉讼救助的人的执行依据,申请有关报酬和垫付款费用额的确定决定以及强制执行。

律师或者执行官对于报酬和垫付款,可以代位当事人申请第一百一十三条或第一百一十四条规定的决定。

第一百三十三条 【不服申请】

对本节规定的裁判,可以提起即时抗告。但是,相对人除第一百二十九条第一款第三项规定的诉讼救助决定以外,不得申请不服。

第四章 诉讼程序

第一节 辩 论

第一百三十四条 【辩论的必要性】

当事人应当在法院对诉讼进行辩论。但是,对于需要以决定形式结案的,由法院确定是否进行辩论。

根据第一款但书规定不进行辩论的,法院可以审问当事人、利害关系人及其他人。

第一百三十五条 【裁判长的指挥权】

辩论由裁判长(指的是合议部的裁判长或是独任法官,下同)指挥。

裁判长许可发言或者禁止违背其命令的人发言。

第一百三十六条 【释明权、求问权等】

裁判长为了明确诉讼关系,可以就事实上或法律上的事项对当事人进行提问,并要求予以证明。

合议部成员告知裁判长后,可以实施第一款规定的行为。

必要时,当事人可以请求裁判长要求对方作出说明。

对于当事人明显忽略的法律事项,法院应当给予当事人陈述意见的机会。

第一百三十七条 【释明准备命令】

裁判长可以依照第一百三十六条的规定,指明当事人需说明、证明或陈述意见的事项,并命令其在辩论期日以前对此进行准备。

第一百三十八条 【合议部的监督】

当事人对于裁判长指挥辩论的相关命令,或对于第一百三十六条、第一百三十七条规定的裁判长或合议部成员的措施提出异议的,法院以决定的形式对该异议申请作出裁判。

第一百三十九条 【指定及委托受命法官】

需要受命法官一同履行职务的,由裁判长指定法官。

没有特别规定的,法院的委托由裁判长实施。

第一百四十条 【法院的释明措施】

为了明确诉讼关系,法院可以实施下列措施:

(一)命令当事人本人或其法定代理人出席;

(二)要求提供由当事人持有的诉讼文书、诉讼中引用的文书及其他物品等;

(三)将当事人或第三人提交的文件及其他物品留置于法院;

(四)实施勘验和命令鉴定;

(五)委托进行必要的调查。

第一款规定的勘验、鉴定和委托调查,适用本法关于证据调查的规定。

第一百四十一条 【辩论的限制、分立与合并】

法院可以作出命令限制、分立与合并辩论,也可以撤销该命令。

第一百四十二条 【再次辩论】

法院可以命令再次开始已经终结的辩论。

第一百四十三条 【翻译】

参与辩论的人不懂韩国语或者在韩国语听说方面存在障碍的,应当由翻译人员进行翻译。对于存在该障碍的人,可以文字形式向其提问或让其陈述。

翻译人员适用本法关于鉴定人的规定。

第一百四十三条之二 【辅助陈述】

由于存在因疾病、残疾、年龄以及其他原因引起的精神上或身体上的缺陷,为了明确诉讼关系,难以作出必要陈述的当事人,经法院许可,可以与辅助其陈述的人一同出席作出陈述。

法院可以随时撤销第一款的许可。

第一款和第二款规定的陈述辅助人的资格、诉讼地位和作用,以及法院的许可条件和程序等有关许可及撤销的事项,由大法院规则规定。

[2016年2月3日新设]

第一百四十四条 【对无辩论能力人的措施】

法院为了明确诉讼关系,可以禁止无法作出必要陈述的当事人或代理人陈述,并指定新的继续辩论的期日。

按照第一款规定禁止陈述的,法院认为有必要的,可以命令选任律师。

按照第一款或第二款规定作出禁止代理人陈述或者命令选任律师的命令的,应当通知当事人本人。

起诉或上诉的人,接到第二款规定的命令后,在第一款新的期日之前没有选任律师的,法院可以作出决定驳回其起诉或上诉。

对第四款的决定可以提起即时抗告。

第一百四十五条 【劝告和解】

法院可以在诉讼的任何阶段劝告和解,或者要求受命法官或受托法官劝告和解。

第一款的情况,法院、受命法官或受托法官可以命令当事人本人或其法定代理人出席。

第一百四十六条 【适时提出主义】

应当根据诉讼进行的阶段适时提出辩论中攻防的方法。

第一百四十七条 【提出期限的限制】

裁判长听取当事人意见后,可以确定一方或双方当事人就特定事项提出主张或申请提交证据的期限。

超过第一款期限的,当事人不得提出主张或申请提交证据。但是,当事人疏明有正当理由未能在此期间提出或申请的除外。

第一百四十八条 【一方当事人不出席的】

原告或被告在辩论期日不出席或出席后未就本案进行辩论的,可以将其提出的诉状、答辩状及其他准备文书材料上记载的事项视为其陈述内容,并命令出席的相对方进行辩论。

第一款规定中,当事人陈述的答辩状及其他准备文书材料上记载着放弃诉讼请求或认诺的意思表示的,在取得公证事务所认证之时,视为放弃诉讼请求或认诺成立。

第一款规定中,当事人陈述的答辩状及其他准备文书材料上记载着和解的意思表示,取得公证事务所认证的,对方当事人出席辩论期日并接受该和解意思表示之时,视为和解成立。

第一百四十九条 【驳回失时的辩论中攻防的方法】

当事人违反第一百四十六条规定,因故意或者重大过失迟延提出辩论中攻防的方法,法院认为会致使诉讼拖延的,可以依职权或依对方当事人的申请,作出决定予以驳回。

当事人提出的辩论中攻防的方法的目的不明,当事人未作必要说明或未出席说明的期日,法院可以依职权或依对方当事人的申请,作出决定予以驳回。

第一百五十条 【视为自认】

当事人在辩论中对对方当事人主张的事实未作争辩的,视为对该事实的自认。但是，综观辩论过程认为对该事实有争辩的情况除外。

作出陈述表示对对方当事人主张的事实不知情的，推定对该事实有争议。

当事人未出席辩论期日的，适用第一款的规定。但是，接到以公告方式送达的期日通知书的当事人未出席的情况除外。

第一百五十一条 【对诉讼程序的异议权】

当事人知道或者应当知道有违反诉讼程序规定事宜，未立即提出异议的，丧失提出异议的权利。但是，该权利属于不得放弃的权利的除外。

第一百五十二条 【制作辩论笔录】

法院事务官等人应当参与辩论期日并按照期日制作笔录。但是，采取辩论录音、速记或其他类似方式的，可以不要求法院事务官等人参加辩论期日。

裁判长认为有必要的，可以不要求法院事务官等人参加除辩论期日和辩论准备辩论期日以外的期日。

第一款但书及第二款的情形，法院事务官等人应当在期日结束之后，按照裁判长的说明制作笔录，并附上该趣旨。

第一百五十三条 【形式上的记载事项】

法院事务官等人在笔录中记载下列事项，裁判长和法院事务官等人签名盖章或者签字。但是，裁判长因故无法签名盖章或签字的，合议部成员记录其事由并签名盖章或签字，全体法官因故无法签名盖章或签字的，法院事务官等人记录其事由：〈2017 年 10 月 31 日修改〉

（一）案件的标识；

（二）法官和法院事务官等人的姓名；

（三）出席的检察官的姓名；

（四）出席的当事人、代理人、翻译人员和未出席的当事人的姓名；

（五）辩论的日期和地点；

（六）辩论是否公开及不公开的理由。

第一百五十四条 【实质的记载事项】

笔录上记录辩论要点，特别应当载明下列事项：

（一）和解、放弃诉讼请求、认诺、撤诉和自认；

（二）证人、鉴定人的宣誓和陈述；

（三）勘验结果；

（四）裁判长命令记录的事项和当事人请求记录并获得准许的事项；

（五）未制成文书的裁判；

（六）裁判的宣告。

第一百五十五条 【笔录记载的省略等】

可以根据大法院规则的规定省略记入笔录的事项。但是，当事人有异议的除外。

辩论方式相关规定的遵守、和解、放弃诉讼请求、认诺、撤诉和自认，不适用第一款的规定。

第一百五十六条　【文书等的引用和添加】

笔录中可以引用文书、照片以及法院认为适当的其他材料，添加在诉讼记录中，作为笔录的一部分。

第一百五十七条　【利害关系人宣读笔录等请求权】

利害关系人申请的，应当向其宣读或展示笔录。

第一百五十八条　【笔录的证明力】

是否遵守了辩论方式的有关规定，只能由笔录加以证明。但是，笔录灭失的除外。

第一百五十九条　【辩论的速记与录音】

法院认为有必要的，可以将辩论全部或部分录音，或命令速记人记录。当事人申请录音或速记的，除有特殊事由外，法院应当命令准许。

第一款的录音带和速记记录作为笔录的一部分。

依照第一款和第二款的规定的用录音带或者速记记录代替笔录记载的，在诉讼结案前，当事人申请时或按大法院规则规定的时间，应当将录音带或者速记记录的要点整理后制作笔录。

根据第三款规定制作笔录后，裁判被确定或经双方当事人同意的，法院可以销毁录音带和速记记录。此时，当事人在收到销毁录音带和速记记录通知之日起两周内未提出异议的，视为同意销毁。

第一百六十条　【其他笔录的适用规定】

法院、受命法官或受托法官的询问、审问和证据调查，适用第一百五十二条至第一百五十九条的规定。

第一百六十一条　【申请或陈述的方法】

没有特别规定的，可采取书面或口头方式申请及作出陈述。

采取口头方式的，应当向法院事务官等人当面作出。

第二款的情形，法院事务官等人应当按照申请或者陈述的趣旨制作笔录或其他文书，并签名盖章或签字。〈2017 年 10 月 31 日修改〉

第一百六十二条　【诉讼记录的查阅和证明书的交付请求】

当事人或疏明利害关系的第三人，按照大法院规则的规定，可以向法院事务官等人申请阅览和复印诉讼记录，交付裁判书和笔录的正本、誊本、抄本，或有关诉讼事项的证明书。

凡以权利救济、学术研究或公益为目的之人，均可以根据大法院规则的规定，向法院事务官等人申请阅览生效裁判的诉讼记录。禁止公开的与辩论有关的诉讼记录除外。〈2007 年 5 月 17 日新设〉

按照第二款申请阅览时，相关诉讼利害关系人反对的，法院不得允许阅览。此时诉讼利害关系人的范围以及同意与否等相关事项，由大法院规则规定。〈2007 年 5 月 17 日新设〉

阅览或复印诉讼记录的人不得利用阅览或复印所知悉的事项，危害公共秩序或者善良风俗，侵害有关人员的名誉和生活。〈2007 年 5 月 17 日新设〉

提出第一款和第二款规定的申请,须按大法院规则的规定缴纳手续费。〈2007 年 5 月 17 日修改〉

在裁判书或笔录的正本、誊本或抄本上记载该趣旨,由法院事务官等人签名盖章或签字。〈2007 年 5 月 17 日、2017 年 10 月 31 日修改〉

第一百六十三条 【为保密而限制阅览等】

如有下列情形之一疏明的,法院可以根据当事人的申请作出决定,将可以申请阅览或复印诉讼记录中的秘密部分的人,以及可以申请交付裁判书和笔录中的秘密部分的正本、誊本、抄本(以下简称阅览记载秘密部分等)的人限定为当事人。

(一)诉讼记录中记载涉及当事人私生活的重大秘密,允许第三人阅览记载秘密部分可能会影响当事人的社会生活的;

(二)诉讼记录中记载当事人的营业秘密(指《不正竞争防止及营业秘密保护的相关法律》第二条第二项规定的营业秘密)。

在第一款申请的裁判生效前,第三人不得申请对记载秘密部分进行阅览等。

保管诉讼记录的法院可以根据已疏明利害关系的第三人的申请,以第一款所列事由不存在或已消灭为由,撤销第一款的决定。

对驳回第一款申请的决定和第三款有关申请的决定,可以提起即时抗告。

第三款的撤销决定确定后生效。

第一百六十三条之二 【阅览及复印判决书】

不受第一百六十二条规定限制,任何人均可以通过互联网及其他计算机信息处理系统的电子方法阅览和复印案件已宣告的判决书(包括尚未生效的案件判决书,但是,适用《小额案件审判法》的案件判决书和适用《上告审程序相关特例法》第四条以及本法第四百二十九条本文制作的判决书除外)。但是,根据大法院规则的规定,属于禁止公开辩论的案件判决书的,可以对阅览和复印进行全部或部分的限制。〈2020 年 12 月 8 日修改〉

按照第一款阅览和复印的判决书,根据大法院的规定,应当提供检索判决书中记载的字符和数字的功能。〈2020 年 12 月 8 日新设〉

法院事务官等人及法院公务员,在第一款规定的阅览和复印前,应当采取大法院规则规定的保护措施,以防止判决书记载的姓名等个人信息被公开。〈2020 年 12 月 8 日修改〉

第三款规定的采取个人信息保护措施的法院事务官等人及法院公务员,非因故意或重大过失,无须对第一款规定的阅览和复印相关事项承担民事或刑事责任。〈2020 年 12 月 8 日修改〉

第一款规定的阅览和复印,适用第一百六十二条第四款、第五款以及第一百六十三条的规定。〈2020 年 12 月 8 日修改〉

阅览和复印判决书的方法及程序、个人信息保护措施的方法和程序,以及其他必要事项,由大法院规则规定。〈2020 年 12 月 8 日修改〉

[2011 年 7 月 18 日新设本条]

[2020 年 12 月 8 日修改标题]

第一百六十四条 【对笔录的异议】

利害关系人对笔录所列事项提出异议的,应当在笔录中记明该趣旨。

第二节 专门审理委员〈2007 年 7 月 13 日新设〉

第一百六十四条之二 【专门审理委员的参与】

为明确诉讼关系、保证诉讼程序(包括证据调查、和解等,下同)顺利进行,法院可以依职权或依当事人的申请,根据第一百六十四条之四第一款作出决定,指定专门审理委员参加诉讼程序。

专门审理委员可以在需要专门知识的诉讼程序中提交书面的说明或意见,或者在期日出席并作出说明或意见陈述。但是,其不得参与裁判的合议。

专门审理委员出席期日的,经裁判长许可,可以直接向当事人、证人或鉴定人等诉讼利害关系人提问。

对于第二款中专门审理委员提交的书面材料或其作出的说明或意见陈述,法院应当给予当事人口头或书面陈述意见的机会。

[2007 年 7 月 13 日新设本条]

第一百六十四条之三 【专门审理委员参与决定的撤销】

在适当情况下,法院可以依职权或者依当事人的申请,撤销第一百六十四条之二第一款的决定。

不受第一款规定限制,当事人合意申请撤销第一百六十四条之二第一款的决定的,法院应当予以撤销。

[2007 年 7 月 13 日新设本条]

第一百六十四条之四 【专门审理委员的指定等】

根据第一百六十四条之二第一款指定专门审理委员参加诉讼程序的,法院应当听取当事人的意见,并为案件指定一名以上的专门审理委员。

按照大法院规则的规定向专门审理委员支付报酬,必要时可以向其支付旅费、日薪、住宿费。

指定专门审理委员相关必要事项由大法院规则规定。

[2007 年 7 月 13 日新设本条]

第一百六十四条之五 【专门审理委员的除斥和忌避】

对专门审理委员适用第四十一条至第四十五条及第四十七条的规定。

被申请除斥或忌避的专门审理委员,在该申请有关的决定生效前,不得参与该案件的诉讼程序。专门审理委员对该除斥或忌避申请可以陈述意见。

[2007 年 7 月 13 日新设本条]

第一百六十四条之六 【受命法官等的权限】

受命法官或受托法官进行诉讼程序的,第一百六十四条之二第二款至第四款规定的法院和裁判长的职权,由受命法官或受托法官行使。

[2007 年 7 月 13 日新设本条]

第一百六十四条之七 【泄露秘密罪】

专门审理委员或曾担任专门审理委员的人,泄露在其履行职务过程中知悉的他人秘密的,处二年以下有期徒刑或监禁或者一千万韩元以下罚金。

[2007 年 7 月 13 日新设本条]

第一百六十四条之八 【适用处罚的公务员拟制】

适用《刑法》第一百二十九条至第一百三十二条的规定进行罚则时,视专门审理委员为公务员。

[2007 年 7 月 13 日新设本条]

第三节 期日和期间〈2007 年 7 月 13 日修改〉

第一百六十五条 【期日的指定和变更】

裁判长依职权或依当事人的申请指定期日。但是,由受命法官或受托法官询问或审问的期日,由该受命法官或受托法官指定。

凡经当事人协商一致,即使没有特殊理由,也应准予变更首次辩论期日和首次辩论准备期日。

第一百六十六条 【公休日的期日】

必要情况下,可以指定公休日为期日。

第一百六十七条 【期日的通知】

采取送达期日通知书或出席要求书的方式通知期日。但是,对于已出席案件的人,直接告知期日即可。

法院可以采取大法院规则规定的简便方法通知期日。该情形下,不得对未出席期日的当事人、证人或鉴定人等实施法律上的制裁或其他惩罚。

第一百六十八条 【出席承诺书的效力】

诉讼利害关系人提交载明保证出席某期日的文书的,同送达期日通知书或出席要求书具有相同的效力。

第一百六十九条 【期日的开始】

期日以宣读案件和当事人名称开始。

第一百七十条 【期间的计算】

期间的计算参照民法的规定。

第一百七十一条 【期间的开始】

确定期间的裁判中未确定期间的开始时间的,该期间从裁判生效时开始计算。

第一百七十二条 【期间的延长、缩短以及附加期间】

法院可以延长或缩短法定期间和法院指定的期间。但是,不变期间除外。

对于不变期间,法院可以为住所或居所偏远的人指定附加期间。

裁判长、受命法官或受托法官按照第一款和第二款的规定,可以延长或缩短法院指定的期间和自己指定的期间。

第一百七十三条 【诉讼行为的事后补救】

当事人因责不归己的事由而无法遵守不变期间的,可以在该事由消灭之日起两周以内对未完成的诉讼行为进行补救。但是,对于事由消灭时身在外国的当事人,该期间为三十日。

对第一款的期间不适用第一百七十二条的规定。

第四节 送达〈2007 年 7 月 13 日修改〉

第一百七十四条 【职权送达的原则】

本法没有特别规定的,由法院依职权送达。

第一百七十五条 【处理送达事务的人】

法院事务官等人处理与送达有关的事务。

法院事务官等人可以委托送达地的地方法院的法院事务官等人或执行官代为办理第一款规定的事务。

第一百七十六条 【送达机关】

送达应当以邮寄或依靠执行官或者大法院规则规定的方式进行。

邮寄送达由邮递员实施。

送达时出现必要情况的,送达机关可以向警察公务员请求援助。〈2006 年 2 月 21 日修改〉

第一百七十七条 【由法院事务官等人送达】

法院事务官等人可以向案件出席人直接送达。

法院事务官等人在法院内向受送达人交付资料并取得收据时,送达生效。

第一百七十八条 【交付送达的原则】

送达没有特别规定的,应当向受送达人交付资料的誊本或副本。

以制作的笔录和其他文书代替提交所送达资料的,应当交付其誊本或抄本。

第一百七十九条 【向无诉讼能力人送达】

受送达人是无诉讼能力人的,向其法定代理人送达。

第一百八十条 【向共同代理人送达】

若干人共同行使代理权的,向其中一人送达即可。

第一百八十一条 【向军事关系人送达】

对军用建筑或船舶内人员的送达,向该建筑或船舶的负责人送达。

第一百八十二条 【向被拘禁人等送达】

对被逮捕、拘禁或扣留在监狱、看守所或者国家警察官署的拘留所的人的送达,向监狱、看守所或国家警察官署的负责人送达。〈2006 年 2 月 21 日修改〉

第一百八十三条 【送达场所】

送达在受送达人的住所、居所、营业场所或事务所(以下简称住所等)进行。但是,向法定代理人送达的,可以在本人的营业场所或事务所进行。

第一款的场所不明或无法送达的,可以向受送达人所雇佣、委任等依法律行为就业的人的所在等(以下简称工作场所)送达。

受送达人的住所等或者工作场所未在国内或者无法知悉的,可以在与其会面地点送达。

有住所等或工作场所的人未拒绝的,可以在与其会面的地点送达。

第一百八十四条 【受送达场所的申报】

当事人、法定代理人或诉讼代理人可以确定并申报住所等以外的场所(限定在韩国国内)为接受送达的场所。在该情况下,可以确定并申报接受送达的人。

第一百八十五条 【送达场所变更的申报义务】

当事人、法定代理人或诉讼代理人变更受送达场所的,应当立即向法院申报。

对未进行第一款申报的人送达资料时,无法知悉其他送达场所的,可以依照大法院规则规定的方式向曾经接受送达的场所送达。

第一百八十六条 【补充送达、留置送达】

在工作地以外的送达地,未见到受送达人的,可以向其具有辨别能力的工作人员、雇员或同住人交付文书。

在工作地未见到受送达人的,第一百八十三条第二款规定的其他人员或其法定代理人或其雇员和其他从业人员,具有辨别能力且愿意接收文书的,可以向其交付文书。

受送达人或者依第一款规定转交文书的人,无正当理由拒不接受送达的,可以将文书留置在送达地点。

第一百八十七条 【邮寄送达】

依照第一百八十六条规定无法送达的,法院事务官等人可以采用挂号信等大法院规则规定的方式送达文书。

第一百八十八条 【送达箱送达】

不受第一百八十三条至第一百八十七条规定限制,可以在法院内设置需送达的文书投入箱(以下简称送达箱)进行送达。

利用送达箱的送达,由法院事务官等人处理。

受送达人在文书投入送达箱三日以内未领取的,视为已经送达。

送达箱的利用程序和手续费,利用送达箱的送达方法以及送达的文书相关事项,由大法院规则规定。

第一百八十九条 【发送主义】

根据第一百八十五条第二款或者第一百八十七条的规定发送文书的,发送后即视为送达。

第一百九十条 【公休日等的送达】

当事人申请在公休日以及日出前或日落后送达的,可以由执行官或大法院规则规定的人送达。

依照第一款规定送达的，法院事务官等人应当在送达的文书中附上该理由。

违反第一款和第二款规定送达的，仅在接收文书交付的人接受时具有法律效力。

第一百九十一条 【国外送达的方法】

必须在外国进行的送达，由裁判长委托韩国驻该国的大使、公使、领事或者委托该国有管辖权的公共机关送达。

第一百九十二条 【向参战的军人或驻外军人等送达】

向在参战军队或驻外军队中的工作人员，或军中服役船舶的船员送达的，由裁判长委托所属司令官送达。

第一款的送达适用第一百八十一条的规定。

第一百九十三条 【送达通知】

送达机关应当按照大法院规则规定的方法将送达事由告知法院。

第一百九十四条 【公告送达的要件】

当事人住所等或者工作场所不详，或根据第一百九十一条规定无法向外国送达或送达无效的，法院事务官等人可以依职权或依当事人的申请公告送达。〈2014 年 12 月 30 日修改〉

第一款的申请应当疏明理由。

裁判长在第一款情况下为了避免诉讼迟延，必要时可以命令公告送达。〈2014 年 12 月 30 日新设〉

裁判长可以依职权或依申请，撤销法院事务官等人的公告送达。〈2014 年 12 月 30 日新设〉

第一百九十五条 【公告送达的方法】

公告送达应当由法院事务官等人保管待送达的文书，将其事由公示于法院公告栏上，或者按照大法院规则规定的方式公告。

第一百九十六条 【公告送达生效】

首次公告送达，按照第一百九十五条的规定实施之日起两周后生效。但是，对同一当事人的后续公告送达，自实施后的次日起生效。

向外国的公告送达，第一款正文的期间设定为二个月。

第一款及第二款的期间不得缩短。

第一百九十七条 【受命法官等的送达权限】

受命法官、受托法官以及送达地的地方法院法官可以行使裁判长对送达的权限。

第五节 裁判〈2007 年 7 月 13 日修改〉

第一百九十八条 【终局判决】

法院在诉讼审理结束后作出终局判决。

第一百九十九条 【终局判决宣告期间】

判决自起诉之日起五个月以内宣告。但是,抗诉审及上诉审的判决,自收到诉讼记录之日起五个月以内宣告。

第二百条 【部分判决】

法院对诉讼的一部分审理完毕的,可就该部分作出终局判决。

合并辩论的若干个诉讼中,一件审理完毕以及本诉或反诉审理完毕的,适用第一款规定。

第二百零一条 【中间判决】

法院对于独立的辩论中攻防的方法,以及其他诉讼中的争议,必要时可以作出中间判决。

对诉讼请求的原因与数额有争议的,可以仅对诉讼请求的原因作出中间判决。

第二百零二条 【自由心证主义】

法院根据辩论整体的趣旨和证据调查结果,秉持社会正义和衡平理念,根据逻辑和经验法则,以自由心证判断事实主张是否真实。

第二百零二条之二 【计算损害赔偿金额】

损害发生的事实清楚,但是,根据案件性质难以证明具体损害金额的,法院可以综合辩论整体趣旨和证据调查结果所认定的全部情况,确定适当的损害赔偿金额。

[2016 年 3 月 29 日新设本条]

第二百零三条 【处分权主义】

法院不得对当事人未申请的事项作出判决。

第二百零四条 【直接主义】

判决应当由参与本案辩论的法官作出。

变更法官的,当事人应当陈述已进行的辩论结果。

独任案件的法官变更的,当事人再次申请对已询问过的证人进行询问的,法院应当进行询问。合议部法官半数以上变更时亦同。

第二百零五条 【判决生效】

判决自宣告时起生效。

第二百零六条 【宣告方式】

判决由裁判长依判决书原件朗读主文进行宣告,必要时可简单说明理由。

第二百零七条 【宣告期日】

判决应当自辩论终结之日起两周内宣告,案件复杂或情况特殊的,自辩论终结之日起不得超过四周。

当事人未出席时也可以宣告判决。

第二百零八条 【判决书记载事项等】

判决书应当记载下列事项,并由作出判决的法官签名盖章:

(一)当事人和法定代理人。

(二)主文。

(三)诉讼请求和上诉的趣旨。

(四)理由。

(五)辩论终结日期。但是,无辩论判决的,记载判决宣告日期。

(六)法院。

在判决书的理由部分表明足以认定判决主文的对当事人的主张以及辩论中攻防的方法的判断。

不受第二款规定限制,第一审判决有下列各项情形之一的,判决书中可以简略地表明确定诉讼请求的必要事项以及与第二百一十六条第二款的判断相关的事项:

(一)第二百五十七条规定的无辩论判决;

(二)适用第一百五十条第三款的判决;

(三)被告收到第一百九十四条至一百九十六条规定的公告送达的期日通知,而未出席辩论期日的情况下作出的判决。

法官无法在判决书上签名盖章的,应当由其他法官在判决中注明该事由并签名盖章。

第二百零九条 【交付法院事务官等人】

宣告判决以后应当立即将判决书交付法院事务官等人。

第二百一十条 【送达判决书】

法院事务官等人应当自收到判决书之日起两周以内送达当事人。

判决书应当送达正本。

第二百一十一条 【判决的更正】

判决中出现计算错误、记载错误或其他类似错误的,法院可以依职权或依当事人的申请作出更正决定。

更正决定应附加记载在判决的原本和正本上。但是,无法附加记载在正本上的,应当制作决定的正本,并送达当事人。

对更正决定可以提起即时抗告。但是,已经对判决提起合法抗诉的除外。

第二百一十二条 【裁判的遗漏】

法院裁判遗漏部分诉讼请求的,该法院对该部分诉讼请求继续作出裁判。

裁判遗漏诉讼费用的,法院依职权或依当事人的申请对该诉讼费用进行裁判。此时,适用第一百一十四条的规定。

对本案判决已经提起合法抗诉的,第二款规定的诉讼费用的裁判失去效力。此时抗诉法院对诉讼总费用进行裁判。

第二百一十三条 【假执行宣告】

有关财产权诉讼请求的判决,没有不附假执行宣告的理由的,应当依职权决定是否提供担保,并作出可以假执行的宣告。但是,对于有关汇票款或支票款诉讼请求的判决,应当作出无须提供担保的假执行宣告。

法院依职权或依当事人的申请,在提供与债权金额相等的担保的情况下,可以作出免除假执行的宣告。

第一款及第二款的宣告应记载于判决主文。

第二百一十四条 【适用诉讼费用担保规定】

第二百一十三条的担保适用第一百二十二条、第一百二十三条、第一百二十五条及第一百二十六条的规定。

第二百一十五条 【假执行宣告的失效、恢复原状与损害赔偿】

其他判决变更该假执行宣告或变更本案判决的,该假执行宣告在被变更的范围内失去效力。

变更本案判决的,法院依被告的申请,应当在该判决中命令原告返还因假执行宣告接受的物品,赔偿因假执行引起的损害,赔偿为免除假执行而遭受的损失。

变更假执行宣告后,本案判决变更的,适用第二款的规定。

第二百一十六条 【既判力的客观范围】

生效判决的既判力仅及于判决书主文所包含的内容。

主张抵销的诉讼请求是否成立的判断,其既判力仅及于主张抵销的金额。

第二百一十七条 【外国裁判的承认】

外国法院的生效判决或与之效力相同的裁判(以下简称生效裁判等),必须同时具备下列条件才被承认:〈2014 年 5 月 20 日修改〉

(一)根据韩国法令或条约规定的国际裁判管辖原则,认可该外国法院的国际裁判管辖权的;

(二)败诉的被告已经接到合法且留有足够时间的诉状及类似文书、期日通知书、命令的送达的(公示送达及与其类似的送达除外),或虽未收到送达但应诉的;

(三)根据生效裁判等的内容及诉讼程序,承认该生效裁判等不违反韩国的善良风俗或社会秩序的;

(四)存在互惠保证或者韩国与该外国法院所属国之间的生效裁判等的承认要件无显著失衡或在重要方面无实质性差异的。

法院应当依职权对是否符合第一款的条件进行调查。〈2014 年 5 月 20 日新设〉

[2014 年 5 月 20 日修改标题]

第二百一十七条之二 【损害赔偿相关生效裁判等的承认】

承认损害赔偿相关生效裁判等将会严重违反韩国法律或韩国缔结的国际条约的基本秩序的,法院不得承认该生效裁判等的部分或全部。

法院审理第一款规定的条件时,应当考虑外国法院认定的损害赔偿的范围是否包括律师报酬等与诉讼有关的费用和经费及其范围。

[2014 年 5 月 20 日新设本条]

第二百一十八条 【既判力的主观范围】

生效判决对当事人、辩论终结后的继承人(无辩论判决宣告后的继承人)以及为持有诉讼请求标的物的人发生效力。

第一款的当事人在辩论终结前(无辩论判决的,在判决宣告前)未陈述继承事实的,推定为在辩论终结后(无辩论判决的,在判决宣告后)继承。

对于为他人利益而成为原告或被告的人的生效判决，其效力及于该他人。

假执行宣告适用第一款至第三款的规定。

第二百一十九条 【无辩论驳回起诉】

因起诉不合法且无法补正其瑕疵，可以不经辩论，作出判决驳回该起诉。

第二百二十条 【和解、放弃诉讼请求、认诺笔录的效力】

和解、放弃诉讼请求、认诺被记入辩论笔录、辩论准备期日笔录的，该笔录与生效判决具有相同效力。

第二百二十一条 【决定、命令的告知】

决定和命令经适当方法告知后生效。

法院事务官等人应当将告知的方法、地点和日期记载并附在裁判文书原件上并加盖印章。

第二百二十二条 【有关诉讼指挥裁判的撤销】

可随时撤销有关诉讼指挥的决定和命令。

第二百二十三条 【对法院事务官等人采取的措施的异议】

对法院事务官等人所采取的措施的异议申请，通过法院事务官等人的所属法院作出决定进行裁判。

第二百二十四条 【适用判决规定】

在不违背性质的限度内，决定和命令适用有关判决的规定。但是，法官的亲笔签名可以用签章替代，并且不必记载理由。

依照本法作出的罚款裁判不适用《非讼案件程序法》第二百四十八条和第二百五十条有关检察官的规定。

第六节 和解劝告决定〈2007 年 7 月 13 日修改〉

第二百二十五条 【依决定作出和解劝告】

法院、受命法官或受托法官为公平解决案件，对诉讼进行中的案件可依职权斟酌当事人的利益和其他情况，在不违背其诉讼请求趣旨的范围内作出和解劝告决定。

法院事务官等人应当将记载第一款决定内容的笔录或者决定书正本送达当事人。但是，该送达不得采用第一百八十五条第二款、第一百八十七条或第一百九十四条规定的方法。

第二百二十六条 【对决定的异议申请】

当事人对第二百二十五条规定的决定，可以自收到该笔录或者决定书正本之日起两周内提出异议申请。但是，在该正本送达前亦可以提出异议申请。

第一款的期间为不变期间。

第二百二十七条 【异议申请的方式】

提出异议申请应当将异议申请书提交至作出和解劝告决定的法院。

异议申请书应当载明下列事项：

(一)当事人和法定代理人；

(二)和解劝告决定的标识及对其提出异议申请的趣旨。

异议申请书适用准备文书的规定。

依第二百二十六条第一款规定提出异议申请的，应当向异议申请的对方当事人送达异议申请书副本。

第二百二十八条 【撤回异议申请】

提出异议申请的当事人，在该审级判决宣告前，经对方同意，可以撤回异议申请。

第一款规定的撤回适用第二百六十六条第三款至第六款规定。此时“诉”视为“异议申请”。

第二百二十九条 【放弃异议申请权】

异议申请权在申请前可以放弃。

放弃异议申请权应当以书面形式作出。

第二款的书面应当送达对方当事人。

第二百三十条 【驳回异议申请】

异议申请违反法定方式或是在异议申请权消灭后提出的，且无法补正其瑕疵的，法院、受命法官或受托法官应当作出决定驳回异议申请。受命法官或受托法官未驳回的，由受诉法院作出决定驳回该异议申请。

对第一款的决定可以提起即时抗告。

第二百三十一条 【和解劝告决定的效力】

和解劝告决定有下列情形之一的，与裁判中和解具有相同效力：

(一)第二百二十六条第一款规定期间内没有提出异议申请的；

(二)驳回异议申请的决定生效的；

(三)当事人撤回异议申请或者放弃异议申请权的。

第二百三十二条 【依异议申请恢复诉讼等】

异议申请合法的，诉讼恢复到和解劝告决定以前的状态。此时，从前的诉讼行为仍然有效。

和解劝告决定在该审级判决宣告时失效。

第七节 诉讼程序的中断和中止〈2007年7月13日修改〉

第二百三十三条 【因当事人死亡而中断】

当事人死亡的，诉讼程序中断。继承人、继承财产管理人以及其他依照法律规定继续进行诉讼的人，应当承担诉讼程序。

继承人在可以放弃继承期间内，不得承担诉讼程序。

第二百三十四条 【法人合并引起的中断】

作为当事人的法人因合并而消灭的，诉讼程序中断。合并后新设的法人或合并后存续的法人应当承担诉讼程序。

第二百三十五条 【诉讼能力丧失、法定代理权消灭引起的中断】

当事人丧失诉讼能力或者法定代理人死亡或丧失代理权的，诉讼程序中断。恢复诉讼能力的当事人或成为法定代理人的人应当承担诉讼程序。

第二百三十六条 【受托人任务终结引起的中断】

信托产生的受托人的委托任务结束的，诉讼程序中断。新的受托人应当承担诉讼程序。

第二百三十七条 【资格丧失引起的中断】

依一定资格以自己的名义为他人成为诉讼当事人的人，丧失其资格或者死亡的，诉讼程序中断。具有相同资格的人应当承担诉讼程序。

根据第五十三条的规定，选定当事人诉讼中，被选定的当事人全部丧失资格或者死亡的，诉讼程序中断。全体选定当事人的人或者新的被选定的当事人，应当承担诉讼程序。

第二百三十八条 【有诉讼代理人的例外】

有诉讼代理人的，不适用第二百三十三条第一款、第二百三十四条至第二百三十七条的规定。

第二百三十九条 【当事人破产引起的中断】

当事人被宣告破产的，有关破产财团的诉讼程序中断。在按照《债务人回生及破产相关法律》完成承担之前破产程序被解除的，被宣告破产的人承担诉讼程序。〈2005 年 3 月 31 日修改〉

第二百四十条 【破产程序解除引起的中断】

根据《债务人回生及破产相关法律》，破产财团相关诉讼承担完成后，破产程序被解除的，诉讼程序中断。被宣告破产的人应当承担诉讼程序。〈2005 年 3 月 31 日修改〉

第二百四十一条 【对方当事人的承担申请权】

对方当事人也可以提出诉讼程序的承担申请。

第二百四十二条 【承担申请的通知】

申请承担诉讼程序的，法院应当将该情况通知对方当事人。

第二百四十三条 【对承担申请的裁判】

法院依职权调查诉讼程序的承担申请，认为没有理由的，作出决定驳回该申请。

裁判送达后，作出该裁判的法院应当对已中断的诉讼程序的承担作出决定。

第二百四十四条 【依职权作出续行命令】

当事人不承担诉讼程序的，法院可以依职权命令诉讼程序继续进行。

第二百四十五条 【法院无法履行职务引起的中止】

自然灾害等事故导致法院无法履行职务的，在该事故消失以前诉讼程序中止。

第二百四十六条 【当事人的障碍引起的中止】

当事人在不特定期间出现无法进行诉讼行为的障碍事由的，法院可以作出决定中止诉讼程序。

法院可以撤销第一款决定。

第二百四十七条 【诉讼程序停止的效果】

在诉讼程序中断期间可以宣告判决。

诉讼程序中断或中止的,期间停止计算,自通知诉讼程序承担事实时或者诉讼程序再次开始进行时,整体期间重新计算。

第二编 第一审诉讼程序

第一章 起 诉

第二百四十八条 【起诉的方式】

起诉应向法院提交起诉状。

第二百四十九条 【起诉状的记载事项】

起诉状上应当载明当事人、法定代理人、诉讼请求的趣旨和原因。

起诉状适用准备文书相关规定。

第二百五十条 【确认文书真伪的诉】

为了确认证明法律关系的文书的真伪,可以提起确认之诉。

第二百五十一条 【请求将来履行的诉】

确有事先请求的必要的,可以提起请求将来履行之诉。

第二百五十二条 【分期支付判决和变更之诉】

责令分期支付的判决生效后,作为其金额计算基础的事实发生变化,出现严重影响当事人之间平衡的特殊情况的,该判决的当事人可以提起请求变更尚未支付的分期支付金额之诉。

第一款的诉由第一审判决法院专属管辖。

第二百五十三条 【诉的客观合并】

数个诉讼请求能够依同一种诉讼程序审理的,可以在同一个诉中提出。

第二百五十四条 【裁判长等的起诉状审查权】

起诉状违反第二百四十九条第一款规定的,以及未按照法律规定在起诉状上粘贴印花税票的,裁判长应当指定相应期间,并命令在此期间内补正瑕疵。裁判长可以要求法院事务官等人作出该补正命令。〈2014 年 12 月 30 日修改〉

原告在第一款规定的期间内未补正瑕疵的,裁判长应当作出命令驳回起诉状。

对第二款的命令可以提起即时抗告。

裁判长审查起诉状时,认为有必要的,可以命令原告详细记载并提交诉讼请求理由对应的证据方法,原告未提交起诉状中引用的书证的誊本或复印件的,可以命令其提交。

[2014 年 12 月 30 日修改标题]

第二百五十五条 【送达起诉状副本】

法院应当向被告送达起诉状副本。

无法送达起诉状副本的,适用第二百五十四条第一款至第三款的规定。

第二百五十六条 【提交答辩状义务】

被告反对原告诉讼请求的,应当自收到起诉状副本之日起三十日内提交答辩状。但是,被告通过公告送达方式收到起诉状副本的除外。

法院在送达起诉状副本时,应当将第一款的趣旨告知被告。

法院应当向原告送达答辩状副本。

答辩状适用准备文书相关规定。

第二百五十七条 【无辩论判决】

被告未提交第二百五十六条第一款的答辩状的,法院视为对诉讼请求原因事实的自认,可以不经辩论作出判决。但是,存在需要依职权调查的事项或者判决宣告前被告提交了反对原告诉讼请求的答辩状的除外。

被告提交对诉讼请求原因事实全部自认的答辩状,未做其他抗辩的,适用第一款的规定。

法院向被告送达起诉状副本时,可以将第一款及第二款规定的无辩论判决的宣告期日一同通知被告。

第二百五十八条 【指定辩论期日】

除第二百五十七条第一款及第二款规定的无辩论判决的情形外,裁判长应当立即指定辩论期日。但是,案件需要进入辩论准备程序的除外。

辩论准备程序结束时,裁判长应立即指定辩论日期。

[2008 年 12 月 26 日修改全文]

第二百五十九条 【禁止重复起诉】

对已系属法院的案件,当事人不得再次起诉。

第二百六十条 【更正被告】

原告明显错误指定被告的,第一审法院在辩论终结前,可以依原告的申请,作出决定准许更正被告。但是,被告已提交本案准备书面的,或在辩论准备期日进行了陈述的,或者参加了辩论的,必须取得其同意。

应当以书面形式申请更正被告。

第二款的文书应当送达对方当事人。但是,未向被告送达起诉状副本的除外。

被告自收到第三款文书的送达之日起两周内未提出异议的,视为第一款但书中规定的同意。

第二百六十一条 【申请更正决定的送达等】

对第二百六十条第一款申请的决定,应当送达被告。但是,未向被告送达起诉状副本的除外。

作出准许申请决定的，应当将该决定的正本和起诉状副本送达新的被告。

对准许申请的决定，仅能以未经同意为由提起即时抗告。

作出准许申请的决定时，对从前被告的起诉视为撤回。

第二百六十二条 【诉讼请求的变更】

原告在不改变诉讼请求基础的范围内，在辩论终结前（无辩论判决的，在宣告判决前），可以变更诉讼请求的宗旨或原因。但是，明显延误诉讼程序的情况除外。

应当以书面形式申请变更诉讼请求宗旨。

第二款的文书应当送达对方当事人。

第二百六十三条 【不准许变更诉讼请求】

法院认为变更诉讼请求宗旨或原因错误的，应当依职权或依对方当事人的申请作出决定不准许变更。

第二百六十四条 【中间确认之诉】

诉讼进行过程中，争议焦点的法律关系成立与否难以判断的，当事人可以另行提起请求确认该法律关系之诉。但是，该确认请求不得专属于其他法院管辖。

应当以书面形式提出第一款的请求。

第二款的文书应当送达对方当事人。

第二百六十五条 【起诉引起时效中断的时期】

时效的中断或遵守法定期间所必需的裁判上的请求，在起诉时或者根据第二百六十条第二款、第二百六十二条第二款或者第二百六十四条第二款的规定，向法院提交文书时发生效力。

第二百六十六条 【撤诉】

判决生效前，可以部分或全部撤诉。

对方当事人已经提交本案准备文书，或在辩论准备期日进行陈述，或者参加辩论的，必须经对方当事人的同意，撤诉才生效。

撤诉应当采取书面形式。但是，在辩论或辩论准备期日可以采取口头形式。

起诉状送达后，撤诉的文书应当送达对方当事人。

第三款但书的情形，对方当事人未出席辩论或者辩论准备期日的，应当向其送达该期日的笔录誊本。

撤诉文书送达之日起两周内对方当事人未提出异议的，视为同意撤诉。第三款但书的情形，对方当事人出席期日的，自撤诉之日起两周内未提出异议的，视为同意撤诉；对方当事人未出席期日的，自第五款的誊本送达之日起两周内未提出异议的，视为同意撤诉。

第二百六十七条 【撤诉的效果】

撤诉部分视为诉自始未系属法院。

本案终局判决后撤诉的人，不得再提起同一诉讼。

第二百六十八条 【双方当事人未出席的】

双方当事人未出席辩论期日，或出席辩论期日但却未进行辩论的，裁判长应当重新指定辩论期日，并通知双方当事人。

双方当事人未出席第一款规定的新的辩论期日或其后举行的辩论期日，或出席辩论期日但却未进行辩论的，在一个月以内未申请指定期日的，视为撤诉。

双方当事人未出席第二款规定的依期日指定申请指定的辩论期日或其后举行的辩论期日，或出席辩论期日但却未进行辩论的，视为撤诉。

上诉审诉讼程序适用第一款至第三款的规定。在上诉审中则视为撤回上诉。

第二百六十九条 【反诉】

被告仅可以在不会严重拖延诉讼程序的情况下，在辩论终结前，向本诉系属法院提起反诉。但是，成为诉讼标的的请求不得属于其他法院的专属管辖，且必须与本诉的诉讼请求或防御方法相关联。

本诉是独任审理案件的，被告以属于合议部审理案件的诉讼请求提起反诉的，法院应当依职权或依当事人的申请，作出将本诉和反诉移送合议部的决定。但是，对于反诉根据第三十条的规定有管辖权的情况除外。

第二百七十条 【反诉的程序】

反诉遵循本诉相关规定。

第二百七十一条 【反诉的撤回】

本诉撤回的，被告可以不经原告同意撤回反诉。

第二章 辩论及其准备

第二百七十二条 【集中辩论与准备】

辩论应当集中，当事人应当以书面形式准备辩论。

独任审理的案件的辩论可以非书面形式准备。但是，对方当事人不准备就无法陈述的事项除外。

第二百七十三条 【提交准备文书等】

提交准备文书的，对其上记载的事项，应当给对方当事人留出必要的准备时间，法院应当将其副本送达对方当事人。

第二百七十四条 【准备文书的记载事项】

准备文书应当记载下列事项，由当事人或代理人签字盖章或亲笔签名：

（一）当事人的姓名、名称或商号以及住所；

（二）代理人的姓名和住所；

（三）案件的标识；

（四）辩论中攻防的方法；

（五）对方当事人的请求和辩论中攻防的方法相关陈述；

（六）附加的文书的标识；

（七）制作日期；

（八）法院的标识。

对于第一款第四项、第五项，应当载明为证明事实主张的证据方法和对对方当事人的证据方法的意见。

第二百七十五条 【准备文书的附加文书】

准备文书中引用当事人持有的文书的，应当附上其誊本或复印本。

需要部分文书时，可以附上该部分的抄本，文书较多的，可以仅标示该文书。

第一款及第二款的文书，对方当事人要求出示原件的，应当出示。

第二百七十六条 【准备文书中未记载的效果】

准备文书中未记载的事实，对方当事人未出席的，不得在辩论中主张。但是，根据第二百七十二条第二款正文的规定，不需要准备文书的情况除外。

第二百七十七条 【附翻译文】

用外语制作的文书应当附译文。

第二百七十八条 【简要准备文书】

裁判长认为难以把握当事人攻击防御方法的要旨的，在辩论终结前，可以要求当事人提交简要概括争议焦点和证据整理结果的准备文书。

第二百七十九条 【辩论准备程序的实施】

辩论准备程序中应当整理当事人的主张和证据，从而使辩论能够高效、集中地进行。〈2008 年 12 月 26 日修改〉

特殊情况下，裁判长可以在举行辩论期日后将案件交付辩论准备程序。

第二百八十条 【辩论准备程序的进行】

辩论准备程序采用指定期间，或要求当事人提交或交换准备文书及其他文书，以及要求当事人申请证明主张事实的证据的方式进行。

辩论准备程序的进行由裁判长负责。

对于合议制案件，裁判长可以指定合议部成员为受命法官，负责辩论准备程序。

裁判长认为有必要的，可以将辩论准备程序委托给其他法官进行。

第二百八十一条 【辩论准备程序中的证据调查】

负责辩论准备程序的裁判长、受命法官及第二百八十条第四款规定的法官（以下简称裁判长等人），为准备辩论，认为必要时，可以作出证据决定。

合议审理的案件中，当事人对第一款规定的证据决定的异议申请，适用第一百三十八条的规定。

裁判长等人为了达到第二百七十九条第一款规定的目的，可以在必要范围内进行证据调查。但是，只有在符合第三百一十三条规定的情况下，才可以询问证人及当事人。

第一款及第三款规定的情况下，裁判长等人履行本法规定的法院和裁判长职务。

第二百八十二条 【辩论准备期日】

裁判长等人在进行辩论准备程序期间，为了整理主张和证据，必要时，可以举行辩论准备期日并要求当事人出席。

案件交付辩论准备程序后，超过四个月未指定辩论准备期日的，裁判长等人应当立即指定辩论准备期日或者终结辩论准备程序。

经裁判长等人的许可,当事人可以与第三人共同出席辩论准备期日。

当事人应当在辩论准备期日结束之前,整理并提交辩论准备所需的主张和证据。

裁判长等人在辩论准备期日结束之前,可以实施准备辩论的全部措施。

第二百八十三条 【辩论准备期日笔录】

辩论准备期日笔录上,应当根据当事人的陈述,记载第二百七十四条第一款第四项、第五项规定的事项。尤其对证据的陈述应当明确记载。

辩论准备期日笔录适用第一百五十二条至第一百五十九条的规定。

第二百八十四条 【终结辩论准备程序】

裁判长等人有下列情形之一的,应当终结辩论准备程序。但是,有相当理由继续进行辩论准备的除外:

(一)案件交付辩论准备程序超过六个月的;

(二)当事人在第二百八十条第一款规定的期限内未提交准备文书等资料或未申请证据的;

(三)当事人未出席辩论准备期日的。

辩论准备程序终结的,裁判长等人可以预先指定辩论期日。

第二百八十五条 【辩论准备期日终结的效果】

未在辩论准备期日提出的辩论中攻防的方法,只有符合下列情形之一的,才可在辩论中提出:

(一)辩论中攻防的方法的提出不会造成诉讼程序明显迟延;

(二)对无重大过失且无法在辩论准备程序中提出的情况作出疏明;

(三)属于法院依职权调查的事项。

第一款的规定不影响辩论适用第二百七十六条的规定。

不受第一款规定限制,在起诉状或辩论准备程序前提交的准备文书中记载的事项,亦可以在辩论中主张。但是,在辩论准备程序中撤回或变更的除外。

第二百八十六条 【适用规定】

辩论准备程序中适用第一百三十五条至第一百三十八条、第一百四十条、第一百四十二条至第一百五十一条、第二百二十五条至第二百三十二条、第二百六十八条及第二百七十八条的规定。

第二百八十七条 【辩论准备程序结束后的辩论】

辩论准备程序结束后,法院应当促使辩论在首次辩论期日后立即终结,当事人应当对此予以配合。

当事人应当在辩论准备期日结束后的辩论期日对辩论准备期日的结果作出陈述。

法院应在辩论期日根据辩论准备程序中整理的结果直接进行证据调查。

第二百八十七条二 【通过视频等媒介等的期日】

裁判长、受命法官或受托法官认为适当的,在依当事人申请或取得当事人同意之后,可以通过视频等媒介或使用网络影像设施举行辩论准备期日或审问期日。

法院认为当事人因交通不便或者其他原因难以直接出席法庭的,依当事人申请或取得当事人同意之后,可以通过视频等媒介或使用网络影像设施举行辩论期日。此种情形,法院应做好公开审理所必要的措施。

第一款和第二款规定的期日,准用第三百二十七条之二第二款及第三款。

[2021年8月17日新设本条]

第三章 证 据

第一节 总 则

第二百八十八条 【无须证明的事实】

当事人在法院自认的事实和明显的事实无须证明。但是,在证明错误地作出了违背事实的自认后,该自认可以撤销。

第二百八十九条 【证据的申请和调查】

申请证据时,应当标明欲证明的事实。

证据的申请与调查可以在辩论期日前实施。

第二百九十条 【证据申请的采纳】

法院认为当事人申请的证据是不必要的,可以不予调查。但是,该证据是当事人主张事实的唯一证据的情形除外。

第二百九十一条 【证据调查的障碍】

法院无法知悉是否能够调查证据以及何时能够调查证据的,可以不对该证据进行调查。

第二百九十二条 【依职权调查证据】

法院根据当事人申请的证据无法形成心证,或认为确有必要的,可以依职权进行证据调查。

第二百九十三条 【集中调查证据】

询问证人和询问当事人应当在整理当事人主张和证据之后集中进行。

第二百九十四条 【委托调查】

法院可以委托公共机关、学校以及其他团体、个人或外国公共机关,对其业务范围内的事项进行必要的调查,或者提交其保管的文书的誊本或复印件。

第二百九十五条 【当事人不出席时的证据调查】

当事人在期日未出席的,也可以进行证据调查。

第二百九十六条 【在外国实施的证据调查】

在外国实施证据调查的,委托韩国驻该国大使、公使、领事或者该国的有管辖权的公共机关进行。

在外国实施的证据调查,即使违反了该外国法律,只要不违反本法,即有效。

第二百九十七条 【法院外调查证据】

法院认为有必要的,可以在法院外进行证据调查。此时,可以命令合议部成员或者委托其他地方法院的法官进行。

受托法官认为有必要的,可以再次委托其他地方法院的法官调查证据。此时,应当将理由通知受诉法院和当事人。

第二百九十八条 【受托法官交付记录】

受托法官应当将调查证据的相关记录立即交付受诉法院。

第二百九十九条 【疏明的方法】

疏明必须依能够立即调查的证据进行。

法院可以要求当事人或法定代理人提存保证金,或者要求其宣誓其主张是真实的,以此代替疏明。

第二款的宣誓适用第三百二十条和第三百二十一条第一款、第三款、第四款以及第三百二十二条的规定。

第三百条 【没收保证金】

按照第二百九十九条第二款规定提存保证金的当事人或法定代理人虚假陈述的,法院作出决定没收其保证金。

第三百零一条 【对虚假陈述的制裁】

根据第二百九十九条第二款规定宣誓的当事人或法定代理人虚假陈述的,法院作出决定处以二百万韩元以下的罚款。

第三百零二条 【申请不服】

对根据第三百条及第三百零一条作出的决定可以提起即时抗告。

第二节 询问证人

第三百零三条 【证人的义务】

如无特别规定,法院可以将任何人作为证人进行询问。

第三百零四条 【总统、国会议长、大法院院长、宪法裁判所所长的询问】

将总统、国会议长、大法院院长以及宪法裁判所所长或者曾任该职的人作为证人,询问职务秘密相关事项的,法院应当征得其同意。

第三百零五条 【国会议员、国务总理、国务委员的询问】

将国会议员或者曾任该职的人员作为证人,询问职务秘密相关事项的,法院应当征得国会的同意。

将国务总理、国务委员或者曾任该职的人作为证人,询问职务秘密相关事项的,法院应当征得国务会议的同意。

第三百零六条 【公务员的询问】

将第三百零四条和第三百零五条规定人员之外的公务员或者曾任公务员的人作为证人,询问职务秘密相关事项的,法院应当征得其所属机关或者监督机关的同意。

第三百零七条 【限制否决权】

在第三百零五条和第三百零六条规定的情况下,国会、国务会议或者第三百零六条规定的机关,除损害国家重大利益的情况外,不得拒绝同意。

第三百零八条 【申请询问证人】

当事人申请询问证人的,应当指定证人并提出申请。

第三百零九条 【出席要求书的记载事项】

对证人的出席要求书应当写明下列事项:

(一)当事人;

(二)询问事项;

(三)不出席时的法律制裁。

第三百一十条 【提交代替证言的文书】

法院在斟酌证人和待证事项内容等之后,认为合适的,可以让证人提交书面证言以代替出席作证。

法院在对方当事人提出异议或者认为有必要时,可以要求第一款规定的证人出席作证。

第三百一十一条 【证人不出席的罚款等】

证人无正当理由拒不出席的,法院作出决定责令其承担由此产生的诉讼费用,并处五百万韩元以下的罚款。

证人收到第一款规定的罚款裁判后,无正当理由再次拒不出席的,法院对证人作出处以七日以内的监置的决定。

法院应当在监置裁判期日传唤证人,审理是否存在第二款规定的正当理由。

处以监置的裁判,根据作出该裁判的法院裁判长的命令,由法院公务员或者警察公务员,采用扣留在警察署拘留所、监狱或看守所的方式执行。〈2006 年 2 月 21 日修改〉

收到监置裁判的被扣留于第四款规定的监置场所之时,该监置场所的负责人应当立即将该事实通报法院。

法院接到第五款的通报后,应当立即举行证人询问期日。

收到监置裁判的证人在监置执行过程中作证的,法院应当立即撤销监置决定并释放证人。

对第一款和第二款的决定可以提起即时抗告。但是,不适用第四百四十七条的规定。

第二款至第八款规定的裁判程序、执行及其他必要事项,由大法院规则规定。

第三百一十二条 【拘传不出席的证人】

法院可以拘传无正当理由拒不出席的证人。

第一款的拘传适用刑事诉讼法关于拘传的规定。

第三百一十三条 【受命法官、受托法官询问证人】

有下列情形之一的,法院可以要求受命法官或受托法官询问证人:

(一)证人因正当理由无法出席受诉法院的;

(二)证人出席费用过多或需要一定时间的;

(三)其他有正当理由的,当事人未提出异议的。

第三百一十四条 【拒绝作证权】

证人认为其证言可能使自己或下列人员被提起公诉或受到有罪判决的,或者使自己或下列人员遭受耻辱的,可以拒绝作证:〈2005 年 3 月 31 日修改〉

(一)证人的亲属或曾有亲属关系的人;

(二)证人的监护人或受证人监护的人。

第三百一十五条 【拒绝作证权】

证人有下列情形之一的,可以拒绝作证:

(一)律师、辩理士、公证员、注册会计师、税务师、医师、药剂师以及根据法令规定负有保密义务的人或者宗教职员或者曾经从事此类职务的人员,被询问有关职务秘密事项的;

(二)询问有关技术或职业秘密的。

证人被免除保密义务的,不适用第一款规定。

第三百一十六条 【疏明拒绝理由】

应当疏明拒绝作证的理由。

第三百一十七条 【对拒绝作证的裁判】

受诉法院询问当事人后,对拒绝作证是否妥当作出裁判。

当事人或者证人对第一款的裁判可以提起即时抗告。

第三百一十八条 【对拒绝作证的制裁】

无正当理由拒绝作证的裁判生效后,证人仍然拒绝作证的,适用第三百一十一条第一款、第八款及第九款的规定。

第三百一十九条 【宣誓的义务】

裁判长询问证人前应当让其宣誓。但是,有特殊理由的,可以在询问后进行宣誓。

第三百二十条 【伪证处罚警告】

裁判长在宣誓前应当告知证人宣誓的趣旨,对作伪证的处罚予以警告。

第三百二十一条 【宣誓方式】

宣誓应当按照宣誓书进行。

宣誓书上应当写明:“按照良心,不隐匿不虚构地实话实说,发誓如若说谎甘愿接受作伪证之惩罚。”

裁判长要求证人宣读宣誓书,签字盖章或者亲笔签名,而证人无法宣读宣誓书或者无法签字盖章或亲笔签名的,由参加该程序的法院事务官等人或其他法院公务员代行。

证人应当站立、严肃地宣誓。

第三百二十二条 【无宣誓能力】

询问有下列情形之一的人,不得要求其宣誓:

(一)未满十六岁的人;

(二)无法理解宣誓趣旨的人。

第三百二十三条 【免予宣誓】

第三百一十四条规定的证人不拒绝作证的,可以不进行宣誓。

第三百二十四条 【拒绝宣誓权】

证人对与自己或者第三百一十四条规定的人有显著利害关系的事项接受询问时,可以拒绝宣誓。

第三百二十五条 【记入笔录】

不要求宣誓而询问证人的,应当将理由记入笔录。

第三百二十六条 【对拒绝宣誓的制裁】

证人拒绝宣誓的,适用第三百一十六条至第三百一十八条的规定。

第三百二十七条 【询问证人的方式】

询问证人时,由申请证人的当事人首先询问,然后由其他当事人询问。

裁判长可以在第一款的询问完毕后进行询问。

不受第一款和第二款规定限制,裁判长可以随时进行询问。

裁判长认为合适的,可以听取当事人的意见,改变第一款和第二款规定的询问顺序。

当事人重复询问或与争点无关以及其他必要情况下,裁判长可以限制当事人的询问。

合议部成员告知裁判长后,可以进行询问。

第三百二十七条之二 【通过视频等媒介询问证人】

法院对有下列情形之一的人进行证人询问,认为适当的,在听取当事人的意见后,可以通过视频等媒介或使用网络影像设施进行询问:

(一)证人住所遥远或交通不便,或者因其他原因难以直接出席法庭的;

(二)证人因年龄、身心状况、与当事人或法定代理人的关系、询问事项的内容以及其他原因,在法庭与当事人等见面陈述会产生心理压力而严重影响精神状态的。

按照第一款的规定询问证人,视为证人出席法庭作证。

按照第一款的规定询问证人的程序、方法及其他必要事项,由大法院规则规定。

[2016 年 3 月 29 日新设本条]

第三百二十八条 【隔离询问及其例外】

证人应当分别询问。

未询问的证人出现在法庭内的,应当命令其离开法庭。但是,确有必要的,可要求待询问的证人留在法庭内。

第三百二十九条 【对质询问】

裁判长认为确有必要的,可以命令证人之间相互对质。

第三百三十条 【证人的行为义务】

裁判长认为确有必要的,可以要求证人亲手书写文字或实施其他必要的行为。

第三百三十一条 【证人的陈述原则】

证人不得按照书面材料进行陈述。但是,裁判长允许的除外。

第三百三十二条 【受命法官和受托法官的权限】

受命法官或者受托法官询问证人时,履行法院和裁判长的职务。

第三节 鉴 定

第三百三十三条 【适用询问证人规定】

鉴定适用第二节的规定。但是,第三百一十一条第二款至第七款、第三百一十二条、第三百二十一条第二款、第三百二十七条及第三百二十七条之二的规定除外。〈2016 年 3 月 29 日修改〉

第三百三十四条 【鉴定义务】

具有鉴定所需的学识和经验的人,负有鉴定义务。

按照第三百一十四条或第三百二十四条的规定,可以拒绝作证或宣誓的人以及第三百二十二条规定的人,不得作为鉴定人。

第三百三十五条 【指定鉴定人】

鉴定人由受诉法院、受命法官或者受托法官指定。

第三百三十五条之二 【鉴定人的义务】

鉴定人认为鉴定事项不属于自身专长领域,或者需要与其他鉴定人共同鉴定的,应当立即要求法院撤销鉴定人的指定或者追加指定鉴定人。

鉴定人不得将鉴定委托他人进行。

[2016 年 3 月 29 日新设本条]

第三百三十六条 【鉴定人的忌避】

鉴定人存在不能诚实鉴定的事由的,当事人可以申请其忌避。但是,当事人在鉴定人对鉴定事项作出陈述前已经知道存在忌避事由的,在鉴定事项相关陈述被作出后,不得申请其忌避。

第三百三十七条 【忌避的程序】

忌避申请应当向受诉法院、受命法官或受托法官提出。

应当疏明忌避的理由。

对认为申请忌避理由成立的决定不服的,不得提出不服;对认为申请忌避理由不成立的决定,可以提起即时抗告。

第三百三十八条 【宣誓方式】

应当在宣誓书上写明:“按照良心诚实地鉴定,发誓如若虚假鉴定甘愿接受虚假鉴定之惩罚。”

第三百三十九条 【鉴定陈述的方式】

裁判长可以要求鉴定人书面或者口头陈述意见。

裁判长命令若干鉴定人鉴定的,可以要求鉴定人一同陈述意见或者分别陈述意见。

对于根据第一款及第二款规定作出的鉴定陈述,法院应当给予当事人以书面或者

口头陈述意见的机会。〈2016 年 3 月 29 日新设〉

第三百三十九条之二 【询问鉴定人的方式】

鉴定人由裁判长询问。

合议部成员告知裁判长后可以进行询问。

当事人告知裁判长后可以进行询问。但是,当事人重复询问或者与争点无关以及存在其他必要情况的,裁判长可以限制当事人的询问。

[2016 年 3 月 29 日新设本条]

第三百三十九条之三 【通过视频等媒介询问鉴定人】

法院对有下列情形之一的人进行鉴定人询问,认为恰当的,在听取当事人的意见后,可以通过视频等媒介或者利用互联网视频装置进行询问:

(一)鉴定人因特殊情况难以直接出席法庭的;

(二)鉴定人居住在国外的。

第一款规定的询问鉴定人,适用第三百二十七条第二款和第三款的规定。

[2016 年 3 月 29 日新设本条]

第三百四十条 【鉴定证人】

依特别的学识和经验对所知的相关事实进行的询问,适用询问证人的相关规定。但是,使用视频等媒介询问鉴定证人时,适用第三百三十九条之三的规定。〈2016 年 3 月 29 日修改〉

第三百四十一条 【委托鉴定】

法院认为确有必要的,可以委托公共机关、学校、其他拥有一定设备的团体或者外国公共机关进行鉴定。该情况不适用有关宣誓的规定。

第一款的情况,法院认为确有必要的,可以要求公共机关、学校、其他团体或者外国公共机关所指定的人对鉴定书进行说明。

第二款的情况适用第三百三十九条之三的规定。〈2016 年 3 月 29 日新设〉

第三百四十二条 【鉴定的必要措施】

鉴定人为进行鉴定,确有必要的,经法院许可,可以进入他人的土地、住宅、管理中的房屋、建筑物、航空器、船舶、车辆及其他设施内。

第一款情形中受到抵抗时,鉴定人可以向警察公务员请求援助。〈2006 年 2 月 21 日修改〉

第四节 书 证

第三百四十三条 【申请书证的方式】

当事人申请书证的,以提交文书或者申请命令持有文书的人提交该文书的方式进行。

第三百四十四条 【文书提出义务】

下列各项中的任一情形,持有文书的人不得拒绝提交:

(一)当事人持有诉讼中引用的文书的；

(二)申请人对文书持有人享有要求其交出或出示该文书的私法上的权利的；

(三)文书是为了申请人的利益而制作的,或者是关于申请人和文书持有人之间的法律关系事项而制作的。但是,符合下列情况之一的除外：

1. 第三百零四条至第三百零六条规定的文书中未取得条文中所规定的同意的文书；

2. 记载着关于文书持有人或者与其有第三百一十四条所列关系的人之间存在第三百一十四条中所规定情形的文书；

3. 记载着第三百一十五条第一款规定的任一事项,未免除保密义务的文书。

除第一款规定的情形外,文书(公务员或曾任公务员的人因职务保管或持有的文书除外)不符合下列情形之一的,文书持有人不得拒绝提交：

(一)第一款第三项第二目、第三目规定的文书；

(二)为文书持有人所利用的文书。

第三百四十五条 【申请提交文书的方式】

申请提交文书应当载明下列事项：

(一)文书的标识；

(二)文书的趣旨；

(三)文书的持有人；

(四)欲证明的事实；

(五)必须提交文书的义务的原因。

第三百四十六条 【提交文书书目】

对于第三百四十五条的申请,认为确有必要的,法院根据当事人的申请,且该申请概括性地记载了申请对象文书的趣旨或该文书欲证明的事实的,可以命令对方当事人提交其持有的与申请内容有关的文书,或者提交与申请内容有关的欲以书证提出的文书的标识和趣旨。

第三百四十七条 【对提交申请是否准许的裁判】

法院认为文书提交申请有正当理由的,可以作出决定责令文书持有人提交文书。

认为文书提交申请仅对文书的一部分有理由的,应当责令提交该部分。

责令第三人提交文书的,应当审问该第三人或者其指定的人。

法院为了判断文书是否属于第三百四十四条规定时,认为确有必要的,可以命令文书持有人出示该文书。此时,法院不得允许他人阅览该文书。

第三百四十八条 【申请不服】

对提交文书申请相关决定可以提起即时抗告。

第三百四十九条 【当事人不提交文书的效果】

当事人违反第三百四十七条第一款、第二款和第四款规定的命令的,法院可以认定对方当事人对文书记载事项的主张真实存在。

第三百五十条 【当事人妨碍使用的效果】

当事人以妨碍对方当事人使用为目的,损毁、遗弃或使应当提交的文书不能使用的,法院可以认定对方当事人对文书记载事项的主张真实存在。

第三百五十一条 【第三人不提交文书的制裁】

第三人违反第三百四十七条第一款、第二款和第四款规定的命令的,适用第三百一十八条的规定。

第三百五十二条 【委托送交文书】

不受第三百四十三条规定限制,申请书证亦可以采用申请委托文书持有人邮寄该文书的方式进行。但是,当事人根据法律规定请求提供文书正本或誊本的除外。

第三百五十二条之二 【协助义务】

根据第三百五十二条的规定,接受法院协助委托送交文书任务的人或者持有第二百九十七条规定的证据调查对象文书的人,无正当理由的,应当予以配合。

接受协助委托送交文书任务的人未保管该文书,或有其他无法协助委托送交的理由的,应将该理由通知法院。

[2007 年 5 月 17 日新设本条]

第三百五十三条 【保管提交文书】

法院认为确有必要的,可以保留提交或邮寄而来的文书。

第三百五十四条 【受命法官和受托法官的调查】

法院根据第二百九十七条的规定,要求受命法官或受托法官对文书进行证据调查的,可以指定笔录上需载明的事项。

第一款的笔录应附有文书的誊本或抄本。

第三百五十五条 【提交文书的方法等】

应当向法院提交或邮寄文书的原本、正本或附带认证的誊本。

法院认为确有必要的,可以命令提交原件或委托邮寄原件。

法院可以要求当事人提交其援引的文书的誊本或抄本。

文书未被作为证据采纳的,法院可以听取当事人的意见,将提交的文书原件、正本、誊本、抄本等返还或销毁。

第三百五十六条 【推定公文书真实】

根据文书的制作方式和主要内容,确定是公务员依职务制作的,推定其为真实的公文书。

对公文书的真实性产生怀疑的,法院可以依职权向有关公共机构查询。

确定是由外国公共机关制作的文书的,适用第一款及第二款的规定。

第三百五十七条 【证明私文书真实】

私文书是否真实,应予以证明。

第三百五十八条 【推定私文书真实】

私文书有本人或代理人亲笔签名、盖章或捺印的,推定其为真实。

第三百五十九条 【笔迹或印鉴对照】

文书是否真正成立,可以对照笔迹或印鉴进行证明。

第三百六十条 【对照用文书的提交程序】

需要对照笔迹或印鉴的文书,以及需要提交或邮寄其他物品至法院的,适用第三百四十三条、第三百四十七条至第三百五十条、第三百五十二条至第三百五十四条的规定。

第三人无正当理由违反第一款规定的提交命令的,法院作出决定处以二百万韩元以下的罚款。

对第二款的决定可以提起即时抗告。

第三百六十一条 【对方当事人亲手书写义务】

没有适当的对照笔迹的,法院可以命令对方当事人亲手书写相应文字。

对方当事人无正当理由违反第一款命令的,法院可以认定申请确认文书真正与否的申请人的主张真实存在。改变笔体书写的,亦同。

第三百六十二条 【附对照用文书】

用于对照的文书的原件、誊本、抄本应附在笔录上。

第三百六十三条 【对否认文书成立的制裁】

当事人或者其代理人因故意或重大过失,违背真实情况,对文书的真实性进行争执的,法院作出决定处以二百万韩元以下的罚款。

对第一款的决定可以提起即时抗告。

第一款的情形,对文书真实性进行争执的当事人或代理人,在诉讼进行过程中认可该事实的真实性的,法院可以撤销第一款的决定。

第五节 勘 验

第三百六十四条 【申请勘验】

当事人申请勘验的,应当表明勘验目的并提出申请。

第三百六十五条 【勘验时的鉴定等】

受命法官或受托法官在勘验过程中认为确有必要的,可以命令进行鉴定或询问证人。

第三百六十六条 【勘验程序等】

提交或寄送勘验标的物的,适用第三百四十三条、第三百四十七条至第三百五十条、第三百五十二条至第三百五十四条的规定。

第三人无正当理由,违反第一款规定的提交命令的,法院作出决定处以二百万韩元以下的罚款。对该决定可以提起即时抗告。

为勘验所需,法院可以采取第三百四十二条第一款规定的措施。遇到阻碍时,可以向警察公务员请求援助。〈2006年2月21日修改〉

第六节　询问当事人

第三百六十七条　【询问当事人】

法院可以依职权或依当事人的申请对当事人本人进行询问。此时,应该要求当事人宣誓。

第三百六十八条　【对质】

裁判长认为确有必要的,可以命令当事人相互对质或者当事人与证人对质。

第三百六十九条　【出席、宣誓、陈述的义务】

当事人无正当理由拒不出席或者拒绝宣誓和陈述的,法院可以认定对方当事人关于询问事项的主张是真实的。

第三百七十条　【对虚假陈述的制裁】

已宣誓的当事人进行虚假陈述的,法院作出决定处以五百万韩元以下的罚款。

对第二款的决定可以提起即时抗告。

第一款的决定,适用第三百六十三条第三款的规定。

第三百七十一条　【询问笔录】

询问当事人时,应当在笔录上记载有无宣誓以及陈述的内容。

第三百七十二条　【询问法定代理人】

对诉讼中代表当事人的法定代理人,适用第三百六十七条至第三百七十一条的规定。但是,当事人本人也可以询问。

第三百七十三条　【适用询问证人的规定】

本节的询问适用第三百零九条、第三百一十三条、第三百一十九条至第三百二十二条、第三百二十七条、第三百二十七条之二和第三百三十条至三百三十二条的规定。

第七节　其 他 证 据

第三百七十四条　【其他证据】

对图纸、照片、录音磁带、录像磁带、电脑磁盘以及其他为记录信息而制作的物品等非文书证据进行调查的,适用第三节至第五节的规定,由大法院规则规定。

第八节　证 据 保 全

第三百七十五条　【证据保全的条件】

法院认为如不事先进行证据调查将会导致证据使用困难的,可以依当事人的申请,根据本章规定进行证据调查。

第三百七十六条　【证据保全的管辖】

申请证据保全应当向起诉后使用该证据的审级的法院提出。起诉前申请证据保全的,应当向接受询问的人或持有文书的人的住所地或者勘验标的物所在地有管辖权的地方法院申请。

紧急情况下,起诉之后也可以向第一款后半段规定的地方法院申请证据保全。

第三百七十七条 【申请方式】

证据保全申请应当载明下列各项内容:

(一)对方当事人;

(二)待证明的事实;

(三)待保全的证据;

(四)证据保全的理由。

应当疏明证据保全的理由。

第三百七十八条 【无法指定对方当事人的】

在无法指定对方当事人的情况下,也可以申请证据保全。此时,法院可以为可能成为对方当事人的人选任特别代理人。

第三百七十九条 【依职权证据保全】

法院认为确有必要的,可以在诉讼进行期间,依职权决定证据保全。

第三百八十条 【禁止不服】

对证据保全的决定不得申请不服。

第三百八十一条 【当事人参与】

证据调查期日应当通知申请人和对方当事人。但是,情况紧急的除外。

第三百八十二条 【证据保全的记录】

有关证据保全的记录,应当送交本案诉讼记录所在的法院。

第三百八十三条 【证据保全的费用】

证据保全的费用作为诉讼费用的一部分。

第三百八十四条 【辩论中的再询问】

当事人在辩论中申请重新询问在证据保全程序中曾询问过的证人的,法院应当询问该证人。

第四章　诉前和解程序

第三百八十五条 【申请和解方式】

对于民事纠纷,当事人可以阐明请求的趣旨、原因和争议事项,向对方当事人普通裁判籍所在地的地方法院申请和解。

当事人不得为了第一款的和解而将委托代理人的权利交给对方当事人。

法院为了调查有无代理权,必要时可以命令当事人本人或其法定代理人出席。

和解申请不违背其自身性质的,适用诉的有关规定。

第三百八十六条 【和解成立的】

和解成立的,法院事务官等人在笔录中表明当事人、法定代理人、请求的趣旨和原

因、和解条款、日期和法院名称,法官和法院事务官等人在其上签名盖章或亲笔签名。〈2017 年 10 月 31 日修改〉

第三百八十七条 【和解不成立的】

和解不成立的,法院事务官等人应当在笔录中记载其事由。

申请人或对方当事人未出席期日的,法院可以视为和解不成立。

法院事务官等人应当将第一款的笔录誊本送达当事人。

第三百八十八条 【申请起诉】

在第三百八十七条规定的情形下,当事人可以申请起诉。

存在合法的起诉申请的,申请和解之时即视为提起诉讼。该情况下,法院事务官等人应当立即将诉讼记录送交管辖法院。

第一款的申请应当自第三百八十七条第三款的笔录誊本送达之日起两周内提出。但是,笔录誊本送达之前亦可以申请起诉。

第三款规定的期间为不变期间。

第三百八十九条 【和解费用】

和解成立且没有特别协议的,当事人各自承担和解费用;和解不成立的,由申请人承担。但是,提出起诉申请的,和解费用作为诉讼费用的一部分。

第三编 上 诉

第一章 抗 诉

第三百九十条 【上诉对象】

可以对一审法院宣告的终局判决提起抗诉。但是,在终局判决后,双方当事人达成保留上告权利、不提起抗诉的协议的除外。

第一款但书的协议适用第二十九条第二款的规定。

第三百九十一条 【禁止单独抗诉的裁判】

不得对诉讼费用及假执行的裁判单独提起抗诉。

第三百九十二条 【受抗诉审审查的裁判】

终局判决之前的裁判受抗诉法院的审查。但是,不得申请不服的裁判和可以抗告申请不服的裁判除外。

第三百九十三条 【撤回抗诉】

抗诉审的终局判决作出之前,可以撤回抗诉。

抗诉的撤回适用第二百六十六条第三款至第五款以及第二百六十七条第一款的

规定。

第三百九十四条 【放弃抗诉权】

允许放弃抗诉权。

第三百九十五条 【放弃抗诉权的方式】

在提起抗诉前,向第一审法院书面提出放弃抗诉权;提起抗诉后,向诉讼记录所在法院书面提出放弃抗诉权。

放弃抗诉权的文书应当送达对方当事人。

抗诉之后放弃抗诉权的,具有撤回抗诉的效力。

第三百九十六条 【抗诉期间】

抗诉应当在判决书送达之日起两周内提起。但是,在判决书送达前亦可以提起抗诉。

第一款的期间为不变期间。

第三百九十七条 【抗诉的方式、抗诉状的记载事项】

抗诉需将抗诉状提交第一审法院。

抗诉状应载明下列事项:

(一)当事人和法定代理人;

(二)第一审判决标识以及对该判决抗诉的趣旨。

第三百九十八条 【适用准备文书规定】

抗诉状适用准备文书相关规定。

第三百九十九条 【原审裁判长等人的抗诉状审查权】

抗诉状违反第三百九十七条第二款规定以及抗诉状未按照法律规定粘贴印花税票的,原审裁判长应当为抗诉人指定一定期间,命令在此期间内补正瑕疵。原审裁判长可以要求法院事务官等作出上述补正命令。〈2014 年 12 月 30 日修改〉

抗诉人未在第一款规定期间内补正瑕疵的,以及超过抗诉期间的,原审裁判长应当作出命令驳回抗诉状。

可以对第二款的命令提起即时抗告。

[2014 年 12 月 30 日修改标题]

第四百条 【送交抗诉记录】

抗诉状未被驳回的,原审法院的法院事务官等人应当在抗诉状提交之日起两周内在抗诉记录中附上抗诉状,送交至抗诉法院。

根据第三百九十九条第一款的规定,原审裁判长等人命令补正瑕疵的,应当自该瑕疵被补正之日起一周内送交抗诉记录。〈2014 年 12 月 30 日修改〉

第四百零一条 【送达抗诉状副本】

抗诉状副本应当送达被抗诉人。

第四百零二条 【抗诉审裁判长等的抗诉状审查权】

抗诉状违反第三百九十七条第二款的规定或在上诉状上未按法律规定粘贴印花税票,而原审裁判长等人未作出三百九十九条第一款规定的命令的,或者无法送达抗诉状副本的,抗诉审裁判长应当为抗诉人指定期间,并命令在该期间内补正瑕疵。抗诉审裁判长可以要求法院事务官等人作出上述补正命令。〈2014 年 12 月 30 日修改〉

抗诉人未在第一款规定期间内补正瑕疵的,或者原审裁判长未按照第三百九十九条第二款规定驳回上诉状的,抗诉审裁判长应当作出命令驳回抗诉状。

对第二款的命令可以提起即时抗告。

[2014 年 12 月 30 日修改标题]

第四百零三条 【附带抗诉】

被上诉人可以在上诉权消灭后、辩论终结前提起附带抗诉。

第四百零四条 【附带抗诉的从属性】

抗诉被撤回或因不合法而被驳回的,附带抗诉失去效力。但是,在抗诉期间内提出的附带抗诉,视为独立的抗诉。

第四百零五条 【附带抗诉的方式】

附带抗诉适用有关抗诉的规定。

第四百零六条 【宣告假执行】

抗诉法院对于第一审判决中未申请不服的部分,应当依当事人的申请作出决定宣告假执行。

对驳回第一款申请的决定,可以提起即时抗告。

第四百零七条 【辩论的范围】

在当事人请求变更第一审判决的范围内进行辩论。

当事人应当陈述第一审辩论的结果。

第四百零八条 【适用第一审程序】

抗诉审的诉讼程序,无特别规定的,适用第二编第一章至第三章的规定。

第四百零九条 【第一审诉讼行为的效力】

第一审的诉讼行为在抗诉审中同样有效。

第四百一十条 【第一审辩论准备程序的效力】

第一审辩论准备程序在抗诉审中同样有效。

第四百一十一条 【禁止主张违反管辖】

当事人在抗诉审中不得主张第一审法院违反管辖。但是,违反专属管辖的除外。

第四百一十二条 【提起反诉】

不会损害对方当事人审级利益的或经对方当事人同意的,可以提起反诉。

对方当事人未提出异议,并对反诉进行辩论的,视为同意提起反诉。

第四百一十三条 【不经辩论驳回抗诉】

违反法律规定且无法补正瑕疵的抗诉,可以不经辩论,作出判决驳回抗诉。

第四百一十四条 【驳回抗诉】

抗诉法院认为一审判决正确的,应当驳回抗诉。

虽然第一审判决理由错误,但是,根据其他理由认为该判决结果正确的,应当驳回抗诉。

第四百一十五条 【接受抗诉的范围】

第一审判决可以在主张不服的范围内予以更改。但是,认定有关抵销的主张的除外。

第四百一十六条 【撤销第一审判决】

抗诉法院认为第一审判决错误的,应当予以撤销。

第四百一十七条 【因判决程序违法而撤销】

第一审判决程序违反法律规定的,抗诉法院应当撤销第一审判决。

第四百一十八条 【必须发回重审】

撤销认为起诉不合法而驳回的第一审判决的,抗诉法院应当将案件发回第一审法院重审。但是,在第一审的审理中已经达到能够作出本案判决程度的,或者当事人同意的,抗诉法院可以自行作出本案判决。

第四百一十九条 【因违反管辖而移送】

以违反管辖为由撤销第一审判决的,抗诉法院应当作出判决将案件移送至其管辖法院。

第四百二十条 【判决书书写方法】

书写判决理由时,可以援引第一审判决。但是,根据第二百零八条第三款的规定制作的判决书除外。

第四百二十一条 【退回诉讼记录】

诉讼结束后未提出上告或超过上告期间的,法院事务官等人应当将判决书或第四百零二条规定的命令的正本附在诉讼记录上,送交第一审法院。

第二章　上　　告

第四百二十二条 【上告的对象】

上告可以针对高等法院宣告的终局判决和地方法院合议部第二审宣告的终局判决提出。

第三百九十条第一款但书的情形,可以对第一审终局判决提出上告。

第四百二十三条 【上告理由】

上告仅能以违反宪法、法律、命令或规则,对判决产生影响为由而提出。

第四百二十四条 【绝对上告理由】

判决中存在下列事由之一的,属于上告具有正当理由:

(一)未依法组成判决法院的;

(二)依法不得参与判决的法官参与判决的;

(三)违反专属管辖相关规定的;

(四)对法定代理权、诉讼代理权或代理人的诉讼行为欠缺特别授权的;

(五)违背公开辩论规定的;

(六)未阐明判决理由或判决理由自相矛盾的。

按照第六十条或第九十七条追认的,不适用第一款第四项的规定。

第四百二十五条 【适用抗诉审程序】

上告和上告审诉讼程序,没有特别规定的,适用第一章的规定。

第四百二十六条 【接收诉讼记录的通知】

上告法院的法院事务官等人在收到原审法院的法院事务官等人提供的诉讼记录时,应当立即将该事由通知当事人。

第四百二十七条 【提出上告理由书】

上告状上未记载上告理由的,上告人应当自收到第四百二十六条通知之日起二十日内提交上告理由书。

第四百二十八条 【上告理由书、答辩书的送达等】

接到上告理由书的上告法院,应当立即将上告理由书副本或誊本送达对方当事人。

对方当事人自收到第一款文书送达之日起十日内可以提交答辩状。

上告法院应当将第二款规定的答辩状副本或誊本送达上告人。

第四百二十九条 【因未提交上告理由书而驳回上告】

上告人违反第四百二十七条的规定,未提交上告理由书的,上告法院应当不经辩论作出驳回上告的判决。但是,存在须依职权调查的事由的除外。

第四百三十条 【上告审的审理程序】

上告法院可以根据上告状、上告理由书、答辩书及其他诉讼记录,不经辩论作出判决。

上告法院为了明确诉讼关系,必要时可就特定事项举行辩论,听取相关人员的陈述。

第四百三十一条 【审理范围】

上告法院根据上告理由,在不服申请的范围内进行审理。

第四百三十二条 【事实审的特权】

原审判决合法认定的事实对上告法院具有约束力。

第四百三十三条 【飞跃上告的特别规定】

上告法院对根据第四百二十二条第二款规定提出的上告,不得以原审判决认定事实违反法律为由撤销该判决。

第四百三十四条 【职权调查事项的例外】

法院对于应当依职权调查的事项,不适用第四百三十一条至第四百三十三条的规定。

第四百三十五条 【宣告假执行】

上告法院对于原审判决中未提出不服申请的部分,可以根据当事人的申请,作出决定宣告假执行。

第四百三十六条 【发回重审、移送】

上告法院认定上告有正当理由的,应当撤销原审判决,将案件发回原审法院,或者移送至与原审法院同级的其他法院。

收到发回重审或者移送案件的法院应当重新组织辩论并作出裁判。此时,裁判受到上告法院撤销判决理由的事实和法律判断的约束。

参与原审裁判的法官不得参与第二款的裁判。

第四百三十七条 【撤销原判自行判决】

符合下列情形之一的,上告法院应对案件作出终局判决:

(一)认定事实所适用的法令错误而撤销判决的,基于认定的事实足以作出裁判的;

(二)案件不属于法院职权范围而撤销判决的。

第四百三十八条 【送交诉讼记录】

判决案件发回重审或移送的,法院事务官等人应在两周以内将该判决的正本附于诉讼记录上,送交至接受案件发回重审或移送的法院。

第三章 抗　　告

第四百三十九条 【抗告对象】

对驳回有关诉讼程序申请的决定或命令不服的,可以提起抗告。

第四百四十条 【对违反形式的决定、命令的抗告】

对不得作出决定或命令裁判的事项作出决定或命令的,可以提起抗告。

第四百四十一条 【准抗告】

对受命法官或受托法官作出的裁判不服的当事人,可以向受诉法院提出异议申请。但是,以裁判是可以提起抗告的受诉法院的裁判为限。

对第一款异议申请的裁判,可以提起抗告。

受命法官或受托法官对于系属于上告审或第二审的案件所作出的裁判,适用第一款的规定。

第四百四十二条 【再抗告】

对于抗告法院、高等法院或上诉法院的决定和命令,仅能以违反宪法、法律、命令或规则,对裁判造成影响为由提起再抗告。

第四百四十三条 【适用抗诉和上告程序规定】

抗告法院的诉讼程序,适用第一章的规定。

再抗告和与此有关的诉讼程序,适用第二章的规定。

第四百四十四条 【即时抗告】

即时抗告应当自裁判被告知之日起一周以内提出。

第一款的期间为不变期间。

第四百四十五条 【抗告提起的方式】

将抗告状提交原审法院提起抗告。

第四百四十六条 【抗告的处理】

原审法院认为抗告具有正当理由的,应当更正其裁判。

第四百四十七条 【即时抗告的效力】

即时抗告具有停止执行的效力。

第四百四十八条 【原审裁判的执行停止】

抗告法院或者原审法院或法官在针对抗告的决定作出之前,可以命令停止原审裁判的执行或实施其他必要措施。

第四百四十九条 【特别抗告】

对于不得申请不服的决定或命令,仅能够以违反宪法规定而影响裁判为理由,或者以对作为裁判前提的命令、规则、措施是否违反宪法或法律的判断错误为理由时,可以向大法院提起特别抗告。

第一款的抗告应当自裁判被告知之日起一周以内提起。

第二款的期间为不变期间。

第四百五十条 【适用规定】

特别抗告和其诉讼程序适用第四百四十八条和上告有关的规定。

第四编 再 审

第四百五十一条 【再审理由】

符合下列情形之一的,对于生效的终局判决可以提出再审之诉。但是,当事人上诉时已主张该理由或者明知该理由而未主张的除外。

(一)未按法律规定构成判决法院的;

(二)法律规定不得参与裁判的法官参与裁判的;

(三)法定代理权、诉讼代理权或代理人实施诉讼行为所需授权存在瑕疵的,但根据第六十条或第九十七条的规定进行追认的除外;

(四)参与裁判的法官犯有与本案有关的职务犯罪的;

(五)因他人应受刑事处罚的行为而作出自认或提交可能影响判决的辩论中攻防的方法时受阻的;

(六)作为判决证据的文书和其他物品是伪造的;

(七)证人、鉴定人、翻译人员的虚假陈述或者询问当事人时当事人或法定代理人的虚假陈述成为证据的;

(八)作为判决基础的民事、刑事判决及其他裁判或行政处分,被其他裁判或行政处分改变的;

(九)遗漏了对影响判决的重要事项的判断;

(十)提起再审的判决与先前宣布的生效判决相抵触的;

(十一)当事人明知对方当事人住所或居所却谎称不知或虚构住所或居所提起诉讼的。

第一款第四项至第七项的情形,对于应受处罚的行为作出有罪判决或罚款的裁判生效的,或者以证据不足以外的理由无法作出有罪判决或罚款裁判的,可以提起再审之诉。

抗诉审中对案件已作出本案判决的,不得对第一审判决提起再审之诉。

第四百五十二条 【作为判决基础的裁判的再审理由】

作为判决基础的裁判有第四百五十一条规定的理由的,即使对该裁判有独立的不服方法,也可以将该理由作为再审的理由。

第四百五十三条 【再审管辖法院】

再审由作出再审对象判决的法院专属管辖。

不同审级法院对同一案件作出判决的,再审之诉由上级法院管辖。但是,抗诉审判决和上告审判决有各自独立的再审理由的除外。

第四百五十四条 【再审理由相关的中间判决】

法院可以将关于再审之诉是否合法以及是否有再审理由的审理和裁判与本案审理和裁判分离,对其先行审理和裁判。

在第一款情况下,法院认为有再审理由的,在对此进行中间判决之后,进行本案的审理和裁判。

第四百五十五条 【再审的诉讼程序】

再审的诉讼程序适用各审级诉讼程序的有关规定。

第四百五十六条 【提起再审的期限】

当事人应当在判决生效后,自知道再审理由之日起三十日内提起再审之诉。

第一款的期间为不变期间。

判决生效超过五年的,不得提起再审之诉。

再审理由是在判决生效后产生的,第三款规定的期间应当自该事由发生之日起计算。

第四百五十七条 【提起再审的期间】

以代理权有瑕疵或第四百五十一条第一款第十项规定的事项为由提起的再审之诉,不适用第四百五十六条的规定。

第四百五十八条 【再审诉状必须记载的事项】

再审诉状上应当记载下列事项:

(一)当事人和法定代理人;

(二)要求再审的判决和对该判决请求再审的趣旨;

(三)再审的理由。

第四百五十九条 【辩论和裁判的范围】

本案的辩论和裁判应当在再审请求理由的范围内进行。

再审的理由可以改变。

第四百六十条 【结果正确时的驳回再审】

法院认为虽然有再审理由,但判决结果正确的,应当驳回再审请求。

第四百六十一条 【准再审】

第二百二十条规定的笔录生效时,或者能够以即时抗告请求不服的决定或命令生效时,有第四百五十一条第一款规定的理由的,可以对生效判决适用第四百五十一条至第四百六十条的规定提起再审。

第五编 督 促 程 序

第四百六十二条 【适用条件】

对于以给付一定数量的金钱及其替代物或有价证券为目的的诉讼请求,法院可以依债权人的申请作出支付命令。但是,仅限于在韩国能够采取除公告送达以外的方法送达的情形。

第四百六十三条 【管辖法院】

督促程序由债务人普通裁判籍所在地的地方法院或者第七条至第九条、第十二条或第十八条规定的管辖法院专属管辖。

第四百六十四条 【申请支付命令】

在不违背其性质的情况下,申请支付命令适用有关诉的规定。

第四百六十五条 【驳回申请】

支付命令的申请违反第四百六十二条正文或第四百六十三条的规定,或者根据申请趣旨可以明确其请求无正当理由的,应当驳回其申请。无法对请求的一部分作出支付命令的,应当驳回对该部分的申请。

对驳回申请的决定不得申请不服。

第四百六十六条 【不作出支付命令的情况】

债权人接到法院补正债务人住所的命令的,可以申请起诉。

支付命令除采取公告送达方式以外无法送达的,或者须送达外国的,法院可以依职权作出决定将案件转入诉讼程序处理。

对第二款的决定不得申请不服。

第四百六十七条 【单方审问】

作出支付命令无须审问债务人。

第四百六十八条 【支付命令的记载事项】

支付命令中应当载明当事人、法定代理人、请求的趣旨和原因,并附上债务人自支付命令送达之日起两周以内可以提出异议申请的说明。

第四百六十九条 【送达支付命令】

支付命令应当送达当事人。

债务人对支付命令可以提出异议申请。

第四百七十条 【异议申请的效力】

债务人自收到支付命令之日起两周以内提出异议申请的,支付命令在异议申请的范围内失效。

第一款规定的期间为不变期间。

第四百七十一条 【驳回异议申请】

法院认为异议申请不合法的,应当作出驳回该申请的决定。

对第一项的决定可以提起即时抗告。

第四百七十二条 【转入诉讼程序】

债权人根据第四百六十六条第一款规定申请起诉的,或者法院根据第四百六十六条第二款规定作出决定将申请支付命令案件转入诉讼程序的,视为自申请支付命令时提起诉讼。

债务人对支付命令提出合法的异议申请的,视为自申请支付命令时提起了异议申请标的额部分的诉讼。

第四百七十三条 【转入诉讼程序的处理】

第四百七十二条规定的视为提起诉讼的,发出支付命令的法院应当为债权人指定一定期间,命令其补足提起诉讼时起诉状上应粘贴的印花金额与本次申请起诉或申请支付命令时已粘贴的印花金额的差额。

债权人在第一款规定的期间内未补足印花金额的,上述法院应当作出驳回支付命令申请书的决定。对该决定可以提起即时抗告。

第一款规定的印花金额被补足后,法院事务官等人应当立即将诉讼记录送交管辖法院。此时,如果案件属于合议部管辖的,法院事务官等人应当立即将诉讼记录送交管辖法院的合议部。

第四百七十二条中督促程序的费用作为诉讼费用的一部分。

第四百七十四条 【支付命令的效力】

对支付命令没有提出异议申请,或者撤回异议申请,或者驳回决定生效的,支付命令具有与生效判决相同的效力。

第六编　公示催告程序

第四百七十五条　【公示催告的适用范围】

仅在法律规定不申报权利或请求将导致失权的情况下,可以进行公示催告。

第四百七十六条　【公示催告程序的管辖法院】

除法律另有规定外,公示催告由权利人的普通裁判籍所在地的地方法院管辖。但是,为注销登记或登录而进行的公示催告,可以向其登记或登录的公共机关所在地的地方法院提出申请。

第四百九十二条规定的情况,由证券或证书上注明的履行地的地方法院管辖。但是,证券或证书上未注明履行地的,由发行人的普通裁判籍所在地的地方法院管辖。没有该法院的,由发行当时发行人曾经的普通裁判籍所在地的地方法院管辖。

第一款及第二款规定的管辖属于专属管辖。

第四百七十七条　【公示催告申请】

公示催告申请应当注明其申请理由和请求除权判决的趣旨。

第一款规定的申请应当以书面形式提出。

法院可以命令将多个公示催告合并进行。

第四百七十八条　【公示催告的许可】

是否许可公示催告的裁判以决定形式作出。对不予许可的决定可以提起即时抗告。

第一款规定的情况可以审问申请人。

第四百七十九条　【公示催告的记载事项】

许可公示催告申请的,法院应当进行公示催告。

公示催告应当记载下列事项:

(一)申请人;

(二)截至公示催告期日前必须申报权利或请求的催告;

(三)不申报将会失权的事项;

(四)公示催告期日。

第四百八十条　【公告方法】

公示催告应当按照大法院规则的规定进行公告。

第四百八十一条　【公示催告期间】

公示催告的期间应当确定为自公告之日起至少三个月。

第四百八十二条　【除权判决前的申报】

公示催告期日结束后，除权判决作出前，申报权利或请求的，不丧失该权利。

第四百八十三条　【申请人不出席以及指定新期日】

申请人未出席公示催告期日或申请人申请变更期日的，法院应当重新指定期日，但以一次为限。

第一款规定的新期日应当确定为自公示催告期日起二个月以内，且无须公告。

第四百八十四条　【视为撤回】

申请人未出席第四百八十三条规定的新期日的，视为撤回公示催告申请。

第四百八十五条　【申报情况】

对申请理由的权利或请求有异议申报的，法院应当在对该权利的裁判生效前终止公示催告程序，或者保留申报的权利并作出除权判决。

第四百八十六条　【申请人的陈述义务】

公示催告申请人应当出席公示催告期日，陈述其提出申请的理由和请求除权判决的主旨。

第四百八十七条　【除权判决】

法院在申请人陈述后，认为除权判决申请无正当理由的，应当作出决定驳回申请；认为有理由的，应当宣告除权判决。

法院在作出第一款规定的裁判前，可以依职权对事实进行探知。

第四百八十八条　【不服申请】

对驳回申请除权判决的决定或者对除权判决附加的限制或保留，可以提起即时抗告。

第四百八十九条　【除权判决的公告】

法院可以根据大法院规则的规定公告除权判决的要点。

第四百九十条　【对除权判决不服的诉讼】

对除权判决不得提起上诉。

除权判决符合下列情形之一的，可以申请人为对象向催告法院起诉申请不服：

（一）法律上不允许进行公示催告程序的；

（二）未进行公示催告的公告，或者未按法律规定的方法公告的；

（三）未遵守公示催告期间的；

（四）作出判决的法官根据法律规定被除斥履行职务的；

（五）违反专属管辖相关规定的；

（六）存在权利或请求申报的情况下作出违法判决的；

（七）以虚假或不正当手段获得除权判决的；

（八）有第四百五十一条第一款第四项至第八项规定的再审理由的。

第四百九十一条　【起诉期间】

第四百九十条第二款规定的诉应当在一个月以内提出。

第一款规定的期间为不变期间。

第一款的期间自原告知道除权判决之日起计算。但是，根据第四百九十条第二款第四项、第七项、第八项规定的事由提起诉讼的，自原告知道该事由之日起计算。

自除权判决宣告之日起超过三年的，不得提起该诉讼。

第四百九十二条 【为宣告证券无效的公示催告】

对于被盗、遗失或灭失的证券以及商法规定的可以宣告无效的证书，请求宣告其无效而进行的公示催告程序，适用第四百九十三条至第四百九十七条的规定。

对于法律规定的其他可以公示催告的证书，若该法律没有特别规定，适用本条第一款的规定。

第四百九十三条 【证书公示催告申请权人】

无记名证券或者可以背书转让或略式背书的证券或证书的最后持有人，可以申请公示催告程序，其他证书则由能够依证书主张权利的人申请公示催告程序。

第四百九十四条 【疏明申请理由】

申请人应当提交证书的誊本或提供充分说明证书存在及其主要趣旨的必要事项。

申请人应当疏明证书被盗、遗失或灭失的事实以及其他能够成为申请公示催告理由的事实等。

第四百九十五条 【催告申报及失权警告】

公示催告中，应当作出在公示催告期日前申报权利或请求并提交该证书的催告，同时应当作出迟延申报及提交将导致权利丧失、证书被宣告无效的警告。

第四百九十六条 【宣告除权判决】

除权判决中应当宣告证券或证书无效。

第四百九十七条 【除权判决的效力】

除权判决作出后，申请人可以根据证券或证书向承担义务的人主张证券或证书上的权利。

第七编 判决的生效及执行停止

第四百九十八条 【判决的生效时间】

在上诉期内或在该期间提起合法上诉的，判决不发生效力。

第四百九十九条 【判决生效证明书的赋予人】

原告或被告申请判决生效证明书的，第一审法院的法院事务官等人根据记录出具证明书。

诉讼记录保存于上级审的，上级法院的法院事务官等仅能对其生效部分出具证明书。

第五百条 【因再审或上诉的事后补救申请停止执行】

有再审或者第一百七十三条规定的上诉的事后补救申请情形的，申请不服的理由被认为是正当的，并对事实进行了疏明的，法院可以依当事人的申请，要求其提供担保或不提供担保，命令暂时停止强制执行；也可以在要求其提供担保的情况下命令实施强制执行或命令撤销已实施的强制执行。

无担保的强制执行停止，仅在疏明了该执行会造成无法弥补的损失的情况下进行。

第一款及第二款的裁判可以不经辩论作出，对该裁判不得申请不服。

上诉的事后补救申请的情形，诉讼记录在原审法院的，该法院作出第一款及第二款的裁判。

第五百零一条 【因提起上诉或变更之诉停止执行】

对附假执行宣告的判决上诉的，或对责令分期支付的生效判决提起第二百五十二条第一款规定的诉的，适用第五百条的规定。

第五百零二条 【提存担保的法院】

按照该编规定提供的担保或提存，可以向原告或被告普通裁判籍所在地的地方法院或者执行法院提供。

提供担保或提存时，法院应当根据当事人的申请提供证明书。

对本编规定的担保，除法律另有规定外，适用第一百二十二条、第一百二十三条、第一百二十五条及第一百二十六条的规定。

附则〈第 18396 号，2021 年 8 月 17 日〉

第一条 【施行日】

本法自公布之日起三个月后施行。

第二条 【有关审理中案件的过渡措施】

本法适用于本法施行当时在法院审理中的案件。

（西北政法大学 谢鹏远 译）

大韩民国刑法

[2021年12月9日施行][法律第17571号,2020年12月8日部分修改]

第一编　总　　则

第一章　刑法的适用范围

第一条　【犯罪的成立与处罚】
犯罪的成立和处罚依照行为时的法律。
犯罪后因法律变更,行为不构成犯罪或者刑罚轻于旧法的,依照新法。
审判确定后,因法律变更其行为不构成犯罪的,免除刑罚的执行。
[2020年12月8日修改全文]
第二条　【国内犯】
本法适用于在大韩民国领域内犯罪的本国人和外国人。
第三条　【本国人的国外犯罪】
本法适用于在大韩民国领域外犯罪的本国人。
第四条　【在国外的本国船舶等的外国人犯罪】
本法适用于在大韩民国领域外的大韩民国船舶或者航空器内犯罪的外国人。
第五条　【外国人的国外犯罪】
本法适用于在大韩民国领域外犯下列罪的外国人:
(一)内乱的罪;
(二)外患的罪;
(三)有关国旗的罪;
(四)有关通货的罪;
(五)有关有价证券、邮票和印花的罪;
(六)有关文书的第二百二十五条至第二百三十条的罪;

（七）有关印章的第二百三十八条的罪。

第六条 【对大韩民国和大韩民国国民的国外犯罪】

本法适用于在大韩民国领域外，对大韩民国和大韩民国国民犯前条所列罪之外的外国人。但是，依照行为地法律不构成犯罪、免于追诉或者免除刑罚执行的除外。

第七条 【在国外已执行刑罚的算入】

由于犯罪，在国外已执行全部或者部分刑罚的人，其已执行刑罚的全部或者部分算入宣告的刑罚中。

[2016 年 12 月 20 日修改全文]

[2015 年 5 月 28 日原条款宪法法院判定为违宪，根据 2016 年 12 月 20 日法律第 14415 号修改]

第八条 【总则的适用】

本法总则适用于其他法令规定的犯罪，但是，法令有特别规定的除外。

第二章　犯　　罪

第一节　犯罪的成立与刑罚的减免

第九条 【刑事未成年人】

未满十四周岁者的行为，不予处罚。

第十条 【精神病人】

因精神病，没有辨别事物的能力或者意思决定能力者的行为，不予处罚。

因精神病，前款所列能力薄弱者的行为，可以减轻处罚。〈2018 年 12 月 18 日修改〉

前两款不适用于已预见危险发生而有意引起精神病的行为。

[2014 年 12 月 30 日修改标题]

第十一条 【听觉及语言残疾人】

听觉和语言都有障碍残疾人的行为，减轻处罚。

[2020 年 12 月 8 日修改全文]

第十二条 【被强迫行为】

因不可抗拒的暴力，或者对自己及亲属的生命、身体的危害无防御方法，被迫而为的行为，不予处罚。

第十三条 【故意】

未认识到犯罪成立要素之事实的行为，不予处罚。但是，法律有特别规定的除外。

[2020 年 12 月 8 日修改全文]

第十四条 【过失】

因怠于履行正常的注意义务，未认识到犯罪成立要素之事实的行为，处罚以法律有特别规定为限。

[2020 年 12 月 8 日修改全文]

第十五条 【事实认识错误】

未认识到特别重的犯罪之事实的行为,不以重罪处罚。

结果加重犯,无法预见加重结果的,不以重罪处罚。

[2020 年 12 月 8 日修改全文]

第十六条 【法律认识错误】

误认为自己的行为依法令不构成犯罪,误认有正当理由的,不予处罚。

第十七条 【因果关系】

凡行为与成立犯罪的危险要素没有关系的,不因其结果而予以处罚。

第十八条 【不作为犯】

负有防止危险发生的义务或者因自己的行为引起危险,而未防止危险结果发生的,依其发生的结果处罚。

第十九条 【独立行为的竞合】

同时或者先后发生的独立行为竞合的,无法判明导致结果的原因行为时,各行为均以未遂犯处罚。

第二十条 【正当行为】

依法令的行为或者因业务以及其他不违背社会常规的行为,不予处罚。

第二十一条 【正当防卫】

为了保护本人或者他人的法益,对正在进行的不当侵害实施防卫行为,如有相当理由的,不予处罚。

防卫过当的,根据情况可以减轻或者免除处罚。

前款防卫过当行为发生在夜间等其他不安全状态下,因恐惧、惊愕、兴奋或者慌张而引起的,不予处罚。

[2020 年 12 月 8 日修改全文]

第二十二条 【紧急避险】

为了使本人或者他人的法益免遭正在发生的危险而实施的行为,如有相当理由的,不予处罚。

前款规定不适用于负有责任不得逃避危难的人。

前条第二款、第三款规定,准用本条。

第二十三条 【自救行为】

依法定程序不能保全请求权的,为避免请求权不可能行使或者行使显著困难,如有相当理由,不予处罚。

前款行为过当的,依情况可以减轻或者免除处罚。

[2020 年 12 月 8 日修改全文]

第二十四条 【被害人承诺】

依有权处分人的承诺损害其法益的行为,除法律有特别规定,不予处罚。

第二节　未　遂　犯

第二十五条　【未遂犯】

着手实行犯罪,但行为尚未终了或者未发生结果的,以未遂犯处罚。

对于未遂犯,可以比照既遂犯减轻刑罚。

第二十六条　【中止犯】

行为人自动中止已经着手实行的犯罪或者防止结果发生的,减轻或者免除处罚。

[2020 年 12 月 8 日修改全文]

第二十七条　【不能犯】

因实行手段或者对象错误,即使结果不可能发生,但有危险性的,予以处罚。但是,可以减轻或者免除刑罚。

第二十八条　【预谋、预备】

犯罪的预谋或者预备行为还未着手实行的,除法律有特别规定,不予处罚。

第二十九条　【未遂犯的处罚】

未遂犯的处罚,依照各条文的具体规定。

[2020 年 12 月 8 日修改全文]

第三节　共　　犯

第三十条　【共同正犯】

二人以上共同犯罪的,按照各自所犯之罪的正犯处罚。

第三十一条　【教唆犯】

教唆他人犯罪的,与实行犯罪的处罚相同。

被教唆人承诺犯罪,但未着手实行的,教唆人和被教唆人均以预谋犯或者预备犯处罚。

被教唆人没有承诺犯罪的,对教唆人的处罚适用前款。

第三十二条　【从犯】

帮助他人犯罪的,以从犯处罚。

对于从犯,比照正犯减轻处罚。

第三十三条　【共犯与身份】

因身份关系构成的犯罪,参与人即使没有身份关系,也适用前三条的规定。但是,身份关系影响刑罚轻重时,不以重刑处罚。

[2020 年 12 月 8 日修改全文]

第三十四条　【间接正犯、特殊教唆犯、帮助犯的加重处罚】

教唆、帮助他人实施犯罪,并造成危害结果的,即使实行犯罪的人不受处罚或者成立过失犯罪,教唆人或者帮助人依照教唆犯或者帮助犯处罚。

教唆或者帮助受本人指挥或者监督的人，导致前款规定结果发生的，对教唆犯以正犯刑罚加重二分之一处罚，对帮助犯以正犯处罚。

第四节 累 犯

第三十五条 【累犯】

被判监禁以上刑罚，执行终了或者被赦免以后，三年以内又犯监禁以上刑罚之罪的，以累犯处罚。

对于累犯，加重至刑罚的二倍处罚。

[2020年12月8日修改全文]

第三十六条 【判决宣告后发现的累犯】

判决宣告后发现的累犯，可以与宣告的刑罚合并计算，重新决定其刑罚。但是，宣告的刑罚已执行终了或者免除的除外。

第五节 竞 合 犯

第三十七条 【竞合犯】

判决未确定的数罪，或者被判处监禁以上刑罚的罪与判决确定之前所犯的罪行，处以竞合犯。〈2004年1月20日修改〉

第三十八条 【竞合犯与处罚规则】

同时判决竞合犯时，依下列规定区别处罚：

（一）数罪中最重罪的刑罚为死刑或者无期徒刑或者无期监禁的，以最重罪的刑罚处罚。

（二）各罪为死刑、无期徒刑或者无期监禁以外的同种刑罚的，在最重犯罪刑罚的期限或者数额的基础上，加重二分之一处罚，但不得超过各罪刑罚的期限或者数额的总和。科料[①]与科料，没收与没收，可以并科。

（三）各罪刑罚为无期徒刑或者无期监禁以外的不同刑罚的，并科处罚。

对前款各项的徒刑和监禁视为同种刑罚，以徒刑处罚。

[2020年12月8日修改全文]

第三十九条 【未被判决的竞合犯、数个判决与竞合犯、刑罚执行与竞合犯】

竞合犯中有尚未判决之罪的，与已确定的其他罪同时判决时，宣告刑罚时应考虑平衡性。此时其刑罚可以减轻或者免除。〈2005年7月29日修改〉

删除第二款〈2005年7月29日〉

竞合犯已宣告判决的，竞合犯中某一罪被赦免或者免除执行刑罚的，重新确定其他罪的刑罚。

---

① 属于刑罚种类中的一种，处以二千韩元以上、五万韩元以下财产刑。罚金为五万韩元以上的财产刑。

执行前款刑罚,合并计算已执行的刑期。

第四十条 【想象竞合】

一行为触犯数个罪名的,以最重罪的刑罚来处罚。

[2020 年 12 月 8 日修改全文]

第三章 刑　　罚

第一节 刑罚的种类与轻重

第四十一条 【刑罚的种类】

刑罚的种类如下:

(一)死刑;

(二)徒刑;

(三)监禁;

(四)资格丧失;

(五)资格停止;

(六)罚金;

(七)拘留;

(八)科料;

(九)没收。

第四十二条 【徒刑或者监禁的期限】

徒刑或者监禁期限分为无期和有期,有期为一个月以上三十年以下。但是,对有期徒刑或者有期监禁的加重处罚可以加至五十年。〈2010 年 4 月 15 日修改〉

第四十三条 【刑罚的宣告与资格丧失、资格停止】

被判处死刑、无期徒刑或者无期监禁的,丧失下列资格:

(一)公务员的资格;

(二)公法上的选举权与被选举权;

(三)法律规定的从事公法上的相关业务的资格;

(四)法人的理事、监事或者经理以及其他有关法人业务的检查人员或者财产管理人员的资格。

被判处有期徒刑或者有期监禁的,刑罚执行终了或者免除为止,停止前款第一项至第三项记载的资格。但是,法律有特别规定的除外。〈2016 年 1 月 6 日修改〉

[2014 年 1 月 28 日宪法法院判决本条第二款违宪及不符合宪法,根据 2016 年 1 月 6 日法律第 13719 号修改]

第四十四条 【资格停止】

(一)停止前条记载资格的全部或者部分,期限为一年以上十五年以下。

(二)对有期徒刑或者有期监禁并科资格停止的,停止期限从徒刑、监禁执行终了或者免除之日起计算。

第四十五条 【罚金】

罚金为五万韩元以上。但是,减轻处罚的可以处以五万韩元以下罚金。〈1995 年 12 月 29 日修改〉

第四十六条 【拘留】

拘留为一日以上三十日以下。

第四十七条 【科料】

科料为二千韩元以上五万韩元以下。〈1995 年 12 月 29 日修改〉

第四十八条 【没收的对象与追征】

犯人所有的财物或者他人明知是下列财物而取得的,可以没收部分或者全部:

(一)用于犯罪行为或者准备用于犯罪行为的财物;

(二)因犯罪行为产生或者取得的物品;

(三)以前两项为代价取得的物品。

无法没收前款记载物品的,追征其价额。

文书、图画、电子记录等特殊媒介记录或者有价证券属于没收的一部分的,销毁该部分。

[2020 年 12 月 8 日修改全文]

第四十九条 【没收的附加性】

没收附加于其他刑罚适用。行为人未判有罪,但具备没收条件的,可以只宣告没收。

第五十条 【刑罚的轻重】

刑罚的轻重依照第四十一条记载的顺序。但是,无期监禁和有期徒刑是以监禁为重罚,有期监禁期限超过有期徒刑的,以监禁为重罚。

同种刑罚,最长期限和最高数额为重罚;最长期限或者最高数额一致的,最低法定刑长的和最低法定刑数额高的为重罚。

除前两款规定之外,依犯罪性质和情节决定刑罚的轻重。

[2020 年 12 月 8 日修改全文]

第二节 量 刑

第五十一条 【量刑的条件】

量刑应参酌下列事项:

(一)犯人的年龄、品行、智力和环境;

(二)与被害人的关系;

(三)犯罪的动机、手段和结果;

(四)犯罪后的情况。

第五十二条 【自首、服罪】

犯罪后向侦查机关自首的,可以减轻或者免除刑罚。

实施违背被害人意志不得处罚的罪行,向被害人服罪的,处罚同前款。

[2020 年 12 月 8 日修改全文]

第五十三条 【酌量减轻】

犯罪情节有可参酌事由的,可以酌情减轻处罚。

[2020 年 12 月 8 日修改全文]

第五十四条 【刑罚选择与酌量减轻】

对一个犯罪规定数种刑罚的,先决定适用的刑罚再减轻其刑罚。

[2020 年 12 月 8 日修改全文]

第五十五条 【法律上的减轻】

法律上的减轻如下:〈2010 年 4 月 15 日修改〉

(一)减轻死刑的,减为无期或者二十年以上五十年以下徒刑或者监禁;

(二)减轻无期徒刑或者无期监禁的,减为十年以上五十年以下徒刑或者监禁;

(三)减轻有期徒刑或者有期监禁的,减为刑期的二分之一;

(四)减轻资格丧失的,减为七年以上资格停止;

(五)减轻资格停止的,减为刑期的二分之一;

(六)减轻罚金的,减为总额的二分之一;

(七)减轻拘留的,减为总刑期的二分之一;

(八)减轻科料的,减为总额的二分之一。

法律上有数个减轻事由的,可以重复减轻。

第五十六条 【加重、减轻的顺序】

刑罚的加重、减轻事由发生竞合的,依照下列顺序:

(一)分则条文的加重;

(二)第三十四条第二款的加重;

(三)累犯的加重;

(四)法律上的减轻;

(五)竞合犯的加重;

(六)酌情减轻。

[2020 年 12 月 8 日修改全文]

第五十七条 【判决宣告前羁押日数的折抵】

判决宣告前羁押日数,全部算入有期徒刑、有期监禁、罚金及科料有关的扣留或者拘留。〈2014 年 12 月 30 日修改〉

在前款的情形下,羁押一日折抵徒刑、监禁、罚金及科料有关的扣留或者拘留期限的一日。〈2014 年 12 月 30 日修改〉

[2014 年 12 月 30 日法律第 12898 号修改,2009 年 6 月 25 日作出违宪决定的第五十七条第一款的规定。]

第五十八条 【判决的公示】

基于被害人利益，认为有必要的，由被害人提出请求，被告人负担，可以宣告判决公示的主旨。

被告人案件宣告无罪判决的，应当宣告无罪判决公示的主旨。但是，被判无罪的被告人不同意宣告无罪判决公示主旨的，或者不能征得被告人同意的除外。〈2014 年 12 月 30 日修改〉

对被告人案件宣告免诉判决的，可以宣告免诉判决公示的主旨。〈2014 年 12 月 30 日新设〉

第三节　刑罚的缓期宣告

第五十九条 【缓期宣告的条件】

宣告一年以下徒刑或者监禁、资格停止或者罚金的，参酌第五十一条规定的事项，对悔改表现显著的，可以缓期宣告刑罚。但是，曾被判处资格停止以上刑罚的除外。

数罪并罚的，可以对刑罚的全部或者部分缓期宣告刑罚。

[2020 年 12 月 8 日修改全文]

第五十九条之二 【保护观察】

缓期宣告刑罚的，为防止再犯，有必要对其进行指导或者援助、援护的，可以命令接受保护观察。

第一款规定的保护观察期限为一年。

[1995 年 12 月 29 日新设本条]

第六十条 【缓期宣告的效力】

自缓期宣告执行之日起满二年的，视为免诉。

第六十一条 【缓期宣告的失效】

在刑罚缓期宣告期间，被处以资格停止以上刑罚或者被发现曾处以资格停止以上刑罚的，应对缓期宣告的刑罚进行宣告。〈1995 年 12 月 29 日修改〉

依据第五十九条之二的规定，被接受指令保护观察者，在保护观察期间严重违反遵守事项的，可以对缓期宣告的刑罚进行宣告。〈1995 年 12 月 29 日新设〉

第四节　刑罚的缓期执行

第六十二条 【缓期执行的条件】

宣告三年以下徒刑、监禁或者五百万韩元以下罚金的，依据第五十一条的规定有参酌事由的，可以处一年以上五年以下的缓期执行。但是，曾被宣告监禁以上刑罚的，从确定之日至执行终了或者免除后三年内犯罪的除外。〈2005 年 7 月 29 日、2016 年 1 月 6 日修改〉

数罪刑罚的，可以缓期执行部分刑罚。

第六十二条之二 【保护观察、社会服务、听课命令】

缓期执行刑罚的,可以命令接受保护观察、社会服务或者听课。

第一款规定的保护观察期间为缓期执行的期间。但是,法院可以在缓期执行期间内决定保护观察的期间。

社会服务命令或者听课命令,在缓期执行期间内执行。

[1995 年 12 月 29 日新设本条]

第六十三条 【缓期执行的失效】

被宣告缓期执行的,在缓刑期间因故意犯罪被宣告监禁以上刑罚的判决确定时,缓期执行宣告将失效。〈2005 年 7 月 29 日修改〉

第六十四条 【缓期执行的取消】

被宣告缓期执行后,发现有第六十二条规定的但书事由的,取消缓期执行宣告。〈1995 年 12 月 29 日修改〉

依据第六十二条之二的规定,缓期执行的,被命令接受保护观察、社会服务或者听课的,违反遵守事项或者命令程度严重的,可以取消缓期执行宣告。〈1995 年 12 月 29 日新设〉

第六十五条 【缓期执行的效力】

宣告缓期执行后,无宣告失效或者取消事由的,刑罚的宣告将失效。

第五节 刑罚的执行

第六十六条 【死刑】

死刑,在矫正设施内以绞刑方式执行。

[2020 年 12 月 8 日修改全文]

第六十七条 【徒刑】

徒刑,关押在监狱内服劳役和赋役。

[2020 年 12 月 8 日修改全文]

第六十八条 【监禁和拘留】

监禁和拘留,关押在矫正设施内执行。

[2020 年 12 月 8 日修改全文]

第六十九条 【罚金与科料】

罚金和科料应在判决确定之日起三十日内缴纳。但是,宣告罚金的,可以命令扣留于劳役场,直至缴清金额为止。

未缴纳罚金的,留置于劳役场劳役一日以上三年以下;未缴纳科料的,扣留于劳役场劳役一日以上三十日以下。

第七十条 【劳役场扣留】

宣告罚金或者科料的,应同时宣告未缴纳罚金或者科料时的扣留期限。〈2020 年 12 月 8 日修改,2020 年 12 月 9 日施行〉

扣留期限的确定：宣告罚金为一亿韩元以上不满五亿韩元的为三百日以上；五亿韩元以上不满五十亿韩元的为五百日以上；五十亿韩元以上的为一千日以上。〈2020年12月8日修改,2020年12月9日施行〉

[2020年12月8日修改标题,2020年12月9日施行]

第七十一条 【扣留期限的扣除】

被判处罚金或者科料者,缴纳其中一部分的,按照罚金或者科料与扣留期限的比例扣除期限。

[2020年12月8日修改全文]

第六节 假 释

第七十二条 【假释的条件】

徒刑或者监禁执行期间,悔改表现显著的,无期徒刑、无期监禁经过二十年,有期徒刑、有期监禁经过三分之一后,可以行政处分予以假释。

前款如有并科罚金或者科料,应缴清金额。

[2020年12月8日修改全文]

第七十三条 【判决宣告前的羁押和假释】

判决宣告前羁押期限算入刑期的,假释时算入已执行的刑期。

因未缴纳罚金或者科料而扣留的期间,用判决宣告前羁押期限折抵的,在第七十二条第二款规定的情况下应视为已缴清金额。

[2020年12月8日修改全文]

第七十三条之二 【假释的期间及保护观察】

假释的期间：无期徒刑、无期监禁为十年；有期徒刑、有期监禁为剩余刑期,不得超过十年。

被假释的,假释期间应受保护观察。但是,许可假释的行政机关认为没必要的除外。

[1995年12月29日新设本条]

第七十四条 【假释的失效】

假释期间被判监禁以上刑罚,其判决已确定的,假释失去效力。但是,因过失犯罪被宣告刑罚的除外。

[2020年12月8日修改全文]

第七十五条 【假释的撤销】

被判处假释的,违反有关监视的规定或者保护观察的遵守事项,程度严重的,可以撤销假释。

[1995年12月29日修改全文]

第七十六条 【假释的效力】

假释后没有失效或者撤销,经过假释期间的,视为刑罚的执行完毕。〈1995年12

月 29 日修改〉

前两条的情况下,已经度过的假释期间不计入刑期。

第七节　刑罚的时效

第七十七条　【时效的效力】

刑罚宣告后,若时效届满,免除其执行。

[2020 年 12 月 8 日修改全文]

第七十八条　【时效的期间】

刑罚宣告后没有执行的,经过下列期限时视为时效届满:〈2017 年 12 月 12 日修改〉

(一)死刑为三十年;

(二)无期徒刑或者监禁为二十年;

(三)十年以上徒刑或者监禁为十五年;

(四)三年以上徒刑、监禁或者十年以上资格停止为十年;

(五)不满三年的徒刑、监禁或者五年以上资格停止为七年;

(六)不满五年的资格停止、罚金、没收或者追征为五年;

(七)拘留或者科料为一年。

[2020 年 12 月 8 日修改全文]

第七十九条　【时效的停止】

时效期间在刑罚的缓刑、停止或者假释等期间,停止计算。〈2014 年 5 月 14 日修改〉

刑罚宣告后暂未执行的,为免于刑罚的执行而逃到国外的期间,时效停止计算。〈2014 年 5 月 14 日新设〉

第八十条　【时效的中断】

死刑、徒刑、监禁、拘留的时效,因服刑者被捕而中断;罚金、科料、没收、追征的时效,因强制处分而中断。

第八节　刑罚的消灭

第八十一条　【刑罚的失效】

徒刑、监禁执行终了或者被免除的,已补偿被害人的损失,七年之内没有被判处资格停止以上刑罚的,可以由本人或者检察官申请,宣告之前的判决失效。

第八十二条　【资格的恢复】

被判处资格停止的,已补偿被害人的损失,再未被判处停止资格以上刑罚的,资格停止执行二分之一的,可以由本人或者检察官申请,宣告恢复资格。

第四章 期 间

第八十三条 【期间的计算】

以年或者月规定的期间,以年或月计算。

[2020年12月8日修改全文]

第八十四条 【刑期的起算】

刑期自判决确定之日起计算。

徒刑、监禁、拘留和扣留,未被拘禁的日数,不算入刑期。

第八十五条 【刑罚的执行与时效期间的首日】

刑罚的执行与时效期间的首日,不计算具体的时间,算作一日。

第八十六条 【释放日】

刑期终了之日释放。

第二编 分 则

第一章 内 乱 罪

第八十七条 【内乱】

以僭窃国土或者扰乱国家宪法为目的暴动的,依下列分别处罚:

(一)首犯判处死刑、无期徒刑或者无期监禁。

(二)参与谋划、指挥或者从事其他重要任务的,判处死刑、无期徒刑或者五年以上徒刑、监禁。杀伤、破坏或者掠夺的实行者,亦同。

(三)附和随行或者只参与暴动的,判处五年以下徒刑或者监禁。

[2020年12月8日修改全文]

第八十八条 【内乱为目的杀人】

以全部或部分大韩民国领土中排除国家权力,或者紊乱国家宪法为目的杀人的,处以死刑、无期徒刑或者无期监禁。

[2020年12月8日修改全文]

第八十九条 【未遂犯】

处罚前两条的未遂犯。

第九十条 【预备、预谋、煽动、宣传】

犯第八十七条或者第八十八条之罪的预备犯或者预谋,处三年以上有期徒刑或者监禁。但是,犯罪实行前自首的,减轻或者免除刑罚。

煽动或者宣传犯第八十七条或者第八十八条规定之罪的,处罚同前款。

第九十一条 【扰乱国家宪法秩序的定义】

本章的扰乱国家宪法秩序,是指符合下列各项之一的:

(一)违反宪法或者法律规定程序,导致宪法或者法律功能消失的;

(二)颠覆依宪法设立的国家机关或者使其无法行使权能的。

第二章 外 患 罪

第九十二条 【招来外患】

与外国通谋致大韩民国引起战端或者通谋外国人与大韩民国为敌的,处死刑或者无期徒刑。

第九十三条 【通敌】

与敌国合力,对抗大韩民国的,处死刑。

第九十四条 【募兵利敌】

为敌国募兵的,处死刑或者无期徒刑。

应前款的募兵者,处无期或者五年以上徒刑。

第九十五条 【提供设施利敌】

为敌国军队、要塞、阵营、军用船舶或者航空器,提供场所、设备、建筑物的,处死刑或者无期徒刑。

为敌国提供兵器、弹药及其他军用物品的,处罚同前款。

第九十六条 【破坏设施利敌】

为敌国破坏前条记载的军用设施及其他物品,使其无法使用的,处死刑或者无期徒刑。

第九十七条 【提供物品利敌】

为敌国提供非军用武器、弹药或者供作战用物资的,处无期或者五年以上徒刑。

第九十八条 【间谍】

为敌国从事间谍活动或者帮助敌国间谍的,处死刑、无期或者七年以上徒刑。

向敌国泄露军事秘密的,处罚同前款。

第九十九条 【一般利敌】

除前七条规定外,损害大韩民国的军事利益或者向敌国提供军事利益的,处无期或者三年以上徒刑。

第一百条 【未遂犯】

处罚前八条的未遂犯。

第一百零一条 【预备、预谋、煽动、宣传】

以实施第九十二条及第九十九条规定之罪为目的的预备犯或者预谋犯,处二年以上有期徒刑。但是,实行前自首的,减轻或者免除刑罚。

煽动或者宣传第九十二条及第九十九条规定之罪的,处罚同前款。

第一百零二条 【准敌国】

第九十三条及前条规定之罪中,与大韩民国敌对的外国或者外国团体视为敌国。

第一百零三条 【战时不履行军需契约】

战争或者事变期间,无正当理由,不履行对政府的军需品或者军用工作物契约的,处十年以下徒刑。

妨碍前款契约履行的,处罚同前款。

第一百零四条 【同盟国】

本章规定适用于对同盟国的行为。

第一百零四条之二 删除〈1988 年 12 月 31 日〉

第三章 关于国旗的罪

第一百零五条 【亵渎国旗、国徽】

以侮辱大韩民国为目的,损毁、去除、污染国旗或者国徽的,处五年以下徒刑或者监禁,十年以下资格停止或者七百万韩元以下罚金。〈1995 年 12 月 29 日修改〉

第一百零六条 【诽谤国旗、国徽】

以前条为目的,诽谤国旗或者国徽的,处一年以下徒刑或者监禁,五年以下资格停止或者二百万韩元以下罚金。〈1995 年 12 月 29 日修改〉

第四章 关于外交的罪

第一百零七条 【对外国元首的暴行等】

对滞留在大韩民国的外国元首实施暴行或者胁迫的,处七年以下徒刑或者监禁。

对前款外国元首侮辱或者毁损名誉的,处五年以下徒刑或者监禁。

第一百零八条 【对外国使节的暴行等】

对派遣大韩民国的外国使节实施暴行或者胁迫的,处五年以下徒刑或者监禁。

对前款外国使节,侮辱或者损毁名誉的,处三年以下徒刑或者监禁。

第一百零九条 【侮辱外国国旗、国徽】

以侮辱外国为目的,损毁、去除、侮辱该国国旗或者国徽的,处二年以下徒刑、监禁或者三百万韩元以下罚金。〈1995 年 12 月 29 日修改〉

第一百一十条 【被害人的意思】

第一百零七条至第一百零九条规定之罪,不得违背该国政府明示的意思提起公诉。〈1995 年 12 月 29 日修改〉

第一百一十一条 【对外国的私战】

对外国私战的,处一年以上有期监禁。

处罚前款的未遂犯。

以第一款为目的的预备犯或者预谋犯,处三年以下监禁或者五百万韩元以下罚金。但是,实行前自首的,减轻或者免除处罚。〈1995 年 12 月 29 日修改〉

第一百一十二条 【违反中立命令】

外国之间交战,违反中立命令的,处三年以下监禁或者五百万韩元以下罚金。〈1995 年 12 月 29 日修改〉

第一百一十三条 【泄露外交机密】

泄露外交机密的,处五年以下徒刑或者一千万韩元以下罚金。〈1995 年 12 月 29 日修改〉

以泄露为目的,探知或者收集外交机密的,处罚同前款。

第五章 危害公共治安罪〈2013 年 4 月 5 日修改〉

第一百一十四条 【组织犯罪团体等】

为实施应当判处死刑、无期或者四年以上徒刑的犯罪行为,组织、加入犯罪团体或者集团、以成员身份实施活动的,处以目的之罪的刑罚,但可以减轻处罚。

[2013 年 4 月 5 日修改全文]

第一百一十五条 【骚扰】

聚众实施斗殴、胁迫或者破坏行为的,处一年以上十年以下徒刑、监禁或者一千五百万韩元以下罚金。〈1995 年 12 月 29 日修改〉

第一百一十六条 【聚众不解散】

以实施暴行、胁迫或者破坏为目的聚众,接到有管理权的公务员三次以上解散命令,仍不解散的,处二年以下徒刑、监禁或者三百万韩元以下罚金。〈1995 年 12 月 29 日修改〉

第一百一十七条 【不履行战时供需契约】

在战争、天灾及其他事变期间,无正当理由不履行与国家或者公共团体签订的供给粮食及生活必需品契约的,处三年以下徒刑或者五百万韩元以下罚金。〈1995 年 12 月 29 日修改〉

妨害前款契约履行的,刑罚同前款。

前两款,可以依规定并科罚金。

第一百一十八条 【冒充公务员资格】

冒充公务员资格行使职权的,处三年以下徒刑或者七百万韩元以下罚金。〈1995 年 12 月 29 日修改〉

第六章 关于爆炸物的罪

第一百一十九条 【使用爆炸物】

使用爆炸物,危害他人生命、健康、财产或者其他扰乱公共安全的,处死刑、无期或者七年以上徒刑。

战争或者天灾期间,犯前款之罪的,处死刑或者无期徒刑。

处罚前两款的未遂犯。

[2020 年 12 月 8 日修改全文]

第一百二十条 【预备、预谋、煽动】

以前条第一款、第二款罪为目的的预备犯、预谋犯,处二年以上有期徒刑。但是,实行前自首的,减轻或者免除处罚。

煽动犯前条第一款、第二款规定之罪的,处罚同前款。

第一百二十一条 【战时制造爆炸物等】

战争或者事变期间,无正当理由制造、进口、出口、收受或者携带爆炸物的,处十年以下徒刑。

第七章 关于公务员职务的罪

第一百二十二条 【遗弃职务】

公务员无正当理由拒绝履行职务或者遗弃职务的,处一年以下徒刑、监禁或者三年以下资格停止。

第一百二十三条 【滥用职权】

公务员滥用职权,使他人作超出义务范围的行为或者妨害他人行使权利的,处五年以下徒刑、十年以下资格停止或者一千万韩元以下罚金。〈1995 年 12 月 29 日修改〉

第一百二十四条 【非法逮捕、非法囚禁】

审判员、检察官、警察或者其他具有拘禁职权的人或者辅助人员,滥用职权逮捕或者囚禁他人的,处七年以下徒刑和十年以下资格停止。

处罚前款的未遂犯。

第一百二十五条 【暴行、虐待行为】

审判员、检察官、警察或者其他具有拘禁职权的人或者辅助人员,对犯罪嫌疑人或者其他人,实施暴行或者虐待行为的,处五年以下徒刑和十年以下资格停止。

[2020 年 12 月 8 日修改全文]

第一百二十六条 【公布嫌疑事实】

检察官、警察或者其他从事犯罪侦查的人员及其监督、辅助人员,将执行职务时所得知的嫌疑事实,在提起公诉前公布的,处三年以下徒刑或者五年以下资格停止。

[2020 年 12 月 8 日修改全文]

第一百二十七条 【泄露公务秘密】

公务员或者曾任公务员的人,将依法令保护的职务秘密泄露的,处二年以下徒刑、监禁或者五年以下资格停止。

第一百二十八条 【妨害选举】

检察官、警察或者军职公务员,在依法令的选举中,对选举人、候选人或者准候选人进行胁迫或者以其他方法妨害选举自由的,处十年以下徒刑和五年以下资格停止。

第一百二十九条 【受贿、事前受贿】

公务员或者仲裁员利用职务上的便利,收受、索要或者约定收受财物的,处五年以下徒刑或者十年以下资格停止。

将要担任公务员或者仲裁员的人,利用职务上的便利,接受请托后收受、索要财物,或者约定请托后成为公务员、仲裁员的,处三年以下徒刑或者七年以下资格停止。

[限定违宪,2011HUN-BA117,2012年12月27日刑法(1953年9月18日法律第293号制定)第一百二十九条第一款规定的“公务员”,限于解释为原《关于济州特别自治道设置及国际自由都市组成的特别法》(2007年7月27日法律第8566号修改之前的法律)第二百九十九条第二款规定的济州特别自治道统合影响评价审议委员会审议委员中包含委托委员的情形,判定违宪]

第一百三十条 【向第三者提供贿赂】

公务员或者仲裁员利用职务上的便利,接受他人不当请托,指示他人向第三者提供或者约定贿赂的,处五年以下徒刑或者十年以下资格停止。

第一百三十一条 【受贿后不正当处事、事后受贿】

公务员或者仲裁员犯前两条之罪,行为不当的,处一年以上徒刑。

公务员或者仲裁员,利用职务上的便利不当行为后,收受、索要或者约定贿赂,向第三者提供贿赂或者约定贿赂的,处罚同前款。

曾任公务员或者仲裁员者,在职期间接受请托实施不当行为后,收受、索要或者约定贿赂的,处五年以下徒刑或者十年以下资格停止。

前三款,可以并科十年以下资格停止。

第一百三十二条 【斡旋受贿】

公务员利用其地位,通过其他公务员职务上的行为为请托人谋取利益,收受、索取或者约定贿赂的,处三年以下徒刑或者七年以下资格停止。

第一百三十三条 【提供行贿等】

对第一百二十九条至第一百三十二条记载的贿赂,约定、提供或者进行意思表示的,处五年以下徒刑或者二千万韩元以下罚金。

以前款行为为目的,向第三人交付财物或者明知内情而接受交付的,处罚同前款。

[2020年12月8日修改全文]

第一百三十四条 【没收、追征】

犯人或者知情的第三者收受的贿赂或者用于贿赂的财物,予以没收。无法没收的,追征其价额。

[2020年12月8日修改全文]

第一百三十五条 【公务员职务犯罪的加重处罚】

公务员利用职务上的便利,犯本章之外犯罪的,加重其罪刑罚的二分之一。但是,因公务员的身份,法律有特别规定的除外。

第八章　关于妨害公务的罪

第一百三十六条　【妨害执行公务】

对执行职务的公务员实施暴力或者胁迫的,处五年以下徒刑或者一千万韩元以下罚金。〈1995 年 12 月 29 日修改〉

强迫或者阻止公务员执行职务或者以辞退为目的,对其实施暴力或者胁迫的,处罚同前款。

第一百三十七条　【以诡计妨害执行公务】

以诡计妨害公务员执行职务的,处五年以下的徒刑或者一千万韩元以下罚金。〈1995 年 12 月 29 日修改〉

第一百三十八条　【侮辱法庭、国会会场】

以妨害、威胁法院审判或者国会审议为目的,在法庭或者国会议事堂及附近,实施侮辱或者引起骚乱的,处三年以下徒刑或者七百万韩元以下罚金。〈1995 年 12 月 29 日修改〉

第一百三十九条　【妨害人权保护】

行使警察职务者及其辅助人员,妨害检察官执行人权保护的公务或者不遵守其命令的,处五年以下徒刑或者十年以下资格停止。

第一百四十条　【公务性秘密标识的无效】

破坏、隐藏或者以其他方法损毁公务员依职权设置的封条、扣押或者其他强制处分标识,使其丧失效用的,处五年以下徒刑或者七百万韩元以下罚金。〈1995 年 12 月 29 日修改〉

私拆公务员依职权密封或者以其他方法加密的文书、图画的,处罚同前款。〈1995 年 12 月 29 日修改〉

利用技术手段秘密窃取公务员依职权密封或者以其他方法加密的文书、图画、电子记录等特殊媒介记录的,处罚同前款。〈1995 年 12 月 29 日新设〉

第一百四十条之二　【侵害不动产的强制执行效用】

非法侵入强制执行转让或者交付的不动产,或者以其他方法破坏其强制执行效用的,处五年以下徒刑或者七百万韩元以下罚金。

[1995 年 12 月 29 日新设本条]

第一百四十一条　【公务文书等的无效、公共物品的破坏】

损坏或者隐匿公务文书、其他财物、电子记录等特殊媒介记录,或者以其他方法损坏其效用的,处七年以下徒刑或者一千万韩元以下罚金。〈1995 年 12 月 29 日修改〉

破坏公务机关使用的建筑物、船舶、汽车或者航空器的,处一年以上十年以下徒刑。

第一百四十二条 【公务性保管物的无效】

损坏、隐匿依公务机关保管命令保管的财物,或者损害其效用的,处五年以下徒刑或者七百万韩元以下罚金。〈1995 年 12 月 29 日修改〉

第一百四十三条 【未遂犯】

处罚第一百四十条至前条的未遂犯。

第一百四十四条 【妨害特殊公务】

聚众或者携带危险物品犯第一百三十六条、第一百三十八条、第一百四十条至前条规定之罪的,加重各条所定刑罚的二分之一。

犯第一款伤害公务员的,处三年以上有期徒刑。致人死亡的,处无期或者五年以上徒刑。〈1995 年 12 月 29 日修改〉

第九章 脱逃、窝藏犯人的犯罪

第一百四十五条 【脱逃、违反集合命令】

依法被逮捕或者羁押者脱逃的,处一年以下徒刑。

前款被羁押者,因天灾、事变或者其他法令暂时被解禁的,无正当理由违反集合命令的,处罚同前款。

[2020 年 12 月 8 日修改全文]

第一百四十六条 【特殊脱逃】

损坏收容设备、器具或者对他人实施暴力、胁迫,或者二人以上共同犯前条第一款之罪的,处七年以下徒刑。

第一百四十七条 【援助脱逃】

夺取被依法羁押者,或者帮助其脱逃的,处十年以下徒刑。

第一百四十八条 【看守人员援助脱逃】

看守、护送人员帮助依法被羁押者脱逃的,处一年以上十年以下徒刑。

第一百四十九条 【未遂犯】

处罚前四条的未遂犯。

第一百五十条 【预备、预谋】

以第一百四十七条和第一百四十八条规定之罪为目的的预备或者预谋犯,处三年以下徒刑。

第一百五十一条 【窝藏犯人及亲属的特别条例】

窝藏应当被判处罚金刑以上刑罚的犯罪嫌疑人,或者帮助其逃匿的,处三年以下徒刑或者五百万韩元以下罚金。〈1995 年 12 月 29 日修改〉

亲属或者同居家属实施前款之罪的,不予处罚。〈2005 年 3 月 31 日修改〉

第十章 伪证和毁灭证据罪

第一百五十二条 【伪证、谋害性伪证】

依法宣誓的证人进行虚假陈述的，处五年以下徒刑或者一千万韩元以下罚金。〈1995 年 12 月 29 日修改〉

刑事案件或者惩戒案件中，以谋害被告人、犯罪嫌疑人或者惩戒嫌疑人为目的犯前款之罪的，处十年以下徒刑。

第一百五十三条 【坦白、自首】

犯前条之罪，在判决或者惩戒处罚确定之前，坦白或者自首的，减轻或者免除处罚。

第一百五十四条 【虚假鉴定、口译、笔译】

依法宣誓的鉴定人、口译人、笔译人作虚假鉴定、口译、笔译的，依照前两条的规定处罚。

第一百五十五条 【毁灭证据等和亲属间的特殊条例】

有关他人的刑事案件或者惩戒案件中，湮灭、隐匿、伪造、变造证据的，或者使用伪造、变造证据的，处五年以下徒刑或者七百万韩元以下罚金。〈1995 年 12 月 29 日修改〉

有关他人的刑事案件或者惩戒案件中，使证人逃避或者隐匿的，处罚同前款。〈1995 年 12 月 29 日修改〉

以谋害被告人、犯罪嫌疑人或者惩戒嫌疑人为目的犯前两款之罪的，处十年以下徒刑。

亲属或者同居家属犯本条之罪的，不予处罚。〈2005 年 3 月 31 日修改〉

第十一章 诬 告 罪

第一百五十六条 【诬告】

以使他人受刑事处分或者惩戒为目的，向公务机关或者公务员举报虚假事实的，处十年以下徒刑或者一千五百万韩元以下罚金。〈1995 年 12 月 29 日修改〉

第一百五十七条 【坦白、自首】

第一百五十三条准用于前条规定。

第十二章 关于信仰的罪

第一百五十八条 【妨害葬礼等】

妨害葬礼、祭祀、礼拜或者传教的，处三年以下徒刑或者五百万韩元以下罚金。〈1995 年 12 月 29 日修改〉

第一百五十九条 【侮辱尸体等】

侮辱尸体、遗骨或者遗发的，处二年以下徒刑或者五百万韩元以下罚金。

[2020年12月8日修改全文]

第一百六十条 【挖掘坟墓】

挖掘坟墓的，处五年以下徒刑。

第一百六十一条 【窃取尸体等】

损坏、遗弃、隐匿、占据尸体、遗骨、遗发、棺材内装置物品的，处七年以下徒刑。

挖掘坟墓犯前款之罪的，处十年以下徒刑。

[2020年12月8日修改全文]

第一百六十二条 【未遂犯】

处罚前两条的未遂犯。

第一百六十三条 【妨害非正常死亡尸体检验】

隐匿、变更或者以其他方法妨害非正常死亡尸体、疑似非正常死亡尸体检验的，处七百万韩元以下罚金。

[2020年12月8日修改全文]

第十三章 放火与失火罪

第一百六十四条 【对现住建筑物等的放火】

放火烧毁供人居住或者使用中的建筑物、火车、电车、汽车、船舶、航空器、矿井的，处无期徒刑或者三年以上徒刑。

犯第一款规定之罪致人伤害的，处无期或者五年以上徒刑。致人死亡的，处死刑、无期或者七年以上徒刑。

[2020年12月8日修改全文]

第一百六十五条 【对公用建筑物等的放火】

放火烧毁公用或者公益性建筑物、火车、电车、汽车、船舶、航空器或者矿井的，处无期或者三年以上徒刑。

[2020年12月8日修改全文,2021年12月9日施行]

第一百六十六条 【对一般建筑物等的放火】

放火烧毁前条记载之外建筑物、火车、电车、汽车、船舶、航空器或者矿井的，处二年以上徒刑。

放火烧毁属于自己所有的前款物品，导致发生公共危险的，处七年以下徒刑或者一千万韩元以下罚金。

[2020年12月8日修改全文]

第一百六十七条 【对一般物品的放火】

放火烧毁前三条记载之外物品，导致发生公共危险的，处一年以上十年以下徒刑。

第一款物品属于自己所有的,处三年以下徒刑或者七百万韩元以下罚金。

[2020 年 12 月 8 日修改全文]

第一百六十八条 【燃烧】

犯第一百六十六条第二款或者前条第二款规定之罪,燃烧第一百六十四条、第一百六十五条或者第一百六十六条第一款记载物品的,处一年以上十年以下徒刑。

犯前条第二款规定之罪,燃烧前条第一款记载物品的,处五年以下徒刑。

第一百六十九条 【妨害灭火】

发生火灾时,隐匿、损坏灭火设施、物品或者以其他方法妨害救火的,处十年以下徒刑。

第一百七十条 【失火】

过失烧毁第一百六十四条、第一百六十五条记载物品或者第一百六十六条记载的他人所有物品的,处一千五百万韩元以下罚金。

过失烧毁第一百六十六条或者第一百六十七条记载的自己所有物品,导致发生公共危险的,处罚同前款。

[2020 年 12 月 8 日修改全文]

第一百七十一条 【业务上失火、重大失火】

业务上过失或者重大过失,犯第一百七十条规定之罪的,处三年以下监禁或者二千万韩元以下罚金。〈1995 年 12 月 29 日修改〉

第一百七十二条 【爆炸性物品破裂】

因破坏锅炉、高压气体或者其他具有爆炸性的物品,导致他人生命、身体、财产发生危险的,处一年以上徒刑。

犯第一款规定之罪,致人伤害的,处无期或者三年以上徒刑。致人死亡的,处无期或者三年以上徒刑。

[1995 年 12 月 29 日修改全文]

第一百七十二条之二 【释放煤气、电等】

释放煤气、电、蒸汽、放射线或者放射性物质,导致他人生命、身体或者财产发生危险的,处一年以上十年以下徒刑。

犯第一款规定之罪,致人伤害的,处无期或者三年以上徒刑。致人死亡的,处无期或者五年以上徒刑。

[1995 年 12 月 29 日新设本条]

第一百七十三条 【妨害煤气、电等供给】

损坏、拆除煤气、电或者蒸汽设备,及妨害煤气、电或者蒸汽的供给,导致发生公共危险的,处一年以上十年以下徒刑。〈1995 年 12 月 29 日修改〉

损坏、拆除公用煤气、电或者蒸汽设备,或者以其他方法妨害煤气、电、蒸汽供给或者使用,导致发生公共危险的,处罚同前款。〈1995 年 12 月 29 日修改〉

犯第一款或者第二款规定之罪,致人伤害的,处二年以上徒刑。致人死亡的,处无期或者三年以上徒刑。〈1995 年 12 月 29 日修改〉

[1995 年 12 月 29 日修改标题]

第一百七十三条之二 【过失破坏爆炸性物品】

过失犯第一百七十二条第一款,第一百七十二条之二第一款,第一百七十三条第一款、第二款规定之罪的,处五年以下监禁或者一千五百万韩元以下罚金。

因业务上过失或者重大过失,犯第一款规定之罪的,处七年以下监禁或者二千万韩元以下罚金。

[1995 年 12 月 29 日新设本条]

第一百七十四条 【未遂犯】

处罚第一百六十四条第一款、第一百六十五条、第一百六十六条第一款、第一百七十二条第一款、第一百七十二条之二第一款、第一百七十三条第一款和第二款规定的未遂犯。

[1995 年 12 月 29 日修改全文]

第一百七十五条 【预备、预谋】

以实施第一百六十四条第一款、第一百六十五条、第一百六十六条第一款、第一百七十二条第二款、第一百七十二条之二第一款、第一百七十三条第一款和第二款规定之罪为目的的预备犯、预谋犯,处五年以下徒刑。但是,实行其罪前自首的,减轻或者免除处罚。〈1995 年 12 月 29 日修改〉

第一百七十六条 【权利转为他人的自己的物品】

自己所有的物品,依法被抵押、强制处分、转为他人权利对象或者保险标的物的,适用本章规定时视为他人的物品。

第十四章 关于溢水和水利的罪

第一百七十七条 【对现住建造物等的溢水】

溢水侵害他人居住或者使用中的建筑物、火车、电车、汽车、船舶、航空器、矿井的,处无期或者三年以上徒刑。

犯第一款规定之罪,致人伤害的,处无期或者五年以上徒刑。致人死亡的,处无期或者七年以上徒刑。

[1995 年 12 月 29 日修改全文]

第一百七十八条 【对公用建造物等的溢水】

溢水侵害公用或者公益性建筑物、火车、电车、汽车、船舶、航空器、矿井的,处无期或者二年以上徒刑。

第一百七十九条 【对一般建造物的溢水】

溢水侵害前两条记载之外的建造物、火车、电车、汽车、船舶、航空器、矿井的,处一年以上十年以下徒刑。

侵害属于自己所有的前款之物品,导致发生公共危险的,处三年以下徒刑或者七百万韩元以下罚金。〈1995 年 12 月 29 日修改〉

第一百七十六条的规定准用于本条。

第一百八十条 【妨害防水】

发生水灾时,损坏、隐匿防水设施或者物品,或者以其他方法妨害防水的,处十年以下徒刑。

第一百八十一条 【过失溢水】

过失侵害第一百七十七条、第一百七十八条记载物品或者侵害第一百七十九条记载物品,导致发生公共危险的,处一千万韩元以下罚金。〈1995 年 12 月 29 日修改〉

第一百八十二条 【未遂犯】

处罚第一百七十七条至第一百七十九条第一款规定的未遂犯。

第一百八十三条 【预备、预谋】

以实施第一百七十七条至第一百七十九条第一款规定之罪为目的的预备犯或者预谋犯,处三年以下徒刑。

第一百八十四条 【妨害水利】

溃决堤坝、破坏水闸或者以其他方法妨害水利的,处五年以下徒刑或者七百万韩元以下罚金。

[2020 年 12 月 8 日修改全文]

第十五章 妨害交通罪

第一百八十五条 【妨害一般交通】

损坏或者堵塞道路、水路、桥梁,或者以其他方法妨害交通的,处十年以下徒刑或者一千五百万韩元以下罚金。〈1995 年 12 月 29 日修改〉

第一百八十六条 【妨害火车、船舶等交通】

损坏轨道、灯台、标识或者以其他方法妨害火车、电车、汽车、船舶或者航空器交通的,处一年以上徒刑。

第一百八十七条 【颠覆火车等】

颠覆、埋没、坠落、破坏载人的火车、电车、汽车、船舶、航空器的,处无期或者三年以上徒刑。

第一百八十八条 【妨害交通致人死伤】

犯第一百八十五条至第一百八十七条规定之罪致人伤害的,处无期或者三年以上徒刑。致人死亡的,处无期或者五年以上徒刑。

[1995 年 12 月 29 日修改全文]

第一百八十九条 【过失、业务过失、重大过失】

过失犯第一百八十五条至第一百八十七条规定之罪的,处一千万韩元以下罚金。〈1995 年 12 月 29 日修改〉

业务过失或者重大过失,犯第一百八十五条至第一百八十七条规定之罪的,处三年以下监禁或者二千万韩元以下罚金。〈1995 年 12 月 29 日修改〉

第一百九十条 【未遂犯】

处罚第一百八十五条至第一百八十七条规定的未遂犯。

第一百九十一条 【预备、预谋】

以实施第一百八十五条至第一百八十七条规定之罪为目的的预备犯或者预谋犯，处三年以下徒刑。

第十六章 关于饮用水的罪

[2020 年 12 月 8 日修改,2020 年 12 月 9 日施行]

第一百九十二条 【妨害使用饮用水】

在日常饮用的纯净水中投放污染物致使无法饮用的，处一年以下徒刑或者五百万韩元以下罚金。

在前款饮用水中投放有毒物质等其他有害健康之物的，处十年以下徒刑。

[2020 年 12 月 8 日修改全文]

第一百九十三条 【妨害饮用自来水使用】

通过水管向公用的饮用自来水及其水源中，投放污染物致使无法饮用的，处一年以上十年以下徒刑。

在前款饮用水或者水源中，投放有毒物质或者其他有害健康之物的，处二年以上有期徒刑。

[2020 年 12 月 8 日修改全文]

第一百九十四条 【向饮用水投毒致死伤】

犯第一百九十二条之二、第一百九十三条之二规定之罪，致人伤害的，处无期或者三年以上徒刑。致人死亡的，处无期或者五年以上徒刑。

[2020 年 12 月 8 日修改全文]

第一百九十五条 【妨害供水】

损坏公用饮用水的水管及其他设施，或者以其他方法妨害供水的，处一年以上十年以下徒刑。

[2020 年 12 月 8 日修改全文,2021 年 12 月 9 日施行]

第一百九十六条 【未遂犯】

处罚第一百九十二条第二款、第一百九十三条第二款和第一百九十五条规定的未遂犯。

第一百九十七条 【预备、预谋】

以实施第一百九十二条第二款、第一百九十三条第二款和第一百九十五条规定之罪为目的的预备犯或者预谋犯，处二年以下徒刑。

第十七章　关于鸦片的罪

第一百九十八条　【制造鸦片等】

制造、进口、贩卖或者以贩卖为目的持有鸦片、吗啡及其化合物的，处十年以下的徒刑。

第一百九十九条　【制造鸦片吸食器等】

制造、进口、贩卖或者以贩卖为目的持有鸦片吸食器的，处五年以下徒刑。

第二百条　【海关公务员进口鸦片等】

海关公务员进口或者允许进口鸦片、吗啡及其化合物或者鸦片吸食器的，处一年以上有期徒刑。

第二百零一条　【吸食鸦片等，提供场所】

吸食鸦片或者注射吗啡的，处五年以下徒刑。

以牟利为目的，提供鸦片吸食或者吗啡注射场所的，处罚同前款。

第二百零二条　【未遂犯】

处罚前四条规定的未遂犯。

第二百零三条　【常习犯】

犯前五条规定之罪的常习犯，加重二分之一的处罚。

第二百零四条　【资格停止及罚金的并科】

犯第一百九十八条至第二百零三条规定之罪的，可以并科十年以下资格停止或者二千万韩元以下罚金。〈1995 年 12 月 29 日修改〉

第二百零五条　【持有鸦片等】

持有鸦片、吗啡及其化合物或者鸦片吸食器的，处一年以下徒刑或者五百万韩元以下罚金。〈1995 年 12 月 29 日修改〉

第二百零六条　【没收、追征】

本章之罪涉及的鸦片、吗啡及其化合物或者鸦片吸食器具予以没收。无法没收的，追征其价额。

第十八章　关于通货的罪

第二百零七条　【伪造通货等】

以使用为目的，伪造、变造大韩民国通用的货币、纸币或者银行券的，处无期或者二年以上徒刑。

以使用为目的，伪造、变造国内流通的外国货币、纸币或者银行券的，处一年以上徒刑。

以使用为目的，伪造、变造国外流通的外国货币、纸币或者银行券的，处十年以下徒刑。

以使用为目的,进口、出口前三款记载的伪造或者变造通货的,处以伪造或者变造之罪的刑罚。

第二百零八条 【取得伪造通货】

以使用为目的,取得第二百零七条记载的伪造或者变造通货的,处五年以下徒刑或者一千万韩元以下罚金。〈1995 年 12 月 29 日修改〉

第二百零九条 【资格停止及罚金的并科】

犯第二百零七条或者第二百零八条规定之罪处以徒刑的,可以并处十年以下资格停止或者二千万韩元以下罚金。〈1995 年 12 月 29 日修改〉

第二百一十条 【取得伪造通货后知情使用】

取得第二百零七条记载的通货后,知情使用的,处二年以下徒刑或者五百万韩元以下罚金。

[2020 年 12 月 8 日修改全文]

第二百一十一条 【制造通货类似物等】

以贩卖为目的,非法制造、进口、出口在国内或国外通用或者流通的货币、纸币或者类似银行券物品的,处三年以下徒刑或者七百万韩元以下罚金。〈1995 年 12 月 29 日修改〉

贩卖前款物品的,处罚同前款。

第二百一十二条 【未遂犯】

处罚第二百零七条、第二百零八条及前条规定的未遂犯。

第二百一十三条 【预备、预谋】

以实施第二百零七条第一款至第三款规定之罪为目的的预备犯、预谋犯,处五年以下徒刑。但是,犯罪实行前自首的,减轻或者免除处罚。

第十九章 关于有价证券、邮票、印花的罪

第二百一十四条 【伪造有价证券等】

以使用为目的,伪造、变造大韩民国或者外国公债证书及其他有价证券的,处十年以下徒刑。

以使用为目的,伪造或者变造有关有价证券记载权利义务的,处罚同前款。

第二百一十五条 【冒用资格制作有价证券】

以使用为目的,冒用他人资格制作有价证券或者记载有关有价证券权利义务事项的,处十年以下徒刑。

第二百一十六条 【制作虚假有价证券等】

以使用为目的,制作虚假有价证券或者在有价证券上记载虚假事项的,处七年以下徒刑或者三千万韩元以下罚金。〈1995 年 12 月 29 日修改〉

第二百一十七条 【使用伪造有价证券等】

使用或者以使用为目的,进口或者出口伪造、变造、虚伪记载前三条有价证券的,

处十年以下徒刑。

第二百一十八条　【伪造印花、邮票等】

以使用为目的，伪造或者变造表示大韩民国或者外国印花、邮票、邮票金额票证的，处十年以下徒刑。〈1995 年 12 月 29 日修改〉

使用或者以使用为目的，进口、出口伪造或者变造的大韩民国或者外国印花、邮票或者邮票金额票证的，处罚同前款。〈1995 年 12 月 29 日修改〉

[1995 年 12 月 29 日修改标题]

第二百一十九条　【取得伪造印花、邮票等】

以使用为目的，取得伪造、变造的大韩民国或者外国的印花、邮票、邮票金额票证的，处三年以下徒刑或者一千万韩元以下罚金。〈1995 年 12 月 29 日修改〉

第二百二十条　【资格停止或者罚金的并科】

犯第二百一十四条至第二百一十九条规定之罪，处以徒刑的，可以并科十年以下资格停止或者二千万韩元以下罚金。

[1995 年 12 月 29 日修改全文]

第二百二十一条　【抹消戳印】

以使用为目的，抹消大韩民国或者外国的印花、邮票、其他表示邮票金额的票证戳印及其他使用标识的，处一年以下徒刑或者三百万韩元以下罚金。

[1995 年 12 月 29 日修改全文]

第二百二十二条　【制造印花、邮票类似物等】

以贩卖为目的，制造、进口、出口大韩民国或者外国的公债证书、印花、邮票、表示邮票金额的票证及类似物的，处二年以下徒刑或者五百万韩元以下罚金。〈1995 年 12 月 29 日修改〉

贩卖前款物品的，处罚同前款。

[1995 年 12 月 29 日修改标题]

第二百二十三条　【未遂犯】

处罚第二百一十四条至第二百一十九条和前条规定的未遂犯。

第二百二十四条　【预备、预谋】

以实施第二百一十四条、第二百一十五条和第二百一十八条第一款规定之罪为目的的预备犯、预谋犯，处二年以下徒刑。

第二十章　关于文书的罪

第二百二十五条　【伪造、变造公文等】

以使用为目的，伪造、变造公务员或者公务机关的文书、图画的，处十年以下徒刑。〈1995 年 12 月 29 日修改〉

第二百二十六条　【冒用资格制作公文等】

以使用为目的，冒用公务员或者公机关的资格制作文书、图画的，处十年以下徒

刑。〈1995 年 12 月 29 日修改〉

第二百二十七条 【制作虚假公文等】

公务员以使用为目的,非法制作或者改变与职务有关的文书、图画的,处七年以下徒刑或者二千万韩元以下罚金。

[1995 年 12 月 29 日修改全文]

第二百二十七条之二 【伪造、变造公用电子记录】

以耽误事务处理为目的,伪造、变造公务员或者公务机关电子记录等特殊媒介记录的,处十年以下徒刑。

[1995 年 12 月 29 日新设本条]

第二百二十八条 【公证证书正本等的不实记载】

对公务员作虚假申报,致使公证证书正本或者与此相同的电子记录等特殊媒介记录中记载不真实内容的,处五年以下徒刑或者一千万韩元以下罚金。〈1995 年 12 月 29 日修改〉

对公务员作虚假申报,致使执照、许可证、登记证或者护照中记载不真实内容的,处三年以下徒刑或者七百万韩元以下罚金。〈1995 年 12 月 29 日修改〉

第二百二十九条 【使用伪造公文等】

使用犯第二百二十五条至第二百二十八条规定之罪制作的文书、图画、电子记录等特殊媒介记录、公正证书原本、执照、许可证、登记证、护照的,处以各罪规定的刑罚。

[1995 年 12 月 29 日修改全文]

第二百三十条 【不当使用公文等】

不当使用公务员或者公务机关的文书、图画的,处二年以下徒刑、监禁或者五百万韩元以下罚金。〈1995 年 12 月 29 日修改〉

第二百三十一条 【伪造、变造私人文书等】

以使用为目的,伪造、变造有关权利、义务及事实证明的他人文书或者图画的,处五年以下徒刑或者一千万韩元罚金。〈1995 年 12 月 29 日修改〉

[1995 年 12 月 29 日修改标题]

第二百三十二条 【冒用资格制作私人文书】

以使用为目的,冒用他人资格制作有关权利、义务、事实证明的文书或者图画的,处五年以下徒刑或者一千万韩元罚金。〈1995 年 12 月 29 日修改〉

第二百三十二条之二 【伪造、变造私人电子记录】

以耽误处理事务为目的,伪作、变造有关权利、义务、事实证明的他人电子记录等特殊媒介记录的,处五年以下徒刑或者一千万韩元以下罚金。

[1995 年 12 月 29 日新设本条]

第二百三十三条 【出具虚假诊断书等】

医生、中医、牙医或者助产师,出具虚假诊断书、死亡鉴定书或者有关生死证明书的,处三年以下徒刑、监禁、七年以下资格停止或者三千万韩元以下罚金。

[1995 年 12 月 29 日修改全文]

第二百三十四条 【使用伪造私人文书等】

使用犯第二百三十一条至第二百三十三条规定之罪制作的文书、图画、电子记录等特殊媒介记录的，处以各罪规定刑罚。

[1995 年 12 月 29 日修改全文]

第二百三十五条 【未遂犯】

处罚第二百二十五条至第二百三十四条规定的未遂犯。〈1995 年 12 月 29 日修改〉

第二百三十六条 【私人文书的不当使用】

不当使用有关权利、义务、事实证明的他人文书或者图画的，处一年以下徒刑、监禁或者三百万韩元以下罚金。〈1995 年 12 月 29 日修改〉

第二百三十七条 【资格停止的并科】

犯第二百二十五条至第二百二十七条之二及其使用罪，处以徒刑的，可以并科十年以下资格停止。〈1995 年 12 月 29 日修改〉

第二百三十七条之二 【复印文书等】

本章罪中使用电子复印机、传真机及其他类似设备，复印的文书或者图画副本，视为文书或者图画。

[1995 年 12 月 29 日新设本条]

第二十一章 关于印章的罪

第二百三十八条 【伪造、不当使用公章等】

以使用为目的，伪造或者不当使用公务员及公务机关的印章、署名、记名、记号的，处五年以下徒刑。

公务员伪造或者不当使用前款事项，或者非公务员使用公务机关的印章、署名、记名、记号的，处五年以下的徒刑。

前两款可以并科七年以下资格停止。

第二百三十九条 【伪造、不当使用私人印章等】

以使用为目的，伪造或者不当使用他人的印章、署名、记名、记号的，处三年以下徒刑。

使用伪造的或者不当使用他人印章、署名、记名或者记号的，处罚同前款。

第二百四十条 【未遂犯】

处罚本章规定的未遂犯。

第二十二章 关于性风俗的罪〈1995 年 12 月 29 日修改〉

第二百四十一条 删除〈2016 年 1 月 6 日〉

[法律第 13719 号 2015 年 2 月 26 日判违宪]

第二百四十二条 【介绍卖淫】

以牟利为目的介绍卖淫的,处三年以下徒刑或者一千五百万韩元以下罚金。〈1995 年 12 月 29 日、2012 年 12 月 18 日修改〉

第二百四十三条 【传播淫画】

传播、贩卖、租赁或者公开展示、放映淫秽书刊、图画、胶卷或者其他物品的,处一年以下徒刑或者五百万韩元以下罚金。

[1995 年 12 月 29 日修改全文]

第二百四十四条 【制造淫画】

以为第二百四十三条规定之罪提供为目的,制造、持有、进口或者出口淫秽物品的,处一年以下徒刑或者五百万韩元以下罚金。〈1995 年 12 月 29 日修改〉

[1995 年 12 月 29 日修改标题]

第二百四十五条 【公然淫乱】

公然淫乱的,处一年以下徒刑、五百万韩元以下罚金、拘留或者科料。〈1995 年 12 月 29 日修改〉

第二十三章 关于赌博和彩票的罪〈2013 年 4 月 5 日修改〉

第二百四十六条 【赌博、常习赌博】

赌博的,处一千万韩元以下罚金。但是,一时娱乐的除外。

犯第一款规定之罪的常习犯,处三年以下徒刑或者二千万韩元以下罚金。

[2013 年 4 月 5 日修改全文]

第二百四十七条 【开设赌场等】

以牟利为目的开设赌博场所或者空间的,处五年以下徒刑或者三千万韩元以下罚金。

[2013 年 4 月 5 日修改全文]

第二百四十八条 【出售彩票等】

非法销售彩票的,处五年以下徒刑或者三千万元以下罚金。

第一款规定的彩票销售的中介人,处三年以下徒刑或者二千万韩元以下罚金。

取得第一款规定彩票的,处一千万韩元以下罚金。

[2013 年 4 月 5 日修改全文]

第二百四十九条 【罚金的并科】

犯第二百四十六条第二款、第二百四十七条和第二百四十八条第一款规定之罪的,可以并科一千万韩元以下罚金。

[2013 年 4 月 5 日修改全文]

第二十四章　杀　人　罪

第二百五十条　【杀人、杀害尊亲属】

杀人的,处死刑、无期徒刑或者五年以上徒刑。

杀害自己或者配偶直系尊亲属的,处死刑、无期徒刑或者七年以上徒刑。〈1995年12月29日修改〉

第二百五十一条　【杀害婴儿】

直系尊亲属为了掩盖耻辱,或者预料无法抚养,或者因特殊斟酌的动机,将分娩中的或者刚分娩的婴儿杀害的,处以十年以下徒刑。

第二百五十二条　【依嘱托或者承诺的杀人等】

依他人嘱托或者本人承诺,杀人的,处一年以上十年以下徒刑。

教唆或者帮助自杀的,处罚同前款。

[2020年12月8日修改全文]

第二百五十三条　【诡计等的嘱托杀人】

以诡计或者威胁犯前条规定之罪的,依照第二百五十条的规定处罚。

第二百五十四条　【未遂犯】

处罚前四条规定的未遂犯。

第二百五十五条　【预备、预谋】

以实施第二百五十条和第二百五十三条规定之罪为目的的预备犯、预谋犯,处十年以下徒刑。

第二百五十六条　【资格停止的并科】

犯第二百五十条、第二百五十二条、第二百五十三条规定之罪,处以有期徒刑的,可以并科十年以下资格停止。

第二十五章　伤害与暴行的罪

第二百五十七条　【伤害、伤害尊亲属】

伤害他人身体的,处以七年以下徒刑、十年以下资格停止或者一千万韩元以下罚金。〈1995年12月29日修改〉

对自己或者配偶的直系亲属犯第一款规定之罪的,处以十年以下徒刑或者一千五百万韩元以下罚金。〈1995年12月29日修改〉

处罚前两款的未遂犯。

第二百五十八条　【重伤害、重伤害尊亲属】

伤害他人身体,导致生命危险的,处一年以上十年以下徒刑。

伤害他人身体,导致残疾或者不治、难治疾病的,处罚同前款。

对自己或者配偶的直系尊亲属犯前两款规定之罪的,处二年以上十五年以下徒

刑。〈2016 年 1 月 6 日修改〉

第二百五十八条之二 【特殊伤害】

聚众或者携带危险物品犯第二百五十七条第一款或者第二款规定之罪的，处以一年以上十年以下徒刑。

聚众携带危险物品犯第二百五十八条规定之罪的，处以二年以上二十年以下徒刑。

处罚第一款规定的未遂犯。

[2016 年 1 月 6 日新设本条]

第二百五十九条 【伤害致死】

伤害他人身体致人死亡的，处三年以上有期徒刑。〈1995 年 12 月 29 日修改〉

对自己或者配偶的直系尊亲属犯前款之罪的，处无期或者五年以上徒刑。

第二百六十条 【暴行、对尊亲属暴行】

对他人身体施以暴行的，处以二年以下徒刑、五百万韩元以下罚金、拘留或者科料。〈1995 年 12 月 29 日修改〉

对自己或者配偶的直系尊亲属犯第一款规定之罪的，处五年以下徒刑或者七百万韩元以下罚金。〈1995 年 12 月 29 日修改〉

犯第一款、第二款规定之罪，不得违背被害人明示的意思提起公诉。〈1995 年 12 月 29 日修改〉

第二百六十一条 【特殊暴行】

聚众或者携带危险物品犯第二百六十条第一款或者第二款规定之罪的，处五年以下徒刑或者一千万韩元以下罚金。〈1995 年 12 月 29 日修改〉

第二百六十二条 【暴行致死伤】

犯前两条之罪致人死伤的，依第二百五十七条至第二百五十九条的规定处罚。

[2020 年 12 月 8 日修改全文]

第二百六十三条 【同时犯】

数个独立行为竞合发生伤害结果，无法判明原因行为的，依照共同正犯处罚。

第二百六十四条 【常习犯】

犯第二百五十七条、第二百五十八条、第二百六十条或者第二百六十一条规定之罪的常习犯，加重二分之一的处罚。〈2016 年 1 月 6 日修改〉

第二百六十五条 【资格停止的并科】

犯第二百五十七条第二款、第二百五十八条、第二百六十一条第二款或者前条规定之罪，可以并科十年以下资格停止。〈2016 年 1 月 6 日修改〉

第二十六章 过失致死伤罪〈1995 年 12 月 29 日修改〉

第二百六十六条 【过失致伤】

过失伤害他人身体的，处五百万韩元以下罚金、拘留或者科料。〈1995 年 12 月 29

日修改〉

犯第一款规定之罪,不得违背被害人明示的意思提起公诉。〈1995 年 12 月 29 日修改〉

第二百六十七条 【过失致死】

过失致人死亡的,处二年以下监禁或者七百万韩元以下罚金。〈1995 年 12 月 29 日修改〉

第二百六十八条 【业务上的过失、重大过失致死伤】

业务上的过失或者重大过失致人死伤的,处五年以下监禁或者二千万韩元以下罚金。

[2020 年 12 月 8 日修改全文]

第二十七章 堕 胎 罪

第二百六十九条 【堕胎】

妇女用药物或者其他方法堕胎的,处一年以下徒刑或者二百万韩元以下罚金。〈1995 年 12 月 29 日修改〉

受妇女嘱托或者承诺使其堕胎的,处罚同前款。〈1995 年 12 月 29 日修改〉

犯前两款规定之罪,致使妇女受伤的,处三年以下徒刑。致使妇女死亡的,处七年以下徒刑。〈1995 年 12 月 29 日修改〉

[违宪,2017HUN-BA127,2019 年 4 月 11 日刑法(1995 年 12 月 29 日法律第 5057 号修订)第二百六十九条第一款、第二百七十条第一款规定中有关"医生"的部分全部违宪。上述条款于 2020 年 12 月 31 日为限立法修订之前继续适用]

第二百七十条 【医师等的堕胎、未经同意堕胎】

医师、中医、助产师、药剂师或者药商受妇女的嘱托或者承诺,使其堕胎的,处二年以下徒刑。〈1995 年 12 月 29 日修改〉

未经妇女的嘱托或者承诺,使其堕胎的,处三年以下徒刑。

犯第一款或者第二款规定之罪,致使妇女受伤的,处五年以下徒刑。致使死亡的,处十年以下徒刑。〈1995 年 12 月 29 日修改〉

前三款,可以并科七年以下资格停止。

[违宪,2017HUN-BA127,2019 年 4 月 11 日刑法(1995 年 12 月 29 日法律第 5057 号修订)第二百六十九条第一款、第二百七十条第一款规定中有关"医生"的部分全部违宪。上述条款于 2020 年 12 月 31 日为限立法修订之前继续适用]

第二十八章 遗弃和虐待罪〈1995 年 12 月 29 日修改〉

第二百七十一条 【遗弃、遗弃尊亲属】

因法律或者契约负有义务之人,遗弃老幼、疾病或者其他需要扶助的人,处三年以下徒刑或者五百万韩元以下罚金。

对自己或者配偶的直系尊亲属犯第一款规定之罪的,处十年以下徒刑或者一千五百万韩元以下罚金。

犯第一款规定之罪,致使他人生命发生危险的,处七年以下徒刑。

犯第二款规定之罪,致使他人生命发生危险的,处二年以上有期徒刑。

[2020 年 12 月 8 日修改全文]

第二百七十二条 【遗弃婴儿】

直系尊亲属为了掩盖耻辱,或者预料无法养育,或者因特殊的可斟酌动机,遗弃婴儿的,处二年以下徒刑或者三百万韩元以下罚金。〈1995 年 12 月 29 日修改〉

第二百七十三条 【虐待、虐待尊亲属】

虐待受自己保护或者监护的人,处二年以下徒刑或者五百万韩元以下罚金。〈1995 年 12 月 29 日修改〉

对自己或者配偶的直系尊亲属犯前款规定之罪的,处五年以下徒刑或者七百万韩元以下罚金。〈1995 年 12 月 29 日修改〉

第二百七十四条 【酷使儿童】

将受自己保护或者监督的未满十六周岁之人,交给对生命或者身体有危险业务的营业主或者其从事者的,处五年以下徒刑。其接受者处罚亦同。

第二百七十五条 【遗弃等的致死伤】

犯第二百七十一条至第二百七十三条规定之罪,致人伤害的,处七年以下徒刑。致人死亡的,处三年以上徒刑。

对自己或者配偶的直系尊亲属犯第二百七十一条或者第二百七十三条规定之罪,致人伤害的,处三年以上有期徒刑。致人死亡的,处无期或者五年以上徒刑。

[1995 年 12 月 29 日修改全文]

第二十九章 逮捕与囚禁罪

第二百七十六条 【逮捕、囚禁,逮捕尊亲属、囚禁尊亲属】

逮捕或者囚禁他人的,处五年以下徒刑或者七百万韩元以下罚金。〈1995 年 12 月 29 日修改〉

对自己或者配偶的直系尊亲属犯第一款规定之罪,处十年以下徒刑或者一千五百万韩元以下罚金。〈1995 年 12 月 29 日修改〉

第二百七十七条 【严重的逮捕、囚禁,逮捕尊亲属、囚禁尊亲属】

逮捕或者囚禁他人,施以残酷行为的,处七年以下徒刑。

对自己或者配偶的直系尊亲属,犯前款规定之罪的,处二年以上有期徒刑。

第二百七十八条 【特殊逮捕、特殊囚禁】

聚众或者携带危险品犯前两条规定之罪的,加重其刑罚的二分之一。

第二百七十九条 【常习犯】

犯第二百七十六条、第二百七十七条规定之罪的常习犯,依照前条处罚。

第二百八十条 【未遂犯】

处罚前四条规定的未遂犯。

第二百八十一条 【因逮捕、囚禁等的致死伤】

犯第二百七十六条至第二百八十条规定之罪致人伤害的,处一年以上有期徒刑。致人死亡的,处三年以上有期徒刑。

对自己或者配偶的直系尊亲属犯第二百七十六条至第二百八十条规定之罪,致人伤害的,处二年以上有期徒刑。致人死亡的,处五年以上有期徒刑。

[1995 年 12 月 29 日修改全文]

第二百八十二条 【资格停止的并科】

本章之罪,可以并科十年以下资格停止。

第三十章 胁 迫 罪

第二百八十三条 【胁迫、胁迫尊亲属】

胁迫他人的,处三年以下徒刑、五百万韩元以下罚金、拘留或者科料。〈1995 年 12 月 29 日修改〉

对自己或者配偶的直系尊亲属犯第一款规定之罪的,处五年以下徒刑或者七百万韩元以下罚金。〈1995 年 12 月 29 日修改〉

第一款、第二款规定之罪,不得违背被害人明示的意思提起公诉。〈1995 年 12 月 29 日修改〉

第二百八十四条 【特殊胁迫】

聚众或者携带危险品犯前条第一款、第二款规定之罪的,处七年以下徒刑或者一千万韩元以下罚金。〈1995 年 12 月 29 日修改〉

第二百八十五条 【常习犯】

犯第二百八十三条第一款、第二款规定之罪的常习犯,加重其刑罚的二分之一。

第二百八十六条 【未遂犯】

处罚前三条规定的未遂犯。

第三十一章 掠取、引诱及人身买卖的罪〈2013 年 4 月 5 日修改〉

第二百八十七条 【掠取、引诱未成年人】

掠取或者引诱未成年人的,处十年以下徒刑。

[2013 年 4 月 5 日修改全文]

第二百八十八条 【猥亵等为目的掠取、引诱等】

以猥亵、奸淫、结婚或者牟利为目的,掠取、引诱他人的,处一年以上十年以下徒刑。

以劳动力剥削、性交易和性剥削、摘脏器为目的,掠取或者引诱他人的,处二年以上十五年以下徒刑。

以移送国外为目的掠取、引诱他人,或者将已被掠取、引诱之人移送国外的,处罚同第二款规定。

[2013 年 4 月 5 日修改全文]

第二百八十九条 【人身买卖】

买卖他人的,处七年以下徒刑。

以猥亵、奸淫、结婚或者牟利为目的买卖他人的,处一年以上十年以下徒刑。

以劳动力剥削、性交易和性剥削、摘脏器为目的,买卖他人的,处二年以上十五年以下徒刑。

以移送国外为目的买卖他人,或者将已被买卖之人移送国外的,处罚同第三款。

[2013 年 4 月 5 日修改全文]

第二百九十条 【掠取、引诱、买卖、移送等与伤害 · 致伤】

犯第二百八十七条至第二百八十九条规定之罪,伤害被掠取、引诱、买卖、移送之人的,处三年以上二十五年以下徒刑。

犯第二百八十七条至第二百八十九条规定之罪,致使被掠取、引诱、买卖、移送之人受伤的,处二年以上二十年以下徒刑。

[2013 年 4 月 5 日修改全文]

第二百九十一条 【掠取、引诱、买卖、移送等与杀人 · 致死】

犯第二百八十七条至第二百八十九条规定之罪,杀害被掠取、引诱、买卖、移送之人的,处死刑、无期或者七年以上徒刑。

犯第二百八十七条至第二百八十九条规定之罪,致使被掠取、引诱、买卖、移送之人死亡的,处无期或者五年以上徒刑。

[2013 年 4 月 5 日修改全文]

第二百九十二条 【被掠取、引诱、买卖、移送之人的收受 · 隐匿等】

收受或者隐匿因第二百八十七条至第二百八十九条规定之罪被掠取、引诱、买卖或者移送之人的,处七年以下徒刑。

以第二百八十七条至第二百八十九条规定之罪为目的,招募、运送、传达之人,处罚同第一款。

[2013 年 4 月 5 日修改全文]

第二百九十三条 删除〈2013 年 4 月 5 日〉

第二百九十四条 【未遂犯】

处罚第二百八十七条至第二百八十九条、第二百九十条第一款、第二百九十一条第一款、第二百九十二条第一款规定的未遂犯。

[2013 年 4 月 5 日修改全文]

第二百九十五条 【罚金的并科】

第二百八十八条至第二百八十九条、第二百九十二条第一款规定之罪和其未遂犯,可以并科五千万韩元以下罚金。

[2013 年 4 月 5 日修改全文]

第二百九十五条之二 【刑罚的减轻】

犯第二百八十七条至第二百九十条、第二百九十二条和第二百九十四条规定之罪的,将被掠取、引诱、买卖或者移送之人放到安全场所的,可以减轻处罚。

[2013 年 4 月 5 日修改全文]

第二百九十六条 【预备、预谋犯】

以实施第二百八十七条至第二百八十九条、第二百九十条第一款、第二百九十一条第一款和第二百九十二条第一款规定之罪为目的的预备犯或者预谋犯,处三年以下徒刑。

[2013 年 4 月 5 日新设本条]

第二百九十六条之二 【世界主义】

第二百八十七条至第二百九十二条及第二百九十四条的规定,也适用于大韩民国领域外犯罪的外国人。

[2013 年 4 月 5 日新设本条]

第三十二章 强奸与猥亵的罪〈1995 年 12 月 29 日修改〉

第二百九十七条 【强奸】

以暴行或者胁迫强奸他人的,处三年以上有期徒刑。〈2012 年 12 月 18 日修改〉

第二百九十七条之二 【类似强奸】

以暴力或者胁迫,将生殖器插入他人的口腔、肛门等身体(生殖器除外)的内部或者往生殖器、肛门插入手指等身体(生殖器除外)的一部分或者道具的,处二年以上有期徒刑。

[2012 年 12 月 18 日新设本条]

第二百九十八条 【强制猥亵】

以暴行或者胁迫猥亵他人的,处十年以下徒刑或者一千五百万韩元以下罚金。〈1995 年 12 月 29 日修改〉

第二百九十九条 【准强奸、准强制猥亵】

利用他人心神丧失或者无法抗拒的状态,奸淫或者猥亵的,依照第二百九十七条、第二百九十七条之二或者第二百九十八条的规定处罚。〈2012 年 12 月 18 日修改〉

第三百条 【未遂犯】

处罚第二百九十七条、第二百九十七条之二、第二百九十八条及第二百九十九条规定的未遂犯。〈2012 年 12 月 18 日修改〉

第三百零一条 【强奸等与伤害·致伤】

犯第二百九十七条、第二百九十七条之二及第二百九十八条至第三百条规定之罪,伤害或者致人受伤的,处无期或者五年以上徒刑。〈2012 年 12 月 18 日修改〉

[1995 年 12 月 29 日修改全文]

第三百零一条之二 【强奸等与杀人·致死】

犯第二百九十七条、第二百九十七条之二及第二百九十八条至第三百条规定之罪,杀害他人的,处死刑或无期徒刑。导致死亡的,处无期或者十年以上徒刑。〈2012年12月18日修改〉

[1995年12月29日新设本条]

第三百零二条 【对未成年人等的奸淫】

以诡计或者威胁对未成年人或者心神微弱者,实施奸淫或者猥亵的,处五年以下徒刑。

第三百零三条 【利用业务上的威胁等奸淫】

以诡计或者威胁对因业务、雇佣等关系受自己保护或者监督的人实施奸淫的,处七年以下徒刑或者三千万韩元以下罚金。〈1995年12月29日、2012年12月18日、2018年10月16日修改〉

监护人奸淫依法被羁押者,处七年以下徒刑。〈2012年12月18日、2018年10月16日修改〉

第三百零四条 删除〈2012年12月18日〉

[2012年12月18日法律第11574号,删除2009年11月26日被判定为违宪的本条]

第三百零五条 【奸淫、猥亵未成年人】

奸淫或者猥亵未满十三周岁的未成年人,依照第二百九十七条、第二百九十七条之二、第二百九十八条、第三百零一条或者第三百零一条之二的规定处罚。〈1995年12月29日、2012年12月18日、2020年5月19日修改〉

十九周岁以上者奸淫或者猥亵已满十三周岁未满十六周岁未成年人的,依照第二百九十七条、第二百九十七条之二、第二百九十八条、第三百零一条或者第三百零一条之二的规定处罚。〈2020年5月19日新设本条〉

第三百零五条之二 【常习犯】

犯第二百九十七条、第二百九十七条之二、第二百九十八条至第三百条、第三百零二条、第三百零三条或者第三百零五条规定之罪的常习犯,加重二分之一处罚。〈2012年12月18日修改〉

[2010年4月15日新设本条]

第三百零五条之三 【预备、预谋】

犯第二百九十七条、第二百九十七条之二、第二百九十九条(限定为准强奸罪)、第三百零一条(限定为强奸等伤害罪)、第三百零五条规定之罪的预备或者预谋犯,处三年以下徒刑。

[2020年5月19日新设本条]

第三百零六条 删除〈2012年12月18日〉

第三十三章　关于名誉的罪

第三百零七条　【损毁名誉】

公开不为众人所知的事实,损毁他人名誉的,处二年以下徒刑、监禁或者五百万韩元以下罚金。〈1995 年 12 月 29 日修改〉

公开捏造的事实损毁他人名誉的,处五年以下徒刑、十年以下资格停止或者一千万韩元以下罚金。〈1995 年 12 月 29 日修改〉

第三百零八条　【损毁死者名誉】

公然捏造事实损毁死者名誉的,处二年以下徒刑、监禁或者五百万韩元以下罚金。〈1995 年 12 月 29 日修改〉

第三百零九条　【以出版物等损毁名誉】

以诽谤他人为目的,利用报纸、杂志或者广播等其他出版物,犯第三百零七条第一款规定之罪的,处三年以下徒刑、监禁或者七百万韩元以下罚金。〈1995 年 12 月 29 日修改〉

以第一款规定之方法,犯第三百零七条第二款规定之罪的,处七年以下徒刑、十年以下资格停止或者一千五百万韩元以下罚金。〈1995 年 12 月 29 日修改〉

第三百一十条　【违法性阻却】

第三百零七条第一款规定的行为真实,以维护公共利益为目的的,不予处罚。

第三百一十一条　【侮辱】

公然侮辱他人的,处一年以下徒刑、监禁或者二百万韩元以下罚金。〈1995 年 12 月 29 日修改〉

第三百一十二条　【告诉与被害人的意思】

第三百零八条和第三条规定之罪,告诉才能提起公诉。〈1995 年 12 月 29 日修改〉

第三百零七条和第三百零九条规定之罪,不得违背被害人明示的意思提起公诉。〈1995 年 12 月 29 日修改〉

第三十四章　关于信用、业务和拍卖的罪

第三百一十三条　【损毁信用】

散布虚假事实或者使用其他诡计,损毁他人信用的,处五年以下徒刑或者一千五百万韩元以下罚金。〈1995 年 12 月 29 日修改〉

第三百一十四条　【妨害业务】

以第三百一十三条规定之方法或者威胁,妨害他人业务的,处五年以下徒刑或者一千五百万韩元以下罚金。〈1995 年 12 月 29 日修改〉

破坏计算机等信息处理装置或者电子记录等特殊媒介记录,或者对信息处理装置

输入虚假的信息以及其他方法导致信息处理障碍,妨害他人业务的,处罚同前款。〈1995 年 12 月 29 日新设〉

第三百一十五条 【妨害拍卖、投标】

以诡计或者威胁及其他方法,妨害拍卖或者投标公正性的,处二年以下徒刑或者七百万韩元以下罚金。〈1995 年 12 月 29 日修改〉

第三十五章 侵害秘密的罪

第三百一十六条 【侵害秘密】

拆开他人信函及其他秘密装置的信件、文书或者图画的,处三年以下徒刑、监禁或者五百万韩元以下罚金。〈1995 年 12 月 29 日修改〉

以技术手段非法获取他人信函及其他秘密放置的信件、文书、图画或者电子记录等特殊媒介记录的,处罚同前款。〈1995 年 12 月 29 日新设〉

第三百一十七条 【泄露业务秘密】

医师、韩医师、牙科医师、药剂师、助产士、辩护士、辨理士、注册会计师、公证人、职业代书人及其辅助者或者次等职务者,泄露处理业务中得知的他人秘密的,处三年以下徒刑、监禁或者七百万韩元以下罚金。〈1995 年 12 月 29 日修改〉

从事或者曾任宗教职业者,泄露因职务得知的他人秘密,处罚同前款。

第三百一十八条 【告诉】

本章规定之罪,告诉才能提起公诉。〈1995 年 12 月 29 日修改〉

第三十六章 侵入住宅的罪

第三百一十九条 【侵入住宅、拒不退出】

侵入他人住宅、管理的建筑物、船舶、航空器或者占有的房间的,处三年以下徒刑或者五百万韩元以下罚金。〈1995 年 12 月 29 日修改〉

在第一款规定的场所中,要求退出而拒不退出的,处罚同前款。

第三百二十条 【特殊侵入住宅】

聚众或者携带危险物品犯前条规定之罪的,处五年以下徒刑。

第三百二十一条 【搜查住宅·身体等】

搜查他人身体、住宅、管理中的建筑物、汽车、船舶或者航空器及占有房间的,处三年以下徒刑。〈1995 年 12 月 29 日修改〉

[1995 年 12 月 29 日修改标题]

第三百二十二条 【未遂犯】

处罚本章规定的未遂犯。

第三十七章　妨害权利行使的罪

第三百二十三条　【妨害权利行使】

取走、隐匿或者损坏由他人占有或者成为他人权利标的、原属自己的物品或者电子记录等特殊媒介记录，妨害他人行使权利的，处五年以下徒刑或者七百万韩元以下罚金。〈1995 年 12 月 29 日修改〉

第三百二十四条　【勒索】

以暴力或者胁迫，妨害他人行使权利或者做无义务事务的，处五年以下徒刑或者三千万韩元以下罚金。〈1995 年 12 月 29 日修改〉

以团体、聚众的威力或者携带危险物的方法，犯前款规定之罪的，处十年以下徒刑或者五千万韩元以下罚金。〈2016 年 1 月 6 日新设本条〉

第三百二十四条之二　【人质・勒索】

逮捕、囚禁、掠取或者引诱他人作为人质，妨害第三人行使权利或者要求第三人做无义务事务的，处三年以上徒刑。

[1995 年 12 月 29 日新设本条]

第三百二十四条之三　【伤害・致伤人质】

犯第三百二十四条之二规定之罪，伤害或者致人质受伤的，处无期徒刑或者五年以上徒刑。

[1995 年 12 月 29 日新设本条]

第三百二十四条之四　【杀害・致死人质】

犯第三百二十四条之二规定之罪，杀害人质的，处死刑或者无期徒刑。致人死亡的，处无期徒刑或者十年以上徒刑。

[1995 年 12 月 29 日新设本条]

第三百二十四条之五　【未遂犯】

处罚第三百二十四条至第三百二十四条之四规定的未遂犯。

[1995 年 12 月 29 日新设本条]

第三百二十四条之六　【减轻刑罚】

犯第三百二十四条之二或者第三百二十四条之三规定之罪及其未遂犯，将人质释放于安全场所的，可以减轻刑罚。

[1995 年 12 月 29 日新设本条]

第三百二十五条　【强取、准强取占有】

以暴力或者胁迫，强取由他人合法占有的原属自己的财物，处七年以下徒刑或者十年以下资格停止。

强取他人合法占有物品时(原属自己的财物)，为抗拒夺回、抗拒抓捕、毁灭罪证使用暴力或者以暴力威胁的，处七年以下徒刑或者十年以下资格停止。

处罚前两款规定的未遂犯。

[2020 年 12 月 8 日修改全文]

第三百二十六条 【严重妨碍权利行使】

犯第三百二十四条或第三百二十五条规定之罪,致他人生命发生危险的,处十年以下徒刑。〈1995 年 12 月 29 日修改〉

第三百二十七条 【逃避强制执行】

以逃避强制执行为目的,隐匿、损坏、虚假转让或者承担虚假债务,损害债权人的,处三年以下徒刑或者一千万韩元以下罚金。〈1995 年 12 月 29 日修改〉

第三百二十八条 【亲属间的犯罪与告诉】

直系亲属、配偶、同居亲属、同居家族或者其配偶之间,犯第三百二十三条规定之罪的,免除其处罚。〈2005 年 3 月 31 日修改〉

第一款之外的亲属之间,犯第三百二十三条规定之罪的,告诉才能提起公诉。〈1995 年 12 月 29 日修改〉

共犯无前两款规定的身份关系的,不适用此款。

第三十八章 盗窃和强盗罪

第三百二十九条 【盗窃】

窃取他人财物的,处六年以下徒刑或者一千万韩元以下罚金。〈1995 年 12 月 29 日修改〉

第三百三十条 【夜间侵入住宅盗窃】

夜间侵入他人住宅、看守的宅邸、建筑物、船舶或者占有的房间,窃取财物的,处十年以下徒刑。

[2020 年 12 月 8 日修改全文]

第三百三十一条 【特殊盗窃】

夜间破坏门窗、墙壁或者其他建筑物的一部分,侵入前条的场所,窃取他人财物的,处一年以上十年以下徒刑。

携带凶器或者一人以上共同窃取他人财物的,处罚同前款。

[2020 年 12 月 8 日修改全文]

第三百三十一条之二 【非法使用汽车等】

未经权利人同意使用他人汽车、船舶、航空器或者动力装置自行车的,处三年以下徒刑或者五百万韩元以下罚金、拘留或者科料。

[1995 年 12 月 29 日新设本条]

第三百三十二条 【常习犯】

犯第三百二十九条至第三百三十一条之二规定之罪的常习犯,加重二分之一处罚。〈1995 年 12 月 29 日修改〉

第三百三十三条 【强盗】

以暴力或者胁迫强取他人财物或者其他财产性利益,或者使第三人取得的,处三年以上有期徒刑。

第三百三十四条 【特殊强盗】

夜间侵入他人住宅、管理的建筑物、船舶或者航空器或者占有的房屋,犯第三百三十三条规定之罪的,处无期徒刑或者五年以上徒刑。〈1995 年 12 月 29 日修改〉

携带凶器或者二人以上共同犯前条之罪的,处罚同前款。

第三百三十五条 【准强盗】

盗窃犯为夺回赃物、逃脱逮捕、毁灭罪证,使用暴力或者胁迫的,依照前两条规定处罚。

[2020 年 12 月 8 日修改全文]

第三百三十六条 【人质·强盗(绑架罪)】

以逮捕、囚禁、掠取或者引诱他人作为人质,取得财物、财产性利益或者使第三人取得财产性利益的,处三年以上徒刑。

[1995 年 12 月 29 日修改全文]

第三百三十七条 【强盗·伤害、致伤】

犯强盗之罪,伤害他人或者致人受伤的,处无期徒刑或者七年以上徒刑。〈1995 年 12 月 29 日修改〉

第三百三十八条 【强盗杀人·致死】

犯强盗之罪,杀人的,处死刑或者无期徒刑。致人死亡的,处无期徒刑或者十年以上徒刑。

[1995 年 12 月 29 日修改全文]

第三百三十九条 【强盗强奸】

强盗并强奸他人的,处无期徒刑或者十年以上徒刑。〈2012 年 12 月 18 日修改〉

第三百四十条 【海上强盗】

聚众在海上强取船舶或者侵入船舶内强取他人财物的,处无期徒刑或者七年以上徒刑。

犯第一款规定之罪,伤害他人或者致人受伤的,处无期徒刑或者十年以上徒刑。〈1995 年 12 月 29 日修改〉

犯第一款规定之罪,杀人、致人死亡或者强奸的,处死刑或者无期徒刑。〈1995 年 12 月 29 日、2012 年 12 月 18 日修改〉

第三百四十一条 【常习犯】

第三百三十三条、第三百三十四条、第三百三十六条或者前条第一款规定的常习犯,处无期徒刑或者十年以上徒刑。

第三百四十二条 【未遂犯】

处罚第三百二十九条至第三百四十一条的未遂犯。

[1995 年 12 月 29 日修改全文]

第三百四十三条 【预备、预谋】

以强盗为目的的预备犯、预谋犯,处七年以下徒刑。

第三百四十四条 【亲属之间犯罪】

第三百二十八条规定,准用于第三百二十九条至第三百三十二条规定之罪及其未遂犯。

第三百四十五条 【资格停止的并科】

犯本章规定之罪,处有期徒刑的,可以并科十年以下资格停止。

第三百四十六条 【动力】

本章罪中能管理的动力,视为财物。

第三十九章 诈骗和恐吓的罪

第三百四十七条 【诈骗】

欺骗他人,得到财物的交付或者取得财产性利益的,处十年以下徒刑或者二千万韩元以下罚金。〈1995 年 12 月 29 日修改〉

以前款规定的方法,使第三人得到财物交付或者取得财产性利益的,处罚同前款。

第三百四十七条之二 【利用计算机等诈骗】

利用计算机等信息处理装置里输入虚假信息或者不当命令的,或者未经许可输入、变更信息,从而取得财产性利益或者使第三人取得财产性利益的,处十年以下徒刑或者二千万韩元以下罚金。

[2001 年 12 月 29 日修改全文]

第三百四十八条 【准诈骗】

利用未成年人的年幼无知或者他人的精神障碍,取得财物的交付或者财产性利益的,处十年以下徒刑或者二千万韩元以下罚金。

以前款规定的方法,使第三人取得财物的交付或者财产性利益的,处罚同前款。

[2020 年 12 月 8 日修改全文]

第三百四十八条之二 【不正当利用便利设施】

未支付代价,以不正当方法利用自动销售机、公共电话或者其他有偿自动设备,取得财物或者财产性利益的,处三年以下徒刑或者五百万韩元以下罚金、拘留或者科料。

[1995 年 12 月 29 日新设本条]

第三百四十九条 【不当得利】

利用他人窘迫状态,取得明显不正当利益的,处三年以下徒刑或者一千万韩元以下罚金。

以前款规定的方法,使第三人取得不正当利益的,处罚同前款。

[2020 年 12 月 8 日修改全文]

第三百五十条 【恐吓】

恐吓他人,取得财物的交付或者财产性利益的,处十年以下徒刑或者二千万韩元

以下罚金。〈1995 年 12 月 29 日修改〉

以前款规定的方法,使第三人取得财物的交付或者财产性利益的,处罚同前款。

第三百五十条之二 【特殊恐吓】

聚众或者携带危险物品犯第三百五十条规定之罪的,处一年以上十五年以下徒刑。

[2016 年 1 月 6 日新设本条]

第三百五十一条 【常习犯】

犯第三百四十七条至第三百五十条规定之罪的常习犯,加重二分之一处罚。

第三百五十二条 【未遂犯】

处罚第三百四十七条至第三百四十八条之二、第三百五十条、第三百五十一条之二和第三百五十一条规定的未遂犯。〈2016 年 1 月 6 日修改〉

[1995 年 12 月 29 日修改全文]

第三百五十三条 【资格停止的并科】

本章规定之罪,可以并科十年以下资格停止。

第三百五十四条 【亲属间的犯罪、动力】

第三百二十八条、第三百四十六条的规定,准用于本章规定之罪。

第四十章 侵占和背信的罪

第三百五十五条 【侵占、背信】

保管他人财物者,侵占财物或者拒不返还的,处五年以下徒刑或者一千五百万韩元以下罚金。〈1995 年 12 月 29 日修改〉

处理他人事务者违背其职务,自己或者使第三人取得财产性利益,损害他人的,处罚同前款。

第三百五十六条 【业务上的侵占和背信】

违背业务上的任务,犯第三百五十五条规定之罪的,处十年以下徒刑或者三千万韩元以下罚金。〈1995 年 12 月 29 日修改〉

第三百五十七条 【背信受贿罪】

处理他人事务者,接受有关任务的不正当请托,自己或者使第三人取得财产性利益的,处五年以下徒刑或者一千万韩元以下罚金。〈2016 年 5 月 29 日修改〉

提供第一款规定的财物或者利益的,处二年以下徒刑或者五百万韩元以下罚金。〈2020 年 12 月 8 日修改,2020 年 12 月 9 日施行〉

犯人或者知情第三人取得第一款之财物的,予以没收。无法没收财物或者财产性利益的,追征其价额。〈2020 年 12 月 8 日修改〉

[2016 年 5 月 29 日修改标题]

[2020 年 12 月 9 日施行]

第三百五十八条 【资格停止的并科】

前三条规定之罪,可以并科十年以下资格停止。

第三百五十九条 【未遂犯】

处罚第三百五十五条至第三百五十七条规定的未遂犯。

第三百六十条 【侵占脱离物】

侵占遗失物、漂流物或者脱离物的,处一年以上徒刑、三百万韩元以下罚金或者科料。〈1995 年 12 月 29 日修改〉

侵占埋藏物的,处罚同前款。

第三百六十一条 【亲属间的犯罪、动力】

第三百二十八条、第三百四十六条之规定,准用于本章之罪。

第四十一章 关于赃物的罪

第三百六十二条 【赃物的取得、介绍等】

取得、转让、运输或者保管赃物的,处七年以下徒刑或者一千五百万韩元以下罚金。〈1995 年 12 月 29 日修改〉

介绍前款行为的,处罚同前款。

第三百六十三条 【常习犯】

犯前条之罪的常习犯,处一年以上十年以下徒刑。

对第一款的情形,可以并科十年以下资格停止或者一千五百万韩元以下罚金。〈1995 年 12 月 29 日修改〉

第三百六十四条 【业务上过失、重大过失】

因业务上过失或者重大过失,犯第三百六十二条规定之罪的,处一年以下监禁或者五百万韩元以下罚金。〈1995 年 12 月 29 日修改〉

第三百六十五条 【亲属间的犯罪】

犯前三条之罪,与被害人有第三百二十八条第一款、第二款规定的身份关系的,准用相应条款的规定。

犯前三条之罪,彼此之间有第三百二十八条第一款规定之身份关系的,减轻或者免除处罚。但是,无身份关系的共犯除外。

第四十二章 损 坏 罪

第三百六十六条 【损坏财物等】

损坏、隐匿他人财物、文书或者电子记录等特殊媒介记录,或者以其他方法损坏其效用的,处三年以下徒刑或者七百万韩元以下罚金。〈1995 年 12 月 29 日修改〉

[1995 年 12 月 29 日修改标题]

第三百六十七条 【破坏公益建筑物】

破坏公益建筑物的,处十年以下徒刑或者二千万韩元以下罚金。〈1995 年 12 月 29 日修改〉

第三百六十八条 【重损坏】

犯前两条之罪,致使他人生命或者身体发生危险的,处一年以上十年以下徒刑。

犯第三百六十六条或者第三百六十七条规定之罪,致他人受伤的,处一年以上有期徒刑。致人死亡的,处三年以上有期徒刑。〈1995 年 12 月 29 日修改〉

第三百六十九条 【特殊损坏】

以团体、聚众或者携带危险物的方法,犯第三百六十六条规定之罪的,处五年以下徒刑或者一千万韩元以下罚金。〈1995 年 12 月 29 日修改〉

以第一款之方法,犯第三百六十七条规定之罪的,处一年以上有期徒刑或者二千万韩元以下罚金。〈1995 年 12 月 29 日修改〉

第三百七十条 【侵犯界线】

以损坏、移动或者去除等其他方法,致使土地界线无法辨认的,处三年以下徒刑或者五百万韩元以下罚金。〈1995 年 12 月 29 日修改〉

第三百七十一条 【未遂犯】

处罚第三百六十六条、第三百六十七条和第三百六十九条规定之未遂犯。

第三百七十二条 【动力】

本章规定之罪,准用第三百四十六条规定。

附则〈法律第 17571 号 2020 年 12 月 8 日〉

本法自公布之日起施行。

（青岛大学 皇甫明国、刘心宇 译）

大韩民国刑事诉讼法

[2021年12月9日施行][法律第17572号,2020年12月8日部分修改]

第一编　总　　则

第一章　法院的管辖

第一条　【管辖的职权调查】

法院应依职权调查管辖。

第二条　【管辖违反和诉讼行为的效力】

诉讼行为,在管辖违反的情况下也不影响其效力。

第三条　【管辖区域外的职务执行】

法院为了查清事实,在必要或者紧急情况下,可以在管辖区域以外执行职务或者作出调查事实必要的处分。

前款规定,准用于受命法官。

第四条　【地域管辖】

地域管辖规定为犯罪地、被告人的住所、居所或现在所在地。

对于在国外的大韩民国船舶内所犯之罪,除前款规定之地以外,规定为船籍地或犯罪后停泊地。

前款规定,准用于在国外的大韩民国航空器内所犯之罪。

第五条　【地域管辖的合并】

地域管辖不同的数个案件相关联时,对其中一个案件有管辖权的法院,对其他案件也可以管辖。

第六条　【地域管辖的合并审理】

地域管辖不同的数个关联案件,分别系属于各个不同法院时,共同的直属上级法院根据检察官或被告人申请,可以决定由其中一个法院合并审理。

[2020 年 12 月 8 日修改全文]

第七条 【地域管辖的分离审理】

地域管辖不同的数个关联案件,分别系属于一个法院时,如果没有合并审理的必要,法院可以决定将其分离,移送有管辖权的其他法院。

第八条 【案件的职权移送】

法院在被告人不在其管辖区域内而有特殊情况时,可以决定将案件移送管辖至被告人现在所在的同级法院。

独任法官管辖的案件,因起诉书的变更而变更为合议庭管辖的案件时,由法院决定移送至有管辖权的法院。〈1995 年 12 月 29 日新设〉

第九条 【事物管辖的合并】

事物管辖不同的数个案件相关联时,由法院合议庭合并管辖。但是,也可以决定移送至有管辖权的法院独任法官。

第十条 【事物管辖的合并审理】

事物管辖不同的数个关联案件,分别由法院合议庭和独任法官审理时,合议庭可以决定合并审理属于独任法官的案件。

第十一条 【关联案件的定义】

关联案件如下:

(一)一人所犯数罪;

(二)数人共同所犯之罪;

(三)数人同时同一场所所犯之罪;

(四)隐匿人犯罪、毁灭证据罪、伪证罪、虚伪鉴定口译罪或有关赃物的罪及其正犯的罪。

第十二条 【同一案件和数个诉讼系属】

同一案件系属于事物管辖不同的数个法院时,由法院合议庭审判。

第十三条 【管辖竞合】

同一案件系属于事物管辖相同的数个法院时,由首先受理公诉的法院审判。但是,各法院共同的直属上级法院根据检察官或被告人的申请,可以决定由后受理公诉的法院审判。

[2020 年 12 月 8 日修改全文]

第十四条 【指定管辖的请求】

检察官在下列情况下应当向有关的第一审法院共同的直属上级法院申请指定管辖:

(一)法院的管辖不明确时;

(二)对于被宣告违反管辖的裁判已确定的案件,没有其他管辖法院时。

[2020 年 12 月 8 日修改全文]

第十五条 【移转管辖的申请】

检察官在下列情况下应当向直属上级法院申请移转管辖,被告人也可以申请移转管辖：

（一）管辖法院因法律上的理由或特殊情况而不能行裁判权时；

（二）因犯罪的性质、地方的民心、诉讼状况等情况而有难以保证公平裁判可能时。

第十六条 【指定管辖或移转管辖的方式】

申请指定管辖或移转管辖，应当向直属上级法院提出记载其事由的申请书。

提起公诉后申请指定或移转管辖时，应当立即通知接受公诉的法院。

［2020 年 12 月 8 日修改全文］

第十六条之二 【案件移送军事法院】

对于提起公诉的案件，法院判明军事法院取得裁判权或具有裁判权时，要以决定的形式将案件移送至有裁判权的相同审级的军事法院。这种情况下，移送以前实施的诉讼行为，移送以后也不影响其效力。〈1987 年 11 月 28 日修改〉

［1973 年 1 月 25 日新设本条］

第二章 法院职员的除斥、忌避、回避

第十七条 【除斥的原因】

法官在下列情况下除斥于执行职务：〈2005 年 3 月 31 日、2020 年 12 月 8 日修改〉

（一）法官是被害人时；

（二）法官是被告人或被害人的亲属，或者有亲属关系时；

（三）法官是被告人或被害者的法定代理人、监护人时；

（四）法官在本案中成为证人、鉴定人、被害人的代理人时；

（五）法官在本案中成为被告人的代理人、辩护人、辅助人时；

（六）法官在本案中从事过检察官或司法警察官职务时；

（七）法官在本案中曾参与过前审裁判或基础性调查、审理时；

（八）法官在二年内曾担任过本案被告人的辩护人、被告人或被害人的代理人的法务法人、法务法人（有限）、法务助理、法律事务所以及《外国法咨询师法》第二条第九款规定的合作法务法人；

（九）法官在二年内曾担任过被告人所兼职或任职的机关、团体。

第十八条 【忌避的原因和申请人】

检察官或者被告人在下列情况下可以申请法官忌避：

（一）法官符合前条各款事由时；

（二）法官有不公平裁判可能时。

辩护人以不违反被告人明示的意思为限，可以申请法官忌避。

第十九条 【忌避申请的管辖】

对合议法院法官的忌避，要向该法官所属法院申请，对受命法官、受托法官或独任法官的忌避，要向该法官申请。

忌避事由,要从申请之日起三日内用书面说明。

第二十条 【忌避申请的驳回和处理】

忌避申请明显以拖延诉讼为目的,或者违背第十九条规定时,接受申请的法院或法官要以此决定驳回。〈1995 年 12 月 29 日修改〉

被申请忌避的法官除了前款情况外,应当立即提出忌避申请的意见书。

在前款情况下,认定被申请忌避的法官忌避申请有理由时,即视为有忌避决定。

第二十一条 【对忌避申请的裁判】

对忌避申请的裁判,要由被申请忌避的法官所属法院合议庭决定。

被申请忌避的法官不能参与前款决定。

被申请忌避法官所属的法院不能组成合议庭时,要由直属上级法院决定。

第二十二条 【忌避申请和诉讼的停止】

当有忌避申请时,除了第二十条第一款规定情形外,应当停止诉讼。但是,紧急情况除外。

第二十三条 【忌避申请的驳回和即时抗诉】

对于驳回忌避申请的决定,可以即时抗诉。

对于根据第二十条第一款规定的驳回决定的即时抗诉,没有停止执行裁判的效力。〈1995 年 12 月 29 日新设〉

第二十四条 【回避的原因等】

法官认为有第十八条规定的事由时,应当回避。回避,应当向所属法院书面申请。

第二十一条规定,准用于回避。

第二十五条 【对法院书记员等的除斥、忌避、回避】

本章规定,除了第十七条第七款规定之外,准用于法院的书记员、法院事务官・法院主事或法院主事辅助人(以下简称法院事务官等)和口译人。〈2007 年 6 月 1 日修改〉

对前款的法院事务官等和口译人的回避裁判,要由其所属法院决定。但是,第二十条第一款的决定由申请忌避人所属法官作出。〈2007 年 6 月 1 日修改〉

[2007 年 6 月 1 日修改标题]

第三章 诉讼行为的代理和辅助

第二十六条 【无意识能力者和其诉讼行为的代理】

对于不适用刑法第九条至第十一条规定的犯罪案件,被告人或嫌疑人无意识能力时,其法定代理人代理诉讼行为。〈2007 年 6 月 1 日修改〉

第二十七条 【法人和其诉讼行为的代表】

被告人或嫌疑人是法人时,其代表人代表诉讼行为。

在数人共同代表法人的情况下,也各自代表诉讼行为。

第二十八条 【诉讼行为的特别代理人】

依据前两条的规定,在无人代理或代表被告人时,法院应当依职权或依检察官的请求选任特别代理人;在无人代理或代表嫌疑人时,法院应当依检察官或利害关系人的请求选任特别代理人。

特别代理人,执行任务到有人代理或代表被告人或嫌疑人进行诉讼行为时为止。

第二十九条 【辅助人】

被告人或嫌疑人的法定代理人、配偶、直系亲属和兄弟姐妹可以作辅助人。〈2005 年 3 月 31 日修改〉

在没有辅助人或因残障等事由不能作为辅助人的情形,与被告人或嫌疑人有信赖关系者可以作为其辅助人。〈2015 年 7 月 31 日新设〉

想成为辅助人需向各审级申报其意愿。〈2007 年 6 月 1 日、2015 年 7 月 31 日修改〉

辅助人可以独立进行不违背被告人或嫌疑人明示意思的诉讼行为。但是,法律另有规定的除外。〈2015 年 7 月 31 日修改〉

第四章 辩 护

第三十条 【辩护人选任人】

被告人或嫌疑人可以选任辩护人。

被告人或嫌疑人的法定代理人、配偶、直系亲属、兄弟姐妹可以独立选任辩护人。〈2005 年 3 月 31 日修改〉

第三十一条 【辩护人的资格和特别辩护人】

辩护人应当从律师中选任。但是,大法院以外的法院在特殊情况下可以许可选任非律师为辩护人。

第三十二条 【选任辩护人的效力】

选任辩护人,每审级都要用与辩护人联名盖章的书面方式提出。

提起公诉前选任的辩护人,在一审程序中也有效。

第三十二条之二 【代表辩护人】

有数名辩护人时,裁判长根据被告人、嫌疑人或辩护人的申请,可以指定代表辩护人。这个指定,可以撤回或变更。

在没有第一款申请时,裁判长可以依职权指定代表辩护人。这个指定,可以撤回或变更。

代表辩护人不得超过三人。

向代表辩护人通知或送达文书,对全体辩护人有效。

第一款至第四款的规定,准用于在嫌疑人有数名辩护人而检察官指定代表辩护人的情况。

[1995 年 12 月 29 日新设本条]

第三十三条 【国选辩护人】

在下列情况下,没有辩护人时,法院应当依职权选定辩护人:〈2020 年 12 月 8 日

修改〉

(一)被告人被拘禁时;

(二)被告人是未成年时;

(三)被告人70岁以上时;

(四)被告人是残疾人时;

(五)被告人有身心障碍可疑时;

(六)被告人在起诉时属于死刑、无期或者短期三年以上的徒刑或监禁的案件。

被告人因贫困以外的事由不能选任辩护人或被告人申请时,依被告人的请求,法院应当对其选任辩护人。〈2020年12月8日修改〉

法院参考被告人的年龄、智力、教育程度等因素,认为有必要保障权利时,应当在不违背被告人明示的意思范围内选任辩护人。〈2020年12月8日修改〉

[2006年7月19日修改全文]

第三十四条 【被告人、嫌疑人的接见、交递、接受诊疗】

辩护人或要做辩护人的人,可以探视被拘禁的被告人或嫌疑人,可以接受文书或物品,可以让医生诊疗。

[2020年12月8日修改全文]

第三十五条 【文书、证物的阅览、抄录】

被告人和辩护人可以阅览或抄录诉讼系属中的相关文书或证物。〈2016年5月29日修改〉

被告人的法定代理人、第二十八条规定的特别代理人或第二十九条规定的辅助人、被告人的配偶、直系亲属、兄弟姐妹提交被告人的委任状和身份关系文书者适用于第一款。

裁判长认为具有显著伤害被害者、证人等案件关系人的生命或身体安全的忧虑时,为了避免公开案件关系人的姓名等个人信息,可以在依据第一款与第二款规定阅览、抄录前采取保护措施。〈2016年5月29日新设〉

依据第三款规定的个人信息保护措施的方法和程序,以上规定外的必要事项由大法院规则规定。〈2016年5月29日新设〉

[2007年6月1日修改全文]

[2016年5月29日修改标题]

第三十六条 【辩护人的独立诉讼行为权】

辩护人可以独立进行诉讼行为。但是,法律有另外规定时除外。

第五章 裁 判

第三十七条 【判决、决定、命令】

判决,除了法律另有规定的以外,应当经过口头辩论作出。

决定或命令,可以不经过口头辩论作出。

作出决定或命令，必要的时候可以调查事实。

前款的调查，可以命令合议庭成员进行，可以委托其他地方法院法官进行。

[2020年12月8日修改全文]

第三十八条 【裁判书的方式】

裁判要通过法官制作的裁判书作出。但是，在告知决定或命令的时候，可以不制作裁判书，仅记载于笔录上即可。

第三十九条 【裁判的理由】

裁判应当明示其理由。但是，不得上诉的决定或命令除外。

第四十条 【裁判书的记载要件】

裁判书，除法律另有规定的以外，应当记载受裁判人的姓名、年龄、职业和住所。

受裁判人是法人时，应当记载其名称和事务所地址。

判决书应当记载起诉的检察官和参与公审的检察官的官职、姓名以及辩护人的姓名。〈2011年7月18日修改〉

第四十一条 【裁判书的签字等】

裁判书应当由裁判的法官签字盖章。

裁判长不能签字盖章时，由其他法官附记其事由并签字盖章。其他法官不能签字盖章时，由裁判长附记其事由并签字盖章。

对于判决书及其他大法院规则所规定的裁判书以外的裁判书，第一款和第二款的签字盖章可以用签名盖章代替。〈1995年12月29日新设〉

第四十二条 【宣告、告知裁判的方式】

裁判的宣告或告知，在公审庭应当用裁判书，在其他情况下要用送达裁判书副本或其他适当方法进行。但是，法律另有规定的除外。

第四十三条 【同前】

裁判的宣告或告知，由裁判长进行。宣告判决应当朗读主文，说明理由的要旨。

第四十四条 【需要检察官指挥执行的案件】

需要检察官指挥执行的裁判，应当将裁判书或裁判笔录的誊本或抄本，从宣告或告知裁判时起十日内送达检察官。但是，法律另有规定的除外。〈1961年9月1日修改〉

第四十五条 【裁判书誊本、抄本的请求】

被告人及其他诉讼关系人可以缴纳费用后请求发给裁判书或裁判笔录的誊本或抄本。

第四十六条 【裁判书誊本、抄本的制作】

裁判书或裁判笔录的誊本或抄本应当根据原本制作。但是，在不得已的情况下也可以根据誊本制作。

第六章　文　　书

第四十七条　【诉讼文书的不公开】

有关诉讼的文书,如果没有公益上的必要及其他相当的理由,在公审开庭前不得公开。

第四十八条　【笔录的制作方法】

讯问被告人、嫌疑人、证人、鉴定人、口译人或翻译人时,应当由参与的法院事务官等制作笔录。

笔录应当记载下列事项:

(一)被告人、嫌疑人、证人、鉴定人、口译人或翻译人的陈述;

(二)证人、鉴定人、口译人或翻译人没有宣誓时的事由。

笔录要读给陈述人听或令其阅览,并询问记载内容正确与否。

陈述人提出增减变更请求时,应当将其陈述记载于笔录中。

参与讯问的检察官、被告人、嫌疑人或辩护人对笔录记载的正确性陈述异议时,应当将其陈述的要旨记载于笔录中。

在前款情况下,裁判长或审问的法官可以附记对其陈述的意见。

笔录应当令陈述人骑缝盖章后签字盖章。但是,陈述人拒绝签字盖章时,应当记载其事由。

[2020 年 12 月 8 日修改全文]

第四十九条　【勘验等笔录】

勘验、扣押及搜查,应当制作笔录。

勘验笔录为了明确记载勘验物的现状,可以附绘图、照片。

扣押笔录应当记载品种、外形特征和数量。

第五十条　【各种笔录的记载要件】

前两条笔录,应当记载调查或处分的年月日时和地点,其进行调查或处分的人和参与的法院事务官等应当签字盖章或署名。但是,法院在公审日期外进行调查和处分时,裁判长或法官和参与的法院事务官等应当签字盖章或署名。〈2007 年 6 月 1 日修改〉

第五十一条　【公审笔录的记载要点】

对于公审日期上的诉讼程序,应当由参与的法院事务官等制作公审笔录。〈2007 年 6 月 1 日修改〉

公审笔录应当记载下列事项及其他全部诉讼程序:〈2007 年 6 月 1 日修改〉

(一)公审的时间和法院;

(二)法官、检察官和法院事务官等的官职、姓名;

(三)被告人、代理人、代表人、辩护人、辅助人和口译人的姓名;

(四)被告人出庭与否;

(五)公开与否和禁止公开时的理由;

(六)公诉事实的陈述或变更公诉事实书面材料的朗读;

(七)给予被告人以保护其权利所必要的陈述机会的事实及其所陈述的事实;

(八)第四十八条第二款所记载的事项;

(九)证据调查时,作为证据的文书、证物以及调查证据的方法;

(十)在公审庭进行的勘验或扣押;

(十一)辩论的要旨;

(十二)裁判长命令记载的事项或根据诉讼关系人的请求许可记载的事项;

(十三)给被告人或辩护人以最后陈述权的事实及其所陈述的事实;

(十四)宣告或告知判决和其他裁判的事实。

第五十二条 【公审笔录制作上的特例】

公审笔录及公审日期外的询问证人笔录,不依照第四十八条第三款至第七款规定,但是,陈述人提出请求时,应当将其有关陈述部分的内容读给其听,提出增减变更请求时,应当记载其陈述。〈1995 年 12 月 29 日修改〉

第五十三条 【公审笔录的签字等】

公审笔录应由裁判长和法院事务官等签名盖章或署名。〈2007 年 6 月 1 日修改〉

裁判长不能签字盖章或署名时,应由其他法官附记其事由并签名盖章或署名。法官全员不能签字盖章或署名时,应由法院事务官等附记其事由并签名盖章或署名。〈2007 年 6 月 1 日修改〉

法院事务官等不能签字盖章或署名时,应由裁判长或其他法官附记其事由并签名盖章或署名。〈2007 年 6 月 1 日修改〉

第五十四条 【公审笔录的整理】

公审笔录应当在公审日期后五日内迅速整理。〈2007 年 6 月 1 日修改〉

在下次公审日期上,应当根据笔录告知上次公审审理有关主要事项的要旨。但是,截至下次公审日期前,上次公审笔录未整理完成时,可以不根据笔录告知。〈2007 年 6 月 1 日修改〉

检察官、被告人或辩护人可以对公审笔录提出变更请求或陈述异议。〈2007 年 6 月 1 日修改〉

根据第三款有其他请求或异议时,记载其意旨及裁判长对此的意见的笔录应当附加在公审笔录中。〈2007 年 6 月 1 日新设〉

第五十五条 【被告人的公审笔录阅览权等】

被告人可以请求阅览或抄录公审笔录。〈1995 年 12 月 29 日修改〉

被告人不能阅览公审笔录时,可以请求朗读公审笔录。〈1995 年 12 月 29 日修改〉

前两款请求被拒绝时,其公审笔录不得作为有罪证据。

第五十六条 【公审笔录的证明力】

记载于公审笔录中的公审日期上的诉讼程序,专以其笔录证明。

第五十六条之二 【公审上的速记、录音录像】

法院在被告人、辩护人或检察官提出申请时，只要没有特殊事由，对被告人、证人或其他人讯问的全部或部分，应当由速记者速记或者使用录音录像设施录制(录像中包括声音)，法院认为有必要时，可以依职权命令。

法院应当将速记记录、录音录像与公审笔录另行保管。

检察官、被告人或辩护人缴纳费用后，可以申请根据第二款制作速记记录、录音录像的副本。

[2007 年 6 月 1 日修改全文]

第五十七条 【公务员的文书】

公务员制作的文书，法无其他规定时，应当记载制作年月日和所属公务机关，并签字盖章或署名。〈2007 年 6 月 1 日修改〉

文书应当骑缝盖章或采取相应措施。〈1995 年 12 月 29 日修改〉

删除〈2007 年 6 月 1 日〉

第五十八条 【公务员的文书】

公务员制作文书不得更改文字。

插入、删除或栏外记载时，在记载处盖章并记载字数。但是，删除的部分应当保留字迹，以便辨认。

第五十九条 【非公务员的文书】

非公务员制作的文书，应当记载年月日并签字盖章或署名。如无印章，应当用指印。〈2017 年 12 月 12 日修改〉

第五十九条之二 【裁判确定记录的阅览与复制】

任何权利主体出于学术研究或公益目的，可以向保管裁判已确定案件的诉讼记录的检察厅提出阅览或复制。

检察官对于符合下列各款任何一项情形可以限制诉讼记录全部或部分的阅览或复制。但是，诉讼关系人或有利害关系的第三人的阅览或复制有正当理由，不得限制。

(一)非公开审理的情形；

(二)诉讼记录公开会引起显著有害于国家的安全保障、善良风俗、公共秩序的维持或公共福利的忧虑情形；

(三)诉讼记录公开会引起显著有害于案件关系人的名誉、隐私或生命、身体的安全，或者生活的平稳的忧虑情形；

(四)诉讼记录公开会引起共犯关系等人隐匿证据或居所转移，或者对关联案件有重大影响的忧虑情形；

(五)诉讼记录的公开导致显著阻碍被告人的矫正或感化的忧虑情形；

(六)诉讼记录的公开会显著侵害案件关系人的商业秘密(《不正当竞争防止以及营业秘密保护的相关法律》第二条第二款的商业秘密)的忧虑情形；

(七)诉讼关系人不同意诉讼记录的公开的情形。

检察官根据第二款规定限制诉讼记录的阅览或复制，应当将该事由明示通知申请人。

检察官基于保存诉讼记录原本的必要情形,可以允许阅览或复制该诉讼记录的誊本。但是,有必要阅览或复制原本的,不得限制。

诉讼记录的阅览或复制人不得利用阅览或复制知悉的事项,危害公共秩序或善良风俗,妨害被告人的矫正与感化,或者有害于案件关系人的名誉或生活平稳。

诉讼记录的阅览或复制申请人根据第一款规定,不服阅览或复制有关的检察官作出的处分的情形,可以向该记录保管的检察厅对应的法院申请取消或变更该处分。

第四百一十八条与第四百一十九条准用第六款的不服申请的规定。

[2007 年 6 月 1 日新设本条]

第五十九条之三 【确定判决书等的阅览、复制】

任何人可以在保管法院阅览或复制(通过因特网以及电子信息处理系统的电子方法,以下各条同此条)判决已确定的案件判决书或其誊本、证据目录或其誊本,以及检察官、被告人或辩护人向法院提交的文书、证物的名称与目录或其他信息(以下简称判决书等),但是,符合下列任何情形之一的可以限制判决书等的阅览或复制:

(一)非公开审理案件的情形;

(二)《少年法》第二条规定的关于青少年案件的情形;

(三)共犯关系等人用以隐匿证据或逃避审判,或者导致案件审判有重大影响的忧虑情形;

(四)明确地对国家安全保障显著危害的情形;

(五)第五十九条之二第二款第三项或第六项规定事由的情形,但是,限于有诉讼关系人的申请。

根据第一款规定阅览或复制前,应当采用大法院规则规定的保护措施,使判决书等记载的法院事务官等或法院公务员署名或个人信息不被公开。

根据第二款规定对法院事务官等或法院公务员采用个人信息保护措施,如果非因故意或重大过失而与第一款规定的阅览或复制相关联,不承担民事上、刑事上的责任。

有关阅览或复制具有正当理由的诉讼关系人或有利害关系的第三人不受第一款但书规定限制,可以向法院事务官等或法院公务员申请阅览或复制第一款规定的原本。在此情形下,不服法院事务官等或法院公务员作出的阅览或复制的处分,可以向第一款规定的法院申请取消或变更处分。

第四款的不服申请准用第四百一十七条和第四百一十八条的规定。

判决书等的阅览和复制的方法和程序、个人信息保护措施的方法和程序以及必要事项由大法院规则规定。

[2011 年 7 月 18 日新设本条]

第七章 送 达

第六十条 【为了接收送达的申报】

被告人、代理人、代表人、辩护人或辅助人在法院所在地没有接收送达文书的住所或事务所时，应当选任在法院所在地有住所或事务所的人为送达领收人，并联名以书面申报。

在有关送达上，视送达领收人为本人，视其住所或事务所为本人的住所或事务所。

送达领收人的选任，对同一地域内各审级法院均有效力。

前三款规定，不适用于被拘禁的人。

第六十一条 【邮寄送达】

应当申报住所、事务所或送达领收人的人没有申报时，法院事务官等可以通过邮寄或其他适当方法送达文书。

邮寄文书到达时，视为送达。〈2007 年 6 月 1 日修改〉

第六十二条 【对检察官的送达】

对于检察官的送达，应当将文书送达所属检察厅。

第六十三条 【公告送达的原因】

被告人的住所、事务所和现在所在地不明时，可以公告送达。

被告人处于裁判权所不及之地的情况下，不能以其他方法送达时，与前款同。

第六十四条 【公告送达的方式】

公告送达，根据大法院规则所规定，限于法院命令时可以进行。

公告送达，由法院事务官等保管所要送达的文书，并将其事由公告于法院的布告处。〈1961 年 9 月 1 日修改〉

法院可以命令将前款事由公告于公报或报纸上。

最初的公告送达，自第二款的公告之日起经过两周后生效。但是，第二次以后的公告送达，经过五日即生效。〈1961 年 9 月 1 日修改〉

第六十五条 【民事诉讼法的准用】

关于文书的送达，法律没有其他规定时，准用民事诉讼法。〈2007 年 6 月 1 日修改〉

[2007 年 6 月 1 日修改标题]

第八章 期 间

第六十六条 【期间的计算】

期间的计算，以时为计算者，即时起算；以日、月或年计算者，其始日不计算在内。但是，时效和拘禁期间的始日，不计时间，算作一日。

以年或月定的期间，按照历书计算。

期间的末日是公休日或星期六时不计入期间，但时效和拘禁期间除外。

[2020 年 12 月 8 日修改全文]

第六十七条 【法定期间的延长】

法定期间，根据进行诉讼行为人的住所或事务所的所在地与法院或检察厅所在地的距离及交通通信的不方便程度，按照大法院规则可以延长。

[1995 年 12 月 29 日修改全文]

第九章　被告人的传唤、拘禁

第六十八条　【传唤】

法院可以传唤被告人。

第六十九条　【拘禁的定义】

本法所称拘禁,包括拘传和羁押。

第七十条　【拘禁的事由】

法院有足以认为被告人犯罪的相当理由,并符合下列各项之一规定事由时,可以拘禁被告人:〈1995 年 12 月 19 日修改〉

(一)被告人没有固定的住所时;

(二)被告人有毁灭证据的可能时;

(三)被告人逃跑或有逃跑可能时。

法院审查第一款规定的拘禁事由应当斟酌犯罪的重大性、再犯的危险性、对被害人和重要参加人等危害忧虑等因素。〈2007 年 6 月 1 日新设〉

大额五十万韩元以下的罚金、拘留或者科料的案件,除第一款第一项规定的情形外,不可以拘禁。〈1973 年 1 月 25 日、1995 年 12 月 29 日、2007 年 6 月 1 日修改〉

第七十一条　【拘传的效力】

将拘传的被告人拘提到法院的情况下,认定没有羁押必要时,应当从拘提之时起 24 小时内释放。

第七十一条之二　【拘传后的扣留】

法院对拘提到的被告人有必要扣留时,可以在监狱、看守所或者警察署拘留所扣留,这种情况扣留期间从拘提时起不得超过 24 小时。

[2007 年 6 月 1 日新设本条]

第七十二条　【拘禁和理由的告知】

对于被告人,如果没有告知犯罪事实的要旨、拘禁的理由和可以选任辩护人,并给予辩解的机会,就不可拘禁。但是,被告人有逃亡的情形除外。〈1987 年 11 月 28 日、2007 年 6 月 1 日修改〉

第七十二条之二　【告知方法】

法院可以让合议庭成员履行第七十二条规定的程序。〈2021 年 8 月 17 日修改〉

法院认为被告有无法出席的事由的,可以听取检察官和律师的意见,利用录像等媒介装置,履行第七十二条规定的程序。〈2021 年 8 月 17 日新设本条〉

[2014 年 10 月 15 日新设本条]

[2021 年 8 月 17 日修改标题]

第七十三条　【令状的签发】

传唤被告人应当签发传票,拘传或羁押应当签发拘禁票。

第七十四条 【传票的方式】

传票应当记载被告人的姓名、住所、案由、应到时间和地点,以及无正当理由不出席时,可以视为有逃跑可能而签发拘禁票的情况,并由裁判长或受命法官签名盖章或署名。〈1995 年 12 月 29 日、2017 年 12 月 12 日修改〉

第七十五条 【拘禁票的方式】

拘禁票应当记载被告人的姓名、住所、案由、公诉事实的要旨、拘提和羁押的场所、签发年月日、其有效期间和经过期间而不能着手执行时应当缴回的主旨,并由裁判长或受命法官签字盖章。

被告人的姓名不明时,可以其相貌、体格或其他足以辨认被告人的事项表示被告人。

被告人的住所不明时,可以省略其住所的记载。

第七十六条 【传票的送达】

传票应当送达。

被告人以书面提出届时到场的意思,或对于到场的被告人规定下次到场的时间、命其到场的时间,与送达传票具有同等效力。

前款命其到场,应当将其要旨记载于笔录中。

对于被羁押的被告人,应当通过通知教导官来传唤。〈1963 年 12 月 13 日、2007 年 6 月 1 日修改〉

被告人从教导官处接到传唤通知时,与传票的送达具有同等效力。〈1963 年 12 月 13 日、2007 年 6 月 1 日修改〉

第七十七条 【拘禁的委托】

法院可以向被告人现在所在地地方法院法官委托被告人的拘禁。

被告人不在管辖区域内时,受托法官可以转托被告人现在所在地地方法院法官。

受托法官应当签发拘禁票。

第七十五条的规定准用于前款拘禁票。

第七十八条 【根据委托拘禁的程序】

前条的情况下,根据委托签发拘禁票的法官,应当从拘提被告人之时起 24 小时内调查确认被告人无误。

确认被告人无误时,应当迅速送交指定场所。

第七十九条 【到场、同行命令】

必要时,法院可以命令被告人到场或同行至指定场所。

第八十条 【紧急处分】

在紧急情况下,裁判长可以作出第六十八条至第七十一条、第七十一条之二、第七十三条、第七十六条、第七十七条和前条规定的处分,也可以令合议庭成员进行处分。〈2014 年 10 月 15 日修改〉

第八十一条 【拘禁票的执行】

拘禁票在检察官指挥下由司法警察官吏执行。但是,在紧急情况下可以由裁判长、受命法官或受托法官指挥其执行。

第一款但书规定的情形，可以命令法院事务官等执行。这时，法院事务官等在其执行上认为必要时，可以要求司法警察官吏协助，也可以在管辖区域外执行。〈2007年6月1日修改〉

对于在监狱或看守所的被告人签发的拘禁票，应当在检察官的指挥下由教导官执行。〈1963年12月13日、2007年6月1日修改〉

第八十二条 【数份拘禁票的制作】

拘禁票可以制作数份，交给司法警察官吏数人。

前款规定情况下，应当将其事由记载于拘禁票。

第八十三条 【管辖区域外拘禁票的执行和委托】

检察官根据必要，可以在管辖区域外指挥拘禁票的执行，或者可以委托该管辖区域的检察官执行。

司法警察官吏根据必要，可以在管辖区域外执行拘禁票，或者可以委托该管辖区域的司法警察官吏执行。

第八十四条 【对高等检察厅和地方检察厅检察长的侦查委托】

被告人的现在所在地不明时，裁判长可以向高等检察厅或地方检察厅检察长委托侦查和拘禁票的执行。〈2004年1月20日修改〉

[2004年1月20日修改标题]

第八十五条 【拘禁票执行的程序】

执行拘禁票，应当出示给被告人，并迅速拘提到指定法院或其他场所。

执行第七十七条第三款拘禁票，应当拘提给签发拘禁票的法官。

没有携带拘禁票而在紧急情况下，向被告人告知公诉事实的要旨和已签发拘禁票的事实后，可以执行。

前款执行完毕后，应当迅速出示拘禁票。

第八十六条 【护送中的临时扣留】

在执行拘禁票、护送被告人的情况下，必要时可以临时扣留在附近的监狱或看守所。

[2020年12月8日修改全文]

第八十七条 【拘禁和公诉事实等的告知】

拘禁被告人时，有辩护人的情形时向辩护人，没有辩护人的情形时向第三十条第二款规定的人中被告人指定的人，告知被告人的案由、拘禁时间、场所、犯罪事实的要旨、拘禁的理由和可选任辩护人的主旨。〈1987年11月28日、1995年12月29日修改〉

第二款的通知，应当迅速以书面进行。〈1987年11月28日修改〉

第八十八条 【拘禁和公诉事实等的告知】

拘禁被告人时，应当立即告知公诉事实的要旨和可以选任辩护人的情况。

第八十九条 【被拘禁被告人的接见、接受诊疗】

被拘禁的被告人在法律允许的范围内,可以与他人接见,收受文书或物品,接受医生的诊疗。

[2020 年 12 月 8 日修改全文]

第九十条 【辩护人的委托选任】

被拘禁的被告人,可以向法院、监狱长或看守所所长或其代理人指定律师,委托选任辩护人。〈1963 年 12 月 13 日修改〉

接收前款委托的法院、监狱长或看守所所长或其代理人,应当迅速将其主旨通知被告人指定的律师。〈1963 年 12 月 13 日修改〉

第九十一条 【与非辩护人的接见、交通】

法院有相当的理由认为被告人有逃跑或毁灭罪证的可能时,依职权或根据检察官的情求,可以决定禁止被拘禁的被告人与第三十四条规定之外的人接见,可以决定对收受的文书和其他物品进行检查、禁止收受或扣押。但是,不能决定禁止收受或扣押衣物、食品、医疗品。

[2020 年 12 月 8 日修改全文]

第九十二条 【拘禁期间和延长】

拘禁期间定为二个月。〈2007 年 6 月 1 日修改〉

不受第一款规定限制,有继续拘禁的特别必要时,每一审级二次为限,可以决定延长。但是,上诉审被告人或辩护人申请证据的调查、书面提出补充上诉理由等追加审理必要的不得已情形,三次为限,可以决定延长。〈2007 年 6 月 1 日修改〉

第二十二条、第二百九十八条第四款、第三百零六条第一款及第二款规定的停止公审程序的期间和公诉提起前的逮捕、拘传、羁押期间,不计入第一款及第二款期间。〈2007 年 6 月 1 日新设〉

第九十三条 【拘禁的撤销】

没有拘禁事由或拘禁事由消灭时,法院应当依职权或根据检察官、被告人、辩护人和第三十条第二款所规定的人的请求,决定撤销拘禁。

第九十四条 【保释的请求】

被告人、被告人的辩护人、法定代理人、配偶、直系亲属、兄弟姐妹、家族、同居者或雇佣主可以向法院请求保释被拘禁的被告人。

[2007 年 6 月 1 日修改全文]

第九十五条 【必要的保释】

有保释请求时,除下列情况外,应当准许保释:〈1973 年 12 月 20 日、1995 年 12 月 29 日修改〉

(一)被告人犯有应当判处死刑、无期徒刑或十年以上罚役或监禁之罪的;

(二)被告人属于累犯或犯有惯犯之罪的;

(三)有充分的理由足以相信被告人隐匿、毁灭证据或者隐匿、毁灭证据可能的;

(四)有充分的理由足以相信被告人逃跑或有逃跑可能的;

（五）被告人的住所不明的；

（六）有充分的理由足以相信被告人对被害人、对认为知道裁判必要的案件事实的人或其亲属的生命、身体或财产进行加害或有加害可能的。

［1973 年 1 月 25 日修改全文］

第九十六条 【任意的保释】

法院认为有充分理由时，不受第九十五条规定限制，依据职权或根据第九十四条所规定的人的请求，决定准许保释。〈1995 年 12 月 29 日修改〉

第九十七条 【保释、拘禁的撤销和检察官的意见】

裁判长作出保释决定前，应当听取检察官的意见。〈2007 年 6 月 1 日修改〉

作出撤销拘禁的决定，也要依据检察官的请求。除紧急情况外与第一款相同。〈1995 年 12 月 19 日修改〉

检察官根据第一款和第二款的意见要求，应当立即表明意见。〈2007 年 6 月 1 日新设〉

对于撤销拘禁的决定，检察官可以进行即时抗诉。〈1995 年 12 月 19 日、2007 年 6 月 1 日修改〉

［1973 年 1 月 25 日修改全文］

第九十八条 【保释的条件】

法院允许保释的情形在必要的和相当的范围内，应当确定下列各项中一项以上的条件：〈2020 年 12 月 8 日修改〉

（一）提交按法院指定的时间、场所到场和不会隐匿证据的约定书；

（二）提交答应缴纳法院确定的保证金相当金额的约定书；

（三）法院指定住所限制居住场所，有必要对其进行变更的，应接受法院的许可等为防止逃跑所采取的措施；

（四）对被害人，认为知道本案件的裁判所必需的事实的人或者其亲属的生命、身体、财产没有危害的行为，不接近其住所、工作等周围区域；

（五）提交不是被告人的人作成的到场保证书；

（六）誓约未经法院许可不会出国；

（七）以法院指定的方法将恢复受害人权利所需的款项提存或者提供相当担保；

（八）被告人或法院指定的人缴纳保证金或者提供担保；

（九）此外，为保证被告人到场，履行法院规定的适当条件。

［2007 年 6 月 1 日修改全文］

第九十九条 【确定保释条件时考虑事项】

法院在确定第九十八条的条件应当考虑下列各项事项：〈2020 年 12 月 8 日修改〉

（一）犯罪的性质和罪状；

（二）证据的证明力；

（三）被告人的前科、性格、环境和资产；

（四）对被害人的赔偿等犯罪后情况的关联事项。

法院不能以被告人的资金能力或资产程度确定其不能履行的条件。〈2020 年 12 月 8 日修改〉

[2007 年 6 月 1 日修改全文]

第一百条 【保释执行的程序】

履行第九十八条第一项、第二项、第五项、第七项和第八项规定的条件后,才可执行保释许可决定,法院认为有必要时,其他有关条件履行后,才能确定执行保释许可决定书。〈2007 年 6 月 1 日修改〉

法院可以许可保释请求人以外的人缴纳保证金。

法院可以许可以有价证券或被告人以外的人提交的保证书代替保证金。〈2007 年 6 月 1 日修改〉

前款保证书中应当记载随时缴纳的保证金额。

法院根据保释许可书可以要求行政公署及行政团体对释放的被告人遵守保释条件在必要的范围内采取适当的措施。〈2007 年 6 月 1 日新设〉

[2007 年 6 月 1 日修改标题]

第一百条之二 【出庭保证人罚款】

法院根据第九十八条第五项确定的保释许可决定,释放的被告人无正当理由在期日内不出庭的情形,可以决定对出庭保证人处以五百万韩元以下的罚款。

对第一款决定可以即时抗诉。

[2007 年 6 月 1 日新设本条]

第一百零一条 【拘禁的停止执行】

法院有充分理由时,可以决定将被拘禁之人托付给亲属、保护团体及其他适当的人,或者限制被告人的住所,从而停止执行拘禁。

前款决定做出前应当听取检察官的意见,但紧急情况除外。

删除〈2015 年 7 月 31 日〉

依据宪法第四十四条的规定,对被拘禁的国会议员有释放要求时,当然要停止拘禁票的执行。〈1980 年 12 月 18 日、1987 年 11 月 28 日修改〉

接受前款要求释放通告的检察总长应当指挥立即释放,并将其事由通知受诉法院。

[1973 年 1 月 25 日修改全文]

[将 2012 年 6 月 27 日宪法裁判所判定违宪的本条第 3 款,2015 年 7 月 31 日依法律第 13454 号予以删除]

第一百零二条 【保释条件的变更和取消等】

法院依据职权或第九十四条规定,可以决定变更被告人的保释条件,或者在一定期内间暂缓条件的执行。

法院在被告人符合下列各项任何一项情形时,依据职权或检察官的请求可以决定取消保释或停止执行拘禁。但是,依据第一百零一条第四款规定的拘禁票的停止执行,在其会期中不得撤销:

(一)逃跑的;

(二)有充分理由足以相信有逃跑或毁灭证据可能的;

(三)经传唤无正当理由而不到场的;

(四)有充分理由足以相信被告人对被害人、对认为知道裁判必要的案件事实的人或其亲属的生命、身体或财产进行加害或有加害可能的;

(五)违反法院确定的条件时。

被告人无正当理由违反保释条件,法院可以对被告人处以一千万韩元以下罚款或处以 20 日以内的监置决定。

对于第三款的决定可以即时抗诉。

[2007 年 6 月 1 日修改全文]

第一百零三条 【保证金等的没收】

法院取消保释时,依据职权或检察官的请求,可以作出没收保证金或担保的全部或一部分的决定。

法院依据保证金的缴纳或担保提供的条件,向被释放的被告人就同一的犯罪事实宣告刑罚,为了执行已经生效的刑罚而传唤被告人,其无正当理由拒不到场或逃跑时,法院依职权或检察官的请求,应当决定没收担保金,或者全部或部分担保。

[2007 年 6 月 1 日修改全文]

第一百零四条 【保证金等的返还】

撤销拘禁或保释,或者拘禁票的效力消灭时,应当将未没收的保证金或担保在请求之日起 7 日内返还。〈2007 年 6 月 1 日修改〉

[2007 年 6 月 1 日修改标题]

第一百零四条的之二 【保释条件的效力丧失等】

拘禁票效力消灭时,保释条件的效力即时消灭。

保释取消情况下与第一款相同,但第九十八条第八项规定的条件除外。

[2007 年 6 月 1 日新设本条]

第一百零五条 【上诉和拘禁有关的决定】

在上诉期间内或上诉中的案件,诉讼卷宗在原审法院时,关于拘禁的变更、拘禁的取消、保释、拘禁执行中止和拘禁执行中止的取消决定应当由原审法院作出。

第十章 扣押和搜查

第一百零六条 【扣押】

法院在必要时可以没收,限于可认定与被告案件有关的证物或要没收的材料物件,但法律另有规定的除外。〈2011 年 7 月 18 日修改〉

法院可以指定没收的物品,并命令所有者、持有者或保管者提交。

当法院对扣押的标的物为计算机磁盘,或其他与此类似的信息存储媒介(以下简称信息存储媒介等)时,应当规定记忆信息的范围输出或者复制后提交。但是,如果认为无法确定范围进行输出或复制,或者明显难以达到扣押目的的,可以扣押信息存储媒介等。〈2011 年 7 月 18 日新设〉

法院依据第三款获得信息的情形,应当将该事实立即告知依据《个人信息保护法》第二条第三款规定的信息主体。〈2011 年 7 月 18 日新设〉

第一百零七条 【邮递物的扣押】

法院在必要时,可以没收或命令提交限于可以认定与被告案件有关的邮件或《通信秘密保护法》第二条第三款规定的电子通信(以下简称电子通信)邮政部门及其他相关机构持有或保管的物品。

删除〈2011 年 7 月 18 日〉

依据第一款作出处分时,应当将其要旨通知发信人或收信人,但有妨害审理情形时除外。〈2011 年 7 月 18 日修改〉

第一百零八条 【任意提出物等的扣押】

所有人、持有人或保管人任意提交的物品或遗留的物品,可以无令状扣押。

第一百零九条 【搜查】

法院在必要时,限于认定的与被告案件有关的被告人身体、物品或住宅及其他场所,可以进行搜查。〈2011 年 7 月 18 日修改〉

对于非被告人的身体、物品、住宅及其他场所,限于在足以认定有应当扣押的物品的情况下可以进行搜查。

第一百一十条 【军事上的秘密和扣押】

对于军事上应当保密的场所,不经其负责人的允许不得扣押和搜查。

前款的负责人除了危害国家重大利益的情形外,不得拒绝许可。

第一百一十一条 【公务上的秘密和扣押】

对于公务员或曾为公务员的人所持有或保管的物品,在本人所属公务机关申报属于职务上涉及秘密的物品时,不经其所属公务机关或有关监督机关的许可,不得扣押。

所属公务机关或有关监督机关除了危害国家重大利益的情况外,不得拒绝许可。

第一百一十二条 【业务上的秘密和扣押】

辩护人、辩理师、公证人、注册会计师、税务师、代书业者、医师、中医师、牙医师、药剂师、药商、助产士、护士、宗教职业者或曾为这些职业者,在其业务上受委托所持有或保管的物品属于涉及他人秘密的物品时,可以拒绝扣押。但该他人许可或重大公益上有必要者除外。〈1980 年 12 月 18 日、1997 年 12 月 13 日修改〉

第一百一十三条 【扣押、搜查证】

在公审庭外进行扣押或搜查的,应当签发扣押、搜查证后进行。

第一百一十四条 【令状的方式】

搜查、扣押令状应当记载下列事项,并由裁判长或受命法官署名盖章。但,搜查、扣押之物属于电子通信的,应记载制作期间:〈2011 年 7 月 18 日、2020 年 12 月 8 日修改〉

(一)被告人的姓名;

(二)罪名;

（三）应扣押的物品；

（四）应搜查的场所、身体、物品；

（五）签发年月日；

（六）有效期间及经过期限不得着手执行并应当返还的意旨；

（七）其他大法院规则所规定的事项。

第一款有关令状的规定，准用第七十五条第二款。〈2020 年 12 月 8 日修改〉

[2020 年 12 月 8 日修改标题]

第一百一十五条 【令状的执行】

扣押、搜查证，要按照检察官的指挥由司法警察官吏执行。但是，在必要的情况下，裁判长可以命令法务事务官等执行。〈2007 年 6 月 1 日修改〉

第八十三条的规定，准用于扣押、搜查证的执行。

第一百一十六条 【注意事项】

扣押、搜查证的执行，应当注意保守他人的秘密，不危害被扣押人、搜查人的名誉。〈2020 年 12 月 8 日修改〉

第一百一十七条 【执行的协助】

法院事务官等在扣押、搜查证的执行上有要求时，可以请求司法警察官吏的协助。〈2007 年 6 月 1 日修改〉

第一百一十八条 【令状的出示】

扣押、搜查证应当向被扣押、搜查人出示。

第一百一十九条 【执行中的禁止出入】

在扣押、搜查证的执行中，可以禁止他人出入。

对违反前款规定者，可以命其退出或派人看守至执行完毕。

第一百二十条 【执行和必要的处分】

在扣押、搜查证的执行中，可以进行开启锁钥或启封等其他必要处分。

前款处分，对扣押物也可以进行。

第一百二十一条 【令状的执行和当事人在场】

检察官、被告人或辩护人可以在执行扣押、搜查证时在场。

第一百二十二条 【令状的执行和负责人在场】

执行扣押、搜查证，应当将执行的时间和地点事先通知前条规定的人。但是，前条规定的人明确表示不参与的意思时或有紧急情况时除外。

第一百二十三条 【令状的执行和负责人在场】

在公务机关、军用航空器、军用船、军用车执行扣押、搜查证，应当通知其负责人在场。

在前款规定之外的他人住宅、有看守人的住宅、建筑物、航空器、船、车内执行扣押、搜查证，应当命居住人、看守人或其他相关人在场。

不能使前款的人在场时，应当命邻居或地方公共团体的职员在场。

[2020 年 12 月 8 日修改全文]

第一百二十四条 【妇女的搜查和在场】

搜查妇女身体,应当命成年妇女在场。

第一百二十五条 【夜间执行的限制】

如果扣押、搜查证上没有可以夜间执行的记载,在日出前、日落后,就不得为了执行扣押、搜查证而进入他人的住宅、有看守人的住宅、建筑物、航空器或船、车内。

第一百二十六条 【限制夜间执行的例外】

在下列场所执行扣押、搜查证,不受前条限制:

(一)被认定常用于从事赌博、妨害风化行为的场所;

(二)旅馆、饮食店或其他公众可以夜间出入的场所,但限于营业时间内。

第一百二十七条 【执行中止和必要处分】

中止扣押、搜查证的执行且必要时,可以封闭或命人看守其场所,直至执行完毕。

第一百二十八条 【证明书的交付】

经搜查,没有证物或应当没收的物品时,应当交付其有该主旨的证明书。

第一百二十九条 【扣押目录的交付】

扣押时,应当制作目录,交付给所有人、持有人、保管人或其他相关的人。

第一百三十条 【扣押物的保管和废弃】

不便搬运或保管的扣押物,可以命人看守或经承诺使所有人或其他适当的人保管。

有发生危险之虑的扣押物,可以废弃。

法律上生产、制造、持有、所有或禁止流通的扣押物,有腐败的可能或难以保管的扣押物经所有人等有权限人的同意,可以废弃。〈2007 年 6 月 1 日新设〉

第一百三十一条 【注意事项】

为了防止扣押物的丧失或毁损,应当采取适当措施。

第一百三十二条 【扣押物的代价保管】

应当没收的扣押物有灭失、毁损、腐败或价值显著减少之虞,或者不便保管的,可以拍卖,保管其对价。

应当返还的扣押物有受返还人不明或所持人不明的情况,该扣押物有灭失、毁损、腐败或价值显著减少之虑,或者不便保管的,可以拍卖,保管其对价。

[2007 年 6 月 1 日修改全文]

第一百三十三条 【扣押物的返还和暂时返还】

认为没有继续扣押必要的扣押物,即便是被告案件终结前也应当决定返还;供作证据的扣押物,根据所有人、持有人、保管人或交出人的请求,可以暂时返还。

只供证据使用为目的的扣押,其所有人或持有人应当继续使用的物品,要迅速采取照相或其他保存原样的措施后,暂时返还。

第一百三十四条 【扣押赃物的返还被害人】

扣押的赃物,有明显返还被害人理由的,即便是被告案件终结前也可以决定返还被害人。

第一百三十五条 【扣押物的处分和通知当事人】

作出前三条的决定,应当事先通知检察官、被害人、被告人或辩护人。

第一百三十六条 【受命法官、受托法官】

法院可以命合议庭成员进行扣押或搜查,也可以委托管辖标的物所在地的地方法院法官。

扣押或搜查的标的物不在其管辖地的,受托法官可以委托所在地地方法院法官执行。

受命法官、受托法官进行的扣押或搜查,准用法院进行扣押或搜查的规定。

第一百三十七条 【拘禁票的执行和搜查】

检察官、司法警察官吏或按照第八十一条第二款所规定的法院事务官等执行拘禁票而必要时,限因紧急情况难以提前发布搜查证,可以进人他人的住宅、有看守人的住宅、建筑物、航空器、船、车内,搜查被告人。〈2007 年 6 月 1 日、2019 年 12 月 31 日修改〉

第一百三十八条 【准用规定】

第一百一十九条、第一百二十条、第一百二十三条和第一百二十七条的规定,准用于前条规定的检察官、司法警察官吏、法院事务官等进行的搜查。〈2007 年 6 月 1 日修改〉

第十一章 勘 验

第一百三十九条 【勘验】

法院为了查清事实而有必要时,可以进行勘验。

第一百四十条 【勘验和必要的处分】

进行勘验,可以检查身体、解剖尸体、挖掘坟墓、破坏物品及其他必要的处分。

第一百四十一条 【检查身体的注意事项】

检查身体,应当考虑被检查人的性别、年龄、健康状况及其他状况,注意不损害其健康和名誉。

被告人以外的人进行身体检查,以有明显理由可以确认存在证据痕迹的情况为限。

检查妇女身体,应当由医师或成年妇女参与。

解剖尸体或挖掘坟墓,应当注意礼俗并事先通知其遗属。

[2020 年 12 月 8 日修改全文]

第一百四十二条 【检查身体和传唤】

法院为了检查身体,可以将被告人以外的人传唤到法院或其他指定的场所。

第一百四十三条 【时刻的限制】

日出前、日落后,非经居住人、看守人或其他相关人的允许,不得为了进行勘验而进入他人的住宅、有看守人的住宅、建筑物、航空器或船、车内。但是,日出后勘验有不能达到目的之虑的情况除外。

日落前着手勘验的,日落后也可以继续勘验。

第一百二十六条所规定的场所,不受第一款的限制。

第一百四十四条 【勘验的协助】

有必要时,可以命司法警察官吏协助勘验。

第一百四十五条 【准用规定】

第一百一十条、第一百一十九条至第一百二十三条、第一百二十七条和第一百三十六条的规定,准用于勘验。

第十二章 询问证人

第一百四十六条 【证人的资格】

除了法律另有规定外,法院对任何人都可以作为证人进行询问。

第一百四十七条 【公务上的秘密和证人资格】

对于公务员或曾为公务员的人,因其职务而获知的事实,在本人或其所属公务机关申报属于职务上涉及秘密事项时,不经其所属公务机关或有关监督机关的允许,不得作为证人被询问。

所属公务机关或有关监督机关除了危害国家重大利益的情况外,不得拒绝允许。

第一百四十八条 【近亲的刑事责任和拒绝证言】

任何人可以拒绝作出有可能暴露自己或属于下列各项之一的关系人而被刑事追诉或被提起公诉或受有罪判决事实忧虑的证言:

(一)亲属或有亲属关系人;

(二)法定代理人、监护人。

[2020 年 12 月 8 日修改全文]

第一百四十九条 【业务上的秘密和拒绝证言】

律师、辩理师、公证人、注册会计师、税务师、代书书业者、医师、中医师、牙医师、药师、药商、助产士、护士、宗教职业者或曾为这些职业者,因在其业务上受委托的关系所获知的事实,属于涉及他人秘密的,可以拒绝作出证言。但是,有本人允许或在重大公益上有必要的除外。〈1980 年 12 月 18 日、1997 年 12 月 13 日修改〉

第一百五十条 【拒绝证言事由的陈明】

拒绝证言者,应当陈明拒绝事由。

第一百五十条之二 【证人的传唤】

法院通过传唤证的送达、电话、电子邮件及其他相当的方法传唤证人。

申请证人的人有义务作出合理努力,确保证人出席。

[2007 年 6 月 1 日新设本条]

第一百五十一条 【证人不出庭情况的罚款等】

收到传唤证的证人无正当理由拒不出庭时,法院决定命令其承担由于不出庭产生的诉讼费用,并可以处以五百万韩元以下的罚款。根据第一百五十三条规定准用于第七十六条第二款、第五款的规定,与传唤证的送达具有同样效力的情形,同前。

依据第一款处以罚款的证人收到裁判,无正当理由再次拒绝出席时,法院以决定对证人处以七日以内监置。

法院在监置裁判七日内传唤证人,应当审理是否具有第二款规定的正当事由。

监置,是依据作出该裁判的法院裁判长的命令,由司法警察官吏、监狱官、法院警卫,或者法院事务官等在监狱、看守所或警察署拘留所扣留并执行。

受到监置处罚裁判的证人在第四款规定的监置场所扣留的情况,应由该监置场所的长官立即通报法院。

法院在收到第五款规定的通知时,应当立即确定证人询问期日。

监置执行中的证人作证时,法院应当立即取消监置决定,并且命令释放该证人。

对于第一款和第二款的决定,可以即时抗诉。第四百一十条不适用于这种情况。

[2007 年 6 月 1 日修改全文]

第一百五十二条 【传唤不到和拘传】

对于无正当理由而传唤不到的证人,可以拘传。

第一百五十三条 【准用规定】

第七十三条、第七十四条、第七十六条的规定,准用于证人的传唤。

第一百五十四条 【院内证人的传唤】

证人在法院院内时,可以不经传唤而询问。

第一百五十五条 【准用规定】

第七十三条、第七十五条、第七十七条、第八十一条至第八十三条,以及第八十五条第一款和第二款的规定准用于证人的拘传。

第一百五十六条 【证人的宣誓】

询问前应当令证人宣誓。但是,法律另有规定的除外。

第一百五十七条 【宣誓的方式】

宣誓应当按照宣誓书进行。

宣誓书应当记载,“要凭良心,不隐瞒不虚构,按照事实原样说话,如有谎话,愿受伪证处罚。此誓”。

裁判长应当令证人朗读宣誓书并记名盖章或签名,但证人不能朗读宣誓书或签名时,由参与的法院事务官等代行。

宣誓,应当起立严肃进行。

[2020 年 12 月 8 日修改全文]

第一百五十八条 【对宣誓证人的告知】

裁判长应当在宣誓前对宣誓的证人告知伪证的处罚规定。

第一百五十九条 【无宣誓能力】

证人属于下列各项之一的,应当不经宣誓进行询问:

(一)不满十六岁的;

(二)不能理解宣誓主旨的。

第一百六十条 【拒绝证言权的告知】

证人符合第一百四十八条、第一百四十九条规定的,裁判长应当在询问前说明可以拒绝作出证言。

第一百六十一条 【宣誓、证言的拒绝和罚款】

证人无正当理由而拒绝宣誓或作出证言的,可以决定处以五十万韩元以下的罚款。〈1973 年 1 月 25 日、1995 年 12 月 29 日修改〉

第一款的决定,可以即时抗诉。〈1995 年 12 月 29 日修改〉

第一百六十一条之二 【询问证人的方式】

证人先由申请的检察官、辩护人或被告人询问,然后由其检察官、辩护人或被告人询问。

裁判长可以在前款询问之后询问。

裁判长认为必要时,不受前二款规定限制,随时进行询问,可以变更第一款的询问顺序。

法院依职权询问证人或依照被害人的申请询问证人,其询问方式由裁判长决定。〈1987 年 11 月 28 日修改〉

合议庭成员经告知裁判长后可以询问。

[1961 年 9 月 1 日新设本条]

第一百六十二条 【个别询问和对质】

询问证人,应当分别询问。〈1961 年 9 月 1 日修改〉

未询问的证人在庭时,应当命其退庭。

必要时可以命证人与其他证人或被告人对质。

删除〈1961 年 9 月 1 日〉

第一百六十三条 【当事人的参与权、询问权】

检察官、被告人或辩护人可以参与询问证人。

询问证人的时间和场所,应当事先通知依照前款规定可以参与的人。但是,明确表示不参与意思的除外。

第一百六十三条之二 【信赖关系人的陪同】

犯罪所致的被害人作为证人询问的情况下,法院考量证人的年龄、精神状态及其他事项,认为证人有显著的不安或紧张的情形时,法院依职权或被害人、法定代理人、检察官的申请,可以让与被害人有信赖关系的人陪同询问。

犯罪所致的被害人未满十三岁,或者由于身体上或精神上的障碍导致其辨别事物或意思决定能力减弱时,有碍于审判忧虑的不得已情形,法院应当让与被害人有信赖关系的人陪同询问。

依第一款或第二款规定的陪同人不得实施有妨害法院、诉讼关系人的询问或证人的陈述,或者不当影响陈述内容的损害行为。

关于第一款或第二款规定的陪同信赖关系人的范围、陪同的程序、方法等相关的必要事项由《大法院规则》规定。

[2007 年 6 月 1 日新设本条]

第一百六十四条 【审问的请求】

检察官、被告人或辩护人不参与询问证人时,可以请求法院询问必要事项。

在被告人或辩护人没有参与的情况下询问证人,而证人陈述了被告人没有预期的不利证言时,必须将其陈述内容告知被告人或辩护人。

删除〈1961 年 9 月 1 日〉

第一百六十五条 【证人的法庭外询问】

法院考虑证人的年龄、职业、健康状况等情况,经征询检察官、被告人或辩护人的意见后,可以传唤到法庭外或在其所在地询问。

第一百六十五条之二 【利用录像等媒介装置等询问证人】

法院认为符合下列各项规定的任何一种人作为证人被询问时,听取检察官、被告人或辩护人的意见,可以使用录像等媒介装置或设置遮蔽设施等进行询问。〈2009 年 6 月 9 日、2011 年 8 月 4 日、2012 年 12 月 18 日、2020 年 12 月 8 日修改〉

(一)属于《儿童福祉法》第七十一条第一款至第三款规定之罪的被害人;

(二)属于《儿童、青少年性保护法》第七条、第八条、第十一条至第十五条、第十七条规定之罪规定的儿童、青少年对象或被害人;

(三)因犯罪的性质、证人的年龄、身心状态、与被告人的关系及其他事项,与被告人等面对陈述会造成心理负担,明显导致失去精神平稳的人。

[2007 年 6 月 1 日新设本条]

第一百六十六条 【同行命令和拘传】

法院在必要时可以决定令证人同行至指定场所。

证人无正当理由而拒绝同行时,可以拘传。

第一百六十七条 【受命法官、受托法官】

法院可以命合议庭成员法庭外询问证人,或者可以委托证人所在地地方法院法官询问。

受委托法官在证人不在管辖区域内时,可以转托其现在所在地地方法院的法官。

受命法官或受托法官询问证人,可以进行属于法院或裁判长的处分。

第一百六十八条 【证人的旅费、津贴、住宿费】

被传唤的证人依照法律规定,可以请求旅费、津贴和住宿费。但是,无正当理由而拒绝宣誓或陈述证言者除外。

第十三章　鉴　　定

第一百六十九条　【鉴定】

法院可以令有学识经验者进行鉴定。

第一百七十条　【宣誓】

鉴定前应当令鉴定人宣誓。

宣誓应当按照宣誓书进行。

宣誓书应当记载,“要凭良心,诚实鉴定,如有虚假,愿受虚伪鉴定的处罚。此誓”。

第一百五十七条第三款、第四款和第一百五十八条的规定,准用于鉴定人的宣誓。

第一百七十一条　【鉴定报告】

鉴定的经过及其结果,应当令鉴定人提出书面报告。

鉴定人是多人时,可以分别或共同提出。

鉴定的结果,应当明示其判断理由。

必要时,可以命令鉴定人说明。

第一百七十二条　【法院外的鉴定】

法院在必要时,可以令鉴定人在法院外进行鉴定。

前款情形中,可以将需要鉴定的物品交付鉴定人。

有必要进行有关被告人精神或身体的鉴定时,法院可以规定期间,将被告人扣留于医院或其他适当场所,鉴定完毕应当立即解除扣留。

前款的扣留,应当签发鉴定拘票。〈1973 年 1 月 25 日修改〉

进行第三款的扣留,必要时法院依职权或经收容被告人的医院或其他场所管理者的请求,可以命司法警察官吏看守被告人。〈1973 年 1 月 25 日新设〉

法院在必要时可以延长或缩短扣留期间。〈1973 年 1 月 25 日新设〉

有关拘禁的规定,法律无特别规定时,准用第三款规定。但是,有关保释的规定除外。〈1973 年 1 月 25 日新设〉

第三款的扣留,在未决羁押日数的计算上视为拘禁。〈1973 年 1 月 25 日新设〉

第一百七十二条之二　【鉴定扣留和拘禁】

对拘禁中的被告人执行鉴定拘票时,被告人被扣留期间视为拘禁被停止执行。

在前款情形中,前条第三款规定的扣留处分被撤销或扣留期间届满时,视为拘禁的停止执行被撤销。

[1973 年 1 月 25 日新设本条]

第一百七十三条　【鉴定上必要处分】

鉴定人在鉴定上必要时,经法院许可,可以进入他人的住宅、有看守人的住宅、建筑物、航空器、船、车内,进行检查身体、解剖尸体、挖掘坟墓、破坏物品。

前款许可,应当签发记载被告人姓名、罪名、需要进入的场所、检查的身体、解剖的尸体、挖掘的坟墓、破坏的物品、鉴定人姓名和有效期间的许可证。

鉴定人应当向受第一款处分的人出示许可证。

前两款规定,不适用于鉴定人在公审庭进行的第一款的处分。

第一百四十一条、第一百四十三条的规定,准用于第一款的情况。

第一百七十四条 【鉴定人的参与权、询问权】

鉴定人在鉴定上必要时,经裁判长许可,可以阅览或抄录文书和物证,参与被告人或证人的询问。

鉴定人可以要求询问或经裁判长许可直接对被告人或证人发问。

第一百七十五条 【受命法官】

法院可以令合议庭成员就鉴定作出必要的处分。

第一百七十六条 【当事人的参与】

检察官、被告人或辩护人可以参与鉴定。

第一百二十二条的规定,准用于前款情形。

第一百七十七条 【准用规定】

有关鉴定,准用第十二章规定(有关拘传的规定除外)。

[2020 年 12 月 8 日修改全文]

第一百七十八条 【旅费、鉴定费等】

依照法律规定,鉴定人除旅费、日薪、住宿费外,还可以请求补偿鉴定费和因鉴定所支出的费用。

第一百七十九条 【鉴定证人】

询问依据特别知识获知的以往事实时,不依照本章规定,而依照前章规定。

第一百七十九条之二 【鉴定的委托】

法院认为必要时,可以向公务机关、学校、医院及其他有相当设备的团体或机关委托鉴定。这时,有关宣誓的规定不适用。

第一款的情况下,法院可以令该公务机关、学校、医院、团体或机关指定的人说明鉴定书。

[1995 年 12 月 29 日新设本条]

第十四章 口译和翻译

第一百八十条 【口译】

不通国语的人陈述,应当令口译人口译。

第一百八十一条 【聋哑人的口译】

聋或哑障碍人陈述,可以令口译人口译。

[2020 年 12 月 8 日修改全文]

第一百八十二条 【翻译】

非国语的文字或符号应当翻译。

第一百八十三条 【准用规定】

前章规定,准用于口译和翻译。

第十五章 证据的保全

第一百八十四条 【保全证据的请求及其程序】

检察官、被告人、嫌疑人或辩护人,在有不预先保全证据就难以使用该证据的情况时,即便是第一次公审日期之前,可以向法官请求进行扣押、搜查、勘验、询问证人或鉴定。

接受前款请求的法官,在其处分上具有与法院或裁判长同等的权限。

第一款的请求,应当以书面陈明事由。

对于第一款的请求驳回决定可以在三日内抗诉。〈2007 年 6 月 1 日新设〉

第一百八十五条 【文书的阅览等】

检察官、被告人、嫌疑人或辩护人,经法官的许可,可以阅览或抄录有关前条处分的文书和物证。

第十六章 诉 讼 费 用

第一百八十六条 【被告人诉讼费用的负担】

宣告刑罚时,应当使被告人负担诉讼费用的全部或部分。但是,因被告人的经济情况不能缴纳诉讼费用的除外。〈1995 年 12 月 29 日修改〉

因被告人应当承担责任的事由而发生的费用,在不宣告刑罚的情况下,也可以使被告人负担。

第一百八十七条 【共犯的诉讼费用】

共犯的诉讼费用,可以使共犯人连带负担。

第一百八十八条 【告诉人等诉讼费用的负担】

因告诉或告发而提起公诉的案件,被告人受无罪或免诉判决的情况下,告诉人或告发人有故意或重大过失的,可以使其负担诉讼费用的全部或部分。

第一百八十九条 【检察官上诉的撤回和诉讼费用的负担】

只有检察官上诉或请求再审的情况下,上诉或再审的请求被驳回或被撤回时,不得使被告人负担其诉讼费用。

第一百九十条 【第三者诉讼费用的负担】

非检察官上诉或请求再审的情况下,上诉或再审的请求被驳回或撤回时,可以使上诉或再审的请求人负担该诉讼费用。

非被告人撤回被告人提起的上诉或再审请求的情况下,也与前款相同。

第一百九十一条 【诉讼费用负担的裁判】

裁判诉讼程序终结的情形下,使被告人负担诉讼费用的,应当依职权裁判。

对于前款规定的裁判,限于对本案的裁判可以上诉。

第一百九十二条 【第三者负担诉讼费用的裁判】

以裁判使诉讼程序终结的情况下,使非被告人负担诉讼费用时,应当依职权决定。

对于前款的决定,可以即时抗诉。

第一百九十三条 【未经裁判的程序终结】

未经裁判终结诉讼程序的情况下,诉讼费用的负担应当由案件的最后系属法院依职权决定。

对于前款的决定,可以即时抗诉。

第一百九十四条 【负担数额的算定】

要求负担诉讼费用的裁判没有表示其金额时,由指挥执行的检察官算定。

第一百九十四条之二 【无罪判决与费用补偿】

国家在确定无罪判决的情况下,应当对该被告人支付其审判所需费用。

符合下列各项任何一种情形时,可以不补偿第一款所述的全部或部分费用:

(一)被告人以误导侦查或裁判为目的,进行虚假供述或因制造其他有罪证据而被起诉的情形;

(二)一个裁判分庭确定竞合犯的一部分无罪,而对另一部分确定为有罪判决的情形;

(三)依《刑法》第九条至第十条第一款规定的事由确定的无罪判决情形;

(四)该费用由被告人承担责任事由而产生的情形。

[2007 年 6 月 1 日新设本条]

第一百九十四条之三 【补偿费用的程序等】

依第一百九十条之二第一款规定的费用补偿,根据被告人的请求,由作出无罪判决法院的合议庭作出决定。

依第一款规定的请求,应当自知道无罪判决确定的事实之日起三年内,无罪判决确定之日起五年内提起。〈2014 年 12 月 30 日修改〉

对于第一款的决定可以即时抗诉。

[2007 年 6 月 1 日新设本条]

第一百九十四条之四 【补偿费用的范围】

依第一百九十条之二规定的补偿费用的范围,仅限于被告人或其辩护人出席公审准备和公判期日所需的差旅费、日薪、住宿费和辩护人的报酬。此种情形补偿金额准用《刑事诉讼费用等法》规定,对于被告人适用证人的有关规定,对于辩护人准用国选辩护人的有关规定。

对于公判准备或公判期日出席二人以上的辩护人情形,法院考虑案件的性质、审理的情况及其他事项,可以仅限于辩护人的差旅费、日薪和住宿费,代表辩护人或除此之外的一部分辩护人的费用。

[2007 年 6 月 1 日新设本条]

第一百九十四条之五 【准用规定】

补偿费用的请求、补偿费用的程序、补偿费用及其他法律规定的损害赔偿的关系，补偿权利的让渡、扣押或对被告人的继承人补偿费用，除适用本法规定外，亦适用《刑事补偿法》规定。

[2007 年 6 月 1 日新设本条]

第二编　第　一　审

第一章　侦　　查

第一百九十五条 【检察官与司法警察官的关系等】

检察官与司法警察官应当相互协力进行有关调查、提起公诉和维持公诉。

根据第一款规定，为了调查，应当遵守一般的调查准则，有关事项由总统令规定。

[2020 年 2 月 4 日新设本条]

[之前的第一百九十五条移至第一百九十六条 〈2020 年 2 月 4 日〉]

第一百九十六条 【检察官的调查】

检察官认为有犯罪嫌疑时，调查犯人、犯罪事实和证据。

[2020 年 2 月 4 日修改全文]

[之前的第一百九十六条移至第一百九十七条 〈2020 年 2 月 4 日〉]

第一百九十七条 【司法警察官吏】

警务官、警政、警监、警卫作为司法警察官认为有犯罪的嫌疑时，调查犯人、犯罪事实和证据。〈2020 年 2 月 4 日修改〉

警司、警长、巡警作为司法警察，应当为侦查提供辅助。〈2020 年 2 月 4 日修改〉

删除〈2020 年 2 月 4 日〉

删除〈2020 年 2 月 4 日〉

删除〈2020 年 2 月 4 日〉

删除〈2020 年 2 月 4 日〉

[2011 年 7 月 18 日修改全文]

[之前的第一百九十七条删除〈2020 年 2 月 4 日〉]

第一百九十七条之二 【补充调查要求】

符合下列各项情形之一的，检察官可以要求司法警察官补充调查：

(一)决定有关移送案件提起公诉与否或维持公诉所必要的情形；

(二)决定有关司法警察官申请令状的请求与否所必要的情形。

司法警察官在有第一款的要求时，无正当理由不履行时，应立即履行，并将结果通报给检察官。

检察总长或各级检察厅检察长在司法警察官无正当理由不履行第一款的要求时，可以要求有权的人解除该司法警察官的职务或惩处该司法警察官，该惩处程序遵循《公务员惩戒令》或《警察公务员惩戒令》。

[2020 年 2 月 4 日新设本条]

第一百九十七条之三 【纠正措施要求等】

在司法警察官吏的调查过程中，有违反法令、人权侵害或显著的调查权滥用可能的事实申告，或者认识到有此类事实的情况，检察官可以要求司法警察官送达案件记录副本。

收到第一款的送达要求的司法警察官应当立即向检察官移送案件记录副本。

收到第二款送达要求的检察官认为必要时，可以向司法警察官要求纠正措施。

司法警察官在接到第三款的纠正措施要求时，无正当理由不履行时，应立即履行，并将履行结果向检察官通报。

收到第四款通报的检察官，根据第三款作出的纠正措施要求，认定无正当理由不履行的情况下，可以要求司法警察官移送案件。

收到第五款的移送要求的司法警察官应当向检察官移送案件。

检察总长或各级检察厅检察长认为司法警察官吏在调查过程中，有违反法令、侵害人权或显著调查权滥用时，可以向有权限的人要求惩戒该司法警察官吏，该惩戒程序遵循《公务员惩戒令》或《警察公务员惩戒令》。

司法警察官在讯问嫌疑人前，应当向嫌疑人告知若在调查过程中有违反法令、侵害人权或显著滥用调查权的情形，可以向检察官申请救济。

[2020 年 2 月 4 日新设本条]

第一百九十七条之四 【调查的竞合】

检察官和司法警察官调查的是同一犯罪事实时，可以要求司法警察官移送案件。

收到第一款要求的司法警察官应当立即向检察官移送案件。但是，在检察官申请令状之前，对同一犯罪事实，司法警察官申请令状时，可以继续调查该证上的犯罪事实。

[2020 年 2 月 4 日新设本条]

第一百九十八条 【遵守事项】

对嫌疑人的侦查，原则上在非拘禁的状态下进行。

检察官、司法警察官吏及其他有关职务上侦查的人员应当尊重嫌疑人或其他人的人权，严守侦查过程中获取的秘密，不得妨害侦查。

检察官、司法警察官吏及其他有关职务上侦查的人员，在侦查过程中对要制作与取得的文件与物证应当制成目录。〈2011 年 7 月 18 日新设〉

[2007 年 6 月 1 日修改全文]

第一百九十八条之二 【检察官对逮捕、拘禁场所的监察】

地方检察厅检察长或支检察长为了调查有无非法逮捕、拘禁的情况,应当令检察官每月一次以上监察管辖区域内侦查机关逮捕、拘禁嫌疑人的场所。进行监察的检察官应当审问被逮捕或拘禁的人,调查相关文书。〈1995年12月29日修改〉

检察官有足以怀疑没有依照合法的程序逮捕或拘禁的理由时,应当命其立即释放被逮捕或拘禁的人或者将案件送交检察机关。〈1995年12月29日修改〉

[1961年9月1日新设本条]

[1995年12月29日修改标题]

第一百九十九条 【侦查和必要的调查】

为了达到侦查的目的,可以进行必要的调查。但是,强制处分限于本法特别规定的情况,并且应当仅在必要的最小限度内进行。〈1995年12月29日修改〉

为了侦查,可以函询公务机关等公私团体,要求报告必要的事项。

第二百条 【嫌疑人的到场要求】

检察官或司法警察官在侦查必要时可以要求嫌疑人到场陈述。

[2007年6月1日修改全文]

第二百条之二 【依令状逮捕】

嫌疑人具有实施了犯罪的相当理由,无正当理由拒绝依第二百条规定的到场要求,或者有拒绝到场的疑虑时,检察官可以向管辖地方法院请求逮捕嫌疑人并收到该法院逮捕证后进行逮捕。司法警察官向检察官申请,并经检察官申请,收到管辖地方法院法官发出的逮捕证后可以逮捕嫌疑人。但是,对五十万韩元以下的罚金、拘留或科料的案件,仅限于嫌疑人没有固定住所,或者第二百条规定的无正当理由拒绝到场要求的情形。

收到第一款请求的地方法院法官认为必要时发出逮捕证,但是,认为没有逮捕必要的情形可以拒绝发出逮捕证。

收到第一款请求的地方法院法官拒绝发出逮捕证时,并在请求书上填写其意旨及理由,署名盖章交付请求的检察官。

检察官之前对同一犯罪事实嫌疑人提出第一款的请求,即存在请求签发逮捕证或收到逮捕证的事实时,应当重新填写请求逮捕证的意旨和理由。

对逮捕的嫌疑人拘禁时,应当在自逮捕起四十八小时内申请拘禁票,该期间内未申请拘禁票的,应当即时释放嫌疑人。

[1995年12月29日新设本条]

[2007年6月1日修改标题]

第二百条之三 【紧急逮捕】

检察官、司法警察官有理由认为嫌疑人实施了可能判处死刑、无期或三年以上有期徒刑或监禁的犯罪,且符合下列各项情形之一,紧急情况需要又未能收到地方法院法官的逮捕证时,可以告知此事由后进行无证逮捕嫌疑人。这种紧急情况的需要指的是与偶然发现嫌疑人等相同的情形,取得逮捕证的时间上不充足:〈2007年6月1日

修改〉

（一）嫌疑人有隐匿证据忧虑的可能时；

（二）嫌疑人逃跑或有逃跑忧虑的可能时。

司法警察官依据第一款的规定逮捕嫌疑人时，应当立即取得检察官的承认。

检察官或司法警察官依据第一款的规定逮捕嫌疑人时，应当立即制作紧急逮捕证。

第三款规定的紧急逮捕证应当记载犯罪事实的要旨、紧急逮捕的事由等。

[1995 年 12 月 29 日新设本条]

第二百条之四 【紧急逮捕和令状请求期间】

检察官或司法警察官依照第二百条之三的规定逮捕嫌疑人的情况下，需要拘禁嫌疑人的，检察官应当即时向管辖的地方法院法官请求拘禁票。司法警察应当向检察官申请，通过检察官的请求向管辖地方法院法官请求拘禁票。这种情形应当自逮捕之时起四十八小时之内请求拘禁票，并应当附加第二百条之三第三款规定的紧急逮捕书。〈2007 年 6 月 1 日修改〉

没有依据第一款规定请求拘禁票或者未能取得签发时，应当立即释放嫌疑人。

对于依据第二款规定释放的人，不能因同一犯罪事实无令状逮捕。

检察官没有依第一款请求拘禁票而释放嫌疑人的情形，从释放之日起三十日内应当以书面方式将下列事项通知法院。这种情形应当附加紧急逮捕书的副本：〈2007 年 6 月 1 日新设〉

（一）紧急逮捕后被释放的嫌疑人个人信息；

（二）紧急逮捕的时间、场所和紧急逮捕的具体理由；

（三）释放的时间、场所和事由；

（四）紧急逮捕和释放的检察官或司法警察官的姓名。

紧急逮捕后被释放人或其辩护人、法定代理人、配偶、直系亲属、兄弟姐妹可以阅览、复制通知书和关联文书。〈2007 年 6 月 1 日新设〉

司法警察官对于紧急逮捕的嫌疑人未申请拘禁票而释放的情形，应当即时报告检察官。〈2007 年 6 月 1 日新设〉

[1995 年 12 月 29 日新设本条]

第二百条之五 【逮捕和嫌疑事实等的告知】

检察官或司法警察官逮捕嫌疑人时，应当告知其逮捕的事由、辩护人的选任及并给予辩解机会。

[2007 年 6 月 1 日新设本条]

[之前的第二百条之五移至第二百条之六〈2007 年 6 月 1 日〉]

第二百条之六 【准用规定】

第七十五条、第八十一条第一款正文和第三款，第八十二条，第八十三条，第八十五条第一款、第三款和第四款，第八十六条，第八十七条，第八十九条至第九十一条，第九十三条，第一百零一条第四款和第一百零二条第二款但书的规定，适用于检察官或司法警察官逮捕嫌疑人的情况。这种情况下“拘禁”视为“逮捕”,“拘禁票”视为“逮捕证”。〈2007 年 6 月 1 日修改〉

[1995 年 12 月 29 日新设本条]

第二百零一条 【拘禁】

有足以怀疑嫌疑人犯罪的理由,且有属于第七十条第一款各项之一规定的事由时,检察官可以通过请求管辖的地方法院法官,取得拘禁票,拘禁嫌疑人;司法警察官可以向检察官申请,通过检察官的请求取得管辖地方法院法官签发的拘禁票,拘禁嫌疑人。但是,对于最高可处五十万韩元以下罚金、拘留或科料的案件,限于嫌疑人没有固定住所的情况。〈1980 年 12 月 18 日、1995 年 12 月 29 日修改〉

请求拘禁票,应当提出可以认定拘禁必要性的资料。〈1980 年 12 月 29 日修改〉

接受第一款规定请求的地方法院法官,应当迅速决定是否签发拘禁票。〈1995 年 12 月 18 日新设〉

接受第一款规定请求的地方法院法官认为适当时,签发拘禁票。不签发拘禁票时,在请求书上记载其主旨及理由并在签字盖章后交付提出请求的检察官。〈1980 年 12 月 18 日修改〉

检察官之前对同一犯罪事实嫌疑人提出第一款规定的请求,即存在请求签发过或取得过拘禁票时,应当记载重新请求拘禁票的主旨和理由。〈1980 年 12 月 18 日修改〉

[1973 年 1 月 25 日修改全文]

第二百零一条之二 【拘禁票的请求和嫌疑人的审问】

对于依据第二百条之二、第二百条之三或第二百一十二条规定逮捕的嫌疑人,接受拘禁票的法官应当立即审问嫌疑人。这种情况下,除特别事由外,应当在接受拘禁票之日起第二天内审问。

对于第一款以外的嫌疑人,接受拘禁票请求的地方法院法官,在有足以怀疑嫌疑人犯罪的理由时,为了拘传而签发拘禁票,应当在拘传后审问嫌疑人,但由于嫌疑人逃跑等事由而不能审问的情形除外。

法官根据第一款或第二款的规定拘提嫌疑人后,应当立即通知检察官、嫌疑人及其辩护人审问的期日和场所。在嫌疑人被逮捕的情况下,检察官应当使嫌疑人按期到场。

检察官和辩护人在第三款规定的审问期日到场,陈述意见。

法官根据第一款或第二款规定进行审问时,应当对共犯进行分别审问并采取侦查上的秘密保护措施。

根据第一款或第二款规定的审问嫌疑人的情形,法院事务官等应当制作审问要旨等文书。

进行嫌疑人审问,从法院接受拘禁票请求书、侦查有关文书及物证之日起,到签发拘禁票返还给检察厅之日为止的期间,在第二百零二条及第二百零三条规定的适用上,不计入其拘禁期间内。

审问没有辩护人的嫌疑人时,地方法院法官应当依职权选任辩护人,辩护人的选任除嫌疑人的拘禁票请求被驳回效力消灭外,截至第一审有效。

因辩护人的情况或其他理由被取消选定为辩护人而没有辩护人时,法院可以重新选定辩护人。

第七十一条,第七十一条之二,第七十五条,第八十一条至八十三条,第八十五条条第一款、第三款、第四款,第八十六条,第八十七条第一款,第八十九条至第九十一条和第二百条之五第二款的规定准用于拘传情形。第四十八条、第五十一条、第五十三条、第五十六条之二和第二百七十六条之二的规定准用于审问嫌疑人的情形。

[2007 年 6 月 1 日修改全文]

第二百零二条 【司法警察官的拘禁期间】

司法警察官拘禁嫌疑人时,若十日以内不向检察官拘提嫌疑人,就应当释放。

第二百零三条 【检察官的拘禁期间】

检察官拘禁嫌疑人,或接受司法警察官拘提的嫌疑人时,若十日以内不提起公诉,就应当释放。

第二百零三条之二 【拘禁期间的计算】

依据第二百条之二、第二百条之三、第二百零一条之二第二款或第二百一十二条的规定逮捕或拘传嫌疑人时,第二百零二条或第二百零三条的拘禁期间要从逮捕或拘传嫌疑人之日起算。〈1997 年 12 月 13 日、2007 年 6 月 1 日修改〉

[1995 年 12 月 29 日新设本条]

第二百零四条 【签发令状和通知法院】

签发逮捕证或拘禁票后,没有逮捕或拘禁嫌疑人,或者释放逮捕或拘禁的嫌疑人时,检察官应当即时将其事由书面通知法院。〈1995 年 12 月 29 日修改〉

第二百零五条 【拘禁期间的延长】

地方法院法官根据检察官的申请认为有继续侦查的理由时,以不超过十天为限,可以许可延长第二百零三条规定的拘禁期间一次。

前款申请,应当提出可以认定有必要延长拘禁期间的资料。

第二百零六条 删除〈1995 年 12 月 29 日〉

第二百零七条 删除〈1995 年 12 月 29 日〉

第二百零八条 【再拘禁的限制】

被检察官或司法警察官拘禁后释放的人,除了发现其他重要证据的情况外,不得以同一犯罪事实再次拘禁。

前款情况下,为了一个目的,同时进行的或手段与结果相关联的行为,视为同一犯罪事实。

[1973 年 1 月 25 日修改全文]

第二百零九条 【准用规定】

第七十条第二款、第七十一条、第七十五条、第八十一条第一款正文和第三款、第八十二条、第八十三条、第八十五条至第八十七条、第八十九条至第九十一条、第九十三条、第一百零一条第一款、第一百零二条第二款正文(保释取消部分的除外)和第二百条之五的规定,准用于检察官或司法警察官拘禁嫌疑人的情况。〈2007 年 12 月 21 日修改〉

[2007 年 6 月 1 日修改全文]

第二百一十条 【司法警察官吏管辖区域外的侦查】

司法警察官吏在管辖区域外侦查或受管辖区域外司法警察官吏的委托进行侦查时,应当报告管辖区域的地方检察厅检察长或支检察长。但是,依照第二百条之三、第二百一十二条、第二百一十四条、第二百一十六条和第二百一十七条规定进行侦查而情况紧急时,可以事后报告。〈1961 年 9 月 1 日、1995 年 12 月 29 日修改〉

第二百一十一条 【现行犯和准现行犯】

犯罪实施中或刚刚实施完毕的人,是现行犯。

属于下列各项之一的人,视为现行犯:

(一)被人呼为犯人且被追捕的;

(二)持有赃物或足以认定为使用于犯罪的凶器等其他物品的;

(三)身体或衣服等处有明显的证据痕迹的;

(四)被询问是谁而要逃跑的。

[2020 年 12 月 8 日修改全文]

第二百一十二条 【现行犯的逮捕】

对于现行犯,任何人都可以无令状进行逮捕。

第二百一十二条之二 删除〈1987 年 11 月 28 日〉

第二百一十三条 【被逮捕现行犯的交付】

不是检察官或司法警察官吏的人逮捕现行犯后,应当立即交付检察官或司法警察官吏。

司法警察官吏接受现行犯的交付时,应当询问逮捕人的姓名、住所、逮捕的事由,必要时可以要求逮捕人同行到警察官署。

删除〈1987 年 11 月 28 日〉

第二百一十三条之二 【准用规定】

第八十七条、第八十九条、第九十条、第二百条之二第五款和第二百条之五的规定,准用于检察官或司法警察官吏逮捕现行犯或接受交付现行犯的情况。〈1995 年 12 月 29 日、2007 年 6 月 1 日修改〉

[1987 年 11 月 28 日新设本条]

第二百一十四条 【轻微案件和现行犯的逮捕】

对于最高可判处五十万韩元以下的罚金、拘留或科料之罪的现行犯,限于犯人住所不明时,适用第二百一十二条至第二百一十三条规定。〈1973 年 1 月 25 日、1980 年 12 月 18 日、1995 年 12 月 29 日修改〉

第二百一十四条之二 【逮捕和拘禁的适当性审查】

已逮捕和拘禁的嫌疑人或其辩护人、法定代理人、配偶、直系亲属、兄弟姐妹、户

主、家属以及同居人或雇主,可以向管辖法院提出对逮捕或拘禁的适当性审查请求。〈2020 年 12 月 8 日修改〉

逮捕或者拘禁嫌疑人的检察官或司法警察官应当告知已逮捕或拘禁的嫌疑人和嫌疑人指定的第一款中规定的人,可以依第一款规定提出适当性审查的请求。〈2020 年 12 月 8 日新设〉

依第一款提出的请求符合下列规定的任何一项时,法院可以依第四款不经审问决定驳回请求:〈1987 年 11 月 28 日、1995 年 12 月 29 日、2007 年 6 月 1 日、2020 年 12 月 8 日修改〉

(一)无请求权人请求或对同一逮捕证或拘禁票的发布再次请求时;

(二)共犯或共同嫌疑人的依次请求有明显妨害侦查的目的时。

接受第一款请求的法院,收到请求书起四十八小时内审问已逮捕或拘禁的嫌疑人,调查侦查关系文书和证据物,认为请求无理由时,决定驳回。认为请求有理由时,应当决定释放已逮捕或拘禁的嫌疑人。审查请求后对嫌疑人提起公诉的情况也相同。〈2020 年 12 月 8 日修改〉

法院对被拘禁的嫌疑人(包括审查请求后提起公诉的人),以缴纳能够保证其到场的保证金为条件,可以根据第四款规定以决定的方式命令释放。但是,属于下列各项情况的除外:〈2020 年 12 月 8 日修改〉

(一)有充分理由足以相信有毁灭证据可能的;

(二)有充分理由足以相信,对被害人、被认为知道对本案裁判必要的事实的人或其亲属的生命、身体及财产进行加害或有加害可能的。

作出第五款规定的释放决定时,可以附加限制住所或在法院或检察官指定的时间、场所到场的义务等适当条件。〈2020 年 12 月 8 日修改〉

第九十九条及第一百条的规定,准用于依据第五款的规定以缴纳保证金为条件进行释放的情况。〈2020 年 12 月 8 日修改〉

对于第三款和第四款的决定,不得抗诉。〈2020 年 12 月 8 日修改〉

检察官、辩护人、请求人可以出席第四款的审问,陈述意见。〈2020 年 12 月 8 日修改〉

已逮捕或拘禁的嫌疑人没有辩护人时,准用第三十三条的规定。〈2020 年 12 月 8 日修改〉

进行第四款的审问,法院应当采取共犯的分离审问等保证侦查上保密的适当措施。〈2007 年 6 月 1 日、2020 年 12 月 8 日修改〉

签发逮捕证或拘禁票的法官,不得参与第四款至第六款的审问、调查、决定。但是,签发逮捕证或拘禁票的法官之外,没有进行审问、调查、决定的法官,不在此限。〈2020 年 12 月 8 日修改〉

法院接受侦查相关文书或证据物起,到决定后返还给检察厅时为止的期间,在第二百条之二第五款(包括第二百一十三条之二规定的准用情况)和第二百条之四第一款规定的适用上,不计入其限制期限。在第二百零二条、第二百零三条和第二百零五

条的适用上，拘禁期间不计入其限制期限。〈2007 年 6 月 1 日、2020 年 12 月 8 日修改〉

第二百零一条之二第六款准用第四款规定的嫌疑人审问的情况。〈2020 年 12 月 8 日修改〉

[1980 年 12 月 18 日新设本条]

[1995 年 12 月 29 日修改标题]

第二百一十四条之三 【再逮捕及再拘禁的限制】

对于依据第二百一十四条之二第四款的规定，通过对逮捕或拘禁的适当性审查决定释放的嫌疑人，除有逃跑或毁灭证据的情形外，不得以同一犯罪事实再次逮捕或拘禁。〈1995 年 12 月 29 日、2007 年 6 月 1 日修改〉

对于依据第二百一十四条之二第五款规定释放的嫌疑人，除属于下列各项之一的情形外，不得以同一犯罪事实再次逮捕或拘禁：〈2020 年 12 月 8 日新设〉

(一)逃跑的；

(二)有充分理由足以相信有逃跑或毁灭罪证可能的；

(三)接到到场要求后无正当理由而不到场的；

(四)违反了限制住所等法院所规定条件的。

[1980 年 12 月 18 日新设本条]

[1995 年 12 月 29 日修改标题]

第二百一十四条之四 【保证金的没收】

法院在下列各项之一的情况下，可以依职权或检察官的请求，决定没收按照第二百四十一条之二第五款规定缴纳的保证金的全部或部分：〈2007 年 6 月 1 日修改〉

(一)依据第二百四十一条之二第五款规定释放的人，因第二百一十四条之三第二款列举的事由再次被拘禁的；

(二)提起公诉后，法院对依据第二百一十四条之二第五款规定释放的人，以同一犯罪事实再次拘禁的。

依据第二百四十一条之二第五款规定释放的人，以同一犯罪事实受到刑罚的宣告，并且判决确定之后，接到为了执行的传唤，而无正当理由不到场或逃跑时，法院应当依职权或检察官的请求，决定没收保证金的全部或部分。〈2007 年 6 月 1 日修改〉

[1995 年 12 月 29 日新设本条]

第二百一十五条 【扣押、搜查、勘验】

检察官在侦查犯罪而有必要时，限于认为嫌疑人有实施犯罪的嫌疑并可认定与该案件有关联的，依据向地方法院法官申请签发的令状，可以扣押、搜查、勘验。

司法警察官在侦查犯罪而有必要时，限于认为嫌疑人有实施犯罪的嫌疑并可认定与该案件有关联的，可以向检察官申请，地方法院法官签发了检察官请求的令状后，可以扣押、搜查、勘验。

[2011 年 7 月 18 日修改全文]

第二百一十六条 【不依据令状的强制处分】

检察官或司法警察官,在依据第二百条之二、第二百条之三、第二百零一条或第二百一十二条的规定进行逮捕或拘禁嫌疑人,必要时可以无令状进行下列处分:〈1995年12月29日、2019年12月31日修改〉

(一)在他人的住宅或他人看守的房屋、建筑物、航空器、船、车内侦查嫌疑人;

(二)在逮捕现场扣押、搜查、勘验。

前款第二项规定,准用于检察官或司法警察官对被告人执行拘禁票的情况。

犯罪在实施中或刚刚实施之后,因情况紧急无法取得法院法官签发的令状时,可以无令状而进行扣押、搜查或勘验。在这种情况下,事后应当迅速取得令状的签发。〈1961年9月1日新设〉

[将2018年4月26日宪法裁判所判定为宪法不一致的本条,2019年12月31日依法律第16850号予以修改]

第二百一十七条 【不依据令状的强制处分】

检察官或司法警察官,对于依据第二百条之三的规定逮捕的人所有、持有或保管的物品,因紧急情况的需要,限于在逮捕后二十四小时内,可以无令状进行扣押、搜查或勘验。

检察官或司法警察官依据第一款或第二百一十六条第一款第二项的规定扣押证物,有需要继续扣押的情况时,应当立即请求扣押、搜查令状。这种扣押、搜查令状的请求应当在逮捕后四十八小时内提出。

检察官或司法警察官依据第二款请求扣押、搜查令状,在没有取得签发时,应当立即返还证物。

[2007年6月1日修改全文]

第二百一十八条 【不依令状的扣押】

检察官、司法警察官可以无令状扣押嫌疑人等人遗留的物品或所有人、持有人或保管人任意提出的物品。

第二百一十八条之二 【扣押物的返还、假返还】

在检察官获取副本等情况下,认为无须继续扣押的扣押物或作为证据使用的扣押物,所有人、持有人、保管人或提出人请求时,检察官应当在公诉提起前返还或假返还。

检察官拒绝第一款请求时,申请人可以向对应该检察官所属的检察厅的法院申请扣押物的返还或假返还。

若法院对于第二款申请决定返还或假返还,检察官应当向申请人返还或假返还扣押物。

关于司法警察官的返还或假返还处分准用第一款至第三款的规定。这种情况下,司法警察官应当接受检察官的指挥。

[2011年7月18日新设本条]

第二百一十九条 【准用规定】

第一百零六条、第一百零七条、第一百零九条、第一百一十二条、第一百一十四条、

第一百一十五条第一款正文及第二款、第一百一十八条至第一百三十二条、第一百三十四条、第一百三十五条、第一百四十条、第一百四十一条、第三百三十三条第二款及第四百八十六条的规定准用于检察官或司法警察官依本章规定的扣押、搜查或勘验。但是,司法警察官依据第一百三十条、第一百三十二条和第一百三十四条的规定作出的处分应当接受检察官的指挥。〈1980 年 12 月 18 日、2007 年 6 月 1 日、2011 年 7 月 18 日修改〉

第二百二十条 【紧急处分】

进行第二百一十六条规定的处分而情况紧急时,不要求依据第一百二十三条第二款、第一百二十五条规定。

第二百二十一条 【对第三人到场的要求】

检察官或司法警察官进行侦查而有必要时,可以要求非嫌疑人到场,听取其陈述,经其同意可以录音录像。

检察官或司法警察官进行侦查而有必要时,可以委托鉴定、口译或翻译。

第一百六十三条之二第一款至第三款的规定准用于检察官或司法警察官调查被害人的情形。

[2007 年 6 月 1 日修改全文]

第二百二十一条之二 【询问证人的请求】

明确知道犯罪侦查上不可缺少的事实的人,拒绝依据前条规定到场或陈述的情况下,限于第一次公审日期前,检察官可以向法官请求对其进行询问。

删除〈2007 年 6 月 1 日〉

第一款规定的请求,应当书面陈述事由。〈2007 年 6 月 1 日修改〉

接受第一款规定的请求的法官,在有关证人询问上,具有与法院或裁判长同样的权限。〈2007 年 6 月 1 日修改〉

法官依据第一款规定的请求指定询问证人的日期,并应当通知被告人、嫌疑人或辩护人参与询问证人。〈2007 年 6 月 1 日修改〉

法官依据第一款的请求询问证人时,应当立即将相关文书送达检察官。〈2007 年 6 月 1 日修改〉

[1973 年 1 月 25 日新设本条]

[在 1996 年 12 月 26 日宪法裁判所违宪决定(94Hun-Ba1,1996 年 12 月 26 日)之前,本条第五款被 1995 年 12 月 29 日法律第 5054 号所修改,但因违宪决定致使本条第二款无效,所以第五款中有关第二款的部分自动丧失效力]

第二百二十一条之三 【鉴定的委托和鉴定扣留的请求】

检察官依据第二百二十一条规定委托鉴定时,有第一百七十二条第三款扣留处分必要的,应当请求法官。〈1980 年 12 月 18 日修改〉

法官认为第一款的请求适当时,应当作出扣留处分。第一百七十二条及第一百七十二条之二的规定准用于此。〈1980 年 12 月 18 日修改〉

[1973 年 1 月 25 日新设本条]

第二百二十一条之四 【鉴定必要的处分、许可证】

依据第二百二十一条的规定接受鉴定委托的人,通过法官的许可,可以进行第一百七十三条第一款规定的处分。

第一款规定的许可的请求,应当由检察官提出。〈1980 年 12 月 18 日修改〉

法官认为第二款规定的请求适当时,应当签发许可证。〈1980 年 12 月 18 日修改〉

第一百七十三条第二款、第三款及第五款的规定,准用于第三款的许可证。〈1980 年 12 月 18 日修改〉

[1973 年 1 月 25 日新设本条]

第二百二十一条之五 【对司法警察官申请令状的请求的审议】

检察官对司法警察官申请的令状无任何理由拒绝向法官请求时,司法警察官可以向该检察官所属的地方检察厅所在地管辖的高等检察厅申请审议令状的请求。

为了审议第一款有关事项,各高等检察厅设立令状审议委员会(本条内简称审议委员会)。

审议委员会由包括一名委员长在内的十名以内的外部委员组成,委员由各高等检察厅检察长任命。

司法警察官出席审议委员会,可以陈述意见。

审议委员会的构成和运行及其以外的必要事项,由法务部令规定。

[2020 年 2 月 4 日新设本条]

第二百二十二条 【非正常死亡的检视】

有非正常死亡人或有非正常死亡可疑的尸体时,应当由管辖其所在地的地方检察厅检察官进行检视。

通过前款规定的检视,认定有犯罪嫌疑且情况紧急时,可以无令状进行勘验。〈1961 年 9 月 1 日新设〉

检察官可以命令司法警察官进行前两款的处分。〈1961 年 9 月 1 日新设〉

第二百二十三条 【告诉权人】

因犯罪而被害的人,可以告诉。

第二百二十四条 【告诉的限制】

不得告诉本人或配偶的直系亲属。

第二百二十五条 【非被害人的告诉权人】

被害人的法定代理人可以独立告诉。

被害人已经死亡时,其配偶、直系亲属或兄弟姐妹可以告诉。但是,不得违反被害人明示的意思表示。

第二百二十六条 【同前】

被害人的法定代理人是嫌疑人,或者法定代理人的亲属是嫌疑人时,被害人的亲属可以独立告诉。

第二百二十七条 【同前】

对于毁损死者名誉的犯罪,其亲属或子孙可以告诉。

第二百二十八条 【告诉权人的指定】

对于亲告罪,如果没有告诉的人而有利害关系的人申请时,检察官应当在十日内指定可以告诉的人。

第二百二十九条 【配偶的告诉】

在《刑法》第二百四十一条规定的情形下,若不解除婚姻或提起离婚诉讼,则不能告诉。〈2007 年 6 月 1 日修改〉

前款情况下,如果恢复婚姻或撤回离婚诉讼时,视为撤回告诉。

第二百三十条 【告诉期间】

对于亲告罪,从知道犯人之日起经过六个月就不能告诉。但是,有不能告诉的不可抗力事由时,从其事由消失之日起算。

删除〈2013 年 4 月 5 日〉

第二百三十一条 【数名告诉权人】

可以告诉的人是多人时,其中一人的延误期间,不影响其他人的告诉。

第二百三十二条 【告诉的撤回】

第一审判决宣告之前,可以撤回告诉。

撤回告诉的人,不得再告诉。

在不能违背被告人明示的意思而论罪的案件中,对于希望处罚的意思表示的撤回,也准用第一款与第二款的规定。

[2020 年 12 月 8 日修改全文]

第二百三十三条 【告诉的不可分】

对于亲告罪共犯中的一人或数人的告诉及其撤回,对其他共犯也有效力。

第二百三十四条 【告发】

任何人认为有犯罪时,均可以告发。

公务员在执行职务中,认为有犯罪时,应当告发。

第二百三十五条 【告发的限制】

第二百二十四条的规定,准用于告发。

第二百三十六条 【代理告诉】

告诉及其撤回,可以让代理人进行。

第二百三十七条 【告诉、告发的方式】

告诉或告发,应当以书面或口头向检察官或司法警察官提出。

检察官或司法警察官接受口头告诉或告发时,应当制作笔录。

第二百三十八条 【告诉、告发和司法警察官的措施】

司法警察官接受告诉或告发时,应当迅速调查,将有关文书和证物移送给检察官。

第二百三十九条 【准用规定】

前两条的规定,准用于告诉或告发的撤回。

第二百四十条 【自首和准用规定】

第二百三十七条和第二百三十八条的规定,准用于自首。

第二百四十一条 【讯问嫌疑人】

检察官或司法警察官讯问嫌疑人,应当首先审问其姓名、年龄、籍贯、住所和职业,以确认嫌疑人无误。〈2007 年 5 月 17 日修改〉

第二百四十二条 【讯问嫌疑人的事项】

检察官或司法警察官,应当讯问嫌疑人有关犯罪事实和情节的必要事项,并给予其陈述有利事实的机会。

第二百四十三条 【讯问嫌疑人和参与人】

检察官讯问嫌疑人,应当让检察厅侦查官或者书记员参与;司法警察官讯问嫌疑人,应当使司法警察官吏参与。〈2007 年 6 月 1 日、2007 年 12 月 21 日修改〉

第二百四十三条之二 【辩护人的参与等】

检察官或司法警察官依据嫌疑人或其辩护人、法定代理人、配偶、直系亲属、兄弟姐妹的申请,应当允许辩护人会见嫌疑人或若无正当理由应当允许辩护人参与嫌疑人的讯问。

二名以上的辩护人意图参与审问时,嫌疑人指定其中一名辩护人参与审问,无法指定的情况下,检察官或司法警察官可以指定。

参与审问的辩护人可以在审问后陈述意见,但在审问中可以对不当的审问方法提出异议,经检察官或司法警察官的许可,可以陈述意见。

对于记载依据第三款的规定的辩护人意见的嫌疑人讯问笔录,让辩护人阅览后,应当使辩护人在笔录上记名盖章或署名。

检察官或司法警察官应当在嫌疑人讯问笔录上记载辩护人参与讯问及其限制的相关事项。

[2007 年 6 月 1 日新设本条]

第二百四十四条 【嫌疑人讯问笔录的制作】

嫌疑人的陈述应当记载在笔录上。

第一款的笔录应当给嫌疑人阅览或阅读,询问有无未按照陈述或与事实不同的部分,有无记载嫌疑人提起增加或变更请求等异议,或者陈述意见时应当在笔录上追加记载这些内容。在这种情况下,嫌疑人提出异议的部分应予以保留。〈2007 年 6 月 1 日修改〉

嫌疑人对陈述的笔录没有异议或意见时,应亲笔书写其意旨,并在笔录骑缝上盖章后,记名盖章或签名。〈2007 年 6 月 1 日修改〉

第二百四十四条之二 【嫌疑人陈述的录音录像】

对嫌疑人的陈述可以进行录音录像,这种情况下应当提前告知录音录像的事实,并且应当对笔录开始到终了整个过程和客观的状况进行录音录像。

根据第一款的规定进行的录音录像终了时,在嫌疑人或辩护人前,应立即将原本封印并使嫌疑人记名盖章或签名。

第二款规定情形中,嫌疑人或辩护人有要求时,应当申请再加工录音录像物,这种情况下,对其内容陈述有异议时,应当附加记载其意旨的文件。

[2007年6月1日新设本条]

第二百四十四条之三 【拒绝陈述权等的告知】

检察官或者司法警察官审问嫌疑人前,应当告知下列各项事项:

(一)可以对全部提问不陈述或对个别的提问不陈述;

(二)即使不作陈述,也不会受到不利的结果;

(三)放弃拒绝陈述权,所作的陈述将作为法庭罪证使用;

(四)审问时,可以通过让辩护人参与等形式获得辩护人的帮助。

检察官或司法警察官依据第一款的规定告知时,应提问嫌疑人是否行使嫌疑人拒绝陈述权和获得辩护人帮助权,嫌疑人对此答辩应当记载在笔录上。此情况下,嫌疑人的答辩可以由嫌疑人记载,或者检察官或司法警察官记载嫌疑人答辩的部分由嫌疑人记名盖章或签名。

[2007年6月1日新设本条]

第二百四十四之四 【侦查过程的记录】

检察官或司法警察官为了确认嫌疑人到达调查地点的时间、调查开始和结束的时间,以及其他调查的经过,将必要的事项记录在嫌疑人的讯问笔录上,或者应当在另一张书面上记录后编入调查记录。

第二百二十四条第二款和第三款的规定准用于第一款规定的笔录和相关文书。

第一款和第二款规定准用于调查非嫌疑人的情形。

[2007年6月1日新设本条]

第二百四十四条之五 【残疾人等需特别保护人的特则】

检察官或司法警察官在审问嫌疑人时,符合下列各项情形之一的,依职权或依嫌疑人、法定代理人的申请,可以允许与嫌疑人有信赖关系人同席:

(一)由于身体的或精神的障碍导致嫌疑人辨别事物能力、意思决定能力、表达能力减弱的;

(二)考虑到嫌疑人的年龄、性别、国籍等事项,及为了其心理安全和顺畅的沟通的必要的情形。

[2007年6月1日新设本条]

第二百四十五条 【与参考人的对质】

检察官或司法警察官为了查清事实,必要时可以使嫌疑人与其他嫌疑人或非嫌疑人对质。

第二百四十五条之二 【专门调查咨询委员的参与】

检察官为了明确公诉提起与否和关联的事实关系的必要情况,依职权或依嫌疑人或辩护人的申请,指定专门调查委员参与侦查程序,听取咨询。

专门调查委员根据专门的知识提出书面的说明或意见,或者可以依专门知识说明或陈述意见。

对于第二款规定的专门调查委员提出的文书或专门调查委员的说明或陈述的意见,检察官应当给予嫌疑人或辩护人口述或以书面陈述意见的机会。

[2007年12月21日新设本条]

第二百四十五条之三 【专门调查委员指定等】

依据第二百四十五条之二第一款规定使专门调查委员参与调查程序的情况,检察官每个案件指定至少一名以上的专门调查委员。

检察官认为适当时,可以取消专门调查委员的指定。

嫌疑人或辩护人针对专门调查委员对检察官的指定,可以向管辖的高等检察厅检察长提起异议。

向专门调查委员支付补助,必要的情况下还可以支付差旅费、日薪及住宿费。

专门调查委员的指定、指定取消、异议提起程序与方法、支付补助及其他必要事项由法务部令规定。

[2007年12月21日新设本条]

第二百四十五之四 【准用规定】

第二百七十九条之七和第二百七十九条之八的规定准用于检察官的专门调查咨询委员。

[2007年12月21日新设本条]

第二百四十五条之五 【司法警察官的案件移送等】

司法警察官在调查案件时,包括公诉、控告案件,应当区分遵循下列各项规定:

(一)认为有犯罪的嫌疑时,应立即向检察官移送案件,并向检察官送达相关文书和证物。

(二)除此之外的情形,应及时将注明原因的书面材料和证据相关文件、证物交给检察官。在这种情况下,检察官应当在收到寄送材料之日起九十日内返还给司法警察官。

[2020年2月4日新设本条]

第二百四十五条之六 【对告诉人等送达通知】

司法警察官在第二百四十五条之五第二款规定的情况下,在其送达之日起七日内,应当向案件的告诉人、控告人、被害人或其法定代理人(被害人死亡的情况下,包括其配偶、直系亲属、兄弟姐妹)书面告知检察官不能送达的意旨及其理由。

[2020年2月4日新设本条]

第二百四十五条之七 【告诉人等的异议申请】

收到第二百四十五条之六规定通知的人,可以向该司法警察官所属官署的长官申请异议。

有第一款申请时,司法警察官应当立即向检察官移送案件有关的书面文件和证物,处理结果及其理由应当向第一款的申请人通知。

[2020年2月4日新设本条]

第二百四十五条之八 【重新调查要求等】

在第二百四十五条之五第二项规定的情形中，司法警察官不移送案件违法或不当时，检察官应将其理由以文书明示，并可以要求司法警察官重新调查。

司法警察官在有第一款的要求时，应当重新调查案件。

[2020 年 2 月 4 日新设本条]

第二百四十五条之九 【检察官厅职员】

作为检察官厅职员，履行司法警察官吏职务的人及其职务范围由法律规定。

履行司法警察官职务的检察官厅职员，收到检察官的指挥后应当调查案件。

履行司法警察官吏职务的检察厅职员应当辅助履行检察官或司法警察官的检察厅职务调查。

对于履行司法警察官吏职务的检察厅职员不适用第一百九十七条之二至第一百九十七条之四、第二百二十二条之五、第二百四十五条之五至第二百四十五条之八的规定。

[2020 年 2 月 4 日新设本条]

第二百四十五条之十 【特别司法警察官吏】

森林、海事、专卖、税务、军事调查机关及其以外的特别事项，履行司法警察官吏职务的特别司法警察官吏及其职务范围由法律规定。

特别司法警察官的全部调查接受检察官的指挥。

特别司法警察官认为有犯罪嫌疑时，应当着手进行犯人、犯罪事实和证据的调查。

特别司法警察官吏在有检察官指挥时，依检察官的指挥调查。检察官指挥的具体事项，由法务部令规定。

特别司法警察官吏调查犯罪时，应当立即将案件移送检察官，并送达相关文书和证物。

对于特别司法警察官吏不适用第一百九十七条之二至第一百九十七条之四、第二百二十一条之五、第二百四十五条之五至第二百四十五条之八的规定。

[2020 年 2 月 4 日新设本条]

第二章 公 诉

第二百四十六条 【国家追诉主义】

公诉，由检察官提起。

第二百四十七条 【起诉便宜主义】

检察官可以参酌《刑法》第五十一条规定的事项，不提起公诉。

[2007 年 6 月 1 日修改全文]

第二百四十八条 【公诉效力的范围】

公诉对检察官指定的被告人以外的其他人无效。〈2020 年 12 月 8 日修改〉

对于犯罪事实部分的公诉，其效力及于全部犯罪事实。〈2020 年 12 月 8 日修改〉

[2007 年 6 月 1 日修改全文]

[2020 年 12 月 8 日修改标题]

第二百四十九条 【公诉时效的期间】

公诉时效，因下列期间的经过而完成：〈1973 年 1 月 25 日、2007 年 12 月 21 日修改〉

(一)对于应当处以死刑的犯罪是二十五年；

(二)对于应当处以无期惩役或无期监禁的犯罪是十五年；

(三)对于应当处以十年以上惩役或监禁的犯罪是十年；

(四)对于应当处以十年以下惩役或监禁的犯罪是七年；

(五)对于应当处以五年以下惩役或监禁、十年以上停止资格或罚金的犯罪是三年；

(六)对于应当处以五年以上停止资格的犯罪是三年；

(七)对于应当判处五年以下停止资格、拘留、科料或没收的犯罪是一年。

提起公诉的犯罪，未经判决确定，从提起公诉之日起经过十五年的，视为公诉时效已经完成。〈2007 年 12 月 21 日新设〉

第二百五十条 【两个以上的刑罚和时效期间】

对于并科两个以上的刑罚，或在两个以上的刑罚中处罚其中一个刑罚的犯罪，按照重的刑罚适用前条的规定。

[2020 年 12 月 8 日修改全文]

第二百五十一条 【刑罚的加重、减轻和时效期间】

依据《刑法》加重或减轻刑罚的情况下，要按照没有加重或减轻的刑罚适用第二百四十九条规定。〈2007 年 6 月 1 日修改〉

第二百五十二条 【时效的起算点】

时效从犯罪行为终了之时起算。

共犯从最终行为终了之时起对全部共犯计算时效期间。

第二百五十三条 【时效的停止和效力】

时效因公诉的提起而停止，从驳回公诉或确定管辖错误的裁判之时起计算。〈1961 年 9 月 1 日修改〉

共犯之一人发生前款的时效停止，其效力及于其他共犯，从该案件的裁判确定之时起进行。〈1961 年 9 月 1 日修改〉

犯人为了避免刑事处分而在国外的情形，其在国外的期间内停止计算公诉时效。〈1995 年 12 月 29 日新设〉

第二百五十三条之二 【公诉时效的适用排除】

对于杀人犯罪(不包括从犯)，应当判处死刑的，不适用第二百四十九条至第二百五十三条规定的公诉时效。

[2015 年 7 月 31 日新设本条]

第二百五十四条 【提起公诉的方式和起诉书】

提起公诉,应当向管辖法院提出起诉书。

起诉书应当附加相应于被告人数的副本。

起诉书应当记载下列事项:

(一)被告人的姓名等其他足以认定被告人的事项;

(二)罪名;

(三)公诉事实;

(四)适用法条。

公诉事实应当载明犯罪的时日、场所和方法,以及特定犯罪事实。

可以将数个犯罪事实和适用法条,预备性地或择一性地记载。

第二百五十五条 【公诉的撤销】

第一审判决宣告之前,可以撤销公诉。

撤销公诉,应当以书面方式进行,但在公审庭上可以用口头进行。

第二百五十六条 【移送管辖】

检察官在案件不属于与其所属检察厅相对应的法院管辖时,应当将案件与相关文书和证物一起移送至与管辖法院相对应的检察厅检察官。

第二百五十六条之二 【向军事检察官移送案件】

检察官在案件属于军事法院裁判时,应当将案件与相关文书和证物一起,移送具有管辖权的军事法院检察部检察官。在这种情形下,移送之前进行的诉讼行为的效力在移送之后不受影响。〈1987 年 11 月 28 日、2016 年 1 月 6 日修改〉

[1973 年 1 月 25 日新设本条]

[2016 年 1 月 6 日修改标题]

第二百五十七条 【告诉等案件的处理】

检察官依告诉或告发而侦查犯罪时,应当在受理告诉或告发之日起三个月内侦查终结,并决定是否提起公诉。

第二百五十八条 【向告诉人等的处分告知】

检察官对于告诉或告发的案件,在作出提起或不提起公诉的处分、撤销公诉或进行第二百五十六条规定的移送时,应当从其处分之日起七日内,将情况通知告诉人或告发人。

检察官在不起诉或作出第二百五十六条的处分时,应当立即将情况通知嫌疑人。

第二百五十九条 【向告诉人等不提起公诉理由的告知】

检察官对于告诉或告发的案件,作出不提起公诉处分而有告诉人或告发人的请求时,应当在七日内向告诉人或告发人以书面方式说明其理由。

第二百五十九条之二 【向受害人等的通知】

检察官依据有犯罪引起的受害人或其法定代理人(受害人死亡的情况下,包括其配偶、直系亲属、兄弟姐妹)的申请时,应当迅速通知该案公诉提起与否、公判的时间、场所、裁判结果、嫌疑人或被告人的拘留或释放等羁押有关的事实等。

[2007 年 6 月 1 日新设本条]

第二百六十条 【裁定的申请】

作为告诉权者告诉的人(包括依据《刑法》第一百二十三条至第一百二十六条规定的罪名告发的人,以下条文中相同)在接到检察官的不提起公诉通知时,可以向该检察官所属的地方检察厅所在地管辖的高等法院(以下简称管辖的高等法院)申请裁定不提起公诉是否适当。但是,对于《刑法》第一百二十六条规定的罪名,违背非公布人明示的意思,不得申请裁定。〈2011 年 7 月 8 日修改〉

依据第一款进行的裁定申请,须经《检察厅法》第十条规定的抗诉,但是,符合下列各项情形之一的除外:

(一)抗诉后,重新调查完成以后,再次收到拒绝提起公诉通知的情况;

(二)抗诉申请后,不履行抗诉的处分经过三个月的情况;

(三)检察官在公诉时效截止前三十日内,不提起公诉的情况。

依据第一款意图重新申请的人应当在收到抗诉驳回决定之日或第二款各项的事由发生之日起十日内,向地方检察厅检察长或支厅长提出裁定申请书。但是,在第二款第三项的情况下可以在公诉时效截止前提出裁定申请书。

裁定申请书应当记载作为裁定申请对象的案件犯罪事实和证据等有理由申请裁定的事由。

[2007 年 6 月 1 日修改全文]

第二百六十一条 【地方检察厅检察长等的处理】

依据第二百六十条第三款规定,接受裁定申请书的地方检察厅检察长或支厅长接受裁定申请书起七日内,应当将裁定申请书、意见书、调查关联文件和证据物经由管辖的高等检察厅送达管辖的高等法院。但是,符合第二百六十条第二款各项中任何一项规定的情形的,地方检察厅检察长或支厅长遵循下列区分:

(一)认为有申请的理由时,应立即提起公诉,并将此意旨通知管辖的高等法院和裁定申请人;

(二)认为无申请的理由时,三十日内送达管辖的高等法院。

[2007 年 6 月 1 日修改全文]

第二百六十二条 【审理和决定】

法院接收裁定申请书时,应当自接受之日起十日内向嫌疑人通知此事实。

法院自接受裁定申请书之日起三个月内,按照抗诉程序,依照下列各项分别作出决定。这种情形必要时可以调查证据:

(一)申请违反法律上的方式或无理由时,驳回申请;

(二)申请理由成立时,决定对于案件提起公诉。

裁定申请案件的审理无特殊情况不公开。

对于第二款第一项的决定,依据第四百一十五条规定可以即时抗诉;对于第二款第二项的决定不得不服。对于第二款第一项的决定确定的案件,发现有重要证据的情况除外,不可以追诉。〈2016 年 1 月 6 日修改〉

法院作出第二款的决定时,应当立即将该正本送交裁定申请人、嫌疑人和管辖地方检察厅检察长或支厅长。这种情况下，作出第二款第二项的决定时，应当将案件记录送交管辖地方检察厅检察长或支厅长。

根据第二款第二项的决定接受裁定申请书的管辖地方检察厅检察长或支厅长应立即指定负责的检察官，指定的检察官应当提起公诉。

[2007年6月1日修改全文]

第二百六十二条之二 【限制裁定申请案件记录的阅览、复制】

不得阅览或复制裁定申请案件的审理中的关联文书和证据物，但是，法院可以阅览、复印在第二百六十二条第二款后段规定的证据调查过程中作成的全部或部分文书。

[2007年6月1日新设本条]

[之前的第二百六十二条之二移至第二百六十二条之四〈2007年6月1日〉]

第二百六十二条之三 【费用承担等】

在法院作出第二百六十二条第二款第一项的决定或第二百六十四条第二款的取消情况下，可以决定由裁定申请人承担因申请程序产生的一部或全部费用。

法院依职权或嫌疑人的申请，可以令裁定申请人支付嫌疑人在裁定申请程序中负担的或拟负担的辩护人选任费等费用的全部或一部分。

对于第一款和第二款的决定可以即时抗诉。

依据第一款和第二款规定的费用的支付范围和程序等由大法院规则规定。

[2007年6月1日新设本条]

第二百六十二条之四 【公诉时效的停止等】

如果有依据第二百六十条规定的裁定申请，确定第二百六十二条规定的裁定决定时止，停止计算公诉时效。〈2007年12月21日、2016年1月6日修改〉

作出第二百六十二条第二款第二项的决定时，关于公诉时效，最初作出该决定之日视为提起公诉之日。

[2007年6月1日修改全文]

第二百六十三条 删除〈2007年6月1日〉

第二百六十四条 【代理人的申请和一人申请的效力及撤销】

裁定申请可以由代理人提出。共同申请权人中一人的申请，其效力及于全体。

裁定申请，直至作出第二百六十二条第二款的决定之前可以撤销。撤销人不得再提出裁定申请。〈2007年6月1日修改〉

前款的撤销，其效力不及于其他共同申请权人。

第二百六十四条之二 【公诉撤销的限制】

检察官根据第二百六十二条第二款第二项的决定提起公诉时，不得撤销。

[2007年6月1日新设本条]

第二百六十五条 删除〈2007年6月1日〉

第三章 公 审

第一节 公审准备和公审程序

第二百六十六条 【起诉书副本的送达】

提起公诉时,法院应当迅速将起诉书副本送达被告人或辩护人。应当在第一次公审日期五日前送达。

第二百六十六条之二 【意见书的提出】

被告人或辩护人自收到起诉书副本之日起七日内,应当向法院提出记载对公诉事实认定与否、公审准备程序有关的意见等内容的意见书。但是,被告人拒绝陈述的情况下,可以提出记载此意旨的意见书。

法院收到第一款规定的意见书时,应当送达检察官。

[2007 年 6 月 1 日新设本条]

第二百六十六条之三 【公诉提起后,检察官保管的文书等的阅览、复印】

被告人或辩护人可以向检察官申请提起公诉案件的文书或物证(以下简称文书等)的目录和公诉事实的认定或影响量刑的下列书证等的阅览、复印或书面交付。但是,被告人有辩护人时,被告人只能申请阅览:

(一)检察官申请作为证据的文书等;

(二)记载检察官申请作为证人的人的姓名、与案件的关系等书面材料或记载该人在公审期日前进行陈述的文书等;

(三)第一项或第二项规定的书面材料或文书等的证明力和关联文书等;

(四)被告人或辩护人进行法律上、事实上的主张和关联的文书等(包括关联刑事裁判确定的记录、不起诉处分的记录等)。

检察官基于国家安全、证人保护的必要性、证据灭失的考虑、相关案件调查的障碍等此类预计的具体事由,有不许阅览、复印或书面的交付相当的理由时,可以拒绝阅览、复印或书面交付或者限制其范围。

检察官拒绝阅览、复印或书面交付或限制其范围时,应当立即以书面的方式通知其理由。

自收到第一款的申请时起四十八小时以内检察官未作出第三款规定的通知时,被告人或辩护人可以进行第二百六十六条之四第一款规定的申请。

不受第二款规定限制,检察官可以拒绝对文书等目录的阅览或复印。

第一款规定的文书等包括图纸、照片、录音磁带、录像、电脑光盘以及其他的为储存信息物件的非文书特殊媒介。这种情况下,对于特殊媒介的誊写限于最小范围内。

[2007 年 6 月 1 日新设本条]

第二百六十六条之四 【法院的阅览、复印决定】

检察官对文书等的阅览、复印或书面材料的交付拒绝或限制其范围时,被告人或辩护人可以向法院申请许可此文书等的阅览、复印或书面的交付。

有第一款规定的申请时,法院在考量许可阅览、复印或书面交付的情况下产生弊害的类型和程度、被告人的防御或迅速审判的必要性和文书等的重要性等事项,可以命令检察官许可阅览、复印或书面的交付。这种情况下,可以指定阅览或复印的时期、方法或赋予条件、义务。

法院在作出第二款规定的决定时,应当给予检察官提出意见的机会。

法院认为必要时,可以要求检察官出示文书等,审问被告人或利害关系人。

检察官若不立即履行第二款规定的阅览、复印或书面交付的法院决定,不能申请该证人和文书等作为证据。

[2007年6月1日新设本条]

第二百六十六条之五 【公审准备程序】

裁判长为了有效和集中审理,可以将案件交付公审准备程序。

公审准备程序,以准备书面的主张和举证计划等事项,或确定公审准备期日的方式进行。

检察官、被告人或辩护人事先搜集、整理证据,应当协力确保公审准备程序顺利进行。

[2007年6月1日新设本条]

第二百六十六条之六 【提交公审准备书面材料】

检察官、被告人或辩护人可以向法院提交书面记载法律上、事实上主张的要旨、举证意旨等材料。

裁判长根据第一款,可以命令检察官、被告人或辩护人提交书面材料。

法院根据第一款或第二款规定,书面提交时,应当向相对方送达副本。

裁判长可以要求检察官、被告人或辩护人对起诉书等提交法院的书面说明作出公审准备的必要命令。

[2007年6月1日新设本条]

第二百六十六条之七 【公审准备期日】

法院可以听取检察官、被告人或辩护人的意见指定公审准备期日。

检察官、被告人或辩护人可以向法院申请指定公审准备期日。这种情形,对法院就该申请作出的决定不得提出异议。

法院可以让合议庭成员进行公审准备期日。这种情形,授命法官对公审准备期日享有与法院或裁判长同等的权限。

公审准备期日公开,但是,公开对程序的进行有妨害的忧虑时,可以不公开。

[2007年6月1日新设本条]

第二百六十六条之八 【检察官和辩护人等的出席】

公审准备期日检察官和辩护人应当出席。

公审准备期日法院事务官等参加。

法院应当向检察官、被告人和辩护人通知公审准备期日。

法院指定公审准备期日的案件没有辩护人时,应当依职权选任辩护人。

法院认为必要时可以传唤被告人,被告人未经法院传唤时,也可以出席公审准备期日。

裁判长应当告知出席的被告人可以拒绝陈述。

[2007年6月1日新设本条]

第二百六十六条之九 【公审准备相关事项】

法院在公审准备程序中可以实施下列行为:

(一)明确公诉事实或适用法条的行为;

(二)允许公诉事实或适用法条的追加、撤回或变更的行为;

(三)明确公审事实和关联主张的内容,整理案件的争议点的行为;

(四)要求说明统计困难或其他复杂内容的行为;

(五)要求提交证据申请的行为;

(六)要求明确申请证据的举证意旨和内容等的行为;

(七)确认与证据申请有关的意见行为;

(八)作出证据采否的决定行为;

(九)指定证据调查的顺序和方法的行为;

(十)决定文书等的阅览或复印和决定关联申请是否适当的行为;

(十一)指定或变更公审期日的行为;

(十二)指定其他与公审程序的进行有关的必要事项的行为。

第二百六十九条和第三百零四条的规定准用有关公审准备程序。

[2007年6月1日新设本条]

第二百六十六条之十 【公审准备期日结果的确认】

法院在公审准备期日终了时,向检察官、被告人或辩护人告知关联的争议点和证据整理结果,并应当确认有无与之相关的异议。

法院应当在公审准备期日文书上记载争议点和证据的整理结果。

[2007年6月1日新设本条]

第二百六十六条之十一 【被告人或辩护人保管的文书等的阅览、复印】

被告人或辩护人在公审期日或公审准备期日程序中提出不在现场、心神丧失、心神微弱等法律上、事实上的主张时,检察官可以向被告人或辩护人要求下列文书等的阅览、复印或书面交付:

(一)被告人或辩护人申请作为证据的文书等;

(二)被告人或辩护人申请作为证人的姓名、与案件的关系等记载的书面材料;

(三)与第一项的文书等或与第二项规定的书面材料的证明力相关联的文书等;

(四)被告人或辩护人进行的法律上、事实上的主张和关联的文书等。

检察官依据第二百六十六条之三的规定拒绝文书等的阅览、复印或书面材料的交付时,被告人或辩护人可以依据第一款规定拒绝文书等的阅览、复印或书面材料的交付。但是,法院依据第二百六十六条之四第一款规定驳回申请决定的除外。

被告人或辩护人拒绝第一款规定的要求时,检察官可以向法院申请允许对该文书等的阅览、复印或书面材料的交付。

有第三款的申请时,准用第二百六十六条之四第二款至第五款的规定。

第一款规定的文书等准用第二百六十六条之三第六款规定。

[2007 年 6 月 1 日新设本条]

第二百六十六条之十二 【公审准备程序的终结事由】

法院认为有下列任何一项事由时,应当终结公审准备程序。但是,有第二款或第三款规定的情况,应当继续公审的准备事由时,不得如此:

(一)争议点和证据的整理完成时;

(二)案件提交公审准备程序经过三个月;

(三)检察官、辩护人或经传唤的被告人不出庭时。

[2007 年 6 月 1 日新设本条]

第二百六十六条之十三 【公审准备期日终结的效力】

未能在公审准备期日申请的证据,仅限于在下列任何一项的情况下可以申请公审期日:

(一)不因申请而明显拖延诉讼时;

(二)无重大过失,在公审准备期日未能提起等不得已事由消失时。

法院可以不受第一款规定限制,依职权调查证据。

[2007 年 6 月 1 日新设本条]

第二百六十六条之十四 【准用规定】

第三百零五条准用关于公审准备期日恢复的规定。

[2007 年 6 月 1 日新设本条]

第二百六十六条之十五 【期日期间的公审准备程序】

法院为了争议焦点和证据的整理而在必要的情形,在第一次公审期日后也可以将案件交付公审准备程序处置。这种情形,准用公审准备程序的相关规定。

[2007 年 6 月 1 日新设本条]

第二百六十六条之十六 【阅览、复印的文书等滥用禁止】

被告人或辩护人(包括被告人或曾担任过辩护人的人,以下本条中相同)不得将检察官允许阅览或复印的第二百六十六条之三第一款规定的书面材料和文书等的副本,以非该案件或关联诉讼的准备为目的,向其他人交付或出示(包括应用电子通信设备的提供)。

被告人或辩护人违反第一款规定的,处以一年以下惩役或五百万韩元以下罚金。

[2007 年 6 月 1 日新设本条]

第二百六十七条 【公审期日的指定】

裁判长应当确定公审期日。

在公审期日,应当传唤被告人、代表人或代理人。

公审期日应当通知检察官、辩护人和辅助人。

第二百六十七条之二 【集中审理】

公审期日的审理应当集中进行。

有进行二日以上审理的必要的,无不得已的事由,应当每日连续开庭。

裁判长可以将多个公审期日一并指定。

裁判长因不得已事由不能每日连续开庭的情况下,无特别事由,应当在上次公审期日起十四日以内指定下次公审期日。

诉讼关系人应当遵守期日,不得影响审理。必要时裁判长可以对此进行处置。

[2007 年 6 月 1 日新设本条]

第二百六十八条 【送达传票的拟制】

对在法院内的被告人通知公审期日时,即有送达传票的效力。

第二百六十九条 【第一次公审期日的犹豫期间】

第一次公审期日,应当从送达传票之后起留有五日以上的犹豫期间。

被告人没有异议时,可以不留前款的犹豫期间。

第二百七十条 【公审期日的变更】

裁判长依职权或依检察官、被告人及辩护人的申请,可以变更公审期日。

公审变更期日申请的驳回命令,不予送达。

第二百七十一条 【不到庭事由及资料的提出】

在公审期日,被传唤或接到通知书的人因疾病或其他事由不能到庭时,应当提交医师的诊断书或其他资料。

第二百七十二条 【对公务机关等函询】

法院依职权或根据检察官、被告人及辩护人的申请,可以函询公务机关或公私团体,要求其报告必要事项或交付所保管的文书。

驳回前款的申请,应当以决定为之。

第二百七十三条 【公审期日前的证据调查】

根据检察官、被告人及辩护人的申请,法院认为就公审准备有必要时,可以在公审期日前讯问被告人或证人,可以命令勘验、鉴定或翻译。

裁判长可以令合议庭成员进行前款的行为。

驳回前款的申请,应当以决定为之。

第二百七十四条 【当事人公审期日前提出证据】

检察官、被告人或辩护人,可以在公审期日前将文书或物品作为证据向法院提出。〈1961 年 9 月 1 日修改〉

第二百七十五条 【公审法庭的审理】

公审期日在公审法庭审理。

公审法庭在法官、检察官及法院事务官等列席下开庭。〈2007 年 6 月 1 日修改〉

检察官的坐席和被告人及辩护人的坐席对等,位于法庭的左右侧相对而视,证人的坐席在法庭的正前方。但是,在审问被告人时,被告人在证人席就座。〈2007 年 6 月 1 日修改〉

第二百七十五条之二 【被告人的无罪推定】

被告人在有罪判决确定前,推定为无罪。

[1980 年 12 月 18 日新设本条]

第二百七十五条之三 【口头辩论主义】

在公审庭的辩论应当口头进行。

[2007 年 6 月 1 日新设本条]

第二百七十六条 【被告人的到庭权】

公审期日被告人没有到庭时,如果有特别规定,就不得开庭。被告人是法人者,可以使代理人到庭。

第二百七十六条之二 【障碍人等要求特别保护人的特则】

裁判长或法官审问被告人的情况下,符合下列各项规定之一时,依职权或依被告人、法定代理人或检察官的申请,可以允许与被告人有信赖关系的人同席:

(一)被告人由于精神的或身体的障碍导致辨别事物或决定、传达意思的能力减弱的情况;

(二)考虑到被告人的年龄、性别、国籍等事由,为了保持其心理稳定和意思沟通流畅的必要情况。

依据第一款规定,有关能够同席的信赖关系人的范围、同席的程序、方法等必要事项由大法院规则规定。

[2007 年 6 月 1 日新设本条]

第二百七十七条 【轻微案件等和被告人的不出庭】

符合下列各项中任何一项的案件,被告人可以不出庭。此种情况下,被告人可以让代理人出席:

(一)五百万韩元以下的罚金或相当的科料的案件;

(二)明显有可能作出驳回公诉或免诉裁判的案件;

(三)可判处三年以下惩役或监禁,超过五百万韩元罚金或拘留的案件,有被告人不出庭许可申请和法院认为被告人的不出庭不碍于其权利保护而许可的案件。但是,依据第二百八十四条规定的程序进行或在公判期日宣告判决的应当出席。

(四)根据第四百五十三条第一款规定,只有被告人请求正式裁判,宣告判决的案件。

[2007 年 6 月 1 日修改全文]

第二百七十七条之二 【被告人的不出庭许可和公审程序】

在被告人不出庭不能开庭的情况下,拘禁的被告人无正当理由拒绝出席,或教导官不能强制其到庭或如此做有显著困难的,可以在被告人不出庭情况下进行公审程序。〈2007 年 6 月 1 日修改〉

依据第一款的规定进行公审程序情形,应当听取出席的检察官和辩护人的意见。

[1995 年 12 月 29 日新设本条]

第二百七十八条 【检察官的不出庭】

检察官接到公审期日通知二次以上不到庭的，或者只宣告判决时，可以在检察官不到庭的情况下开庭。〈1995 年 12 月 29 日修改〉

第二百七十九条 【裁判长的诉讼指挥权】

公审期日上的诉讼指挥，由裁判长进行。

第二百七十九条之二 【专门审理委员的参与】

法院为了明确诉讼关系或顺利进行诉讼程序，必要时可以依职权或检察官、被告人或辩护人的申请，决定指定专门审理委员参加公审准备和公审期日等诉讼程序。

专门审理委员可以提交记载基于专门知识的说明或意见的书面材料，或者在期日内陈述专门知识的说明或意见。但是，不得参与裁判的合议。

专门审理委员在期日内获得裁判长的许可，为了明确诉讼关系，可以向被告人、辩护人、证人、鉴定人等诉讼关系人直接提问相关的必要事项。

法院依据第二款规定，关于专门审理委员提出的书面材料或专门审理委员的说明或意见的陈述，应当给予检察官、被告人或辩护人口述或书面的意见陈述的机会。

[2007 年 12 月 21 日新设本条]

第二百七十九条之三 【专门审理委员参与决定的撤销】

法院认为合适情形，可以依职权或依检察官、被告人的申请，撤销依据第二百七十九条之二的第一款规定的决定。

检察官和被告人或辩护人合议，申请撤销第二百九十七条之二第一款的决定时，应当撤销该决定。

[2007 年 12 月 21 日新设本条]

第二百七十九条之四 【专门审理委员的指定等】

依据第二百七十九条之二第一款规定，在允许专门审理委员参与诉讼程序的情形下，法院听取检察官、被告人或辩护人的意见，每个案件至少指定一名以上的专门审理委员。

根据大法院规则规定，向专门审理委员支付津贴，必要时可以支付差旅费、日薪及住宿费。

此外，关于专门审理委员指定的有关必要事项由大法院规则规定。

[2007 年 12 月 21 日新设本条]

第二百七十九条之五 【专门审理委员的除斥和回避】

第十七条至第二十条和第二十三条准用于专门审理委员。

有除斥或回避申请的专门审理委员，截至确定该申请的决定，不得参与该申请案件的诉讼程序。这种情况下，专门审理委员可以对除斥或回避的申请陈述意见。

[2007 年 12 月 21 日新设本条]

第二百七十九条之六 【受命法官等的权限】

受命法官或受托法官进行诉讼程序的情况下，依据第二百七十九条之二第二款至第四款的规定，法院和裁判长的职务由受命法官或受托法官行使。

[2007 年 12 月 21 日新设本条]

第二百七十九条之七 【泄密罪】

专门审理委员或担任过专门审理委员的人在其履行职务中泄露知悉的其他人的秘密时,处以二年以下的惩役或监禁,或者一千万韩元以下罚金。

[2007 年 12 月 21 日新设本条]

第二百七十九条之八 【罚则适用的公务员议题】

专门审理委员依据《刑法》第一百二十九条至第一百三十二条规定适用罚则时以公务员论。

[2007 年 12 月 21 日新设本条]

第二百八十条 【公审法庭上拘禁身体的禁止】

在公审法庭上不得拘禁被告人的身体。但是,裁判长认为被告人有行使暴力或逃跑可能时,可以命令拘禁被告人或采取其他必要措施。〈1995 年 12 月 29 日修改〉

第二百八十一条 【被告人的在庭义务、法庭警察权】

被告人未经裁判长的许可,不得退庭。

裁判长为了制止被告人退庭或维持法庭秩序,可以作出必要的处分。

第二百八十二条 【必要的辩护】

符合第三十三条第一款各项规定的任何一种案件和同条第二款、第三款规定的辩护人选定的案件,没有辩护人在场不得开庭。但是,只宣告判决时除外。〈2006 年 7 月 19 日修改〉

[2006 年 7 月 19 日修改标题]

第二百八十三条 【国选辩护人】

在第二百八十二条正文规定的情形下,辩护人未到庭时,法院应当依职权选定辩护人。〈2006 年 7 月 19 日修改〉

[2006 年 7 月 19 日修改标题]

第二百八十三条之二 【被告人的拒绝陈述权】

被告人可以拒绝陈述或可以对某个提问拒绝陈述。

裁判长应当告知被告人如第一款所述可以拒绝陈述。

[2007 年 6 月 1 日新设本条]

第二百八十四条 【讯问身份】

裁判长讯问被告人的姓名、年龄、登记居住地、住所和职业,应当准确无误地确认被告人。〈2007 年 5 月 17 日修改〉

第二百八十五条 【检察官的冒头陈述*】

检察官应当依据公诉书朗读公诉事实、罪名和适用的法条。但是,裁判长认为必要时,可以允许检察官陈述公诉要旨。

[2007 年 6 月 1 日修改全文]

---

* 冒头陈述,是指在刑事裁判程序中为明确案件性质和争议焦点,在举证之前进行的概括性陈述。——译者注

第二百八十六条 【被告人的冒头陈述】

被告人应当在检察官冒头陈述完毕后陈述对公诉事实认定与否,但是,被告人行使拒绝陈述权的情况下,不必如此。

被告人和辩护人可以陈述利弊的事实等。

[2007 年 6 月 1 日修改全文]

第二百八十六条之二 【简易公审程序的决定】

被告人在公审法庭上对起诉事实坦白时,法院可以限于起诉事实作出依据简易公审程序审判的决定。〈1995 年 12 月 29 日修改〉

[1973 年 1 月 25 日新设本条]

第二百八十六条之三 【决定的撤销】

法院对于作出前条决定的案件,认为被告人的坦白不可信,或者认为建议公审程序进行审判明显不当时,可以征询检察官的意见后,撤销其决定。

[1973 年 1 月 25 日新设本条]

第二百八十七条 【裁判长的争议点整理和检察官、辩护人对证据关系等的陈述】

裁判长在被告人冒头陈述完毕后,为了整理争议点,可以向被告人和辩护人进行必要的提问。

裁判长在调查证据前,可以让检察官和辩护人陈述公诉事实等的证明、关联主张、举证计划等。但是,基于不能作为证据或无意作为证据申请的资料,不能向法院陈述可能对案件作出预判或产生偏见的事项。

[2007 年 6 月 1 日修改全文]

第二百八十八条 删除〈1961 年 9 月 1 日〉

第二百八十九条 删除〈2007 年 6 月 1 日〉

第二百九十条 【证据调查】

证据调查在第二百八十七条规定的程序结束后进行。

[2007 年 6 月 1 日修改全文]

第二百九十一条 【证据调查】

对于诉讼关系人作为证据提出的文书资料或物品,或者依据第二百七十二条、第二百七十三条规定作成或交付的文书,要由检察官、辩护人及被告人在公审法庭上分别指示说明后进行调查。

裁判长可以依职权在公审法庭上调查前款的文书及物品。

[1961 年 9 月 1 日修改全文]

第二百九十一条之二 【调查证据的顺序】

法院调查检察官申请的证据后,再调查被告人或辩护人申请的证据。

法院根据第一款规定调查完毕后,依职权决定调查证据。

法院依据职权或依检察官、被告人、辩护人的申请可以变更第一款和第二款的顺序。

[2007 年 6 月 1 日新设本条]

第二百九十二条 【证据文书的调查方式】

根据检察官、被告人或辩护人的申请,调查证据文书时,应当向申请人宣读。

法院依职权调查证据文书时,应当由持有人或裁判长宣读。

裁判长认为必要时,可以不受第一款和第二款规定限制,以告知内容的方法进行调查。

裁判长可以让法院事务官等按照第一款至第三款的规定进行朗读或告知。

裁判长认为阅览比其他方法更合适时,可以通过出示证据资料使有关人员阅览的方法进行调查。

[2007 年 6 月 1 日修改全文]

第二百九十二条之二 【证物的调查方式】

根据检察官、被告人或辩护人的申请调查证物时,应当向申请人出示。

法院依职权调查证物时,持有人或裁判长应当出示。

裁判长可以令法院事务官等根据第一款和第二款规定进行出示。

[2007 年 6 月 1 日新设本条]

第二百九十二条之三 【除此之外的证据调查方式】

图纸、照片、录音录像、光盘以及制作的用于存储信息的物证,不属于文书证据的调查,相关的必要调查事项由大法院规则规定。

[2007 年 6 月 1 日新设本条]

第二百九十三条 【调查证据结果和被告人的意见】

裁判长应当讯问被告人对各种证据调查结果的意见,并告知为了保护其权利可以申请必要的证据调查。

第二百九十四条 【当事人的证据申请权】

检察官、被告人及辩护人可以将文书及物品作为证据提出,可以申请讯问证人、鉴定人、口译人及翻译人。

法院认为检察官、被告人或辩护人故意在事后申请证据,拖延审判完结时,可以依职权或依对方的申请,决定驳回。

[2007 年 6 月 1 日修改全文]

第二百九十四条之二 【被害人的陈述权】

犯罪被害人或其法定代理人(被害人死亡情况下,包括配偶、直系亲属、兄弟姐妹,以下本条称被害人等)申请时,法院应当将被害人等作为证人询问。但是,属于下列各项情形之一的除外:〈2007 年 6 月 1 日修改〉

(一)删除;〈2007 年 6 月 1 日〉

(二)被害人等已经在该案件的公审程序中充分陈述,认为无再次陈述必要的情形:

(三)因被害人等申请陈述,公审程序有明显拖延可能的。

法院依据第一款的规定询问被害人等的情形时,应当给予被害人等陈述被害程度和结果、被告人处罚意见以及该案件有关意见的机会。〈2007 年 6 月 1 日修改〉

同一犯罪事实根据第一款的规定有数名申请人的情况,法院可以限定陈述人的人数。〈2007 年 6 月 1 日修改〉

根据第一款规定的申请人收到出庭通知而无正当理由拒绝出庭时,看作其撤回申请。〈2007 年 6 月 1 日修改〉

[1987 年 11 月 28 日新设本条]

[2007 年 6 月 1 日修改标题]

第二百九十四条之三 【被害人陈述的不公开】

法院将被害人作为证人询问的情形下,根据该被害人、法定代理人或检察官的申请,认为有必要保护被害人的隐私或人身安全时,可以决定不公开审理。

作出第一款规定的决定时,应当告知理由。

法院在作出第一款决定情况下,也可以允许适当者在庭。

[2007 年 6 月 1 日新设本条]

第二百九十四条之四 【被害人等的公审记录的阅览、复制】

诉讼中的被害人(被害人死亡或身心有重大障碍的情况下,包括其配偶、直系亲属和兄弟姐妹)、被害人的法定代理人或者接受委任的被害人的配偶、直系亲属、兄弟姐妹、律师可以向裁判长申请诉讼记录的阅览或复印。

收到第一款规定的申请时,裁判长应当立即向检察官、被告人或辩护人通知意旨。

裁判长基于被害人等的权利救济所需,或者有其他正当理由,考虑到犯罪性质、心理状况及其他事项而认为适当时,可以允许阅览或复制。

裁判长根据第三款的规定许可复制的情况下,可以附加限制复制诉讼记录的使用目的或其他认为适当的条件。

根据第一款规定阅览或复制诉讼记录的人须知晓阅览或复印的使用事项,避免不当损害关系人的名誉或生活的平静,或者导致侦查和审判障碍。

关于第三款和第四款的裁判不得不服从。

[2007 年 6 月 1 日新设本条]

第二百九十五条 【对证据调查的异议申请】

法院对第二百九十四条及第二百九十四条之二规定的证据申请,应当作出决定,并可以依职权调查证据。〈1987 年 11 月 28 日修改〉

第二百九十六条 【对证据调查的异议申请】

检察官、辩护人及被告人对证据调查可以提出异议申请。

法院对于前款申请,应当作出决定。

第二百九十六条之二 【讯问被告人】

检察官或辩护人在证据调查终了后,可以顺次向被告人讯问认为与公诉事实和情况有关的必要事项。但是,裁判长认为必要时,可以在证据调查终了前允许此项。

裁判长认为必要时,可以讯问被告人。

第一百六十一条之二第一款至第三款和第五款准用于第一款的讯问规定。

[2007 年 6 月 1 日新设本条]

第二百九十七条 【被告人等的退庭】

裁判长认为证人或鉴定人不能在被告人或任何出庭之人的面前进行充分陈述时，可以使其退庭陈述。认为被告人不能在其他被告人面前进行充分陈述时适用同样规定。

依照前款的规定使被告人退庭的情况下，在证人、鉴定人及共同被告人陈述终了时，应当在让退庭的被告人入庭之后，命法院事务官等告知陈述的要旨。〈1961 年 9 月 1 日、2007 年 6 月 1 日修改〉

第二百九十七条之二 【简易公审程序的调查证据】

对于第二百八十六条之二决定的案件，可以不适用第一百六十一条之二、第二百九十条至第二百九十三条、第二百九十七条的规定，按照法院认为适当的方法调查证据。

[1973 年 1 月 25 日新设本条]

第二百九十八条 【起诉书的变更】

检察官经法院许可，对起诉书记载的诉因及适用法条，可以追加、撤回或变更。法院在不危害起诉事实统一性的限度内，应当许可。

法院根据审理经过情况认为适当时，应当要求追加或变更诉因或适用法条。

追加、撤回或变更诉因或适用法条时，法院应当迅速告知被告人或辩护人。

法院认为依据前三款规定的诉因或适用法条的追加、撤回或变更，有给被告人增加不利可能时，依职权或者根据被告人或辩护人的申请，为了使被告人作必要的防御准备，可以决定必要期间内停止公审程序。

[1973 年 1 月 25 日修改全文]

第二百九十九条 【不必要辩论等的限制】

诉讼关系人的陈述或讯问是重复事项或与该诉讼无关事项时，裁判长在不危害诉讼关系人本质权利的限度内，可以限制。

第三百条 【辩论的分离和合并】

法院认为必要时，依职权或根据检察官、被告人或辩护人的申请，可以决定将辩论分离或合并。

第三百零一条 【公审程序的更新】

公审开庭后更换法官时，应当更新公审程序。但是，只宣告判决的情况除外。

第三百零一条之二 【简易公审程序决定的撤销和公审程序的更新】

撤销第二百八十六条之二规定的决定时，应当更新公审程序。但是，检察官、被告人或辩护人无异议者除外。

[1973 年 1 月 25 日新设本条]

第三百零二条 【调查证据后检察官的陈述意见】

审问被告人和调查证据结束时，检察官应当对事实和法律适用陈述意见。但是，在第二百七十八条规定的情形下，将起诉书记载事项视为有检察官的陈述意见。

第三百零三条 【被告人的最后陈述】

裁判长听取检察官的意见后，应当给予被告人和辩护人陈述最后意见的机会。

第三百零四条 【对裁判长处分的异议】

检察官、被告人或辩护人对裁判长的处分可以提出异议申请。

对前款的异议申请,法院应当作出决定。

第三百零五条 【辩论的再开】

法院认为必要时,依职权或根据检察官、被告人或辩护人的申请,可以决定重新开始已经终结的辩论。

第三百零六条 【公审程序的停止】

被告人处于不能辨别事物或没有决定意思能力状态时,法院应当征询检察官和辩护人的意见,决定在其状态继续期间停止公审程序。

被告人因病不能出庭时,法院应当征询检察官和辩护人的意见,决定直至被告人可以出庭之时为止停止公审程序。

依据前两款的规定停止公审程序,要听医师的意见。

对被告案件明显要作出无罪、免诉、免除刑罚或驳回起诉裁判时,尽管有第一款、第二款规定的事由,也可以在被告人不出庭的情况下作出裁判。

依据第二百七十七条规定,代理人可以出庭时,不适用第一款或第二款的规定。

第二节 证 据

第三百零七条 【证据裁判主义】

认定事实应当根据证据。

认定犯罪事实应当达到排除合理怀疑程度的证明。

[2007 年 6 月 1 日修改全文]

第三百零八条 【自由心证主义】

证据的证明力,要依法官的自由判断。

第三百零八条之二 【违法搜集证据的排除】

不依据合法程序搜集的证据不得作为证据使用。

[2007 年 6 月 1 日新设本条]

第三百零九条 【强制等坦白的证据能力】

被告人坦白,有理由怀疑系出于拷问、暴行、胁迫、不适当长期拘禁身体或欺骗等方法,而非出于任意陈述的,不得作为有罪的证据。

[1963 年 12 月 13 日修改标题]

第三百一十条 【不利坦白的证据能力】

被告人的坦白,是对被告人不利的唯一证据时,不得作为有罪证据。

第三百一十条之二 【传闻证据和证据能力的限制】

除第三百一十一条至第三百一十六条规定外,代替公审准备或公审日期的陈述而记载陈述的文书,或者以公审准备或公审日期外他人的陈述为内容的陈述,不可以作为证据。

[1961 年 9 月 1 日新设本条]

第三百一十一条 【法院或法官的笔录】

公审准备或公审日期，记载被告人或非被告人陈述的笔录，及记载法院或法官勘验结果的笔录，可以作为证据。根据第一百八十四条及第二百二十一条之二规定制作的笔录也适用该规定。〈1973 年 1 月 25 日、1995 年 9 月 1 日修改〉

[1961 年 9 月 1 日修改全文]

第三百一十二条 【检察官或司法警察官的笔录等】

检察官根据合法程序和方式作成的嫌疑人的讯问笔录，限定在公审准备、公审期日内，嫌疑人作为被告人或其辩护人认定其内容时，可以作为证据使用。〈2020 年 2 月 4 日修改〉

删除〈2020 年 2 月 4 日〉

检察官以外的侦查机关根据合法程序和方式制作、且制作的嫌疑人讯问笔录，限于在公审准备或公审期日由已成为被告人的嫌疑人或辩护人对该笔录内容认定时，可以作为证据。

原陈述人在公审准备或公审期日的陈述或录音录像或其他的客观方法可以证明检察官或司法警察官根据合法程序和方式记载的非被告人陈述笔录，与在检察官或司法警察官面前陈述的内容相同，且被告人或辩护人在公审准备或公审期日就该笔录记载的内容可以询问原陈述人时，可以作为证据。但是，只限于能够证明该笔录是在特别可信状态下作出时。

第一款至第四款的规定，准用于就被告人或非被告人调查过程作成的陈述书。

检察官或司法警察官根据合法程序和方式记载检验结果的笔录，根据制作人在公审准备或公审期日的陈述，能够证明其成立的真实性时，可以作为证据。

[2007 年 6 月 1 日修改全文]

第三百一十三条 【陈述书等】

前两条规定以外的被告人或非被告人作成的陈述书或记载陈述的文书，其制作人或陈述人的亲笔或其署名或捺印的物体（被告人或非被告人做成的或陈述的内容，包括储存的文字、照片、影像等作为信息光盘，及其以外类似信息存储媒介，以下本条中相同），依据在公审准备或公审期日其制作人或陈述人的陈述能够证明其成立的真实性时，可以作为证据。但是，记载被告人陈述的文书，在公审准备或公审期日，根据其制作人的陈述能够证明其成立的真实性，限于能够证明陈述是在特别可信状态下作出的，根据被告人的公审准备或公审期日的陈述可以作为证据。〈2016 年 5 月 29 日修改〉

虽然有第一款规定，但陈述书的制作者在公审准备或公审期日否认其成立的真实性的情况下，科学分析结果基于数据复原资料、鉴定等客观方法能够证明成立的真实性时，可以作为证据。但是，非被告人作成的陈述书，被告人或辩护人在公审准备或公审期日可以请求对记载内容制作者进行询问。〈2016 年 5 月 29 日修改〉

鉴定的结果和记载结果的文书也适用第一款和第二款规定。〈2016 年 5 月 29 日新设〉

[1961 年 9 月 1 日修改全文]

第三百一十四条 【证据能力的例外】

在第三百一十二条或第三百一十三条规定的情形下,要求在公审准备或公审期日陈述的人,由于死亡、疾病、外国居住、下落不明等相当事由不能陈述时,其笔录及其他文书(包括被告人或非被告人作成或陈述的内容,包括制作的文字、照片、影像等信息,电脑光盘及其以外的类似信息存储媒介)可以作为证据。但是,其陈述或作成限于能够证明是在特别可信状态下作出时。〈2016 年 5 月 29 日修改〉

[2007 年 6 月 1 日修改全文]

第三百一十五条 【当然具有证据能力的文书】

下列记载文书可以作为证据:〈2007 年 5 月 17 日修改〉

(一)关于家庭关系记录事项的证明书、公正证书的副本及其他公务员或外国公务员对于职务上可以证明的事项所制作的文书;

(二)商业账本、航海日志及其他作为业务上必要而制作的通常文书;

(三)其他根据特别可信的情况所制作的文书。

第三百一十六条 【传闻的陈述】

非被告人(包括公诉提起前被作为嫌疑人的进行调查的被告人或参与该调查的人,以下本条相同)在公审准备或公审期日的陈述,以被告人的陈述作为其内容时,限于能够证明其陈述是在特别可信状态下作出的情形,可以作为证据。

非被告人在公审准备或公审期日所作的陈述,是以非被告人以外的其他人的陈述作为其内容时,限于原陈述人因死亡、疾病、外国居住、下落不明及其他事由不能陈述,且其陈述是在特别可信状态下作出的情形,可以作为证据。〈1995 年 12 月 29 日、2007 年 6 月 1 日修改〉

[1961 年 9 月 1 日修改全文]

第三百一十七条 【陈述的任意性】

被告人或非被告人的非任意性陈述,不得作为证据。

前款的文书,不能证明其制作或作为内容的陈述是任意进行的,不得作为证据。

勘验笔录的部分是记载被告人或非被告人的陈述时,以该部分为限,按照前两款的规定处理。

第三百一十八条 【当事人的同意和证据能力】

检察官和被告人同意作为证据的文书或物品,被认定为真实时,可以作为证据。

在被告人不出庭也可以调查证据的情况下,被告人没有出庭时,视为有前款的同意。但是,代理人或辩护人出庭时除外。

第三百一十八条之二 【争辩证明力的证据】

尽管是根据第三百一十二条至第三百一十六条的规定不能作为证据的文书或陈

述,但为了辩明在公审准备或公审期日所作的被告人或非被告人(包括在公诉提起前被告人被作为嫌疑人调查或参与此调查的人,以下本条相同)陈述的证明力,也可以将其作为证据。

不受第一款规定限制,以被告人或非被告人的陈述为内容的录音录像是在公审准备或公审期日被告人或非被告人陈述的关于记忆不清楚的事项,限于在认为有唤起记忆的必要时,可以让被告人或非被告人申请观看。

[2007 年 6 月 1 日修改全文]

第三百一十八条之三 【简易公审程序上有关证据能力的特例】

有第二百八十六条之二决定的案件的证据,是第三百一十条之二、第三百一十二条至第三百一十四条及第三百一十六条所规定的证据时,将其视为有第三百一十八条第一款同意的证据。但是,检察官、被告人或辩护人对其作为证据有异议时除外。

[1973 年 1 月 25 日新设本条]

第三节　公审的裁判

第三百一十八条之四 【判决宣告期日】

判决的宣告应当在辩论结束的七日内进行。但是,具有特别事项时,可以另行指定宣告期日。

辩论结束期日宣告判决的情况下,可以在判决的宣告后制作判决书。

第一款规定的但书的宣告期日应当在辩论结束后十四日以内指定。

[2007 年 6 月 1 日修改全文]

第三百一十九条 【管辖违反的判决】

被告案件不属于法院管辖的,应当以判决宣告管辖违反。〈2007 年 12 月 21 日修改〉

第三百二十条 【地域管辖违反】

如果没有被告人的申请,对于地域管辖,法院不得宣告管辖违反。

管辖违反的申请,应当在陈述被告案件之前提出。

第三百二十一条 【与宣告刑罚同时宣告的事项】

对于被告案件有犯罪证明的,除免除刑罚或缓期宣告的情形外,应当以判决宣告刑罚。

刑罚的缓期执行、判决前羁押的计入日数、劳役场所的扣留期间,应当与宣告刑罚的同时,以判决宣告。

第三百二十二条 【刑罚的免除或刑罚的缓期宣告】

对于被告案件免除刑罚或宣告缓期的,应以判决形式进行宣告。

第三百二十三条 【有罪判决应当明示的理由】

宣告刑罚时,其判决理由应当明示犯罪事实、证据的要旨和适用的法令。

陈述有关成为法律上阻却(妨碍)犯罪成立的理由,或者刑罚的加重、减免理由的事实时,应当明示对此所作的判决。

第三百二十四条 【上诉的告知】

宣告刑罚时,裁判长应当告知上诉期间和上诉法院。

第三百二十五条 【无罪的判决】

被告案件不为罪或没有有关犯罪事实的证明时,应当判决宣告无罪。

第三百二十六条 【免诉的判决】

下列情况下,应当以判决宣告免诉:

(一)有确定判决时;

(二)有赦免时;

(三)公诉时效完成时;

(四)犯罪后,因法令的废改而废止刑罚时。

第三百二十七条 【驳回公诉的判决】

下列情况下,应当以判决宣告驳回公诉:

(一)对于被告人没有裁判权时;

(二)因提起公诉的程序违反法律规定而无效时;

(三)对已经提起公诉的案件再提起公诉时;

(四)违反第三百二十九条规定再提起公诉时;

(五)对告诉才论罪的案件,撤销告诉时;

(六)对于违背被害人明示的意思就不能论罪的案件,有不希望处罚的意思表示或撤回希望处罚的意思表示时。

[2020 年 12 月 8 日修改全文]

第三百二十八条 【公诉驳回的决定】

下列情况下,应当以决定驳回公诉:

(一)公诉被撤销时;

(二)被告人死亡或被告法人已不存在时;

(三)依据第十二条或第十三条的规定不能裁判时;

(四)起诉书所记载的事实虽属真实,但未包括可成为犯罪的事实时。

对前款的决定,可以即时抗诉。

第三百二十九条 【公诉的撤销和再起诉】

根据公诉的撤销确定了驳回公诉决定时,限于在撤销公诉后,对其犯罪事实发现了其他重要证据时,可以再提起公诉。

第三百三十条 【无被告人陈述的判决】

被告人不陈述,或者不经裁判长许可而退庭,或者受到裁判长为维持秩序而作出的退庭命令时,没有被告人的陈述,也可以判决。

第三百三十一条 【无罪等的宣告和拘禁票的效力】

在无罪、免诉、免除刑罚、刑罚的缓期宣告、刑罚的缓期执行、驳回公诉或罚金或科

料判决时，拘禁票失去效力。〈1995年12月29日修改〉

[92Hun-Ka8 1992年12月24日(1995年12月29日法5054)]

第三百三十二条 【没收的宣告和扣押】

对于扣押的文书或物品，未作没收宣告时，视为解除扣押。

第三百三十三条 【扣押物的返还】

扣押的赃物，确有返还被害人的理由时，应该判决宣告返还被害人。

在前款规定的情形下，赃物已被处分时，应以判决宣告将所取得的对价交付被害人。

对暂时返还的赃物，如果没有其他的宣告时，视为有返还的宣告。

前三款的规定，不影响利害关系人依据民事诉讼程序主张其权利。

第三百三十四条 【财产刑的暂先缴纳判决】

法院宣告罚金、科料或追征的情况下，认为判决确定之后有不能执行或难以执行之虑时，依职权或根据检察官的请求，可以令被告人暂先缴纳相当于罚金、科料或追征的金额。

前款规定的裁判，应当与宣告刑罚的同时，以判决宣告。

前款规定的判决，可以即时执行。

第三百三十五条 【撤销刑罚缓期执行的程序】

撤销刑罚的缓期执行，检察官应当向被告人所在地或最后居住地的管辖法院请求。

接受前款规定请求的法院，应当在询问被告人或其代理人的意见之后作出决定。

对于前款规定的决定，可以即时抗诉。

前两款的规定，准用于缓期宣告的刑罚的情况。

第三百三十六条 【竞合犯中重新量刑的程序】

依据《刑法》第三十六条、第三十九条第四款或第六十一条规定量刑时，检察官应当向对其犯罪事实作出最终判决的法院请求。但是，依据《刑法》第六十一条规定进行缓期宣告刑罚时，应当依据第三百二十三条规定进行宣告，并明示解除缓期宣告的理由。〈2007年6月1日修改〉

前条第二款规定，准用于前款的情况。

第三百三十七条 【刑罚消灭的裁判】

依据《刑法》第八十一条或第八十二条规定的宣告，应当向保管该案件卷宗的检察厅对应的法院申请。〈2007年6月1日修改〉

根据前款申请所作的宣告，应当以决定作出。

对于驳回第一款申请的决定，可以即时抗诉。

第三编 上 诉

第一章 通 则

第三百三十八条 【上诉权人】

检察官或被告人,可以上诉。

删除〈2007 年 12 月 21 日〉

第三百三十九条 【抗诉权者】

如果不是被告人的话,可以抗诉。

第三百四十条 【当事人以外的上诉人】

被告人的法定代理人可以为被告人上诉。

第三百四十一条 【同前】

被告人的配偶、直系亲属、兄弟姐妹或原判代理人或辩护人,可以为被告人上诉。

前款的上诉,不得违背被告人明示的意思。

第三百四十二条 【部分上诉】

上诉,可以对裁判的部分提出。

对部分的上诉,对于与其部分不可以分割的部分,也有效力。

第三百四十三条 【上诉的提起期间】

上诉,要在其期间内以书面方式提起。

上诉的提起期间,从宣告或告知裁判之日起计算。

第三百四十四条 【对在押人的特则】

在监狱或看守所的被告人,于上诉期间内向监狱长或看守所所长或代理其职务的人提出上诉书时,视为在上诉的提起期间内上诉。

前款情形下,被告人不能制作上诉书时,监狱长或看守所所长应当令所属公务员为其代书。〈1963 年 12 月 13 日修改〉

第三百四十五条 【恢复上诉权的请求权人】

根据第三百三十八条至第三百四十一条规定可以上诉的人,因不能归责于自己或代理人的事由,在上诉的提起期间内未能上诉时,可以请求恢复上诉权。

[2020 年 12 月 8 日修改全文]

第三百四十六条 【恢复上诉权的请求方式】

恢复上诉权的请求,要从事由终止之日起在相当于上诉提起期间的期间内,以书面形式向原审法院提出。

请求恢复上诉权时,要陈明其原因事由。

请求恢复上诉权的人,要与其请求同时提起上诉。

[2020 年 12 月 8 日修改全文]

第三百四十七条 【对恢复上诉权的决定和即时抗诉】

接受恢复上诉权请求的法院,应当作出是否许可请求的决定。

对前款的决定,可以即时抗诉。

第三百四十八条 【恢复上诉权的请求和执行停止】

有恢复上诉权的请求时,法院可以作出截至作出前条决定时,停止裁判执行的决定。

在作出前款停止执行决定的情况下,如果需要羁押被告人时,应当签发拘禁票。但是,限于具备第七十条规定要件的情形。

第三百四十九条 【上诉的放弃、撤回】

检察官及被告人或第三百三十九条规定的人,可以放弃或撤回上诉。但是,被告人或第三百四十一条规定的人对于宣告死刑或无期惩役或无期监禁的判决,不得放弃上诉。

第三百五十条 【上诉的放弃等和法定代理人的同意】

有法定代理人的被告人放弃或撤回上诉,要得到法定代理人的同意。但是,因法定代理人死亡或其他事由,不能得到其同意时除外。

第三百五十一条 【上诉的撤回和被告人的同意】

被告人的法定代理人或第三百四十一条规定的人,经被告人同意可以撤回上诉。

第三百五十二条 【放弃上诉等的方式】

放弃或撤回上诉,要以书面形式进行。但是,在公审法庭上可以口头提出。

口头提出要放弃或撤回上诉时,要将其事由记载于笔录上。

第三百五十三条 【放弃上诉等的管辖】

上诉的放弃,要向原审法院提出。上诉的撤回,要向上诉法院提出。但是,诉讼卷宗没有送达上诉法院时,可以向原审法院提出上诉的撤回。

第三百五十四条 【放弃上诉后再上诉的禁止】

撤回上诉的人或者同意放弃或撤回上诉的人,对该案件不得再上诉。

第三百五十五条 【对在押人的特则】

第三百四十四条规定,准用于在监狱或看守所的被告人提出恢复上诉权请求或者放弃或撤回上诉的情况。〈1963 年 12 月 13 日修改〉

第三百五十六条 【放弃上诉等和通知对方】

有上诉、放弃或撤回上诉或者恢复上诉权请求时,法院应当迅速将其事由通知对方。

第二章　抗　　诉

第三百五十七条　【可以抗诉的判决】

对于第一审法院的判决不服时,是地方法院独任法官宣告的,可以向地方法院本院合议庭抗诉;是地方法院合议庭宣告的,可以向高等法院抗诉。

[1961 年 9 月 1 日修改全文]

[1963 年 12 月 13 日修改标题]

第三百五十八条　【抗诉的提起期间】

抗诉的提起期间,定为七日。〈1963 年 12 月 13 日修改〉

第三百五十九条　【抗诉提起的方式】

抗诉,应当向原审法院提出抗诉书。〈1963 年 12 月 13 日修改〉

第三百六十条　【原审法院的驳回抗诉决定】

抗诉的提起违反了法律规定的方式,或者明显属于抗诉权消灭后提起时,原审法院应当以决定驳回抗诉。

对于前款的抗诉,可以即时抗诉。

第三百六十一条　【诉讼卷宗和证物的移送】

除第三百六十条的情形外,原审法院应当从接受抗诉书之日起十四日以内,将诉讼卷宗和证物移送抗诉法院。

[1995 年 12 月 29 日修改全文]

[92Hun-Ma44 1995 年 11 月 30 日(1995 年 12 月 29 日法 5054)]

第三百六十一条之二　【诉讼卷宗的接受和通知】

抗诉法院接受卷宗时,应当立即将其事由通知抗诉人及对方。〈1963 年 12 月 13 日修改〉

前款的通知之前已选任辩护人的,应当同时通知辩护人。

被告人在监狱或看守所时,原审法院对应的检察厅检察官应当自接到第一款规定的通知之日起十四日以内,将被告人移送到抗诉法院所在地的监狱或看守所。〈1995 年 12 月 29 日新设〉

[1961 年 9 月 1 日新设本条]

第三百六十一条之三　【抗诉理由书和答辩书】

抗诉人或辩护人应自接到前条的通知之日起二十日以内,向抗诉法院提出抗诉理由书。此种情形准用第三百四十四条的规定。

接受抗诉理由书的抗诉法院,应当迅速将其副本或抄本送达对方。〈1963 年 12 月 13 日、2007 年 12 月 21 日修改〉

对方应当从接到前款的送达之日起十日内,向抗诉法院提出答辩书。

接受答辩书的抗诉法院,应当迅速将其副本或抄本送达抗诉人或辩护人。〈1963

年12月13日修改〉

[1961年9月1日新设本条]

第三百六十一条之四 【驳回抗诉的决定】

抗诉人或辩护人在前条第一款的期间内,没有提出抗诉理由书时,应当以决定驳回抗诉。但是,有职权调查事由或抗诉书上已有记载理由的除外。

对于前款的决定,可以即时抗诉。

[1961年9月1日新设本条]

第三百六十一条之五 【抗诉理由】

下列事由,可以作为对原审判决的抗诉理由:〈1963年12月13日修改〉

(一)有影响判决的违反宪法、法律、命令或规则的情形的;

(二)判决后,有刑罚的废止或变更或者赦免的;

(三)管辖或管辖错误的认定违反法律的;

(四)判决法院的组成违反法律的;

(五)删除〈1963年12月13日〉;

(六)删除〈1963年12月13日〉;

(七)法律上不得参与裁判的法官参与了该案件审判的;

(八)没有参与案件审理的法官参与了该案件判决的;

(九)违反了有关公开审判规定的;

(十)删除〈1963年12月13日〉;

(十一)判决没有明示理由或理由矛盾的;

(十二)删除〈1963年12月13日〉;

(十三)有请求再审事由的;

(十四)因错误认定事实而影响了判决的;

(十五)有认为量刑不当的事由的。

[1961年9月1日新设本条]

第三百六十二条 【驳回抗诉的决定】

有第三百六十条规定的情形而原审法院没有作出驳回抗诉的决定时,抗诉法院应当以决定驳回抗诉。〈1963年12月13日修改〉

对于前款的决定,可以即时抗诉。

第三百六十三条 【公诉驳回的决定】

有符合第三百八十二条第一款各项规定的事由时,抗诉法院应当以决定驳回抗诉。〈1963年12月13日、1995年12月29日修改〉

对于前款的决定,可以即时抗诉。

第三百六十四条 【抗诉法院的审判】

抗诉法院应当对抗诉理由的事由进行审判。

抗诉法院对于影响判决的事由,即便没有包括在抗诉理由书上,也可以依职权审判。〈1963年12月13日修改〉

可以作为一审证据的证据,抗诉法院也可以将其作为证据。〈1963 年 12 月 13 日新设〉

认为抗诉没有理由时,应当以判决驳回抗诉。〈1963 年 12 月 13 日修改〉

抗诉明显没有理由时,根据抗诉书、抗诉理由书及其他诉讼卷宗,可以不经辩论,以判决驳回抗诉。〈1963 年 12 月 13 日修改〉

认为有抗诉理由时,应当撤销原审判决,重新作出判决。〈1963 年 12 月 13 日修改〉

[1961 年 9 月 1 日修改全文]

第三百六十四条之二 【为了共同被告人的撤销】

为被告人撤销原审判决的情形,撤销的理由共通于抗诉的共同被告人时,对于该共同被告人也应当撤销原审判决。〈1963 年 12 月 13 日修改〉

[1961 年 9 月 1 日新设本条]

第三百六十五条 【被告人的出庭】

被告人在公审期日未出庭时,应当另定日期。

被告人无正当理由在另定的期日未出庭时,不经被告人陈述,可以判决。

第三百六十六条 【发回原审法院】

以驳回公诉或管辖错误的裁判违反法律为理由撤销原审判决时,应当以判决的方式将案件发回原审法院。

第三百六十七条 【向管辖法院的移送】

以管辖认定违反法律为由撤销原审判决时,应当以判决将案件移送管辖法院。但是,抗诉法院具有该案件第一审管辖权时,应当按第一审程序审判。〈1963 年 12 月 13 日修改〉

第三百六十八条 【不利变更的禁止】

对于被告人抗诉的案件和为被告人抗诉的案件,不得宣告比原审判决更重的刑罚。〈1963 年 12 月 13 日、2020 年 12 月 8 日修改〉

第三百六十九条 【裁判书的记载方式】

抗诉法院的裁判书,应当记载对抗诉理由的判断,可以引用原审判决记载的事实和证据。〈1963 年 12 月 13 日修改〉

[1961 年 9 月 1 日修改全文]

第三百七十条 【准用规定】

第二编中有关公审的规定,本章没有特别规定者,准用于抗诉审判。〈1963 年 12 月 13 日修改〉

第三章 上　　告

第三百七十一条 【可以上诉的判决】

对于第二审判决不服的,可以向大法院上诉。〈1963 年 12 月 13 日修改〉

[1961 年 9 月 1 日修改全文]

第三百七十二条　【越级上诉】

下列情况下,对第一审判决可以不提起抗诉而直接上诉:

(一)原审判决对认定的事实未适用法令或适用法令错误时;

(二)原审判决后,废止或变更刑罚或者赦免时。

第三百七十三条　【抗诉和越级上诉】

对于第一审判决已提起抗诉时,对该案件的上诉则失去效力。但是,撤回抗诉或决定驳回抗诉的除外。

第三百七十四条　【上诉期间】

上诉的提起期间,定为七日。

第三百七十五条　【上诉提起的方式】

上诉,应当向原审法院提出上诉书。

第三百七十六条　【原审法院的驳回上诉决定】

上诉的提起方式违反法律,或者提起时间明显属于上诉权消灭后的情形时,原审法院应当以决定的方式驳回上诉。

对于前款的决定,可以即时抗诉。

第三百七十七条　【诉讼卷宗和证物的发送】

除第三百七十六条的情形外,原审法院应当自接受上诉书之日起十四日以内,将诉讼卷宗和证物发送给上诉法院。

[1995 年 12 月 29 日修改全文]

第三百七十八条　【诉讼卷宗的接受和通知】

上诉法院接受诉讼卷宗之后,应当立即将其事由通知上诉人和对方。〈1961 年 9 月 1 日修改〉

在前款的通知之前已选人辩护人的,应当同时通知辩护人。

第三百七十九条　【上诉理由书和答辩书】

上诉人或辩护人,应当自接到前条的通知之日起二十日以内,向上诉法院提出上诉理由书。此情形准用第三百四十四条的规定。〈1961 年 9 月 1 日、2007 年 12 月 21 日修改〉

上诉理由书,应当引用诉讼卷宗和原审法院的调查证据所表现的事实,明示其理由。

接受上诉理由书的上诉法院,应当迅速将其副本或复本送达对方。〈1961 年 9 月 1 日修改〉

对方可以从接到前款的送达之日起十日内,向上诉法院提出答辩书。〈1961 年 9 月 1 日修改〉

接受答辩书的上诉法院,应当迅速将其副本或复本送达上诉人或辩护人。〈1961 年 9 月 1 日修改〉

第三百八十条　【驳回上诉的决定】

上诉人或辩护人在前条第一款的期间内没有提出上诉理由书时,应当以决定驳回

上诉。但是,上诉书已有记载理由的除外。〈1961 年 9 月 1 日、2014 年 5 月 14 日修改〉

上诉书和上诉理由书记载上诉理由的主张,明显不符合第三百八十三条各项规定的任何一项事由时,应当以决定驳回上诉。〈2014 年 5 月 14 日新设〉

第三百八十一条 【同前】

在符合第三百七十六条规定的情况下,原审法院未作出驳回上诉的决定时,上诉法院应当以决定驳回上诉。〈1961 年 9 月 1 日修改〉

第三百八十二条 【驳回公诉的决定】

有符合第三百二十八条第一款各项规定的事由时,上诉法院应当以决定驳回公诉。

[1995 年 12 月 29 日修改全文]

第三百八十三条 【上诉理由】

有下列事由时,可以作为对原审判决上诉的理由:

(一)有影响判决的违反宪法、法律、命令或规则的情况时;

(二)判决后,有刑罚的废止或变更或者赦免时;

(三)有请求再审事由时;

(四)宣告死刑、无期或十年以上惩役或监禁的案件,因认定事实有重大错误而影响了判决时,或者有足以认为量刑严重不当的明显事由时。

第三百八十四条 【审判范围】

上诉法院应当就上诉理由书包括的事由进行审判。但是,在前条第一款至第三款的情形下,即便是没有包括在上诉理由书内,也可以依职权进行审判。〈1961 年 9 月 1 日、1963 年 12 月 13 日修改〉

第三百八十五条 删除〈1961 年 9 月 1 日〉

第三百八十六条 【辩护人的资格】

在上诉审中,不得将非律师选任为辩护人。

第三百八十七条 【辩论能力】

在上诉审中,非辩护人不得为被告人辩护。

第三百八十八条 【辩论方式】

检察官和辩护人,应当根据上诉理由书进行辩护。

第三百八十九条 【辩护人的不到庭】

没有选任辩护人或辩护人在公审日期未出庭时,可以听取检察官的陈述后径行判决。但是,符合第二百八十三条规定的情形除外。

前款的情形下,提出了合法理由书时,视为已有陈述。

第三百八十九条之二 【被告人的传唤与否】

上诉审的公审日期,不要求传唤被告人。

[1995 年 12 月 29 日新设本条]

第三百九十条 【根据书面审理的判决】

上诉法院,可以根据上诉书、上诉理由书及其他诉讼卷宗,不经辩论,径行判决。〈2007 年 6 月 1 日修改〉

上诉法院在必要的情况下,就有关特定的事项举行辩论,听取参与人的陈述。〈2007 年 6 月 1 日新设〉

[1961 年 9 月 1 日修改全文]

第三百九十一条 【原审判决的撤销】

上诉有理由时,应当以判决撤销原审判决。

第三百九十二条 【为了共同被告人的撤销】

为了被告人的利益撤销原审判决的情况下,撤销的理由共通于上诉的共同被告人时,对于该共同被告人也应当撤销原审判决。

第三百九十三条 【驳回公诉和退回的判决】

以驳回合法的公诉为由,撤销原审判决或第一审判决的,应当判决将案件退回原审法院或第一审法院。

第三百九十四条 【管辖认定和移送的判决】

以管辖认定违反法律为由,撤销原审判决或第一审判决的,应当以判决将案件移送管辖法院。

第三百九十五条 【管辖错误和退回的判决】

以认定管辖错误违反法律为由,撤销原审判决或第一审判决的,应当以判决方式将案件退回原审法院或第一审法院。

第三百九十六条 【撤销自判】

上诉法院撤销原审判决的情形中,认为根据诉讼卷宗和原审法院、第一审法院调查的证据足以进行判决的,可以直接判决。〈1961 年 9 月 1 日修改〉

根据第三百六十八条的规定,准用于前款的判决。

第三百九十七条 【退回或移送】

前四条情况外,撤销原审判决时,应当以判决的方式将案件退回原审法院或移送至与其同级的其他法院。

第三百九十八条 【裁判书的记载方式】

裁判书应当记载对上诉理由的判决。〈1961 年 9 月 1 日修改〉

第三百九十九条 【准用规定】

前章的规定,在本章没有特别规定时,准用于上诉的审判。

第四百条 【修正判决的申请】

上诉法院发现其判决的内容有错误时,依职权或根据检察官、上诉人及辩护人的申请,可以判决修正。

前款的申请,应当从宣告判决之日起十日内作出。

第一款的申请,应当以记载申请理由的书面作出。

第四百零一条 【纠正的判决】

纠正的判决，可以不经辩论而作出。

认为没有纠正必要的，应当迅速以决定驳回申请。

第四章 抗　　诉

第四百零二条 【可以抗诉的裁判】

对于法院的决定不服，可以抗诉。但是，本法另有特别规定的除外。

第四百零三条 【对判决前决定的抗诉】

对于法院有关的管辖或判决前诉讼程序的决定，除特别可以即时抗诉的外，不得抗诉。

前款的规定，不适用于有关羁押、保释、扣押及返还扣押物的决定，以及有关为了鉴定而扣留被告人的决定。

第四百零四条 【普通抗诉的时期】

抗诉，除即时抗诉外，可以随时进行。但是，撤销原审决定已无实益的除外。

[1963 年 12 月 13 日修改标题]

第四百零五条 【即时抗诉的提起期间】

即时抗诉的提起期间，定为七日。〈2019 年 12 月 31 日修改〉

[将 2018 年 12 月 27 日宪法裁判所判定为与宪法不一致的本条，2019 年 12 月 31 日依法律第 16850 号予以修改。]

第四百零六条 【抗诉的程序】

提起抗诉，应当向原审法院提出抗诉书。

第四百零七条 【原审法院的驳回抗诉决定】

抗诉的提起方式违反了法律或提起时间明显属于抗诉权消灭后的情形时，原审法院应当以决定驳回抗诉。

对于前款的决定，可以即时抗诉。

第四百零八条 【原审法院的更新决定】

原审法院认为抗诉有理由时，应当更正决定。

认为抗诉的全部或部分没有理由时，应当从接受抗诉书之日起三日内，附加意见书，送交抗诉法院。

第四百零九条 【普通抗诉和停止执行】

抗诉，除即时抗诉外，没有停止执行裁判的效力。但是，原审法院或抗诉法院可以决定停止执行，直至对抗诉作出决定时为止。

第四百一十条 【即时抗诉和停止执行的效力】

提起即时抗诉时及其提起期间内，应当停止执行裁判。

第四百一十一条 【诉讼卷宗等的送交】

原审法院认为必要时，应当将诉讼卷宗和证物送交抗诉法院。

抗诉法院可以要求送交诉讼卷宗和证物。

前两款的情形下,抗诉法院从接受诉讼卷宗和证物之日起五日内,应当将其事由通知当事人。

第四百一十二条 【检察官的陈述意见】

检察官可以对抗诉案件陈述意见。

第四百一十三条 【驳回抗诉的决定】

符合第四百零七条规定的情形下,原审法院未作出驳回抗诉的决定时,抗诉法院应当以决定的方式驳回抗诉。

第四百一十四条 【驳回抗诉和抗诉理由的认定】

认为抗诉没有理由时,应当以决定的方式驳回抗诉。

认为抗诉有理由时,应当以决定的方式撤销原审决定,必要时应当对抗诉案件直接作出裁判。

第四百一十五条 【再抗诉】

对抗诉法院或高等法院的决定,以违反宪法、法律、命令或规则影响裁判为由的情形为限,可以向大法院提出即时抗诉。

[1963 年 12 月 13 日修改全文]

第四百一十六条 【准抗诉】

对于裁判长或受命法官告知的符合下列各项之一的裁判不服时,可以向该法官所属的法院请求撤销或变更裁判:

(一)驳回忌避申请的裁判;

(二)有关羁押、保释、扣押或返还扣押物的裁判;

(三)为了鉴定而命令扣留被告人的裁判;

(四)对于证人、鉴定人、口译人或翻译人命令罚款或赔偿费用的裁判。

地方法院接受前款的请求时,应当由合议庭作出决定。

第一款的请求,应当从告知裁判之日起七日内作出。〈2019 年 12 月 31 日修改〉

第一款第四项的裁判,在前款请求期间内和已经提出请求时,停止执行其裁判。

第四百一十七条 【同前】

对于检察官或司法警察官的羁押、扣押及返还扣押物的处分和依据第二百四十三条之二规定的辩护人的参与等管辖处分不服时,可以向其职务执行地管辖法院或与检察官所属检察厅对应的法院请求撤销或变更其处分。〈2007 年 6 月 1 日、2007 年 12 月 21 日修改〉

第四百一十八条 【准抗诉的方式】

前两条的请求,应当以书面形式向管辖法院提出。

第四百一十九条 【准用规定】

第四百零九条、第四百一十三条、第四百一十四条、第四百一十五条的规定,准用于提出第四百一十六条、第四百一十七条规定的请求的情形。〈1995 年 12 月 29 日修改〉

第四编　特别诉讼程序

第一章　再　　审

第四百二十条　【再审理由】

在有下列各项之一的事由时,为了被宣告人的利益,对于有罪的确定判决,可以请求再审:

(一)作为原判决证据的文书或证物被确定判决证明为伪造或变造的;

(二)作为原审判决证据的证言、鉴定、口译或翻译被确定判决证明为虚伪的;

(三)因诬告而受到有罪宣告时,该诬告之罪被确定判决证明的;

(四)作为原判决证据的裁判被确定裁判变更的;

(五)新发现了对于被宣告有罪的人可以认定为无罪或免诉的,对于被宣告刑罚的人可以认定为免除刑罚或比起原审判决认定的罪更轻的相关证据的;

(六)有关侵害著作权、专利权、实用新型权、图案专利权或商标权而被宣告有罪的案件,对该权利已经审决无效或判决无效已被确定的;

(七)参与原判决、前审判决或作为该判决基础的调查的法官,参与提起公诉或作为该公诉基础的侦查的检察官或司法警察官,被确定判决证明为犯有有关其职务之罪的。但是,原判决宣告前已经对法官、检察官或司法警察官提起公诉的情况下,以原判决的法院不知其事由的情形为限。〈2020 年 12 月 8 日修改〉

[2020 年 12 月 8 日修改全文]

第四百二十一条　【同前】

对于驳回抗诉或驳回上诉的判决,限于前条第一项、第二项、第七项规定事由的情形,为了被宣告人的利益,可以请求再审。〈1963 年 12 月 13 日修改〉

对第一审确定判决请求再审的案件作出判决之后,对于驳回抗诉的判决,不得再提出再审请求。〈1963 年 12 月 13 日修改〉

对第一审或第二审确定判决请求再审的案件作出判决之后,对于驳回上诉判决,不得再提出再审请求。

第四百二十二条　【代替确定判决的证明】

根据前两条的规定,需要以确定判决来证明犯罪并以此作为再审请求理由的情形中,不能取得确定判决时,可以通过证明其事实来请求再审。但是,因证据不足不能取得确定判决的除外。

第四百二十三条 【再审的管辖】

再审的请求,由原判决法院管辖。

第四百二十四条 【再审请求权人】

符合下列各项之一的人,可以请求再审:

(一)检察官;

(二)被宣告无罪的人;

(三)被宣告有罪的人的法定代理人;

(四)被宣告有罪的人死亡或有心神障碍时,其配偶、直系亲属或兄弟姐妹。

第四百二十五条 【非检察官不得请求的再审】

根据第四百二十条第七项规定的事由请求再审,被宣告有罪的人犯该罪时,非检察官不得提出。

第四百二十六条 【辩护人的选任】

检察官以外的人请求再审时,可以选任辩护人。

根据前款的规定选任辩护人,其效力到作出再审判决时为止。

第四百二十七条 【再审请求的时期】

再审请求,在刑罚执行完毕或已不执行刑罚时,也可以提出。

第四百二十八条 【再审和停止执行的效力】

再审的请求,没有停止执行刑罚的效力。但是,对应管辖法院的检察厅检察官可以停止执行刑罚至对再审请求作出裁判时为止。

第四百二十九条 【再审请求的撤回】

再审请求,可以撤回。

撤回再审请求的人,不得以同一理由请求再审。

第四百三十条 【对在押人的特则】

第三百四十四条规定,准用于再审的请求及其撤回。

第四百三十一条 【调查事实】

接受再审请求的法院认为必要时,可以令合议庭成员调查有关再审请求理由的事实,或者可以将其委托给其他法院法官。

在前款情况下,受命法官或受托法官与法院或裁判长有同样的权限。

第四百三十二条 【对再审的决定和当事人的意见】

对再审请求作出决定,应当听取请求人和对方的意见。但是,被宣告有罪人的法定代理人提出请求时,应当听取被宣告有罪人的意见。

第四百三十三条 【驳回请求的决定】

再审请求,违反法律上的方式或明显属于请求权消灭之后的,应当以决定方式驳回。

第四百三十四条 【同前】

认为再审请求没有理由时,应当以决定驳回。

有前款的决定时,任何人不得以相同理由再提出再审请求。

第四百三十五条 【再审开始的决定】

认为再审请求有理由时,应当作出再审开始的决定。

作出再审开始的决定时,可以决定停止刑罚的执行。〈1995 年 12 月 29 日修改〉

第四百三十六条 【请求的竞合和驳回请求的决定】

对驳回抗诉的确定判决及根据该判决确定的第一审判决提出再审请求,第一审法院已经作出了再审判决时,抗诉法院应当以决定驳回再审请求。

对第一审或第二审判决驳回上诉以及根据该判决确定的第一审或第二审判决提出再审请求,而第一审法院或抗诉法院已经作出了再审判决时,上诉法院应当以决定驳回再审请求。〈1963 年 12 月 13 日修改〉

第四百三十七条 【即时抗诉】

对根据第四百三十三条、第四百三十四条第一款、第四百三十五条第一款和前条第一款规定作出的决定,可以即时抗诉。

第四百三十八条 【再审的审判】

对作出再审开始决定的案件,除第四百三十六条规定的情形外,法院应当按照其审级重新审判。

下列情况下,第三百零六条第一款、第三百二十八条第一款第二项规定不适用于前款的审判:

(一)为死亡者或不可恢复的心神障碍者提出再审请求时;

(二)被宣告有罪的人再审判决前死亡或成为不可恢复的心神障碍者时。

在前款情况下,被告人不出庭也可以进行审判。但是,辩护人不出庭不得开庭。

在前两款情况下,再审请求人未选任辩护人时,裁判长应当依职权选任辩护人。

第四百三十九条 【不利变更的禁止】

再审,不得宣告比原审判决刑罚更重的刑罚。

[2020 年 12 月 8 日修改全文]

第四百四十条 【无罪判决的公示】

再审宣告无罪时,应当将其判决刊登在公报上和该法院所在地的报纸上。但是,符合下列各项之一的人意思表示不愿如此,可以不公告:

(一)符合第四百二十四条第一项至第三项的任何一项的人请求再审时,在再审宣告无罪的人;

(二)符合第四百二十四条第四项规定的人请求再审时,请求再审的本人。

[2016 年 5 月 29 日修改全文]

第二章 非 常 上 诉

第四百四十一条 【非常上诉的理由】

判决确定之后,检察总长发现该案件的审判违反了法令时,可以向大法院进行非常上诉。

第四百四十二条 【非常上诉的方式】

作出非常上诉,应当向大法院提出记载其理由的申请书。

第四百四十三条 【公审期日】

在公审期日,检察官应当按照申请书陈述。

第四百四十四条 【调查的范围、事实的调查】

大法院应当以申请书所包括的理由为限,进行调查。

有关法院的管辖、公诉的受理和诉讼程序,可以进行事实的调查。

前款的情形,准用第四百三十一条规定。

第四百四十五条 【驳回的判决】

认为非常上诉没有理由时,应当以判决将其驳回。

第四百四十六条 【撤销的判决】

认为非常上诉有理由时,应当按照下列区别进行判决:

(一)原判决违反法令时,撤销其违反的部分。但是,原判决不利于被告人时,撤销原判决,对被告案件重新判决;

(二)原审诉讼程序违反法令时,撤销该违反的程序。

第四百四十七条 【判决的效力】

对非常上诉的判决,除根据前条第一项但书的规定作出的判决外,其效力不及于被告人。

第三章 简易程序

第四百四十八条 【可以作出简易命令的案件】

地方法院对于属于其管辖的案件,根据检察官的请求,可以不经公审程序,以简易命令处被告人以罚金、科料或没收。

前款规定的情形,可以作出追征及其他附带的处分。

第四百四十九条 【简易命令的请求】

简易命令的请求,应当与公诉的提起同时以书面形式提出。

第四百五十条 【普通的审判】

有简易命令请求的情况下,认为该案件不能以简易命令进行或以简易命令进行不适当时,应当按照公审程序审判。

第四百五十一条 【简易命令的方式】

简易命令应当明示犯罪事实、适用法令、主刑、附随处分和接到简易命令告知之日起七日内,可以请求正式裁判。

第四百五十二条 【简易命令的告知】

简易命令的告知,应当通过对检察官和被告人送达裁判书来进行。

第四百五十三条 【正式裁判的请求】

检察官或被告人在接到简易命令告知之日起七日内,可以请求正式裁判。但是,被告人不得放弃正式裁判的请求。

正式裁判的请求,应当以书面形式向作出简易命令的法院提出。

有正式裁判的请求时,应当迅速将其事由通知检察官或被告人。

第四百五十四条 【正式裁判请求的撤回】

正式裁判的请求,在第一审判决宣告之前可以撤回。

第四百五十五条 【驳回的决定】

正式裁判的请求,违反法令上的方式或明显属于请求权消灭之后时,应当以决定方式驳回。

对于前款的决定,可以即时抗诉。

正式裁判的请求合法时,应当按照公审程序审判。

第四百五十六条 【简易命令的失效】

简易命令,在有根据正式裁判的请求所作的判决时,失去其效力。

第四百五十七条 【简易命令的效力】

简易命令,在正式裁判的请求期间经过或撤回其请求或驳回请求的决定确定时,有与确定判决相同的效力。

第四百五十七条之二 【不利变更的禁止】

对于被告人请求正式裁判的案件,不得宣告比简易命令的刑罚更重的刑罚。

对于被告人请求正式裁判的案件,宣告比简易命令的刑罚更重刑罚的情形,应当在判决书上记载量刑的理由。

[2017 年 12 月 19 日修改全文]

第四百五十八条 【准用规定】

第三百四十条至第三百四十二条、第三百四十五条至第三百五十二条、第三百五十四条的规定,准用于正式裁判的请求或撤回。

第三百六十五条的规定,准用于请求正式裁判的被告人在正式裁判程序的公审期日没有出庭的情况。〈1995 年 12 月 29 日新设〉

[1995 年 12 月 29 日修改标题]

第五编 裁判的执行

第四百五十九条 【裁判的确定和执行】

裁判,除本法有特别规定外,要在确定之后执行。

第四百六十条 【执行的指挥】

裁判的执行,由作出该裁判的法院对应的检察厅检察官指挥。但是,根据裁判的性质应当由法院或法官指挥的情形除外。

执行上诉的裁判或因上诉的撤回而执行下级法院裁判时，由对应于上诉法院的检察厅检察官指挥。但是，诉讼卷宗在下级法院或对应于该法院的检察厅时，由该检察厅检察官指挥。

第四百六十一条 【执行指挥的方式】

裁判的执行指挥，应当以附加裁判书或记载裁判的笔录副本或抄本的书面进行。但是，指挥刑罚执行的情形之外，可以以在裁判书的正本、副本或抄本，或者笔录的副本或抄本上盖章承认的方式进行。

第四百六十二条 【刑罚执行的顺序】

两个以上刑罚的执行，除丧失资格、停止资格、罚金、科料和没收外，首先执行较重的刑罚。但是，检察官经所属长官的许可，可以停止较重刑罚的执行，而执行其他刑罚。

[2020 年 12 月 8 日修改全文]

第四百六十三条 【死刑的执行】

死刑，要依照法务部长官的命令执行。

第四百六十四条 【死刑判决的确定和诉讼卷宗的提出】

宣告死刑的判决确定时，检察官应当迅速将诉讼卷宗提交给法务部长官。

第四百六十五条 【死刑执行命令的时期】

死刑执行命令，应当从判决确定之日起六个月内作出。

在有恢复上诉权的请求、再审的请求或非常上诉的申请时，截至相应程序终了时的期间，不计入前款的期间。

第四百六十六条 【执行死刑的期间】

法务部长官命令执行死刑时，应当在五日内执行。

第四百六十七条 【执行死刑的参与】

死刑的执行，要由检察官、检察厅书记员和监狱长或看守所所长或其他代理人参与。

未经检察官或监狱长或看守所所长的许可，任何人不得进入刑罚的执行场所。

第四百六十八条 【执行死刑的笔录】

参与执行死刑的检察厅书记员，要制作执行笔录，并与检察官和监狱长或看守所所长或其代理人一起签字盖章。〈1963 年 12 月 13 日、2007 年 6 月 1 日修改〉

第四百六十九条 【执行死刑的停止】

被宣告死刑的人，因心神障碍处于无意识能力状态，或者是怀孕的妇女时，依照法务部长官的命令，停止执行。

根据第一款规定停止执行的情形，待心神障碍恢复或生产之后，依照法务部长官的命令执行死刑。

[2020 年 12 月 8 日修改全文]

第四百七十条 【执行自由刑的停止】

被宣告惩役、监禁或拘留的人,因心神障碍处于无意识能力状态时,按照宣告刑罚的法院对应的检察厅检察官或管辖被宣告刑罚的人所在地的检察厅检察官的指挥,截至心神障碍恢复时,停止执行刑罚。

根据前款的规定,停止执行刑罚时,检察官可以将被宣告刑罚的人送交监护义务人或地方公共团体,收容于医院等其他适当场所。

被停止执行刑罚的人,在前款的处分之前要拘禁于监狱或看守所,并将其期间计入刑期。〈1963 年 12 月 13 日修改〉

第四百七十一条 【同前】

对于被宣告惩役、监禁或拘留的人,有符合下列各项之一的事由时,按照宣告刑罚的法院对应的检察厅检察官或管辖被宣告刑罚的人所在地的检察厅检察官的指挥,可以停止执行刑罚:〈2007 年 12 月 21 日修改〉

(一)因刑罚的执行,有可能明显危害健康或难以保障生命的情形;

(二)年龄七十岁以上的情形;

(三)怀孕六个月以上的情形;

(四)出产后未满六十日的情形;

(五)因直系亲属年龄在七十岁以上或患重病或残疾,没有其他亲属保护的情形;

(六)因直系亲属年幼,没有其他亲属保护的情形;

(七)有其他重大事由的情形。

检察官进行前款的指挥,应当取得所属高等检察厅检察长或地方检察厅检察长的许可。〈2004 年 1 月 20 日、2007 年 6 月 1 日修改〉

第四百七十一条之二 【停止执行刑罚审议委员会】

为了审议第四百七十一条第一款的停止执行刑罚及关于其延长的事项,在各地方检察厅设置停止执行刑罚审议委员会(本条中简称审议委员会)。

审议委员会由包括一名委员长在内的十名以内的委员构成,委员由各地方检察厅检察长任命或委托在学界、法曹界、医疗界、市民团体人士等具有学士和经验的人担任。

审议委员会的构成和运营及其以外的必要事项由法务部令规定。

[2015 年 7 月 31 日新设本条]

第四百七十二条 【诉讼费用的停止执行】

第四百八十七条规定的申请期间内及有其他申请时,截至对该申请的裁判确定时,停止负担执行诉讼费用的裁判。

第四百七十三条 【为了执行的传唤】

被宣告死刑、惩役、监禁或拘留的人未被羁押的,为了执行刑罚,检察官应当将其传唤。

传唤不到时,检察官应当发出刑罚执行书拘传。

第一款规定的情形,被宣告刑罚的人逃跑或有逃跑可能时,或者所在地不明时,可以不经传唤,而发出刑罚执行书拘传。〈1973 年 1 月 25 日修改〉

第四百七十四条　【刑罚执行书的方式和效力】

前条的刑罚执行书,应当记载被宣告刑罚的人的姓名、住所、年龄、刑名、刑期及其他必要事项。

刑罚执行书,具有与拘禁票相同的效力。

[1973 年 1 月 25 日修改全文]

第四百七十五条　【刑罚执行书的执行】

根据前两条的规定执行刑罚执行书,准用第一编第九章有关拘禁被告人的规定。

[1973 年 1 月 25 日修改全文]

第四百七十六条　【资格刑的执行】

对于被宣告丧失资格或停止资格的人,将其记载于受刑者原簿之后,应当迅速将其副本送交被宣告刑罚者的登记居住地和居住地的市(指不设区的市,下同)、区、邑、面长。(在城乡复合形态的市,属于洞地域的,送交市、区长;属于邑、面地域的,送交邑、面长)〈1994 年 12 月 22 日、2007 年 5 月 17 日修改〉

第四百七十七条　【财产刑等的执行】

罚金、科料、没收、追征、罚款、诉讼费用、赔偿费用或暂先缴纳的裁判,要依照检察官的命令执行。

前款的命令,与有执行力的债务名义具有相同的效力。

执行第一款的裁判,准用民事执行法有关执行的规定,但是,不要求执行前送达裁判。〈2002 年 1 月 26 日、2007 年 6 月 1 日修改〉

不受第三款规定限制,第一款的裁判可以根据《国税征收法》规定的国税滞纳金处分的惯例执行。〈2007 年 6 月 1 日新设〉

检察官为了执行第一款的裁判,可以调查必要事项,此种情形准用第一百九十九条第二款的规定。〈2007 年 6 月 1 日新设〉

罚金、科料、追征、罚款、诉讼费用或赔偿费用的分期缴纳、延期缴纳和通过代理机关缴纳等缴纳方法的必要事项由法务部令规定。〈2016 年 1 月 6 日新设〉

第四百七十八条　【对继承财产的执行】

没收或者根据有关租税、专卖及其他公共征收的法令裁判的罚金或追征,受该裁判者在裁判确定后死亡的,对其继承财产可以执行。

第四百七十九条　【对合并后法人的执行】

对法人命令罚金、科料、没收、追征、诉讼费用或赔偿费用的情况下,该裁判确定后,法人因合并被消灭,则对于合并后存续的法人或因合并而设立的法人,可以执行。

第四百八十条　【暂先缴纳执行的调整】

执行了第一审暂先缴纳裁判之后,作出第二审暂先缴纳裁判时,第一审裁判的执行在第二审暂先缴纳金额的限度内视为第二审裁判的执行。

第四百八十一条　【暂先缴纳的执行和本刑的执行】

执行了暂先缴纳的裁判后,罚金、科料、追征的裁判确定时,在其金额的限度内,视为执行了刑罚。

第四百八十二条 【判决确定前羁押日数的计入】

判决宣告后判决确定前羁押的日数(包括判决宣告当日的羁押日数),全部计入本刑。

上诉驳回决定的送达期间或即时抗诉期间中的未决羁押日数全部计入本刑。

第一款和第二款规定的情形,羁押日数的一日计算为刑期的一日,或者计算为有关罚金或科料的扣留期间的一日。

[2015 年 7 月 31 日修改标题]

[将 2009 年 12 月 29 日宪法裁判所判定宪法不一致的本条,2015 年 7 月 31 日依法律第 13454 号予以修改。]

第四百八十三条 【没收物的处分】

没收物应当由检察官处分。〈1995 年 12 月 29 日修改〉

第四百八十四条 【没收物的交付】

执行没收后三个月内,对其没收物有正当权利者请求交付没收物时,除应当破坏或废弃的没收物,检察官应当交付。

没收物处分之后提出前款的请求时,检察官应当交付拍卖所得价金。

第四百八十五条 【伪造等的标示】

返还伪造或变造的物品时,应当在物品的全部或部分标示为伪造或变造品。

伪造或变造的物品未被扣押时,应当使其提出该物品进行前款的处分。但是,该物品属于公务机关时,应当将伪造或变造的事由通知公务机关,使其作出适当的处分。

第四百八十六条 【返还不能和公告】

因扣押物的应受返还者所在不明,或因其他事由不能返还时,检察官应当将其事由公告于公报。

公告之后三个月内没有返还请求时,该物品归属国库。〈1973 年 1 月 25 日修改〉

在前款的期间内,没有价值的物品可以废弃,难以保管的物品可以拍卖后保管其对价。〈2007 年 6 月 1 日修改〉

第四百八十七条 【诉讼费用的免除执行申请】

法院判决负担诉讼费用的人,因贫困无法缴纳时,在其裁判确定后十日内,可以向宣告裁判的法院申请免除执行诉讼费用全部或部分的裁判。

第四百八十八条 【异议申请】

被宣告刑罚者,对有关执行的裁判解释有疑义时,可以向宣告裁判的法院提出疑义申请。

第四百八十九条 【异议申请】

被执行裁判的人或其法定代理人或配偶,可以有关执行的检察官的处分不当为理由,向宣告裁判的法院提出异议申请。

第四百九十条 【申请的撤回】

前三条的申请,在法院作出决定之前可以撤回。

第三百四十四条的规定,准用于前三条的申请及其撤回。

第四百九十一条 【即时抗诉】

在有第四百八十七条至第四百八十九条的申请时,法院应当作出决定。

对于前款的决定,可以即时抗诉。

第四百九十二条 【扣留劳役场的执行】

对未缴纳罚金或科料的人的扣留劳役场的执行,准用有关刑罚执行的规定。

第四百九十三条 【执行费用的负担】

第四百七十七条第一款规定的裁判的执行费用由被执行者负担,以《民事执行法》的规定为准,应当在执行时一起征收。〈2002 年 1 月 26 日、2007 年 6 月 1 日修改〉

附则(法律第 17572 号,2020 年 12 月 8 日)

第一条 【施行日】

本法公布一年后施行,但是,第十七条第八款和第九款的修改规定公布六个月后施行。

第二条 【除斥法官的适用例】

第十七条第八项和第九项的修改规定从本法施行后,首次提出公诉状的案件开始适用。

(西安石油大学 史进元 译)

大韩民国商法

［2020年12月29日施行］［法律第17764号,2020年12月29日部分修改］

第一编　总　　则

第一章　通　　则

第一条　【商事法规适用】

关于商事,本法中没有规定的,适用商事习惯法,没有商事习惯法的,适用民法。

第二条　【公法人的商行为】

关于公法人的商行为,仅在法令没有其他规定时方可适用本法。

第三条　【单方商业行为】

当事一方的行为属于商行为,则本法适用于全体当事人。

第二章　商　　人

第四条　【商人—当然商人】

以自己的名义从事商行为的人为商人。

第五条　【商人—拟制商人】

通过商店或类似设施以商人方法进行营业的人,即使没有作出商行为,也视其为商人。

公司即使没有做出商行为,也适用前款规定。

第六条　【未成年人的营业及登记】

未成年人经法定代理人允许进行营业的,应当进行登记。

［2018年9月18日修改全文］

第七条 【未成年人和无限责任股东】

未成年人在其代表董事的允许下成为公司的无限责任股东的,其基于股东资格而发生的行为,视为有行为能力人。

[2018 年 9 月 18 日修改全文]

第八条 【法定代理人授权的营业代理】

法定代理人为了未成年人、准禁治产人或者禁治产人进行经营的,应当进行登记。〈2018 年 9 月 18 日修改〉

对法定代理人代理权的限制,不得对抗善意第三人。

[2018 年 9 月 18 日修改标题]

第九条 【小商人】

与经理、商号、账簿和商业登记有关的规定,不适用于小商人。

第三章 商 业 员 工

第十条 【经理的任命】

商人可以选任经理在本部或分支机构进行营业。

第十一条 【经理的代理权】

经理可以代替营业主进行与营业相关的诉讼上或者诉讼外的一切行为。

经理可委任或解雇非经理的营业员或其他员工。

对经理代理权的限制,不得对抗善意第三人。

第十二条 【共同经理】

商人可以让多名经理共同行使代理权。

在前款的情况下,向一名经理作出的意思表示,对营业主产生效力。

第十三条 【经理的登记】

关于经理的选任和代理权的消灭,商人须在该经理任职的本部或者分支机构所在地进行登记。该规定也适用于前条第一款规定的事项和变更。

第十四条 【表见经理】

本部或者分支机构的营业主任、分支机构主任,和使用其他类似可以认定为经理称谓的人,视为与本部或者分支机构的经理具有相同的权限。但是,该权限不包括诉讼上的行为。

相对方有恶意的,不适用第一款规定。

[2010 年 5 月 14 日修改全文]

第十五条 【具有部分“一揽子”代理权的员工】

就有关营业上的特定种类或特定事项受托之员工,可以进行与此相关的诉讼外的所有行为。第十一条第三款的规定,适用前款的情况。

第十六条 【商品销售店铺的员工】

商品销售店铺的员工应被视为具有与该销售有关的所有权限。

第十四条第二款的规定，适用前款规定的情况。

第十七条 【商业员工的义务】

商业员工未经营业主的允许，不得为自己或第三人利益进行属于营业主经营种类的交易，或者成为公司的无限责任股东、董事或者其他商人的员工。

商业员工违反前款的规定进行交易时，若该交易是为员工自身利益时，营业主可以将该交易所得视为自己的利益所得，若该交易是为第三人利益时，营业主可以向员工请求转让该利益所得。〈1962 年 12 月 12 日修改〉

前款之规定不影响营业主终止与员工的合同或请求损害赔偿请求。

第二款规定的权利自营业主得悉该交易之日起两周后，或该交易发生之日起一年后消灭。

第四章 商　　号

第十八条 【选择商号的自由】

商户可以用其姓名和其他名称确定其商号。

第十九条 【公司名称】

在公司的商号中应当按照公司的种类使用合名公司、合资公司、有限责任公司、股份公司或有限公司的字样。

[2011 年 4 月 14 日修改全文]

第二十条 【禁止不正当使用公司商号】

非公司不得在其商号中使用表示公司的字样。公司的转让也同样适用。

第二十一条 【商号的单一性】

同一营业上应当使用单一商号。

分支机构的商号中应当表明其与本部之间的从属关系。

第二十二条 【商号登记的效力】

在同一特别市、广域市、市、郡内，不得在同种经营中登记他人已登记的商号。〈1984 年 4 月 10 日、1994 年 12 月 22 日、1995 年 12 月 29 日修改〉

第二十二条之二 【商号的预先核准登记】

设立有限责任公司、股份公司或有限公司时，可以向本部所在地管辖的登记所申请商号的预先核准登记。〈2020 年 6 月 9 日修改〉

公司在准备登记商号或目的，或者变更商号和目的时，可以向本部所在地管辖的登记所申请商号的预先核准登记。

公司本部迁移时，可以向拟迁入地点管辖的登记所申请临时登记。

商号的预先核准登记适用第二十二条的规定时视为商号的登记。

删除〈2007 年 8 月 3 日〉

[1995 年 12 月 29 日新设本条]

第二十三条 【禁止使用致使他人误认主体的商号】

任何人不得出于不正当的目的使用可能导致他人误认经营主体的商号。

违反前款之规定使用商号的,因此可能受到损害的人或者商号登记人可以请求废止该行为。〈1984 年 4 月 10 日修改〉

第二款之规定不影响损害赔偿之请求。〈1984 年 4 月 10 日修改〉

在同一特别市、广域市、市、郡内,在同种经营上使用他人已登记的商号者,可以被推定为是具有不正当目的的使用人。

〈1984 年 4 月 10 日、1994 年 12 月 22 日、1995 年 12 月 29 日修改〉

第二十四条 【出借名义人的责任】

允许他人使用自己的姓名或商号进行经营的人,对误认出借人为经营主体而进行交易的第三人与名义使用人连带承担责任。

第二十五条 【商号的转让】

商号只有在经营废止或经营与商号同时转让时,方可转让。

商号的转让,未经登记不得对抗第三人。

第二十六条 【不使用商号的效果】

商号的登记者如无正当理由二年不使用商号的,该商号视为废止。

第二十七条 【商号登记的取消请求】

商号在废止或者变更的情况下,若该商号登记者在两周内不进行商号的变更或者废止登记时,利害关系人则可以请求取消该登记。

第二十八条 【对不当使用商号的制裁】

违反第二十条和第二十三条第一款规定的,处以二百万韩元以下罚款。〈1984 年 4 月 10 日、1995 年 12 月 29 日修改〉

第五章 商 业 账 簿

第二十九条 【商业账簿的种类和制作原则】

商人为明确营业财产和损益状况,应当编制会计账簿和资产负债表。

商业账簿的编制,除本法规定的外,一般按照公平、妥善的会计惯例处理。

[1984 年 4 月 10 日修改全文]

第三十条 【商业账簿的制作方法】

会计账簿应记载影响交易和其他经营财产的事项。

商人应在开始经营时和每年一次以上的一定时期,公司应在成立之时及每个结算期根据会计账簿编制资产负债表,并由制作人签字盖章或署名。〈1995 年 12 月 29 日修改〉

[1984 年 4 月 10 日修改全文]

第三十一条 删除〈2010 年 5 月 14 日〉

第三十二条 【商业账簿的提交】

法院可以依请求或依职权命令诉讼当事人提交全部或者部分商业账簿。

第三十三条 【商业账簿的保存】

商人应将与商业账簿和经营相关的重要文件保存十年。但是,发票或类似的单据应保存五年。〈1995 年 12 月 29 日修改〉

前款的期限应自商业账簿关闭之日起算。

第一款所指的账簿和文件可以使用微型胶卷,或由其他电子信息处理机构保存。〈1995 年 12 月 29 日新设〉

根据第三款保存账簿和文件的,此类保存方法和其他必要事项由总统令规定。〈1995 年 12 月 29 日新设〉

第六章 商业登记

第三十四条 【通则】

依照本法规定的登记事项,根据当事人的申请,在其经营场所所在地管辖法院的商业登记簿上进行登记。

[2010 年 5 月 14 日修改全文]

第三十四条之二 删除〈2007 年 8 月 3 日〉

第三十五条 【分支机构所在地的登记】

除非另有规定,应当在本部所在地登记的事项也应当在分支机构所在地进行登记。

第三十六条 删除〈1995 年 12 月 29 日〉

第三十七条 【登记的效力】

应当登记的事项未经登记不得对抗善意第三人。

虽已进行登记,但第三人有正当理由未知晓时,与本条第一款的规定相同。

[1995 年 12 月 29 日修改全文]

第三十八条 【在分支机构所在地进行登记的效力】

应当登记的事项未在分支机构所在地进行登记时,前款规定仅适用于该分支机构的交易。

第三十九条 【不实登记】

因故意或过失登记与事实不符的事项,该不实事项不得对抗善意第三人。

第四十条 【变更、消灭登记】

已登记的事项发生变更或者消灭的,当事人应当立即进行变更或者消灭的登记。

第七章　营 业 转 让

第四十一条　【营业转让人的竞业禁止】

除非在转让业务时另有约定,十年内转让人不得在同一特别市、广域市、市、郡以及相邻的特别市、广域市、市、郡内进行同种经营。〈1984 年 4 月 10 日、1994 年 12 月 22 日、1995 年 12 月 29 日修改〉

如果转让人约定不进行同种经营,则该约定二十年内在同一特别市、广域市、市、郡以及相邻的特别市、广域市、市、郡内有效。〈1984 年 4 月 10 日、1994 年 12 月 22 日、1995 年 12 月 29 日修改〉

第四十二条　【受让人续用商号的责任】

受让人如果继续使用出让人的商号,对因出让人经营产生的第三人的债务也承担清偿责任。

受让人在接受营业转让后立即进行不承担债务登记的,不适用前款规定。出让人和受让人立即将情况通知第三人的,同样适用于接到通知的第三人。

第四十三条　【对受让人的清偿】

在前条第一款情况下,因出让人经营而产生的债权,债务人是善意的,且无重大过失的,向受让人清偿的,该转让有效。

第四十四条　【公告收购债务的受让人责任】

受让人不继续使用出让人的商号,公告收购出让人经营债务的,受让人也承担清偿责任。

第四十五条　【公司出让人的责任存续期间】

公司受让人根据第四十二条第一款或前条规定承担清偿责任的,出让人对第三人的债务,自营业转让或者公告之日起二年后消灭。

第二编　商　行　为

第一章　通　　则

第四十六条　【基本商行为】

以营业进行的下列行为称为商行为。但是,仅以获取工资为目的制造物品或从事劳动的行为,不属于商行为:〈1995 年 12 月 29 日、2010 年 5 月 14 日修改〉

(一)动产、不动产、有价证券及其他财产的买卖;

(二)动产、不动产、有价证券及其他财产的租赁；
(三)有关制造、加工或修缮的行为；
(四)有关电、电波、煤气或者供水的行为；
(五)承揽作业或者劳务；
(六)有关出版、印刷或摄影的行为；
(七)有关广告、通信或信息的行为；
(八)储蓄、贷款、外汇及其他金融交易；
(九)公众利用设施的交易；
(十)商行为的代理的承接；
(十一)有关中介的行为；
(十二)委托买卖及其他斡旋行为；
(十三)运输的承接；
(十四)保管的承接；
(十五)信托的承接；
(十六)互利融资及其他类似行为；
(十七)保险；
(十八)关于采集矿物或土石的行为；
(十九)关于机械、设施及其他财产的金融租赁行为；
(二十)关于许可使用商号、商标等的经营行为；
(二十一)关于经营上的债权买入、回收等行为；
(二十二)使用信用卡和电子货币的支付结算业务的承接。

第四十七条　【辅助商行为】

商人为了经营进行的行为视为商行为。

商人的行为推定是为了经营进行的行为。

第四十八条　【代理的方式】

商行为的代理人即使没有表明该行为是本人所为,该行为对本人仍然有效。如果对方不知道是本人所为的,也可向代理人请求履行。

第四十九条　【委任】

接受商行为委任的人,在不违反委任本意的范围内,可以进行未经委任的行为。

第五十条　【代理权的存续】

商人就经营授予的代理权,不因本人死亡而消灭。

[2010 年 5 月 14 日修改全文]

第五十一条　【直接意思表示要约的约束力】

直接进行意思表示的要约,对方没有立即承诺的,要约失去效力。

第五十二条　删除〈2010 年 5 月 14 日〉

第五十三条　【要约的承诺通知义务】

商人从有经常交易关系的人处收到属于其经营种类的合同要约时,应立即发出承诺与否的通知。若怠于通知,视为承诺。

第五十四条 【商事法定利率】

因商行为产生的债务法定利率为百分之六。〈1962 年 12 月 12 日修改〉

第五十五条 【法定利息请求权】

商人基于经营而借贷金钱的,可以主张法定利息。

商人在其经营范围内,为他人垫付金钱时,可以请求支付自垫付日之后的法定利息。

[2010 年 5 月 14 日修改全文]

第五十六条 【分支机构交易的债务履行地点】

因在债权人分支机构进行交易而产生的债务履行地,根据其行为的性质或当事人的意思表示,不能特别确定的,除接受特定物之外,应为分支机构所在地。

[2010 年 5 月 14 日修改全文]

第五十七条 【数名债务人之间或债务人与保证人之间的连带责任】

数人承担一人或全体人员的商行为产生的债务时,全体人员应承担连带清偿责任。

在有保证人的情况下,若该保证因商行为或者主债务是因商行为而产生时,主债务人与保证人应承担连带清偿责任。

第五十八条 【商事留置权】

商人之间的商行为引起的债权已到清偿期的,在受清偿之前债权人可以留置因与债务人之间的商行为而自己已占有的债务人所有的物品或者有价证券。但是,当事人之间另有约定的除外。

第五十九条 【流质契约的许可】

为了担保因商行为所发生的债权而设定的质权,不适用《民法》第三百三十九条的规定。

第六十条 【物品保管义务】

商人接到属于其经营种类的合同要约的,收到有关的样品或者其他物品时,即使拒绝要约,仍应以要约人的费用来保管该物品。但是,该物品的价值不足以清偿费用或者有可能因其保管而受损害的除外。

第六十一条 【商人的报酬请求权】

商人在其经营范围内为他人进行某种行为时,可以请求支付相应的报酬。

第六十二条 【接受寄存商人的责任】

商人在其经营范围内接受物品寄存的,即使不收取报酬,也应尽到善良管理人的注意义务。

第六十三条 【交易时间和履行或者请求】

依照法律、惯例确定经营时间的,应当在规定时间内进行债务履行或者提出履行请求。

第六十四条 【商事时效】

因商业行为而产生的债权,本法如无其他规定的,五年不行使即消灭。但是,在其他法令中有比此更短的时效规定时,从其规定。

第六十五条 【有价证券和准用规定】

对于金钱的支付请求权、物品或有价证券的转让请求权或表示股东地位的有价证券,其他法律没有特别规定的,除适用《民法》第五百零八条至第五百二十五条的规定之外,准用《票据法》的第十二条第一款和第二款规定。

第一款规定的有价证券,以适合的电子登记有价证券表示其权利的发生、变更、消灭的,在第三百五十六条之二第一款规定的电子登记机关的电子登记簿登记发行。在这种情况下,准用第三百五十六条之二第一款至第四款的规定。〈2016 年 3 月 22 日修改〉

[2014 年 4 月 14 日修改全文]

第六十六条 【准商行为】

本章的规定准用第五条规定的商人的行为。

第二章 买 卖

第六十七条 【出售人的标的物的提存、拍卖权】

在商人之间的买卖行为中,买受人拒收或者不能领取标的物时,出售人可以将该标的物提存,或者确定一定的期间,进行催告之后可以拍卖该标的物。在这种情况下,应该立即通知买受人。

在前款的情况下,若无法催告买受人或者标的物有可能灭失或者损坏时,可以不经催告进行拍卖。

根据前两款的规定,出售人拍卖标的物时,应将从拍卖所得金额中扣除拍卖费用的余额提存。但是,可以拍卖价额的全部或者一部分充抵买卖货款。

第六十八条 【定期买卖的解除】

对商人之间的买卖,根据该买卖关系的性质或者依当事人的意思表示,若未在一定日期或者一定期间内履行,就不能达成合同目的的,一方当事人在逾期后,另一方当事人未立即请求履行的,视为合同解除。

第六十九条 【买受人的标的物检验和瑕疵通知义务】

在商人之间的买卖关系中,当买受人领取标的物时,应当立即进行检验,发现有瑕疵或者数量不足时,若不即时向出售人发出通知,则不得解除合同、请求折价或者赔偿损失。买卖的标的物有不能即时发现瑕疵的,若买受人在六个月内发现,同样适用。

出售人为恶意时,不适用前款之规定。

第七十条 【买受人的保管、提存标的物义务】

在第六十九条规定的情况下,即使买受人解除了合同,仍应以出售人的费用保管或者提存该标的物。但是,该标的物有可能灭失或者损坏的,应当经法院许可后拍卖

该物品,并保管或者提存所得价款。〈1984 年 4 月 10 日修改〉

根据第一款之规定,买受人拍卖该物品之后,应立即向出售人发出通知。〈1984 年 4 月 10 日修改〉

在第一款和第二款规定的情形下,当标的物的交付地点与出售人的营业场所或住所位于相同的特别市、广域市、市、郡时,不适用该规定。〈1995 年 12 月 29 日修改〉

第七十一条 【同前条—数量超过等情况】

出售人交付给买受人的物品与买卖的标的物不符或者超过数量时,准用前款规定。

第三章 双边净额结算

第七十二条 【定义】

双边净额结算,是指在商人之间或商人与非商人之间存在经常性交易关系时,约定相互抵销一定期间内因交易发生的债权债务总额后支付余额。

第七十三条 【商业证券的债权债务特别规定】

将因票据或者其他商业证券而发生的债权债务算入双边净额结算范围的,若该证券债务人不清偿,则当事人可以将该债务项目从双边净额结算中排除。

第七十四条 【双边净额结算期间】

当事人未确定双边净额结算期的,该期间为六个月。

第七十五条 【对结算书的认可与异议】

当事人认可记载债权债务各项目的结算书的,不得对各项目提出异议。但是,有误或者遗漏的除外。

第七十六条 【余额债权的法定利息】

因相抵发生的余额,债权人可以请求支付计算终结日以后的法定利息。

不受前款规定的限制,当事人可以约定各项目列入双边净额结算之日起的附加利息。

第七十七条 【终止】

当事人各方可以随时解除双边净额结算。在这种情况下,可以请求立即结束计算,支付余额。

第四章 匿 名 合 伙

第七十八条 【定义】

匿名合伙,是指一方当事人为另一方当事人的业务出资,另一方当事人约定分配该业务产生利益的合伙。

第七十九条 【匿名合伙人的出资】

匿名合伙人出资的金钱及其他财产,视为经营者的财产。

第八十条 【匿名合伙人的对外关系】

关于经营者的行为,匿名合伙人对第三者不享有权利、不承担义务。

第八十一条 【允许使用其姓名、商号而引起的责任】

匿名合伙人许可经营者在商号中使用自己的姓名,或许可经营者使用自己的商号的,对使用之后的债务与经营者承担连带责任。

第八十二条 【利益分配和损失分担】

匿名合伙人的出资因损失减少的,在填补损失之前不得请求利益分配。

损失超过出资额的,匿名合伙人没有返还取得利益或增资的义务。

对于前述两款规定当事人另有约定的除外。

第八十三条 【合同的终止】

当事人没有约定合伙期间,或约定合同期间终身存续的,当事人可以在营业年度末解除合同。但是,应当提前六个月通知对方。

不限于合伙存续期间的有无,在出现不得已的事由时,任何一方当事人均可随时解除合同。

第八十四条 【合同的终止】

合伙合同因下列事由而终止:

(一)停业或者转让。

(二)经营者死亡或者被宣布为禁治产人。

(三)经营者或者匿名合伙人破产。

[2018 年 9 月 18 日修改全文]

第八十五条 【合同终止的效果】

合伙合同终止时,经营者应当返还匿名合伙人的出资款。但是,因损失出资减少时,返还余额即可。

第八十六条 【准用规定】

第二百七十二条、第二百七十七条、第二百七十八条的规定,准用于匿名合伙人。

第四章之二 合资合伙〈2011 年 4 月 14 日新设〉

第八十六条之二 【定义】

合资合伙,是指由对合伙债务承担无限责任并执行合伙业务的合伙人,和以出资为限承担有限责任的合伙人共同出资,经营共同业务的合伙。

[2011 年 4 月 14 日新设本条]

第八十六条之三 【合伙合同】

为设立合资合伙,合资合同应当记载下列事项,并由全部合伙人签字盖章或署名:

(一)目的;

(二)名称;

(三)业务执行合伙人的姓名或商号、住所及身份证号码;

（四）有限责任合伙人的姓名或商号、住所及身份证号码；

（五）主要营业场所地址；

（六）关于合伙人出资事项；

（七）关于合伙人损益分配事项；

（八）关于有限合伙人股份转让事项；

（九）关于二人以上业务执行合伙人共同执行合资合伙业务或代理合资合伙业务的事项；

（十）业务执行合伙人中一部分执行合资合伙业务，或代理合资合伙业务的事项；

（十一）关于合伙解散时分配残余资产的事项；

（十二）关于合伙存续期间和其他解散事由的事项；

（十三）合伙合同的生效日。

［2011 年 4 月 14 日新设本条］

第八十六条之四　【登记】

业务执行合伙人应当在成立合资合伙后两周内，在合伙主要营业场所所在地登记下列事项：

（一）第八十六条第三款第一项至第五项（第四项仅限于有限责任合伙人执行业务的情况）、第九项、第十项、第十二项和第十三项规定的事项；

（二）合伙人出资的目的、以财产出资的价额和履行的部分。

第一款各项所述事项发生变更的，应在两周内办理变更登记。

［2011 年 4 月 14 日新设本条］

第八十六条之五　【业务执行合伙人】

业务执行合伙人如在合伙合同中没有其他规定，有各自执行和代理合资合伙人业务的权利和义务。

业务执行合伙人应尽到善良管理人的注意义务来执行第一款规定的业务。

有二名以上业务执行合伙人的，如果合伙合同中没有其他规定，对业务执行合伙人的行为有异议的，应中止其行为，并依照过半数业务执行合伙人的决议执行。

［2011 年 4 月 14 日新设本条］

第八十六条之六　【有限责任合伙人的责任】

有限责任合伙人有责任从合伙合同中规定的出资价额中扣除已履行的部分，在此限额内对合伙债务承担偿还责任。

在第一款情形下，即使合资合伙没有利润，在确定偿还责任时，偿还责任的限度要加上取得的利益分配额。

［2011 年 4 月 14 日新设本条］

第八十六条之七　【合伙人持有股份的转让】

未经其他全体合伙人同意，业务执行合伙人不得将其全部或部分股份转让给其他人。

有限责任合伙的股份可以按照合同约定转让。

受让有限责任合伙人股份的人,应承继转让人的权利和义务。

[2011年4月14日新设本条]

第八十六条之八 【准用法规】

关于合资合伙,准用第一百八十二条第一款、第二百二十八条、第二百五十三条、第二百六十四条和第二百八十五条的规定。

关于业务执行合伙人,准用第一百八十三条之二、第一百九十八条、第一百九十九条、第二百零八条第二款、第二百零九条、第二百一十二条和第二百八十七条的规定。但是,第一百九十八条和第一百九十九条在合伙合同另有规定时除外。

合伙合同未作其他规定的,有限责任合伙人准用第一百九十九条、第二百七十二条、第二百七十五条、第二百七十七条、第二百七十八条、第二百八十三条和第二百八十四条的规定。

关于合资合伙,如果本法或者合伙合同没有其他规定,则准用《民法》中有关合伙的规定。但是,对于有限责任合伙人,不准用《民法》第七百一十二条和第七百一十三条的规定。

[2011年4月14日新设本条]

第八十六条之九 【罚款】

合伙企业的业务执行合伙人,是根据第八十六条之八准用第一百八十三条之二或者第二百五十三条规定的职务代行人,或者清算人怠于本章规定的登记的,处以五百万韩元以下的罚款。

[2011年4月14日新设本条]

第五章 代 理 商

第八十七条 【定义】

商法上的代理商,是指不是商业员工,为了一定的利益,经常代理该经营类别业务或者属于该经营类别业务的中介,并以此为业的人。

第八十八条 【通知义务】

代理商在进行代理或中介交易时,应当立即向本人发送通知。

第八十九条 【禁止竞业】

代理商在未取得本人许可的情况下,不得为自己或第三人的利益进行属于本人业务种类的交易,或成为经营同种业务公司的无限责任股东或董事。

在代理商违反前款规定的情况下,准用第二十七条第二款至第四款的规定。

第九十条 【接受通知的权限】

接受商品销售或中介委托的代理商,有权得到买卖标的物存在瑕疵、数量不足或其他与履行买卖有关的通知。

第九十一条 【代理商的留置权】

代理商就因代理或中介交易产生的到期债权,为了本人,至偿付时止有权留置占有的商品或有价证券。

但是,双方另有协议的除外。

第九十二条 【合同的终止】

当事人之间就合同存续期间没有约定的,各当事人提前两个月预告可以终止合同。

第八十三条第二款的规定,准用于代理商。

第九十二条之二 【代理商的补偿请求权】

因为代理商的活动使本人的顾客或业务交易显著提高的,在代理合同终了后本人也继续得到利益的,代理商可以向本人请求相当地补偿。但是,因代理商的责任事由导致合同终止的除外。

第一款所规定的补偿金额不得超过合同终了之前五年期间的平均年报酬,合同不满五年的,以这期间的平均年报酬为准。

第一款所规定的补偿请求权自合同终了之日起经过六个月消灭。

[1995 年 12 月 29 日新设本条]

第九十二条之三 【代理商的保守商业秘密义务】

即使合同终止,代理商仍应保守与合同有关的本人经营上的秘密。

[1995 年 12 月 29 日新设本条]

第六章 中 介 业

第九十三条 【定义】

中介人是指以中介他人的商行为为业的人。

第九十四条 【中介人的支付受领代理权】

中介人对于中介行为,不得为当事人接受支付或其他履行行为。但是,有其他约定或习惯的除外。

第九十五条 【样品保管义务】

中介人因中介行为收到样品的,应将其保管至该行为终了时止。

第九十六条 【合同书交付义务】

若当事人已签好合同,中介人应立即将记载当事人各方姓名或者商号、合同年月日及其要点的文书,经签字盖章或者署名后交付给当事人各方。〈1995 年 12 月 29 日修改〉

除了当事人即时履行之外,中介人应让当事人各方在第一款的书面材料上签字盖章或者署名,并将此书面文书交付给对方当事人。〈1995 年 12 月 29 日修改〉

在第一款和第二款规定的情形下,若一方当事人拒收文书或者不签字盖章或者署名时,中介人应立即通知对方当事人。〈1995 年 12 月 29 日修改〉

第九十七条 【中介人的账簿制作义务】

中介人应当将前条规定的事项记载于账簿。

当事人为了自己,可以随时请求交付与中介行为相关的账簿副本。

第九十八条 【姓名、商号的保密义务】

当事人要求中介人不将其姓名或者商号告知对方的,中介人不得在准备交付给对方的第九十六条第一款的文书或者前条第二款规定的账簿副本上记载。

第九十九条 【中介人的履行责任】

中介人任意或者根据前条规定,不向一方当事人表示另一方当事人姓名或商号的,对方可以向中介人请求履行。

第一百条 【报酬请求权】

中介人若未终结第九十六条规定的程序的,不得请求支付报酬。

由双方当事人平均负担中介人的报酬。

第七章 委托买卖业

第一百零一条 【定义】

委托买卖人,是指以自己的名义为他人的利益进行商品或有价证券买卖,并以此为业的人。

第一百零二条 【委托买卖人的地位】

委托买卖人因委托人的买卖,直接向对方取得权利,承担义务。

第一百零三条 【委托物的归属】

委托买卖人自委托人处得到的物品或者有价证券或者因委托买卖而取得的物品、有价证券、债权,在委托人和委托买卖人,或者委托买卖人的债权人之间的关系中,被视为委托人所有或者委托人的债权。

第一百零四条 【通知义务、提交结算明细表的义务】

委托买卖人办理被委托的买卖之后,应立即通知委托人该合同的要点及对方的住所、姓名,并提交账单。

第一百零五条 【委托买卖人的履行担保责任】

在为委托人所进行的买卖中,若对方不履行债务,委托买卖人应承担向委托人履行其债务的责任。但是,另有约定或者习惯时除外。

第一百零六条 【遵守指定价格义务】

委托买卖人以低于委托人指定的价格卖出或者以高于指定的价格买入的,若其承担差价,该买卖对委托人有效力。

委托买卖人以高于委托人指定的价格卖出或者廉价买入的,若另无约定,其差额视为委托人的利益。

第一百零七条 【委托买卖人的介入权】

委托买卖人接受交易所定有市价的商品或有价证券买卖的委托时,可以直接成为卖方和买方。这时,买卖对价根据委托买卖人发送买卖通知时的交易所市价计算。

在前款的情况下,委托买卖人可以向委托人索取报酬。

[2010年5月14日修改全文]

第一百零八条 【委托物存在瑕疵、毁损等的效果】

委托买卖人在接收委托买卖标的物后,知道物品损坏或有瑕疵,或者物品有可能腐烂,或者价格下跌时,应立即通知委托人。

在前款的情况下无法得到委托人的指示或指示延误时,委托买卖人可以为了委托人的利益进行适当地处理。

第一百零九条 【买入物的提存、拍卖权】

委托买卖人受托买入的,委托人拒绝收货或无法收货时,准用第六十七条的规定。

第一百一十条 【委托买入人是商人时】

委托人是商人的,就其营业事宜委托购买物品的,委托人与委托买卖人的关系,参照第六十八条至第七十一条的规定。

第一百一十一条 【准用规定】

第九十一条的规定准用于委托买卖人。

第一百一十二条 【适用有关委任的规定】

委托人与委托买卖人的关系,除本章的规定外,适用有关委任的规定。

第一百一十三条 【准委托买卖人】

以自己的名义为他人的利益进行非买卖行为,并以此为业的人,准用本章的规定。

第八章 运输斡旋业

第一百一十四条 【定义】

以自己的名义为他人的利益进行货物运输斡旋的,称为运输斡旋人。

第一百一十五条 【损害赔偿责任】

运输斡旋人不能证明自己或其员工就运输物的接受、交付、保管、选择承运人或者其他运输斡旋人及其他运输业务尽到注意义务的,不得免除因货物运输的灭失、损毁或者延误而产生的损害赔偿责任。

第一百一十六条 【介入权】

无其他约定的,运输斡旋人可以直接运输物。这种情况下,运输斡旋人与承运人具有同样的权利和义务。

运输斡旋人根据委托人的请求签发提单的,视为直接运输。

第一百一十七条 【中间运输斡旋人地位】

数人依次斡旋运输时,后者承担代替前者行使其权利的义务。

在前款的情况下,后者向前者进行清偿的,取得前者的权利。

第一百一十八条 【承运人权利的取得】

在前条的情况下,运输斡旋人向承运人进行清偿的,取得承运人的权利。

第一百一十九条 【报酬请求权】

运输斡旋人将物品交付给承运人时,可立即请求支付报酬。

通过运输斡旋合同确定运费的,如无其他约定,不得另行请求报酬。

第一百二十条 【留置权】

运输斡旋人只能通过收取运输物的报酬、运费及其他委托人的垫付款或预付款留置该运输物。

第一百二十一条 【运输斡旋人责任的时效】

运输斡旋人的责任自收货人领取运输物之日起,经过一年时效消灭。

运输物全部灭失的,前款的期间自应交付运输物之日起计算。〈1962 年 12 月 12 日修改〉

运输斡旋人或其员工为恶意的,不适用前两款的规定。

第一百二十二条 【运输斡旋人的债权时效】

运输斡旋人对委托人或收货人的债权,如一年内不行使则时效消灭。

第一百二十三条 【准用规定】

关于运输斡旋人,除本章的规定外,准用委托买卖人的有关规定。

第一百二十四条 【同前】

第一百三十六条、第一百四十条和第一百四十一条的规定适用于运输斡旋业。

第九章 运 输 业

第一百二十五条 【定义】

在陆路或江湖、港湾经营货物或旅客运输的人称为承运人。

第一节 货 运 运 输

第一百二十六条 【货物清单】

发货人应当按照承运人的请求交付货物清单。〈2007 年 8 月 3 日修改〉

货物清单应载明下列事项,并由发货人签字盖章或署名:〈1995 年 12 月 29 日、2007 年 8 月 3 日修改〉

(一)运输物的种类、重量或容积、包装的种类、个数、标识;

(二)目的地;

(三)收货人和承运人的姓名或商号,营业场所或住所;

(四)运费与其预付或到付的区别;

(五)货物清单的签发地和签发年月日。

[2007 年 8 月 3 日修改标题]

第一百二十七条 【虚假记载货物清单的责任】

当发货人在货物清单上进行虚假或不正确记录时,应向承运人承担因此产生的损

害赔偿责任。〈2007 年 8 月 3 日修改〉

承运人为恶意的,不适用前款规定。

[2007 年 8 月 3 日修改标题]

第一百二十八条 【提单的发行】

承运人要按发货人的请求交付提单。

提单应记载下列事项,并由承运人签字盖章或署名:〈1995 年 12 月 29 日修改〉

(一)第一百二十六条第二款第一项至第三项规定的事项;

(二)发货人姓名或商号,营业场所或住所;

(三)运费和其他有关运输物的费用和预付或到付的区别;

(四)提单的签发地和签发年月日。

第一百二十九条 【提单的交换证券性】

签发提单的,不提交提单不得请求交付货物。

第一百三十条 【提单的当然指示证券性】

提单即使是记名式的,也可以背书转让。但是,提单上记载禁止背书的除外。

第一百三十一条 【提单记载的效力】

根据第一百二十八条,在签发提单的情况下,推定承运人与发货人之间缔结了提单上记载的运输合同,接收了运输物。

对于善意取得提单的持有人,视为承运人按照提单中的记载收取了货物,并根据提单的记载承担承运人的责任。

[2010 年 5 月 14 日修改全文]

第一百三十二条 【提单的处分证券性】

签发提单后,有关货物的处分应以提单为准。

第一百三十三条 【提单的物权效力】

根据提单可以提取货物的人,在交付提单时,取得货物上的权利,与接受货物具有同样的效力。

第一百三十四条 【货物运输的灭失和运费】

全部或者部分运输物非因发货人的责任事由而灭失时,承运人不得请求支付运费。承运人已收取全部或部分运费的,应予以返还。

全部或部分运输物因其自身属性或者瑕疵或者因发货人的过失而灭失时,承运人可以请求支付全部运费。

第一百三十五条 【损害赔偿责任】

承运人不能证明自己或者运输斡旋人及其员工、其他为了运输而雇用的人,在有关运输物的领取、交付、保管、运输中已尽到注意义务的,不得免除因运输物的灭失、毁损或者延误而产生的损害赔偿责任。

[2010 年 5 月 14 日修改全文]

第一百三十六条 【对贵重物品的责任】

对货币、有价证券及其他贵重物品,只有发货人在托运时明示了其种类及价值,承运人才承担损害赔偿责任。

第一百三十七条 【损害赔偿额】

运输物全部灭失或者延误所产生的损害赔偿额按照交付日的到达地价格计算。〈2011 年 4 月 14 日修改〉

运输物部分灭失或者损毁所产生的损害赔偿额按照交付日的到达地价格计算。

因承运人的故意或者重大过失引起的运输物的灭失、毁损或者延误,承运人应赔偿全部损失。

因运输物的灭失或者毁损无须支付的运费及其他费用,应当从前三款规定的赔偿额中扣除。

第一百三十八条 【数个承运人的连带责任与求偿权】

数人依次运输时,各承运人对运输物的灭失、毁损或者延误承担连带赔偿责任。

承运人中的一人根据前款规定赔偿损失的,承运人享有对造成该损失的人求偿的权利。

在前款规定的情形下,若无法确定造成该损失的承运人,则应按照运费的比例分摊。但是,能够证明该损失未在自己的运输区间内发生的,不承担损失分摊的责任。

第一百三十九条 【货物处分请求权】

发货人或者持有已发行提单的人,可以向承运人请求中止运输、返还运输物或者进行其他处分。在这种情况下,承运人可以请求支付按已运输的比例计算的运费、垫付款及因处分而支付的费用。

删除〈1995 年 12 月 29 日〉

第一百四十条 【收货人的地位】

运输物已到达目的地的,收货人取得与发货人相同的权利。

运输物到达目的地后收货人请求交付货物时,收货人的权利优先于发货人的权利。〈1995 年 12 月 29 日新设〉

第一百四十一条 【收货人的义务】

收货人收取运输物时,承担向承运人支付运费及其他运输中所发生的费用、垫付款的义务。

第一百四十二条 【收货人不明情况下的托运与拍卖权】

无法知道收货人的,承运人可以提存所运货物。

在第一款规定的情形下,承运人催告发货人在相当的期间内对该运输物的处理作出指示,但发货人在该期间内没有指示的,承运人可以拍卖所运货物。〈1995 年 12 月 29 日修改〉

承运人依第一款及第二款的规定提存、拍卖运输物之后应立即通知发货人。〈1995 年 12 月 29 日修改〉

第一百四十三条 【运输物的拒绝受领和无法受领】

前条规定,准用于收货人拒收或者不能收取所运货物的情况。

承运人进行拍卖时,向发货人催告之前应先催告收货人在相当的期间内受领所运

货物。〈1995 年 12 月 29 日修改〉

第一百四十四条 【公示催告】

发货人、提单持有人及收货人不明时,承运人对权利人应规定六个月以上的期间,公告权利人在该期间内主张权利。

第一款规定的公告,应当在政府刊物或日报上刊载二次以上。〈1984 年 4 月 10 日修改〉

承运人已依第一款及第二款规定进行了公告,在该期间内又无人主张权利时,可拍卖所运货物。〈1984 年 4 月 10 日修改〉

第一百四十五条 【准用规定】

第六十七条第二款和第三款的规定准用于前三条的拍卖。

第一百四十六条 【承运人的责任消灭】

承运人的责任,于收货人无保留地收取所运货物并支付运费及其他费用时消灭。但是,所运货物中存在不能立即发现的毁损或者部分灭失的情况时,收货人自收取运输物之日起两周内通知承运人的承运人责任不消失。

前款的规定,不适用于承运人或其员工为恶意的情形。

第一百四十七条 【准用规定】

第一百一十七条、第一百二十条至第一百二十二条的规定准用于承运人。

第二节 旅客运输

第一百四十八条 【旅客遭受损失时的赔偿责任】

承运人不能证明自己或者其员工对运输已尽到注意义务的,不得免除旅客因运输所遭受损害的赔偿责任。

在确定损害赔偿额时,法院应酌情考虑受害人及其家属的状况。

第一百四十九条 【对交付托运行李的责任】

关于旅客交付托运的行李,即使承运人不收运费也应承担与货物承运人相同的责任。

从托运行李到达目的地之日起十日内未请求交付时,准用第六十七条的规定。但是,不知旅客的住所或者居所时,无须进行通知与催告。

第一百五十条 【对未交付托运行李的责任】

对于未交付托运行李的灭失或者毁损,除非承运人或者其员工有过失,承运人不承担损害赔偿的责任。

第十章 公共服务业〈2010 年 5 月 14 日修改〉

第一百五十一条 【定义】

以经营剧场、旅馆、饭店,或其他公众利用的设施为业的人,称为公共服务业人。

[2010 年 5 月 14 日修改全文]

第一百五十二条 【公共服务业人的责任】

公共服务业人自己或其员工保管顾客寄存的物品,不能证明自己尽到注意责任的,对寄存物品的灭失或毁损承担损害赔偿责任。

公共服务业人没有接收顾客寄存,但在其设施内,因自己或员工的过失导致顾客携带物品灭失或毁损的,承担损害赔偿责任。

即使告知顾客对携带物品没有责任,公共服务业人也不能免除上述责任。

[2010 年 5 月 14 日修改全文]

第一百五十三条 【对贵重物品的责任】

对于货币、有价证券和其他高价物品,顾客没有明示其种类和价格寄存的,公共服务业人不承担该物品灭失或毁损的损害赔偿责任。

[2010 年 5 月 14 日修改全文]

第一百五十四条 【公共服务业人的责任时效】

第一百五十二条和第一百五十三条规定的责任自公共服务业人返还物品或顾客将物品取走后六个月时效消灭。

物品全部灭失时,第一款的期间自顾客离开该场所之日起计算。

第一款和第二款的规定不适用于公共服务业人或其员工为恶意的情况。

[2010 年 5 月 14 日修改全文]

第十一章 仓 储 业

第一百五十五条 【定义】

以使用仓库为他人保管物品为业的人,称为仓储业人。

第一百五十六条 【仓单的填发】

仓储业人应按照存货人的请求交付仓单。

仓单上应记载下列事项,并有仓储业人签字盖章或者署名:〈1995 年 12 月 29 日修改〉

(一)仓储物的种类、质量、数量、包装的种类、个数及标识;

(二)存货人的姓名或者商号、营业场所或者住所;

(三)仓储场所;

(四)仓储费;

(五)确定仓储期间的,记载该期间;

(六)仓储物已投保的,其保险金额、期间及保险人的姓名或者商号、营业场所或者住所;

(七)仓单的填发地和填发年月日。

第一百五十七条 【准用规定】

第一百二十九条至第一百三十三条的规定,准用于仓单。

第一百五十八条 【对分割部分仓单的请求】

仓单持有人对仓储业人可以请求返还原仓单，分割仓储物，对各部分请求交付仓单。

依照前款规定进行仓储物的分割及填发仓单所需要的费用，由仓单持有人承担。

第一百五十九条 【仓单的设质和部分出库】

以仓单在仓储物上设质的，如质权人同意，存货人在债权清偿期之前可以请求返还部分仓储物。在这种情况下，仓储业人应在仓单上记载返还仓储物的种类、品质、数量。

第一百六十条 【损害赔偿责任】

仓储业人不能证明自己或者员工就仓储物已尽到注意义务的，不得免除因仓储物灭失或者毁损所引起的损害赔偿责任。

第一百六十一条 【仓储物的检查、取样与保存处分权】

存货人或者仓单持有人在营业时间内，可以随时要求仓储业人检查寄存物或者抽取样品，可以要求保存所需的必要的处分。

第一百六十二条 【保管费的请求权】

仓储业人在所保管的物品出库之前不得请求支付保管费及其他费用、垫付款。但是，保管期间已届满的，即使未出库也可请求支付。

一部分仓储物出库时，仓储业人可按比例请求支付保管费及其他费用、垫付款。

第一百六十三条 【保管期间】

当事人未约定保管期间的，仓储业人自仓储物入库之日起经过六个月后，可以随时返还仓储物。

在前款的情况下，返还仓储物时应提前两周预告。

第一百六十四条 【同前—存在不可避免事由的情况】

出现不可避免的事由时，仓储业人不受前条规定的限制，可以随时返还仓储物。

第一百六十五条 【准用规定】

第六十七条第一款、第二款规定，准用于存货人或仓单持有人拒绝受领或无法受领仓储物的情况。

第一百六十六条 【仓储业人责任的时效】

因仓储物的灭失或者毁损而产生的仓储业人的责任，自该仓储物出库之日起经过一年的，时效消灭。

仓储物全部灭失的，前款规定的期间自向存货人和已知的仓单持有人发出该灭失通知之日起计算。

前两款的规定，不适用于仓储业人或者其员工为恶意的情况。

第一百六十七条 【仓储业人的债权时效】

仓储业人对其仓储人或者仓单持有人的债权，自该物品出库之日起经过一年未行使的，时效消灭。

第一百六十八条 【准用规定】

第一百零八条及第一百四十六条的规定,准用于仓储业人。〈1962年12月12日修改〉

第十二章 融资租赁业〈2010年5月14日新设〉

第一百六十八条之二 【定义】

融资租赁使用人从第三者(本章中简称供应商)处取得或借用其指定的机器、设备或其他财产(本章中简称融资租赁物),以上述经营为业的人称为融资租赁业人。

[2010年5月14日新设本条]

第一百六十八条之三 【融资租赁业人和融资租赁使用人的义务】

融资租赁业人应当让融资租赁使用人在合同规定的期限内受领符合融资租赁合同的租赁物。

融资租赁使用人根据前款的规定,应当在受领融资租赁物的同时支付融资租赁费。

签发融资租赁物收据的,推定收到符合第一款规定的融资租赁合同中相应的融资租赁物。

融资租赁使用人在取得融资租赁物后,应尽善管义务,维护和管理该融资租赁物。

[2010年5月14日新设本条]

第一百六十八条之四 【供应商的义务】

融资租赁物的供应商应在融资租赁合同规定的期间内交付货物给融资租赁使用人。

未按照融资租赁合同中规定的时间和内容提供融资租赁物的,融资租赁使用人可以直接向供应商请求赔偿,或者请求其交付合同规定的融资租赁物。

融资租赁业人应在融资租赁使用人行使第二款规定的权利时进行必要的协助。

[2010年5月14日新设本条]

第一百六十八条之五 【融资租赁合同的终止】

因融资租赁使用人的原因解除融资租赁合同的,融资租赁业人可以请求一次性支付剩余融资租赁费或返还融资租赁物。

第一款规定的融资租赁业人的请求,不影响融资租赁业人对融资租赁使用人的损害赔偿请求。

融资租赁使用人因重大情形变更不能继续使用融资租赁物的,可以提前三个月预告终止金融租赁合同。融资租赁使用人应当赔偿因合同终止给融资租赁业人造成的损失。

[2010年5月14日新设本条]

第十三章　加盟业〈2010 年 5 月 14 日新设〉

第一百六十八条之六　【定义】

获得将自身的商号、商标等(本章中简称商号等)提供给他人用于营业的人(以下简称加盟业人)的许可后,按照其指定的品质和经营方法经营的人,称为加盟商。

[2010 年 5 月 14 日新设本条]

第一百六十八条之七　【加盟业人的义务】

加盟业人应当为加盟商的营业提供必要的支持。

如果没有其他约定,加盟业人不能在加盟商的营业区域内经营相同或类似行业,或者签订相同或类似行业的加盟合同。

[2010 年 5 月 14 日新设本条]

第一百六十八条之八　【加盟商的义务】

加盟商应当保证加盟业人与营业相关的权利不受侵害。

加盟商在合同终止后,仍应保守由于加盟合同知悉的加盟业人的商业秘密。

[2010 年 5 月 14 日新设本条]

第一百六十八条之九　【加盟商的营业转让】

加盟商经加盟业人同意,可以转让其营业。

加盟业人如无特别理由,应当同意第一款的营业转让。

[2010 年 5 月 14 日新设本条]

第一百六十八条之十　【合同的终止】

无论加盟合同有没有对存继期限进行约定,如果有不得已的情况,各当事人都可以在规定期限内预告后解除加盟合同。

[2010 年 5 月 14 日新设本条]

第十四章　保理业〈2010 年 5 月 14 日新设〉

第一百六十八条之十一　【定义】

买入他人销售的物、有价证券或提供劳务等取得或预期取得营业上的债权(在本章中简称营业债权),从事回收该债权业务的人,称为保理人。

[2010 年 5 月 14 日新设本条]

第一百六十八条之十二　【保理人的偿还请求】

营业债权的债务人不履行其债务的,保理人可以向保理合同的债务人请求偿还债务。但是,保理合同另有约定的除外。

[2010 年 5 月 14 日新设本条]

第三编　公　　司

第一章　通　　则

第一百六十九条　【公司的定义】

本法所称“公司”，是指以商业行为或者其他营利为目的设立的法人。

[2011 年 4 月 14 日修改全文]

第一百七十条　【公司种类】

公司有合名公司、合资公司、有限责任公司、股份公司和有限公司五种。

[2011 年 4 月 14 日修改全文]

第一百七十一条　【公司住所】

公司的住所位于本部所在地。

[2011 年 4 月 14 日修改全文]

第一百七十二条　【公司的成立】

公司因在本部所在地进行设立登记而成立。

第一百七十三条　【权利能力的限制】

公司不能成为其他公司的无限责任股东。

第一百七十四条　【公司合并】

公司可以合并。

拟合并的公司的一方或者双方为股份公司或者有限公司时，合并后存续的公司或者因合并而设立的公司须为股份公司或者有限公司。

解散后的公司只有在将存在的公司作为存续公司的情况下，才可以合并。

第一百七十五条　【同前一设立委员】

公司因合并而设立新公司时，章程的制定及其他有关设立的行为，应当由各公司选任的设立委员共同作出。

第二百三十条、第四百三十四条和第五百八十五条的规定，准用于前款规定的选任。

第一百七十六条【公司的解散命令】

有下列事由时，法院依利害关系人或者检察官的请求或者依职权，可以责令解散公司：

（一）公司的设立目的违法；

（二）公司无正当事由，自设立之日起一年内未开始营业或歇业一年以上；

（三）因董事或者执行公司业务的股东违反法令或者章程，作出公司不得存续的行为。

有前款请求的，法院在责令解散之前，可以依利害关系人或者检察官的请求或者依职权，选任管理人或者作出其他保全公司财产所需的处分。

利害关系人提出第一款请求时，法院可以依公司的请求责令其提供相应的担保。

公司提出前款的请求时，应当说明利害关系人的请求出于恶意。

第一百七十七条 【登记期间的起算点】

按照本编规定应登记的，且需经官方同意或者认可的事项，自该文件到达之日起计算登记期间。

第二章 合名公司

第一节 设 立

第一百七十八条 【章程的制定】

设立合名公司，应当由二名以上股东共同制定章程。

第一百七十九条 【章程的绝对记载事项】

章程应当记载下列事项，并由全体股东签字盖章或者署名：〈1995 年 12 月 29 日修改〉

（一）目的；

（二）商号；

（三）股东的姓名、居民身份证号码及住所；

（四）股东出资的标的、价格或者评估的标准；

（五）本部所在地；

（六）章程的制定年月日。

第一百八十条 【设立的登记】

合名公司的设立登记，应当登记下列事项：〈1995 年 12 月 29 日、2011 年 4 月 14 日修改〉

（一）第一百七十九条第一项至第三项、第五项规定的事项，及设立分支机构时的所在地。但是，确定代表公司的股东的，其他股东的住所除外；

（二）股东出资的标的，以财产出资时，其价格及已履行的部分；

（三）约定有存续期间和其他解散事由时，该期间和事由；

（四）约定有代表公司的股东时，其姓名、住所和居民身份证号码；

（五）约定由数名股东共同代表公司的，登记该约定。

第一百八十一条 【设立分支机构的登记】

设立公司的同时设立分支机构的，应当在办理设立登记后的两周内，在分支机构所在地登记第一百八十条第一项正文（其他分支机构所在地除外）和第三项至第五项规定的事项。但是,确定代表公司的股东的,其他股东不用登记。

公司成立后设立分支机构的,应当在两周内在本部所在地登记分支机构所在地和设置年月日。该分支机构所在地应当在三周内办理第一百八十条第一项正文(其他分支机构所在地除外)及第三项至第五项规定的事项。但是,确定代表公司的股东的,其他股东不用登记。

[2011 年 4 月 14 日修改全文]

第一百八十二条 【本部、分支机构的转移登记】

公司迁移本部的,应当在两周内在旧所在地登记新所在地和迁移的年月日,在新所在地办理第一百八十条规定事项的登记。〈1995 年 12 月 29 日修改〉

公司迁移分支机构的,应当在两周内在本部和分支机构旧所在地登记新所在地和迁移年月日,新址所在地应当登记第一百八十条第一项正文(其他分支机构所在地除外)及第三项至第五项规定的事项。但是,确定代表公司的股东的,其他股东不用登记。〈2011 年 4 月 14 日修改〉

第三款删除〈1995 年 12 月 29 日〉

第一百八十三条 【变更登记】

第一百八十条所列事项发生变更的,本部所在地应当在两周内,分支机构所在地应当在三周内办理变更登记。

第一百八十三条之二 【停止执行业务、保全措施等的登记】

停止股东的业务执行或选任职务代理人的,或保全措施的,或变更、撤销该保全措施的,应当在本部所在地和分支机构所在地的登记所进行登记。

[2001 年 12 月 29 日新设本条]

第一百八十四条 【设立无效,撤销之诉】

公司设立无效,只限于股东;公司设立的撤销,只限于具有撤销权的人提出。上述请求只能在公司成立之日起两年内通过诉讼提出。

民法第一百四十条的规定,适用前款中的设立撤销。

第一百八十五条 【依债权人的撤销设立之诉】

股东明知会损害债权人的利益而设立公司时,债权人可以通过对该股东及公司提起诉讼从而请求撤销该公司的设立。

第一百八十六条 【专属管辖】

前两条之诉,专属于本部所在地的地方法院管辖。

第一百八十七条 【起诉之公告】

被提起设立无效之诉或者撤销设立之诉的,公司应立即进行公告。

第一百八十八条 【诉的合并审理】

提起数个设立无效之诉或者撤销设立之诉时,法院应合并审理。

第一百八十九条 【瑕疵的弥补等与请求的驳回】

在审理设立无效之诉或者撤销设立之诉的过程中,若该诉讼的原因之瑕疵已被弥补,考虑公司的现状及其他各种情况,法院认为设立的无效或撤销设立不适当时,可以驳回请求。

第一百九十条 【判决的效力】

设立无效的判决或者撤销设立的判决,对第三者亦发生效力。但是,不影响在判决确定之前发生的公司与股东及第三者之间的权利义务。

第一百九十一条 【原告败诉时的责任】

提起设立无效之诉或者撤销设立之诉者败诉时,其有恶意或者重大过失的,应对公司承担连带赔偿责任。

第一百九十二条 【设立无效与撤销设立的登记】

设立无效的判决或者撤销设立的判决被确定时,应在本部及分支机构所在地进行登记。

第一百九十三条 【设立无效与撤销设立之判决的效力】

设立无效的判决或者撤销设立之判决生效时,应准用解散的情形进行清算。

在前款的情况下,依股东或者其他利害关系人的请求,法院可以选任清算人。

第一百九十四条 【设立无效、撤销设立及公司继续运营】

设立无效或者撤销设立的判决生效的,若该无效或者撤销之原因限于特定股东的,经其他股东全体同意,可以继续运营公司。

在前款的情形下,视为具有无效、撤销之原因的股东退出公司。

第二百二十九条第二款和第三款的规定,适用于第二款规定的情形。

第二节 公司的内部关系

第一百九十五条 【准用法规】

关于合名公司的内部关系,若章程或者本法另无规定的,准用民法中有关合伙的规定。

第一百九十六条 【债权出资】

股东以债权为出资标的的,若该债权到期未得到清偿时则应承担清偿该债权的责任,在这种情况下,除了支付利息外,还要赔偿因此而产生的损失。

第一百九十七条 【股权的转让】

股东未经其他股东的同意,不得将其股权的全部或者一部分转让给他人。

第一百九十八条 【股东的竞业禁止】

股东未经其他股东同意,不得为自己或者为第三人进行属于公司营业范围内的交易,也不能以同种营业为目的成为其他公司的无限责任股东或者董事。

股东违反前款规定进行交易时,若该交易是为自己进行的,公司可以视其是为公司而进行的;若该交易是为第三者进行的,公司可以请求该股东转让因此而取得的盈利。〈1962 年 12 月 12 日修改〉

前款的规定,不影响公司对该股东的损害赔偿请求。

第二款规定的权利应当根据其他股东过半数的决议行使,在其他股东中的一人自知道该交易之日起两周或者自该交易发生之日起一年内消灭。

第一百九十九条 【股东的自我交易】

只有存在其他股东过半数决议时,股东方可为自己或者第三者与公司进行交易。在这种情况下,不适用民法第一百二十四条的规定。

第二百条 【业务执行的权利与义务】

章程中另无规定时,每个股东均有执行公司业务的权利与义务。

其他股东对各股东的业务执行行为提出异议时,执行业务的股东应立即停止该行为,并以全体股东过半数决议决定。

第二百条之二 【职务代理人的权限】

第一百八十三条之二规定的职务代理人,除保全命令中另有其他规定外,不得作出不属于法人通常业务范围的行为。但是,经法院许可时除外。

职务代理人作出违反第一款之行为的,公司仍应对善意第三人承担责任。

[2001 年 12 月 29 日新设本条]

第二百零一条 【业务执行股东】

章程规定一人或者数名股东为业务执行股东时,该股东具有执行公司业务的权利与义务。

有数名业务执行股东的,若其他业务执行股东对各股东的业务执行行为有异议,执行业务的股东应立即停止该行为,并以业务执行股东的过半数决议决定。

第二百零二条 【共同业务执行股东】

章程规定,数名股东为共同业务执行股东时,未经全体执行股东的同意不得作出与业务执行有关的行为。但是,有延误业务可能的除外。

第二百零三条 【经理的选任与解任】

章程对经理的选任与解任另无规定的,即使有业务执行股东时,也应依全体股东的过半数决议确定。

第二百零四条 【章程的修改】

修改章程时,须经全体股东同意。

第二百零五条 【业务执行股东的权限丧失宣告】

股东在执行业务中有显著不适任或者重大违反义务的行为时,法院可以依股东的请求宣告其丧失业务执行权限。

前款的判决生效后,应在本部及分支机构所在地进行登记。

第二百零六条 【准用规定】

第一百八十六条的规定,准用于前条之诉。

第三节　公司的外部关系

第二百零七条 【公司的代表】

章程中未规定业务执行股东时,各股东均代表公司。规定数名业务执行股东时,各业务执行股东均代表公司，但是，可以章程或者全体股东的同意在业务执行股东中特别确定代表公司的股东。

第二百零八条 【共同代表】

公司以章程或者经全体股东同意，可以决定由数名股东共同代表公司。

在前款规定的情形下，对第三人公司的意思表示，可由一名有共同代表权限的股东作出，同样发生效力。

第二百零九条 【代表股东的权限】

代表公司的股东，就公司的营业具有进行一切诉讼或者诉讼之外行为的权限。

对前款权限的限制，不得对抗善意第三人。

第二百一十条 【损害赔偿责任】

代表公司的股东因其业务执行而对他人造成损失的，公司应与该股东共同承担连带赔偿责任。

第二百一十一条 【关于公司与股东之间诉讼的代表权】

公司对股东，或者股东对公司提起诉讼时，若没有代表公司的股东，则应以其他股东的过半数的决议选定。

第二百一十二条 【股东的责任】

公司财产不足以清偿公司债务时，各股东应承担连带赔偿责任。

对公司财产的强制执行未见效的，与前款相同。

股东能够证明公司具有清偿的能力并易于执行的，不适用前款规定。

第二百一十三条 【新入股东的责任】

公司成立之后加入的股东，对其加入之前发生的公司债务，与其他股东承担同样的责任。

第二百一十四条 【股东的抗辩】

股东被请求清偿公司债务时，该股东可以公司主张的抗辩对抗债权人。

公司对该债权人具有抵销、撤销或者解除之权利时，股东可以拒绝前款的清偿请求。

第二百一十五条 【自称为股东者的责任】

不是股东，但有使他人误认其是股东之行为时，对因误认而与公司交易者承担与股东相同的责任。

第二百一十六条 【准用规定】

第二百零五条、第二百零六条的规定，准用于公司的代表股东。

第四节 股东的退出

第二百一十七条 【股东的退出权】

章程中未规定公司的存续期间或者规定为存续至某一股东死亡时止的，该股东限于营业年度末才可退出。但是，应提前六个月发出通知。

股东有不得已事由时,可以随时退出。

第二百一十八条 【退出原因】

股东除了前条规定的情况外,可因下列事由退出:

(一)出现章程中规定的事由;

(二)全体股东同意;

(三)死亡;

(四)被宣布为成年禁治产人;

(五)破产;

(六)被开除。

[2018年9月18日修改全文]

第二百一十九条 【股东死亡时其权利承继的通知】

章程规定股东死亡之后由其继承人继承被继承人在公司中的权利义务而可以成为股东时,自该继承人知道继承开始之日起三个月内应向公司发出继承或者放弃的通知。

若在三个月内继承人不作出前款通知的,视为其放弃成为股东的权利。

第二百二十条 【除名的宣告】

股东有下列事由时,公司以其他股东过半数的决议可以请求法院宣告除名该股东:

(一)不履行出资义务时;

(二)有违反第一百九十八条第一款之规定的行为时;

(三)就公司的业务执行或者代表有不正当的行为时,或者无权执行业务或代表公司时;

(四)有其他重要的事由时。

第二百零五条第二款和第二百零六条的规定准用于前款的情况。

第二百二十一条 【被除名股东与公司之间的结算】

被除名的股东与公司之间的结算,应依提起除名之诉时公司的财产状况进行,并自该时起计算法定利息。

第二百二十二条 【股权的退还】

退出股东即使以劳务或者信用作为出资标的,其股权也可以得到偿付。但是,章程中另有规定的除外。

第二百二十三条 【股权的扣押】

股东股权的扣押,对股东的将来盈利的分配和请求股权退还的权利也发生效力。

第二百二十四条 【保全股权的债权人的退出请求】

保全股东股权的债权人,在营业年度末可以让该股东退出。但是,应提前六个月向公司及该股东预告。

前款但书的预告,因股东清偿债务或者提供相应担保而失效。

第二百二十五条 【退出股东的责任】

退出股东对在本部所在地进行退出登记之前所发生的公司债务,从登记之日起两年内仍承担与其他股东相同的责任。

前款规定准用于转让股权的股东。

第二百二十六条 【退出股东的商号变更请求权】

在公司的商号中使用退出股东的姓名时，该股东可以请求公司停止使用。

第五节 公司的解散

第二百二十七条 【解散原因】

公司因下列事由而解散：

（一）存续期间届满或者发生章程中规定的其他事由；

（二）全体股东同意；

（三）股东仅剩一人时；

（四）合并；

（五）破产；

（六）法院的命令或者判决。

第二百二十八条 【解散登记】

公司解散时，除合并与破产外，两周内应在本部所在地进行解散登记，三周内应在分支机构所在地进行解散登记。

第二百二十九条 【公司的存续】

在第二百二十七条第一项和第二项规定的情况下，经全体或者部分股东同意公司可以存续。但是，不同意的股东视其为退出公司。

在第二百二十七条第三项规定的情况下，可以吸收新股东存续公司。

在前两款的情况下，若已完成公司解散登记的，两周之内应在本部所在地、三周之内应在分支机构所在地进行公司存续登记。

第二百一十三条规定，准用于第二款规定的新加入股东的责任。

第二百三十条 【合并决议】

公司合并，须经全体股东同意。

第二百三十一条 删除〈1984 年 4 月 10 日〉

第二百三十二条 【债权人的异议】

公司自合并决议之日起两周之内对公司债权人发出公告，告知其若对合并有异议则应在一定期间内提出，对已知的债权人应分别催告。在这种情况下，该期间不得少于一个月。〈1984 年 4 月 10 日、1998 年 12 月 28 日修改〉

债权人在第一款规定的期间内不提出异议的，则视为认可合并。〈1984 年 4 月 10 日修改〉

债权人提出异议时，公司应向该债权人清偿或者提供相应的担保，或者为此向信托公司信托相应的财产。

第二百三十三条 【合并登记】

公司合并时,两周之内应在本部所在地、三周之内应在分支机构所在地进行合并后存续公司的变更登记、因合并而消灭公司的解散登记、因合并而新设公司的设立登记。

第二百三十四条 【合并效力的发生】

公司的合并,经合并后存续的公司或者因合并而设立的公司在本部所在地进行前条之登记而发生效力。

第二百三十五条 【合并的效果】

合并后存续的公司或者因合并而设立的公司,承继因合并而被消灭的公司的权利义务。

第二百三十六条 【合并无效之诉的提起】

公司合并的无效,只限于各公司的股东、清算人、破产财产管理人或者不认可合并的公司债权人,通过诉讼才可以主张。

前款之诉,应在第二百三十三条规定的登记之日起六个月内提起。

第二百三十七条 【准用规定】

第一百七十六条第三款、第四款的规定,准用于公司债权人提起前条之诉的情况。

第二百三十八条 【合并无效登记】

合并无效之判决生效时,应在本部与分支机构所在地进行合并后存续公司的变更登记、因合并而被消灭公司的恢复登记、因合并而设立的公司的解散登记。

第二百三十九条 【无效判决的确定与公司权利义务的归属】

合并无效之判决生效时,参与合并的公司应对合并后存续的公司,或者因合并而设立的公司自合并之日起所承担的债务承担连带清偿责任。

合并后存续的公司或者因合并而设立的公司,在合并之后所取得的财产应归于参与合并公司的共有财产。

在前两款规定的情形下,若各公司不能协商决定各自应承担的部分或者股权时,法院依其请求并参照合并当时各公司的财产状况及其他事项,酌情决定。

第二百四十条 【准用规定】

第一百八十六条至第一百九十一条的规定,准用于合并无效之诉。

第二百四十一条 【股东的解散请求】

有不得已的事由时,各股东可以请求法院解散公司。

第一百八十六条及第一百九十一条的规定,准用于前款的情况。

第二百四十二条 【组织变更】

合名公司经全体股东同意,可以通过将部分股东变更为有限责任股东,或者吸收新的有限责任股东而变更为合资公司。

前款规定准用于依第二百二十九条第二款规定的存续公司的情况。

第二百四十三条 【组织变更的登记】

将合名公司变更为合资公司时,两周之内应在本部所在地、三周之内应在分支机构所在地进行合名公司的解散登记及合资公司的设立登记。

第二百四十四条 【因组织变更成为有限责任股东的责任】

无限责任股东依第二百四十二条第一款规定成为有限责任股东时,对于依前条的规定在本部所在地进行登记之前所发生的公司债务,无限责任股东的责任从登记之日起两年内不得免除。

第六节 清 算

第二百四十五条 【清算中的公司】

公司解散以后,在清算目的范围内,视其仍继续存在。

第二百四十六条 【有数名股权继承人的情况】

在公司解散后,股东死亡的情况下,若有数名继承人的,应指定其中一名为行使有关清算股东权利的人;未指定时,公司对其中一名进行的通知或者催告,对其全体人员发生效力。

第二百四十七条 【任意清算】

被解散的公司的财产处分方法,可以根据章程或者全体股东的同意决定。在这种情况下,应自出现解散事由之日起两周内制作财产目录及资产负债表。

前款规定,不适用于公司因第二百二十七条第三项或者第六项规定的事由解散的情况。

第二百三十二条的规定,准用第一款的情况。

在第一款规定的情况下,若有保全股东股权的人,应当征得其同意。

第一款规定的公司,自财产处分终结之日起两周之内应在本部所在地,三周之内应在分支机构所在地进行清算终结登记。〈1995 年 12 月 29 日新设〉

第二百四十八条 【任意清算与债权人保护】

公司违反前条第三款的规定进行财产处分损害公司债权人的,公司债权人可以请求法院撤销该处分。

第一百八十六条和民法第四百零六条第一款但书、第二款和第四百零七条的规定,准用于前款撤销的请求。

第二百四十九条 【保全股权的债权人保护】

公司违反第二百四十七条第四款的规定处分其财产时,股东股权的保全人可以请求公司支付相当于该股权的金额。在这种情况下,准用前条的规定。

第二百五十条 【法定清算】

未按第二百四十七条第一款的规定决定公司财产的处分方法时,除了合并与破产的情况之外,须按第二百五十一条至第二百六十五条的规定进行清算。

第二百五十一条 【清算人】

公司解散时,应以全体股东过半数的决议选任清算人。

未选任清算人时,业务执行股东为清算人。

第二百五十二条 【由法院选任的清算人】

公司因第二百二十七条第三款或者第六款的事由而解散时,法院依股东或其他利害关系人、检察官的请求,或者依职权选任清算人。

第二百五十三条 【清算人的登记】

选任清算人时,应自被选任之日起;业务执行股东成为清算人时,应自被解散之日起,两周内在本部所在地、三周内在分支机构所在地进行下列事项的登记:〈1995 年 12 月 29 日修改〉

(一)清算人的姓名、居民身份证号及住所。但是,选定拟代表公司的清算人时,其他清算人的住所除外;

(二)选定拟代表公司的清算人时,登记其姓名;

(三)规定数名清算人共同代表公司时,登记其规定。

第一百八十三条的规定,准用于第一款的登记。

第二百五十四条 【清算人的职责权限】

清算人的职责如下:

(一)终结现存事务;

(二)追讨债权和清偿债务;

(三)变卖处分财产;

(四)分配剩余财产。

清算人为数人时,以清算人过半数的决议决定有关清算职责的行为。

拟代表公司的清算人,具有进行第一款规定的诉讼内外一切行为的权限。

民法第九十三条的规定,准用于合名公司。

第二百五十五条 【清算人的公司代表】

业务执行股东为清算人时,依原规定代表公司。

法院选任数人为清算人时,可以决定拟代表公司者或者数人共同代表公司。

第二百五十六条 【清算人的义务】

清算人就任之后,应立即调查公司的财产状况并制作财产目录及资产负债表,并送交各股东。

若有股东的请求时,清算人应当随时报告清算情况。

第二百五十七条 【营业转让】

清算人转让公司营业的全部或者一部分时,须经全体股东过半数决议。

第二百五十八条 【不能足额清偿债务与出资请求】

公司的现存财产不足以清偿其债务时,清算人不受清偿期届满与否的限制,可以请求各股东出资。

前款的出资额,应按各股东股权的比例决定。

第二百五十九条 【债务的清偿】

清算人可以清偿未到期的公司债务。

在前款规定的情形下,关于无息债权,应加算至清偿期的法定利息确定债权金额。

前款的规定，准用于利率低于法定利率的有息债权。

在第一款的情况下，对于附条件债权、存续期间不明的债权或者其他金额不确定的债权，应根据法院选任的鉴定人的评估进行清偿。

第二百六十条　【剩余财产的分配】

清算人在清偿公司债务之前不得将公司财产分配给股东。但是，对有争议的债务保留清偿所需财产后，其他剩余财产可以分配。

第二百六十一条　【清算人的解任】

由股东选任的清算人，可以全体股东过半数的决议解任。

第二百六十二条　【同前】

清算人在执行其职务中，若有明显不适任或者有重大违反职务之行为时，依股东或者其他利害关系人的请求，法院可以解任该清算人。

第二百六十三条　【清算人的任务终结】

清算人在其任务终结时，应立即制作结算书，送交给各股东并经其认可。

接到前款之结算书的股东，若一个月内不提出异议的，则应视为已认可。但是，清算人有不正当行为的除外。

第二百六十四条　【清算终结的登记】

清算终结后，清算人自依前条规定得到全体股东的认可之日起，两周内应在本部所在地、三周内应在分支机构所在地进行清算终结登记。

第二百六十五条　【准用规定】

第一百八十三条之二、第一百九十九条、第二百零七条、第二百零八条、第二百零九条第二款、第三百八十二条第二款、第三百九十九条和第四百零一条的规定，准用于清算人。

[2011 年 12 月 29 日修改全文]

第二百六十六条　【账簿与文件的保存】

公司的账簿、与营业及清算有关的重要文件，自清算终结之日起在本部所在地应保存十年。但是，凭证或者类似的文件应保存五年。〈1995 年 12 月 29 日修改〉

在第一款规定的情形下，应以全体股东过半数决定保存人及保存方法。〈1995 年 12 月 29 日修改〉

第二百六十七条　【股东责任的消灭时期】

第二百一十二条规定的股东责任，在本部所在地进行解散登记之日起经过五年消灭。

前款期限经过后，仍有剩余财产时，公司债权人可以请求给予清偿。

第三章　合 资 公 司

第二百六十八条　【公司的组织】

合资公司由无限责任股东和有限责任股东组成。

第二百六十九条 【准用规定】

若本章另无规定时,合资公司准用合名公司的规定。

第二百七十条 【章程的绝对记载事项】

合资公司的章程中,除了记载第一百七十九条规定的事项外,还应记载股东承担无限责任或者有限责任。

第二百七十一条 【登记事项】

办理合资公司设立登记,除第一百八十条规定的事项外,应当登记各股东的无限责任或者有限责任。

合资公司设立或者迁移分支机构,应当在分支机构所在地或者新址所在地登记第一百八十条第一项正文(其他分支机构所在地除外)以及第三项至第五项事项。但是,只登记无限责任股东,确定了代表公司的股东的,不再登记其他股东。

[2011 年 4 月 14 日修改全文]

第二百七十二条 【有限责任股东的出资】

有限责任股东不得以信用或者劳务出资。

第二百七十三条 【业务执行的权利与义务】

若章程另无规定,各无限责任股东均有执行业务的权利与义务。

第二百七十四条 【经理的选任、解任】

在有业务执行股东的情况下,也应以无限责任股东过半数的决议来决定经理的选任与解任。

第二百七十五条 【有限责任股东的竞业自由】

有限责任股东可以不经其他股东同意,为自己或者为第三人进行属于公司营业范围的交易,也可以成为以同种营业为目的的其他公司的无限责任股东或者董事。

第二百七十六条 【有限责任股东的股权转让】

有限责任股东经全体无限责任股东的同意,可以向他人转让其股权的全部或者一部分。因股权转让需要变更章程的,也相同。

第二百七十七条 【有限责任股东的监视权】

营业年度末,有限责任股东在营业时间内可以查阅公司的会计账簿、资产负债表及其他文件,并可检查公司的业务及财产状况。〈1984 年 4 月 10 日修改〉

有重要事由时,有限责任股东经法院许可,随时可进行第一款规定的查阅及检查。〈1984 年 4 月 10 日修改〉

第二百七十八条 【有限责任股东的执行业务、代表公司的禁止】

有限责任股东不得作出执行公司业务或者代表行为。

第二百七十九条 【有限责任股东的责任】

有限责任股东以其出资额中扣除已履行部分的余额为限,对公司债务承担责任。

公司无盈利而分配的金额,在决定其清偿责任时应加算在内。

第二百八十条 【减少出资时的责任】

有限责任股东虽已减少出资,但是对于在本部所在地进行登记之前所发生的公司债务,在进行登记之后的两年内不得免除前条的责任。

第二百八十一条 【自称无限责任股东者的责任】

有限责任股东作出使他人误认其为无限责任股东的行为时,对因其误认而与公司进行交易的人,应承担与无限责任股东相同的责任。

有限责任股东作出使他人误认其责任限度的行为的,准用前款的规定。

第二百八十二条 【变更责任的股东的责任】

第二百一十三条的规定,准用于有限责任股东变更为无限责任股东的情况。第二百二十五条的规定,准用于无限责任股东变更为有限责任股东的情况。

第二百八十三条 【有限责任股东的死亡】

有限责任股东死亡时,其继承人因继承其股权而成为股东。

在前款的情况下,若有数名继承人时,应选定其中一人行使股东权利;未选定时,对其中一人作出的公司的通知或者催告对全体继承人均发生效力。

第二百八十四条 【有限责任股东被宣布禁治产】

有限责任股东即使被宣告为禁治产人时,也不得退出。

[2018 年 9 月 18 日修改全文]

第二百八十五条 【解散与继承】

合资公司因全体无限责任股东或者有限责任股东的退出而解散。

在前款规定的情况下,残留的无限责任股东或者有限责任股东经全体股东同意,可以重新吸收新的有限责任股东或者无限责任股东而使公司继续存续。

在前款规定的情况下,准用第二百一十三条及第二百二十九条第三款的规定。

第二百八十六条 【组织变更】

合资公司可经全体股东同意,将其组织变更为合名公司而继续存续。

全体有限责任股东退出之后,无限责任股东经全体股东同意,可以变更为合名公司继续存续。

在前两款规定的情况下,两周内应在本部所在地、三周内应在分支机构所在地进行合资公司的解散登记和无限公司的设立登记。

第二百八十七条 【清算人】

合资公司的清算人由无限责任股东过半数决议选任。未选任时,业务执行股东成为清算人。

第三章之二 有限责任公司〈2011 年 4 月 14 日新设〉

第一节 设立〈2011 年 4 月 14 日新设〉

第二百八十七条之二 【章程的制定】

设立有限责任公司,股东应当制定章程。

[2011 年 4 月 14 日新设本条]

第二百八十七条之三 【章程记载事项】

章程应当记载下列事项,由各股东签字盖章或者署名:

(一)第一百七十九条第一项至第三项、第五项和第六项规定的事项;

(二)股东出资的目的及价额;

(三)资本金的价额;

(四)业务执行人的姓名(是法人的,法人的名称)和住所。

[2011 年 4 月 14 日新设本条]

第二百八十七条之四 【设立时的出资履行】

股东不得以信用或劳务出资。

股东应在章程制定后至设立登记止,将金钱或其他财产的出资全部履行完毕。

以实物出资的股东,应当在缴纳之日立即向有限责任公司交付出资标的的财产,需要登记、设立、转让权利的,备齐并交付相关文件。

[2011 年 4 月 14 日新设本条]

第二百八十七条之五 【设立登记等】

有限责任公司在本部所在地登记下列事项得以成立:

(一)第一百七十九条第一项、第二项和第五项规定的事项和设置分支机构的,登记该所在地;

(二)第一百八十条第三项规定的事项;

(三)资本金的价额;

(四)业务执行人的姓名,住所和居民身份证号码(是法人的,其名称,住所和法人登记号码)。但是,确定代表有限责任公司的业务执行人的,其他业务执行人的住所除外;

(五)有限责任公司确定代表人的,姓名或者名称和住所;

(六)章程规定公告办法的,登记该公告办法;

(七)规定两名以上业务执行人共同代表公司的,登记该规定;

有限责任公司设立分支机构的,准用第一百八十一条的规定。

有限责任公司迁移本部、分支机构的,准用第一百八十二条的规定。

第一款规定的事项发生变更的,本部所在地应当在两周内办理变更登记,分支机构所在地应当在三周内办理变更登记。

停止有限责任公司业务执行人执行业务,或者保全选任职务代理人的,或者变更或撤销保全措施的,应当在本部和分支机构的登记处登记。

[2011 年 4 月 14 日新设本条]

第二百八十七条之六 【准用规定】

有限责任公司设立的无效和撤销,准用第一百八十四条至第一百九十四条的规定。第一百八十四条中的“股东”视为“股东和业务执行人”。

[2011 年 4 月 14 日新设本条]

第二节　有限责任公司的内部关系〈2011 年 4 月 14 日新设〉

第二百八十七条之七　【股东责任】

股东的责任，除本法另有规定的以外，以其出资数额为限。

[2011 年 4 月 14 日新设本条]

第二百八十七条之八　【转让股权】

股东未经其他股东同意，不得将其全部或者部分股权转让给他人。

不受第一款规定限制，对不执行业务的股东，经执行业务的全体股东同意，可以将其全部或者部分股权转让给他人。但是，没有业务执行股东的，应当经全体股东同意。

不受第一款、第二款规定限制，可以根据章程另行规定相关事项。

[2011 年 4 月 14 日新设本条]

第二百八十七条之九　【禁止有限责任公司受让股权】

有限责任公司不得全部或者部分受让其股权。

有限责任公司取得股份的，其股份在取得时消灭。

[2011 年 4 月 14 日新设本条]

第二百八十七条之十　【业务执行人的竞业禁止】

业务执行人未经全体股东同意，不得为自己或者第三人的利益，从事属于公司营业类别的交易，不得在其他公司担任同类营业目的的业务执行人、董事或执行高管。

业务执行人违反第一款的规定进行交易的，准用第一百九十八条第二款至第四款的规定。

[2011 年 4 月 14 日新设本条]

第二百八十七条之十一　【业务执行人与有限责任公司之间的交易】

业务执行人只有在经其他股东过半数表决通过时，才能为自己或者第三人的利益与公司进行交易。此情况下，不适用大韩民国民法第一百二十四条的规定。

[2011 年 4 月 14 日新设本条]

第二百八十七条之十二　【业务的执行】

有限责任公司应当按照章程将非股东或者股东确定为执行业务的人。

确定一个或者两个以上业务执行人的，各自享有和承担执行公司业务的权利和义务。在这种情况下，准用第二百零一条第二款的规定。

章程规定两个以上的共同业务执行人的，未经全体人员同意，不得进行执行业务的行为。

[2011 年 4 月 14 日新设本条]

第二百八十七条之十三　【职务代行人的权限等】

依照第二百八十七条第五款选出的职务代行人的权限，适用第二百零二条之二。

[2011 年 4 月 14 日新设本条]

第二百八十七条之十四 【股东的监视权】

非业务执行人股东的监视权,准用第二百七十七条的规定。

[2011年4月14日新设本条]

第二百八十七条之十五 【法人作为业务执行人的特别规则】

法人是业务执行人的,该法人应当选任执行该业务的人员,并将其姓名和住所通知其他股东。

对依照第一款选任的业务执行人,准用第二百八十七条之十一和第二百八十七条之十二的规定。

[2011年4月14日新设本条]

第二百八十七条之十六 【章程的变更】

章程没有其他规定的,章程的变更须经全体股东同意。

[2011年4月14日新设本条]

第二百八十七条之十七 【业务执行人等的权限丧失宣告】

业务执行人的业务执行权限丧失,准用第二百零五条的规定。

第一款规定之诉,由本部所在地的地方法院专属管辖。

[2011年4月14日新设本条]

第二百八十七条之十八 【准用规定】

有限责任公司的内部关系,除章程或者本法另有规定外,准用合伙公司的规定。

[2011年4月14日新设本条]

第三节 有限责任公司的外部关系〈2011年4月14日新设〉

第二百八十七条之十九 【有限责任公司的代表】

业务执行人代表有限责任公司。

业务执行人为两名以上时,可以根据章程或者全体股东一致同意确定代表有限责任公司的业务执行人。

有限责任公司可以根据章程或者全体股东一致同意确定两名以上的业务执行人共同代表公司。

在第三款规定的情况下,第三人对有限责任公司共同代表人中一人作出意思表示,该意思表示对全体代表人产生效力。

代表有限责任公司的业务执行人,准用第二百零九条的规定。

[2011年4月14日新设本条]

第二百八十七条之二十 【损害赔偿责任】

代表有限责任公司的业务执行人,因执行业务而给他人造成损害时,公司与该业务执行人承担连带赔偿责任。

[2011年4月14日新设本条]

第二百八十七条之二十一 【有限责任公司和股东间的诉】

有限责任公司对股东(包括非股东的业务执行人,以下条文涉及该情形的,亦同),或者股东对公司提起诉讼的情况下,没有可以代表有限责任公司的股东时,应当经其他股东过半数的决议选定股东代表。

[2011 年 4 月 14 日新设本条]

第二百八十七条之二十二 【代表诉讼】

股东可以向公司请求提起追究业务执行人责任的诉讼。

关于第一款之诉,准用第四百零三条第二款至第四款、第六款、第七款和第四百零四条至第四百零六条的规定。

[2011 年 4 月 14 日新设本条]

第四节 股东的加入和退出〈2011 年 4 月 14 日新设〉

第二百八十七条之二十三 【股东的加入】

有限责任公司可以通过变更章程让新的股东加入。

根据第一款的规定,股东的加入在变更章程时产生效力。但是,变更章程时,该股东未缴纳相关的出资额或者未履行全部或部分财产的出资时,不得成为股东。

股东加入时,以实物出资的股东,准用第二百八十七条之四第三款的规定。

[2011 年 4 月 14 日新设本条]

第二百八十七条之二十四 【股东的退出权】

股东的退出,章程未作出其他规定的情况下,准用第二百一十七条第一款的规定。

[2011 年 4 月 14 日新设本条]

第二百八十七条之二十五 【退出的事由】

股东退出的事由,准用第二百一十八条的规定。

[2011 年 4 月 14 日新设本条]

第二百八十七条之二十六 【股东死亡时权利承继的通知】

股东死亡的,准用第二百一十九条的规定。

[2011 年 4 月 14 日新设本条]

第二百八十七条之二十七 【除名的宣告】

股东的除名,准用第二百二十条的规定。但是,股东除名决议可以在章程中作出另外的规定。

[2011 年 4 月 14 日新设本条]

第二百八十七条之二十八 【退出股东股金的返还】

退出股东股金的返还,可以现金的方式进行。

退出股东的返还金额,根据退出时公司的财产状态来确定。

退出股东的股金返还,章程可另行规定。

[2011 年 4 月 14 日新设本条]

第二百八十七条之二十九 【基于保全股权的债权人的退出】

保全股东股份的债权人要求该股东退出时,准用第二百二十四条的规定。

[2011 年 4 月 14 日新设本条]

第二百八十七条之三十 【退出股东的股金返还和债权人异议】

退出股东返还的金额超过第二百八十七条之三十七规定的盈余金的情况下,有限责任公司的债权人可以向公司提出异议。

提起第一款的异议,准用第二百三十二条的规定。但是,返还股金对债权人不会造成损害时,不准用第二百三十二条第三款的规定。

[2011 年 4 月 14 日新设本条]

第二百八十七条之三十一 【退出股东的商号变更请求权】

有限责任公司的商号中使用退出股东的姓名时,该股东可以要求有限责任公司停止使用。

[2011 年 4 月 14 日新设本条]

第五节 会计等〈2011 年 4 月 14 日新设〉

第二百八十七条之三十二 【会计原则】

有限责任公司的会计,除本法和总统令中另有规定外,适用公正、妥当的会计惯例。

[2011 年 4 月 14 日新设本条]

第二百八十七条之三十三 【财务报表的制作和保存】

业务执行人,应当在每个结算期内制作总统令中规定的财务会计报表、损益结算书以及其他表示有限责任公司财务状态和经营成果的文件。

[2011 年 4 月 14 日新设本条]

第二百八十七条之三十四 【财务报表的备置、公示】

业务执行人应当五年内在本部所在地备置第二百八十七条之二十二规定的文件,其副本三年内在分支机构所在地备置。

股东和有限责任公司的债权人,在公司营业期间内,可以随时请求阅览和复制根据第二百八十七条之三十三制定的财务报表。

[2011 年 4 月 14 日新设本条]

第二百八十七条之三十五 【资本金的金额】

有限责任公司的资本金为股东的现金出资或者其他财产出资的价额。

[2011 年 4 月 14 日新设本条]

第二百八十七条之三十六 【资本金的减少】

有限责任公司可以通过变更章程减少资本金。

在第一款规定的情况下,准用第二百三十二条的规定。但是,减少后的资本金额在净资产以上的情况除外。

[2011 年 4 月 14 日新设本条]

第二百八十七条之三十七 【盈余金的分配】

有限责任公司可以在资产负债表上的净资产扣除资本金额(本条中简称盈余金)的余额限度内,分配盈余金。

违反第一款规定分配盈余金的,有限责任公司的债权人可以要求被分配人将盈余金返还给公司。

与第二款规定请求相关的诉讼,由本部所在地的地方法院专属管辖。

对于盈余金,章程未作出其他规定的,各股东根据出资比例分配。

请求盈余金分配的方法或者与盈余金分配相关的事项,可以通过章程来规定。

股东股权的保全,对请求分配盈余金的权利也具有效力。

[2011 年 4 月 14 日新设本条]

第六节 解散〈2011 年 4 月 14 日新设〉

第二百八十七条之三十八 【解散的原因】

有限责任公司因下列各项规定之一的事由而解散:

(一)符合第二百二十七条第一项、第二项和第四项至第六项中规定的情况;

(二)股东不存在的情况。

[2011 年 4 月 14 日新设本条]

第二百八十七条之三十九 【解散登记】

有限责任公司解散时,除合并和破产外,自该解散事由出现之日起,应当于两周内在本部所在地、三周内在分支机构所在地进行解散登记。

[2011 年 4 月 14 日新设本条]

第二百八十七条之四十 【有限责任公司的存续】

第二百八十七条之三十八的解散原因中第二百二十七条第一项和第二项的情况,准用第二百二十九条第一款和第三款的规定。

[2011 年 4 月 14 日新设本条]

第二百八十七条之四十一 【有限责任公司合并】

有限责任公司合并,准用第二百三十条、第二百三十二条至第二百四十条的规定。

[2011 年 4 月 14 日新设本条]

第二百八十七条之四十二 【解散请求】

有限责任公司股东请求解散的,准用第二百四十一条的规定。

[2011 年 4 月 14 日新设本条]

第七节 组织变更〈2011 年 4 月 14 日新设〉

第二百八十七条之四十三 【组织变更】

股份公司,在股东大会上经全体股东一致同意,可以变更为有限责任公司。

有限责任公司,经全体股东一致同意可以变更为股份公司。

[2011 年 4 月 14 日新设本条]

第二百八十七条之四十四 【准用规定】

有限责任公司组织变更,准用第二百三十二条和第六百零四条至第六百零七条的规定。

[2011 年 4 月 14 日新设本条]

第八节 清算〈2011 年 4 月 14 日新设〉

第二百八十七条之四十五 【清算】

有限责任公司的清算,准用第二百四十五条、第二百四十六条、第二百五十一条至第二百五十七条、第二百五十九条至第二百六十七条的规定。

[2011 年 4 月 14 日新设本条]

第四章 股 份 公 司

第一节 设 立

第二百八十八条 【发起人】

设立股份公司,发起人应当制定章程。

[2001 年 7 月 24 日修改全文]

第二百八十九条 【章程的制定、绝对记载事项】

发起人制定章程应当记载下列事项,并签字盖章或者署名:〈1984 年 4 月 10 日、1995 年 12 月 29 日、2001 年 7 月 24 日、2011 年 4 月 14 日修改〉

(一)目的;

(二)商号;

(三)公司发行股份的总数;

(四)发行额面股份的情况,每股的金额;

(五)公司设立时,发行股份的总数;

(六)本部所在地;

(七)公司公告的方法;

(八)发起人的姓名、居民身份证号和住所;

(九)删除〈1984 年 4 月 10 日〉

删除〈2011 年 4 月 14 日〉

公司的公告,应当在政府报刊或者日报上刊载。但是,公司可以在章程中规定以电子方式进行公告。〈2009 年 5 月 28 日修改〉

公司根据第三款的规定,以电子方式进行公告时,应当根据总统令规定的期间持续地进行公告。以电子方式公告财务报表时,应当根据第四百五十条规定的期间持续地公告。但是,公告期届满,也应当允许任何人阅览其内容。〈2009 年 5 月 28 日新设〉

公司以电子方式进行公告时,应当证明刊载期间和刊载内容。〈2009 年 5 月 28 日新设〉

关于公司以电子方式进行公告的必要事项,由总统令规定。〈2009 年 5 月 28 日新设〉

第二百九十条 【实物出资事项】

下列事项,在章程中记载时产生效力:

(一)发起人接受的特别利益和接受人的姓名;

(二)实物出资人的姓名和出资财产的种类、数量、价格和对此授予股份的种类和数量;

(三)约定公司成立后受让财产的种类、数量、价格以及该受让人的姓名;

(四)公司须承担的设立费用和发起人应得的报酬。

第二百九十一条 【设立当时股票发行事项的决定】

公司设立时,对于与发行股票相关的下列事项,章程中未作出其他规定时,经发起人全体一致同意决定:

(一)股份的种类和数量;

(二)额面股的,发行面额以上的股份时,其数量和金额;

(三)发行无额面股的,股票发行价额和股份发行价额中计入资本金的金额。

[2011 年 4 月 14 日修改全文]

第二百九十二条 【章程效力的发生】

章程经公证人的认证而具有效力。但是,资本金总额未满十亿韩元的公司,根据第二百九十五条第一款的规定,在发起设立的情况下,根据第二百八十九条第一款的规定,各发起人在章程中签字盖章或者署名时,产生效力。

[2009 年 5 月 28 日修改全文]

第二百九十三条 【发起人的股份认购】

各发起人,应当以书面形式认购股份。

第二百九十四条 删除〈1995 年 12 月 29 日〉

第二百九十五条 【发起人设立时的缴纳和实物出资的履行】

若发起人在公司设立时认购发行的全部股份,则应当及时缴纳认购各股票的全部价额。这时,发起人应当指定受托缴纳的银行及其他金融机构和缴纳场所。〈1995 年 12 月 29 日修改〉

实物出资的发起人,在缴纳日期内应当及时转让实物出资的标的财产,需要登记、登录或者其他权利的设定或者转让的,交付与此相关的文件。

第二百九十六条 【发起设立的高级管理人员选任】

根据前条的规定,缴纳和实物出资履行完毕时,发起人应当及时以过半数表决权选任董事和监事。

关于发起人的表决权，其认购的每一股具有一个表决权。

第二百九十七条　【发起人的议事录制作】

发起人应当制作议事录，记载议事的经过和结果，并签字盖章或者署名。〈1995年12月29日修改〉

第二百九十八条　【董事、监事的调查报告和检查人的选任请求】

董事和监事就任后，应当及时调查与公司设立相关的所有事项是否违反法令或者章程的规定，并报告给发起人。

董事和监事是发起人、实物出资人或者公司成立后受让财产的合同当事人时，不得参与第一款的调查、报告。

所有的董事和监事符合第二款的规定时，董事应当让公证人进行第一款的调查、报告。

章程中规定第二百九十条各项事项时，董事为了进行与此相关的调查，应当请求法院选任检查人。但是，第二百九十九条之二规定的情况除外。

[1995年12月29日修改全文]

第二百九十九条　【检查人的调查、报告】

检查人应当调查第二百九十条规定的事项和第二百九十五条规定的实物出资的履行，并向法院报告。

第一款的规定不适用下列各项规定之一的情况：

(一)第二百九十条第二项和第三项规定的资产总额不超过资本金五分之一，并不超过总统令规定的金额的；

(二)第二百九十条第二项或者第三项规定的财产是在交易所形成的具有市价的有价证券，其在章程中记载的价格不超过以总统令规定的方法计算确定的市价的；

(三)其他准用第一项和第二项，由总统令规定的情况。

检查人制作第一款规定的调查报告书后，应当立即向各发起人交付副本。

检查人的调查报告如有与事实不同等事项，发起人可以向法院提交对此的说明书。

[2011年4月14日修改全文]

第二百九十九条之二　【实物出资的证明】

第二百九十条第一项和第四项记载的事项，可以通过公证人的调查报告来代替根据第二百九十九条第一款规定的检查人的调查。第二百九十条第二项和第三项规定的事项和第二百九十五条规定的实物出资履行相关的鉴定可以通过公认的鉴定人的鉴定来代替第二百九十九条第一款规定的检查人的调查。在这种情况下，公证人或者鉴定人应当向法院报告调查或者鉴定结果。〈1999年12月28日修改〉

[1995年12月29日新设本条]

第三百条　【法院的变更处分】

法院在审查检查人或者公证人的调查报告书，或者鉴定人的鉴定结果和发起人的

说明书的过程中，根据第二百九十条规定认为不当时，可以进行变更并向各发起人通告。〈1999 年 12 月 28 日修改〉

不服第一款变更的发起人，可以撤销其股份的认购。在这种情况下，可以变更章程，继续进行与设立相关的程序。〈1999 年 12 月 28 日修改〉

自法院通告之日起两周内，未有撤销股份认购的发起人时，视为章程根据通告已变更。〈1999 年 12 月 28 日修改〉

第三百零一条 【募集设立的股东募集】

发起人未认购公司设立时发行的全部股份的，应当募集股东。

第三百零二条 【股份认购的要约、认股书的记载事项】

股份认购要约人应当在两份认股书中记载认购股份的种类和数量以及住所，并签字盖章或者署名。〈1995 年 12 月 29 日修改〉

认股书应当由发起人制作并记载下列事项：〈1962 年 12 月 12 日、1984 年 4 月 10 日、1995 年 12 月 29 日、2011 年 4 月 14 日修改〉

（一）章程的认证年月日和公证人的姓名；

（二）第二百八十九条第一款和第二百九十条中规定的事项；

（三）公司存续期间或者解散事由的规定；

（四）各发起人认购股份的种类和数量；

（五）第二百九十一条中规定的事项；

（五）之二 规定股票转让需经董事会认可的，其规定；

（六）删除〈2011 年 4 月 14 日〉；

（七）通过给股东分配利益来注销股份的规定；

（八）创立大会在确定的期间内仍未结束时，可以撤销其股份认购的意思表示；

（九）接受委托缴纳的银行以及其他金融机关和缴纳场所；

（十）有股东更名代表人时，其姓名、住所和营业所。

民法第一百零七条第一款但书的规定不适用于股份认购的要约。

第三百零三条 【股份认购人的义务】

股份认购人，根据发起人分配的股份数承担缴纳认购价额的义务。

第三百零四条 【对股份认购人的通知、催告】

对股份认购人或者股份要约人的通知或者催告，应送达股份认购证或者股份要约书中记载的住所或者其通知公司的住所。

前款的通知或者催告，在普通到达期间内视为到达。

第三百零五条 【股份的缴纳】

公司设立时发行的股份总数被全部认购时，发起人应当及时让认购人缴纳所认购股份的总价额。

前款的缴纳，应当在股份要约书中记载的缴纳场所进行。

第二百九十五条第二款的规定，准用于第一款规定的情形。

第三百零六条 【缴纳金保管人等变更】

缴纳金的保管人或者缴纳场所变更时,应当经法院许可。

第三百零七条 【股份认购人的权利丧失程序】

股份认购人未依据第三百零五条的规定缴纳时,发起人应当确定一个日期,并在该日期的两周前通知认购人,若到期不缴纳,则会丧失其权利。

收到前款通知的股份认购人,在该日期内未缴纳的,丧失其权利。在这种情况下,发起人可以就该股份重新募集股东。

前两款的规定,不影响对该股份认购人的损害赔偿请求。

第三百零八条 【创立大会】

根据第三百零五条的规定,缴纳和实物出资履行完毕时,发起人应当及时召集创立大会。

第三百六十三条第一款和第二款、第三百六十四条、第三百六十八条第二款和第三款、第三百六十八条之二、第三百六十九条第一款、第三百七十一条第二款、第三百七十二条、第三百七十三条、第三百七十六条至第三百八十一条、第四百三十五条的规定,准用于创立大会。〈1984 年 4 月 10 日、2014 年 5 月 20 日修改〉

第三百零九条 【创立大会的决议】

创立大会的决议,应当由出席的股份认购人所持表决权的三分之二以上,且认购的股份超过股份总数的过半数通过。

第三百一十条 【实物出资的调查】

通过章程规定第二百九十条规定的事项时,为了进行与此相关的调查,发起人应当请求法院选任检查人。

前款规定的调查报告书,应当提交创立大会。

第二百九十八条第四款但书和第二百九十九条之二的规定准用于第一款规定的调查。〈1995 年 12 月 29 日新设〉

第三百一十一条 【发起人的报告】

发起人应当以书面的形式在创立大会上报告与公司创立相关的事项。

在前款的报告书中,应当明确记载下列事项:

(一)与股份认购和缴纳相关的各种情况;

(二)与第二百九十条中规定事项相关的实际状况。

第三百一十二条 【高级管理人员的选任】

在创立大会上,应当选任董事和监事。

第三百一十三条 【董事、监事的调查报告】

董事和监事就任后,应当及时调查与公司设立相关的所有事项是否违反法令或者章程的规定,并向创立大会报告。〈1962 年 12 月 12 日、1995 年 12 月 29 日修改〉

关于第一款的调查和报告,准用第二百九十八条第二款和第三款的规定。〈1995 年 12 月 29 日修改〉

第三款删除〈1995 年 12 月 29 日〉

第三百一十四条 【实物出资事项的变更】

创立大会上,若认定第二百九十条中规定记载的事项不当时,可以进行变更。

第三百条第二款和第三款的规定,准用于前款的情况。

第三百一十五条 【对发起人的损害赔偿请求】

前款的规定,不影响对发起人的损害赔偿请求。

第三百一十六条 【变更章程、废止设立的决议】

在创立大会上,可以决议变更章程或者废除设立。

前款规定的决议在召集通知书中未记载该意思表示的,也可以进行决议。

第三百一十七条 【设立登记】

发起人认购公司设立时发行的全部股份时,应当自第二百九十九条和第三百条规定的程序结束之日起两周内,进行股份公司的登记;发起人募集股份时,应当自创立大会终结之日起或者第三百一十四条规定的程序结束之日起两周内,进行股份公司的登记。

第一款的设立登记中,应当登记下列事项:〈1962 年 12 月 12 日、1984 年 4 月 10 日、1995 年 12 月 29 日、1999 年 12 月 31 日、2009 年 1 月 30 日、2011 年 4 月 14 日修改〉

(一)第二百八十九条第一款第一项至第四项、第六项和第七项规定的事项;

(二)资本金的数额;

(三)发行股份总数、种类和各种股票的内容和数量;

(三)之二 与股份转让相关事项,需董事会批准时,其规定;

(三)之三 确定授予股份购买选择权时,其规定;

(三)之四 分支机构所在地;

(四)规定公司的存续期间或者解散事由时,其期间或者事由;

(五)删除〈2011 年 4 月 14 日〉

(六)确定以分配给股东的利润而注销股份时,其规定;

(七)发行转换股时,第三百四十七条中规定的事项;

(八)常任董事、独立董事、不从事常务的董事、监事和执行高级管理人员的姓名和居民身份证号;

(九)代表公司的董事或者执行高级管理人员的姓名、居民身份证号和住所;

(十)规定两名以上的代表董事或者高级管理人员执行代表共同代表公司时,其规定;

(十一)设立股东更名代理人时,其商号和本部所在地;

(十二)设立监事委员会时,监事委员会委员的姓名和居民身份证号。

股份公司分支机构的设立和迁移,应当在分支机构所在地或者迁移后分支机构所在地登记第二百八十九条第一款第一项、第二项、第六项和第七项以及本条第二款第四项、第九项和第十项规定的事项。〈2011 年 4 月 14 日修改〉

第一百八十一条至第一百八十三条的规定准用于股份公司的登记。

第三百一十八条 【缴纳金保管人的证明和责任】

保管缴纳金的银行或者其他金融机关,在收到发起人或者董事请求时,应当签发与该保管金额相关的证明书。

第一款中的银行或者其他金融机关,对于自身证明的保管金额,不得以缴纳不实或者返还其金额有限制为由对抗公司。

资本金总额未满十亿韩元的公司,根据第二百九十五条第一款规定进行发起设立时,可以银行或者其他金融机关的存款余额证明书来代替第一款规定的证明书。

[2009 年 5 月 28 日修改全文]

第三百一十九条 【权利股的转让】

因股份的认购而进行的权利转让,对公司不产生效力。

第三百二十条 【股份认购的无效主张、撤销限制】

公司成立后,股份认购人不得以认股书的要件瑕疵为理由主张其认购的股份无效,或者以欺诈、胁迫或者错误为理由撤销其股份的认购。

出席创立大会行使权利的人,在公司成立前,也同前款规定。

第三百二十一条 【发起人的认购、缴纳担保责任】

公司设立时发行的股份,在公司成立后仍存在尚未认购的股份或者股份认购的要约撤销时,视为由发起人共同认购。

公司成立后,根据第二百九十五条第一款或者第三百零五条第一款的规定,仍有尚未缴纳的股份的,发起人应当承担连带缴纳责任。

第三百一十五条的规定,准用于前两款的情况。

第三百二十二条 【发起人的损害赔偿责任】

关于公司的设立,发起人怠于履行其任务时,该发起人对公司承担连带损害赔偿责任。

发起人因恶意或者重大过失懈怠履行其任务的,该发起人对第三人也承担连带损害赔偿责任。

第三百二十三条 【发起人、高级管理人员的连带责任】

董事或者监事懈怠履行第三百一十三条第一款规定的任务,对公司或者第三人造成损害,发起人也负有责任的,该董事、监事和发起人承担连带赔偿责任。

第三百二十四条 【发起人责任的免除、股东的代表诉讼】

第四百条、第四百零三条至第四百零六条以及第四百零六条之二的规定,准用于发起人。

〈2020 年 12 月 29 日修改〉

第三百二十五条 【检查人的损害赔偿责任】

法院选任的检查人因恶意或者重大过失懈怠履行其任务时,对公司或者第三人承担损害赔偿责任。

第三百二十六条 【公司不成立时发起人的责任】

公司不成立时,发起人对其设立相关的行为承担连带责任。

在前款规定的情况下，与公司设立相关的费用，由发起人承担。

第三百二十七条 【类似发起人的责任】

承诺在股份要约书以及其他股份募集相关的书面文件上记载其姓名和赞助公司设立意思的人，与发起人承担同样的责任。

第三百二十八条 【设立无效之诉】

公司设立无效之诉，自公司成立之日起两年内，由股东、董事或者监事通过诉讼的方式主张。〈1984 年 4 月 10 日修改〉

第一百八十六条至第一百九十三条的规定，准用于第一款规定之诉。〈1984 年 4 月 10 日修改〉

第二节 股 份

第一小节 股份和股票〈2001 年 7 月 24 日新设〉

第三百二十九条 【资本金的构成】

公司可以在章程中规定全部的股份以无额面股的方式发行。但是，在发行无额面股时，不得发行额面股。

额面股的金额应当均等。

额面股每股的金额应当为一百韩元以上。

根据章程的规定，公司可以把发行的额面股转换为无额面股或者无额面股转换为额面股。

第四款规定的情况，准用第四百四十条、第四百四十一条正文和第四百四十二条的规定。

[2011 年 4 月 14 日修改全文]

第三百二十九条之二 【股份分割】

公司可以经第四百三十四条规定的股东大会决议分割股份。

在第一款规定的情况下，分割后的额面股每股的金额不得低于第三百二十九条第三款规定的金额。〈2011 年 4 月 14 日修改〉

根据第一款的规定，进行股份分割时，准用第四百四十条至第四百四十三条的规定。〈2014 年 5 月 20 日修改〉

[1998 年 12 月 28 日新设本条]

第三百三十条 【低于额面价格发行的限制】

股份不得低于额面价额发行。但是，第四百一十七条规定的情况除外。

第三百三十一条 【股东的责任】

股东以其认购的股份价额承担责任。

第三百三十二条 【以假设人、他人的名义的认购人的责任】

以假设人的名义认购股份或者未经他人的允许而认购股份时，承担股份认购人的责任。

经他人允许而认购股份时,与他人承担连带缴纳责任。

第三百三十三条 【股份共有】

数人共同认购股份时,承担连带缴纳的责任。

股份归数人共有时,共有人应当规定一人来行使股东的权利。

没有规定行使股东权利的人时,对共有人中一人通知或者催告即可。

第三百三十四条 删除〈2011 年 4 月 14 日〉

第三百三十五条 【股份的转让性】

股份可以转让给他人。但是,公司可以通过章程规定转让发行股份应当经董事会认可。〈2011 年 4 月 14 日修改〉

违反第一款的规定,未经董事会认可进行股份转让时,对公司不产生效力。〈1995 年 12 月 29 日新设〉

股票发行前进行转让的,对公司不产生效力。但是,公司成立后或者新股缴纳期满之日起六个月以后转让的除外。〈1984 年 4 月 10 日修改〉

第三百三十五条之二 【转让认可的请求】

股份的转让应当经董事会认可时,转让股份的股东可以把转让的相对方和转让的股份种类和数量以书面形式向公司提出,请求公司认可。

公司应当自第一款的请求之日起一个月内,书面通知股东是否认可。

公司在第二款规定的期间内未作出拒绝通知时,视为董事会认可该股份的转让。

收到第二款规定的拒绝转让通知的股东,自收到通知之日起二十日内可以向公司请求指定转让的相对方或者收购其股份。

[1995 年 12 月 29 日新设本条]

第三百三十五条之三 【指定转让相对方的请求】

股东请求指定转让的相对方时,应当由董事会指定,董事会自该请求之日起两周内以书面形式通知股东和被指定的相对方。

在第一款规定的期间内未向股东发送已指定相对方的通知,视为董事会认可该股份的转让。

[1995 年 12 月 29 日新设本条]

第三百三十五条之四 【被指定人的优先购买权】

根据第三百三十五条之三第一款的规定,被指定的相对方自接到通知之日起十日内,可以书面形式请求该股东转让其股份。

被指定为股份转让的相对方,在第一款规定的期间内未作出受让请求时,准用第三百三十五条之三第二款的规定。

[1995 年 12 月 29 日新设本条]

[2001 年 7 月 24 日修改标题]

第三百三十五条之五 【出售价额的确定】

在第三百三十五条之四规定的情况下,股份的出售价额由股东和出售请求人协商

确定。〈2001 年 7 月 24 日修改〉

自收到第三百三十五条之四第一款的请求之日起三十日内，第一款规定的协商不能达成的情况下，准用第三百七十四条之二第四款和第五款的规定。〈2001 年 7 月 24 日修改〉

[1995 年 12 月 29 日新设本条]

[2001 年 7 月 24 日修改标题]

第三百三十五条之六 【股份的收购请求】

根据第三百三十五条之二第四款的规定，股东对公司请求股份收购时，准用第三百七十四条之二第二款至第五款的规定。〈2001 年 7 月 24 日修改〉

[1995 年 12 月 29 日新设本条]

第三百三十五条之七 【股份受让人的认可请求】

关于股份转让，在应取得董事会认可的情况下，取得股份的人，可以向公司以记载其股票种类和数量的书面形式请求取得认可。

第一款规定的情况，准用第三百三十五条之二第二款至第四款，第三百三十五条之三至第三百三十五条之六的规定。

[1995 年 12 月 29 日新设本条]

第三百三十六条 【股份的转让方法】

股份转让时，应当交付股票。

股票的占有人推定为合法的持有人。

[1984 年 4 月 10 日修改全文]

第三百三十七条 【股份转移的对抗要件】

股份的转让，若在股东名簿中未记载取得人的姓名和住所的，不得对抗公司。〈2014 年 5 月 20 日修改〉

公司根据章程的规定，可以设立股东更名代理人。在这种情况下，股东更名代理人在股东名簿的副本中记载取得人的姓名和住所时，视为进行了第一款规定的股份更名登记。〈1984 年 4 月 10 日新设〉

[2014 年 5 月 20 日修改标题]

第三百三十八条 【股份的质押】

股份被质押时，应当把股票交付给质押权人。〈2014 年 5 月 20 日修改〉

质押权人，若未继续占有股票的话，该质押权不得对抗第三人。

[2014 年 5 月 20 日修改标题]

第三百三十九条 【质权的物上代位】

股份发生注销、合并、分割或者转换时，质权人对原股东因此得到的金钱或者股份也可以行使以原股份为标的的质权。〈1998 年 12 月 28 日修改〉

第三百四十条 【股份的质权登记】

股份被作为质权标的时，公司根据质权设定人的请求在股东名簿上附记其姓名和住所，其姓名记载于股票的，质权人在公司的利益分配、剩余财产的分配或者根据第三百三十九条的金钱支付上,可以优先于其他债权人得到清偿。〈2011 年 4 月 14 日、2014 年 5 月 20 日修改〉

民法第三百五十三条第三款的规定,准用于前款的情况。

第一款的质权人,可以向公司请求前条股票的交付。

[2014 年 5 月 20 日修改标题]

第三百四十条之二 【股份购买选择权】

公司可以根据章程的规定,经第四百三十四条规定的股东大会的决议,对公司的设立、运营和技术革新等做出贡献或者可能做出贡献的公司董事、执行高级管理人员、监事或者员工,按照事先确定的价额(以下简称股份购买选择权的行使价额)授予认购新股或者公司股份的权利(以下简称股份购买选择权)。但是,股份购买选择权的行使价额比股份的实质价额低时,公司可以金钱的方式支付该差额或者转让相当于该差额的公司股份。在这种情况下,股份的实质价额以股份购买选择权的行使日作为基准评估。

对属于下列各项中任何一项的人员,不得授予第一款规定的股份购买选择权:

(一)除无表决权的股份外,持有发行股份总数百分之十以上的股东;

(二)对董事、执行高级管理人员的选任和解任等公司的主要经营事项具有实际影响力的人员;

(三)第一项和第二项中规定的人员的配偶和直系亲属。

根据第一款的规定,发行的新股或者转让的公司股份不得超过公司发行股份总数的百分之十。

第一款中股份购买选择权的行使价额应当在下列各项规定的价额以上:

(一)发行新股的,以股份购买选择权的授予日为基准的股份的实际价额和股票面额中高的金额。但是,发行无额面股的,以资本计算的金额中一股的金额为股份面额;

(二)转让本公司股份的,以股份购买选择权的授予日为基准确定股份实际价额。

[2011 年 4 月 14 日修改全文]

第三百四十条之三 【股份购买选择权的授予】

在章程中规定第三百四十条之二第一款规定的股份购买选择权时,应当记载下列各项事项:

(一)在一定情形下,可以授予股份购买选择权的意思表示;

(二)因股份购买选择权的形式发行或者转让的股份种类和数量;

(三)被授予股份购买选择权人的资格要件;

(四)股份购买选择权的行使期间;

(五)在一定情形下,经董事会决议可以撤销股份购买选择权授予的意思表示。

关于第三百四十条之二第一款规定的股份购买选择权,在股东大会上决议时,应当确定下列各项事项:

(一)被授予股份购买选择权人的姓名;

(二)股份购买选择权的授予方法；

(三)股份购买选择权的行使价额和其调整的相关事项；

(四)股份购买选择权的行使期间；

(五)对于各个被授予股份购买选择权人,因股份购买选择权的行使发行或者转让的股份种类和数量。

公司根据第二款规定的股东大会决议,应当与被授予股份购买选择权人签订合同,并在合理的时间内制作与此相关的合同书。

直到股份购买选择权的行使期间终了为止,公司应当把第三款规定的合同书备置在本部,以供股东在营业时间内阅览。

[1999 年 12 月 31 日新设本条]

第三百四十条之四 【股份购买选择权的行使】

自股东大会对第三百四十条之三第二款规定的各项事项作出决议之日起,只有在任或者在职二年以上的情况下,才可以行使第三百四十条之二第一款规定的股份购买选择权。

第三百四十条之二第一款规定的股份购买选择权不得转让。但是,根据同条第二款的规定,在股份购买选择权人死亡的情况下,继承人可以行使该权利。

[1999 年 12 月 31 日新设本条]

第三百四十条之五 【准用规定】

因股份购买选择权的行使而发行新股时,准用第三百五十条第二款,第三百五十一条,第五百一十六条之九第一款、第三款、第四款和第五百一十六条之十前段的规定。〈2011 年 4 月 14 日、2020 年 12 月 29 日修改〉

[1999 年 12 月 31 日新设本条]

第三百四十一条 【本公司股份的取得】

公司可以按照下列方法以自己的名义和资金取得本公司股份。但是,该取得价额的总额不得超过前一结算期的资产负债表中净资产额扣除第四百六十二条第一款规定的各项金额的金额：

(一)为交易所中具有市价的股份的,在交易所中取得的方法；

(二)除第三百四十五条第一项规定的有关股份赎回的种类股份情形外,总统令规定的根据各股东持有的股份数以均等的方式取得的方法。

根据第一款的规定取得本公司股份的公司,应当事先经股东大会的决议决定下列各项事项。但是,通过章程规定经董事会的决议可以进行利益分配的,董事会的决议可以代替股东大会的决议：

(一)可以取得股份的种类和数量；

(二)取得价额总额的限度；

(三)在不超过一年的范围内,可以规定取得本公司股份的期间。

在该营业年度的结算期资产负债表上的净资产有可能达不到第四百六十二条第一款各项金额之和的情况下,公司不得根据第一款的规定取得本公司股份。

即使该营业年度结算期资产负债表上的净资产没有达到第四百六十二条第一款各项金额之和,公司仍然根据第一款的规定取得股份时,董事应当对公司承担连带赔偿不足金额的责任。但是,董事认为不存在第三款的情况,且能证明未懈怠于注意的情况的除外。

[2011 年 4 月 14 日修改全文]

第三百四十一条之二 【根据特定目的取得本公司股份】

公司符合下列各项规定之一的,不受第三百四十一条规定的限制,可以取得本公司股份:

(一)因公司的合并或者受让其他公司全部经营资产时;

(二)实行公司权利,为达成该目的需要时;

(三)为了处分散股而需要时;

(四)股东行使股份购买选择权时。

[2011 年 4 月 14 日修改全文]

第三百四一条之三 【本公司股份的质取】

公司不得接受超过发行股份总数的二十分之一的股份作为质权的标的。但是,在第三百四十一条之二第一项和第二项规定的情形下,可以超过其限度作为质权的标的。

[2011 年 4 月 14 日修改全文]

第三百四十二条 【本公司股份的处分】

公司处分本公司股份的,下列各项事项在章程中未作出其他规定的,由董事会决定:

(一)要处分股份的种类和数量;

(二)要处分股份的处分价额和缴款日期;

(三)股份交易对方和处分方法。

[2011 年 4 月 14 日修改全文]

第三百四十二条之二 【子公司取得母公司股份】

持有其他公司(以下简称子公司)发行股份总数百分之五十以上公司(以下简称母公司)的股份,除下列情形外,该子公司不得取得母公司的股份:〈2001 年 7 月 24 日修改〉

(一)因股份的全部交换、股份的全部转让、公司的合并或者其他公司全部营业的受让时;

(二)在执行公司事务中,为达成其目的需要时。

在第一款各项规定的情况下,子公司应当自取得该股份之日起六个月内处分该股份。

在母公司和子公司或者子公司持有其他公司发行股份总数百分之五十以上的情况下,在本法的适用上,该其他公司视为该母公司的子公司。〈2001 年 7 月 24 日修改〉

[1984 年 4 月 10 日新设本条]

第三百四十二条之三 【其他公司股份的取得】

公司取得其他公司发行股份总数的十分之一时,应当及时通知该其他公司。

[1995 年 12 月 29 日新设本条]

第三百四十三条 【股份的注销】

只有根据与资本金减少相关的规定,才可以注销股份。但是,根据董事会的决议在注销公司持有的本公司股份的情况下除外。

根据资本金减少相关的规定注销股份的,准用第四百四十条和第四百四十一条的规定。

[2011 年 4 月 14 日修改全文]

第三百四十三条之二 删除〈2011 年 4 月 14 日〉

第三百四十四条 【种类股份】

公司针对利润与剩余财产的分配、股东大会上表决权的行使、股份赎回和转换等情况,可以发行不同内容种类的股份(以下简称种类股份)。

在第一款的情况下,应当通过章程规定各种类股份的内容和数量。

公司发行种类股份时,即使章程中未作出其他规定,也可以根据股份的种类特别地规定因新股的认购,股份的合并、分割、注销或者公司的合并、分立而配定的股份。

种类股股东大会关于种类股份股东的决议,准用第四百三十五条第二款的规定。

[2011 年 4 月 14 日修改全文]

第三百四十四条之二 【利润分配、剩余财产分配的种类股份】

公司发行与利润的分配相关的种类股份时,应当在章程中规定给该种类股份股东分配财产的种类,分配财产价额的决定方法,分配利润的条件等与利润分配相关的内容。

公司发行与剩余财产分配相关的种类股份时,应当在章程中规定剩余财产的分配、剩余财产价额的决定方法以及其他与剩余财产分配相关的内容。

[2011 年 4 月 14 日新设本条]

第三百四十四条之三 【表决权排除、限制的种类股份】

公司发行无表决权的种类股份或者表决权限制的种类股份,以及在章程中规定不能行使表决权的事项和表决权行使或者恢复的条件时,应当规定其条件。

根据第一款发行的种类股份总数不得超过发行股份总数的四分之一。在这种情况下,无表决权或者表决权限制的种类股份超过发行股份总数四分之一而发行时,公司应当及时采取必要的措施避免超过该范围。

[2011 年 4 月 14 日新设本条]

第三百四十五条 【股份回赎的种类股份】

公司根据章程的规定,可以发行利润分红不同的种类股份。在这种情况下,公司应当在章程中规定回赎价额、回赎期间、回赎方法和回赎的股份数。

在第一款的情况下,公司应当自作为回赎对象的股份取得之日起两周前,将该事实分别通知该股东和记载在股东名簿上的权利人。但是,通知可以公告的形式来代替。

公司根据章程的规定,可以发行股东对公司可以请求回赎的种类股份。在这种情况下,公司应当在章程中规定股东可以对公司请求回赎的意思、回赎价额、回赎请求期间和回赎的方法。

在第一款和第三款规定的情况下,公司可以交付作为股份取得对价之金钱外的有价证券(其他种类股份除外)或者其他资产。但是,这种情况下,该资产的账簿价额不得超过第四百六十二条规定的可分配利润。

第一款和第三款中规定的股份,限于种类股份(与回赎和转换相关的除外)的发行。

[2011 年 4 月 14 日修改全文]

第三百四十六条 【股份转换的种类股份】

公司发行种类股份时,根据章程的规定,股东可以请求将其认购的股份转换为其他种类股份。在这种情况下,应当规定转换的条件、转换的请求期间以及因转换而要发行股份的数量和内容。

公司发行种类股份时,可以在章程中规定因一定事由的发生,股东认购的股份转换为其他的种类股份。在这种情况下,公司应当规定转换的事由、转换的条件、转换的期间以及因转换而要发行的股份的数量和内容。

在第二款规定的情况下,董事会应当将下列各项事项通知给该股东和记载在股东名簿中的权利人。但是,通知可以公告代替:

(一)拟转换的股份;

(二)在两周以上的期间内,应当向公司提交股票的意思表示;

(三)该期间内未提交股票时,该股票无效的意思表示。

根据第三百四十四条第二款规定的种类股份的数量中新发行的股份的数量,在转换请求期间或者转换期间内,应当保留其发行。

第三百四十七条 【转换股份发行的程序】

在第三百四十六条规定的情况下,应当在股份要约书或者新股认股权证书中记载下列事项:〈1984 年 4 月 10 日、2011 年 4 月 14 日修改〉

(一)可以将股份转换为其他种类股份的意思表示;

(二)转换的条件;

(三)因转换而发行股份的内容;

(四)转换请求期间或者转换的期间。

第三百四十八条 【因转换发行股份的发行价额】

因转换而发行新股时,新股的发行价额为转换前股份的发行价额。

第三百四十九条 【转换请求】

请求股份转换的股东,应当在两份请求书上附上股票,提交给公司。

在第一款的请求书中,应当记载请求转换的股份的种类、数量和请求年月日,并签字盖章或者署名。〈1995 年 12 月 29 日修改〉

删除〈1995 年 12 月 29 日〉

第三百五十条 【转换效力的产生】

股东请求转换股份时,自请求之时起产生效力。公司转换股份时,自第三百四十六条第三款第二项规定的期间届满时产生效力。〈2011 年 4 月 14 日修改〉

第三百五十四条第一款规定的期间内,请求股份转换的股东,在该期间内与股东大会决议相关的,不得行使表决权。

第三款删除〈2020 年 12 月 29 日〉

[1995 年 12 月 29 日修改全文]

第三百五十一条 【转换的登记】

股份转换的变更登记,应当自请求转换之日或者第三百四十六条第三款第二项规定的期间届满日当月的最后一日起两周内在本部所在地进行。

[2011 年 4 月 14 日修改全文]

第三百五十二条 【股东名簿的记载事项】

发行股份时,应当在股东名簿上记载下列事项:〈1984 年 4 月 10 日、2014 年 5 月 20 日修改〉

(一)股东的姓名和住所;

(二)各股东持有股份的种类和数量;

(二)之二　发行各股东持有股份的股票时,其股票的号码;

(三)股份的取得年月日。

在第一款的情况下,发行转换股份时,第三百四十七条规定的事项也应当记载于股东名簿。〈1984 年 4 月 10 日、2014 年 5 月 20 日修改〉

第三百五十二条之二 【电子股东名簿】

公司根据章程的规定,可以通过电子文件的形式制作股东名簿(以下简称电子股东名簿)。

电子股东名簿中,除记载第三百五十二条第一款规定的事项外,还应当记载电子邮件的地址。

关于电子股东名簿的备置、公示和阅览的方法的必要事项,由总统令规定。

[2009 年 5 月 28 日新设本条]

第三百五十三条 【股东名簿的效力】

公司对股东或者质权人的通知或者催告,发送到股东名簿中记载的住所或者其本人通知给公司的住所即可。

第三百零四条第二款的规定,准用于前款的通知或者催告。

第三百五十四条 【股东名簿的闭锁,基准日】

公司为了确定行使表决权的人或者接受分红的人以及其他股东或者质权人等行使权利的人,可以规定在一定期间内停止股东名簿的记载变更,或者将在一定的日期记载于股东名簿上的股东或者质权人视为行使该权利的股东或者质权人。〈1984 年 4 月 10 日修改〉

第一款的期间,不得超过三个月。〈1984 年 4 月 10 日修改〉

第一款中的日期,应当规定为自作为股东或者质权人行使权利之日起三个月内。〈1984 年 4 月 10 日修改〉

公司规定第一款的期间或者日期时,应当在该期间或者日期的两周前公告。但是,通过章程指定其期间或者日期的,除外。

第三百五十五条 【股票发行时期】

公司在成立后或者新股的缴纳日后,应当立即发行股票。

公司成立或者新股的缴纳日前,不得发行股票。

违反前款规定而发行股票的,无效。但是,不影响对发行人的损害赔偿请求。

第三百五十六条 【股票的记载事项】

股票中应当记载下列事项和号码,并由代表董事签字盖章或者署名。〈1995 年 12 月 29 日、2011 年 4 月 14 日修改〉

(一)公司的商号;

(二)公司成立的年月日;

(三)公司发行股份的总数;

(四)发行额面股时,每股的金额;

(五)公司成立后发行股份的,其发行年月日;

(六)发行种类股份时,其种类和内容;

(六)之二　股份的转让,需经董事会认可时,其规定;

(七)删除〈2011 年 4 月 14 日〉

(八)删除〈2011 年 4 月 14 日〉

第三百五十六条之二 【股票的电子登记】

公司可以按照章程的规定,通过在电子登记机关(处理证券等电子登记业务的机构,下同)进行电子登记簿登记来代替发行股票。〈2016 年 3 月 22 日修改〉

电子登记簿上登记的股票进行转让或者质押时,经电子登记簿登记才产生效力。

在电子登记簿上登记股票的人,推定为合法持有该登记股票,善意、无重大过失地信赖该电子登记簿并根据第二款的登记取得权利时,视为合法取得该权利。

电子登记的程序、方法和效果,对电子登记机关的监督、股份电子登记等必要事项,由法律另行规定。〈2016 年 3 月 22 日修改〉

[2011 年 4 月 14 日新设本条]

第三百五十七条 删除〈2014 年 5 月 20 日〉

第三百五十八条 删除〈2014 年 5 月 20 日〉

第三百五十八条之二 【股票的不持有】

除章程另有规定外,股东对其持有的股份可以向公司申告不持有该股票。〈2014 年 5 月 20 日修改〉

有第一款的申报时,公司应当及时在股东名簿和其副本上记载不发行股票的意思表示,并将该事实通知股东。在这种情况下,公司不得发行该股票。

在第一款的情况下,已发行的股票应当提交给公司,而公司应当对提交的股票作出无效处理或者寄存给名义变更代理人。

不受第一款至第三款规定限制，股东也可以随时向公司请求股票的发行或者返还。

[1995年12月29日修改全文]

第三百五十九条 【股票的善意取得】

与股票相关的事项，准用票据法第二十一条的规定。

[1984年4月10日修改全文]

第三百六十条 【股票的除权判决、再发行】

股票可以经公示催告程序而无效。

丧失股票的股东，若未得到除权判决时，不得向公司请求股票的再发行。

第二小节 股份的一揽子交换〈2001年7月24日新设〉

第三百六十条之二 【根据股份的一揽子交换而设立完全母公司】

公司可以根据本小节规定，通过股份的一揽子交换成为持有其他公司发行全部股份的公司（以下简称完全母公司）。在这种情况下，其他公司被称为完全子公司。

通过股份的一揽子交换（在本小节中以下简称股份交换）成为完全子公司的公司股东所持有的公司股份，在股份交换日通过股份交换转移到成为完全母公司的公司，而成为完全子公司的公司股东，取得完全母公司为了股份交换而向股东配定发行的新股，或该公司的本公司股份，成为该公司的股东。〈2015年12月1日修改〉

[2001年7月24日新设本条]

第三百六十条之三 【股份交换合同书的制作、股东大会的批准及股份交换对价为母公司股份的特别规定】

进行股份交换的公司应当制作股份交换合同书，并经股东大会批准。

第一款的批准决议，应当根据第四百三十四条的规定作出。

股份交换合同书中，应当记载下列事项：〈2011年4月14日、2015年12月1日修改〉

（一）成为完全母公司的公司因股份交换变更章程时，其规定；

（二）成为完全母公司的公司为了股份交换发行新股，或转移本公司股份的，发行新股或转移本公司股份的总数、种类和各种类股份的数量，以及关于对成为完全子公司的公司股东新股配定或转移本公司股份的事项；

（三）成为完全母公司的公司，资本金和资本公积金增加的，关于增加资本金和公积金的事项；

（四）虽然有第二项规定，全部或部分以金钱或之外的财产向成为完全子公司的该公司股东支付对价的，相关内容和配定事项；

（五）各公司作出第一款决议的股东大会的日期；

（六）股份交换的日期；

（七）各公司在股份交换之日进行利润分配时，利润分配的限度额；

（八）删除〈2015 年 12 月 1 日〉

（九）就任成为完全母公司的公司董事、监事或者监事委员会的委员时，其姓名和居民身份证号。

公司在第三百六十三条规定的通知中，应当记载下列各项事项：〈2014 年 5 月 20 日修改〉

（一）股份交换合同书的主要内容；

（二）根据第三百六十条之五第一款规定的股份购买选择权的内容和行使方法；

（三）一方公司的章程中规定股份转让需董事会批准时，其规定；且其他公司章程中未作出股份转让需董事会批准时，其规定。

因公司股份的交换而增加与股份交换相关的各公司股东的负担时，除第一款和第四百三十六条规定的决议外，应当经全体股东同意。〈2011 年 4 月 14 日新设〉

虽然有第三百四十二条之二第一款的规定，依照第三款第四项向成为完全子公司的公司股东提供的财产包括成为完全母公司的公司的股份时，成为完全母公司的公司可以为了支付而取得该母公司的股份。〈2015 年 12 月 1 日新设〉

成为完全母公司的公司在换股后仍持有依照第六款规定取得的该公司的母公司股份的，应当自换股生效之日起六个月内处分该股份。〈2015 年 12 月 1 日新设〉

[2001 年 7 月 24 日新设本条]

[2015 年 12 月 1 日修改标题]

第三百六十条之四　【股份交换合同书等公示】

董事应在第三百六十条之三第一款规定的股东大会会议日两周前至股份交换之日后六个月内，在本部备置下列文件：〈2015 年 12 月 1 日修改〉

（一）股份交换合同书；

（二）成为完全母公司的公司为换股而发行新股或转移本公司股票的，关于向成为完全子公司的公司股东配售新股或转移本公司股票的书面材料；

（三）根据第三百六十条之三第一款的股东大会的会议日（根据第三百六十条之九的规定，进行简易股份交换的情况下，根据同条第二款的规定进行公告或者通知的日期）前六个月内，制作进行股份交换的各公司的最终资产负债表和损益结算书。

关于第一款规定的文件，准用第三百九十一条之三第三款的规定。

[2001 年 7 月 24 日新设本条]

第三百六十条之五　【反对股东的股份回购请求权】

第三百六十条之三第一项规定的批准事项，有董事会决议的，反对该决议的股东（包括无表决权或受限制表决权的股东，以下同本条所述），在股东大会前以书面形式通知公司反对其决议的，自大会决议之日起二十日内，以记载其股份种类和数量的书面向公司要求购买其所持股份。〈2015 年 12 月 1 日修改〉

自第三百六十条之九第二款规定的公告或者通知之日起两周内，以书面的形式向公司通知反对股份交换意思的股东，自该时间经过之日起二十日内，可以记载其股份的种类和数量的书面向公司请求购买其持有的股份。

与第一款和第二款规定的回购请求相关的事项，准用第三百七十四条之二第二款至第五款的规定。

[2001年7月24日新设本条]

第三百六十条之六 删除〈2015年12月1日〉

第三百六十条之七 【完全母公司资本金增加的限度额】

成为完全母公司的公司资本金不得超过股份交换日成为完全子公司的公司现有净资产额减去下列各项金额后的金额：〈2011年4月14日、2015年12月1日修改〉

(一)支付给成为完全子公司的公司股东的金钱或此外其他财产的价额；

(二)根据第三百六十条之三第三款第二项的规定，转移给成为完全子公司的公司股东的本公司股份的会计账簿的合计额。

成为完全母公司的公司，在股份交换前，已持有成为完全子公司的公司股份的情况下，成为完全母公司的公司资本金，不得超过股份交换日成为完全子公司的现存净资产，乘以该公司发行股份总数因股份交换移交给成为完全母公司的公司的股份数的比率的金额，再扣除第一款各项金额的金额，不得超过增加这一限度。〈2011年4月14日修改〉

[2001年7月24日新设本条]

[2011年4月14日修改标题]

第三百六十条之八 【股权的失效程序】

根据股份交换而成为完全子公司的公司，在股东大会上进行第三百六十条之三第一款规定的批准时，应当在股份交换日的一个月前公告下列各项事宜，并分别通知股东名簿上记载的股东和质权人：

(一)第三百六十条之三第一款规定的批准的意思表示；

(二)到股份交换日的前一天为止，应当向公司提交股票的意思表示；

(三)股份交换之日股票无效的意思表示。

第四百四十二条之规定，准用于第三百六十条之三第一款规定的批准。〈2014年5月20日修改〉

[2001年7月24日新设本条]

第三百六十条之九 【简易股份交换】

经成为完全子公司的公司股东的全体同意或者成为完全母公司的公司持有该公司发行股份总数百分之九十以上时，成为完全子公司的公司的股东大会的认可，可以由董事会的认可代替。

在第一款规定的情况下，成为完全子公司的公司，应当自制作股份交换合同书之日起两周内，公告或者通知股东未经股东大会的认可而进行股份交换的意思表示。但是，经全体股东同意时除外。

[2001年7月24日新设本条]

第三百六十条之十 【小规模股份交换】

成为完全母公司的公司，为了进行股份交换而发行新股的总数未超过其发行股份总数的百分之十时，可以按第三百六十条之三第一款之规定，由董事会的认可代替股东大会的认可。但是，在确定向成为完全子公司的公司股东支付金钱或此外的其他财产的情况下，该金钱或此外的其他财产超过根据第三百六十条之四第一款第三项中规定的最终资产负债表中成为完全母公司的公司现存净资产的百分之五时，除外。〈2015 年 12 月 1 日修改〉

第二款删除〈2015 年 12 月 1 日〉

在第一款正文的情况下，在股份交换合同书中，成为完全母公司的公司应当记载不需经第三百六十条之三第一款规定的股东大会的认可而可以进行股份交换的意思表示，但是，不得记载同条第三款第一项的事项。

成为完全母公司的公司，应当自订立股份交换合同之日起两周内公告或通知股东成为完全子公司的公司的商号和本部，进行股份交换之日及第三百六十条之三第一款规定的未经认可而进行股份交换的意思表示。

持有成为完全母公司的公司发行股份总数的百分之二十以上股份的股东，自第四款公告或者通知之日起两周内以书面形式向公司通知反对第一款正文规定的股份交换时，不得进行本条规定的股份交换。〈2011 年 4 月 14 日修改〉

在第一款正文的情况下，成为完全母公司的公司，在适用第三百六十条之四第一款的规定时，除同条同款各项外的部分中"第三百六十条之三第一款的股东大会会议日两周前"和同条同款第三项中"第三百六十条之三第一款的股东大会会议日"分别为"本条第四款规定的公告或者通知的日期"。

在第一款正文的情况下，不适用第三百六十条之五的规定。

[2001 年 7 月 24 日新设本条]

第三百六十条之十一 【关于散股等规定的准用】

公司股份交换的情况下，准用第四百四十三条的规定。

股份交换时，把成为完全子公司的公司股份作为标的设置质押的情况下，准用第三百三十九条和第三百四十条第三款的规定。

[2001 年 7 月 24 日新设本条]

第三百六十条之十二 【记载股份交换事项的书面事后公示】

董事应当自股份交换之日起六个月内在本部备置记载下列事项的书面材料：

(一) 股份交换的日期；

(二) 股份交换日时，成为完全子公司的公司现存的净资产额；

(三) 因股份交换移交给完全母公司的完全子公司的股份数；

(四) 与股份交换相关的其他事项。

第一款书面材料，准用第三百九十一条之三第三款的规定。

[2001 年 7 月 24 日新设本条]

第三百六十条之十三 【完全母公司的董事、监事的任期】

根据股份交换，在股份交换前就任成为完全母公司的公司的董事和监事，除股份交换合同书中具有其他规定的情况外，在股份交换后最初到来的结算期的定期股东大会终了时,退任。

[2001年7月24日新设本条]

第三百六十条之十四 【股份交换无效之诉】

自股份交换之日起六个月内,各公司的股东、董事、监事、监事委员会的委员只能通过诉讼的方式主张股份交换的无效。

第一款之诉,专属于成为完全母公司的公司本部所在地的地方法院管辖。

股份交换的无效判决被确定时,成为完全母公司的公司为了股份交换对股东发行新股或者根据第三百六十条之六的规定向股东移交股份的情况下,应当移交其持有的成为完全子公司的公司股份。〈2015年12月1日修改〉

第一款之诉,准用第一百八十七条至第一百八十九条、第一百九十条正文、第一百九十一条、第一百九十二条、第三百七十七条和第四百三十一条的规定。在第三款的情况下,准用第三百三十九条和第三百四十条第三款的规定。

[2001年7月24日新设本条]

第三小节 股份的一揽子转移〈2001年7月24日新设本条〉

第三百六十条之十五 【通过一揽子转移股份的完全母公司设立】

公司可以根据本小节规定,通过股份的一揽子转让(在本小节中以下简称股份转移)设立完全母公司,成为完全子公司。

因股份转移而成为完全子公司的公司股东将其持有的公司股份,转移给根据股份转移而设立的完全母公司,该股东通过接受完全母公司为了股份转移配定发行的股份,而成为完全母公司的股东。

[2001年7月24日新设本条]

第三百六十条之十六 【股东大会的股份转移认可】

拟进行股份转移的公司,应当制作记载下列各项事宜的股份转移计划书,并获得股东大会认可:〈2011年4月14日、2015年12月1日修改〉

(一)设立完全母公司的章程的规定;

(二)设立的完全母公司在股份转移中发行股份的种类和对成为完全子公司的公司股东配定股份相关的事项;

(三)设立完全母公司的资本金和资本公积金的相关事项;

(四)即使有第二项的规定,但向成为完全子公司的公司股东提供金钱或其他财产时,其内容及安排的有关事项;

(五)股份转移的时期;

(六)成为完全子公司的公司到股份转移之日期为止,进行利润分配时,其限度额;

(七)设立完全母公司的董事和监事或者监事委员会委员的姓名和居民身份证号码;

(八)公司根据股份转移共同设立完全母公司时,其意思表示。

第一款的认可决议,应当依照第四百三十四条的规定。

在第一款的情况下,股东大会的认可,准用第三百六十条之三第四款的规定。

因股份转移而增加相关各公司股东负担的,除第一款和第四百三十六条的决议外,应当经全体股东同意。〈2011 年 4 月 14 日新设〉

[2001 年 7 月 24 日新设本条]

第三百六十条之十七 【股份转移计划书等文件的公示】

董事自第三百六十条之十六第一款规定的股东大会的会议日两周前至股份转移后六个月内,应当在本部备置下列各项的文件:

(一)第三百六十条之十六第一款规定的股份转移计划书;

(二)对成为完全子公司的公司股东的股份配定,记载其理由的书面;

(三)在第三百六十条之十六第一款规定的股东大会的会议日前六个月以内制作的成为完全子公司的公司最终资产负债表和损益计算书。

第一款规定的文件,准用第三百九十一条之三第三款的规定。

[2001 年 7 月 24 日新设本条]

第三百六十条之十八 【完全母公司资本金的限度额】

设立的完全母公司的资本金不得超过在股份转移之日成为完全子公司的公司现有净资产额减去拟向该公司股东提供的金钱及其他财产的价额。〈2011 年 4 月 14 日、2015 年 12 月 1 日修改〉

[2001 年 7 月 24 日新设本条]

[2011 年 4 月 14 日修改标题]

第三百六十条之十九 【股权的失效程序】

根据股份的转让,成为完全子公司的公司在进行第三百六十条之十六第一款规定的决议时,应当公告下列各项事宜,并分别通知记载于股东名簿上的股东和质权人:

(一)进行第三百六十条之十六第一款规定的决议的意思表示;

(二)规定一个月以上的期间内,应当向公司交付股票的意思表示;

(三)在股份转移日股票无效的意思表示。

在进行第三百六十条之十六第一款规定的决议的情况下,准用第四百四十二条的规定。〈2014 年 5 月 20 日修改〉

[2001 年 7 月 24 日新设本条]

第三百六十条之二十 【股份转移的登记】

股份转移时,应当于两周内在设立完全母公司的本部所在地、三周内在完全母公司分支机构的所在地登记第三百一十七条第二款中规定的事项。

[2001 年 7 月 24 日新设本条]

第三百六十条之二十一 【股份转移的效力发生时期】

因股份转移而设立的完全母公司,在其本部所在地进行第三百六十条之二十规定的登记后,其股份转移产生效力。

[2001 年 7 月 24 日新设本条]

第三百六十条之二十二　【股份交换规定的准用】

股份转移的相关情况,准用第三百六十条之五、第三百六十条之十一和第三百六十条之十二的规定。

[2001年7月24日新设本条]

第三百六十条之二十三　【股份转移无效之诉】

自股份转移之日起六个月内,各公司的股东、监事、监事委员会的委员或者清算人只能以诉讼方式主张股份转移无效。

第一款之诉,专属于成为完全母公司的公司本部所在地的地方法院管辖。

股份转移的判决生效后,成为完全母公司的公司为了股份转移向股东发行股份时,应当转让其持有的成为完全子公司的公司股份。

第一款之诉,准用第一百八十七条至第一百九十三条和第三百七十七条的规定;在第三款的情况下,准用第三百三十九条和第三百四十条第三款的规定。

[2001年7月24日新设本条]

第四小节　控股股东对少数股份的全部取得〈2011年4月14日新设〉

第三百六十条之二十四　【控股股东的出售请求权】

出资或控制的公司发行股份占总数百分之九十五以上的股东(在本小节中以下简称控股股东)为了达到公司经营上的目的,在必要的情况下,可以请求公司的其他股东(本款中简称少数股东)出售其股份。

在计算第一款规定的持有股份数时,母公司和子公司持有的股份合并计算。在这种情况下,非公司股东持有的股份,与持有超过发行股份总数的百分之五十以上的公司持有的股份合并计算。

第一款的出售请求,应当事前经股东大会批准。

第三款规定的股东大会召集通知,应当记载下列各项相关事宜,提出出售请求的控股股东应当在股东大会上说明其内容:

(一)控股股东持有公司股份的现况;

(二)出售请求的目的;

(三)计算确定买卖价额的根据,和公认鉴定人对适当性的评价;

(四)买卖价额的支付保证。

控股股东在出售请求一个月前,应当公告下列各项事实,并应当单独通知记载于股东名簿上的股东和质权人:

(一)少数股东在受领买卖价额的同时,应当向控股股东交付股票的意思表示;

(二)股票未交付时,在受领买卖价额之日或者控股股东托管买卖价额之日,该股票即为无效的意思表示。

收到第一款规定的出售请求的少数股东,自收到出售请求之日起两个月内,应当向控股股东出售其股份。

在第六款的情况下,其买卖价额由该少数股东与控股股东通过协议的方式确定。

自收到第一款出售请求之日起三十日内,未对第七款规定的买卖价额达成协议的,收到出售请求的少数股东或者发出出售请求的控股股东可以请求法院确定买卖价额。

法院依照第八款的规定确定股份买卖价额的,应当考虑公司的资产状况和其他情况,公正计算确定价额。

[2011 年 4 月 14 日新设本条]

第三百六十条之二十五 【少数股东的回购请求权】

控股股东所在公司的少数股东,可以随时向控股股东请求回购其股份。

收到第一款规定的回购请求的控股股东,以请求回购之日为基准,应当在两个月内买入少数股东的股份。

在第二款规定的情况下,其买卖价额由请求买入的股东和接受买入请求的控股股东通过协议来确定。

自收到第二款的买入请求之日起三十日内,第三款的买卖价额协议未达成一致时,少数股东可以请求法院请求确定买卖价额。

法院根据第四款的规定确定股份买卖价额时,应当考虑公司的财产状况和其他情况,以公正的价额进行计算。

[2011 年 4 月 14 日新设本条]

第三百六十条之二十六 【股份的转移等】

根据第三百六十条之二十四和第三百六十条之二十五的规定,取得股份的控股股东在给少数股东支付买卖价额时,视为股份的转移。

不能确定受领第一款规定的买卖价额的少数股东,或者少数股东拒绝受领的,控股股东可以托管该价额。在这种情况下,从托管股份之日起视为已转让给控股股东。

[2011 年 4 月 14 日新设本条]

第三节 公司的机关

第一小节 股东大会

第三百六十一条 【大会的权限】

股东大会的决议事项由本法或者章程作出规定。

第三百六十二条 【召集决定】

股东大会的召集,除本法另有规定外,由董事会决定。

第三百六十三条 【召集通知】

召集股东大会时,应当在股东大会召开两周前以书面形式向各个股东发送通知,或者应经各个股东的同意以电子文件的形式发送通知。但是,在该通知连续三年没有到达股东名簿上股东的住所的情况下,公司可以不再通知该股东。

第一款通知书中,应当记载会议的目的事项。

不受第一款规定限制，资本金总额不满十亿韩元的公司召开股东大会时，可以在股东大会会议日的十日前以书面形式向各个股东发送通知，或者经各个股东的同意以电子文件的形式发送通知。〈2014 年 5 月 20 日修改〉

资本金总额不满十亿韩元的公司，在全体股东一致同意的情况下，可以不经召集程序召开股东大会，可以书面的决议代替股东大会的决议。对于决议的目的事项，全体股东以书面形式同意的，视为以书面进行的决议。〈2014 年 5 月 20 日修改〉

第四款的书面决议与股东大会决议具有同样的效力。〈2014 年 5 月 20 日修改〉

以书面进行的决议，准用于股东大会的规定。〈2014 年 5 月 20 日修改〉

第一款至第四款的规定不适用于无表决权的股东。但是，第一款通知中所述股东大会的目的事项中，包括第三百六十条之五、第三百六十条之二十二、第三百七十四条之二、第五百二十二条之三或第五百三十条之十一规定的认定反对股东的股份回购请求权事项的，除外。〈2014 年 5 月 20 日、2015 年 12 月 1 日修改〉

[2009 年 5 月 28 日修改全文]

[2014 年 5 月 20 日修改标题]

第三百六十三条之二 【股东提案权】

除无表决权股份外，持有发行股份总数百分之三以上的股东可以在股东大会（定期大会的情况下，前年度的定期股东大会的会议日为该日，本条以下同此）会议日的六周前，以书面或者电子文件的形式，将一定的事项作为股东大会的目的事项，向董事提案（以下简称股东提案）。〈2009 年 1 月 30 日修改〉

第一款的股东，在股东大会会议日的六周前，可以书面或者电子文件的形式向董事请求追加会议的目的事项，并将该议案要点记载于第三百六十三条规定的通知和公告中。〈2009 年 1 月 30 日、2014 年 5 月 20 日修改〉

在第一款规定的股东提案的情况下，董事应当向董事会报告，除股东提案的内容违反法令或者章程的情况以及总统令规定的情况外，董事会应当将股东提案的内容作为股东大会的目的事项。在这种情况下，在提案股东请求时，应当在股东大会上给予其说明该议案的机会。〈2009 年 1 月 30 日修改〉

[1998 年 12 月 28 日新设本条]

第三百六十四条 【召集地】

章程中未作出其他规定时，股东大会应当在本部所在地或者临近地召集。

第三百六十五条 【股东大会的召集】

定期大会应当在每年一定的时期内召集一次。

规定每年两次以上结算期的公司应当在每结算期内召集股东大会。

必要时，可以随时召集临时股东大会。

第三百六十六条 【少数股东的召集请求】

持有发行股份总数百分之三以上股份的股东可以向董事会提出记载有会议目的的事项和召集理由的书面或者电子文件，请求召集临时股东大会。〈2009 年 5 月 28 日修改〉

在第一款的请求后，未及时召集股东大会的，该股东经法院的许可可以召集股东大会。在这种情况下，法院可以根据利害关系人的请求或者依职权选任股东大会的议长。〈2011 年 4 月 14 日修改〉

根据第一款和第二款规定的股东大会，为了调查公司的业务和财产状况可以选任检查人。〈1998 年 12 月 28 日修改〉

第三百六十六条之二　【股东大会的秩序维持】

章程中未作出其他规定时，股东大会的议长由股东大会选任。

股东大会的议长维持股东大会的秩序，整理议事。

股东大会的议长对故意妨害议事进行发言、行动等明显扰乱秩序的人，可以命令其停止发言或者退场。

[1999 年 12 月 31 日新设本条]

第三百六十七条　【检查人的选任】

为了调查董事提出的文件和监事的报告书，股东大会可以选任检查人。

为了调查股东大会的召集程序或者决议方法的合法性，公司或者持有发行股份总数百分之一以上股份的股东可以在股东大会召开前向法院请求选任检查人。

[2011 年 4 月 14 日修改全文]

第三百六十八条　【股东大会的决议方法和表决权的行使】

除本法或者章程另有规定外，股东大会的决议由出席股东表决权的过半数和发行股份总数的四分之一以上通过。〈1995 年 12 月 29 日修改〉

股东可以委托代理人行使其表决权。在这种情况下，该代理人应当向大会提出证明代理权的书面。〈2014 年 5 月 20 日修改〉

关于股东大会的决议，特别利害关系人不得行使其表决权。〈2014 年 5 月 20 日修改〉

第三百六十八条之二　【表决权的不统一行使】

股东具有两个以上表决权时，可以不统一行使。在这种情况下，在股东大会会议日的三日前，应当以书面或者电子文件的形式向公司通知其意思和理由。〈2009 年 5 月 28 日修改〉

除股东的股份为收购信托或股东为他人持有股份的情况外，公司可以拒绝股东表决权的不统一行使。

[1984 年 4 月 10 日新设本条]

第三百六十八条之三　【书面方式行使表决权】

根据章程的规定，股东可以不出席股东大会，以书面的形式行使表决权。

公司应当在大会的召集通知书中附加股东根据第一款规定行使表决权时所需的书面和参考资料。

[1999 年 12 月 31 日新设本条]

第三百六十八条之四　【电子方式行使表决权】

经董事会的决议，不出席股东大会的股东可以电子方式行使表决权。

公司根据第三百六十三条的规定发出召集通知时，应当通知股东可以第一款的方式行使其表决权。〈2014 年 5 月 20 日修改〉

公司根据第一款的规定以电子方式行使表决权时，股东应当依总统令规定的股东确认程序等行使表决权。在这种情况下，公司应当以电子方式向股东提供表决权行使所需的表格和参考资料。

如果同一股份根据第一款或者第三百六十八条之三第一款行使表决权，则应当在电子方式或者书面方式中选择一种。

公司自股东大会结束之日起三个月内，应当在本部所在地保留与表决权行使相关的电子记录以供阅览，并自股东大会结束之日起备置五年。

根据股东确认程序等电子方式，行使表决权的程序和其他必要事项由总统令规定。

[2009 年 5 月 28 日新设本条]

第三百六十九条 【表决权】

表决权为一股一票。

公司持有的本公司股份无表决权。

公司、母公司及其子公司或者子公司持有超过其他公司发行股份总数十分之一的股份的，该其他公司持有的公司或者母公司的股份无表决权。〈1984 年 4 月 10 日新设〉

第三百七十条 删除〈2011 年 4 月 14 日〉

第三百七十一条 【法定人数与表决权的计算】

关于股东大会的决议，第三百四十四条之三第一款和第三百六十九条第二款和第三款中无表决权的股份，不计入发行股份的总数。

关于股东大会的决议，根据第三百六十八条第三款的规定不能行使的股份表决权数，以及根据第四百零九条第二款及第五百四十二条之十二第四款的规定超过其比例不能行使的股份表决权数不计入出席股东的表决权数内。〈2014 年 5 月 20 日、2020 年 12 月 29 日修改〉

[2011 年 4 月 14 日修改全文]

第三百七十二条 【股东大会的延期、继续进行的决议】

股东大会上可以作出会议延期或者继续进行的决议。

在前款规定的情况下，不适用第三百六十三条的规定。

第三百七十三条 【股东大会的议事录】

股东大会所议事项应当制作成议事录。

议事录中应当记载所议事项的过程要点和其结果，并由议长与出席董事签字盖章或者署名。〈1995 年 12 月 29 日修改〉

第三百七十四条 【营业转让、受让、租赁等】

公司作出下列各项中任何一项行为时，应当根据第四百三十四条规定进行决议：〈2011 年 4 月 14 日修改〉

（一）全部或者重要部分的营业转让；

（二）全部营业的租赁或者经营委任，以及与他人共同承担全部营业损益合同的缔结、变更或者解除。类似于上述情形的合同准用此规定；

（三）受让对公司营业有重大影响的其他公司的全部或者部分营业。

与第一款的行为相关的，进行股东大会的召集通知时，应当明示第三百七十四条之二第一款和第二款规定的股份回购请求权的内容和行使方法。〈1995 年 12 月 29 日、2014 年 5 月 20 日新设〉

第三百七十四条之二 【反对股东的股份回购请求权】

反对第三百七十四条所述决议事项的股东（包括无表决权或受限制的股东，以下本条同上所述），在股东大会前以书面形式通知公司反对该决议的，自该大会决议之日起二十日内，可以记载股票种类和数量的书面形式请求公司回购其所持有的股票。〈2015 年 12 月 1 日修改〉

公司自收到第一款请求期间（在本条中以下简称回购请求期间）终了之日起两个月内，应当购买其股份。〈2015 年 12 月 1 日修改〉

根据第二款的规定，股份的购买价额由股东和公司协议确定。〈2001 年 7 月 24 日修改〉

回购请求期间终了之日起三十日内仍未达成第三款规定的协议时，公司或者请求股份回购的股东可以向法院请求确定购买价额。〈2001 年 7 月 24 日、2015 年 12 月 1 日修改〉

法院根据第四款的规定，决定股份的购买价额时，应当考虑公司的财产状况和其他情况，公正地算定价额。〈2001 年 7 月 24 日新设〉

[1995 年 12 月 29 日新设本条]

[2015 年 12 月 1 日修改标题]

第三百七十四条之三 【简易营业转让、受让、租赁等】

第三百七十四条第一款各项所列行为，经公司全体股东同意，或者该公司发行股份总数的百分之九十以上由行为对方持有的，可以由董事会批准代替股东大会的批准。

在第一款规定的情况，公司自营业转让、受让、租赁等合同制作之日起两周内未得到股东大会批准，应当向股东发出进行营业转让、受让、租赁等意思表示的公告或者通知。但是，经全体股东同意的除外。

自发布第二款公告或通知之日起两周内，以书面形式通知公司反对营业转让、受让、租赁等的股东，自该期限届满之日起二十天内，可以书面形式记载股份种类和数量，向公司请求回购自己持有的股份。在这种情况下，准用第三百七十四条之二第二款至第五款的规定。

[2015 年 12 月 1 日新设本条]

第三百七十五条 【事后设立】

公司在成立后两年内，为了营业之需继续使用成立前存在的财产而签订支付相当于资本金百分之五以上对价的合同时，准用第三百七十四条的规定。

[2011 年 4 月 14 日修改全文]

第三百七十六条 【决议撤销之诉】

股东大会的召集程序或者决议方式违反法令或者章程，或者显著不公正时，或者决议的内容违反章程时，股东、董事或者监事自决议之日起两个月内可以提起决议撤销之诉。〈1984 年 4 月 10 日、1995 年 12 月 29 日修改〉

在第一款之诉中，准用第一百八十六条至第一百八十八条，第一百九十条正文和第一百九十一条的规定。〈1984 年 4 月 10 日、1995 年 12 月 29 日修改〉

第三百七十七条 【提起诉讼股东的担保义务】

股东提起决议撤销之诉时，法院可以根据公司的请求，命令该股东提供相当的担保。但是，该股东是董事或者监事的除外。〈1984 年 4 月 10 日修改〉

在第一款的请求下，准用第一百七十四条第四项的规定。〈1984 年 4 月 10 日修改〉

第三百七十八条 【决议撤销的登记】

决议的事项被登记的，在决议撤销判决生效后，应当在本部和分支机构所在地登记。

第三百七十九条 【法院裁量的请求驳回】

决议撤销之诉被提起的，法院参酌决议的内容、会议的现况和各种情形认定该撤销不当时，可以驳回该请求。

第三百八十条 【决议无效和不存在确认之诉】

以股东大会决议的内容违反法令为由请求决议无效的确认之诉，和以股东大会在召集程序或者决议方式上有可以视其不存在的重大瑕疵为由请求决议不存在的确认之诉，准用第一百八十六条至第一百八十八条、第一百九十条正文、第一百九十一条、第三百七十七条和第三百七十八条的规定。〈1984 年 4 月 10 日、1995 年 12 月 29 日修改〉

第三百八十一条 【不当决议的撤销、变更之诉】

股东大会决议存在显著不当的情况下，根据第三百六十八条第三款的规定，不能行使表决权的股东若行使表决权可以阻止不当决议的发生时，该股东自决议之日起两个月内可以提起决议撤销之诉或者变更之诉。〈2014 年 5 月 20 日修改〉

第一款之诉，准用第一百八十六条至第一百八十八条、第一百九十条正文、第一百九十一条、第三百七十七条和第三百七十八条之规定。〈1998 年 12 月 28 日修改〉

第二小节 董事和董事会

第三百八十二条 【董事的选任、董事和公司的关系以及独立董事】

董事由股东大会选任。

公司和董事的关系，准用民法上关于委任的规定。

独立董事是不从事公司常务的董事，不属于下列各项规定的人员。独立董事有下

列情形的,丧失其职务:〈2011 年 4 月 14 日修改〉

(一)从事公司常务的董事、执行高级管理人员和员工或者最近两年内从事公司常务的董事、监事、执行高级管理人员和员工;

(二)最大股东为自然人时,本人与其配偶以及直系尊属、卑属;

(三)最大股东为法人时,其法人的董事、监事、执行高级管理人员和员工;

(四)董事、监事、执行高级管理人员的配偶和直系尊属、卑属;

(五)公司的母公司或者子公司的董事、监事、执行高级管理人员和员工;

(六)与公司具有重要利害关系的法人的董事、监事、执行高级管理人员和员工;

(七)公司的董事、执行高级管理人员和员工在其他公司担任董事、监事、执行高级管理人员和员工的。

[2009 年 1 月 30 日修改全文]

第三百八十二条之二 【累积投票】

以选任两名以上的董事为目的而召集股东大会时,除无表决权的股份外,持有相当于发行股份总数百分之三以上股份的股东,除章程另有规定外,可以向公司请求以累积投票的方式选任董事。

第一款的请求应当自股东大会会议日的七日前,以书面或者电子文件的形式进行。〈2009 年 5 月 28 日修改〉

有第一款之请求的,各股东对董事的选任决议,每股拥有与拟选任董事人数相同的表决权,其表决权可以通过集中投票给一名董事候选人或数人的方式行使。

根据第三款规定的投票方式选任董事时,按照得票多少依次确定当选董事。

有第一款之请求的,议长应当在表决前告知有这样请求的要旨。

第二款规定的书面材料,直到股东大会终结时为止,应当备置于总公司,以便股东在营业时间内可以阅览。

[1998 年 12 月 28 日新设本条]

第三百八十二条之三 【董事的忠实义务】

董事应当根据法令和章程的规定,为了公司的利益忠实地履行其职务。

[1998 年 12 月 28 日新设本条]

第三百八十二条之四 【董事的保密义务】

无论在任中还是退任后,董事都不得泄露因职务便利而获知的公司营业上的秘密。

[2001 年 7 月 24 日新设本条]

第三百八十三条 【人数、任期】

董事应当为三名以上。但是,资本金总额未满十亿韩元的公司可以选任一名或者两名董事。〈2009 年 5 月 28 日修改〉

董事的任期不得超过三年。〈1984 年 4 月 10 日修改〉

第二款的任期,可以通过章程延长至其任期内最终结算期之前的定期股东大会终

结时止。〈1984 年 4 月 10 日修改〉

第一款但书的情况下，第三百零二条第二款第五项之二、第三百一十七条第二款第三项之二、第三百三十五条第一款但书和第二款、第三百三十五条之二第一款和第三款、第三百三十五条之三第一款和第二款、第三百三十五条之七第一款、第三百四十条之三第一款第五项、第三百五十六条第六项之二、第三百九十七条第一款和第二款、第三百九十七条之二第一款、第三百九十八条、第四百一十六条正文、第四百五十一条第二款、第四百六十一条第一款正文和第三款、第四百六十二条之三第一款、第四百六十四条之二第一款、第四百六十九条、第五百一十三条第二款正文和第五百一十六条之二第二款正文(包括被准用于的情况)中“董事会”分别视为“股东大会”，第三百六十条之五第一款和第五百二十二条之三第一款中“在有董事会的决议时”视为“具有第三百六十三条第一款规定的股东大会的召集通知时”。〈2009 年 5 月 28 日、2011 年 4 月 14 日修改〉

第一项但书的情况下，不适用第三百四十一条第二款但书、第三百九十条、第三百九十一条、第三百九十一条之二、第三百九十一条之三、第三百九十二条、第三百九十三条第二款至第四款、第三百九十九条第二款、第四百零八条之二第三款和第四款、第四百零八条之三第二款、第四百零八条之四第二项、第四百零八条之五第一款、第四百零八条之六、第四百零八条之七、第四百一十二条之四、第四百四十九条之二、第四百六十二条第二款但书、第五百二十六条第三款、第五百二十七条第四款、第五百二十七条之二、第五百二十七条之三第一款和第五百二十七条之五第二款的规定。〈2009 年 5 月 28 日、2011 年 4 月 14 日修改〉

在第一款但书的情况下，各董事(根据章程规定代表董事时即为代表董事)代表公司，履行根据第三百四十三条第一款但书、第三百四十六条第三款、第三百六十二条、第三百六十三条之二第三款、第三百六十六条第一款、第三百六十八条之四第一款、第三百九十三条第一款、第四百一十二条之三第一款和第四百六十二条之三第一款规定的董事会的职能。〈2009 年 5 月 28 日、2011 年 4 月 14 日修改〉

第三百八十四条 删除〈1995 年 12 月 29 日〉

第三百八十五条 【解任】

根据第四百三十四条规定的股东大会决议，可以随时解任董事。但是，规定董事任期的情况下，若董事在其任期届满前无正当理由被解任时，可以向公司请求因解任而产生的损害赔偿。

董事在执行职务中存在不正当行为或者违反法令或者章程的重大事实而未在股东大会上被解任时，持有相当于发行股份总数百分之三以上股份的股东自股东大会决议之日起一个月内，可以向法院请求解任该董事。〈1998 年 12 月 28 日修改〉

在前款的情况下，准用第一百八十六条的规定。

第三百八十六条 【董事人数不足】

董事人数未达到法律或者章程规定的情况下，因任期的届满或者辞职而退任的董事，在新选任的董事就任前，仍具有董事的权利义务。

在第一款的情况下，法院认为必要时，可以根据董事、监事、其他利害关系人的请求选任临时董事执行职务。在这种情况下，应当在本部所在地登记。〈1995 年 12 月 29 日修改〉

第三百八十七条 【资格股】

章程规定董事持有股份的情况下，除非章程另有规定，董事应当将股票托管给监事。

第三百八十八条 【董事的报酬】

章程未作出其他规定时，董事的报酬由股东大会决议确定。

第三百八十九条 【代表董事】

(一)公司应当经董事会决议选任公司的代表董事。但是，章程也可以规定在股东大会上选任公司的代表董事；

(二)在前项规定的情况下，可以规定数名代表董事共同代表公司；

(三)代表董事准用第二百零八条第二款、第二百零九条、第二百一十条和第三百八十六条的规定。〈1962 年 12 月 12 日修改〉

第三百九十条 【董事会的召集】

董事会由各董事召集。但是，经董事会决议指定召集董事的，除外。

根据第一款但书的规定，未被指定为召集权人的其他董事可以向具有召集权的董事请求召集董事会。具有召集权的董事无正当理由拒绝召集董事会时，其他董事可以召集董事会。〈2001 年 7 月 24 日新设〉

召集董事会时，应当确定会议日，并在会议日的一周前向各董事和监事发送通知。但是，通过章程可以缩短该期间。〈1984 年 4 月 10 日修改〉

经全体董事和监事同意，董事会可以不按照第三款规定的程序随时召开。〈1984 年 4 月 10 日、2001 年 7 月 24 日修改〉

第三百九十一条 【董事会的决议方法】

董事会决议应当经董事的过半数出席和出席董事的过半数通过。但是，章程可以规定更高的比率。

除章程另有规定外，董事会可以允许全部或者部分董事不直接出席会议，通过同时收发语音的远程通信手段参与会议决议。在这种情况下，视为该董事直接出席董事会会议。〈1999 年 12 月 31 日、2011 年 4 月 21 日新设〉

在第一款规定的情况下，准用第三百六十八条第三款和第三百七十一条第二款的规定。〈2014 年 5 月 20 日修改〉

[1984 年 4 月 10 日修改全文]

第三百九十一条之二 【监事的董事会出席、意见陈述权】

监事可以出席董事会，陈述其意见。

监事在董事作出违反法令或者章程的行为或者可能作出违反法令或者章程的行为时，应当向董事会报告。

[1984 年 4 月 10 日新设本条]

第三百九十一条之三 【董事会的议事录】

董事会所议事项,应当制作议事录。

议事录应当记载所议事项、过程要点与结果、反对的股东及其反对理由,并由出席董事和监事签字盖章或者署名。〈1995 年 12 月 29 日、1999 年 12 月 31 日修改〉

股东在营业时间内可以请求阅览或者复制董事会的议事录。〈1999 年 12 月 31 日新设〉

公司对于第三款的请求,可以附加理由予以拒绝。在这种情况下,股东收到法院的许可时,可以阅览或者复制董事会的议事录。〈1999 年 12 月 31 日新设〉

[1984 年 4 月 10 日新设本条]

第三百九十二条 【董事会的延期、续行】

关于董事会的延期或者续行,准用第三百七十二条的规定。

[1984 年 4 月 10 日修改全文]

第三百九十三条 【董事会的权限】

重要资产的处分和转让、大规模资产的借入、经理的选任或者解任以及分支机构的设立、迁移或者废止等公司业务,经董事会决议进行。〈2001 年 7 月 24 日修改〉

董事会监督董事的职务执行。

董事可以要求代表董事向董事会报告关于其他董事或者员工的相关业务事项。〈2001 年 7 月 24 日新设〉

董事应当每三个月一次以上向董事会报告业务的执行情况。〈2001 年 7 月 24 日新设〉

[1984 年 4 月 10 日修改全文]

第三百九十三条之二 【董事会内的委员会】

董事会可以根据章程的规定设置委员会。

除下列各项事宜外,董事会可以将其权限委任给委员会:

(一)需股东大会认可事项的提案;

(二)代表董事的选任和解任;

(三)委员会的设置及其委员的选任、解任;

(四)章程中规定的其他事项。

委员会由两名以上的董事构成。

委员会应当将决议的事项通知给各董事。在这种情况下,收到通知的各董事可以请求召集董事会,董事会对委员会决议的事项可以再进行决议。

与委员会相关的事项,准用第三百八十六条第一款、第三百九十条、第三百九十一条、第三百九十一条之三和第三百九十二条的规定。

[1999 年 12 月 31 日新设本条]

第三百九十四条 【关于董事和公司间诉的代表】

公司对董事或者董事对公司提起诉讼的,由监事代表公司。公司收到第四百零三条第一款或第四百零六条之二第一款的请求的,也适用上述规定。〈2020 年 12 月 29

日修改〉

根据第四百一十五条之二的规定，监事委员会的委员为诉的当事人时，监事委员会或者董事应当向法院申请选任公司的代表人。〈1999 年 12 月 31 日新设〉

[1984 年 4 月 10 日修改全文]

第三百九十五条　【表见代表董事的行为与公司的责任】

董事使用社长、副社长、专务、常务以及其他可以认定为具有代表公司权限的名称从事的行为，即使该董事不具有代表公司的权限，公司仍对善意的第三人承担责任。

第三百九十六条　【章程等备置、公示义务】

董事应当在本部和分支机构备置公司的章程、股东大会的议事录，在本部备置股东名簿、公司债原本。在这种情况下，设置股东更名代理人时，可以在股东更名代理人的营业所备置股东名簿或者公司债券原本或者其副本。〈1984 年 4 月 10 日、1999 年 12 月 31 日修改〉

股东和公司债权人在营业时间内，可以随时请求阅览或者复制第一款的文件。〈1984 年 4 月 10 日修改〉

第三百九十七条　【竞业禁止】

未经董事会同意，董事不得为自己或者第三人的利益进行属于公司营业类别的交易，或者担任以同种营业为目的的其他公司的无限责任股东或者董事。〈1995 年 12 月 29 日修改〉

董事违反第一款的规定进行交易的，公司经董事会决议，可以将该董事的交易视为为公司的利益进行的交易；为第三人的利益进行交易的，可以向该董事请求转让因此而得到的利益。〈1962 年 12 月 12 日、1995 年 12 月 29 日修改〉

第二款的权利，自交易之日起经过一年消灭。〈1995 年 12 月 29 日修改〉

第三百九十七条之二　【禁止挪用公司的机会和资产】

未经董事会认可，董事不得利用符合下列各项之一的公司经营机会为自己或第三人谋取利益。在这种情况下，董事会决议应当经董事人数的三分之二以上通过：

（一）执行职务的过程中，获知或者利用公司信息获得的商业机会；

（二）与公司正在执行或者将要执行的业务具有密切关系的商业机会。

违反第一款的规定，对公司造成损害的董事与董事会决议中作出同意的董事承担连带损害赔偿责任。在这种情况下，董事或者第三人因此而获得的利益推定为损害。

[2011 年 4 月 14 日新设本条]

第三百九十八条　【董事等和公司间的交易】

符合下列各项规定之一的人员，为自己或者第三人的利益与公司进行交易的，应当事先在董事会上说明与该交易相关的重要事实，并经董事会认可。在这种情况下，董事会的认可应当经董事的三分之二以上通过。并且，该交易的内容和程序应当公正进行：

（一）董事或者根据第五百四十二条之八第二款第六项规定的主要股东；

（二）第一项规定的人员的配偶和直系尊卑属；

（三）第一项规定的人员的配偶的直系尊卑属；

（四）第一项至第三项规定的人员单独或者共同持有具有表决权发行股份的百分之五十以上的公司或者其子公司；

（五）第一项至第三项规定的人员与第四项规定的共同持有具有表决权发行股份的百分之五十以上的公司。

［2011 年 4 月 14 日修改全文］

第三百九十九条 【对公司的责任】

董事因故意或者过失违反法令或者章程，或者因故意或者过失懈怠于其任务的，应对公司承担连带损害赔偿责任。〈2011 年 4 月 14 日修改〉

前款的行为根据董事会决议作出时，赞成该决议的董事也承担前款的责任。

参与前款决议的董事，若未在议事录中作出异议记载，则推定为赞成该决议的董事。

第四百条 【对公司责任的减免】

第三百九十九条规定的董事责任，经全体股东的同意可以免除。

根据章程的规定，第三百九十九条规定的董事的责任超过其行为之日前最近一年期间的报酬额（包括奖金和因股份购买选择权行使而获得的利益）六倍时（独立董事的情况为三倍），免除超过的部分。但是，董事因故意或者重大过失致使公司发生损害的情况和第三百九十七条、第三百九十七条之二和第三百九十八条规定的情况除外。

［2011 年 4 月 14 日修改全文］

第四百零一条 【对第三人的责任】

董事因故意或者重大过失懈怠于其任务时，对第三人承担连带损害赔偿责任。〈2011 年 4 月 14 日修改〉

在前款的情况下，准用第三百九十九条第二款与第三款的规定。

第四百零一条之二 【业务执行指示人等的责任】

符合下列各项规定之一的人员，对于其指示或者执行的业务，在适用第三百九十九条、第四百零一条、第四百零三条及第四百零六条之二的规定时，视为董事：〈2020 年 12 月 29 日修改〉

（一）利用对公司的影响力指示董事执行业务的人；

（二）以董事的名称直接执行业务的人；

（三）非董事而以社长、副社长、专务、常务以及其他具有代表公司权限的人的名称执行公司业务的人员。

在第一款规定的情况下，对公司或者第三人负有损害赔偿责任的董事与第一款规定的人员承担连带责任。

［1998 年 12 月 28 日新设本条］

第四百零二条 【留止请求权】

董事有违反法令或者章程的行为，由此可能给公司造成无法弥补的损失的，监事或者持有发行股份总数百分之一以上股份的股东，为了公司的利益，可以请求留止该行为。〈1984 年 4 月 10 日、1998 年 12 月 28 日修改〉

第四百零三条 【股东的代表诉讼】

持有发行股份总数百分之一以上的股东，可以请求公司提起追究董事责任之诉。〈1998 年 12 月 28 日修改〉

第一款的请求，应当通过记载其理由的书面进行。〈1998 年 12 月 28 日修改〉

公司自收到前款请求之日起三十日内未提起诉讼的，第一款中的股东为了公司的利益，可以立即提起诉讼。

考虑到因第三款规定的期间的经过而对公司造成不能恢复的损害，第一款中的股东可以不考虑前项的规定立即提起诉讼。〈1998 年 12 月 28 日修改〉

提起第三款和第四款诉讼的股东持有的股份，在提起诉讼后，减少到不足发行股份总数的百分之一时（不持有发行股份的情况除外），也不影响其提起诉讼的效力。〈1998 年 12 月 28 日新设〉

公司根据第一款的请求提起诉讼或者股东提起第三款和第四款的诉讼时，当事人未得到法院的许可，不得作出诉的撤销、请求的放弃、接受请求与和解。〈1998 年 12 月 28 日、2011 年 4 月 14 日新设〉

本条之诉，准用第一百七十六条第三款、第四款和第一百八十六条的规定。

第四百零四条 【代表诉讼和诉讼的参与、诉讼的告知】

公司可以参与前条第三款和第四款的诉讼。

提起前条第三款和第四款诉讼的股东，在提起诉讼后，应当及时告知公司。

第四百零五条 【提起诉讼股东的权利义务】

根据第四百零三条第三款和第四款的规定提起诉讼的股东胜诉时，该股东可以向公司请求支付诉讼费用和其他因诉讼而支出的相当费用。在这种情况下，支付诉讼费用的公司对董事或者监事具有求偿权。〈1962 年 12 月 12 日、2001 年 7 月 24 日修改〉

根据第四百零三条第三款和第四款的规定，提起诉讼的股东败诉时，除恶意的情况外，不承担对公司赔偿损失的责任。

第四百零六条 【代表诉讼和再审之诉】

提起第四百零三条之诉的，因原告和被告的共谋，以损害作为诉讼中标的的公司的权利为目的作出判决时，公司或者股东可以对生效的终局判决提起再审之诉。

前款之诉，适用于前条的规定。

第四百零六条之二 【多重代表诉讼】

持有相当于母公司发行的百分之一股份以上的股东，可以向子公司提起追究子公司董事责任的诉讼。

第一款规定的股东，在子公司收到第一款规定的请求之日起三十日内未提起诉讼的，可立即为了该子公司提起诉讼。

第一款、第二款中的诉讼,准用于第一百七十六条第三款及第四款,第四百零三条第二款、第四款至第六款以及第四百零四条至第四百零六条之规定。

在提起第一款规定的请求后,即使母公司持有的子公司的股份下降到子公司发行股份总额的百分之五十以下(未能持有发行股份的情况除外),也不影响依据第一款、第二款提起诉讼的效力。

第一款及第二款规定的诉讼,由子公司本部所在地的地方法院专属管辖。

[2020 年 12 月 29 日新设本条]

第四百零七条 【职务执行停止、职务代行人选任】

在董事选任决议的无效、撤销之诉或者董事解任之诉被提起的情况下,法院可以根据当事人的申请作出保全处分,停止董事的职务执行或者选任职务代行人。情况紧急时,在本案诉讼提起前,也可以作出该处分。

法院根据当事人的申请可以变更或者撤销前款的保全。

存在前两款的保全时,应当在本部和分支机构的所在地登记。

第四百零八条 【职务代行人的权限】

前条的职务代行人,除保全命令中另有规定外,不得作出公司业务范围以外的行为。但是,经法院许可时除外。

职务代行人作出违反前款规定的行为时,公司应当对善意第三人承担责任。

第四百零八条之二 【设置执行高级管理人员的公司中执行高级管理人员和公司的关系】

公司可以设置执行高级管理人员。在这种情况下,设置执行高级管理人员的公司(以下简称设置执行高级管理人员的公司)不设代表董事。

设置执行高级管理人员的公司和执行高级管理人员的关系,准用民法中关于委任的规定。

设置执行高级管理人员的公司的董事会具有下列权限:

(一)执行高级管理人员和执行高级管理人员代表的选任、解任;

(二)执行高级管理人员业务执行的监督;

(三)在执行高级管理人员与设置执行高级管理人员的公司之间的诉讼中,设置执行高级管理人员的公司代表人的选任;

(四)对执行高级管理人员进行业务执行决定的委任(除本法中规定为董事会权限事项的情况外);

(五)执行高级管理人员为数名时,执行高级管理人员的职务承担和指挥、命令关系,其他与执行高级管理人员的相互关系相关事项的决定;

(六)章程中未规定或者未经股东大会同意时,决定执行高级管理人员的报酬。

为了董事会会议主持与管理的正常进行,设置执行高级管理人员的公司应当设置董事会议长。在这种情况下,章程中未规定董事会议长时,可以由董事会决议选任。

[2011 年 4 月 14 日新设本条]

第四百零八条之三 【执行高级管理人员的任期】

执行高级管理人员的任期不得超过两年,章程另行规定的除外。

第一款规定的任期,可以通过章程延长至其任期内最终结算期之前的定期股东大会终结后到最初召集的董事会会议终结时为止。

[2011 年 4 月 14 日新设本条]

第四百零八条之四 【执行高级管理人员的权限】

执行高级管理人员的权限为下列各项事宜:

(一)设置执行高级管理人员的公司的业务执行;

(二)根据章程或者董事会的决议,决定委任业务的执行。

[2011 年 4 月 14 日新设本条]

第四百零八条之五 【执行高级管理人员代表】

选任两名以上执行高级管理人员时,应当经董事会同意选任设置执行高级管理人员的公司的执行高级管理人员代表。但是,执行高级管理人员为一名时,该执行高级管理人员为执行高级管理人员代表。

与执行高级管理人员代表相关的事项,本法未作出其他规定时,准用股份公司中代表董事的相关规定。

对于设置执行高级管理人员的公司,准用第三百九十五条的规定。

[2011 年 4 月 14 日新设本条]

第四百零八条之六 【执行高级管理人员对董事会的报告】

执行高级管理人员应当至少每三个月一次向董事会报告其业务的执行情况。

执行高级管理人员,除第一款规定的情况外,若有董事会的要求时,应当随时出席董事会,并报告所要求的事项。

董事可以要求执行高级管理人员代表向董事会报告关于其他执行高级管理人员或者员工的业务执行情况。

[2011 年 4 月 14 日新设本条]

第四百零八条之七 【执行高级管理人员召集董事会的请求】

执行高级管理人员认为必要时,可以向董事(在有召集权人的情况下即为召集权人,以下本条规定相同)提出记载会议的目的事项和召集理由的书面,请求召集董事会。

作出第一款的请求后,董事未及时履行董事会的召集程序的,请求召集的执行高级管理人员经法院许可后,可以召集董事会。在这种情况下,法院可以根据利害关系人的请求或者依职权选任董事会议长。

[2011 年 4 月 14 日新设本条]

第四百零八条之八 【执行高级管理人员的责任】

执行高级管理人员因故意或者过失违反法令或者章程,或者懈怠于其任务的执行时,该执行高级管理人员对设置执行高级管理人员的公司承担损害赔偿责任。

执行高级管理人员因故意或者重大过失懈怠于其任务的,对第三人承担损害赔偿责任。

执行高级管理人员对设置执行高级管理人员的公司或者第三人承担损害赔偿责任，其他执行高级管理人员、董事或者监事也负有责任时，与其他执行高级管理人员、董事或者监事承担连带损害赔偿责任。

[2011年4月14日新设本条]

第四百零八条之九 【准用规定】

对于执行高级管理人员，准用第三百八十二条之三、第三百八十二条之四、第三百九十六条、第三百九十七条之二、第三百九十八条、第四百条、第四百零一条之二、第四百零二条至第四百零六条、第四百零六条之二、第四百零七条、第四百零八条、第四百一十二条和第四百一十二条之二的规定。〈2020年12月29日修改〉

[2011年4月14日新设本条]

第三小节 监事和监事委员会〈1999年12月31日修改〉

第四百零九条 【选任】

监事由股东大会选任。

除无表决权的股份外，持有发行股份总数百分之三（公司章程可以设定更低的持股比例，如果章程中规定更低持股比例的，则适用该比例）以上的股东，对于其超过百分之三部分的股份，在第一款的监事选任中不得行使表决权。〈1984年4月10日、2020年12月29日修改〉

公司按照第三百六十八条第四款第一项的规定，以电子方式行使表决权的，可以不适用第三百六十八条第一款的规定，由出席股东过半数表决权选任第一款规定的监事。〈1984年4月10日、2020年12月29日修改〉

不受第一款、第二百九十六条第一款和第三百一十二条的规定限制，资本总额不满十亿韩元的公司可以不选任监事。〈2020年12月29日修改〉

依照第四款的规定，不需选任监事的公司，公司对董事或者董事对公司提起诉讼时，公司、董事或者利害关系人应当向法院申请选任公司代表人。〈2009年5月28日新设〉

依照第四款的规定，不需选任监事的情况下，第四百一十二条、第四百一十二条之二和第四百一十二条之五第一款、第二款中的“监事”分别视为“股东大会”。〈2009年5月28日、2011年4月14日新设〉

第四百零九条之二 【监事解任的意见陈述权】

监事可以在股东大会上就其被解任陈述意见。

[1995年12月29日新设本条]

第四百一十条 【任期】

监事的任期至就任后三年内的最终结算期的定期股东大会终结时止。〈1995年12月29日修改〉

[1984年4月10日修改全文]

第四百一十一条 【兼任禁止】

监事不得兼任本公司或子公司的董事、经理或其他员工的职务。〈1995 年 12 月 29 日修改〉

第四百一十二条 【监事的职务和报告要求、调查的权限】

监事监督董事执行职务。

监事可以随时向董事要求提供关于营业的报告，或者调查公司的业务和财产状况。

监事可以聘请相关专家协助其执行业务，费用由公司承担。〈2011 年 4 月 14 日新设〉

[1984 年 4 月 10 日修改全文]

[2011 年 4 月 14 日修改标题]

第四百一十二条之二 【董事的报告义务】

董事发现对公司可能造成实质性损害的事实时，应当及时向监事报告。

[1995 年 12 月 29 日新设本条]

第四百一十二条之三 【股东大会的召集请求】

监事可以向董事会提出记载会议的目的事项和召集理由的书面材料，请求召集临时股东大会。

监事召集临时股东大会的，准用第三百六十六条第二款的规定。

[1995 年 12 月 29 日新设本条]

第四百一十二条之四 【监事的董事会召集请求】

监事认为必要时，可以向董事(有召集权人的，指召集权人。以下与本条相同)提出记载会议目的事项和召集理由的书面材料，请求召集董事会。

有第一款的请求的，董事未及时召集董事会时，请求的监事可以召集董事会。

[2011 年 4 月 14 日新设本条]

[之前的第四百一十二条之四移到第四百一十二条之五〈2011 年 4 月 14 日〉]

第四百一十二条之五 【子公司的调查权】

母公司的监事执行其职务，认为必要时，可以要求子公司提交营业报告。

在第一款的情况下，在子公司未及时报告或者认为有必要确认其报告内容时，母公司的监事可以调查子公司的业务和财产状况。

子公司无正当理由不得拒绝第一款规定的报告或者第二款规定的调查。

[1995 年 12 月 29 日新设本条]

[之前的第四百一十二条之四移到这里〈2011 年 4 月 14 日〉]

第四百一十三条 【调查、报告的义务】

监事应当调查董事提出的议案和文件，并对是否违反法令或者章程，或者是否存在显著不当事项在股东大会上陈述意见。

[1984 年 4 月 10 日修改全文]

第四百一十三条之二 【监事录的制成】

监事应当制作与监事业务相关的监事录。

监事录记载监事业务的实施要点和结果,实施监事应当签字盖章或署名。〈1995年12月29日修改〉

[1984年4月10日新设本条]

第四百一十四条 【监事的责任】

监事懈怠于其任务时,对公司承担连带损害赔偿责任。

监事因恶意或者重大过失而懈怠于其任务时,对第三人承担连带损害赔偿责任。

监事对公司或者第三人承担损害赔偿责任的情况下,董事也负有责任的,该监事与董事承担连带损害赔偿责任。

第四百一十五条 【准用规定】

第三百八十二条第二款、第三百八十二条之四、第三百八十五条、第三百八十六条、第三百八十八条、第四百条、第四百零一条和第四百零三条至第四百零六条、第四百零六条之二至第四百零七条的规定,准用于监事。〈1984年4月10日、2001年7月24日、2020年12月29日修改〉

第四百一十五条之二 【监事委员会】

公司根据章程的规定,可以设置第三百九十三条规定的监事委员会来代替监事。设置监事委员会时,不得设置监事。

不受第三百九十三条之二第三款的规定限制,监事委员会应由三名以上董事构成。但是,独立董事须占委员会委员的三分之二以上。〈2009年1月30日修改〉

关于监事委员会委员的董事会解任决议,应当经全体董事三分之二以上的决议作出。

监事委员会应当通过决议选任委员会代表。在这种情况下,可以规定数名委员共同代表委员会。

监事委员会可以聘请相关专家协助其执行业务,费用由公司承担。

对于监事委员会,不适用于第三百九十三条之二第四款后段的规定。〈2009年1月30日新设〉

与监事委员会相关的事项,准用第二百九十六条、第三百一十二条、第三百六十七条、第三百八十七条、第三百九十一条之二第二款、第三百九十四条第一款、第四百条、第四百零二条至第四百零七条、第四百一十二条至第四百一十四条、第四百四十七条之三、第四百四十七条之四、第四百五十条、第五百二十七条之四、第五百三十条之五第一款第九项、第五百三十条之六第一款第十项和第五百三十四条的规定。在这种情况下,第五百三十条之五第一款第九项和第五百三十条之六第一款第十项中“监事”视为“监事委员会”。〈2009年1月30日修改〉

[1999年12月31日新设本条]

第四节　新股的发行

第四百一十六条　【发行事项的决定】

公司成立后发行股份时，下列事项章程未规定的，由董事会决定。但是，本法中另有规定或者章程规定在股东大会上决定的除外：〈1984 年 4 月 10 日、2011 年 4 月 14 日修改〉

（一）新股的种类和数量；

（二）新股发行价额和出资缴纳日期；

（二）之二　发行无额面股的情况下，新股的发行价额中计人资本金的金额；

（三）新股的认购方法；

（四）实物出资人的姓名和对象资产的种类、数量、价额，以及对此要授予股份的种类和数量；

（五）股东可以转让其持有的新股认股权；

（六）只有在股东请求时，发行新股认股权证书和请求期间。

第四百一十七条　【未达票面额的发行】

公司自成立之日起两年后发行股份，经第四百三十四条规定的股东大会的决议和法院的许可，才可以未达票面额的价额发行股份。〈1962 年 12 月 12 日修改〉

前款股东大会决议，应当规定股份的最低发行价额。

法院参酌公司的现况和各种情形，可以变更认可最低发行价额。在这种情况下，法院为了调查公司的财产状态以及其他必要事项，可以选任检查人。

第一款中的股份，应当自收到法院许可之日起一个月内发行。法院可以延长该期间并给予许可。

第四百一十八条　【新股认股权的内容和配发日期的指定、公告】

股东根据持有的股份数，享有配发新股的权利。〈2001 年 7 月 24 日修改〉

不受第一款规定限制，公司可以根据章程规定，配发新股给股东以外的人。但是，仅限于为了达成新技术的引入、财务构造的完善等公司经营上的目的所必需的情况。〈2001 年 7 月 24 日新设〉

公司规定一定的日期，在该日期的两周前应当公告记载于股东名簿上的股东具有第一款的新股认股权和新股认股的转让权。但是，该日期在第三百五十四条第一款规定的期间时，应当在该期间第一天的两周前公告。〈1984 年 4 月 10 日新设〉

根据第二款的规定，对股东以外的人配发新股时，公司应当在其缴纳日期的两周前将第四百一十六条第一项、第二项、第二项之二、第三项和第四项中规定的事项向股东发送通知或者公告。〈2011 年 4 月 14 日新设〉

第四百一十九条　【对新股认股权人的催告】

公司应当通知持有新股认股权人认购股份的种类和数量，以及一定的日期为止未发出股份认购要约时，丧失其权利。在这种情况下，规定第四百一十六条第五项和第六项规定的事项时,该内容也应当通知。

第一款规定日期的两周前,应当进行第一项的通知。〈2014 年 5 月 20 日修改〉

虽然有第一项的通知,但到该日期为止未发出股份认购要约时,持有新股认股权人丧失其权利。〈2014 年 5 月 20 日修改〉

[1984 年 4 月 10 日修改全文]

第四百二十条 【股份要约书】

董事应当制作股份要约书,并记载下列事项:〈1984 年 4 月 10 日、2011 年 4 月 14 日修改〉

(一)第二百八十九条第一款第二项至第四项规定的事项;

(二)第三百零二条第二款第七项、第九项和第十项规定的事项;

(三)第四百一十六条第一项至第四项中规定的事项;

(四)根据第四百一十七条的规定发行股份时,其发行条件和折价发行的差额;

(五)确定对股东新股认股权限制的事项或者授予特定第三人新股认股权时,其规定;

(六)股份发行决议的年月日。

第四百二十条之二 【新股认股权证书的发行】

在确定第四百一十六条第五项规定的事项情形下,又有同条(第四百一十六条)第六项的规定时,公司根据其规定,应当发行新股认股权证书;在不具有同条(第四百一十六条)第六项的规定时,应该在第四百一十九条第一款规定的日期两周前发行新股认股权证书。

新股认股权证书中,应该记载下列事项和号码,并由董事签字盖章或署名:〈1995 年 12 月 29 日修改〉

(一)是新股认股权证书的意思表示;

(二)第四百二十条规定的事项;

(三)新股认股权对象股份的种类和数量;

(四)一定日期为止未发出股份要约时,丧失其权利。

[1984 年 4 月 10 日新设本条]

第四百二十条之三 【新股认股权的转让】

新股认股权的转让,只能根据新股认股权证书的交付进行。

与新股认股权证书相关的事项,准用第三百三十六条第二款和票据法第二十一条的规定。

[1984 年 4 月 10 日新设本条]

第四百二十条之四 【新股认股权的电子登记】

根据章程的规定,公司可以在电子登记机关的电子登记簿上登记新股认股权来代替发行新股认股权证书。在这种情况下,准用第三百五十六条之二第二款至第四款的规定。

[2011 年 4 月 14 日新设本条]

[之前的第四百二十条之四移至第四百二十条之五〈2011 年 4 月 14 日〉]

第四百二十条之五 【新股认股权证书的要约】

发行新股认股权证书时,根据新股认股权证书进行股份的要约。这种情形下,准用第三百零二条第一项的规定。

丧失新股认股权证书的股东,根据股份要约书可以进行股份的要约。但是,该要约在有根据新股认股权证书的要约时,丧失其效力。

[1984 年 4 月 10 日新设本条]

[本条自第四百二十条之四移动〈2011 年 4 月 14 日〉]

第四百二十一条 【出资缴纳】

董事应当让新股认股权人根据所配发的股份数在缴纳日期内全额缴纳股份价额。

新股认股人,未经公司的同意,不得以第一款的缴纳债务抵销对股份公司的债权。

[2011 年 4 月 14 日修改全文]

第四百二十二条 【实物出资的检查】

有实物出资人的,董事为了调查第四百一十六条第四项的事项,应该向法院请求选任检查人。在这种情况下,公认鉴定人的鉴定可以代替检查人的调查。〈1998 年 12 月 28 日修改〉

符合下列各项规定的情况时,不适用第一款规定:〈2011 年 4 月 14 日新设〉

(一)第四百一十六条第四项实物出资的资产价额不超过资本金的五分之一,不超过总统令规定的金额;

(二)第四百一十六条第四项实物出资的资产是具有交易所市价的有价证券时,根据第四百一十六条正文确定的价格不超过根据总统令规定的方法所算定的市价;

(三)出资人享有的对公司的金钱债权,在偿还期到来时以该债权作为出资标的,该价额不超过公司账簿上记载的价额;

(四)此外,总统令规定的准用第一项至第三项规定的情况。

法院在审查检查人的调查报告书或者鉴定人的鉴定结果时,认为第一款的事项不当的,可以进行变更并通报董事和实物出资人。〈1998 年 12 月 28 日、2011 年 4 月 14 日修改〉

不服前款变更的实物出资人,可以撤销其股份认购。〈2011 年 4 月 14 日修改〉

法院通报后两周内,没有撤销股份认购的实物出资人的,第一款的事项视为按据通报完成变更。〈1998 年 12 月 28 日、2011 年 4 月 14 日修改〉

第四百二十三条 【成为股东的日期、懈怠于缴纳的效果】

新股认股人进行缴纳或者实物出资后,从缴纳日期的第二天起,享有股东的权利义务。〈1984 年 4 月 10 日、1995 年 12 月 29 日、2020 年 12 月 29 日修改〉

新股认股人在缴纳日期未履行缴纳或者实物出资的,丧失其权利。

第二款的规定,不影响对新股认股人的损害赔偿请求。〈1984 年 4 月 10 日修改〉

第四百二十四条 【留止请求权】

公司违反法令或者章程,或者以显著不公正的方式发行股份,可能对股东造成不利后果的,股东可以对公司请求留止股份的发行。

第四百二十四条之二 【以不公正价额收购股份人的责任】

与董事通谋,以显著不公正价额收购股份的人,负有向公司支付相当于与公正发行价额之价额差额的义务。

与第一款支付之诉相关的事项,准用第四百零三条至第四百零六条的规定。

在第一款及第二款规定的情况下,不影响董事对公司或股东的损害赔偿责任。

[1984 年 4 月 10 日新设本条]

第四百二十五条 【准用规定】

新股发行,准用第三百零二条第一款和第三款、第三百零三条、第三百零五条第二款和第三款、第三百一十八条和第三百一十九条的规定。

发行新股认股权证书的情况下,准用第三百零五条第二款的规定。〈1984 年 4 月 10 日新设〉

第四百二十六条 【折价发行差额的登记】

根据第四百一十七条规定发行股份,应当在发行股份的变更登记中登记折价发行差额。

[2011 年 4 月 14 日修改全文]

第四百二十七条 【认购的无效主张、撤销的限制】

自新股发行登记之日起一年后,新股认股人不得以股份要约书或者新股认股权证书的要件瑕疵为理由主张新股认股无效或者以欺诈、胁迫或者错误为理由撤销认购。对该股份行使股东权利的,也适用前述规定。〈1962 年 12 月 12 日、1984 年 4 月 10 日修改〉

第四百二十八条 【董事的认购担保责任】

新股发行变更登记后,还有未认购的股份或者股份认购的要约撤销时,视为董事共同认购。

前款的规定,不影响对董事的损害赔偿请求。

第四百二十九条 【新股发行无效之诉】

新股发行无效之诉,由股东、董事或者监事自发行新股之日起六个月内提起。〈1984 年 4 月 10 日修改〉

第四百三十条 【准用规定】

与第四百二十九条之诉相关的事项,准用第一百八十六条至第一百八十九条、第一百九十条正文、第一百九十一条、第一百九十二条和第三百七十七条的规定。

[1995 年 12 月 29 日修改全文]

第四百三十一条 【新股发行无效判决的效力】

新股发行无效判决生效的,新股对将来丧失其效力。

在前款规定的情况下,公司应当及时发出公告,要求在一定的期间内向公司提交新股的股票,并分别通知记载于股东名簿上的股东和质权人。该期间应当为三个月以上。

第四百三十二条 【无效判决和对股东的返还】

新股发行无效的判决生效后,公司应当返还新股股东缴纳的金额。

前款的金额,与前条第一款判决生效后的公司财产状况相比显著不合理的,法院可以根据公司或者前款股东的请求增减其金额。

在第一款规定的情况下,准用第三百三十九条和第三百四十条第一款、第二款的规定。

第五节 章程的变更

第四百三十三条 【章程变更的方式】

章程的变更,应当经股东大会的决议。

与章程变更相关的议案要点,应当记载于第三百六十三条规定的通知上。〈2014年5月20日修改〉

第四百三十四条 【章程变更的特别决议】

第四百三十三条第一款的决议,应当经出席股东所持表决权的三分之二以上和发行股份总数三分之一以上通过。

[1995年12月29日修改全文]

第四百三十五条 【种类股东大会】

公司发行种类股份的,变更章程对某种种类股份的股东造成损害时,除股东大会决议外,应当经该种种类股份股东大会的决议。〈2011年4月14日修改〉

第一款的决议,应当由出席股东所持表决权的三分之二以上和发行该种种类股份总数的三分之一以上通过。〈1995年12月29日修改〉

除无表决权种类股份的规定外,第一款的种类股份股东大会准用股东大会的相关规定。

第四百三十六条 【准用规定】

根据第三百四十四条第三款的规定,关于股份种类特别规定的情况,因公司的分割或者分割合并、股份交换、股份转让和公司的合并而对某种类股份的股东可能造成损害时,准用第四百三十五条的规定。

[2011年4月14日修改全文]

第四百三十七条 删除〈1995年12月29日〉

第六节 资本金的减少

第四百三十八条 【资本金减少的决议】

资本金的减少,应当根据第四百三十四条规定的决议。

不受第一款规定的约束,为了弥补亏损而减少资本金时,应当根据第三百六十八条第一款的规定进行决议。

与资本金减少相关议案的主要内容,应当记载于第三百六十三条规定的通知上。〈2014 年 5 月 20 日修改〉

[2011 年 4 月 14 日修改全文]

第四百三十九条 【资本金减少的方法、程序】

减少资本金的决议应当规定减少的方法。

减少资本金准用第二百三十二条的规定。但是,为了填补缺损减少资本金的除外。

公司债券权利人提出异议时,应当经公司债券权利人会议决议。在这种情况下,法院可以根据利害关系人的请求,为公司债券权利人延长提出异议的期间。

[2011 年 4 月 14 日修改全文]

第四百四十条 【股份合并的程序】

股份合并的,公司应当确定一个月以上的公告期间,要求在公告期间内向公司提交股票,并分别通知记载于股东名簿上的股东和质权人。〈1995 年 12 月 29 日修改〉

第四百四十一条 【同前】

股份合并在前条的期间届满时产生效力。但是,根据第二百三十二条规定的程序未结束时,在结束时产生效力。

第四百四十二条 【新股票的交付】

股份合并的情况下,存在无法对公司提交旧股票的股东时,公司根据该股东的请求,规定三个月以上的期间,在该期间内向利害关系人公告;利害关系人存在异议时,可以在该期间内提出。该期间届满后,可以向请求的股东交付新股票。

前款公告的费用,由请求人承担。

第四百四十三条 【散股的处分】

存在不适合合并的股份时,应当对不适合合并的部分发行新股并进行拍卖,根据股份数向股份合并前的股东支付价款。但是,具有交易所市价的股份通过交易所卖出;无交易所市价的股份,经法院许可后,可以通过拍卖以外的方法卖出。〈1984 年 4 月 10 日修改〉

第一款的情况,准用第四百四十二条的规定。〈1984 年 4 月 10 日修改〉

第四百四十四条 删除〈2014 年 5 月 20 日〉

第四百四十五条 【减资无效之诉】

减资无效之诉,自减资的变更登记之日起六个月内,由股东、董事、监事、清算人、破产管理人或者未认可资本金减少的债权人提起。

[2011 年 4 月 14 日修改全文]

第四百四十六条 【准用规定】

在第四百四十五条规定的诉中,准用第一百八十六条至第一百八十九条、第一百九十条正文、第一百九十一条、第一百九十二条和第三百七十七条的规定。

[1995 年 12 月 29 日修改全文]

第七节　公司的会计〈2011 年 4 月 14 日修改〉

第四百四十六条之二　【会计原则】

公司的会计,除本法和总统令另有规定外,适用公正、妥当的会计惯例。

[2011 年 4 月 14 日新设本条]

第四百四十七条　【财务报表的制作】

董事应当在每个结算期内制作下列各项的文件及其附属明细单,取得董事会的认可:

(一)资产负债表;

(二)损益表;

(三)此外,总统令规定的表示公司财务状态和经营成果的文件。

总统令规定公司的董事应当制作合并财务报表(联结财务报表),取得董事会认可。

[2011 年 4 月 14 日修改全文]

第四百四十七条之二　【营业报告书的制作】

董事应当在每个结算期内制作营业报告书,并经董事会同意。

根据总统令的规定,营业报告书应当记载与营业相关的重要事项。

[1984 年 4 月 10 日新设本条]

第四百四十七条之三　【财务报表等的提交】

董事应当在定期股东大会会议日的六周前,向监事提交第四百四十七条和第四百四十七条之二规定的文件。

[1984 年 4 月 10 日新设本条]

第四百四十七条之四　【监事报告书】

监事应自收到第四百四十七条之三规定的文件之日起四周内,向董事提出监事报告书。

第一款的监事报告书应当记载下列各项事宜:

(一)监事方式概要;

(二)会计账簿需要记载的事项,未记载或者记载不实,或者资产负债表或者损益表的记载内容与会计账簿不符时,其说明;

(三)资产负债表和损益表,根据法令和章程适当表示公司的财务状况和经营亏损与盈余时,其说明;

(四)资产负债表或者损益表,违反法令或者章程不当表示公司的财务状况和经营亏损与盈余时,其说明和理由;

(五)与资产负债表或者损益表的制作相关的会计方针的变更是否合理及其理由;

(六)营业报告书是否根据法令和章程适当反映公司的情况;

(七)盈余的处分或者亏损的处理是否符合法令或者章程;

(八)盈余的处分或者亏损的处理根据公司的财务状况或者其他情况显著不当时,其说明;

(九)第四百四十七条中的附属明细表,需要记载的事项未记载或者记载不实,或者与会计账簿、资产负债表、损益表或者营业报告书的记载内容不符时,其说明;

(十)与董事执行职务相关的不正当行为或者具有违反法令或者章程的重大事实时,其事实。

监事在监督中,若不能进行必要的调查时,应该在监事报告书中记载并说明理由。

[2011 年 4 月 14 日修改全文]

第四百四十八条 【财务报表的备置、公示】

董事应当自定期大会会议日的一周前起五年内在本部备置第四百四十七条和第四百四十七条之二规定的文件和监事报告书,三年内在分支机构备置其副本。〈1962 年 12 月 12 日、1984 年 4 月 10 日修改〉

股东和债权人在营业时间内可以随时阅览第一款的备置文件,若因支付公司规定的费用,可以请求该文件副本或者抄本的交付。〈1984 年 4 月 10 日修改〉

第四百四十九条 【财务报表等认可、公告】

董事应当在定期股东大会上提出第四百四十七条规定的各项文件,并要求股东大会的认可。〈2011 年 4 月 10 日修改〉

董事应当在定期大会上提出第四百四十七条之二规定的文件,并报告其内容。〈1984 年 4 月 10 日新设〉

股东大会对第一款规定的文件认可时,董事应当及时公告资产负债表。〈1984 年 4 月 10 日修改〉

第四百四十九条之二 【财务报表等认可的特别规定】

不受第四百四十九条规定限制,公司也可以根据章程的规定由董事会决议来认可第四百四十七条规定的各种文件。但是,在这种情况下,应当满足下列各项规定的要件:

(一)根据法令和章程适当表示公司财产状况和经营盈余与亏损所需的第四百四十七条规定的各种文件,由外部审计人出示的意见。

(二)全体监事(设置监事委员会的公司为监事委员)的同意。

根据第一款,在董事会认可的情形下,董事应当向股东大会报告各文件的内容。

[2011 年 4 月 14 日新设本条]

第四百五十条 【董事、监事的责任免除】

定期大会上,对前条第一款规定的内容自认可后起两年内未有其他决议时,视为公司已免除对董事和监事的责任。但是,董事或者监事存在不正当行为时除外。

第四百五十一条 【资本金】

除本法另有规定外,公司的资本金,是指发行股份的票面额总额。

公司发行无额面股的情形下,公司的资本金是董事会(有第四百一十六条但书中规定的情形时即为股东大会)决定的股份发行价额二分之一以上的金额的总额。在这种情况下,股份发行价额中没有计入资本金的金额应当计入资本公积金。

公司的资本金不能因额面股转换为无额面股或者无额面股转换为额面股而变更。

[2011 年 4 月 14 日修改全文]

第四百五十二条 删除〈2011 年 4 月 14 日〉

第四百五十三条 删除〈2011 年 4 月 14 日〉

第四百五十三条之二 删除〈2011 年 4 月 14 日〉

第四百五十四条 删除〈2011 年 4 月 14 日〉

第四百五十五条 删除〈2011 年 4 月 14 日〉

第四百五十六条 删除〈2011 年 4 月 14 日〉

第四百五十七条 删除〈2011 年 4 月 14 日〉

第四百五十七条之二 删除〈2011 年 4 月 14 日〉

第四百五十八条 【利益公积金】

公司应当在每个结算期提取利润分配金的十分之一作为利益公积金,直至达到其资本金的二分之一。但是,以股份分红的情形除外。

[2011 年 4 月 14 日修改全文]

第四百五十九条 【资本公积金】

公司在资本交易中获得的利润应当根据总统令的规定计入资本公积金。

合并或者根据第五百三十条之二的规定进行分割或者分割合并的,消灭或者分割公司的利益公积金或者其他法定公积金可以由合并、分割、分割合并后存续或者新设立公司承继。

[2011 年 4 月 14 日修改全文]

第四百六十条 【法定公积金的使用】

第四百五十八条和第四百五十九条规定的公积金,除弥补资本金的损失外,不得处分。

[2011 年 4 月 14 日修改全文]

第四百六十一条 【公积金转为资本金】

公司根据董事会的决议,可以将全部或者部分公积金转为资本金。但是,通过章程规定由股东大会决议时除外。〈2011 年 4 月 14 日修改〉

在第一款规定的情况下,对于股东,应该根据其持有的股份比例发行股份。在这种情况下,对于不满一股的散股,准用第四百四十三条第一款的规定。

在第一款董事会决议的情形下,按照第二款规定配送新股时,公司应当规定一定的日期,并于该日期的两周前向记载于股东名簿上的股东进行公告。但是,该日期在第三百五十四条第一款规定的期间内时,应当在该期间第一天的两周前公告。

在第一款但书规定的情况下,股东自股东大会决议时,成为第二款规定的新股股东。

根据第三款或者第四款的规定,成为新股股东时,董事应当及时对取得新股的股

东和股东名簿上记载的质权人通知该股东取得的股份种类和数量。〈2014 年 5 月 20 日修改〉

在第一款的情况下,准用第三百五十条第三款后段的规定。〈1995 年 12 月 29 日新设〉

根据第二款规定发行股份的,准用第三百三十九条的规定。

[1984 年 4 月 10 日修改全文]

[2011 年 4 月 14 日修改标题]

第四百六十一条之二 【公积金的减少】

公司提取的资本公积金和利益公积金超过资本金的 1.5 倍时,根据股东大会的决议,可以在超过的金额范围内减少资本公积金和利益公积金的提取。

[2011 年 4 月 14 日新设本条]

第四百六十二条 【利润的分配】

公司可以在从资产负债表上扣除下列金额的限度内分配利润:

(一)资本金;

(二)到该结算期为止提取的资本公积金和利益公积金的合计额;

(三)在该结算期应当提取的利益公积金金额;

(四)总统令规定的未实现的利益。

利润的分配须经股东大会的决议。但是,根据第四百四十九条之二第一款的规定,董事会认可财务报表时,须经董事会决议。

违反第一款的规定分配利润时,公司债权人可以向公司请求将分配利润退还给公司。

与第三款请求相关的诉,准用第一百八十六条的规定。

[2011 年 4 月 14 日修改全文]

第四百六十二条之二 【股份分配】

公司可以依股东大会的决议通过发行新股分配利润。但是,股份分配不得超过分配利润总额的二分之一。

第一款规定的分配,以股份的票面金额为基准,公司发行种类股份的,可以分别发行同一种类的股份。〈1995 年 12 月 29 日、2011 年 4 月 14 日修改〉

以新股发行作为利润分配,若有低于票面金额的散股时,对于该部分,准用第四百四十三条第一款的规定。〈1995 年 12 月 29 日修改〉

取得股份分配的股东,自第一款的股东大会决议结束时起,成为新股的股东。〈1995 年 12 月 29 日、2020 年 12 月 29 日修改〉

产生第一款的决议时,董事应当及时向取得股份的股东和股东名簿上记载的质权人通知该股份的种类和数量。〈2014 年 5 月 20 日修改〉

第三百四十条第一款规定的质权人的权利及于根据第一款规定股东取得的股份。在这种情况下,准用第三百四十条第三款的规定。

[1984 年 4 月 10 日新设本条]

第四百六十二条之三　【中期分配】

规定每年一次结算期的公司,可以通过章程规定,在营业年度内限一次,由董事会决议确定日期,并在该日期对股东进行利润分配(在本条中以下简称中期分配)。〈2011 年 4 月 14 日修改〉

中期分配限于在前一结算期资产负债表上净资产中扣除下列各项金额的范围内进行:〈2001 年 7 月 24 日、2011 年 4 月 14 日修改〉

(一)前一结算期资本金的数额;

(二)至前一结算期止积累的资本公积金和利益公积金的合计额;

(三)在前一结算期的定期大会上,决定以利益分配或支付的金额;

(四)根据中期分配,在该结算期应当提取的利益公积金。

公司在该结算期资产负债表上的净资产有可能达不到第四百六十二条第一款各项规定的金额的合计额时,不得进行中期分配。〈2001 年 7 月 24 日修改〉

虽然该结算期资产负债表上净资产达不到第四百六十二条第一款各项规定的金额的合计额还进行中期分配的,董事对公司承担连带赔偿该差额(分配额比差额低时,适用分配额)的责任。但是,董事能够证明在判断时不存在第三款的情形,并且未怠于注意的情形除外。〈2001 年 7 月 24 日修改〉

在适用第三百四十条第一款、第三百四十四条第一款、第三百五十四条第一款、第四百五十八条、第四百六十四条和第六百二十五条第三项的规定上,中期分配视为根据第四百六十二条第一款规定进行的利润分配。〈2011 年 4 月 14 日、2020 年 12 月 29 日修改〉

关于第四款规定的董事责任,准用第三百九十九条第二款、第三款和第四百条的规定。违反第三款的规定进行中期分配的,准用第四百六十二条第三款和第四款的规定。〈2011 年 4 月 14 日修改〉

[1998 年 12 月 28 日新设本条]

第四百六十二条之四　【实物分配】

公司可以在章程中规定以金钱之外的财产进行分配。

公司根据第一款的规定进行分配时,可以对下列事项作出规定:

(一)股东可以请求以金钱之外的财产分配来代替金钱支付时,其金额和可以请求的期间;

(二)决定对持有未满一定数量股份的股东以金钱之外的财产来代替金钱支付时,其一定的数量和金额。

[2011 年 4 月 14 日新设本条]

第四百六十三条　删除〈2011 年 4 月 14 日〉

第四百六十四条　【利润分配的标准】

利润分配,根据各股东持有的股份数来确定。但是,适用第三百四十四条第一款规定的情况除外。

[2011 年 4 月 14 日修改全文]

第四百六十四条之二　【利润分配的支付时期】

公司自第四百六十二条第二款规定的股东大会决议或者董事会的决议起,或者第四百六十二条之三第一款规定的决议之日起一个月内,应当进行第四百六十四条规定的利润分配。但是,在股东大会或者董事会上另外规定分配金额的支付时期时除外。〈2011 年 4 月 14 日修改〉

第一款规定的分配金额支付请求权,未在五年内行使时,时效消灭。

[1984 年 4 月 10 日新设本条]

[2011 年 4 月 14 日修改标题]

第四百六十五条　删除〈1984 年 4 月 10 日〉

第四百六十六条　【股东的会计账簿阅览权】

持有发行股份总数百分之三以上股份的股东,可以通过附有理由的书面请求阅览或者复制会计账簿和相关文件。〈1998 年 12 月 28 日修改〉

公司不能证明第一款股东的请求不当时,不得拒绝。〈1998 年 12 月 28 日修改〉

第四百六十七条　【公司的业务、财产状况的检查】

对于公司的业务执行,有理由怀疑其存在不当行为或者违反法令或者章程的重大事实时,持有发行股份总数的百分之三以上股份的股东,为了调查公司的业务和财产状态可以向法院请求选任检查人。〈1998 年 12 月 28 日修改〉

检查人应当向法院报告调查的结果。

法院根据第二款的报告认为必要时,可以命令代表董事召集股东大会。在这种情况下,准用第三百一十条的规定。〈1962 年 12 月 12 日、1995 年 12 月 29 日新设〉

董事和监事应当根据第三款的规定,及时调查检查人的报告书是否正确,并报告给股东大会。〈1995 年 12 月 29 日新设〉

第四百六十七条之二　【利益提供的禁止】

公司不得对任何人提供与股东权利行使相关的财产上的利益。

公司向特定股东无偿地提供财产上的利益的,推定为提供与股东的权利行使相关的财产上的利益。公司向特定的股东有偿提供财产上的利益的,公司获得的利益与提供的利益相比显著较少时,上述推定依然成立。

公司违反第一款的规定而提供财产上的利益时,接受该利益的人应当将该利益返还给公司。在这种情况下,向公司支付对价的,可以接受返还。

对于第三款规定的利益返还之诉,准用第四百零三条至第四百零六条的规定。

[1984 年 4 月 10 日新设本条]

第四百六十八条　【员工的优先偿还权】

收取身份保证金返还的债权人,和因公司与员工之间的雇佣关系而产生的债权人,有优先从公司的总财产中受偿的权利。但是,不得优先于质权、抵押权或者根据《关于动产、债权等担保的法律》规定的担保权。〈2010 年 6 月 10 日修改〉

第八节　公 司 债 券

第一小节　通　　则

第四百六十九条　【公司债券的发行】

公司根据董事会的决议可以发行公司债券。

第一款规定的公司债券,包括下列各项的债券:

(一)可以参与利润分配的公司债券;

(二)以股份或者其他有价证券可以转换或者偿还的公司债券;

(三)与有价证券或者货币、总统令规定的与资产或指标的变动相连接,根据事先确定的方法,决定偿还或者支付金额的公司债券。

根据第二款的规定,发行公司债券的内容和发行方法等发行中必要的具体事项,由总统令规定。

不受第一款规定限制,公司可以根据章程规定由董事会委任代表董事确定公司债券的金额和种类,在不超过一年的期间内发行。

[2011年4月14日修改全文]

第四百七十条　删除〈2011年4月14日〉

第四百七十一条　删除〈2011年4月14日〉

第四百七十二条　删除〈2011年4月14日〉

第四百七十三条　删除〈2011年4月14日〉

第四百七十四条　【公募发行、公司债券要约书】

在公司债券的募集中,应募人应当在两份公司债券要约书中记载认购公司债券的数量和其住所,并签字盖章或者署名。〈1995年12月29日修改〉

公司债券要约书由董事制作并记载下列事项:〈1984年4月10日、1995年12月29日、2011年4月14日修改〉

(一)公司商号;

(二)资本金与公积金的总额;

(三)根据最终的资产负债表算出的公司现存净资产;

(四)公司债券总额;

(五)各公司债券的金额;

(六)公司债券的发行价额或者最低价额;

(七)公司债券的利率;

(八)公司债券的偿还和利息支付的方法和期限;

(九)规定数次分期缴纳公司债券的,分期缴纳金额和时期;

(十)限于记名或者无记名公司债券时,其说明;

(十)之二　在电子登记机关的电子登记簿上登记公司债券权利人的权利来代替

公司债券的发行,其说明;

(十一)有之前募集的公司债券的,未偿还的金额;

(十二)删除〈2011 年 4 月 14 日〉

(十三)有接受公司债券募集委托的公司的,其商号和住所;

(十三)之二　有公司债券管理公司的,其商号和住所;

(十三)之三　规定公司债券管理公司不依公司债券权利人会议决议可以作出第四百八十四条第四款第二项的行为的,其说明;

(十四)接受第十三项委托的公司约定,在募集金额未达到总额的情形下认购其余额的,其说明;

(十五)设置名义变更代理人的,其姓名、住所和营业所。

规定公司债券发行最低价额的,应募人应当在公司债券要约书中记载应募价额。

第四百七十五条　【总额认购的方法】

根据合同,认购公司债券总额的情况下,不适用前条的规定。接受公司债券募集委托的公司认购部分公司债券的情况下,该部分也适用上述规定。

第四百七十六条　【缴纳】

公司债券募集结束后,董事应当立即让认购人缴纳各公司债券的全部金额或者第一次缴纳的金额。

接受公司债券募集委托的公司,可以自己的名义为了委托公司进行第四百七十四条第二款和前款规定的行为。

第四百七十七条　删除〈1984 年 4 月 10 日〉

第四百七十八条　【债券的发行】

发行的公司债券未全额缴纳时,不得再次发行债券。

债券上应当记载下列事项,并由代表董事签字盖章或署名:〈2011 年 4 月 14 日修改〉

(一)债券的号码;

(二)第四百七十四条第二款第二项、第四项、第五项、第七项、第八项、第十项、第十三项、第十三项之二和第十三项之三规定的事项。

公司可以通过章程规定在电子登记机关的电子登记簿上登记债权来代替第一款中的债券发行。在这种情况下,准用第三百五十六条之二第二款至第四款的规定。〈2011 年 4 月 14 日新设〉

第四百七十九条　【记名公司债券的转移】

记名公司债券的转移,在公司债券原簿上记载取得人的姓名和住所,未在债券上记载其姓名时,不得对抗公司和其他第三人。

对于记名公司债券的转让,准用第三百三十七条第二款的规定。〈1984 年 4 月 10 日新设〉

第四百八十条　【记名债券、无记名债券间的转换】

公司债券权利人可以随时向公司请求将记名债券转换为无记名债券,或者将无记名债券转换为记名债券。但是,规定债券只能是记名或者无记名的除外。

第四百八十条之二 【公司债券管理公司的指定、委托】

公司发行公司债券时,可以确定公司债券管理公司,委托其进行偿还的受领、债权的保全以及其他公司债券的管理。

[2011 年 4 月 14 日新设本条]

第四百八十条之三 【公司债券管理公司的资格】

只有银行、信托公司以及总统令规定的机构,才可以成为公司债券管理公司。

公司债券的认购人不得成为公司债券管理公司。

与发行公司债券的公司具有特殊关系的机构,以及总统令规定的人,不得成为公司债券管理公司。

[2011 年 4 月 14 日新设本条]

第四百八十一条 【公司债券管理公司的辞任】

公司债券管理公司经发行公司债券的公司和公司债券权利人会议的同意,可以辞任。因不得已的事由经法院许可的,亦同。

[2011 年 4 月 14 日修改全文]

第四百八十二条 【公司债券管理公司的解任】

公司债券管理公司在处理其事务中不适合担任或者具有其他正当事由时,法院可以根据发行公司债券的公司或者公司债券权利人会议的请求,解任公司债券管理公司。

[2011 年 4 月 14 日修改全文]

第四百八十三条 【公司债券管理公司的事务承继人】

因公司债券管理公司的辞任或者解任而无公司债券管理公司的,发行公司债券的公司应当为了公司债券权利人的利益确定承继该事务的公司债券管理公司。在这种情况下,公司应当及时召集公司债券权利人会议,并经债券权利人会议的同意。〈2011 年 4 月 14 日修改〉

在不得已的情况下,利害关系人可以请求法院选任公司债券管理公司的事务承继人。

[2011 年 4 月 14 日修改标题]

第四百八十四条 【公司债券管理公司的权限】

公司债券管理公司为了公司债券权利人可以受领与公司债券相关债权的偿还,或者为了保全债权的实现,可以行使必要的裁判上或者裁判外的所有行为。

公司债券管理公司受领第一款规定的偿还的,应当及时公告,并通知已知的公司债券权利人。

在第二款规定的情形下,公司债券权利人可以向公司债券管理公司请求偿还支付公司债券的金额和利息。在这种情况下,公司债券被发行的,应当请求支付与债权相互交换的偿还额,和与利券相互交换的利息。

公司债券管理公司从事下列各项行为(除受领与公司债券相关债权的偿还或者为了保全债权事项的行为外)的,应当经公司债券权利人会议决议进行。但是,发行公司债券的公司可以规定公司债券管理公司在进行第二项规定的行为时不需公司债券权利人会议的决议：

（一）对该全部公司债券支付的延期，因其债务的不履行而发生的责任免除或者和解；

（二）与该全部公司债券相关的诉讼行为，或者属于与债务人重整和破产相关的程序上的行为。

公司债券管理人根据第四款但书的规定，未经公司债券权利人会议的决议，进行第四款第二项规定的行为时，应当立即公告，并另行通知已知的公司债券权利人。

第二款和第五款规定的公告，应当与发行公司债券公司公告的方法一致。

公司债券管理公司就接受管理委托的公司债券，为了第一款或者第四款各项中规定的行为，认为必要时，经法院的许可，可以调查发行公司债券公司的业务和财产状况。

［2011 年 4 月 14 日修改全文］

第四百八十四条之二 【公司债券管理公司的义务和责任】

公司债券管理公司应当为公司债券权利人公平、诚实地管理公司债券。

公司债券管理公司应当以善良管理人的注意对公司债券进行管理。

公司债券管理公司作出违反本法或公司债权人会议决议的行为时，对公司债券权利人负有连带赔偿由此产生损害的责任。

［2011 年 4 月 14 日新设本条］

第四百八十五条 【两家以上公司债券管理公司情形下的权限和义务】

公司债券管理公司为两家以上时，应当共同行使属于其权限的行为。

第一款规定的情况下，公司债券管理公司受领第四百八十四条第一款规定的偿还时，公司债券管理公司对公司债券权利人承担连带支付偿还额的义务。

［2011 年 4 月 14 日修改全文］

第四百八十六条 【利券有缺陷的情形】

偿还有利券的无记名公司债券的，利券有缺陷时，从偿还额中扣除相当于该利券的金额。

前款的利券持有人，可以随时请求偿还该利券支付扣除的金额。

第四百八十七条 【本息请求权的时效】

公司债券的偿还请求权，十年内未行使的，时效消灭。

第四百八十四条第三款的请求权，适用前款规定。

公司债券的利息和前条第二款的请求权，五年内未行使的，时效消灭。

第四百八十八条 【公司债券原簿】

公司应当制作公司债券原簿并记载下列事项：

（一）公司债券权利人（发行无记名债券的持有人除外）的姓名和住所；

（二）债券的号码；

（三）第四百七十四条第二款第四项、第五项、第七项至第九项、第十三项、第十三项之二和第十三项之三中规定的事项；

(四)各公司债券的缴纳金额和缴纳年月日；

(五)债券的发行年月日，或者在电子登记机关的电子登记簿上登记公司债券权利人的权利来代替债券发行的，其说明；

(六)各公司债券的取得年月日；

(七)发行无记名债券时，其种类、数量、号码和发行年月日。

[2011年4月14日修改全文]

第四百八十九条 【准用规定】

对公司债券应募人或者公司债券权利人的通知和催告，准用第三百五十三条的规定。

公司债券由数人共有的情况下，准用第三百三十三条的规定。

第二小节 公司债券权利人会议

第四百九十条 【决议事项】

公司债券权利人会议可以对本法中规定的事项和与公司债券权利人有利害关系的事项作出决议。

[2011年4月14日修改全文]

第四百九十一条 【召集权人】

公司债券权利人会议由发行公司债券的公司或者公司债券管理公司召集。〈2011年4月14日修改〉

按公司债券的种类，持有该种类公司债券总额(收到偿还的金额除外)十分之一以上的公司债券权利人可以将记载会议目的事项和召集理由的书面或者电子文件向发行公司债券的公司或者公司债券管理公司提出，请求召集公司债券权利人会议。〈2011年4月14日修改〉

在前款规定的情况下，准用第三百六十六条第二款的规定。

持有无记名债券的债券权利人，若未托管其债券时，不得行使前两项规定的权利。

第四百九十一之二 【召集的通知、公告】

召集公司债券权利人集会时，准用第三百六十三条第一款与第二款的规定。

虽然有第一款的规定，公司发行无记名债券时，应当在股东大会会议日的三周前(资本总额未满十亿韩元的公司为两周)公告召集债券权利人会议的意思和会议的目的事项。

[2014年5月20日新设本条]

第四百九十二条 【表决权】

公司债券权利人根据持有该种类公司债券金额的合计额(收到偿还的金额除外)行使表决权。〈2011年4月14日修改〉

持有无记名债券的债券持有人，自会议日起一周内未托管其债券时，不得行使其表决权。

第四百九十三条 【公司债券发行公司或者公司债券管理公司代表的出席等】

发行公司债券的公司或者公司债券管理公司可以让其代表出席公司债券权利人会议或者以书面的形式向公司债券权利人会议提出意见。〈2011 年 4 月 14 日修改〉

公司债券权利人会议的召集,应当通知前款的公司。

前款的通知,准用第三百六十三条第一款和第二款的规定。

[2011 年 4 月 14 日修改标题]

第四百九十四条 【公司债券发行公司代表的出席请求】

公司债券权利人会议或者公司债券权利人会议的召集人,认为必要时,可以向发行公司债券的公司请求派代表出席。

第四百九十五条 【决议的方法】

公司债券权利人会议决议,准用第四百三十四条的规定。

对于第四百八十一条至第四百八十三条和第四百九十四条规定的同意或者请求,不受第一款的规定限制,可以由出席的公司债券权利人表决权的过半数通过。〈2011 年 4 月 14 日修改〉

未出席公司债券权利人会议的公司债券权利人,可以通过书面行使其表决权。〈2011 年 4 月 14 日新设〉

通过书面行使表决权时,应当在行使表决权的书面上记载必要的事项,在公司债券权利人会议的前一日向召集人提交行使表决权的书面。〈2011 年 4 月 14 日新设〉

根据第四款的规定,以书面形式行使表决权之数包括在出席表决权人的表决权数中。〈2011 年 4 月 14 日新设〉

对于公司债券权利人会议,准用第三百六十八条之四的规定。〈2011 年 4 月 14 日新设〉

第四百九十六条 【决议的认可请求】

公司债券权利人会议的召集人,应当自决议之日起一周内向法院请求决议的认可。

第四百九十七条 【决议的不认可事由】

有下列情形的,法院不得认可公司债券权利人会议决议:

(一)公司债券权利人会议召集的程序或者决议方式违反法令或者公司债券募集计划书中的记载的;

(二)决议根据不当的方式通过的;

(三)决议显著不公正的;

(四)决议与公司债券权利人利益相悖的。

前款第一项和第二项的情况,法院可以参酌决议的内容以及其他情况认可决议。

第四百九十八条 【决议的效力】

公司债券权利人会议决议,经法院认可产生效力。但是,经该种类公司债券的持有人全体同意的决议,无须法院的认可。

公司债券权利人会议决议对持有该种类公司债券的全部权利人产生效力。

[2011 年 4 月 14 日修改全文]

第四百九十九条 【决议的认可、不认可的公告】

对于公司债券权利人会议决议,存在认可或者不认可的决定时,发行公司债券的公司应当及时公告。

第五百条 【公司债券权利人会议的代表】

公司债券权利人会议可以在持有该种类公司债券总额(偿还的金额除外)的五百分之一以上的公司债券权利人中选任一名或者多名代表,委任其决定决议的事项。〈2011 年 4 月 14 日修改〉

代表为数名的,前款的决定由数名代表的过半数通过。

第五百零一条 【决议的执行】

公司债券权利人会议决议由公司债券管理公司执行,没有公司债券管理公司的,由第五百条规定的代表执行。但是,公司债券权利人会议决议另外确定执行人的除外。

[2011 年 4 月 14 日修改全文]

第五百零二条 【数名代表、数名执行人的情况】

代表或者执行人为数名时,准用第四百八十五条第一款的规定。

第五百零三条 【公司债券偿还决议的执行】

代表或者执行人执行关于公司债券偿还的决议时,准用第四百八十四条、第四百八十五条第二款和第四百八十七条第二款的规定。

第五百零四条 【代表、执行人的解任等】

公司债券权利人会议可以随时变更、解任或者委任代表或者执行人。

第五百零五条 删除〈2011 年 4 月 14 日〉

第五百零六条 删除〈2011 年 4 月 14 日〉

第五百零七条 【公司债券管理公司等的报酬、费用】

公司债券管理公司、代表或者执行人的报酬和其处理事务所需费用,除与发行公司债券的公司约定外,经法院许可,由发行公司债券的公司承担。

公司债券管理公司、代表或者执行人在收到与公司债券相关债权的偿还金额时,与公司债券权利人相比,可以优先受偿第一款规定的报酬和费用。

[2011 年 4 月 14 日修改全文]

第五百零八条 【公司债券权利人会议的费用】

公司债券权利人会议的相关费用,由发行公司债券的公司承担。

与第四百九十六条请求相关的费用,由公司承担。但是,法院根据利害关系人的申请或者依据职权,可以对其全部或者部分费用分别规定承担人。

第五百零九条 【数种公司债券情形下公司债券权利人会议】

发行数种公司债券的情况下,应当根据公司债券的种类分别召集公司债券权利人会议。

第五百一十条 【准用规定】

公司债券权利人会议,准用第三百六十八条第二款、第三款,第三百六十九条第二款和第三百七十一条至第三百七十三条的规定。〈2014 年 5 月 20 日修改〉

公司债券权利人会议的议事录,应当由发行公司债券公司在本部备置。

公司债券管理公司和公司债券权利人可以随时请求阅览第二款的议事录。〈2011 年 4 月 14 日修改〉

第五百一十一条 【公司债券管理公司的撤销之诉】

公司对公司债券权利人的偿还、和解以及其他的行为显著不公正时,公司债券管理公司可以提起撤销之诉。〈2011 年 4 月 14 日修改〉

第一款之诉,公司债券管理公司应当自知道撤销事由的事实时起六个月内,行为发生时起一年内提起。〈2011 年 4 月 14 日修改〉

第一款之诉,准用本法第一百八十六条,民法第四百零六条第一款的但书和第四百零七条的规定。

[2011 年 4 月 14 日修改标题]

第五百一十二条 【代表等的取消之诉】

有公司债券权利人会议决议的,代表或者执行人也可以提起第一款之诉。但是,只能在行为发生时起一年内提起。

第三小节 可转换债券

第五百一十三条 【可转换债券的发行】

公司可以发行可转换债券。

在第一款规定的情况下,作为下列事项,章程中未作出规定的,由董事会决议。但是,章程规定由股东大会决议时除外:

(一)可转换债券的总额;

(二)转换的条件;

(三)因转换而发行股票的内容;

(四)可以请求转换的期间;

(五)授予股东可转换债券认购权的意思表示,和认购权对象的可转换公司债券的金额;

(六)向股东以外的人发行可转换债券,和该可转换公司债券的金额。

对股东以外的人发行可转换债券时,对于可以发行可转换公司债券的金额、转换的条件、因转换而发行股份的内容和可以请求转换的期间,章程中未作规定的,应当经第四百三十四条规定的决议确定。在这种情况下,准用第四百一十八条第二款但书的规定。〈2001 年 7 月 24 日修改〉

第三款的决议中,关于可转换债券发行的议案要点,应当记载于第三百六十三条规定的通知上。〈2014 年 5 月 20 日修改〉

[1984 年 4 月 10 日修改全文]

第五百一十三条之二 【持有可转换债券认购权股东的权利】

持有可转换债券认购权的股东,根据持有的股份数,具有获得可转换债券分配的权利。但是,持有每份可转换债券中的金额低于最低金额的散股除外。

股东持有可转换债券认购权的情况下，准用第四百一十八条第三款的规定。〈2011 年 4 月 14 日修改〉

[1984 年 4 月 10 日新设本条]

第五百一十三条之三 【对持有可转换债券认购权股东的催告】

股东持有可转换债券认购权的，应当通知各股东根据其认购权可以转换公司债券的金额、发行价额、转换的条件、因转换而发行股份的内容，以及可以请求转换的期间和一定的日期为止若未作出可转换债券的要约则丧失其权利的说明。

在第一款规定的情况下，准用第四百一十九条第二款和第三款的规定。〈2014 年 5 月 20 日修改〉

[1984 年 4 月 10 日新设本条]

第五百一十四条 【可转换债券发行的程序】

关于可转换债券，应当在公司债券要约书、债券和公司债券原簿上记载下列内容：〈1995 年 12 月 29 日修改〉

(一)公司债券可以转换为股票的说明；

(二)转换的条件；

(三)因转换而发行股票的内容；

(四)可以请求转换的期间；

(五)关于股份的转让，规定由董事会认可时，其规定。

第二款删除〈1984 年 4 月 10 日〉

第五百一十四条之二 【可转换债券的登记】

公司发行可转换债券时，应当自第四百六十七条规定的缴纳完毕之日起两周内在本部所在地进行可转换债券的登记。〈1995 年 12 月 29 日修改〉

根据第一款的规定，登记的事项如下：

(一)可转换债券的总额；

(二)各可转换债券的金额；

(三)各可转换债券的缴纳金额；

(四)第五百一十四条第一项至第四项规定的事项。

对于第二款的登记，准用第一百八十三条的规定。

在外国募集可转换债券的，登记事项在外国发生时，登记期间自通知到达之日起开始计算。

[1984 年 4 月 10 日新设本条]

第五百一十五条 【转换请求】

转换请求人应当向公司提交两份附加债券的请求书。但是，根据第四百七十八条第三款的规定，以在电子登记机关的电子登记簿登记债权的方式代替发行债券的，应当向公司提交可以证明该债权的资料。〈2011 年 4 月 14 日修改〉

第一款的请求书中，应当记载请求的公司债券和请求的年月日，并签字盖章或者署名。〈1995 年 12 月 29 日修改〉

第五百一十六条 【准用规定】

发行可转换债券的,准用第三百四十六条第四款、第四百二十四条和第四百二十四条之二的规定。〈2011 年 4 月 14 日修改〉

转换公司债券的,准用第三百三十九条、第三百四十八条、第三百五十条和第三百五十一条的规定。〈1995 年 12 月 29 日修改〉

[1984 年 4 月 10 日修改全文]

第四小节 附新股认股权公司债券

第五百一十六条之二 【附新股认股权公司债券】

公司可以发行附新股认股权公司债券。

在第一款的情况下,作为下列事项,章程中未作出规定的,由董事会决议。但是,章程规定由股东大会决议的除外:〈2011 年 4 月 14 日修改〉

(一)附新股认股权公司债券的总额;

(二)各附新股认股权公司债券中被授予的新股认股权的内容;

(三)可以行使新股认股权的期间;

(四)关于新股认股权可以转让的事项;

(五)有行使新股认股权人的请求时,代替附新股认股权债券的偿还,其发行价额视为第五百一十六条之九第一款规定的缴纳的意思表示;

(六)删除〈1995 年 12 月 29 日〉

(七)授予股东附新股认股权公司债券的认购权,和认购权对象附新股认股权公司债券的金额;

(八)向股东以外的人发行附新股认股权公司债券,和发行该附新股认股权公司债券的金额。

因行使授予各附新股认股权公司债券的新股认股权,而发行股份发行价额的合计额,不得超过各附新股认股权公司债券的金额。

向股东以外的人发行附新股认股权公司债券的,关于发行附新股认股权公司债券的金额,新股认股权的内容和可以行使新股认股权的期间,章程未作出规定的,应当经第四百三十四条的决议确定。在这种情况下,准用第四百一十八条第二款但书的规定。〈2001 年 7 月 24 日修改〉

第四款情形下,准用第五百一十三条第四款的规定。

[1984 年 4 月 10 日新设本条]

第五百一十六条之三 【对持有附新股认股权公司债券的认购权股东的催告】

股东持有附新股认股权公司债券的认购权的,应当对各股东通知持有认购权的附新股认股权公司债券的金额、发行价额、新股认股权的内容,可以行使新股认股权的期间和一定的日期为止若未作出附新股认股权公司债券要约时则丧失其权利的说明。在这种情况下,规定了第五百一十六条之二第二款第四项或者第五项规定的事项时,也应该通知该内容。

在第一款规定的情况下,准用第四百一十九条第二款和第三款的规定。〈2014 年 5 月 20 日修改〉

[1984 年 4 月 10 日新设本条]

第五百一十六条之四 【公司债券要约书、债券、公司债券原簿的记载事项】

关于附新股认股权公司债券,应当在公司债券要约书、债券和公司债券原簿上记载下列事项。但是,发行第五百一十六条之五第一款中规定的新股认股权证券的,不用记载:〈1995 年 12 月 29 日、2011 年 4 月 14 日修改〉

(一)是附新股认股权公司债券的说明;

(二)第五百一十六条之二第二款第二项至第五项规定的事项;

(三)根据第五百一十六条之九的规定,委托缴纳的银行或者其他金融机关和缴纳场所;

(四)与股份转让相关,规定由董事会认可的,其规定。

[1984 年 4 月 10 日新设本条]

第五百一十六条之五 【新股认股权证券的发行】

规定第五百一十六条之二第二款第二项中相关事项时,公司应当与债券一起发行新股认股权证券。

新股认股权证券中,应当记载下列事项和号码,并由董事签字盖章或署名:〈1995 年 12 月 29 日修改〉

(一)新股认股权证券的说明;

(二)公司的商号;

(三)第五百一十六条之二第二款第二项、第三项和第五项中规定的事项;

(四)第五百一十六条之四第三项中规定的事项;

(五)与股份转让相关的,规定由董事会认可时,其规定。

[1984 年 4 月 10 日新设本条]

第五百一十六条之六 【新股认股权的转让】

发行新股认股权证券的,新股认股权的转让只能依据新股认股权证券的交付才可以进行。

与新股认股权证券相关的事项,准用第三百三十六条第二款、第三百六十条和大韩民国票据法第二十一条的规定。

[1984 年 4 月 10 日新设本条]

第五百一十六条之七 【新股认股权的电子登记】

公司可以根据章程规定,在电子登记机关的电子登记簿上登记新股认股权来代替新股认股权证券的发行。在这种情况下,准用第三百五十六条之二第二款至第四款的规定。

[2011 年 4 月 14 日新设本条]

[之前第五百一十六条之七移动至第五百一十六条之八〈2011 年 4 月 14 日〉]

第五百一十六条之八 【附新股认股权公司债券的登记】

公司发行附新股认股权公司债券时，应当登记下列事项：

（一）是附新股认股权公司债券的说明；

（二）因新股认股权的行使而发行股份价额的总额；

（三）各附新股认股权公司债券的金额；

（四）各附新股认股权公司债券的缴纳金额；

（五）第五百一十六条之二第二款第二项至第三项中规定的事项。

与第一款的登记相关的事项，准用第五百一十四条之二第一款、第三款和第四款的规定。

［1984年4月10日新设本条］

［从第五百一十六条之七被移动，之前的第五百一十六条之八移动至第五百一十六条之九〈2011年4月14日〉］

第五百一十六条之九 【新股认股权的行使】

行使新股认股权之人应当向公司提出两份请求书，并缴纳新股发行价额的全额。

根据第一款的规定提交请求书的，在发行新股认股权证券时，应当附加新股认股权证券；未发行新股认股权证券时，应当提示债券。但是，根据第四百七十八条第三款或者第五百一十六条之七的规定，以在电子登记机关的电子登记簿上登记债权或者新股认股权的方式代替发行债券或者新股认股权债券的，应当附加可以证明该债权或者新股认股权的资料，提交给公司。〈2011年4月14日修改〉

第一款的缴纳，应当在债券或者新股认股权债券中记载的银行以及其他金融机关的缴纳场所缴纳。

第一款的请求书，准用第三百零二条第一款的规定，第三款委托缴纳的银行以及其他金融机关，准用第三百零六条和第三百一十八条的规定。

［1984年4月10日新设本条］

［从第五百一十六条之八被移动，之前的第五百一十六条之九移动至第五百一十六条之十〈2011年4月14日〉］

第五百一十六条之十 【成为股东的时期】

根据第五百一十六条之九第一款的规定行使新股认股权的人在进行同款规定的缴纳时，成为股东。在这种情况下，准用第三百五十条第二款的规定。〈1995年12月29日、2011年4月14日、2020年12月29日修改〉

［1984年4月10日新设本条］

［从第五百一十六条之九移动，之前的第五百一十六条之十移动至第五百一十六条之十一〈2011年4月14日〉］

第五百一十六条之十一 【准用规定】

在行使新股认股权的情况下，准用第三百五十一条的规定；与附新股认股权公司债券相关的事项，准用第五百一十三条之二和第五百一十六条第一款的规定。〈1995

年12月29日修改〉

[1984年4月10日新设本条]

[从第五百一十六条之十移动〈2011年4月14日〉]

第九节 解　　散

第五百一十七条 【解散事由】

股份公司因下列事由而解散:〈1998年12月28日修改〉

(一)第二百二十七条第一项、第四项至第六项中规定的事由;

(一)之二 第五百三十条之二规定的公司的分割或者分割合并;

(二)股东大会的决议。

第五百一十八条 【解散决议】

解散应当根据第四百三十四条的规定进行决议。

第五百一十九条 【公司的继续】

公司因存续期间届满和其他规定事由的发生或者股东大会的决议而解散时,可以根据第四百三十四条规定的决议存续。

第五百二十条 【解散判决】

在下列情形下,具有不得已的事由时,持有发行股份总数百分之十以上股份的股东可以向法院请求公司的解散:

(一)因公司的业务持续处于显著停滞状况,会发生或可能发生不可恢复的损害时;

(二)因公司财产的管理或者处分显著不当而危及公司的存续时。

在前款规定的请求下,准用第一百八十六条和第一百九十一条的规定。

第五百二十条之二 【休眠公司的解散】

法院行政处长在官方报纸上公告,自最后登记之日起经过五年的公司,在本部所在地管辖法院申报仍未停止营业的,以该公告日为基准,最终登记之日起已经过五年的公司,自公告之日起两个月内未根据总统令的规定进行申告的,视为该公司在申报期间届满时解散。但是,在该期间进行登记的公司除外。

有第一款规定的公告的,法院应当向该公司发送该公告的通知。

根据第一款的规定视为解散的公司,在之后的三年内,根据第四百三十四条规定的决议可以存续。

根据第一款的规定视为解散的公司,根据第三款的规定未存续的,该公司经过三年后视为清算终结。

[1984年4月10日新设本条]

第五百二十一条 【解散的通知、公告】

公司解散时,除破产的情况外,董事应当及时向股东发出通知。〈2014年5月20日修改〉

第五百二十一条之二 【准用规定】

与股份公司解散相关的事项，准用第二百二十八条和第二百二十九条第三款的规定。

[1998 年 12 月 28 日新设本条]

第十节 合 并

第五百二十二条 【合并合同书和认可决议】

公司合并应当制作合并合同书，并经股东大会认可。〈1995 年 12 月 29 日、1998 年 12 月 28 日修改〉

合并合同的要点，应当在第三百六十三条规定的通知中记载。〈2014 年 5 月 20 日修改〉

第一款规定的认可决议，应当根据第四百三十四条的规定作出。〈1998 年 12 月 28 日修改〉

第五百二十二条之二 【合并合同书等的公示】

董事应当自第五百二十二条第一款规定的股东大会会议日两周前起至合并之日后六个月内，在本部备置下列各项文件：〈1998 年 12 月 28 日、2015 年 12 月 1 日修改〉

(一)合并合同书；

(二)为合并发行新股或转移本公司股票的，记载因合并向消灭公司股东配发新股或转移本公司股票理由的书面材料；

(三)各公司的最终资产负债表和损益表。

股东和公司债权人在营业时间内可以随时请求阅览第一款规定的各项文件，或者支付公司规定的费用请求交付誊本或者抄本。〈1998 年 12 月 28 日修改〉

[1984 年 4 月 10 日新设本条]

[2015 年 12 月 1 日修改标题]

第五百二十二条之三 【反对合并股东的股份回购请求权】

关于第五百二十二条第一款规定的决议事项，有董事会决议的，反对该决议的股东(包括无表决权或限制表决权的股东。以下本条相同)在股东大会前以书面的形式向公司通知反对该决议的，自股东大会决议日起二十日内可以向公司提交记载股份种类和数量的书面资料，请求回购自己所持的股份。〈2015 年 12 月 1 日修改〉

自进行第五百二十七条之二第二款的公告或者通知之日起两周内，以书面形式向公司通知反对合并的股东，自该期间经过之日起二十日内，可以向公司提出记载股份种类和数量的书面资料，请求回购所持的股份。〈1998 年 12 月 28 日新设〉

[1995 年 12 月 29 日新设本条]

[2015 年 12 月 1 日修改标题]

第五百二十三条 【吸收合并的合并合同书】

拟合并公司一方合并后存续的，应当在合并合同中记载下列事项：〈1998 年 12 月

28 日、2001 年 7 月 24 日、2015 年 12 月 1 日修改〉

（一）存续的公司因合并增加发行股份总数时，其增加的股份总数、种类和数量；

（二）存续公司的资本金或公积金增加时，关于增加的资本金或公积金的事项；

（三）存续的公司在合并时发行新股或转移本公司股份时，发行的新股或转移本公司股份的总数量、种类和数量，以及关于因向合并而消灭的公司股东配发新股或转移本公司股份的事项；

（四）虽然有第三项的规定，存续的公司向因合并而消灭的公司的股东，以其代价的全部或部分提供金钱或其他财产时，其内容及分配相关的事项；

（五）各公司认可决议的股东会或股东大会之日期；

（六）合并之日；

（七）存续的公司因合并而决定变更章程时，其规定；

（八）各公司合并分配利益时，其限额；

（九）确定因合并而存续的公司的董事、监事或监事委员会委员时，其姓名及居民身份证号码。

［2015 年 12 月 1 日修改标题］

第五百二十三条之二　【合并代价是母公司股份的特别规定】

不受第三百四十二条之二的规定限制，依据第五百二十三条第四款的规定，向消灭公司股东提供的财产包括存续公司母公司股份的，存续公司可以为其支付而取得母公司股份。〈2015 年 12 月 1 日修改〉

存续的公司在合并后仍持有依照第一款规定取得的母公司股份的，应当自合并生效之日起六个月内处分该股份。〈2015 年 12 月 1 日新设〉

［2011 年 4 月 14 日新设本条］

第五百二十四条　【新设合并的合并合同书】

因合并而设立公司时，合并合同书中应当记载下列事项：〈2001 年 7 月 24 日、2011 年 4 月 14 日、2015 年 12 月 1 日修改〉

（一）对于拟设立的公司，第二百八十九条第一款第一项至第四项中规定的事项，以及发行种类股份时，该种类股份的种类、数量和本部所在地；

（二）拟设立的公司在合并时发行股份的总数、种类和数量，向各公司股东配股的相关事项；

（三）拟设立公司的资本金和公积金的总额；

（四）即使有第二项规定，向各公司股东提供金钱或其他财产的，其内容和分配有关事项；

（五）第五百二十三条第五项和第六项规定的事项；

（六）确定因合并而设立公司的董事、监事或者监事委员会委员的，其姓名和居民身份证号。

［2015 年 12 月 1 日修改标题］

第五百二十五条 【合名公司、合资公司的合并合同书】

合并后存续的公司或者因合并设立的公司为股份公司的情况下，合并公司的一方或者双方是合名公司或者合资公司时，应当经全体股东的同意，并制作合并合同书。

在前款的合并合同书中，准用前两条的规定。

第五百二十六条 【吸收合并的报告大会】

公司合并的一方合并后存续时，其董事在第五百二十七条之五规定的程序结束后；因合并而发生股份合并时，待其效力发生后；存在不适合合并的股份时，在合并后；存续的公司作出第四百四十三条规定的处分后；进行小规模合并时，在第五百二十七条之三第三款和第四款规定的程序结束后，应当立即召集股东大会并报告与合并相关的事项。〈1998 年 12 月 28 日修改〉

合并当时发行新股的认购人，在第一款的股东大会上与股东具有同样的权利。〈1998 年 12 月 28 日修改〉

第一款规定的情况下，董事会可以通过公告来代替对股东大会的报告。〈1995 年 12 月 29 日新设〉

第五百二十七条 【新设合并的创立大会】

因合并而设立公司时，设立委员会在第五百二十七条之五规定的程序结束后；因合并而发生股份的合并时，其效力发生后；存在不适合合并的股份时，在作出第四百四十三条规定的处分后，应当立即召集创立大会。〈1998 年 12 月 28 日修改〉

创立大会上可以作出章程变更的决议。但是，不得作出违反合并合同的决议。

第一款规定的创立大会中，准用第三百零八条第二款、第三百零九条、第三百一十一条、第三百一十二条和第三百一十六条第二款的规定。

在第一款规定的情况下，董事会可以通过公告来代替对股东大会的报告。〈1998 年 12 月 28 日新设〉

第五百二十七条之二 【简易合并】

拟合并公司一方在合并后存续的，因合并消灭公司的全体股东同意，或者该公司发行股份总数百分之九十以上为合并后存续公司所有的，可以由董事会的认可代替因合并消灭公司的股东大会的认可。

在第一款的情况下，因合并而消灭的公司，自制作合并合同书之日起两周内，应当公告未经股东大会认可而进行的合并，或者通知股东。但是，经全体股东同意的除外。

[1998 年 12 月 28 日新设本条]

第五百二十七条之三 【小规模合并】

合并后存续的公司，因合并而发行新股的总数未超过该公司发行股份总数的百分之十时，该存续公司的股东大会决议可以由董事会的认可来代替。但是，规定向因合并而消灭公司的股东支付金额的情况下，该金额不超过存续公司最终资产负债表上净资产的百分之五时除外。〈2015 年 12 月 1 日修改〉

在第一款规定的情况下，存续公司的合并合同书上应当记载合并未经股东大会的决议。

在第一款规定的情况下,存续公司应当自制作合并合同书之日起两周内,公告或者通知股东消灭公司的商号和本部所在地,合并的日期以及合并未经股东大会的决议。

持有合并后存续公司发行股份总数百分之二以上股份的股东,自第三款规定的公告或通知之日起两周内,以书面形式通知反对第一款的合并时,不得进行第一款正文规定的合并。

第一款正文规定的情况下,不适用于第五百二十二条之三的规定。

[1998 年 12 月 28 日新设本条]

[2015 年 12 月 1 日修改标题]

第五百二十七条之四 【董事、监事的任期】

公司合并的一方合并后存续的公司董事和监事,在合并前就任的情况下,除合并合同书另有规定外,在合并后最初的结算期内的定期股东大会终结时退任。

第二款删除〈2001 年 7 月 24 日〉

[1998 年 12 月 28 日新设本条]

第五百二十七条之五 【债权人保护程序】

自第五百二十二条规定的股东大会决议之日起两周内,债权人存在异议的,公司应当公告一个月以上的异议提出期间,并对已知的债权人分别进行催告。

在适用第一款的规定中,存在第五百二十七条之二和第五百二十七条之三规定的情况时,董事会的认可决议视为股东大会的决议。

第一款和第二款规定的情况下,准用第二百三十二条第二款和第三款的规定。

[1998 年 12 月 28 日新设本条]

第五百二十七条之六 【合并相关文件的事后公示】

董事应当自合并之日起六个月内,在本部备置记载于书面的第五百二十七条之五规定的程序经过、合并的日期、因合并而承继消灭公司的财产价额和债务额,以及其他与合并相关的事项。

与第一款的书面相关的事项,准用第五百二十二条之二第一款第二项的规定。

[1998 年 12 月 28 日新设本条]

第五百二十八条 【合并的登记】

公司合并时,自第五百二十六条规定的股东大会终结之日或者代替报告的公告之日起,和自第五百二十七条规定的创立大会终结之日或者代替报告的公告之日起,应当两周内在本部所在地,三周内在分支机构所在地进行合并后存继公司的变更登记,因合并消灭公司的解散登记,因合并新设公司按照第三百一十七条的规定登记。〈1998 年 12 月 28 日修改〉

合并后存续的公司或者因合并新设的公司,因合并而继承可转换公司债券或者附新股认股权公司债券时,在进行第一款登记的同时,应当进行公司债券的登记。〈1984 年 4 月 10 日修改〉

第五百二十九条 【合并无效之诉】

合并无效之诉,由合并公司的股东、董事、监事、清算人、破产管理人或者未作出合

并认可的债权人提起。〈1984 年 4 月 10 日修改〉

第一款之诉,应当自第五百二十八条规定的登记之日起六个月内提起。〈1984 年 4 月 10 日修改〉

第五百三十条 【准用规定】

第一款删除〈1998 年 12 月 28 日〉

与股份公司的合并相关的事项,准用第二百三十四条、第二百三十五条、第二百三十七条至第二百四十条、第三百二十九条之二、第三百七十四条第二款、第三百七十四条之二第二款至第五款和第四百三十九条第三款的规定。〈1995 年 12 月 29 日、1998 年 12 月 28 日、2001 年 7 月 24 日修改〉

因公司的合并而进行股份合并或者股份分割的,准用第四百四十条至第四百四十三条的规定。〈1998 年 12 月 28 日、2014 年 5 月 20 日修改〉

未合并股份的,在合并消灭公司的股份上成立的质权,准用第三百三十九条和第三百四十条第三款的规定。

第十一节 公司的分割

第五百三十条之二 【公司的分割、分割合并】

公司根据分割可以设立一个或者数个公司。

公司根据分割可以与存续中的一个或者数个公司进行合并(以下简称分割合并)。

公司根据分割在设立一个或者数个公司的同时进行分割合并。

解散后的公司,只有将先前存在的公司当作未来存续的公司或者设立新公司的情况下,才可以进行分割或者分割合并。

[1998 年 12 月 28 日新设本条]

第五百三十条之三 【分割计划书、分割合并合同书的认可】

公司进行分割或者分割合并时,应当制作分割计划书或者分割合并合同书,取得股东大会的认可。

第一款的认可决议,应当根据第四百三十四条的规定进行。

与第二款决议相关的,根据第三百四十四条之三第一款的规定,表决权被限制的股东也具有表决权。〈2011 年 4 月 14 日修改〉

分割计划书或者分割合并合同的要点,应当记载于第三百六十三条规定的通知上。〈2014 年 5 月 20 日修改〉

删除〈2011 年 4 月 14 日〉

因公司的分割或者分割合并而增加与分割或者分割合并相关的各公司股东负担的,除第一款和第四百三十六条规定的决议外,应当经全体股东同意。〈2011 年 4 月 14 日修改〉

[1998 年 12 月 28 日新设本条]

第五百三十条之四 【依据分割的公司设立】

根据第五百三十条之二的规定而设立的公司,准用本章第一节公司设立相关的规定。但是,仅以被分割的公司(以下简称分割公司)的出资设立公司的,不适用第二百九十九条的规定。

[2015 年 12 月 1 日修改全文]

第五百三十条之五 【分割计划书的记载事项】

根据分割而设立公司的,分割计划书中应当记载下列各项规定的事项:〈2011 年 4 月 14 日、2015 年 12 月 1 日修改〉

(一)依据分割设立公司(以下简称单纯分割新设公司)的商号、目的、本部所在地和公告的方法;

(二)单纯分割新设公司发行股份的总数和额面股、无额面股的区分;

(三)单纯分割新设公司在分割当时发行股份的总数、种类和种类股份的数量、额面股和无额面股的区分;

(四)向分割公司的股东配发单纯分割新设公司的股份相关的事项和根据配发的股份合并或分割相关的事项;

(五)即使有第四项规定,向分割公司股东支付金钱或其他财产的,其内容和分配相关事项;

(六)单纯分割新设公司的资本金和公积金相关的事项;

(七)向单纯分割新设公司转移的财产和其价额;

(八)有第五百三十条之九第二款规定的,其内容;

(八)之二 分割之日;

(九)确定单纯分割新设公司的董事和监事的,其姓名和居民身份证号;

(十)单纯分割新设公司章程中记载的其他事项。

分割后公司存续的,关于存续公司,应当在分割计划书中记载下列各项规定的事项:〈2011 年 4 月 14 日修改〉

(一)减少的资本金和公积金的金额;

(二)资本减少的方法;

(三)因分割而转让的财产和其价额;

(四)分割后发行股份的总数;

(五)公司减少发行股份总数时,减少的股份总数、种类和各种类股份的数量;

(六)引起章程变更的其他事项。

[1998 年 12 月 28 日新设本条]

[2015 年 12 月 1 日修改标题]

第五百三十条之六 【分割合并合同书中的记载事项与分割合并对价为母公司股份的特别规定】

被分割公司的一部分与其他公司合并,而其他公司存续的情形下(以下简称分割合并的对方公司),分割合并合同书中应当记载下列各项规定事宜:〈2015 年 12 月 1

日修改〉

（一）分割合并的对方公司因分割合并而增加发行股份总数时，增加股份的总数、种类和按类别增加的股份数量；

（二）分割承继公司分割合并发行新股或转移本公司股份的，其发行新股或转移本公司股份的总数、种类和按类别发行的股份数量；

（三）分割承继公司分割合并发行新股或转移本公司股份的，关于向分割公司的股东配发分割承继公司的新股或转移本公司股份的事项，和合并或分割股份时的相关事项；

（四）即使有第三款相关规定，向分割承继公司的股东支付其对价的全部或一部分是金钱或此外其他财产的，其内容和分配的相关事项；

（五）分割承继公司的资本金或公积金增加的，增加资本金或公积金的相关事项；

（六）分割公司转移给分割承继公司的财产和其价额；

（七）有第五百三十条之九第三款规定事项的，其内容；

（八）各公司进行第五百三十条之三第二款规定的股东大会决议的日期；

（九）分割合并的日期；

（十）确定分割承继公司的董事和监事的，其姓名和居民身份证号；

（十一）引起分割承继公司章程变更的其他事项。

分割公司的一部分与其他分割公司的一部分，或者与其他公司分割合并设立公司的，分割合并合同书中应当记载下列规定事项：〈2015 年 12 月 1 日修改〉

（一）第五百三十条之五第一款第一项、第二项、第六项、第七项、第八项之二、第九项、第十项规定的事项；

（二）分割合并设立公司（以下简称分割合并新设公司）在分割合并时发行股份的总数、种类和按类别发行的股份数量；

（三）对各公司股东进行配股的相关事项，配股引起股份合并或者分割的，其规定；

（四）各公司向分割合并新设公司移转的财产和其价额；

（五）各公司确定支付给各公司股东金额时，其规定；

（六）在各公司中进行第五百三十条之三第二款规定的股东大会的决议日期；

（七）分割合并的日期。

在第一款和第二款规定的情形下，关于与各公司未进行分割合并部分记载的相关事项，准用第五百三十条之五的规定。

不受第三百四十二条之二第一款的规定限制，依照第一款第四项向分割公司的股东提供的财产包括分割继承公司的母公司股份的，分割继承公司可以为该支付取得母公司股份。〈2015 年 12 月 1 日新设〉

分割继承公司在分割合并后仍持有依照第四款规定取得的母公司股份的，应当自分割合并生效之日起六个月内处分该股份。〈2015 年 12 月 1 日新设〉

［1998 年 12 月 28 日新设本条］

［2015 年 12 月 1 日修改标题］

第五百三十条之七 【分割资产负债表等公示】

分割公司的董事,应当自第五百三十条之三第一款规定的股东大会会议日的两周前起至分割登记之日或者分割合并之日后六个月内,在本部备置下列各项规定的文件:〈2015 年 12 月 1 日修改〉

(一)分割计划书或者分割合并合同书;

(二)分割部分的资产负债表;

(三)分割合并时,分割合并公司的相对方公司的资产负债表;

(四)分割或分割合并公司发行新股或转移本公司股份的,记载向分割公司的股东配发新股或转移本公司股份理由的书面材料。

第五百三十条之六第一款规定的分割承继公司的董事,应当自认可分割合并的股东大会会议日两周前起至分割合并登记后六个月内,在本部备置下列各项规定事宜:〈2015 年 12 月 1 日修改〉

(一)分割合并合同书;

(二)分割公司分割部分的资产负债表;

(三)分割合并发行新股或转移本公司股份的,记载向分割公司的股东配发新股或转移本公司股份的相关事项理由的书面材料。

与第一款和第二款规定的文件相关的事项,准用第五百二十二条之二第二款的规定。

[1998 年 12 月 28 日新设本条]

[2015 年 12 月 1 日修改标题]

第五百三十条之八 删除〈2015 年 12 月 1 日〉

第五百三十条之九 【分割和分割合并后公司的责任】

分割公司、单纯分割新设公司、分割承继公司或者分割合并新设公司对分割或者分割合并前的分割公司债务承担连带清偿责任。

不受第一款规定的限制,分割公司以第五百三十条之三第二款规定的决议通过分割设立公司的,可以规定单纯分立公司只对分割公司的债务中分割计划书决定承继的债务承担责任。这时,分割公司在分割后存续的,只对单纯分割公司不承担的债务承担责任。

分割合并的,分割公司可以根据第五百三十条之三第二款的决议,接收因分割合并而出资的分割继承公司或分割合并并新设公司,在分割公司的债务中,只对分割合并合同中规定承继的债务承担责任。此时,准用第二款后段的规定。

第二款的情形,准用第四百三十九条第三款及第五百二十七条之五的规定。

[2015 年 12 月 1 日修改全文]

第五百三十条之十 【分割或者分割合并的效果】

单纯分割新设公司、分割承继公司或者分割合并新设公司,按照分割计划书或者分割合并合同的规定承继分割公司的权利和义务。

[2015 年 12 月 1 日修改全文]

第五百三十条之十一 【准用规定】

分割或者分割合并的，准用第二百三十四条、第二百三十七条至第二百四十条、第三百二十九条之二、第四百四十条至第四百四十三条、第五百二十六条、第五百二十七条、第五百二十七条之六、第五百二十八条和第五百二十九条的规定。但是，第五百二十七条的设立委员视为代表董事。〈2011 年 4 月 14 日、2014 年 5 月 20 日修改〉

在分割合并的情况下，准用第三百七十四条第二款、第四百三十九条第三款、第五百二十二条之三、第五百二十七条之二、第五百二十七条之三和第五百二十七条之五的规定。〈1999 年 12 月 31 日修改〉

[1998 年 12 月 28 日新设本条]

第五百三十条之十二 【物的分割】

分割公司取得因分割或者分割合并而设立的公司发行的股份总数的情况下，准用本节的规定。

[1998 年 12 月 28 日新设本条]

第十二节 清 算

第五百三十一条 【清算人的决定】

公司解散时，除合并、分割、分割合并或者破产的情况外，董事为清算人。但是，章程另有规定或者在股东大会上选任他人时除外。〈1998 年 12 月 28 日修改〉

根据前款的规定，无清算人时，法院根据利害关系人的请求选任清算人。

第五百三十二条 【清算人的申报】

清算人应当自就任之日起两周内向法院申报下列事项：〈1995 年 12 月 29 日修改〉

(一)解散的事由和其年月日；

(二)清算人的姓名、居民身份证号和住所。

第五百三十三条 【公司财产调查报告义务】

清算人就任后，应当及时调查公司的财产状态，制作财产目录和资产负债表，并向股东大会提交，经股东大会决议。

清算人得到前款的认可后，应当及时向法院提出财产目录和资产负债表。

第五百三十四条 【资产负债表、事务报告书、附属明细单的提出、监查、公示、认可】

清算人应当自定期大会会议日起四周前，制作资产负债表和其附属明细单以及事务报告书，提交给监事。

监事应当自定期大会会议日起一周前，向清算人提交与第一款中的文件相关的监查报告书。

清算人应当自定期大会会议日的一周前，在本部备置第一款中的文件和第二款中的监查报告书。

与第三款规定的文件相关的事项,准用第四百四十八条第二款的规定。

清算人应当向定期股东大会提交资产负债表和事务报告书,并经定期股东大会决议。

[1984 年 4 月 10 日修改全文]

第五百三十五条 【公司债权人的催告】

清算人自就任起两个月内,应向公司的债权人两次以上公告催告在一定期限内申报债权,若未申报则不列入清算内的意思表示。但是,该期间应为两个月以上。

清算人应当对已知的债权人分别进行催告,使申报其债权,即使是该债权人未申报,其债权也不能从清算内排除。

第五百三十六条 【债权申报期间内的清偿】

清算人在前条第一款规定的申报期间内,不得对债权人进行清偿。但是公司不得免除因其清偿的迟延而产生的损害赔偿责任。

不受前款规定限制,清算人对于小额的债权、担保债权以及并不会因清偿而对其他债权人造成不利的债权,经法院的许可可以清偿。

第五百三十七条 【未列入债权人名单的的清偿】

未列入债权人名单的债权人,只可以对未分配的剩余财产请求清偿。

对部分股东进行财产分配的,按照统一的比例对其他股东分配的财产应当从前款的剩余财产中扣除。

第五百三十八条 【剩余财产的分配】

剩余财产应当根据各股东持有的股份数进行分配。但是,在适用第三百四十四条第一款的规定时除外。

第五百三十九条 【清算人的解任】

除法院选任的情况外,股东大会可以随时决议解任清算人。

清算人在执行业务中显著不能胜任或者存在重大违反义务行为时,持有发行股份总数百分之三以上股份的股东可以向法院请求解任该清算人。〈1998 年 12 月 28 日修改〉

与第二款请求相关的诉,准用第一百八十六条的规定。〈1998 年 12 月 28 日修改〉

第五百四十条 【清算的终结】

清算事务终结后,清算人应当及时制作结算报告书,向股东大会提交,取得股东大会的认可。

具有前款规定的认可时,视为公司免除清算人的责任。但是,清算人存在不正当行为的除外。

第五百四十一条 【文件的保存】

公司的账簿以及其他与营业和清算相关的重要文件,应当自清算终结之日起十年内,在本部所在地保存。但是,发票或者与此类似的文件,应当保存五年。〈1995 年 12 月 29 日修改〉

与前款保存相关的事项,根据清算人以及其他利害关系人的请求,由法院确定保存人和保存方法。

第五百四十二条 【准用规定】

第二百四十五条、第二百五十二条至第二百五十五条、第二百五十九条、第二百六十条和第二百六十四条的规定准用于股份公司。

第三百六十二条、第三百六十三条之二、第三百六十六条、第三百六十七条、第三百七十三条、第三百七十六条、第三百七十七条、第三百八十二条第二款、第三百八十六条、第三百八十八条至第三百九十四条、第三百九十六条、第三百九十八条至第四百零六条、第四百零六条之二、第四百零七条、第四百零八条、第四百一十一条至第四百一十三条、第四百一十四条第三款、第四百四十九条第三款、第四百五十条和第四百六十六条的规定,准用于清算人。〈1962 年 12 月 12 日、1984 年 4 月 10 日、1998 年 12 月 28 日、2020 年 12 月 29 日修改〉

第十三节 上市公司的特别规定〈2009 年 1 月 30 日新设〉

第五百四十二条之二 【适用范围】

本节适用于总统令规定的在证券市场(为了证券的买卖而开设的市场)上市的发行股票的股份公司(以下简称上市公司)。但是,作为执行集合投资(向两名以上的投资人进行投资劝诱,取得、处分募集的金钱或者其他具有财产价值的资产,或者以其他方式进行运作,其结果归属于投资人)的机构,总统令规定的股份公司除外。

本节优先适用于本章的其他各节。

[2009 年 1 月 30 日新设本条]

第五百四十二条之三 【股份认购选择权】

上市公司,除第三百四十条之二第一款正文规定的人之外,也可以将股份认购选择权授予总统令规定的关联公司董事、执行高级管理人员、监事或者员工。但是,不得授予第五百四十六条之八第二款第五项所规定的最大股东等总统令规定的人员股份认购选择权。〈2011 年 4 月 14 日修改〉

不受第三百四十条之二第三款的规定限制,上市公司可以从发行股份总数的百分之二十的范围到总统令规定的限度内,授予股份认购选择权。

即使有第三百四十条之二第一款正文的规定,上市公司也可以根据章程规定,从发行股份总数的百分之十的范围到总统令规定的限度内,由董事会决议第三百四十条之三第二款各项规定的事项,将股份认购选择权授予该公司的执行高级管理人员、监事或者员工和第一款中规定的关联公司的董事、执行高级管理人员、监事或者员工。在这种情况下,在授予股份认购选择权后初次召集的股东大会上,应当取得股东大会认可。〈2011 年 4 月 14 日修改〉

授予上市公司股份认购选择权的人,即使有第三百四十条之四第一款的规定,除总统令规定的情形外,自决定授予股份认购选择权的股东大会或者董事会的决议之日起在任或者在职两年以上，才可以行使股份认购选择权。

除第一款至第四款规定的事项外，上市公司的股份认购选择权的授予、撤销及其他必要事项，由总统令规定。

[2009 年 1 月 30 日新设本条]

第五百四十二条之四 【股东大会的召集公告等】

上市公司召集股东大会时，对于持有总统令规定的股份数以下的股东，可以在章程中规定，于股东大会会议日的两周前将召集股东大会的意思和会议目的事项在两个以上的日报上各公告两次以上，或者以总统令规定的电子方式公告来代替第三百六十三条第一款规定的召集通知。

上市公司以董事、监事的选任相关事项为目的，通知或者公告召集股东大会时，应当通知或者公告董事、监事候选人的姓名、简历、推荐人以及其他总统令规定的候选人相关的事项。

上市公司通知或者公告召集股东大会时，应当通知或者公告独立董事等活动明细和与报酬相关事项、业务概要等总统令规定的事项。但是，上市公司将事项以总统令规定的方式使一般人可以阅览的除外。

[2009 年 1 月 30 日新设本条]

第五百四十二条之五 【董事、监事的选任方法】

上市公司在股东大会上选任董事或者监事，应当在第五百四十二条之四第二款规定的通知或者公告的候选人中选任。

[2009 年 1 月 30 日新设本条]

第五百四十二条之六 【少数股东权】

六个月以上持续持有上市公司发行股份总数千分之十五以上股份的股东，可以根据第三百六十六条（包括第五百四十二条中准用的情形）和第四百六十七条的规定行使股东权利。

六个月以上持续持有上市公司除无表决权的股份外发行股份总数千分之十以上（总统令规定的上市公司为千分之五）股份的股东，可以根据第三百六十三条之二（包含第五百四十二条中准用的情形）的规定行使股东权利。

六个月以上持续持有上市公司发行股份总数万分之五十以上（总统令规定的上市公司为万分之二十五）股份的股东，可以根据第三百八十五条（包括第四百一十五条中准用的情形）和第五百三十九条的规定行使股东权利。

六个月以上持续持有上市公司发行股份总数万分之十（总统令规定的上市公司为万分之五）股份的股东，可以根据第四百六十六条（包括第五百四十二条中准用的情形）的规定行使股东权利。

六个月以上持续持有上市公司发行股份总数十万分之五十（总统令规定的上市公司为十万分之二十五）股份的股东，可以根据第四百零二条（包括第四百零八条之九和第五百四十二条中准用的情形）的规定行使股东权利。〈2011 年 4 月 14 日修改〉

六个月以上持续持有上市公司发行股份总数万分之一以上股份的股东，可以根据

第四百零三条(包括第三百二十四条、第四百零八条之九、第四百一十五条、第四百二十四条之二、第四百六十七条之二和第五百四十二条中准用的情形)行使股东的权利。〈2011 年 4 月 14 日修改〉

六个月以上持续持有上市公司发行股份总数万分之五十以上股份的股东,可根据第四百零六条(包括第三百二十四条、第四百零八条之九、第四百一十五条及第五百四十二条准用的情形)的规定行使股东的权利。〈2020 年 12 月 29 日新设〉

上市公司可以在章程中规定比第一款至第六款的规定更短的股份持有期和持股比例。〈2020 年 12 月 29 日修改〉

第一款至第六款及第五百四十二条之七第二款中的“股份持有者”,是指持有股份的人、受委托行使股权的人、两个以上共同行使股东股权的人。〈2020 年 12 月 29 日修改〉

虽然有第五百四十二条之二第二款的规定,但第一款至第七款的内容对本章其他各节中规定的少数股股权的行使不产生影响。〈2020 年 12 月 29 日新设〉

[2009 年 1 月 30 日新设本条]

第五百四十二条之七 【累积投票相关的特别规定】

上市公司,根据第三百八十二条之二的规定以累积投票的方法请求选任董事的,应当在股东大会会议日(定期股东大会的,在前一年度定期股东大会会议日的日期,与以下第五百四十二条之八第五款中的规定相同)的六周前以书面或者电子文件形式向公司提出请求。

考虑到资产规模等情况,持有总统令规定的上市公司中除无表决权的股份外发行股份总数的百分之一以上的股东,可以请求根据第三百八十二条之二的规定,通过累积投票的方式选任董事。

第二款规定的上市公司,通过章程排除累积投票或者变更章程中排除累积投票的规定时,持有除无表决权的股份外发行股份总数百分之三以上股份的股东,对于其超过的股份数,不得行使表决权。但是,可以在章程规定更低的持股比例。

第二款规定的上市公司通过股东大会的目的事项提出第三款规定的变更章程中排除累积投票议案的,应当与其他事项的变更章程议案分别提出,并进行表决。

[2009 年 1 月 30 日新设本条]

第五百四十二条之八 【独立董事的选任】

考虑到上市公司资产规模等情况,除总统令规定的情形外,上市公司独立董事应当占董事人数的四分之一以上。但是,考虑资产规模等情况,总统令规定的上市公司应当设三名以上的独立董事,占董事人数的过半数。

上市公司的独立董事,属于第三百八十二条第三款各项规定的情形和下列各项规定的情况的,丧失其资格:〈2011 年 4 月 14 日、2018 年 9 月 18 日修改〉

(一)未成年人、成年禁治产人或者限制禁治产人;

(二)接受破产宣告而未恢复权利的人;

(三)接受监禁以上刑罚宣告,执行结束或者执行免除后未满两年的人;

(四)违反总统令另行规定的法律,解任或者免职后未满两年的人;

(五)作为上市公司的股东,除无表决权的股份外,以发行的股份总数为标准,本人和与总统令规定的人有特殊利害关系的人(以下简称特殊关系人)持有股份的数量最多的情形下,本人(以下简称最大股东)和本人的特殊关系人;

(六)不论以谁的名义,为自己的利益持有除无表决权的股份外发行股份总数百分之十以上股份的股东,或者对董事、执行高级管理人员、监事的选任和解任等上市公司的主要经营事项具有事实上影响力的股东(以下简称主要股东)和其配偶以及直系尊亲属、卑亲属;

(七)另外,根据总统令的规定,独立董事具有有碍忠实履行职务或者可能对上市公司的经营产生影响的。

第一款规定的上市公司,因解任、死亡等事由,独立董事人数不足第一款规定的董事会构成要件的,应当在自该事由发生后初次召集的股东大会上,选任符合第一款要件的独立董事。

第一款但书中规定的上市公司,为了推荐独立董事候选人,应当设置第三百九十三条之二规定的委员会(本条中简称独立董事候补推荐委员会)。在这种情况下,独立董事候补推荐委员会全体委员应当由过半数的独立董事构成。〈2011 年 4 月 14 日修改〉

第一款但书规定的上市公司,在股东大会上选任独立董事时,应当从独立董事候补推荐委员会推荐的人当中选任。在这种情况下,独立董事候补推荐委员会在推荐独立董事候选人时,在股东大会会议日(定期大会的,相当于前一年度的定期股东大会的会议日)的六周前,具有可以行使第三百六十三条之二第一款、第五百四十二条之六第一款和第二款权利要件的股东推荐的候补独立董事,应当包含在其推荐的候补独立董事中。〈2011 年 4 月 14 日修改〉

[2009 年 1 月 30 日新设本条]

第五百四十二条之九 【与主要股东等利害关系人的交易】

上市公司不得将符合下列规定的人作为相对方,或者为其提供信用(贷款等具有经济价值的资产、履行债务的保证、购买资金援助性质的证券、其他总统令规定的具有交易上的信用危险的直接、间接的交易。以下与本条相同):〈2011 年 4 月 14 日修改〉

(一)主要股东和主要股东的特殊关系人;

(二)董事(包括符合第四百零一条之二第一款各项中任何一项的人,以下与本条相同)和执行高级管理人员;

(三)监事。

不受第一款规定限制,符合下列各项规定的,也可以提供信用:〈2011 年 4 月 14 日修改〉

(一)为了福利事业,向董事、执行高级管理人员或监事提供信贷等,按总统令规定的授信;

(二)其他法令中允许的信用提供;

(三)此外,总统令规定的对上市公司的经营健全性不存在危害的金钱借贷等信用提供。

考虑到资产规模等事项,以总统令规定的上市公司最大股东、最大股东的特殊关系人和该上市公司的特殊关系人等人为相对方或者为其进行下列各项中规定的交易时,应当得到董事会的认可:

(一)单笔交易的规模超过总统令规定的交易;

(二)该营业年度中与特定人之间的交易总额超过总统令规定的交易。

第三款规定的情形下,上市公司经董事会决议,应当在初次召开的股东大会上报告该交易的目的、相对方以及总统令规定的事项。

虽然有第三款的规定,上市公司根据经营的业务种类而进行的日常交易,符合下列各项规定时,也可以不需要董事会的认可。对于符合第二项规定的交易,也可以不向股东大会报告其内容:

(一)依据格式条款定型化的,总统令规定的交易;

(二)董事会认可的交易总额范围内履行的交易。

[2009年1月30日新设本条]

第五百四十二条之十 【常勤监事】

总统令规定的上市公司,应当根据股东大会的决议设置一名以上常勤履行监事业务的监事(以下简称常勤监事)。但是,根据本节和其他法律设监事委员会规定的(包括没有义务设置监事委员会的上市公司设置本节所要求的监事委员会的情形)除外。〈2011年4月14日修改〉

符合下列规定的人员,不得成为第一款正文规定的上市公司的常勤监事。若属于下列规定人员的,丧失其资格:〈2011年4月14日修改〉

(一)符合第五百四十二条之八第二款第一项至第四项和第六项规定的人员。

(二)从事公司常务的董事,执行高级管理人员和员工或者最近两年内从事公司常务的董事、执行高级管理人员和员工;但是,本节规定的监事委员会委员在任中,或者之前曾任职的董事除外。

(三)除第一项和第二项的规定外,总统令中规定的对公司经营可以产生影响的人员。

[2009年1月30日新设本条]

第五百四十二条之十一 【监事委员会】

考虑资产规模等情况,总统令规定的上市公司应当设监事委员会。

第一款规定的上市公司监事委员会,应当具备第四百一十五条之二第二款规定的要件和下列各项的要件:

(一)委员中至少有一名是总统令规定的会计或者财务专家;

(二)监事委员会的委员代表应当为独立董事。

符合第五百四十二条之十第二款各项规定的人,不能成为上市公司非独立董事的上市公司监事委员会委员。符合该情形的,丧失其资格。

上市公司因监事委员会委员中独立董事的辞任、死亡等事由，人数不符合下列各项中监事委员会的构成要件时，应当在发生该事由后初次召集的股东大会上，满足监事委员会的构成要件：

（一）根据第一款的规定，设监事委员会的上市公司，应当符合第二款各项和第四百一十五条之二第二款规定的要件；

（二）根据第四百一十五条之二第一款的规定，设监事委员会的上市公司，应当符合第四百一十五条之二第二款规定的要件。

[2009年1月30日新设本条]

第五百四十二条之十二　【监事委员会的构成等】

第五百四十二条之十一第一款规定的上市公司，不受第三百九十三条之二的规定限制，选任或者解任监事委员会委员的权限仍然属于股东大会。

第五百四十二条之十一第一款规定的上市公司，应当在股东大会选任董事后，在选任的董事中选任监事委员会委员。但是，监事委员会委员中有一人（章程可以定在二人以上，有章程规定的，从其规定）应当与其他董事分离，经股东大会决议选任为监事委员会委员。〈2020年12月29日修改〉

根据第一款规定，监事委员会委员可以根据第四百三十四条的规定，以股东大会的决议解任。这时，根据第二款但书的规定，监事委员会委员将丧失董事和监事委员会委员的职务。〈2020年12月29日修改〉

第一款规定的监事委员会委员选任或者解聘时，除上市公司无表决权的股票外，持有超过发行股份总数百分之三（公司章程可以规定更低的股份比例，如果章程规定更低比例的，则适用该比例）的股票的股东（如果是最大股东，选任或者解聘非独立董事的监事委员会委员时，其特殊关系人及其由总统令指定的人所拥有的股份一起计算），不得行使表决权。〈2020年12月29日修改〉

上市公司将监事的选任或者决定监事报酬的议案作为股东大会的目的事项时，应当与董事的选任和董事的报酬决定分别进行提案和表决。

虽然有第四百四十七条之四第一款的规定，上市公司的监事或者监事委员会，也可以在股东大会会议日一周前向董事提出监查报告书。

第四款规定适用于上市公司选任或者解聘监事。在这种情况下，如果股东是最大股东，其特殊关系人和总统令规定的人所拥有的股份进行合算。〈2020年12月29日新设〉

公司依照第三百六十八条之四第一款采用电子方法行使表决权的，可以不顾第三百六十八条第一款的规定，以出席股东过半数行使表决权的方式选任监事委员会委员。〈2020年12月29日新设〉

[2009年1月30日新设本条]

第五百四十二条之十三　【遵法控制标准和遵法支援人】

考虑到资产规模等情况，总统令规定的上市公司为了遵守法令、合理经营公司，应当准备公司管理人员和员工在履行职务时应当遵循的遵法控制标准和程序（以下简称遵法控制标准)。

第一款规定的上市公司,应当设一名以上负责遵守遵法控制标准业务的人(以下简称遵法支援人)。

遵法支援人应当检查遵法控制标准的遵守与否,并向董事会报告其结果。

第一款规定的上市公司任免遵法支援人时,应当经董事会决议。

遵法支援人应当在下列各项规定的人员中任命:

(一)具有律师资格的人;

(二)根据《高等教育法》第二条,在学校担当法学教育的助理教授以上职位,并且在岗工作五年以上的人;

(三)此外,具有丰富法律知识和经验,由总统令规定的人。

遵法支援人的任期为三年,遵法支援人为常勤。

遵法支援人应当以善良管理人的注意履行职务。

遵法支援人,不管在职期间还是退任后,都不得泄露职务上获悉的公司营业上的秘密。

第一款规定的上市公司,应当保障遵法支援人独立执行其职务。遵法支援人在履行其职务过程中要求提供资料或者信息时,第一款规定的上市公司公司管理人员和员工应当诚实地回应。

第一款规定的上市公司,对于曾任职遵法支援人的人,不得以与职务履行相关的事由给予其人事上的不利待遇。

与遵法支援人相关的事项,除其他法律有特别规定外,从本法的规定。但是,对于遵法支援人的任期,其他法律的规定比第六款规定的任期短时,第六款的规定优先适用于其他法律。

此外,与遵法控制标准和遵法支援人相关的必要事项,由总统令规定。

[2011 年 4 月 14 日新设本条]

第五章　有 限 公 司

第一节　设　　立

第五百四十三条　【章程的制定与绝对必要记载事项】

设立有限公司时,股东应当制定公司章程。〈2001 年 7 月 24 日修改〉

章程中应当记载下列事项,并由各股东签字盖章或署名:〈1984 年 4 月 10 日、1995 年 12 月 29 日、2001 年 7 月 24 日、2011 年 4 月 14 日修改〉

(一)第一百七十九条第一项以及第三项中规定的事项;

(二)资本金总额;

(三)每份的金额;

(四)各股东的出资份数;

（五）本部所在地。

第二百九十二条的规定，准用于有限公司。

第五百四十四条 【实物出资事项】

下列事项记载于公司章程时，产生效力：

（一）实物出资人的姓名及其出资财产的种类、数量、价格及对此授予的出资份数；

（二）约定将在公司成立后受让财产的种类、数量、价格及其出让人的姓名；

（三）由公司承担的设立费用。

第五百四十五条 删除〈2011年4月14日〉

第五百四十六条 【每份出资金额的限制】

每份出资金额应当为一百韩元以上，并且每份的金额均等。

[2011年4月14日修改全文]

第五百四十七条 【临时董事的选任/委任】

章程中未规定董事时，应当在公司成立之前召集股东会选任。

前款规定的股东会，各股东均可召集。

第五百四十八条 【出资的缴纳】

董事应当让各股东缴纳全部出资或者交付作为实物出资的全部财产。

第二百九十五条第二款规定，准用于股东实物出资情形。

第五百四十九条 【设立登记】

有限公司应当自履行第五百四十八条规定的现金缴纳或者实物出资之日起两周内进行登记。〈1995年12月29日修改〉

在第一款的登记中，应当记载下列事项：〈1995年12月29日、2011年4月14日修改〉

（一）第一百七十九条第一项、第二项及第五项所规定的事项，设分支机构的，其所在地。

（二）第五百四十三条第二款第二项及第三项中所列事项。

（三）董事的姓名、居民身份证号及住所；但是，规定代表公司的董事时，其他董事的住所除外。

（四）规定代表公司的董事时，其姓名、住所及居民身份证号。

（五）规定数名董事共同代表公司时，其规定。

（六）规定存立期间及其他的解散事由时，其期间及事由。

（七）设有监事时，其姓名及居民身份证号。

有限公司分支机构的设立和迁移，在分支机构所在地或者迁移后分支机构所在地进行登记时，应当登记本条第二款第三项至第六项和第一百七十九条第一项、第二项及第五项中规定的事项。但是，规定代表公司的董事时，其他董事无须登记。〈2011年4月14日修改〉

第一百八十一条至第一百八十三条的规定,准用于有限公司的登记。〈1962 年 12 月 12 日修改〉

第五百五十条　【公司成立时实物出资股东的相关责任】

第五百四十四条第一项和第二项规定的财产,在公司成立时的实际价格显著低于章程中规定的价格时,公司成立时的股东应当向公司承担连带支付该差额的责任。

前款股东的责任不得免除。〈1962 年 12 月 12 日新设〉

第五百五十一条　【公司成立时未缴纳部分出资股东的相关责任】

公司成立后,若发现存在尚未缴纳的出资额或者未履行的实物出资时,公司成立时的股东、董事和监事应当对未完全缴纳的出资额或者未履行的实物出资差额向公司承担连带支付的责任。〈1962 年 12 月 12 日修改〉

前款规定中的股东的责任不得免除。〈1962 年 12 月 12 日新设〉

第一款规定的董事及监事的责任,经全体股东一致同意,可以免除。〈1962 年 12 月 12 日新设〉

第五百五十二条　【设立无效、撤销之诉】

自公司成立之日起两年内,公司股东、董事和监事可以主张公司设立无效之诉,而设立撤销之诉由撤销权人主张。

第一百八十四条第二款及第一百八十五条至第一百九十三条的规定,准用于前款之诉。

[1962 年 12 月 12 日修改全文]

第二节　股东的权利义务

第五百五十三条　【股东的责任】

股东的责任,除本法另有规定外,以其出资额为限。

第五百五十四条　【股东的股份】

各股东根据出资的份数持有相应的股份。

第五百五十五条　【与股份相关的证券】

有限公司不得发行与股东股份相关的记名式或者无记名式证券。

第五百五十六条　【股份的转让】

有限公司股东可以转让或继承全部或者部分股份。但是,章程可以限制股份的转让。

[2011 年 4 月 14 日修改全文]

第五百五十七条　【股份移转的对抗要件】

股份的移转,若未在股东名簿中记载取得人的姓名、住所及其出资份数,不得以此对抗公司及第三人。

第五百五十八条 【股份共有】

第三百三十三条的规定,准用于股份由数人共有的情况。

第五百五十九条 【股份的抵押】

股份可以成为质权的标的。

第五百五十六条和第五百五十七条的规定,准用于股份的质押。

第五百六十条 【准用规定】

股东的股份,准用第三百三十九条,第三百四十条第一款、第二款,第三百四十一条之三,第三百四十二条和第三百四十三条第一款的规定。〈2011 年 4 月 14 日修改〉

第三百五十三条的规定,准用于对股东的通知或者催告。

第三节 公司的管理

第五百六十一条 【董事】

有限公司应当设一名或者数名董事。

第五百六十二条 【公司代表】

董事代表公司。

董事为数名时,若公司章程中未规定代表董事,应当在股东会上选任代表公司的董事。

章程或者股东会可以决定由数名董事共同代表公司。

第二百零八条第二款的规定,准用于前款情形。

第五百六十三条 【董事与公司间诉讼的代表】

公司对董事或者董事对公司提起诉讼时,应当在股东会上选任与该诉讼相关的公司代表人。

第五百六十四条 【业务执行的决定、董事与公司间的交易】

董事为数名时,若章程中未作出其他规定的,公司的业务执行、经理的选任或者解任以及分支机构的设立、迁移或者废止,应当经全体董事的过半数决议。〈1984 年 4 月 10 日修改〉

不受第一款规定限制,股东会可以选任或者解任经理。〈1984 年 4 月 10 日修改〉

设有监事时,经监事的同意,董事可以为自己或者第三人的利益与公司进行交易;未设有监事时,经股东会的同意,董事可以为自己或者第三人的利益与公司进行交易。在这种情况下,不适用民法第一百二十四条的规定。〈1962 年 12 月 12 日新设〉

第五百六十四条之二 【留止请求权】

董事有可能因违反法令或者章程而对公司造成不能恢复的损害时,监事或者持有公司资本总额百分之三以上股份的股东为了公司的利益可以对董事的行为行使留止请求权。〈2011 年 4 月 14 日修改〉

[1999 年 12 月 13 日新设本条]

第五百六十五条 【股东的代表诉讼】

持有公司资本总额百分之三以上股份的股东,可以请求公司提起追究董事责任之诉。〈1999 年 12 月 31 日、2011 年 4 月 14 日修改〉

第四百零三条第二款至第七款及第四百零四条至第四百零六条的规定,准用于第一款的情况。〈1998 年 12 月 28 日修改〉

第五百六十六条 【文件的备置、阅览】

董事应当将章程、股东大会的会议记录备置于本部及分支机构,并将股东名簿备置于本部。

股东名簿上应当记载股东的姓名、住所及其出资份额。

股东及公司债权人在营业时间内可以随时请求查阅或者复制第一款中记载的文件。

第五百六十七条 【准用规定】

第二百零九条、第二百一十条、第三百八十二条、第三百八十五条、第三百八十六条、第三百八十八条、第三百九十五条、第三百九十七条、第三百九十九条至第四百零一条、第四百零七条及第四百零八条的规定,准用于有限公司的董事。在这种情况下,第三百九十七条中的“董事会”相当于“股东会”。〈1962 年 12 月 12 日、1998 年 12 月 28 日、1999 年 12 月 31 日修改〉

第五百六十八条 【监事】

有限公司可以根据章程设一名或者数名监事。

第五百四十七条的规定,准用于在章程中设监事的情况。

第五百六十九条 【监事的权限】

监事可以随时调查公司的业务及财产状况,并要求董事提出与营业相关的报告。

第五百七十条 【准用规定】

第三百八十二条、第三百八十五条第一款、第三百八十六条、第三百八十八条、第四百条、第四百零七条、第四百一十一条、第四百一十三条、第四百一十四条及第五百六十五条的规定,准用于监事。

第五百七十一条 【股东会的召集】

除本法另有规定外,股东会由董事召集。但是,对于临时股东会,监事也可以召集。

召集股东会时,应当在股东会召开的一周前以书面的形式向各股东发送通知书,或者经各股东的同意,以电子文件的形式发送通知书。

第三百六十三条第二款及第三百六十四条的规定,准用股东会的召集。

[2011 年 4 月 14 日修改全文]

第五百七十二条 【少数股东的股东会召集请求权】

持有公司资本总额百分之三以上股份的股东,可以向董事提出记载会议的目的事项及召集理由的书面材料,请求召集股东会。〈1999 年 12 月 31 日、2011 年 4 月 14 日修改〉

前款的规定,章程可以另行规定。

第三百六十六条第二款与第三款的规定,准用于第一款的情况。

第五百七十三条 【召集程序的简易化】

经全体股东一致同意,可以不经召集程序而直接召开股东会。

第五百七十四条 【股东会的充足数、决议方法】

股东会的决议,除章程或者本法另有规定外,应当由持有全体股东表决权过半数的股东出席,出席的表决权过半数通过。

第五百七十五条 【股东的表决权】

各股东对每一份出资享有一个表决权。但是,章程中可以就表决权数另行规定。

第五百七十六条 【有限公司的营业转让等应当经特别决议的事项】

有限公司若要进行第三百七十四条第一款第一项至第三项规定的行为时,应当根据第五百八十五条的规定作出股东会决议。〈2011 年 4 月 14 日修改〉

有限公司成立前存在的财产,自成立后两年内,为了营业继续使用,以相当于公司资本金二十分之一以上的代价缔结合同的,适用前款的规定。〈2011 年 4 月 14 日修改〉

[2011 年 4 月 14 日修改标题]

第五百七十七条 【书面决议】

应当由股东会决议的事项,经全体股东一致同意,可以进行书面决议。

对于决议的目的事项,全体股东以书面的形式同意时,视为书面决议。

书面决议与股东会的决议具有同等的效力。

与股东会相关的规定,准用于书面决议。

第五百七十八条 【准用规定】

第三百六十五条、第三百六十七条、第三百六十八条第二款与第三款、第三百六十九条第二款、第三百七十一条第二款、第三百七十二条、第三百七十三条和第三百七十六条至第三百八十一条的规定,准用于股东会。〈2014 年 5 月 20 日修改〉

第五百七十九条 【财务报表的制作】

董事应当在每一结算期内制作下列文件及其附属明细表:〈2011 年 4 月 14 日修改〉

(一)资产负债表;

(二)损益计算书;

(三)根据第四百四十七条第一款第三项规定的表示公司财务状况和经营成果的文件。

若公司设有监事,董事应当在定期股东会会议召开的四周前向监事提出第一款规定的文件。

监事应当自收到第二款规定的文件之日起三周内,向董事提交监察报告书。

[1984 年 4 月 10 日修改全文]

第五百七十九条之二 【营业报告书的制作】

董事应当在每一结算期内制作营业报告书。

与第一款的营业报告书相关的事项,准用第五百七十九条第二款与第三款的规定。

[1984年4月10日新设本条]

第五百七十九条之三 【财务报表等备置与公示】

自定期股东大会召开的一周前起五年内,董事应当将第五百七十九条及第五百七十九条之二的文件及监查报告书备置于本部。

与第一款的文件相关的事项,准用第四百四十八条第二款的规定。

[1984年4月10日新设本条]

第五百八十条 【利润分配的标准】

利润的分配,除章程另有规定外,应当按各股东的出资份额数来确定。

第五百八十一条 【股东的会计账簿查阅权】

持有公司资本总额百分之三以上股份的股东,可以请求查阅或者复制会计账簿及文件。〈1999年12月31日、2011年4月14日修改〉

公司可以在章程中规定各股东可以作出第一款规定请求的意思表示。在这种情况下,不受第五百七十九条第一款的规定约束,无须制作附属明细表。〈1984年4月10日修改〉

第五百八十二条 【业务、财产状况的检查】

公司的业务执行,若有不正当行为或者违反法令或者章程的重大事由时,持有相当于资本金总额百分之三以上出资份额的股东,为了调查公司的业务及财产状况,可以请求法院选任检查人。〈1999年12月31日、2011年4月14日修改〉

检查人应当以书面的形式向法院报告其检查结果。

法院基于前款的报告书认为必要时,公司设有监事的,可以命令监事召集股东会;未设监事的,可以命令董事召集股东会。在这种情况下,准用第三百一十条第二款的规定。〈1962年12月12日修改〉

第五百八十三条 【准用条款】

第四百四十九条第一款和第二款、第四百五十条、第四百五十八条至第四百六十条、第四百六十二条之三及第四百六十六条的规定,准用于有限公司的财务、会计。〈2011年4月14日修改〉

第四百六十八条的规定,准用于有限公司与员工之间因雇佣关系所产生的债权。〈1999年12月31日修改〉

第四节 章程的变更

第五百八十四条 【变更章程的方法】

变更章程,应当经股东会的决议。

第五百八十五条 【变更章程的特别决议】

前条决议,应当由全体股东的过半数参加以及持有全体股东表决权的四分之三以上股东的同意。

适用前款规定时，不能行使表决权的股东不得计入全体股东的人数，且该表决权也不得计入表决权数。

第五百八十六条 【资本金增加的决议】

下列事项未在章程中作出规定的，也可以在资本金增加的决议上确定：

(一)实物出资人的姓名及其出资财产的种类、数量、价格及对此所授予的出资份数；

(二)资本金增加后，约定受让财产的种类、数量、价格及其出让人的姓名；

(三)对增加资本金出资的认购人授予认购权利的人其姓名及其权利的内容。

[2011年4月14日修改全文]

第五百八十七条 【资本金增加时出资认购权的授予】

有限公司向特定的人约定在将来增加资本金时授予其出资的认购权，应当根据第五百八十五条规定的决议进行。

[2011年4月14日修改全文]

第五百八十八条 【股东的出资认购权】

对于要增加的资本金，股东根据持有股份享有认购出资的权利。但是，在前两条决议中规定出资的认购人时除外。〈2011年4月14日修改〉

第五百八十九条 【出资认购的方法】

在增加资本金的情况下，认购出资人应当在证明认购的书面材料上记载其认购出资的份额及住所，并签字盖章或署名。〈1995年12月29日、2011年4月14日修改〉

有限公司不得以广告及其他方法公开募集认购人。

第五百九十条 【出资认购人的地位】

在资本金增加的情况下，与利润分配相关的，出资认购人自缴纳出资之日或者交付出资财产之日起，享有与股东相同的权利。〈2011年4月14日修改〉

第五百九十一条 【资本金增加的登记】

有限公司增加资本金，在履行完毕出资的全额缴纳或者实物出资之日起两周内，应当在本部所在地进行变更登记。

[2011年4月14日修改全文]

第五百九十二条 【资本金增加的生效】

资本金的增加在本部所在地进行第五百一十九条规定的登记时生效。

[2011年4月14日修改全文]

第五百九十三条 【实物出资股东的相关责任】

第五百八十六条第一项与第二项规定的财产，资本金增加当时的实际价格显著低于资本增加决议中规定的价格时，同意该决议的股东负有连带向公司支付其差额的责任。〈2011年4月14日修改〉

第五百五十条第二款与第五百五十一条第二项的规定，准用于前款规定的情况。〈1962年12月12日修改〉

第五百九十四条 【未认购出资时董事等的相关责任】

资本金增加后尚有未认购的出资时,视为董事与监事已共同认购。〈1962 年 12 月 12 日、2011 年 4 月 14 日修改〉

资本金增加后尚未缴纳全额出资或者未交付实物出资的财产时,董事与监事负有连带缴纳或者给付未交付部分差额的责任。〈1962 年 12 月 12 日、2011 年 4 月 14 日修改〉

第五百五十一条第三款的规定,准用于前款的情况。〈1962 年 12 月 12 日修改〉

第五百九十五条 【增资无效之诉】

关于资本增加无效之诉,股东、董事或者监事根据第五百九十一条的规定,可以在本部所在地登记之日起六个月内通过诉讼的方式主张。〈1962 年 12 月 12 日、2011 年 4 月 14 日修改〉

第四百三十条至第四百三十二条的规定,准用于前款的情况。

第五百九十六条 【准用规定】

第四百二十一条第二款、第五百四十八条与第五百七十六条第二款的规定,准用于资本金增加的情况。〈1962 年 12 月 12 日、2011 年 4 月 14 日修改〉

第五百九十七条 【同前】

第四百三十九条第一款与第二款、第四百四十三条、第四百四十五条与第四百四十六条的规定,准用于资本金减少的情况。〈2011 年 4 月 14 日修改〉

第五节 合并与组织变更

第五百九十八条 【合并的方法】

有限公司与其他公司合并时,应当经第五百八十五条规定的股东会决议。

第五百九十九条 【设立委员的选任】

根据第一百七十五条的规定选任设立委员时,应当经第五百八十五条规定的股东会决议。

第六百条 【有限公司与股份公司的合并】

在有限公司与股份公司合并的情况下,合并后存续的公司或者因合并而设立的公司为股份公司时,未经法院许可不具有合并的效力。

合并公司的一方为未清偿完公司债务的股份公司时,合并后存续的公司或者因合并而设立的公司不得成为有限公司。

第六百零一条 【物上代位】

有限公司与股份公司合并的,若合并后存续的公司或者因合并而设立的公司为有限公司时,第三百三十九条的规定准用于以之前的股份为标的的质权。

在前款的情形下,若未在股东名簿上记载与质权的标的股份相关的出资份额和质权人的姓名及住所时,不得以此质权对抗公司或者其他第三人。

第六百零二条 【合并的登记】

有限公司合并时,应当自第六百零三条准用的第五百二十六条或者第五百二十七条规定的股东会终结之日起,两周之内在本部所在地,三周之内在分支机构所在地,对于合并后存续的有限公司,进行变更登记;对于因合并而消灭的有限公司,进行解散登记;对于因合并而设立的有限公司,进行第五百四十九条第二款规定的新设登记。

第六百零三条 【准用规定】

第二百三十二条、第二百三十四条、第二百三十五条、第二百三十七条至第二百四十条、第四百四十三条、第五百二十二条第一款和第二款、第五百二十二条之二、第五百二十三条、第五百二十四条、第五百二十六条第一款和第二款、第五百二十七条第一款至第三款以及第五百二十九条的规定,准用于有限公司的合并情形。〈1962 年 12 月 12 日、1984 年 4 月 10 日、1998 年 12 月 28 日修改〉

第六百零四条 【股份公司变更为有限公司】

股份公司经股东大会全体股东一致决议,可以变更为有限公司。但是,未清偿完公司债务的除外。

进行前款组织变更的,资本金总额不得超过公司现有的净资产。〈2011 年 4 月 14 日修改〉

第一款的决议,应当确定章程及组织变更的必要事项。

第六百零一条的规定,准用于第一款组织变更的情况。

第六百零五条 【董事、股东的填补净资产的责任】

对于前条规定的组织变更,在公司现有的净资产少于资本金总额时,前条第一款决议当时的董事与股东,应当向公司承担连带支付该差额的责任。〈2011 年 4 月 14 日修改〉

第五百五十条第二款与第五百五十一条第一款、第二款的规定,准用于前款的情况。〈1962 年 12 月 12 日修改〉

第六百零六条 【组织变更的登记】

股份公司根据第六百零四条的规定变更组织时,应当于两周之内在本部所在地、三周之内在分支机构所在地进行解散登记;有限公司进行第五百四十九条第二款规定的新设登记。

第六百零七条 【有限公司组织变更为股份公司】

有限公司经股东大会全体股东一致决议,组织可以变更为股份公司。但是,公司可以根据章程的规定以第五百八十五条规定的股东会决议代替上述决议。

根据第一款进行组织变更,公司发行股份的总价额不得超过公司现存的净财产。

第一款的组织变更,未经法院许可的,不产生效力。

根据第一款进行组织变更的,公司现存净财产不足因组织变更导致发行股份的总价额不足时,作出第一款决议当时的董事、监事及股东应当向公司承担连带支付其差额的责任。这种情况准用第五百五十条第二款与第五百五十一条第二款、第三款的规定。

根据第一款进行组织变更的,准用于第三百四十条第三款、第六百零一条第一款、第六百零四条第三款及第六百零六条的规定。

[2011年4月14日修改全文]

第六百零八条 【准用规定】

第二百三十二条的规定,准用于第六百零四条与第六百零七条规定的组织变更的情况。〈1984年4月10日修改〉

第六节 解散与清算

第六百零九条 【解散事由】

有限公司,因下列事由而解散:〈2001年7月24日修改〉

(一)第二百二十七条第一项、第四项至第六项中规定的事由;

(二)股东会的决议。

前款第二项的决议,应当根据第五百八十五条的规定作出。

第六百一十条 【公司的存续】

因第二百二十七条第一项,或者前条第一款第二项的事由而解散公司,可以通过第五百八十五条规定的股东会决议使公司存续。

第二款删除〈2001年7月24日〉

第六百一十一条 【准用规定】

第二百二十九条第三款的规定,准用于前条规定的公司存续的情况。

第六百一十二条 【剩余财产的分配】

剩余财产的分配,除章程中另有规定外,应当根据各股东的出资份额来进行。

第六百一十三条 【准用规定】

第二百二十八条、第二百四十五条、第二百五十二条至第二百五十五条、第二百五十九条、第二百六十条、第二百六十四条、第五百二十条、第五百三十一条至第五百三十七条、第五百四十条及第五百四十一条的规定,准用于有限公司。〈1962年12月12日修改〉

第二百零九条、第二百一十条、第三百六十六条第二款和第三款、第三百六十七条、第三百七十三条第二款、第三百七十六条、第三百七十七条、第三百八十二条第二款、第三百八十六条、第三百八十八条、第三百九十九条至第四百零二条、第四百零七条、第四百零八条、第四百一十一条至第四百一十三条、第四百一十四条第三款、第四百五十条、第四百六十六条第二款、第五百三十九条、第五百六十二条、第五百六十三条、第五百六十四条第三款、第五百六十五条、第五百六十六条、第五百七十一条、第五百七十二条第一款、第五百八十一条的规定,准用于有限公司的清算人。〈1962年12月12日、1984年4月10日修改〉

第六章 外国公司

第六百一十四条 【代表人、营业所的设立及登记】

外国公司欲在大韩民国进行营业时，应当确定在大韩民国的代表人并设立营业所，或者代表人中一名以上应当在大韩民国有住所。〈2011 年 4 月 14 日修改〉

在前款的情况下，关于营业所的设立，外国公司应当进行与大韩民国内设立的其他同种公司或者最类似的公司的分支机构相同的登记。

在前款的登记中，应当登记设立公司的准据法及在大韩民国内的代表人的姓名及住所。

第二百零九条及第二百一十条的规定，准用于外国公司的代表人。〈1962 年 12 月 12 日修改〉

第六百一十五条 【登记期间的起算点】

根据前条第二款及第三款规定的登记事项发生在国外时，其登记期间应当自该通知到达之日起计算。

第六百一十六条 【登记前交易的禁止】

外国公司在其营业所的所在地进行第六百一十四条规定的登记前，不得进行交易。

违反前款规定进行交易之人，对其交易与公司负有连带责任。

第六百一十六条之二 【资产负债表或者相当于资产负债表文件的公告】

根据本法进行登记的外国公司(在大韩民国相同种类的公司或者最类似的公司只相当于股份公司)，在履行完根据第四百四十九条规定的许可与相同种类的程序或者与此类似的程序后，应当立即在大韩民国国内公告总统令规定的资产负债表或者相当于资产负债表的文件。

对于第一款的公告，准用于第二百八十九条第三款至第六款的规定。

[2011 年 4 月 14 日新设本条]

第六百一十七条 【类似外国公司】

即使在外国设立的公司，其本部设立在大韩民国的，或者营业主要目的地在大韩民国国内时，应当与在大韩民国国内设立的公司适用同样的规定。

[2011 年 4 月 14 日修改全文]

第六百一十八条 【准用规定】

在大韩民国内的外国公司，进行股票或债券的发行、股票的转移、质押或者公司债券的转移时，准用第三百三十五条、第三百五十五条之二至第三百三十五条之七、第三百三十六条至第三百三十八条、第三百四十条第一款、第三百五十五条、第三百五十六条、第三百五十六条之二、第四百七十八条第一款、第四百七十九条和第四百八十条的规定。〈2014 年 5 月 20 日修改〉

在前款规定的情况下，首次在大韩民国设立的营业所，视为本部。

第六百一十九条　【营业所关闭命令】

外国公司在大韩民国设立营业所的，具有下列事由时，法院可以根据利害关系人或者检察官的请求命令关闭营业所：〈1962 年 12 月 12 日修改〉

（一）营业所设立目的不合法；

（二）营业所设立后无正当理由一年内未营业、歇业一年以上或者无正当事由暂停营业；

（三）公司的代表或者其他业务执行人作出违反法令或者善良风俗和其他社会秩序的行为。

第一百七十六条第二款至第四款的规定，准用于前款的情况。

第六百二十条　【在大韩民国内财产的清算】

根据前条第一款规定，命令关闭营业所时，法院可以根据利害关系人的申请或者依职权命令该公司清算在大韩民国内的全部财产。在这种情况下，法院应当选任清算人。

前款的清算，除性质上不允许外，准用第五百三十五条至第五百三十七条及第五百四十二条的规定。

前两款的规定，准用于外国公司自行关闭营业场所的情况。

第六百二十一条　【外国公司的地位】

外国公司在适用其他法律时，除法律上另有规定外，视为是在大韩民国内成立的相同种类或者最类似的公司。

第七章　罚　　则

第六百二十二条　【发起人、董事及其他人员的特别背任罪】

公司的发起人、业务执行股东、董事、执行高级管理人员、监事委员会委员、监事或者第三百八十六条第二款、第四百零七条第一款、第四百一十五条或者第五百六十七条中规定的职务代行人、经理及其他有关公司营业的某一种类或者特定事项被委托的雇员，因行为违背其任务而取得财产上的利益，或者让第三人取得该利益，给公司造成损害的，处以十年以下有期徒刑或者三千万韩元以下罚金。〈1984 年 4 月 10 日、1995 年 12 月 29 日、1999 年 12 月 31 日、2011 年 4 月 14 日修改〉

公司的清算人或第五百四十二条第二款的职务代行人，第一百七十五条的设立委员作出第一款行为时，同第一款。〈1984 年 4 月 10 日修改〉

第六百二十三条　【公司债券权利人会议代表人等的特别背任罪】

公司债券权利人会议的代表人，或者执行该决议的人，违背其任务取得财产上的利益，或者让第三者取得该利益，给公司债券权利人造成损害的，处以七年以下有期徒刑或者两千万韩元以下罚金。〈1984 年 4 月 10 日、1995 年 12 月 29 日修改〉

第六百二十四条　【特别背任罪的未遂】

前两条的未遂犯应当处罚。

第六百二十四条之二 【违反与主要股东等利害关系人交易之罪】

违反第五百四十二条之九第一款之规定提供信用的人，处以五年以下徒刑或者两亿韩元罚金。

[2009年1月30日新设本条]

第六百二十五条 【危及公司财产罪】

第六百二十二条第一款规定的人、检查人，第二百九十八条第三款、第二百九十九条之二、第三百一十条第三款或者第三百一十三条第二款的公证人(包括作为许可公证人的公证业务律师，以下本章中相同)或者第二百九十九条之二、第三百一十条第三款或者第四百二十二条第一款的鉴定人，作出下列行为时，处以五年以下有期徒刑或者一千五百万韩元以下罚金:〈2009年2月6日、2011年4月14日修改〉

(一)与股份或者出资的认购或者缴纳、实物出资的履行，第二百九十条、第四百一十六条第四项或者第五百四十四条规定的事项相关的，向法院、股东大会或者发起人作出虚假报告或者隐瞒事实的；

(二)无论是以谁的名义，以公司的利益不正当地取得该股份或股权，或者以质权为目的取得的；

(三)违反法令或者章程的规定分配利润的；

(四)为了进行公司营业范围外的投机行为，处分公司财产的。

第六百二十五条之二 【违反股份限制取得等罪】

有下列情形之一的，处以两千万韩元以下的罚款：

(一)违反第三百四十二条之二第一款或第二款规定的人；

(二)违反第三百六十条之三第七项规定的人；

(三)违反第五百二十三条之二第二款规定的人；

(四)违反第五百三十条之六第五项规定的人。

[2015年12月1日修改全文]

第六百二十六条 【虚假报告罪】

公司的董事、执行高级管理人员、监事委员会委员、监事或者第三百八十六条第二款、第四百零七条第一款、第四百一十五条或者第五百六十七条规定的职务代行人，在进行第六百零四条规定的公司组织变更时，与第六百零四条第二款或者第六百零七条第二款规定的净资产相关，向法院或者股东大会进行虚假报告或者隐瞒事实时，处以五年以下有期徒刑或者一千五百万韩元以下罚金。

[2011年4月14日修改全文]

第六百二十七条 【使用不实文件罪】

第六百二十二条第一款中所列举的人、外国公司的代表人、受托募集股份或者公司债的人，在募集股份或者公司债时，对股份认股书、公司债认购书、事业计划书、有关股份或者公司债的募集广告及其他文件中涉及的重要事项作出不实记载时，处以五年以下有期徒刑或者一千五百万韩元以下罚金。〈1984年4月10日、1995年12月29日修改〉

卖出股份或者公司债的人,对其卖出的相关文件中涉及的重要事项存在不实记载时,适用前款规定。〈1984 年 4 月 10 日修改〉

第六百二十八条 【虚假出资罪等】

第六百二十二条第一款中所列举的人,虚假缴纳股款或者履行实物出资时,处以五年以下有期徒刑或者一千五百万韩元以下罚金。〈1984 年 4 月 10 日、1995 年 12 月 29 日修改〉

配合第一款行为的人,或者为此中介的人,适用前款规定。〈1984 年 4 月 10 日修改〉

第六百二十九条 【超过发行罪】

公司的发起人、董事、执行高级管理人员或者第三百八十六条第二款以及第四百零七条第一款规定的职务代行人发行的股份超过公司欲发行的股份总数时,处以五年以下有期徒刑或者一千五百万韩元以下罚金。

[2011 年 4 月 14 日修改全文]

第六百三十条 【发起人、董事及其他高级管理人员的渎职罪】

第六百二十二条和第六百二十三条中所列举的人、检查人,第二百九十八条第三款、第二百二十九条之二、第三百一十条第三款或者第三百一十三条第二款规定的公证人,或者第二百九十九条之二、第三百一十条第三款、第四百二十二条之一规定的鉴定人,利用其职务,接受不正当的请托、收受、要求或者承诺财产上的利益时,处以五年以下有期徒刑或者一千五百万韩元以下罚金。〈1984 年 4 月 10 日、1995 年 12 月 29 日、1998 年 12 月 28 日修改〉

关于第一款的利益承诺,提供或者表示提供意思的人,适用前款规定。〈1984 年 4 月 10 日修改〉

第六百三十一条 【有关妨害权利行使等的行贿、受贿罪】

有关下列事项,接受不正当的请托,收受、要求或者承诺财产上利益的人,处以一年以下有期徒刑或者三百万韩元以下罚金:〈1962 年 12 月 12 日、1984 年 4 月 10 日、1995 年 12 月 29 日、1998 年 12 月 28 日、1999 年 12 月 31 日、2011 年 4 月 14 日修改〉

(一)在创立大会、股东会、股东大会或者公司债券权利人会议上发言或者行使表决权;

(二)提起第三编规定之诉,持有相当于发行股份总数的百分之一或者百分之三以上的股东、持有相当于公司债券总额百分之十以上的债权人,或者持有相当于资本金百分之三以上出资份额的股东行使权利;

(三)第四百零二条或者第四百二十四条规定的权利行使。

有关第一款的利益承诺,提供或者表示提供意思的人,也适用前款规定。〈1984 年 4 月 10 日修改〉

第六百三十二条 【有期徒刑和罚金的并罚】

第六百二十二条至前条规定的有期徒刑和罚金,可以并罚。

第六百三十三条 【没收、追缴】

第六百三十条第一款或者第六百三十一条第一款的情形,没收犯罪人所收受的利益。不能没收其全部或者一部分的,追缴其价额。

第六百三十四条 【逃脱缴纳股款责任罪】

为了免除缴纳责任,以他人或者假设人的名义认购股份或者出资的人,处以一年以下有期徒刑或者三百万韩元以下罚金。〈1984年4月10日、1995年12月29日修改〉

第六百三十四条之二 【与股东权利行使相关的利益提供罪】

股份公司的董事、执行高级管理人员、监事委员会委员、监事或者第三百八十六条第二款、第四百零七条第一款或者第四百一十五条的职务代行人、经理及其他员工,与股东权利行使相关,以公司的名义提供财产上的利益时,处以一年以下有期徒刑或者三百万韩元以下罚金。〈2011年4月14日修改〉

收受第一款的利益或者向第三者提供利益的人,适用前款规定。

[1984年4月10日新设本条]

第六百三十四条之三 【双重处罚规定】

公司的代表人、代理人、员工、其他从业人员,就公司业务作出第六百二十四条之二的违反行为的,除处罚行为人外,对公司也应当处以相关条文规定的罚金刑。但是,公司为了防止行为人的违反行为而未懈怠于注意与监督等根据第五百四十二条之十三规定的忠实履行义务时除外。〈2011年4月14日修改〉

[2009年1月30日新设本条]

第六百三十五条 【处以罚款的行为】

公司的发起人、设立委员、业务执行股东、业务执行人、董事、执行高级管理人员、监事、监事委员会委员、外国公司的代表人、检查人,第二百九十八条第三款、第二百九十九条之二、第三百一十条第三款或者第三百一十三条第二款规定的公证人,第二百九十九条之二、第三百一十条第三款或者第四百二十二条第一款规定的鉴定人、经理、清算人、股东更名代理人、受托募集公司债的公司及其事务继承人,或者第三百八十六条第二款、第四百零七条第一款、第四百一十五条、第五百四十二条第二款或者第五百六十七条规定的职务代行人,作出下列事项中任何一项行为时,处以五百万韩元以下罚款。但是,对该行为处以刑罚的除外:〈2011年4月14日修改〉

(一)怠于进行本编规定的登记的;

(二)怠于进行本编规定的公告或者通知,或者进行不当公告或者通知的;

(三)妨害本编规定的检查或者调查的;

(四)违反本编规定无正当理由拒绝查阅或者复制文件,或者交付誊本、抄本的;

(五)向行政机关、股东大会、公司债券权利人会议或者发起人作出不实报告或者隐瞒事实的;

(六)记载于股票、债券或者新股认股权证券的事项,不记载或者作出不实记载的;

(七)无正当理由不进行股票的名义变更的;

(八)法律或者章程中规定的董事或者监事的人数不足时,怠于选任程序的;

(九)章程、股东名簿或者其副本、股东名簿、公司债名簿或者其副本、议事录、监查录、财产目录、资产负债表、营业报告书、事务报告书、损益表，以及表示公司财务状况和经营成果事项的文件，根据第二百八十七条之三十三和第四百四十七条第一款第三项的规定总统令确定的书面资料、决算报告书、会计账簿，第四百四十七条、第五百三十四条、第五百七十九条第一款、第六百一十三条第一款的附属明细书或者监查报告书中，应记载的事项未予记载或不实记载的；

（十）怠于或者拒绝向法院选任的清算人交接事务的；

（十一）以拖延清算终结为目的，不当地把第二百四十七条第三款、第五百三十五条第一款或者第六百一十三条第一款的期间规定为更长期间的；

（十二）违反第二百五十四条第四款、第五百四十二条第一款或者第六百一十三条第一款规定怠于破产宣告请求的；

（十三）违反第五百八十九条第二款规定公开募集出资认购人的；

（十四）违反第二百三十二条、第二百四十七条第三款、第四百三十九条第二款、第五百二十七条之五、第五百三十条第二款、第五百三十条之九第四款、第五百三十条之十一第二款、第五百九十七条、第六百零三条或者第六百零八条规定进行公司的合并、分割、分割合并或者组织变更、处分公司财产或者减少资本的；

（十五）违反第二百六十条、第五百四十二条第一款或者第六百一十三条第一款规定分配公司财产的；

（十六）违反第三百零二条第二款、第三百四十七条、第四百二十条、第四百二十条之二、第四百七十四条第二款或者第五百一十四条的规定，未制作认股书、新股认股权证书或者公司债认购书，或者应当记载的事项未作记载或者记载不实的；

（十七）违反第三百四十二条或者第五百六十条第一款的规定，怠于进行股份或者股权的失效程序，怠于处分股份或股权的质权的；

（十八）违反第三百四十三条第一款或者第五百六十条第一款规定注销股份或者出资的；

（十九）违反第三百五十五条第一款、第二款或者第六百一十八条的规定发行股票的；

（二十）违反第三百五十八条之二第二款的规定未记载于股东名册的；

（二十一）违反第三百六十三条之二第一款或者第五百四十二条第二款或第五百四十二条之六第二款的规定，未将股东提案的事项列入股东大会目的事项的；

（二十二）违反根据第三百六十五条第一款与第二款、第五百七十八条、第四百六十七条第三款、第五百八十二条第三款规定的法院命令，未召集股东大会或者在章程中规定的地点之外的场所召集股东大会的，或者违反第三百六十三条、第三百六十四条、第五百七十一条第二款或者第三款的规定召集股东大会的；

（二十三）违反第三百七十四条第二款、第五百三十条第二款或者第五百三十条之十一第二款规定未通知或者公告股份认购请求权的内容及行使方法，或者作出不实通知或者公告的；

（二十四）违反第二百八十七条之三十四第一款、第三百九十六条第一款、第四百四十八条第一款、第五百一十条第二款、第五百二十二条之二第一款、第五百二十七条之六第一款、第五百三十条之七、第五百三十四条第三款、第五百四十二条第二款、第五百六十六条第一款、第五百七十九条之三、第六百零三条或者第六百一十三条规定，未备置账簿或者文件的；

（二十五）违反第四百一十二条之五第三款规定无正当理由拒绝监事或监事委员会的调查的；

（二十六）违反第四百五十八条至第四百六十条或者第五百八十三条规定，未累积公积金或者使用公积金的；

（二十七）未在第四百六十四条之二第一款规定的期间内支付股息的；

（二十八）违反第四百七十八条第一款或者第六百一十八条的规定发行债券的；

（二十九）违反第五百三十六条或者第六百一十三条第一款的规定清偿债务的；

（三十）违反第五百四十二条之五规定选任董事或监事的；

（三十一）违反第五百五十五条规定，对股权发行指示式或者无记名式证券的；

（三十二）违反根据第六百一十九条第一款规定的法院命令的。

发起人、董事或者执行高级管理人员转让因股权认购而产生的权利时，也与第一款相同。〈2011 年 4 月 14 日修改〉

在第一款各项外规定的人，符合下列各项规定行为之一的，处以五千万韩元以下罚款：〈2009 年 1 月 30 日新设〉

（一）违反第五百四十二条之八第一款规定未履行独立董事选任义务的；

（二）违反第五百四十二条之八第四款规定未设独立董事推荐委员会，或者独立董事推荐委员会中独立董事的人数低于全体委员的二分之一的；

（三）根据第五百四十二条之八第五款规定未选任独立董事的；

（四）违反第五百四十二条之九第三款规定，未经董事会认可进行交易的；

（五）违反第五百四十二条之十一第一款规定未设监事委员会的；

（六）违反第五百四十二条之十一第二款规定，未设满足于第四百一十五条之二第二款和第五百四十二条之十一第二款各项规定的构成要件的监事委员会的；

（七）违反第五百四十二条之十一第四款第一项和第二项规定，未根据第四百一十五条之二第二款和第五百四十二条之十一第二款各项的规定设监事委员会而导致监事委员会未达到构成要件的；

（八）违反第五百四十二条之十二第二款规定，未遵守监事委员会的选任程序的。

规定在第一款各项外的人，符合下列各项规定之一的，处以一千万韩元以下罚款：〈2009 年 1 月 30 日新设〉

（一）怠于第五百四十二条之四规定的股东大会召集的通知或者公告，或者不当进行通知或者公告的；

（二）违反第五百四十二条之七第四款或者第五百四十二条之十二第五款规定，未另行提案表决的。

第六百三十六条 【登记前以公司名义进行营业等】

公司成立前以公司的名义进行营业的，处以相当于公司成立注册税的两倍的罚款。

前款规定，准用于违反第六百一十六条第一款规定的人。

第六百三十七条 【对法人的罚则适用】

第六百二十二条、第六百二十三条、第六百二十五条、第六百二十七条、第六百二十八条或者第六百三十条第一款中所列举的人为法人时，本章的罚则适用于作出该行为的董事、执行高级管理人员、监事及其他执行业务的股东或者经理。

[2011 年 4 月 14 日修改全文]

第六百三十七条之二 【罚款的处罚和征收】

第六百三十五条(第一款第一项除外)或者第六百三十六条规定的罚款，根据总统令的规定，由法务部长官处罚、征收。

不服第一款规定罚款的人，可以自收到告知之日起六十日内向法务部长官提出异议。

收到第一款罚款处分的人，根据第二款提出异议的，法务部长官应当立即向管辖法院通报该事实，收到通报的管辖法院应当根据《非诉案件程序法》进行审理。

未在第二款规定的期间内提出异议的，并且也未缴纳罚款的，根据国税滞纳处分事例进行征收。

[2009 年 1 月 30 日新设本条]

第四编 保 险

第一章 通 则

第六百三十八条 【保险合同的定义】

保险合同，是指约定由当事人一方支付约定的保险费，在其财产或生命、身体发生不确定事故时，由对方支付一定的保险金或者其他给付而产生效力的合同。

[2014 年 3 月 11 日修改全文]

第六百三十八条之二 【保险合同的成立】

保险人自收到投保人的保险合同要约及其支付的全部或者部分保险费时，若无其他约定应于三十日内，向相对方发送承诺与否的通知。但是，人身保险合同的被保险人应当接受体检的，该期间从接受体检之日起计算。

如果保险人在第一款规定的时间内懈怠发出承诺与否的通知的，视为其已承诺。

保险人收到投保人的保险合同要约及全部或者部分保险费的，在承诺该要约之前，若发生了保险合同所规定的保险事故，除非有拒绝该要约的事由，则保险人应当承担保险合同上的责任。但是，人身保险合同的被保险人应当接受体检而未接受体检的除外。

[1991 年 12 月 31 日新设本条]

第六百三十八条之三 【保险条款的交付、说明义务】

保险人订立保险合同时，应当向投保人交付保险条款，并说明该条款的重要内容。

保险人违反第一款规定的，投保人自保险合同成立之日起三个月内可以撤销该合同。

[2014 年 3 月 11 日修改全文]

第六百三十九条 【为他人的保险】

投保人受委托或者不受委托，可以为特定的他人或者不特定的他人签订保险合同。但是，在损害保险合同的情况下，若无他人的委托，投保人应当告知保险人；若未告知的，他人不得以不知签订该保险合同为由对抗保险人。〈1991 年 12 月 31 日修改〉

在第一款的情况下，该他人当然取得该合同的利益。但是，在损害保险合同的情况下，投保人已赔偿因发生保险事故而产生的损害时，投保人在不侵犯该他人权利的范围内可以向保险人请求支付保险金。〈1991 年 12 月 31 日新设〉

在第一款的情况下，投保人承担对保险人支付保险费的义务。但是，投保人被宣告破产或者迟延交付保险费时，若该他人不放弃其权利的，该他人也具有支付保险费的义务。〈1991 年 12 月 31 日修改〉

第六百四十条 【保险单的交付】

保险合同成立后保险人应当及时签发保险单并交付给投保人。但是，投保人未支付全部或者第一期保险费时除外。〈1991 年 12 月 31 日修改〉

延长或者变更原有的保险合同时，由保险人将该事实记载于保险单而替代保险单的交付。〈1991 年 12 月 31 日新设〉

第六百四十一条 【异议条款的效力】

保险合同的当事人可以约定自交付保险单之日起，在一定期间内，提出对保险率内容正确与否的异议。此期间不得少于一个月。

第六百四十二条 【保险单的再交付请求】

保险单灭失或者显著毁损时，投保人可以请求保险人再次交付保险单。该保险单的签发费用应由投保人承担。

第六百四十三条 【保险的溯及力】

保险合同可以约定将该合同签订之前某一时期作为保险期间的开始日期。

第六百四十四条 【保险事故】

签订保险合同时，若保险事故已经发生或者不可能发生的，该合同无效。但是，双方当事人及被保险人不知道的除外。

第六百四十五条 删除〈1991 年 12 月 31 日〉

第六百四十六条 【代理人已知的效果】

通过代理人签订保险合同的情况下,代理人已知的事由视为本人亦知道该事由。

第六百四十六条之二 【保险代理商等的权限】

保险代理商有下列权限:

(一)从投保人处受领保险费;

(二)将保险人签发的保险单交付投保人;

(三)从投保人处受领要约,告知、通知、终止、撤销等有关保险合同的意思表示;

(四)向投保人作出缔结、变更、解除保险合同等有关保险合同的意思表示。

不受第一款规定限制,保险人可以限制保险代理商上述第一款各项权限中的部分权限。但是,保险人不得以这种权限限制为由对抗善意投保人。

非保险代理商,为特定的保险人持续以中介形式安排订立保险合同的人,享有第一款第一项(只限于将保险人签发的收据交付给投保人)及第二项的权限。

被保险人或者保险受益人有支付保险费或者作出有关保险合同意思表示义务的,第一款至第三款的规定也适用于被保险人或者保险受益人。

[2014 年 3 月 11 日新设本条]

第六百四十七条 【请求减少保险费】

保险合同的当事人预期特别危险而约定保险费的情况下,若在保险期间内该预期的危险已消灭的,投保人可以请求减少其后的保险费。

第六百四十八条 【保险费返还请求】

全部或者部分保险合同无效的情况下,投保人与被保险人为善意且无重大过失时,可以请求保险人返还全部或者部分保险费。投保人及保险受益人为善意且无重大过失的,亦同。

第六百四十九条 【任意终止】

保险事故发生之前,投保人随时可以终止全部或者部分合同。但是,在第六百三十九条之保险合同的情况下,若投保人未经该他人的同意或者未持有保险单时,不得终止该合同。〈1991 年 12 月 31 日修改〉

发生保险事故而由保险人支付保险金后,仍不减少保险金的保险的情况下,投保人在该事故发生后也可以终止保险合同。〈1991 年 12 月 31 日新设〉

在第一款规定的情况下,当事人之间若无其他约定,投保人可以请求返还未经过期间的保险费。〈1991 年 12 月 31 日修改〉

第六百五十条 【保险费的支付与迟延的效果】

投保人在合同签订之后,应当及时支付全部或者第一期的保险费;投保人未支付的,若无其他约定,自合同成立起两个月后,视为该合同已解除。

约定分期支付保险费而未支付当期保险费的,保险人可规定一定的期间催告投保人,在该期间内仍未支付的,可以终止该合同。

为特定他人保险的,当投保人迟延支付保险费时,如保险人对该他人未规定一定的期间催告支付保险费的,则不得解除或者终止该合同。

[1991 年 12 月 31 日修改全文]

第六百五十条之二 【保险合同的复效】

根据第六百五十条第二款的规定,保险合同已终止,但未支付终止返还金时,投保人在一定的期间内向保险人支付迟延保险费加约定利息后可以请求该合同的复效。在这种情况下,准用第六百三十八条之二的规定。

[1991 年 12 月 31 日新设本条]

第六百五十一条 【因违反告知义务的合同终止】

签订保险合同时,若投保人或者被保险人因故意或者重大过失未告知或者虚假告知重要事项的,保险人限于自知道该事实之日起一个月内、自签订合同之日起三年内,可以终止合同。但是,签订合同时保险人已知该事实或者因重大过失而未能知道的,除外。〈1991 年 12 月 31 日修改〉

第六百五十一条之二 【书面质询的效力】

对保险人书面质询的事项,推定为重要事项。

[1991 年 12 月 31 日新设本条]

第六百五十二条 【合同终止】

保险期间内,若投保人或者被保险人知道事故发生的危险明显变更或者增加的事实的,应当及时通知保险人。若懈怠该通知的,保险人自知道该事实之日起一个月内,可以终止合同。

保险人自接到第一款之危险变更增加的通知之日起一个月内,可以请求增加保险费或者终止合同。〈1991 年 12 月 31 日新设〉

第六百五十三条 【危险增加与合同终止】

保险期间内,因投保人、被保险人或者保险受益人的故意或者重大过失,致使事故发生的危险明显变更或者增加的,保险人自知道该事实之日起一个月内,可以请求增加保险费或者终止合同。〈1991 年 12 月 31 日修改〉

第六百五十四条 【保险人的破产宣告与合同终止】

保险人被宣告破产时,投保人可以终止合同。

未依第一款之规定而终止的保险合同,自破产宣告之日起经过三个月,则失去效力。

〈1991 年 12 月 31 日修改〉

第六百五十五条 【合同终止及保险金请求权】

保险事故发生后,保险人依第六百五十条、第六百五十一条、第六百五十二条及第六百五十三条之规定终止合同时,不负支付保险金的责任,并可以请求返还已支付的保险金。但是,违反告知义务的事实或者危险显著变更或者增加的事实证明未影响保险事故发生的,应当承担给付保险金的责任。

[2014 年 3 月 11 日修改全文]

第六百五十六条 【保险费的支付与保险人的责任开始】

当事人之间若另无约定,保险人的责任自收到第一期保险费时开始。

第六百五十七条 【保险事故发生的通知义务】

投保人或者被保险人、保险受益人知道保险事故发生时,应当及时向保险人发送通知。

因投保人或者被保险人、保险受益人怠于履行第一款规定的通知义务而使损害增加的,保险人不承担该增加之损害的补偿责任。〈1991 年 12 月 31 日新设〉

第六百五十八条 【保险金的支付】

保险人的保险金的支付,若有约定期间的,则应当在该期间内支付;若无约定期间的,则在接到第六百五十七条第一款的通知后,立即决定应当支付的保险金,并自该决定之日起十日内向被保险人或者保险受益人支付。

[1991 年 12 月 31 日修改全文]

第六百五十九条 【保险人的免责事由】

因投保人或者被保险人、保险受益人的故意或者严重过失而发生保险事故时,保险人不承担支付保险金的责任。

第二款删除〈1991 年 12 月 31 日〉

第六百六十条 【因战争危险等的免责】

因战争或者叛乱发生保险事故时,当事人之间若另无约定,保险人不承担支付保险金的责任。

第六百六十一条 【再保险】

对保险事故应承担的责任,保险人可以与其他保险人签订再保险合同。此再保险合同不影响原保险合同的效力。

第六百六十二条 【消灭时效】

保险金请求权期限为三年,保险金或者公积金的返还请求权期限为三年,保险费请求权期限为两年,未行使的,因时效的完成而消灭。

[2014 年 3 月 11 日修改全文]

第六百六十三条 【禁止对保险合同人等的不利变更】

本编的规定,不得以当事人之间的特别约定变更对投保人、被保险人或保险受益人不利。但是,再保险和海上保险、其他类似的保险的情况除外。〈1991 年 12 月 31 日修改〉

第六百六十四条 【对相互保险、共济等的准用】

本编的规定,准用于不违背其性质的范围内的相互保险、共济和其他准用的合同。

[2014 年 3 月 11 日修改全文]

第二章 损害保险

第一节 通 则

第六百六十五条 【损害保险人的责任】

损害保险合同的保险人,对保险事故引起的被保险人的财产上的损害,承担补偿责任。

第六百六十六条 【损害保险单】

损害保险单上应当记载下列事项,并由保险人签字盖章或者署名:〈1991 年 12 月 31 日、2014 年 3 月 11 日修改〉

(一)保险的标的;

(二)保险事故的性质;

(三)保险金额;

(四)保险费及其支付方法;

(五)有保险期间时,其起止期间;

(六)无效及失权的事由;

(七)投保人的住所与姓名,或者商号;

(七)之二 被保险人的地址、姓名或商号;

(八)保险合同的年月日;

(九)保险单的签发地、签发年月日。

第六百六十七条 【丧失利益的不计入】

因保险事故而丧失的被保险人应当得到的利益或者报酬,若当事人之间另无约定,则不计入保险人应当补偿的损害额中。

第六百六十八条 【保险合同的标的】

保险合同,限于以金钱可以计算的利益作为标的。

第六百六十九条 【超过保险】

保险金明显超过保险合同标的的价值时,保险人或者投保人可以请求减少保险费和保险金。但是,保险费的减额只对将来生效。

第一款之价值,应当依签订合同当时的价额计算。〈1991 年 12 月 31 日修改〉

保险期间内保险价值明显减少的,同第一款。

在第一款的情况下,若合同是因投保人的欺诈而签订时,该合同无效。但是,保险人可以请求其知道该事实为止时的保险费。

第六百七十条 【已评估保险】

当事人之间约定保险价值的,推定该价值为事故发生时的价值。但是,该价值明显超过事故发生时价值的,应当以事故发生时的价值为保险价值。

第六百七十一条 【未评估保险】

当事人之间未约定保险价值的,以事故发生时的价值为保险价值。

第六百七十二条 【重复保险】

就同一保险合同的标的和同一事故,同时或者依次签订数个保险合同的,若其保险金的总额超过保险价值时,保险人应以各自的保险金为限承担连带责任。在这种情况下,各保险人应按各自的保险金的比例来承担补偿责任。〈1991 年 12 月 31 日修改〉

就同一保险合同的标的及同一事故签订数个保险合同的,投保人应当向各保险人

通知各个保险合同的内容。〈1991 年 12 月 31 日修改〉

第六百六十九条第四款规定，准用于第一款的保险合同。

第六百七十三条 【重复保险】

依第六百七十二条规定签订数个保险合同的，放弃对其中一个保险人的权利不影响其他保险人的权利与义务。〈1991 年 12 月 31 日修改〉

第六百七十四条 【部分保险】

对保险价值的一部分投保的，保险人应当按保险金额与保险价值的比例承担补偿责任。但是，当事人之间另有约定时，保险人应当以保险金额为限承担损害补偿责任。〈1991 年 12 月 31 日修改〉

第六百七十五条 【事故发生后保险标的灭失及补偿责任】

对保险标的，发生了保险人应当承担之损害的，即使事后该标的因保险人不应当承担的保险事故而灭失的，也不得免除对已发生损害的补偿责任。〈1962 年 12 月 12 日修改〉

第六百七十六条 【损害额的计算标准】

保险人应当补偿的损害额，按该损害发生时和发生地的价额计算。但是，若当事人之间另有约定，可以按新品价值来计算损害额。〈1991 年 12 月 31 日修改〉

计算第一款损害额的费用，应由保险人承担。〈1991 年 12 月 31 日修改〉

第六百七十七条 【保险费的滞纳】

保险人拟补偿损害的情况下，若仍有未收取的保险费余额时，虽然其收取期限尚未到期，也可以从拟补偿的金额中扣除。

第六百七十八条 【保险人的免责事由】

因保险标的的性质、瑕疵或者自然消耗而发生的损害，保险人不承担补偿责任。

第六百七十九条 【保险标的的转让】

被保险人转让保险标的时，推定受让人承继了保险合同的权利与义务。〈1991 年 12 月 31 日修改〉

在第一款的情况下，保险标的的转让人或者受让人应及时将该事实通知保险人。〈1991 年 12 月 31 日新设〉

第六百八十条 【损害防止义务】

投保人与被保险人应尽力防止或者减轻损害。但是，为此而支出的必要或者有益费用和补偿额即使超过保险金，也由保险人承担。〈1991 年 12 月 31 日修改〉

第二款删除〈1991 年 12 月 31 日〉

第六百八十一条 【对保险标的的保险代位】

保险标的全部灭失时，支付全部保险金的保险人取得对该标的的被保险人的权利。但是，只对部分保险价额投保的，按保险金与保险价额的比率确定保险人应当取得的权利。

第六百八十二条 【对第三人的保险代位】

损害因第三人的行为而发生时，支付保险金的保险人在其支付金额的限度内取得投保人或者被保险人对该第三人的权利。但是,保险人已支付部分赔偿保险金时,可以在不损害被保险人权利的范围内行使其权利。

投保人或被保险人依第一款规定取得的权利是对与其共同生活的家族的,保险人不得取得该权利。但是,损害是由其家族故意造成的除外。

[2014 年 3 月 11 日修改全文]

第二节 火灾保险

第六百八十三条 【火灾保险人的责任】

火灾保险合同的保险人,对火灾引起的损害承担补偿责任。

第六百八十四条 【因消防等措施而发生的损害补偿】

保险人对火灾的消防或者减少损害所必要的措施引起的损失承担补偿责任。

第六百八十五条 【火灾保险单】

火灾保险单上除记载第六百六十六条所列的事项外,还应当记载下列事项:

(一)以建筑物为保险标的的,其所在地、结构及其用途;

(二)以动产为保险标的的,其存放地点的状态及用途;

(三)确定保险价额的,其价额。

第六百八十六条 【集合保险的标的】

将集合物品一并为保险标的的,被保险人的家族及其员工的物品也包括在保险标的之内。在这种情况下,该保险也可视为为其家属或者员工而缔结。

第六百八十七条 【同前】

将集合物品一并为保险标的时,即使附属于该标的的物品在此保险期间内随时交替,保险事故发生当时现存的物品也应当包含在保险标的中。

第三节 运输保险

第六百八十八条 【运输保险人的责任】

运输保险合同的保险人,若无其他约定,应当对自承运人接收运输物时起至向收货人交付货物时止所发生的损害承担补偿责任。

第六百八十九条 【运输保险的保险价额】

运输物的保险,以发货时和到货地点的价额和到货地点的运费和其他费用为保险价额。

运输物到达所获得的利益,限于有约定时,计入保险价额中。

第六百九十条 【运输保险单】

运输保险单除记载第六百六十六条所列的事项外,还应记载下列事项:

(一)运输路线及方法;

(二)承运人的住所及姓名或者商号;

(三)运输物品的接收及交付地点;

(四)约定运输期间时,该期间;

(五)确定保险价额的,该价额。

第六百九十一条 【运输的中止、变更及合同效力】

依运输必要,临时中止运输或者变更运输路线及方法时,若无其他约定,保险合同不失效。

第六百九十二条 【运输补助人的故意、重大过失及保险人的免责】

若保险事故是因发货人或者收货人的故意或者重大过失所引起的,保险人不承担因此而发生的损害补偿责任。

第四节 海上保险

第六百九十三条 【海上保险人的责任】

海上保险合同的保险人,对海上业务有关的事故产生的损害承担补偿责任。〈1991 年 12 月 31 日修改〉

第六百九十四条 【共同海损分担额的补偿】

保险人对被保险人支付的共同海损分担部分补偿责任。但是,保险标的的共同海损的分担额超过保险价值时,对其超过部分的分担额不承担补偿责任。〈1991 年 12 月 31 日修改〉

第六百九十四条之二 【救助费的补偿】

保险人对被保险人为防止因保险事故而发生的损害所支付的救助费承担补偿责任。但是,保险标的物的救助费分担部分超过保险价额时,对其超过部分不承担补偿责任。

[1991 年 12 月 31 日新设本条]

第六百九十四条之三 【特别费用的补偿】

为保险标的的安全或者保存而拟支出的特别费用,保险人在保险金额的范围内承担补偿责任。

[1991 年 12 月 31 日新设本条]

第六百九十五条 【海上保险单】

海上保险单除记载第六百六十六条所列的事项外,还应记载下列事项:〈1991 年 12 月 31 日修改〉

(一)对船舶投保的,该船舶的名称、国籍及种类、航海的范围;

(二)对船载货物投保的,该船舶的名称、国籍及种类、装运港、卸货港,约定出货地和目的地的,该地名;

(三)确定保险价额的,该价额。

第六百九十六条 【船舶保险的保险价额和保险目的】

船舶保险中以保险人责任开始时的船舶价额为保险价额。

在第一款的情况下,船舶的属具、燃料、粮食及其他航海所必须的全部物品均应包

含在保险标的中。〈1991 年 12 月 31 日修改〉

第六百九十七条 【船载货物保险的保险价额】

船载货物保险中应将装船时、装船地的货物价额和装船及保险所需的费用作为保险价额。〈1962 年 12 月 12 日修改〉

第六百九十八条 【预期利益保险的保险价额】

在因货物的到达而取得利益或者报酬的保险中，若合同中未约定保险价额时，则将保险金推定为保险价额。

第六百九十九条 【保险期间的开始】

以航次为单位对船舶投保时，保险期间应从着手装运货物或者压舱货时开始。

对船载货物投保时，保险期间应从着手装船时开始。但是，约定有装货地点时，应当从在该地点着手运输时起开始。

着手装运货物或者压舱货之后，签订依第一款或者第二款规定的保险合同时，保险期间应从合同成立时起开始。

[1991 年 12 月 31 日修改全文]

第七百条 【海上保险之保险期间的终止】

在第六百九十九条第一款规定的情况下，在到达港将货物或者压舱货卸载时保险期间终止；同条第二款的情况下，在卸货港或者到目的地交付货物时保险期间终止。但是，非因不可抗力迟延卸货的，以通常终止时间为终止保险期间。〈1991 年 12 月 31 日修改〉

第七百零一条 【航海变更的效果】

船舶在保险合同规定的非起航港的其他港离港时，保险人不承担责任。

船舶驶向非保险合同规定的到达港的其他港的，与第一款的情况相同。

保险人责任开始后，保险合同规定的到达港发生变更时，保险人自决定变更航程时起不承担责任。

[1991 年 12 月 31 日修改全文]

第七百零一条之二 【绕航】

无正当理由船舶脱离合同中规定的航线时，保险人自绕航时起不承担责任，船舶在发生损害之前已回到原航线时，亦同。

[1991 年 12 月 31 日新设本条]

第七百零二条 【出港或者航海迟延的效果】

被保险人无正当理由迟延出港或者航海时，自迟延出港或者航海后发生的事故，保险人不承担责任。

[1991 年 12 月 31 日修改全文]

第七百零三条 【船舶变更的效果】

对船载货物投保时，因投保人或者被保险人的责任变更船舶时，对自变更时起所发生的事故，保险人不承担责任。〈1991 年 12 月 31 日修改〉

第七百零三条之二 【转让船舶等的效果】

对船舶投保的情况下,如有下列事由时,保险合同终止。但是,保险人同意时除外:

(一)转让船舶时;

(二)变更船舶的船级时;

(三)将船舶转到新的管理之下时。

[1991年12月31日新设本条]

第七百零四条 【船载货物预定保险】

签订保险合同时未指定装运货物的船舶的,当投保人或者被保险人知道该货物已装船时,应当及时向保险人发送该船舶的名称、国籍及货物的种类、数量及价值的通知。〈1991年12月31日修改〉

懈怠于第一款规定的通知时,保险人自知道该事实之日起一个月内可以终止合同。〈1991年12月31日修改〉

第七百零五条 删除〈1991年12月31日〉

第七百零六条 【海上保险人的免责事由】

保险人对下列损害及费用不承担补偿责任:〈1991年12月31日修改〉

(一)对船舶或者运费投保时,因在船舶出港时未作安全航海所必要的准备或者未备置必要的文件所致的损害;

(二)对船载货物投保时,因租船人、发货人或者收货人的故意或者重大过失所致的损害;

(三)引水费、入港费、灯塔费、检疫费、其他船舶或者船载货物所需的航海中的通常费用。

第七百零七条 删除〈1991年12月31日〉

第七百零七条之二 【船舶的部分损害补偿】

船舶部分毁损,修缮全部毁损部分的,保险人对修缮费用按照一次事故以保险金额为限承担补偿责任。

船舶部分毁损,修缮部分毁损部分的,保险人应承担修缮费用和因未修缮减少价额的责任。

船舶部分毁损未修缮的,保险人应当承担因此减少价额的责任。

[1991年12月31日新设本条]

第七百零八条 【船载货物部分损害的补偿】

保险标的之船载货物被毁损,到达卸货港时,保险人应当按该毁损状态的价值与未毁损状态价值的比例对毁损部分承担损害补偿责任。

第七百零九条 【因出售船载货物的损害的补偿】

航海途中因不可抗力而出售保险标的之船载货物时,保险人应当承担从该货款中扣除运费及其他必要费用的金额与保险价额的差额的补偿责任。

在第一款的情况下,若买受人未支付货款时,保险人应当支付该金额。保险人支

付该金额后取得被保险人对买受人的权利。〈1991 年 12 月 31 日修改〉

第七百一十条 【保险委付的原因】

在下列情形下,被保险人将保险标的委付给保险人后,可以请求全部保险金额:〈1991 年 12 月 31 日修改〉

(一)被保险人因保险事故丧失对自己船舶或者船载货物的占有,预计不可能恢复或者恢复的费用将超过恢复之后价额的;

(二)船舶因保险事故严重毁损,预计为修缮所需费用将超过修缮之后价额的;

(三)船载货物因保险事故严重毁损,预计修缮所需费用和将其运输至目的地的费用之和将超过船载货物到达时价额的。

第七百一十一条 【船舶的下落不明】

船舶的存在与否经两个月仍无法确定时,视为该船舶下落不明。〈1991 年 12 月 31 日修改〉

在第一款的情况下,推定为全损。〈1991 年 12 月 31 日修改〉

第七百一十二条 【代替船舶的持续运输和委付权的消灭】

在第七百一十条第二项规定的情况下,若船长及时使用其他船舶继续运输该货物的,被保险人不得委付该船装载货物。〈1991 年 12 月 31 日修改〉

第七百一十三条 【委付的通知】

被保险人进行委付时,应当在相当期间内向保险人发送通知。〈1991 年 12 月 31 日修改〉

第二款删除〈1991 年 12 月 31 日〉

第七百一十四条 【委付权行使的要件】

委付应当无条件进行。

委付应对保险标的的全部进行。但是,委付的原因发生于部分标的的,可以仅对该部分进行委付。

对部分保险价额投保的,委付只能按照保险金额对保险价额的比例进行。

第七百一十五条 【关于其他保险合同等的通告】

被保险人进行委付时,应当向保险人通知该保险标的的其他保险合同和其属于该标的应负担的债务及其种类、内容。

保险人在接到第一款通知之前,可以拒绝支付保险金。〈1991 年 12 月 31 日修改〉

约定有支付保险金的期间时,该期间从接到第一款之通知之日起计算。

第七百一十六条 【委付的承认】

保险人一经承认委付,就不得对该委付提出异议。

第七百一十七条 【委付的不承认】

保险人不承认委付后,被保险人若不能证明委付之原因的,则不得请求支付保险金。

第七百一十八条 【委付的效果】

保险人因委付而取得被保险人对该保险标的的全部权利。

被保险人委付时,应向保险人交付有关保险标的的一切文件。

第五节 责任保险

第七百一十九条 【责任保险人的责任】

责任保险合同的保险人,对被保险人在保险期间内因事故对第三人负有的赔偿责任,承担补偿责任。

第七百二十条 【被保险人支出防御费用的负担】

被保险人为了防御第三人的请求而支出的裁判上或者裁判外的必要费用,包括在保险标的之内。被保险人可以请求保险人预先支付该费用。

被保险人通过提供担保或者提存以避免裁判上的执行时,可以请求保险人在保险金的限额内提供担保或者请求提存。

第一款或者第二款之行为是依保险人指示的,即使该金额与损害金额之和超过保险金,也应由保险人承担。〈1991 年 12 月 31 日修改〉

第七百二十一条 【营业责任保险的标的】

将被保险人经营的事业责任作为保险标的时,被保险人的代理人或者该事业监督人对第三人的责任也包括在保险标的之内。

第七百二十二条 【被保险人的赔偿请求通知义务】

被保险人从第三人收到赔偿请求时,应当立即向保险人发出通知。

被保险人懈怠于履行第一款规定的通知致使损害增加的,保险人对增加的损害不承担赔偿责任。但是,被保险人已发出第六百五十七条第一款规定的通知的除外。

[2014 年 3 月 11 日修改全文]

第七百二十三条 【保险金的支付】

被保险人因对第三人的清偿、承认、和解或者裁判而确定其债务时,应当及时向保险人发送通知。

保险人若无期间上的特殊约定,应当自接到前款通知之日起十日内支付保险金。

即使有被保险人未经保险人的同意向第三人进行清偿、承认或者和解时免除保险人责任的合意的,除非该行为属于明显不正当行为,否则不得免除保险人的补偿责任。

第七百二十四条 【保险人与第三人的关系】

保险人对因被保险人的责任造成的损害,在第三人取得赔偿之前,保险人不得向被保险人支付全部或者部分保险金。

第三人对因被保险人承担责任的事故所引起的损害,可以在保险金的限额内直接向保险人请求补偿。但是,保险人可以被保险人对该事故所持有的抗辩对抗第三人。〈1991 年 12 月 31 日修改〉

保险人接到第二款规定的请求时,应当立即通知被保险人。〈1991 年 12 月 31 日新设〉

在第二款的情况下,若有保险人的请求,被保险人应当协助提出必要的文件、证据、证言或者以证人身份出席。〈1991 年 12 月 31 日新设〉

第七百二十五条 【保管人的责任保险】

承租人及其他保管他人物品的人,为其应当支付的损害赔偿而对该物品投保的情况下,该物品的所有人可以直接向保险人请求补偿损害。

第七百二十五条之二 【数个责任保险】

被保险人同时或依次订立因同一事故向第三人承担赔偿责任而遭受的损害的数个责任保险合同时,其保险金额的总额超过被保险人对第三人的损害赔偿额时,准用于第六百七十二条和第六百七十三条之规定。

[1991 年 12 月 31 日新设本条]

第七百二十六条 【再保险的准用】

本节的规定,在不违背其性质的范围内准用于再保险合同。

[2014 年 3 月 11 日修改全文]

第六节 汽车保险

第七百二十六条之二 【汽车保险人的责任】

汽车保险合同的保险人,应当对被保险人在所有、使用或者管理汽车期间发生的事故所引起的损害承担补偿责任。

[1991 年 12 月 31 日新设本条]

第七百二十六条之三 【汽车保险单】

汽车保险单除应记载第六百六十六条所列的事项外,还应记载下列事项:

(一)汽车所有人及其保有人的姓名和出生年月日或者商号;

(二)被保险汽车的登记编号、车架号、厂牌型号及机械装置;

(三)规定有车辆价额时,其价额。

[1991 年 12 月 31 日新设本条]

第七百二十六条之四 【汽车的转让】

保险期间内被保险人转让汽车时,限于受让人经保险人承诺的情况下,承继因保险合同而产生的权利与义务。

保险人接到受让人的受让事实的通知时,应当及时通知同意与否;自接到通知之日起十日内未通知同意与否时,应视其已同意。

[1991 年 12 月 31 日新设本条]

第七节　保证保险〈2014 年 3 月 11 日新设〉

第七百二十六条之五　【保证保险人的责任】

保证保险合同的保险人有责任补偿投保人因被保险人不履行合同上的债务或者不履行法令上的义务所造成的损害。

[2014 年 3 月 11 日新设本条]

第七百二十六条之六　【适用除外】

保证保险合同不适用第六百三十九条第二款但书的规定。

保证保险合同,对于投保人的欺诈、故意或重大过失,如果被保险人没有对此的责任事由的,不适用第六百五十一条、第六百五十二条、第六百五十三条及第六百五十九条第一款的规定。

[2014 年 3 月 11 日新设本条]

第七百二十六条之七　【准用规定】

关于保证保险合同,在不违背其性质的范围内,准用《民法》中关于保证债务的规定。

[2014 年 3 月 11 日新设本条]

第三章　人 身 保 险

第一节　通　　则

第七百二十七条　【人身保险人的责任】

人身保险合同的保险人就被保险人的生命或者身体发生保险事故时,承担按照保险合同的规定给予保险金或者其他支付的责任。〈2014 年 3 月 11 日修改〉

第一款规定的保险金,可以按照当事人之间的约定分期给付。〈2014 年 3 月 11 日新设〉

[2014 年 3 月 11 日修改标题]

第七百二十八条　【人身保险单】

人身保险单除应记载第六百六十六条所列事项外,还应记载下列事项:〈1991 年 12 月 31 日修改〉

(一)保险合同的种类;

(二)被保险人的住所、姓名和出生年月日;

(三)规定有保险受益人时,其住所、姓名及出生年月日。

第七百二十九条　【对第三人的保险代位禁止】

保险人不得代位行使因保险事故所产生的投保人或者保险受益人对第三人的权利。但是,在伤害保险合同的情况下,若当事人之间另有约定的,保险人在不损害被保

险人利益的范围内可以代位行使其权利。〈1991 年 12 月 31 日修改〉

第二节　人 寿 保 险

第七百三十条　【人寿保险人的责任】

人寿保险合同的保险人在被保险人死亡、生存，或者发生关于死亡生存的保险事故时，承担支付约定保险金的责任。〈2014 年 3 月 11 日修改〉

[2014 年 3 月 11 日修改标题]

第七百三十一条　【对他人生命的保险】

以他人死亡为保险事故的保险合同，在订立保险合同时，应当取得他人的书面(包括《电子签名法》第二条第二项规定的电子签名，依照总统令的规定，经本人确认和防止伪造、变造的具有可信性的电子文件)同意。〈1991 年 12 月 31 日、2017 年 10 月 31 日、2020 年 6 月 9 日修改〉

将因保险合同产生的权利转让给被保险人之外的人的，与第一款相同。〈1991 年 12 月 31 日修改〉

第七百三十二条　【对未满十五岁的人等的合同禁止】

以未满十五岁的人、智力丧失的人或智力衰弱的人的死亡为保险事故的保险合同无效。但是，智力衰弱的人订立保险合同，或成为第七百三十五条之三规定的团体保险合同的被保险人时具有意思能力的除外。〈1991 年 12 月 31 日、2014 年 3 月 11 日修改〉

第七百三十二条之二　【因重大过失引起的保险事故等】

以死亡为保险事故的保险合同，即使事故是因投保人或被保险人或保险受益人的重大过失而发生，保险人也不能免除支付保险金的责任。

两个以上保险受益人中的一部分故意使被保险人死亡的，不免除保险人向其他保险受益人支付保险金的责任。

[2014 年 3 月 11 日修改全文]

第七百三十三条　【保险受益人的指定或变更的权利】

投保人有权指定或者变更保险受益人。

投保人未行使第一款之指定权死亡时，以被保险人为保险受益人；投保人未行使第一款之变更权死亡的，保险受益人的权利确定。但是，若约定投保人死亡时由其承继人行使第一款权利的除外。〈1991 年 12 月 31 日修改〉

保险受益人在保险存续期间死亡的，投保人可以重新指定受益人。在这种情况下，若投保人未行使指定权死亡的，则应将保险受益人的继承人作为保险受益人。

投保人行使第二款和第三款之指定权之前发生保险事故的，被保险人或者保险受益人的继承人为保险受益人。〈1991 年 12 月 31 日新设〉

第七百三十四条　【保险受益人指定权的通知】

投保人在签订合同后指定或者变更保险受益人时，若未通知保险人的，则不得以此对抗保险人。

第七百三十一条第一款的规定，准用第一款之指定或者变更。

〈1962 年 12 月 12 日、1991 年 12 月 31 日修改〉

第七百三十五条 删除〈2014 年 3 月 11 日〉

第七百三十五条之二 删除〈2014 年 3 月 11 日〉

第七百三十五条之三 【团体保险】

团体根据规约签订以全体或部分成员为被保险人的人寿保险合同时，不适用第七百三十一条的规定。

第一款规定的保险合同缔结时，保险人只对投保人交付保险单。

第一款规定的保险合同中，投保人指定被保险人或者不是由被保险人的继承人作为保险受益人时，除团体规约明示规定外，还应当取得第七百三十一条第一款规定的被保险人的书面同意。〈2014 年 3 月 11 日、2017 年 10 月 31 日新设〉

[1991 年 12 月 31 日新设本条]

第七百三十六条 【保险公积金返还义务等】

根据第六百四十九条、第六百五十条、第六百五十一条及第六百五十二条至第六百五十五条的规定终止保险合同时；根据第六百五十九条及第六百六十条的规定免除保险金的支付责任时，保险人应当将为保险受益人累计的金额支付给投保人。但是，若另无约定，第六百五十九条第一款之保险事故是因投保人所引起的除外。〈1991 年 12 月 31 日修改〉

第二款删除〈1991 年 12 月 31 日〉

第三节 伤害保险

第七百三十七条 【伤害保险人的责任】

伤害保险的保险人，发生有关身体伤害的保险事故时，应当承担支付保险金及其他给付的责任。

第七百三十八条 【伤害保险单】

伤害保险的被保险人及投保人不是同一人时，在其保险单中的记载事项可以替代第七百二十八条第二项所记载的事项，只记载被保险人的职务或者职位。

第七百三十九条 【准用规定】

关于伤害保险，除第七百三十二条外，准用有关人寿保险的规定。

第四节 疾病保险〈2014 年 3 月 11 日新设〉

第七百三十九条之二 【疾病保险人的责任】

疾病保险合同的保险人在被保险人发生与疾病有关的保险事故时，承担支付保险金或其他给予的责任。

[2014 年 3 月 11 日新设本条]

第七百三十九条之三 【疾病保险的准用规定】

关于疾病保险,在不违背其性质的范围内,准用有关人寿保险和伤害保险的规定。

[2014 年 3 月 11 日新设本条]

第五编 海商〈2007 年 8 月 3 日修改〉

第一章 海商企业〈2007 年 8 月 3 日修改〉

第一节 船舶〈2007 年 8 月 3 日修改〉

第七百四十条 【船舶的定义】

本法所称船舶,是指以商行为或其他营利为目的用于航海的船舶。

[2007 年 8 月 3 日修改全文]

第七百四十一条 【适用范围】

对航海用船舶,即使不以商行为或其他营利为目的,也准用本编的规定。但是,对于国有或共有的船舶,不受《船舶法》第二十九条但书的规定限制,考虑到航海的目的、性质等,不适合准用本编规定,但有总统令规定的情况除外。

本编规定不适用于小艇或主要用桨或篙驾驶的船舶。

[2007 年 8 月 3 日修改全文]

第七百四十二条 【船舶的附属物】

船舶的附属物目录中记载的物品,推定为船舶的附属物。

[2007 年 8 月 3 日修改全文]

第七百四十三条 【船舶所有权的移转】

对于可以注册和登记的船舶,其所有权的移转仅以当事人之间的协议生效。但是,未经登记并在船舶国籍证书上记载的,不得对抗第三人。

[2007 年 8 月 3 日修改全文]

第七百四十四条 【船舶的查封、扣押】

不得查封、扣押已做好航海准备的船舶及其附属物。但是,为准备航海而产生的债务除外。

第一款不适用于总吨数不足二十吨的船舶。

[2007 年 8 月 3 日修改全文]

第二节　船长〈2007 年 8 月 3 日修改〉

第七百四十五条　【船长的聘任和解聘】

船长由船舶所有人聘任和解聘。

[2007 年 8 月 3 日修改全文]

第七百四十六条　【对不当解聘船长的损害赔偿请求权】

船舶所有人无正当事由解聘船长的,船长可要求赔偿由此产生的损失。

[2007 年 8 月 3 日修改全文]

第七百四十七条　【船长继续执行职务的责任】

在航行中即使船长被解聘或者聘期结束,在其他船长能够代替处理其业务或者到达船籍港为止,船长仍有责任继续执行其职务。

[2007 年 8 月 3 日修改全文]

第七百四十八条　【船长的代理船长选任权限及责任】

船长因不可抗力不能执行其职务的,除法律另有规定外,船长以自己的责任选任他人代替其执行船长的职务。

[2007 年 8 月 3 日修改全文]

第七百四十九条　【代理权的范围】

除船籍港外,船长有权进行航海所需的诉讼或者诉讼外的一切行为。

在船籍港,船长除得到特别授权之外,只有雇用或者解雇船员的权利。

[2007 年 8 月 3 日修改全文]

第七百五十条　【对特殊行为的权限】

除为支付船舶修理费、海难救助费及其他为继续航行所必须的费用外,船长不得进行下列行为:

(一)以船舶或者船舶附属物提供担保;

(二)借债的行为;

(三)处分船载货物的全部或者部分。

处分船载货物的损害赔偿金额,以货物到达卸货港时的价格为准。但应在其价款中扣除没有要求支付的费用。

[2007 年 8 月 3 日修改全文]

第七百五十一条　【对代理权的限制】

对船长代理权的限制不得对抗善意第三人。

[2007 年 8 月 3 日修改全文]

第七百五十二条　【为利害关系人处分货物】

船长在航程中处分货物时,为了利害关系人的利益,应当以最适当的方法进行。

在第一款的情况下,利害关系人对因船长的处分而产生的债权人,以货物的价额为限承担责任。但是,该利害关系人有过失时除外。

[2007 年 8 月 3 日修改全文]

第七百五十三条 【船舶拍卖权】

在船籍港之外,船舶处于不能修理的状态时,经海事主管机关的许可,船长可以拍卖船舶。

[2007 年 8 月 3 日修改全文]

第七百五十四条 【不能修理的船舶】

发生下列各项情形之一的,视为不能修理的船舶:

(一)船舶在当地不能修理或者不能到达能够修理的地方的;

(二)修理费超过船舶价款的四分之三的。

第一款第二项的价款,若船舶在航行中毁损的,以起航时的价格为准;其他情形则以毁损之前的价格为准。

[2007 年 8 月 3 日修改全文]

第七百五十五条 【报告与计算的义务】

船长应及时向船舶所有人报告与航行有关的重要事项。

结束每一次航次时,船长应及时向船舶所有人提交有关该航次的结算书,并得到其承认。

如船舶所有人要求时,船长应随时报告与航行有关的事项及计算情况。

[2007 年 8 月 3 日修改全文]

第三节 船舶共有〈2007 年 8 月 3 日修改〉

第七百五十六条 【船舶共有人的业务决定】

有关使用共有船舶的事项,按共有人持股的价格以其过半数来决定。

变更有关船舶共有合同的事项,需由全体共有人一致决定。

[2007 年 8 月 3 日修改全文]

第七百五十七条 【船舶共有及费用的负担】

船舶共有人按其持股价格承担有关船舶使用费用和因使用而产生的债务。

[2007 年 8 月 3 日修改全文]

第七百五十八条 【损益分配】

每一航次结束之后按船舶共有人的持股价格进行损益分配。

[2007 年 8 月 3 日修改全文]

第七百五十九条 【股权的转让】

船舶共有人之间存在合伙关系的情形下,各共有人也可以未经其他共有人的同意向他人转让其股权。但是,船舶管理人除外。

[2007 年 8 月 3 日修改全文]

第七百六十条 【共有船舶的国籍丧失、股权的买入或者拍卖请求】

因船舶共有人股权的转移或者因其国籍丧失而致使船舶失去韩国国籍时，其他共有人可以请求法院以合理的对价买入该股权或者进行拍卖。

[2007年8月3日修改全文]

第七百六十一条 【决议反对者的股权收购请求权】

船舶共有人做出开始新的航次或者大修船舶的决议时，对该决议持有异议的共有人，可以请求其他共有人以合理的价格收购其股权。

拟做出第一款请求的人，应自该决议之日起，未参加该决议的，应自收到该决议通知之日起三日内，向其他共有人或者船舶管理人发出通知。

[2007年8月3日修改全文]

第七百六十二条 【被解聘船长的收购股权请求权】

作为船舶共有人的船长非出于自愿而被解聘时，可以请求其他共有人以合理的价格收购其股权。

船舶共有人如要做出第一款的请求时，应及时向其他共有人或者船舶管理人发出通知。

[2007年8月3日修改全文]

第七百六十三条 【航海中船舶的转让】

转让航海中的船舶或者股权时，如当事人之间另无约定，则由受让人得到该航海所产生的利益和承担所产生的损失。

[2007年8月3日修改全文]

第七百六十四条 【船舶管理人的选任与登记】

船舶共有人应当选任船舶管理人。在这种情况下，如选任非船舶共有人为船舶管理人时，需由共有人一致同意。

船舶管理人的选任及其代理权的消灭，应当进行登记。

[2007年8月3日修改全文]

第七百六十五条 【船舶管理人的权限】

船舶管理人有权进行有关利用船舶的诉讼或者诉讼外的一切行为。

对船舶管理人代理权的限制不得对抗善意第三人。

[2007年8月3日修改全文]

第七百六十六条 【船舶管理人的权限限制】

船舶管理人未经船舶共有人书面委任，不得作出下列行为：

(一)转让、租赁船舶或者提供担保；

(二)开始新的航海；

(三)对船舶投保；

(四)大修船舶；

(五)借债。

[2007年8月3日修改全文]

第七百六十七条 【账簿的记载与备置】

船舶管理人应当置备有关执行业务的账簿,并记载有关使用该船舶的一切事项。

[2007 年 8 月 3 日修改全文]

第七百六十八条 【船舶管理人的报告与认可】

每一航次结束后,船舶管理人应当及时制作有关该航次的过程及计算的书面材料,向船舶共有人报告并得到其认可。

[2007 年 8 月 3 日修改全文]

第四节 船舶所有人等的责任限制〈2007 年 8 月 3 日修改〉

第七百六十九条 【船舶所有人的有限责任】

船舶所有人可以不问请求原因,对下列规定的债权以第七百七十条规定的金额为限限制其责任。但是,该债权是因船舶所有人自身的故意或考虑有可能发生损害却盲目地作为或不作为造成的除外:

(一)与船舶或者船舶的运航直接相关而发生的伤亡、人身伤害,或者因该船舶以外的物品的灭失或者毁损而产生的债权;

(二)因运输货物、旅客或者随身物品的运输迟延而产生的债权;

(三)除第一项和第二项外,与船舶运航直接相关的合同上的权利之外,因侵害他人权利而产生的债权;

(四)为防止或者减轻第一项至第三项债权之原因的损害,与所采取措施有关的债权,或者因其措施的结果而产生的债权。

[2007 年 8 月 3 日修改全文]

第七百七十条 【责任限额】

下列各项的金额为船舶所有人可以限制的责任限额:

(一)因旅客人身伤亡损害的债权责任限额为,在该船舶的检查证书中记载的旅客定员乘以十七万五千计算单位(指国际货币基金组织的一个特别提款权相当的金额,下同)所得的金额。

(二)非旅客之人身伤亡损害债权的责任限额为,根据该船舶的吨数,依下列各项规定计算的金额。但是,不满三百吨的船舶以相当于十六万七千计算单位的金额为限:

1. 五百吨以下的船舶,相当于三十三万三千计算单位的金额;

2. 五百吨以上的船舶,在(1)项的金额上依次加算下列金额。五百吨以上至三千吨的部分,每吨乘以五百计算单位;三千吨以上至三万吨的部分,每吨乘以三百三十三计算单位;三万吨以上至七万吨的部分,每吨乘以二百五十计算单位;超过七万吨的部分,每吨乘以一百六十七计算单位的金额。

(三)第一项和第二项以外的债权的责任限额为,按照该船舶的吨数,依下列各项计算的金额为限。但是,不满三百吨的船舶,以相当于八万三千计算单位的金额为限。

1. 五百吨以下的船舶，相当于十六万七千计算单位的金额；

2. 五百吨以上的船舶，在(1)项的金额上依次加算下列金额。五百吨以上至三万吨的部分，每吨乘以一百六十七计算单位；三万吨以上至七万吨的部分，每吨乘以一百二十五计算单位；超过七万吨的部分，每吨乘以八十三计算单位的金额。

第一款各项所规定的各责任限额，及于船舶所有人的与每一船舶在同样的事故中所产生的各责任限额相应的全部债权上。

依第七百六十九条规定的被限制责任的债权，关于第一款各项规定的各责任限额，按各债权额度比率折算。

第一款第二项所定的责任限额，不足以清偿同项规定的债权时，以第三项中规定的责任限额来清偿剩余债权。在这种情况下，若在同一事故中发生第三项规定的债权时，此债权和第二项规定的剩余债权，根据第三项规定的责任限额按各债权额的比率折算。

[2007 年 8 月 3 日修改全文]

第七百七十一条　【因同一事故产生的反对债权额的扣除】

若船舶所有人对限制责任的债权人享有对在同一事故中产生的损害的债权时，其被限制责任的债权应限于扣除该债权额后的余额。

[2007 年 8 月 3 日修改全文]

第七百七十二条　【限制责任的船舶吨数】

第七百七十条第一款规定的船舶吨数，如果是从事国际航行的船舶时，为船舶法中规定的国际总吨数；其他船舶的吨数是本法所规定的总吨数。

[2007 年 8 月 3 日修改全文]

第七百七十三条　【有限责任的排除】

船舶所有人对下列各项债权，不得限制其责任：

(一)船长、海员或其他员工，及其职务涉及船舶业务的人或其继承人，被扶养人、其他利害关系人对船舶所有人的债权；

(二)海难救助的救助费用债权和共同海损分担的债权；

(三)适用 1969 年 11 月 29 日成立的《国际油污损害民事责任公约》或者该公约的修改条款的有关油污损害的债权；

(四)对沉没、翻船、触礁、遗弃，及其他遭遇海难事故的船舶，以及对在该船舶上或者曾在该船舶上的船载物和其他物品进行打捞、清除、破坏或者其他无害化措施的债权；

(五)有关核能损害的债权。

[2007 年 8 月 3 日修改全文]

第七百七十四条　【可以限制责任人的范围】

符合下列各项之一的人，可以依照本节的规定，与船舶所有人一样限制其责任：

(一)租船人、船舶管理人及船舶运航人；

(二)作为法人的船舶所有人及第一项所列之人的无限责任股东；

（三）因自己的行为，对船舶所有人或第一项规定之人，使第七百六十九条各项规定的债权成立的船长、海员、领航员，此外，船舶所有人或第一项规定之人的员工或者代理人。

船舶所有人和第一款所列的人对同一事故中所发生的全部债权的责任限制总额，每一船舶均不得超过依第七百七十条规定的责任限额。

船舶所有人或者第一款各项规定的人之一被决定开始适用责任限制程序时，限制责任的其他人也可以援用该决定。

[2007 年 8 月 3 日修改全文]

第七百七十五条 【救助人的责任限制】

对直接因救助人及其员工的救助活动而发生的人身伤亡或者财产的灭失、毁损；或者除合同上的权利外的因侵害他人的权利而发生的损害之债权；以及为防止或者减轻该损害的措施有关的债权或者因其措施的结果而发生的损害之债权，可以依第七百六十九条至第七百七十四条（第七百六十九条第二项及第七百七十条第一款第一项除外）之规定，限制救助人的责任。

不是在船舶上进行救助活动的救助人或者只在被救助的船舶上进行救助的救助人，关于第七百七十条之规定的责任限额，视为一千五百吨船舶上的救助人。

救助人的责任限额为每艘救助船或第二款的情形下，每名救助人因同一事故而产生的所有债权。

第一款的"救助人"，是指提供与救助活动直接有关的服务的人，"救助活动"不仅包括海难救助时的救助活动，还包括沉没、破损、触礁、遗弃及其他遭遇海难的船舶，以及对在该船舶上的或者曾在该船舶上的船载物和其他物品进行打捞、排除、破坏或者其他无害化措施及与此有关的为防止或者减轻损害的一切措施。

[2007 年 8 月 3 日修改全文]

第七百七十六条 【责任限制的程序】

依本节之规定要限制责任者，应从收到记载超过责任限额的债权人的书面请求之日起一年内，向法院申请责任限制程序的开始。

责任限制程序开始的申请，责任限制基金的设立、公告参加、分配及其他必要事项由法律另行规定。

[2007 年 8 月 3 日修改全文]

第五节 船舶担保〈2007 年 8 月 3 日修改〉

第七百七十七条 【具有船舶优先特权的债权】

具有下列债权者，对于船舶及其属具，以及导致该债权发生的航次运费、附随于该船舶及运费的债权，享有优先特权：

（一）为债权人共同利益的诉讼费用，因营运而向船舶课征的各种税金、引水费和拖船费，最终进港之后的船舶及其属具的保存费、检查费；

(二)船员和其他船舶员工因雇佣合同而发生的债权;

(三)对船舶的救助而发生的救助费债权和因共同海损分摊的债权;

(四)因船舶碰撞及其他航海事故而发生的损害,航海设施、港湾设施和航线的损害,以及关于船员或者旅客人身伤亡损害的赔偿债权。

第一款规定的有优先特权的船舶债权人有权依本法和其他法律的规定,对第一款规定的财产享有优先于其他债权人受偿的权利。在这种情况下,以在不违背其性质的情况下,准用民法中关于抵押权的规定。

[2007 年 8 月 3 日修改全文]

第七百七十八条 【附随于船舶与运费的债权】

第七百七十七条规定的附随于船舶及运费的债权如下:

(一)因船舶或者运费的损失而应向船舶所有人支付的损害赔偿;

(二)因共同海损而应向船舶所有人支付的对船舶或者运费损失的赏金;

(三)因海难救助而应向船舶所有人支付的救助费。

[2007 年 8 月 3 日修改全文]

第七百七十九条 【对运费的优先特权】

运费优先特权仅可按照未受支付的运费和已支付的运费中船舶所有人或者其代理人所持的金额来行使。

[2007 年 8 月 3 日修改全文]

第七百八十条 【保险金等的除外】

依保险合同而应向船舶所有人支付的保险金和其他奖金或者补助金,不适用第七百七十八条的规定。

[2007 年 8 月 3 日修改全文]

第七百八十一条 【船舶员工在雇佣合同中的债权】

第七百七十七条第一款第二项规定的债权,对雇佣合同存续期间内全部航程的运费具有优先特权。

[2007 年 8 月 3 日修改全文]

第七百八十二条 【因同一航次而产生的债权的优先特权顺序】

在同一航次中发生的债权的优先特权竞合时,应依第七百七十七条第一款各项的顺序来决定其优先顺序。

第七百七十七条第一款第三项规定的债权的优先特权竞合时,发生在后的债权优先于发生在前的债权;因同一事故而发生的债权,视为同时发生。

[2007 年 8 月 3 日修改全文]

第七百八十三条 【因数个航次而产生的债权的优先权顺序】

因数个航次的债权的优先特权竞合时,后航次发生的债权优先于前航次中所发生的债权。

第七百八十一条规定的优先特权,与最后航次发生的其他债权的顺序相同。

[2007 年 8 月 3 日修改全文]

第七百八十四条 【同一顺序的优先特权竞合的情况】

第七百八十一条至第七百八十三条规定的同一顺序的优先特权竞合时,应按各债权额的比例清偿。

[2007 年 8 月 3 日修改全文]

第七百八十五条 【优先特权的追偿权】

船舶债权人的优先特权,不因船舶所有权的转移而受到影响。

[2007 年 8 月 3 日修改全文]

第七百八十六条 【优先特权的消灭】

船舶债权人的优先特权,自发生之日起一年内不行使的,特权消灭。

[2007 年 8 月 3 日修改全文]

第七百八十七条 【船舶抵押权】

已登记的船舶,可以作为抵押权的标的。

船舶抵押权及其附属物。

船舶抵押权准用《民法》中有关抵押权的规定。

[2007 年 8 月 3 日修改全文]

第七百八十八条 【船舶抵押权等与优先权的竞合】

船舶债权人的优先特权优先于质权和抵押权。

[2007 年 8 月 3 日修改全文]

第七百八十九条 【登记船舶不得设质】

已登记的船舶不得成为质权的标的。

[2007 年 8 月 3 日修改全文]

第七百九十条 【对建造中船舶的准用】

本节的规定,准用于建造中的船舶。

[2007 年 8 月 3 日修改全文]

第二章 运输和租船〈2007 年 8 月 3 日修改〉

第一节 单件运输〈2007 年 8 月 3 日修改〉

第七百九十一条 【单件运输合同的定义】

单件运输合同,是指承运人接收单件货物在海上用船舶运输,托运人按照约定支付运费而发生效力的合同。

[2007 年 8 月 3 日修改全文]

第七百九十二条 【运输物的提供】

托运人应依当事人之间的合意或者依装船港习惯的时间及地点将运输物提供给承运人。

未在第一款规定的时间和地点提供运输物时,视为解除合同。在这种情况下,船长可以立即起航,托运人应当支付全部运费。

[2007年8月3日修改全文]

第七百九十三条 【运输所需文件的交付】

托运人在装船期间内应向船长交付运输所需的文件。

[2007年8月3日修改全文]

第七百九十四条 【适航能力注意义务】

承运人如不能证明本人或者船员和其他船舶员工在起航时对下列事项未懈怠于注意的,应当承担因货物的灭失、毁损或者迟延交付而发生的损害赔偿责任:

(一)船舶能够安全航海;

(二)必要船员的乘船,配备船舶装备和必需品补给;

(三)使船舱、冷藏舱和其他装载运输物的船舶的部分处于能适合受领、运输和保管的状态。

[2007年8月3日修改全文]

第七百九十五条 【关于货物的注意义务】

承运人如不能证明本人或者船员及其他船舶员工在运输物的受领、装载、积载、运输、保管、卸货和交付中未懈怠于注意,则应当承担因货物的灭失、毁损和迟延到达所发生的损害赔偿责任。

对因船长、海员、领航员及其他船舶员工的航海或者与船舶的管理有关的行为,或者因火灾引起的有关货物的损害,免除承运人的赔偿责任。但是,因承运人的故意或者过失发生火灾的除外。

[2007年8月3日修改全文]

第七百九十六条 【承运人的免责事由】

承运人能够证明曾有过下列各项事实,并且该事实通常能够引起货物的损害的,免除其赔偿责任。但是,如果尽到了第七百九十四条和第七百九十五条第一款规定的注意则可以避免其损害,而能证明其未尽注意时除外:

(一)在海上及其他可航水域的危险或者事故;

(二)不可抗力;

(三)战争、暴动或者内乱;

(四)海盗行为或其他类似行为;

(五)诉讼上的扣押、检疫上的限制和其他公权力的限制;

(六)托运人或者货物所有人及其员工的行为;

(七)同盟罢工及其他争议行为或者船舶封闭;

(八)在海上的人命或者财产的救助行为,或者因此脱离航线或因其他正当理由脱离航线;

(九)货物的包装欠缺,或者标记不全;

(十)货物的特殊属性或者潜在的瑕疵;

(十一)船舶潜在的瑕疵。

[2007年8月3日修改全文]

第七百九十七条 【责任的限度】

第七百九十四条至第七百九十六条规定的承运人的损害赔偿责任,以该运输物的每个包装,或者一个装船单位为六百六十六和百分之六十七计算单位的金额,以及若按照货物的重量计算,则以每公斤两个计算单位计算的金额中,以二者中金额高的为限度。但是,有关货物的损害是由于承运人本人的故意或者明知可能造成损害而轻率地作为或者不作为而产生的除外。

适用第一款时,按照下列方式确定运输物的包装或者装船单位的数量:

(一)在为了集中运输货物而使用集装箱和其他类似的运输容器的,在提单和其他证明运输合同的文件上记载运输容器内货物包装或者装船单位的数量时,以各包装或者装船单位为一个包装或者一个装船单位。除此情况外,将运输容器内的全部运输物视为一个包装或者一个装船单位。

(二)非承运人提供的运输容器本身灭失或者毁损的情形下,应将该容器视为单独的包装或者装船单位。

托运人向承运人交付运输物时告知其种类及价额,并将此记载于提单和其他证明运输合同的文件的,不适用第一款和第二款之规定。但是,托运人关于运输物的种类及价额故意做出虚假告知的,除承运人自己或者其员工恶意外,免除其对货物损害的责任。

第一款至第三款的规定,不影响适用第七百六十九条至第七百七十四条和第七百七十六条的规定。

[2007年8月3日修改全文]

第七百九十八条 【对非合同性请求的适用】

本节有关承运人责任的规定,也适用于因承运人的不法行为导致的损害赔偿责任。

有关运输物的损害赔偿请求是对承运人的员工或者代理人提出的,若该损害是与该员工或者代理人执行职务有关发生的,该员工或者代理人可以引用承运人可以主张的抗辩和责任限制。但是,如该损害是因上述员工或者代理人的故意或者明知该运输物有可能灭失、毁损,或者迟延交付,而轻率地作为或者不作为所发生的除外。

在第二款正文的情况下,有关运输物的承运人及其员工或者代理人的责任限额的总额,不得超过第七百九十七条第一款规定的限额。

第一款至第三款的规定,也适用于对承运人之外的实际承运人,或者其员工或代理人提起的损害赔偿请求。

[2007年8月3日修改全文]

第七百九十九条 【禁止减轻承运人的责任】

违反第七百九十四条至第七百九十八条规定作出的减轻或者免除承运人的义务或者责任的当事人之间的特别约定无效。向承运人转让运输物的保险利益的约定或者类似的约定也是一样。

活体动物运输和在提单和其他证明运输合同的文件表面记载舱面积载要旨，并且积载于舱面上运输的，不适用第一款的规定。

[2007 年 8 月 3 日修改全文]

第八百条 【违法装运物的处分】

船长随时可以卸载违反法令或者合同装船的运输物，该运输物有可能危害船舶或者其他货物时，可以抛弃。

船长运输第一款规定的货物时，可以请求支付在装船时间、装船地点的同类运输物的最高运费。

第一款及第二款规定，不影响承运人及其他利害关系人的损害赔偿请求。

[2007 年 8 月 3 日修改全文]

第八百零一条 【危险货物的处分】

易燃、易爆及其他危险运输物，即使承运人明知其性质而装船的，该运输物具有危害船舶或者其他运输物的危险时，船长可以随时卸货、破坏或者采取无害措施。

因第一款的处分而损害运输物的，承运人除承担共同海损分摊责任外，免除其他赔偿责任。

[2007 年 8 月 3 日修改全文]

第八百零二条 【运输物的领取】

收到运输物到达通知的收货人应当依当事人之间的合意，或者卸货港的习惯所订的时间和地点及时领取运输物。

[2007 年 8 月 3 日修改全文]

第八百零三条 【运输物的托管等】

收货人怠于领取运输物时，船长可以将其托管或者放置于海关和其他法令确定的政府部门许可的地点。在这种情况下，应当立即向收货人发出通知。

确实无法知道收货人或者收货人拒绝领取运输物的，船长应当将其托管或者放置于海关和其他政府部门许可的地点，并立即向租船人或者托运人及已知的收货人发出通知。

依照第一款和第二款的规定，已将运输物托管或者放置于海关和其他政府部门许可的地点的，视为已将运输物交付给提单持有人或其他收货人。

[2007 年 8 月 3 日修改全文]

第八百零四条 【运输物部分灭失与毁损的通知】

当收货人发现运输物部分灭失或者毁损的，领取之后应立即将其概要以书面方式通知承运人。但是，若该灭失或者毁损是不能及时发现的，自领取之日起三日内发出通知。

没有第一款规定的通知的，推定运输物在未灭失或者毁损的情况下交付给收货人。

承运人或者其员工为恶意的，不适用第一款及第二款规定。

运输物发生或者怀疑发生灭失或者毁损的，承运人与收货人应相互提供检查运输物所必要的便利条件。

违反第一款至第四款的规定，当事人之间做出的不利于收货人的特别约定无效。

[2007年8月3日修改全文]

第八百零五条 【按运输物的重量或者容积的运费】

按运输物的重量或者容积确定运费的，交付运输物时按照重量或者容积来确定运费。

[2007年8月3日修改全文]

第八百零六条 【按运输期间的运费】

按期间确定运费的，根据开始装载运输物之日起到卸货结束之日止的期间来确定金额。

第一款的期间中不包括船舶因不可抗力在装货港或者航海中停泊的期间或者在航海中修理船舶的期间。

[2007年8月3日修改全文]

第八百零七条 【收货人的义务和船长的留止权】

收货人领取运输物时，应当按照运输合同或者提单的内容支付运费、附随费用、垫付款项、滞期费，根据运输物的价额算出的共同海损或者海难救助负担的金额。

未支付和偿还第一款规定的金额的，船长没有交付运输物的义务。

[2007年8月3日修改全文]

第八百零八条 【承运人的运输物拍卖权】

承运人为了取得第八百零七条第一款规定的金额，经法院许可有权拍卖运输物，并从其价款中优先受偿。

船长将运输物交付给收货人后，承运人仍可以对该运输物行使第一款的权利。但是，自交付之日起逾三十日或者第三人取得对该运输物的占有的除外。

[2007年8月3日修改全文]

第八百零九条 【航次租船人等的再运输合同船舶所有人的责任】

航次租船人或者定期租船人以自己的名义与第三人签订运输合同的，该合同的履行在船长的职务范围内的，船舶所有人也要对该第三人承担第七百九十四条及第七百九十五条规定的责任。

[2007年8月3日修改全文]

第八百一十条 【运输合同的终止事由】

运输合同因下列事由而终止：

(一)船舶沉没或者灭失的；

(二)船舶无法修理的；

(三)船舶被俘获的；

(四)运输物因不可抗力灭失的。

在航海途中发生第一款第一项至第三项的事由时，托运人应按照运输比例，以现存运输物的价额为限支付运费。

[2007年8月3日修改全文]

第八百一十一条 【因法定事由的解除等】

因航运或者运输违反法令或者因其他不可抗力而无法实现合同目的的,各当事人均可解除合同。

因航行途中发生第一款的事由而终止合同的,托运人应当按照运输比例支付运费。

[2007 年 8 月 3 日修改全文]

第八百一十二条 【对部分运输物的不可抗力】

第八百零七条第一款第四项和第八百零八条第一款的事由只对部分运输物发生的,托运人在不增加承运人责任的范围内可以装载其他运输物。

托运人行使第一款规定的权利时,应及时卸载或者装载运输物。怠于卸载或者装载运输物的,应当支付全部运费。

[2007 年 8 月 3 日修改全文]

第八百一十三条 【船长的载货处分及运费】

有下列情形之一的,承运人可以请求支付全部运费:

(一)船长依照第七百五十条第一款的规定,处分载货的;

(二)船长依照第八百六十五条的规定处分载货的。

[2007 年 8 月 3 日修改全文]

第八百一十四条 【承运人债权、债务的消灭】

承运人对托运人或者收货人的债权和债务,不管其请求原因如何,均自承运人将运输物交付给收货人之日起,或者应交付之日起一年之内,如无诉讼上的请求,债权和债务消灭。但经当事人商议,可以延长这一期间。

承运人将其接受的运输又转委托给第三人,托运人或者收货人在第一款规定的期间内与承运人达成赔偿的协议或者进行诉讼上请求的,自该协议或者请求之日起在三个月届满之前,对该第三人承运人的债权和债务虽有第一款的规定也不消灭。承运人和第三人作出与第一款但书相同意思之约定时,亦同。

在第二款的情形下,接到诉讼上请求的承运人自该日之日起三个月内对第三人告知诉讼的,三个月的期间从判决生效或者其他的终结之时起计算。

[2007 年 8 月 3 日修改全文]

第八百一十五条 【准用规定】

第一百三十四条、第一百三十六条至第一百四十条的规定,准用于本节的承运人。

[2007 年 8 月 3 日修改全文]

第八百一十六条 【多式联运承运人的责任】

承运人接受的运输中包含了海上以外的运输区间的,承运人依损害发生的运输区间所应适用的法律承担责任。

损害发生的区间不明确或者损害的发生从其性质上不能限定为某一区间的,承运人依运输距离最长的区间所适用的法律承担责任。但是,如果运输距离相同或者不能确定最长的运输距离的,按运费最高的区间所适用的法律承担责任。

[2007 年 8 月 3 日修改全文]

第二节 海上旅客运输〈2007 年 8 月 3 日修改〉

第八百一十七条 【海上旅客运输合同】

海上旅客运输合同是由承运人将特定的旅客在海上通过船舶从出发地运送到目的地,由相对方支付约定运费而生效的合同。

[2007 年 8 月 3 日修改全文]

第八百一十八条 【记名式船票】

记名式船票不得转让给他人。

[2007 年 8 月 3 日修改全文]

第八百一十九条 【提供伙食与住处的义务等】

旅客在航程中的伙食,如另无约定由承运人承担。

航海途中修理船舶的,承运人应向旅客提供相当的住处和伙食。但是,在不侵害旅客权利的范围内提供到目的港为止的运送便利的除外。

在第二款的情况下,旅客按航海比例支付运费后可以终止合同。

[2007 年 8 月 3 日修改全文]

第八百二十条 【免费运输行李的义务】

旅客按照合同可以在船上携带行李,如无另行约定,承运人不得要求支付运费。

[2007 年 8 月 3 日修改全文]

第八百二十一条 【迟延登船与船长的起航权】

旅客到乘船时间止仍未上船的,船长可以立即起航。在航海途中的停泊港的,亦同。

在第一款的情况下,旅客应支付全部运费。

[2007 年 8 月 3 日修改全文]

第八百二十二条 【合同解除与运费】

旅客在起航之前解除合同的,应支付一半运费;起航以后解除合同的,应支付全部运费。

[2007 年 8 月 3 日修改全文]

第八百二十三条 【因法定事由的解除】

旅客在起航前因死亡、疾病或者其他不可抗力致使不能航行的,承运人可以请求十分之三的运费;在起航后事由发生的,经承运人选择,可以按十分之三的运费或按运输的比率请求运费。

[2007 年 8 月 3 日修改全文]

第八百二十四条 【死亡旅客行李的处分义务】

旅客死亡时,对于旅客在船上携带的行李,船长按照最有利于其继承人的方法进行处分。

[2007 年 8 月 3 日修改全文]

第八百二十五条 【法定终止事由】

运输合同因第八百一十条第一款第一项至第三项的事由而终止。航行途中出现上述事由的,旅客应照运输比例支付运费。

[2007 年 8 月 3 日修改全文]

第八百二十六条 【准用规定】

第一百四十八条、第七百九十四条、第七百九十九条第一款及第八百零九条的规定,准用于海上旅客运输。

第一百三十四条、第一百三十六条、第一百四十九条第二款、第七百九十四条至第八百零一条、第八百零四条、第八百零七条、第八百一十一条及第八百一十四条的规定,准用于承运人受托运输旅客行李的情形。

第一百五十条、第七百九十七条第一款及第四款、第七百九十八条、第七百九十九条第一款、第八百零九条及第八百一十四条的规定,准用于承运人未受托而运输旅客的行李。

[2007 年 8 月 3 日修改全文]

第三节 航次租船〈2007 年 8 月 3 日修改〉

第八百二十七条 【航次租船合同的定义】

航次租船合同是船舶所有人与航次租船人约定以特定航海为目的,船舶所有人向航次租船人提供配备船员和航海装备的船舶的全部或者部分用于运输物的运输,航次租船人支付运费,从而产生效力的合同。

本节的规定,如不违反其性质时,准用于以旅客运输为目的的航次租船合同。

船舶所有人虽然在一定期间内负有向租船人提供船舶的义务,但约定以航次为单位支付运费的,以不违反其性质为限准用本节的规定。

[2007 年 8 月 3 日修改全文]

第八百二十八条 【租船合同】

租船合同的当事人,应依对方的请求交付租船合同。

[2007 年 8 月 3 日修改全文]

第八百二十九条 【装船准备完毕的通知与装船期间】

船舶所有人在完成装运运输物的必要准备后,应当及时向租船人发出通知。

运输物的装运期间有约定的,若第一款的通知是在上午发出的,该期间从当日下午一时起算;下午发出的,从次日上午六时开始起算。此期间不包括因不可抗力而不能装船的日期及该港口的习惯上不进行装船作业的日期。

超过第二款规定的期间装载运输物的,船舶所有人可以请求相当的报酬。

[2007 年 8 月 3 日修改全文]

第八百三十条 【第三者为装船人时的通知与装船】

在租船人以外的第三者装载运输物的情形下,若船长无法确切知道该第三者或者该第三者未装船时,船长应立即向租船人发出该通知。在这种情况下,租船人可以装载运输物的期间以装船期间为限。

[2007 年 8 月 3 日修改全文]

第八百三十一条 【租船人的起航请求权与船长的起航权】

在运输物未全部装船的情形下,租船人也可以请求船长起航。

装船期间逾期后,租船人未将全部运输物装船时,船长也可以立即起航。

在第一款和第二款规定的情况下,租船人应当支付全部运费和因运输物未全部装船而产生的费用;若有船舶所有人请求,则应提供相当的担保。

[2007 年 8 月 3 日修改全文]

第八百三十二条 【全部租船起航前的合同解除】

起航之前,全部租船人可以支付一半的运费而解除合同。

往返航海的租船合同,全部租船人在返航之前终止合同的,须支付三分之二的运费。

船舶应从其他港口驶向装船港时,全部租船人在装船港起航之前终止合同的,同第二款的规定。

[2007 年 8 月 3 日修改全文]

第八百三十三条 【部分租船和起航前的合同解除等】

部分租船人或托运人只有在与其他租船人和托运人全体共同决定的情况下,才可以解除或者终止第八百三十二条的规定。

除第一款规定的情况外,部分租船人或者托运人在起航前解除或者终止合同的,也应支付全部运费。

虽在起航之前,部分租船人及托运人已装载全部或者部分运输物的,未经其他租船人及托运人的同意,不得解除或者终止合同。

[2007 年 8 月 3 日修改全文]

第八百三十四条 【附随费用、垫付款的支付义务】

租船人或者托运人依第八百三十二条和第八百三十三条第一款规定解除或者中止合同时,也不得免除其支付附随费用和垫付款的责任。

在第八百三十二条第二款和第三款规定的情况下,租船人或者托运人除支付第一款中所记载的金额外,还应当按照运输物的价额支付因共同海损或者海难救助而应承担的金额。

[2007 年 8 月 3 日修改全文]

第八百三十五条 【装船与卸货费用的承担】

在第八百三十三条和第八百三十四条的情况下,装载全部或者部分运输物的,该装船及卸货费用由租船人或者托运人承担。

[2007 年 8 月 3 日修改全文]

第八百三十六条 【装船期间不装船的后果】

租船人在装船期间内不装载运输物的,视为解除或者终止合同。

[2007 年 8 月 3 日修改全文]

第八百三十七条 【起航后的合同解除】

起航后,如果租船人或者托运人不支付全部运费、垫付款、滞期费和共同海损,或者海难救助的承担金额,不赔偿因卸货而发生的损害或者对此提供相当的担保的,不得终止合同。

[2007年8月3日修改全文]

第八百三十八条 【运输物的卸载】

卸货所需准备完毕时,船长应及时向收货人发出通知。

第八百二十九条第二款规定,准用于卸货期间的计算。

超过第二款卸载期间卸货时,船舶所有人可以请求支付相当的报酬。

[2007年8月3日修改全文]

第八百三十九条 【船舶所有人减轻责任禁止】

违反第七百九十四条的规定,本节规定的减轻或者免除船舶所有人义务或者责任的当事人之间的特别约定无效。关于运输物的保险利益转让给船舶所有人的约定或者类似约定的,亦同。

第七百九十九条第二款,准用于第一款的情况。

[2007年8月3日修改全文]

第八百四十条 【船舶所有人的债权与债务的消灭】

船舶所有人对租船人或者收货人的债权和债务,不管其请求原因如何,自船舶所有人将运输物交付之日起或者应交付之日起两年内,若无诉讼上的请求,时效消灭。在这样的情况下,准用第八百一十四条第一款但书的规定。

缩短第一款期间的船舶所有人与航次租船人的约定,运输合同上无明示记载的,无效。

[2007年8月3日修改全文]

第八百四十一条 【准用规定】

第一百三十四条、第一百三十六条、第一百三十七条、第一百四十条、第七百九十三条至第七百九十七条、第七百九十八条第一款至第三款、第八百条、第八百零一条、第八百零三条、第八百零四条第一款至第四款、第八百零五条至第八百零八条、第八百一十条至第八百一十三条的规定,准用于航次租船合同。

依第一款计算第八百零六条的运费时,超过第八百二十九条第二款规定的装载期间或者第八百三十八条第二款规定的卸货期间的,其逾期的装载或者卸货期间不计入期间内,而按第八百二十九条第三款和第八百三十九条第三款的规定另行确定报酬。

[2007年8月3日修改全文]

第四节　定期租船〈2007 年 8 月 3 日修改〉

第八百四十二条　【定期租船合同的定义】

定期租船合同,是指船舶所有人与租船人约定,在一定期间内向租船人提供配备船员和航海装备的船舶用于航海,租船人支付按期间计算的租金,从而产生效力的合同。

[2007 年 8 月 3 日修改全文]

第八百四十三条　【定期租船人的指挥权】

为了使用约定范围内的船舶,定期租船人具有指挥船长的权利。

船长、海员及其他船舶员工违背定期租船人的正当指示而使定期租船人发生损害的,船舶所有人承担赔偿责任。

[2007 年 8 月 3 日修改全文]

第八百四十四条　【运输物留止权及拍卖权】

第八百零七条第二款和第八百零八条的规定,准用于定期租船合同人未向船舶所有人履行租金、垫付款和其他类似的定期租船合同的债务的情形。但是,船舶所有人不得对抗善意取得定期租船人签发的提单的第三人。

第一款规定的船舶所有人对运输物的权利,不得超过定期租船人就运输物所约定的租金或者运费的范围行使。

[2007 年 8 月 3 日修改全文]

第八百四十五条　【租船费的迟延、合同解除等】

定期租船人未在约定日期支付租船费的,船舶所有人可以解除或者终止合同。

定期租船人与第三人签订运输合同并将运输物装载后,在船舶的航程中,船舶所有人依第一款的规定解除或者终止合同时,船舶所有人对载货的利害关系人承担与定期租船人相同的运输义务。

船舶所有人向载货利害关系人书面通知依照第二款的规定解除、终止合同,以及继续运输之意思时,视为船舶所有人对定期租船人的租金、垫付款作出担保,其他类似的定期租船合同上的债权,以定期租船人对载货利害关系人的租船费或者运费的债权为标的设定了质权。

第一款至第三款的规定,不影响船舶所有人或者载货利害关系人对定期租船人的损害赔偿请求。

[2007 年 8 月 3 日修改全文]

第八百四十六条　【定期租船合同上的债权消灭】

定期租船合同中发生的当事人之间的债权,自船舶返还给船舶所有人之日起两年内,没有裁判上的请求时,时效消灭。在这种情况下,准用第八百一十四条第一款但书的规定。

第八百四十条第二款的规定准用于第一款的情形。

[2007 年 8 月 3 日修改全文]

第五节　光船租船〈2007年8月3日修改〉

第八百四十七条　【光船租船合同的定义】

光船租船合同，是指在租船人的管理和支配下，以经营船舶为目的，约定船舶所有人向租船人提供船舶，租船人支付由此产生的租船费用从而产生效力的合同。

即使船舶所有人承担提供船长和其他海员的义务，如果海员是在租船人的管理和支配下以航行船舶为目的的，该情况视为光船租赁合同。

[2007年8月3日修改全文]

第八百四十八条　【法律性质】

光船租船合同在不违反其性质的情况下，准用《民法》上关于租赁的规定。

租船期满后，租船人享有收购或接受船舶权利的，以及以金融担保为目的，以债权人为船舶所有人签订光船租船合同的，在租船期间，当事人之间享有本节规定的权利和义务。

[2007年8月3日修改全文]

第八百四十九条　【光船租船人的登记请求权、登记效力】

光船租船人可以向船舶所有人请求协助进行光船租船登记。

登记光船租船时，自登记时起对第三人产生效力。

[2007年8月3日修改全文]

第八百五十条　【光船租赁和对第三人的法律关系】

光船租赁人以商行为或其他盈利目的使用船舶航海的，与利用船舶相关的事项，租船人对于第三人享有与船舶所有人相同的权利和义务。

在第一款的情况下，因船舶的使用而产生的优先特权，对船舶所有人也产生效力。但是，优先特权人知道其违反使用合同的除外。

[2007年8月3日修改全文]

第八百五十一条　【光船租船合同债权的消灭】

有关光船租船合同发生的当事人之间的债权，自船舶返还给船舶所有人之日起二年内没有裁判上的请求时，时效消灭。此时，准用第八百一十四条第一款但书的规定。

第八百四十条第二款准用于第一款的情形。

[2007年8月3日修改全文]

第六节　运输单〈2007年8月3日修改〉

第八百五十二条　【提单的签发】

承运人受领运输物后，应当根据托运人的请求交付一份或者数份提单。

承运人将运输物装船后，应托运人的请求交付一份或数份装船提单，或在第一款规定的提单上表示装船的意思表示。

承运人可以委托船长或其他代理人交付提单,或作出第二款的表示。

[2007年8月3日修改全文]

第八百五十三条 【提单的记载事项】

提单上应当记载下列事项,并由承运人签字盖章或者署名:

(一)船舶的名称、国籍和吨位;

(二)托运人书面通知的运输物的种类、重量或者容积、包装的种类、件数和记号;

(三)运输物的外观状况;

(四)租船人或托运人的姓名、商号;

(五)收货人或者通知受领人的姓名、商号;

(六)装货港;

(七)卸货港;

(八)运费;

(九)签发地和签发年月日;

(十)签发数个提单时,其数量;

(十一)承运人的姓名或者商号;

(十二)承运人的主要营业地。

对于实际收到的运输物,有相当的理由怀疑承运人没有正确标示第一款第二项的记载事项中运输物的重量、容积、个数或记号时,或者没有适当的方法确认时,可以省略该记载。

托运人就第一款第二项记载事项的正确性视为向承运人提供担保。

承运人向提单上记载的通知受领人发出有关运输物的通知时,视为已通知托运人和提单持有人,以及其他收货人。

[2007年8月3日修改全文]

第八百五十四条 【提单的效力】

根据第八百五十三条第一款的规定签发提单时,推定承运人与托运人之间按照提单记载签订了个人运输合同,推定领取或装载了运输物。

对于善意取得第一款规定的提单的持有人,承运人视为按照提单记载接收或装载了运输物,并按照提单记载承担承运人的责任。

[2007年8月3日修改全文]

第八百五十五条 【租船合同和提单】

经租船人请求,船舶所有人受领运输物后,依照第八百五十二条和第八百五十三条的规定签发提单。

根据第一款的规定签发提单的,推定船舶所有人根据提单记载受领或装载了运输物。

第三人善意取得第一款规定的提单时,船舶所有人根据第八百五十四条第二款的规定,享有作为承运人的权利和义务。根据租船人的请求,船舶所有人向第三人签发提单的,亦同。

在第三款的情况下，该第三人视为第八百三十三条至第八百三十五条和第八百三十七条规定的托运人。

在第三款的情况下，不得违反第七百九十九条的规定作出减轻或免除承运人义务和责任的特别约定。

[2007年8月3日修改全文]

第八百五十六条 【誊本的交付】

接受提单交付的租船人或者托运人，在提单签发人请求时，应当在提单的誊本上签字盖章或者署名之后交付。

[2007年8月3日修改全文]

第八百五十七条 【数个提单和卸货港运输物的交付】

在卸货港持有数个提单中一个提单的人请求交付运输物的，船长不能拒绝交付。

根据第一款的规定，数个提单中一个提单持有人收到运输物交付时，其他提单失效。

[2007年8月3日修改全文]

第八百五十八条 【数个提单和卸货港外的运输物移交】

在卸货港以外，船长未收到返还的各份提单的，不得移交运输物。

[2007年8月3日修改全文]

第八百五十九条 【二人以上提单持有人的运输物移交请求和提存】

二人以上的提单持有人请求移交运输物时，船长应当立即提存运输物，并向各请求人发送通知。

船长根据第八百五十七条第一款规定交付部分运输物后，其他持有人请求交付运输物时，对未交付的运输物仍与第一款相同。

[2007年8月3日修改全文]

第八百六十条 【数个提单持有人的顺位】

对于依照第八百五十九条提存的运输物，从数个提单持有人共同的前手持有人处先取得交付的提单持有人的权利，优先于其他持有人的权利。

对异地人发送的提单，发送时视为交付。

[2007年8月3日修改全文]

第八百六十一条 【准用规定】

第一百二十九条、第一百三十条、第一百三十二条及第一百三十三条，准用于第八百五十二条及第八百五十五条规定的提单。

[2007年8月3日修改全文]

第八百六十二条 【电子提单】

承运人取得托运人或租船人的同意，可以在法务部长官指定的登记机关进行登记的方式签发电子提单，代替第八百五十二条或第八百五十五条规定的提单。在这种情况下，电子提单具有与第八百五十二条和第八百五十五条规定的提单相同的法律效力。

电子提单应当包括第八百五十三条第一款规定的各项信息，由承运人电子签名后发送,租船人或托运人接收后才能生效。

电子提单的权利人签发记载背书意思的电子文件后,可以附加电子提单,通过在指定的登记机关向对方发送的方式转让其权利。

对方收到依照第三款规定的方式记载背书意思的电子文件时,具有与第八百五十二条和第八百五十五条规定的提单背书交付相同的效力。收到第二款和第三款规定的电子文件的权利人,取得第八百五十二条和第八百五十五条规定的与接受提单持有人相同的权利。

电子提单登记机关的指定要件、签发及背书的电子方式、运输物的具体受领程序和其他必要事项,由总统令规定。

[2007 年 8 月 3 日修改全文]

第八百六十三条 【海上货运单的签发】

承运人经租船人或者托运人的请求,可以不签发第八百五十二条或者第八百五十五条规定的提单,而签发海上货运单。海上货运单可以根据当事人之间的协议,以电子方式签发。

海上货运单上,除标明是海上货运单外,还应当记载第八百五十三条第一款各项事项,由承运人签字盖章或者署名。

第八百五十三条第二款及第四款的规定准用于海上货运单。

[2007 年 8 月 3 日修改全文]

第八百六十四条 【海上货运单的效力】

根据第八百六十三条第一款的规定签发海上货运单的,推定承运人按照该货运单的记载受领或者装载了运输物。

承运人交付运输物时,有正当理由相信受领人是海上货运单记载的收货人或者其代理人时,即使受领人不是权利人,承运人也免除其责任。

[2007 年 8 月 3 日修改全文]

第三章 海商危险〈2007 年 8 月 3 日修改〉

第一节 共同海损〈2007 年 8 月 3 日修改〉

第八百六十五条 【共同海损的要件】

为避免船舶与载货共同危险,对船长的船舶或载货进行处分所造成的损害或费用,为共同海损。

[2007 年 8 月 3 日修改全文]

第八百六十六条 【共同海损分摊】

共同海损,由各利害关系人按照避免风险的船舶,或装载物的价额和运费的半额与共同海损额的比例分摊。

[2007 年 8 月 3 日修改全文]

第八百六十七条 【共同海损分摊额的计算】

确定共同海损分摊额时，船舶的价额为到达时和到达地点的价额，装载物的价额为卸货时和地点的价额。但是，对于装载物，应从其价额中扣除因灭失而免予支付的运费和其他费用。

[2007年8月3日修改全文]

第八百六十八条 【共同海损分摊人的有限责任】

根据第八百六十六条和第八百六十七条规定，负有共同海损分摊责任的人，以船舶到达或移交装载物时现存价额为限承担责任。

[2007年8月3日修改全文]

第八百六十九条 【共同海损的损失额计算】

确定共同海损额时，船舶的价额为到达时和到达地点的价额，装载物的价额为卸货时和卸货地点的价额。但是，关于装载物，应扣除因损失而免除支付的全部费用。

[2007年8月3日修改全文]

第八百七十条 【对负有责任人的追偿权】

船舶和装载物的共同危险是由船舶或装载物的瑕疵或其他过失行为引起的，共同海损的分担人可以对负有责任的人行使追偿权。

[2007年8月3日修改全文]

第八百七十一条 【共同海损分摊除外】

如果保存了船舶上配备的武器、船员工资、船员和旅客的粮食、服装的，其价额不计入共同海损分摊中。如有损失的，其价额计入共同海损的金额中。

[2007年8月3日修改全文]

第八百七十二条 【共同海损分摊请求中的除外】

没有记载在附属物目录中的附属物，没有提单或者其他可以确定装船价格的文件的装载物或者种类，以及没有明示价额的货币、有价证券和其他高价物被保存的，该价额计入共同海损的分摊。如有损失，该价额不计入共同海损的分摊。

甲板上装载的货物，与第一款相同。但是，习惯上允许在甲板上装载的，以及该航次属于沿海航行的，不在此限。

[2007年8月3日修改全文]

第八百七十三条 【装货价格的不实记载和共同海损】

在提单或者其他可以确定装货价格的文件中记载的货物的价格高于实际价格的，该货物保存的，应根据货物的记载额确定共同海损的分担金额。记载额低于实际价额的，该货物遭受损失时，记载额为共同海损额。

对于影响货物价格的事项作出虚假记载的，准用第一款的规定。

[2007年8月3日修改全文]

第八百七十四条 【共同海损损失的恢复】

船舶所有人、租船人、托运人、其他利害关系人分摊共同海损金额后，船舶、附属物或者装载物的全部或者部分复归给所有人的，该所有人应从共同海损取得的奖金额中扣除救助费和部分损失引起的损害额后，返还余额。

[2007 年 8 月 3 日修改全文]

第八百七十五条 【共同海损债权的消灭】

因共同海损而产生的债权和第八百七十条规定的求偿债权，自计算终了之日起一年内无裁判上请求的，时效消灭。在这种情况下，准用第八百一十四条第一款但书的规定。

[2007 年 8 月 3 日修改全文]

第二节 船舶碰撞〈2007 年 8 月 3 日修改〉

第八百七十六条 【船舶碰撞适用的法规】

航海船相互之间或航海船与内河航船之间发生碰撞时，对船舶或船舶内的物或人所造成的损害赔偿，在任何水面上发生的碰撞都适用本节的规定。

本节所称"船舶碰撞"，是指两艘以上的船舶因其运用上的作为或者不作为，无论是否存在直接接触，使船舶相互之间对另一船舶或者船舶内的人或者物受到损害的。

[2007 年 8 月 3 日修改全文]

第八百七十七条 【因不可抗力造成的碰撞】

船舶的碰撞因不可抗力造成或者碰撞原因不明的，受害人不得请求赔偿碰撞造成的损害。

[2007 年 8 月 3 日修改全文]

第八百七十八条 【一方过失引发的碰撞】

船舶碰撞是因一方船员的过失发生时，该方船舶所有人有责任向受害人赔偿碰撞造成的损失。

[2007 年 8 月 3 日修改全文]

第八百七十九条 【因双方过错引起的碰撞】

船舶的碰撞因双方船员的过错而发生时，根据双方过错的轻重，由各船舶所有人分担损害赔偿的责任。这种情况下，不能判定其过失轻重时，应均分承担损害赔偿责任。

在第一款的情况下，对第三人死伤的损害赔偿，由双方的船舶所有人连带承担责任。

[2007 年 8 月 3 日修改全文]

第八百八十条 【引航员的过失引起的碰撞】

即使船舶的碰撞是由于引航员的过失造成的，船舶所有人也有责任按照第八百七十八条和第八百七十九条的规定赔偿损失。

[2007 年 8 月 3 日修改全文]

第八百八十一条 【船舶碰撞债权的消灭】

因船舶碰撞而产生的损害赔偿请求权，自发生碰撞之日起两年内，无裁判上请求的，时效消灭。这种情况下，准用第八百一十四条第一款但书的规定。

[2007 年 8 月 3 日修改全文]

第三节　海难救助〈2007 年 8 月 3 日修改〉

第八百八十二条　【海难救助的要件】

船舶或者其装载物、其他物在任何水面上遇到危难时，没有救助义务的人可以就其救助结果请求相当的报酬。航海船和内水航行船之间的救助，与前述相同。

[2007 年 8 月 3 日修改全文]

第八百八十三条　【报酬的决定】

在没有关于救助报酬约定的情况下，当事人就救助的金额不能达成协议时，法院应当根据当事人的请求，对救助的船舶、财产的价额、危难的程度、救助人的努力和费用、救助人或者其装备、遭遇风险的程度、救助的效果、防止环境损害的努力以及其他各项情况，酌情确定其金额。

[2007 年 8 月 3 日修改全文]

第八百八十四条　【报酬的限度】

救助的报酬额，无其他约定的，不得超过被救助标的物的价额。

有先顺位的优先特权的，救助的报酬额不得超过扣除该优先特权人债权额的余额。

[2007 年 8 月 3 日修改全文]

第八百八十五条　【对防止环境损害作业的特别补偿】

从事救援作业的救助人，在船舶或其装载货物有可能造成环境损害的情况下，对于起到减少或防止损害的救助作业，虽然有第八百八十四条的规定，无论救援成功与否，可以对救助需要的费用请求特别补偿。

第一款所称“费用”，是指救助作业实际支出的合理费用，以及使用的装备和人员的正当报酬。

救助人因救助作业而实际减轻或防止环境损害的，可以请求增加补偿。法院参酌第八百八十三条规定的情况决定是否增加金额。这种情况下，即使增加了救助费用，也不能超过第一款规定费用的一倍。

因救助人的故意或过失，给减少或防止损害的发生造成阻碍的，法院可以减少或否认第一款和第三款规定的金额。

实施第一款救助作业的救助人，除可以请求第一款至第四款规定的特别补偿外，还可以请求第八百八十二条规定的报酬的，可以按其中更大的金额请求救助费。

[2007 年 8 月 3 日修改全文]

第八百八十六条　【救助费用的支付义务】

船舶所有人和其他被救助财产的权利人，有义务按照获救船舶或财产价额的比例支付救助报酬、特别补偿等救助费。

[2007 年 8 月 3 日修改全文]

第八百八十七条　【关于救助的约定】

当事人事前订立救助合同,按照该合同进行救助的,只要不违反其性质,救助合同中没有规定的事项,依照本节规定执行。

海难当时对救助费用的金额作出约定,但该金额明显不当时,法院可参酌第八百八十三条的情况增减该金额。

[2007 年 8 月 3 日修改全文]

第八百八十八条　【共同救助人之间的救助费分配】

数人共同从事救助的情况下,关于该救助费用的分配比例,准用第八百八十三条的规定。

从事人命救助的人也可以根据第一款的规定获得救助费的分配。

[2007 年 8 月 3 日修改全文]

第八百八十九条　【同一船舶内部的救助费用分配】

船舶从事救助收取救助费时,应当先将船舶的损害额和进行救助支出的费用支付给船舶所有人,然后将余额的一半支付给船长和海员。

根据第一款规定支付给海员的救助费用的分配,船长应当参考各海员的努力及其效果和情况,在航程结束前制作分配方案并告示海员。

[2007 年 8 月 3 日修改全文]

第八百九十条　【拖船的救助】

关于拖船的本船或其装载物的救助,没有为履行拖船合同之外提供特殊努力的,不能请求救助费。

[2007 年 8 月 3 日修改全文]

第八百九十一条　【属于同一所有人的船舶之间的报酬】

属于同一所有人的船舶相互之间从事救助的人,也可以请求相当的救助费用。

[2007 年 8 月 3 日修改全文]

第八百九十二条　【无救助费请求权人】

属于下列情形的人,不得请求救助金:

(一)获救船舶的工作人员;

(二)因故意或过失引起海难事故的人;

(三)不顾正当的拒绝强行救助的人;

(四)隐匿获救的物品或无正当理由处分的人。

[2007 年 8 月 3 日修改全文]

第八百九十三条　【救助人的优先特权】

从事救助的人的救助费债权,对于救助的装载物享有优先特权。但是,债务人将装载物转移给第三人的,不能行使对装载物的上述权利。

第一款的优先特权,在不违反其性质的情况下,准用第七百七十七条关于优先特权的规定。

[2007 年 8 月 3 日修改全文]

第八百九十四条 【船长关于救助费用支付的权限】

船长有权代替支付救助费用的债务人,进行与该支付相关的裁判上或裁判外的所有行为。

船长可以成为关于救助费用的诉讼的当事人,其生效判决对救助费用的债务人也具有效力。

[2007 年 8 月 3 日修改全文]

第八百九十五条 【救助费请求权的消灭】

救助费请求权自救助完成之日起两年内没有裁判上的请求时消灭。这种情况下,准用第八百一十四条第一款但书的规定。

[2007 年 8 月 3 日修改全文]

第六编 航空运输〈2011 年 5 月 23 日新设〉

第一章 通则〈2011 年 5 月 23 日新设〉

第八百九十六条 【航空器的定义】

本法所称"航空器",是指以商行为或其他营利为目的用于航运的航空器。但是,总统令规定的超轻型飞行装置除外。

[2011 年 5 月 23 日新设本条]

第八百九十七条 【适用范围】

航运用航空器即使不以商行为或其他营利为目的,也准用本编的规定。但是,对于国有或公有[①]的航空器,考虑到飞行的目的、性质等而不适合准用本篇规定的,由总统令规定的情况除外。

[2011 年 5 月 23 日新设本条]

第八百九十八条 【承运人等的责任减免】

就本编所述包括第九百零五条第一款规定的承运人或航空器运航人的损害赔偿责任,证明承运人或航空器运航人对损害赔偿请求权人的过失或其他不法作为或不作为造成损害或对损害起作用的,根据该过失或者其他非法作为或者不作为造成损害或者对损害起作用的程度,可以减轻或者免除承运人或者航空器运航人的

① 国有财产,是指国家所有的,由国家负担、接受捐赠或根据法令或条约构成的财产(韩国《国有财产法》第二条)。公有财产,是指地方自治团体所有的,由地方自治团体负担、接受捐赠或根据法令构成的财产(韩国《公有财产和物品管理法》第二条)。

责任。

［2011 年 5 月 23 日新设本条］

第二章　运输〈2011 年 5 月 23 日新设〉

第一节　通则〈2011 年 5 月 23 日新设〉

第八百九十九条　【对非合同性请求的适用等】

本章关于承运人责任的规定，也适用于承运人因不法行为而造成的损害赔偿责任。

关于旅客、行李或者运输物的损害赔偿请求，是针对承运人的员工或者代理人提出的，而该损害是因该员工或者代理人履行职务而发生的，该员工或者代理人可以引用承运人主张的抗辩和责任限制。

即使有第二款的规定，旅客或者行李的损害是因承运人的员工或者代理人的故意造成的，或者是因明知有可能发生旅客的死亡、伤害、延误（行李的灭失、毁损、延误）而盲目地作为或者不作为造成的，其员工或者代理人不得引用承运人可以主张的抗辩和责任限制。

在第二款的情况下，承运人及其员工或代理人对旅客、行李或运输物的责任制限额总额，分别不得超过第九百零五条、第九百零七条和第九百一十条的限度。

［2011 年 5 月 23 日新设本条］

第九百条　【对实际承运人的请求】

受订立运输合同的承运人（以下简称合同承运人）委托履行全部或者部分运输的承运人（以下简称实际承运人），对于实际承运人履行的运输及实际运输人，适用本章关于承运人责任的规定。但是，属于第九百零一条规定的顺次运输的除外。

实际承运人对旅客、行李或者运输物承担损害赔偿责任的，由合同承运人与实际承运人承担连带责任。

第一款的情况，准用第八百九十九条第二款至第四款的规定。这种情况下，第八百九十九条第二款、第三款中的“承运人”视为“实际承运人”，同条第四款中的“承运人”视为“合同承运人和实际承运人”。

除本章规定的承运人的责任和义务外，承运人承担责任和义务的特别约定，或者本章规定的承运人放弃权利和抗辩，在实际承运人不同意的情况下，其效力不及于实际承运人。

［2011 年 5 月 23 日新设本条］

第九百零一条　【顺次运输】

两个以上依次运输时，各运输区段的承运人，视为运输合同的当事人。

在顺次运输中，旅客的死亡、伤害或者延误造成的损害赔偿，只能向发生该事实的区段的承运人请求。但是，最初承运人明确约定承接前一区段责任的，最初承运人与发生该事实的区段承运人有连带赔偿损害的责任。

在顺次运输中,因行李的灭失、毁损或延误而产生的损害赔偿,可以分别向最初承运人、最终承运人及发生该事实的区段的承运人提出请求。

在顺次运输中,因运输物的灭失、毁损或延误而产生的损害赔偿,托运人可以分别向最初承运人及发生该事实的区段的承运人提出请求。但是,根据第九百一十八条第一款,收货人有权请求运输物的交付时,收货人可以分别向最终承运人及发生该事实的区段的承运人请求损害赔偿。

对于第三款和第四款规定的情况,各承运人有连带赔偿其损害的责任。

最初承运人或最终承运人根据第二款至第五款的规定赔偿损害时,有权向发生旅客死亡、伤害或延误,行李、运输物灭失、毁损或延误区段的承运人追偿。

[2011 年 5 月 23 日新设本条]

第九百零二条 【承运人责任的消灭】

承运人对旅客、托运人或者收货人的责任,不论其请求的原因,在旅客或者运输物到达目的地之日、航空器到达之日,或者中止运输之日中,最晚之日起两年内没有裁判上请求的,承运人责任消灭。

[2011 年 5 月 23 日新设本条]

第九百零三条 【合同条款无效】

违反本章规定,免除承运人责任或者降低责任限额的特别约定无效。

[2011 年 5 月 23 日新设本条]

第二节 旅客运输〈2011 年 5 月 23 日新设〉

第九百零四条 【承运人的责任】

关于旅客死亡或者身体受到伤害所造成的损害,只有在造成损害的事故发生在航空器上或者在为升降而进行的作业中,承运人才承担责任。

[2011 年 5 月 23 日新设本条]

第九百零五条 【承运人的责任限额】

承运人对第九百零四条规定的损害中,在每名旅客不超过十一万三千一百计算单位的金额内,不得免除或者限制承运人的赔偿责任。〈2014 年 5 月 20 日修改〉

承运人对第九百零四条规定的损害中超过每名旅客十一万三千一百计算单位的金额部分,证明有下列情形之一的,不承担赔偿责任:〈2014 年 5 月 20 日修改〉

(一)该损害不是因承运人或其员工或其代理人的过失或其他非法作为或不作为而发生;

(二)其损害只因第三人的过失或其他非法的作为或不作为而发生。

[2011 年 5 月 23 日新设本条]

第九百零六条 【预付款的支付】

发生旅客死亡或者身体受到伤害的航空器事故时,承运人经损害赔偿请求权人请求,应当立即支付预付款。这种情况下,仅凭预付款不视为承运人负有责任。

支付的预付款可以抵作承运人应当支付的损害赔偿的金额。

关于预付款的支付额、支付程序及方法等,由总统令规定。

[2011 年 5 月 23 日新设本条]

第九百零七条 【延误的责任】

承运人对旅客延误造成的损害承担责任。但是,如果承运人证明他和他的使用者及代理人为防止损害而采取了所有合理要求的措施,或证明不可能采取这些措施的,免责。

第一款规定的承运人的责任,以每名旅客四千六百九十四计算单位的金额为限。但是,与旅客缔结的运输合同上的出发地、到达地和中间着陆地在大韩民国领土内的运输,以每名旅客一千计算单位的金额为限。〈2014 年 5 月 20 日修改〉

承运人或其员工或代理人故意,或明知有可能延误而盲目地作为或不作为,从而发生损害的,不适用第二款的规定。

[2011 年 5 月 23 日新设本条]

第九百零八条 【行李灭失、损坏的责任】

承运人对托运行李灭失或者损坏所造成的损害,只有在造成损害的事实在航空器上或者在托运行李处于承运人管理下的期间内发生时,才承担责任。但是,该损害是由于委托行李的固有缺陷、特殊性质或隐藏的瑕疵造成的,在其范围内不承担责任。

承运人对随身行李的灭失或者毁损所造成的损害,只有在该损害是因自己或者其员工或者代理人的故意或者过失而发生时,才承担责任。

[2011 年 5 月 23 日新设本条]

第九百零九条 【行李延误的责任】

承运人对行李延误造成的损害承担责任。但是,如果承运人证明他和他的使用者及代理人为防止损害而采取了所有合理要求的措施,或证明不可能采取这些措施的,免责。

[2011 年 5 月 23 日新设本条]

第九百一十条 【对行李的责任限额】

第九百零八条和第九百零九条规定的承运人的损害赔偿责任,以每名旅客一千一百三十一计算单位的金额为限。但是,旅客在向承运人交付托运行李时,预先申报在到达地交付时的预定价值的,承运人以申报价值为限承担责任,除非能证明申报价值超过到达地交付托运行李时的实际价值。〈2014 年 5 月 20 日修改〉

证明因承运人或其员工或代理人故意,或明知行李可能灭失、毁损或延误而盲目地作为或不作为而导致损害发生的,不适用第一款的规定。

[2011 年 5 月 23 日新设本条]

第九百一十一条 【委托行李部分灭失、毁损等的通知】

旅客发现委托行李部分灭失或者毁损时,应当在领取委托行李后,立即就其概要以书面或者电子文件的形式向承运人发送通知。但是,该灭失或损坏不能立即发现时,应在收到托运行李之日起七日内发出通知。

托运行李延误的,旅客应当自可以处分托运行李之日起二十一日内提出异议。

托运行李部分灭失、毁损或延误时,准用第九百一十六条第三款至第六款的规定。

[2011 年 5 月 23 日新设本条]

第九百一十二条 【随身行李的免费运输义务】

承运人对随身行李没有其他约定的,不得另行请求运费。

[2011 年 5 月 23 日新设本条]

第三节 货物运输〈2011 年 5 月 23 日新设〉

第九百一十三条 【运输物灭失、毁损的责任】

承运人对于运输物的灭失或者毁损所造成的损害,只有该损害是在其航空运输中(包括承运人管理运输物的期间,以下本条相同)发生的情况下才应承担责任。但是,承运人如证明运输物的灭失或损坏是由于下列原因造成的,免除其责任:

(一)运输物固有的缺陷、特殊性质或者隐藏的瑕疵;

(二)承运人或其员工或代理人以外的人导致的运输物的包装不当或标示的记号不完整;

(三)战争、暴动、内乱或武力冲突;

(四)与运输物的出入境、检疫或者通关有关的公共机关的行为;

(五)不可抗力。

第一款规定的航空运输不包括在机场外部进行的陆上、海上运输或内陆水路运输。但是,如果该运输是在履行运输合同时装载、交付或转运的过程中形成的,推定为在航空运输中。

承运人未经托运人的同意,以其他运输工具代替与托运人的协议中预先约定的空运的全部或者部分运输,以其他运输工具进行的运输,视为航空运输。

[2011 年 5 月 23 日新设本条]

第九百一十四条 【运输物延迟到达的责任】

承运人对运输物迟延到达造成的损害承担责任。但是,如果承运人证明他和他的员工或代理人为防止损害而采取了所有合理要求的措施,或证明不可能采取这些措施的,免除其责任。

[2011 年 5 月 23 日新设本条]

第九百一十五条 【对运输物的责任限额】

第九百一十三条和第九百一十四条规定的承运人的损害赔偿责任,以发生损害的该运输物每公斤十九计算单位的金额为限。但是,根据与托运人的运输合同,其出发地、到达地及中间着陆地为大韩民国领土内的,造成损害的该运输物以每公斤十五计算单位的金额为限。但是,托运人在将运输物交付承运人时,预先申报在到达地交付时的预定价额的,承运人应以申报价额为限承担责任,除非能证明申报价额超过到达

地交付时的实际价值。〈2014 年 5 月 20 日修改〉

决定第一款规定的航空运输人的责任限额时,应当考虑的重量,是指发生该损害的运输物的重量。但是,运输物的一部分或者运输物中包含的货物的灭失、毁损或者延误,影响同一张航空货运单(包括根据第九百二十四条交付航空货运单代替的)或者货物收据上的其他运输物的价额时,决定承运人的责任限额时还应考虑其他运输物的重量。

[2011 年 5 月 23 日新设本条]

第九百一十六条 【关于运输物部分灭失、毁损等的通知】

收货人发现运输物部分灭失或者毁损时,应当在收到运输物后立即就其概要以书面或者电子文件形式向承运人发送通知。但是,该灭失或损坏不能立即发现时,应自收到之日起十四日内发出通知。

运输物延误的,收货人应当自能够处分运输物之日起二十一日内提出异议。

没有第一款规定的通知时,推定运输物在没有灭失或毁损的情况下交付给收货人。

运输物发生灭失或者毁损,或者怀疑发生灭失或者毁损时,承运人和收货人应当为检查提供便利。

在第一款和第二款规定的期间内没有提出通知或异议的,收货人不得向承运人提起诉讼。但是,承运人或者其员工或者代理人为恶意的除外。

与第一款至第五款规定相反,不利于收货人的当事人之间的特别约定无效。

[2011 年 5 月 23 日新设本条]

第九百一十七条 【运输物的处分请求权】

托运人可以向承运人请求停止运输,返还运输物及其他处分(本条以下简称处分请求权)。在这种情况下,承运人可以根据运输合同的规定请求支付运费、滞纳金和因处分而发生的费用。

托运人不得以侵害承运人或其他托运人权利的方式行使处分请求权,承运人不能依托运人的请求时,应当立即将其意思通知托运人。

承运人未确认交付给托运人的航空货运单或者货物收据,而按照托运人的处分请求行事的,承运人应当承担赔偿航空货运单或者货物收据的持有人因此遭受的损失的责任。

根据第九百一十八条第一款的规定,收货人取得请求交付运输物的权利时,托运人的处分请求权消灭。但是,收货人拒绝接收运输物或者无法知道收货人的除外。

[2011 年 5 月 23 日新设本条]

第九百一十八条 【运输物的交付】

运输物到达目的地时,收货人可以向承运人请求运输物的交付。但是,托运人依照第九百一十七条第一款行使处分请求权的除外。

运输物到达目的地后,除另有约定外,承运人应当及时通知收货人。

[2011 年 5 月 23 日新设本条]

第九百一十九条 【承运人的债权时效】

承运人对托运人或者收货人的债权,两年内未行使的,时效消灭。

[2011 年 5 月 23 日新设本条]

第九百二十条 【准用规定】

关于航空货物运输,准用第一百二十条、第一百三十四条、第一百四十一条至第一百四十三条、第七百九十二条、第七百九十三条、第八百零一条、第八百零二条、第八百一十一条及第八百一十二条的规定。这种情况下,“装运港”视为“出发地机场”,“船长”视为“承运人”,“卸货港”视为“目的地机场”。

[2011 年 5 月 23 日新设本条]

第四节 运输证书〈2011 年 5 月 23 日新设〉

第九百二十一条 【旅客机票】

承运人承接旅客运输时,应当向旅客交付记载下列事项的个人用或者团体用旅客机票:

(一)旅客姓名或者团体名称;

(二)出发地点和到达地点;

(三)出发时间;

(四)飞行的航班;

(五)出票地和出票年月日;

(六)承运人的姓名或商号。

承运人可以通过电子信息处理组织以电子形式存储第一款各项信息或以其他方式保存,以代替第一款规定的旅客机票交付。这种情况下,如果旅客提出请求,承运人应当提交记载第一款各项信息的书面材料。

[2011 年 5 月 23 日新设本条]

第九百二十二条 【行李牌】

承运人应当向旅客的每件托运行李交付行李牌。

[2011 年 5 月 23 日新设本条]

第九百二十三条 【航空货运单的签发】

托运人应当接受承运人的请求,填写三份记载下列事项的航空货物运单,交付承运人:

(一)托运人的姓名或商号;

(二)收货人的姓名或商号;

(三)出发地点和到达地点;

(四)运输物的种类、重量、包装的种类、个数和记号;

(五)出发时间;

(六)拟运输的航班;

(七)签发地和签发年月日;

(八)承运人的姓名或商号。

承运人根据托运人的请求签发航空货物运单的,推定为代替托运人签发。

第一款规定的航空货运单中,第一原件应填写为“运输人用”,由托运人签字盖章或署名;第二原件应填写为“收货人用”,由托运人和承运人签字盖章或署名;第三原件应填写为“托运人用”,由承运人签字盖章或署名。

第三款的署名可采用印刷或其他适当的方式。

承运人从托运人处受领运输物后,应当向托运人交付航空货物运单第三原件。

[2011年5月23日新设本条]

第九百二十四条 【航空货运单的替代】

承运人可以通过电子信息处理组织以电子形式储存第九百二十三条第一款各项信息或以其他方式保存,代替航空货运单的交付。

在第一款的情况下,承运人应当根据托运人的请求,向托运人交付记载第九百二十三条第一款各项信息的货物收据。

[2011年5月23日新设本条]

第九百二十五条 【复数运输物】

有两件以上运输物的,承运人可以向托运人请求交付每件运输物的航空货运单。

航空货运单的交付被第九百二十四条第一款规定的储存、保存所代替时,托运人可以请求承运人对各运输物交付货物收据。

[2011年5月23日新设本条]

第九百二十六条 【关于运输物性质的文件】

为履行海关、警察等行政机关或其他公共机关的程序,必要时,托运人应当接受承运人的请求,向承运人交付明示运输物性质的文件。

承运人不承担与第一款有关的任何义务或责任。

[2011年5月23日新设本条]

第九百二十七条 【违反航空运输证书规定的效果】

承运人或者发货人违反第九百二十一条至第九百二十六条的,不影响运输合同的效力和本法其他规定的适用。

[2011年5月23日新设本条]

第九百二十八条 【关于航空运输证书等记载事项的责任】

托运人在航空货物运单上记载或通知承运人的运输物的明细或有关运输物的陈述正确、充分,即视为托运人向承运人作出担保。

托运人就第一款规定的运输物的清单或运输物的陈述不正确或不充分,承运人遭受损失时,承担赔偿承运人的责任。

根据第九百二十四条第一款的规定,承运人对储存、保存的运输记录或货物收据上记载的运输物的明细或有关运输物的陈述不正确或不充分,致使托运人遭受损失时,应承担赔偿责任。但是,根据第一款的规定,视为托运人担保其准确和充分的除外。

［2011 年 5 月 23 日新设本条］

第九百二十九条 【航空货运单记载的效力】

航空货运单或者货物收据交付的，按照该运单记载，推定为缔结了运输合同。

承运人根据航空货物运单或者货物收据上记载的运输物的重量、大小、包装的种类、个数、符号和外观状态，推定其已经领取运输物。

航空货运单或者货物收据上记载的关于运输物的种类、外观状态以外的状态、包装内部的数量和外包装的内容，在托运人参与的情况下，承运人确认内容的正确性，只有在该事实记载在航空货运单或货物收据的情况下，才推定按照记载的内容接收了运输物。

［2011 年 5 月 23 日新设本条］

第三章 关于地上第三人损害的责任〈2011 年 5 月 23 日新设〉

第九百三十条 【航空器运航人的赔偿责任】

航空器运航人对因飞行中的航空器或者从航空器上掉落的人或者物对地面（包括地下、水面或者水中）的第三人造成死亡、伤害或财产损害的，承担损害赔偿责任。

本编所称的"航空器运航人"，是指在事故发生时使用航空器的人。但是，控制航空器运航的人（以下简称运航控制人）让他人使用航空器的，将运航控制人视为航空器运航人。

适用本编时，记载在航空器登记簿上的航空器所有人推定为航空器运航人。

第一款所称"飞行中"，是指以起飞为目的，从航空器开启动力时起至着陆结束时止。

两架以上航空器参与，发生第一款规定的事故时，各航空器运航人连带承担第一款规定的责任。

未经运航控制人的许可而使用航空器的，运航控制人在不能证明为阻止该行为而给予了相当的注意的情况下，与未得到许可而使用航空器的人连带承担第九百三十二条规定的限度内的责任。

［2011 年 5 月 23 日新设本条］

第九百三十一条 【免责事由】

航空器运航人证明第九百三十条第一款规定的死亡、伤害或者财产损害的发生属于下列情形之一的，不承担责任：

（一）因战争、暴动、内乱或武力冲突的直接结果发生的；

（二）航空器的运航人在被公权力剥夺航空器使用权时发生的；

（三）只是因被害人或被害人的员工或代理人的过失或其他非法的作为或不作为而发生；

（四）因不可抗力而发生。

［2011 年 5 月 23 日新设本条］

第九百三十二条 【航空器运航人的有限责任】

航空器运营人按第九百三十条规定所应承担的责任,对一个航空器相关的一个事故,根据法律允许的航空器起飞的最大重量(本条中简称为最大重量),以下列规定的金额为限:

(一)最大重量低于两千公斤的航空器,三十万计算单位的金额。

(二)最大重量超过两千公斤的航空器,至两千公斤的为三十万计算单位;超过两千公斤至六千公斤的为每公斤一百七十五计算单位;超过六千公斤至三万公斤的为每公斤六十二点五计算单位;超过三万公斤的部分为每公斤六十五计算单位,各乘所得的金额依次相加的金额。

因一个航空器相关的一个事故,在发生死亡或伤害时,航空器运航人的第九百三十条规定的责任以第一款规定的金额范围内,死亡或受到伤害的人以每人十二万五千万计算与单位的金额为限。

因与一个航空器相关的一个事故,给数人造成的损害之和超过第一款规定的限度额时,各损害根据第一款规定限度额,按照比例进行赔偿。

因一个航空器相关的一个事故,发生死亡、伤害或者财产损害的,在第一款规定的金额范围内,先赔偿因死亡或伤害造成的损失。如有剩余的金额,再赔偿财产上的损失。

[2011 年 5 月 23 日新设本条]

第九百三十三条 【有限责任的排除】

航空器的运航人或其员工或代理人意图造成损害,而造成第九百三十条第一款所规定的事故的,不适用第九百三十二条。在这种情况下,如果因航空器运航人的员工或代理人的行为而发生事故的,必须证明是在他权限范围内的行为。

对未经有权使用航空器的人同意,非法夺取和使用航空器而造成第九百三十条第一款所规定的事故的人,不适用第九百三十二条的规定。

[2011 年 5 月 23 日新设本条]

第九百三十四条 【航空器运航人责任的消灭】

航空器运航人的第九百三十条规定的责任,自事故发生之日起三年内,如无裁判上的请求,责任消灭。

[2011 年 5 月 23 日新设本条]

第九百三十五条 【限制责任的程序】

依照本章规定准备申请限制责任的人,应当自收到债权人明示超过责任限额的请求金额的书面请求之日起一年内,向法院申请开始限制责任程序。

关于开始责任限制程序的申请、责任限制基金的形成、公告、参加、分配及其他必要事项,在不违背性质的范围内,比照《关于船舶所有人等责任限制程序的法律》执行。

[2011 年 5 月 23 日新设本条]

附则〈法律第 17764 号,2020 年 12 月 29 日〉

第一条　(施行日)

本法自公布之日起开始实施。

第二条　(关于选任监事委员会委员的适用)

第五百四十二条之十二第二款但书、第四款(限于选任部分)和第八款的修改规定,适用于本法施行后新选任的监事委员会委员。

第三条　(关于免去上市公司监事委员会委员及监事的适用)

第五百四十二条之十二第三款、第四款(限于解聘部分)和第七款(限于解聘部分)的修改规定,适用于本法施行时依照原规定选任的监事委员会委员和监事。

第四条　(其他法令的修改)

《劳动福利基本法》作部分修改。

第三十九条第九款中的"《商法》第三百五十条第二款、第三百五十条第三款后段"修改为"《商法》第三百五十条第二款"。

《培育风险企业特别措施法》作部分修改:第十六条之三第八款中的"《商法》第三百五十条第二款、第三百五十条第三款后段"修改为"《商法》第三百五十条第二款"。

《资本市场和金融投资业法》作部分修改:第一百六十五条之十二第七款中的"第三百四十四条第一款、第三百五十条第三款(包括本法第四百二十三条第一款、第五百一十六条第二款和第五百一十六条之九准用的情形)"修改为"第三百四十四条第一款","适用本法第三百五十条第三款的,第一款的最后一日为营业年度终了;关于《商法》第六百三十五条第一款第二十二项之二的适用,第三款的期间视为《商法》第四百六十四条之二的期间"修改为"适用同一本法第六百三十五条第一款第二十二项之二的期间视为适用本法第四百六十四条之二第一款的期间"。

(韩国国立忠北大学张珍宝　成都文理学院卢笑宇　译)